Schriften zum Strafvollzug, Jugendstrafrecht und zur Kriminologie

Herausgegeben von Prof. Dr. Frieder Dünkel
Lehrstuhl für Kriminologie an der
Ernst-Moritz-Arndt-Universität Greifswald

Band 52

AF271932

Joanna Grzywa-Holten

Strafvollzug in Polen – Historische, rechtliche, rechtstatsächliche, menschenrechtliche und international vergleichende Aspekte

MG 2015
Forum Verlag Godesberg

Bibliographische Information der Deutschen Nationalbibliothek

Die Deutsche Nationalbibliothek verzeichnet diese Publikation in der Deutschen Nationalbibliografie; detaillierte bibliografische Daten sind im Internet über http://dnb.d-nb.de abrufbar.

© Forum Verlag Godesberg GmbH, Mönchengladbach
Alle Rechte vorbehalten.
Mönchengladbach 2015
DTP-Satz, Layout, Tabellen: Kornelia Hohn
Institutslogo: Bernd Geng, M.A., Lehrstuhl für Kriminologie
Gesamtherstellung: BoD - Books on Demand, Norderstedt
Printed in Germany

ISBN 978-3-942865-43-2
ISSN 0949-8354

In Gedenken an meinen geliebten Onkel
Pamięci mojego ukochanego wuja
Ks. Prof. dr hab. med. Krzysztof Szczygieł

Inhaltsverzeichnis

Vorwort

Einer der Schwerpunkte der Forschung am Greifswalder Lehrstuhl für Kriminologie ist seit dessen Aufbau Anfang der 1990er Jahre auf den internationalen Vergleich des Strafvollzugs ausgerichtet. Dabei spielen immer wieder menschenrechtliche Fragen und die Bestandsaufnahme der realen Lebensbedingungen eine besondere Rolle. Neben überblicksartigen Europäischen Vergleichen des Lehrstuhlinhabers im Kontext eines etablierten Forschungsnetzwerks (vgl. *van Zyl Smit/Dünkel* 1991; 1997; 2001; *Dünkel/Vagg* 1994; *Dünkel/Grzywa/ Horsfield/Pruin* 2011; *Drenkhahn/Dudeck/Dünkel* 2014) wurden auch vertiefende Studien zu einzelnen Ländern angeregt (vgl. z. B. bzgl. Litauen *Sakalauskas* 2006).

Die vorliegende Arbeit steht in der Tradition dieses strafvollzugsrechtlichen Forschungsprogramms und widmet sich der Entwicklung des Heimatlands der Promovendin, Polen.

Bereits in der *Einleitung* deutet die Verf. die besonderen Problemlagen des polnischen Strafrechts- und Strafvollzugssystems an. In der Tradition der Länder des ehemaligen Ostblocks wurde und wird von der Freiheitsstrafe sehr viel häufiger Gebrauch gemacht als beispielsweise in Deutschland. Dementsprechend war die Gefangenenrate 2013 mit 223 pro 100.000 der Wohnbevölkerung dreifach erhöht (Deutschland: 80). Mit der Integration in die gesamteuropäische Wertegemeinschaft durch Beitritt zum Europarat und 2004 die Aufnahme in die Europäische Union haben Menschenrechtsfragen in Polen eine besondere Bedeutung gewonnen. Ein zentrales Anliegen der Arbeit ist es, die Rezeption europäischer Menschenrechtsstandards durch die polnische straf- und strafvollzugsrechtliche Literatur, die Rechtsprechung und schließlich die Vollzugspraxis (vgl. insbesondere *Kapitel 12*) aufzuzeigen.

Im *zweiten Kapitel* geht die Verf. auf die historischen Grundlagen ein. Dabei holt sie weit aus und geht bis in die Antike zurück. Bei der neueren Geschichte seit dem 16. Jh. bezieht sie neben der bekannten westeuropäischen bzw. angloamerikanischen Literatur auch polnische Autoren ein, womit sie dokumentiert, dass polnische Lehrbücher und Arbeiten die Probleme ähnlich sehen. Besonders interessant ist die Darstellung der Geschichte des polnischen Strafvollzugs in *Kapitel 2.2*. Dabei lernt der Leser viele Details der bewegten polnischen Geschichte bis zum heutigen Staat Polen. Schon seit dem Mittelalter gab es verschiedene Formen des Freiheitsentzugs, die aber mehr oder wenig die Rolle einer Aufbewahrung bis zur Vollstreckung von Leibes- und Lebensstrafen oder der Erzwingungshaft bei Geldschuldnern oder eine Privilegierung von Adligen zum Inhalt hatten (sog. Turmstrafen). Gefängnisse im modernen Sinn tauchten erst Mitte des 18. Jh. auf, desgleichen nach Amsterdamer Vorbild konzipierte sog. Arbeitshäuser. Die polnische Geschichte ist geprägt von Eroberungen fremder Großmächte und Teilungen des heutigen Staatsgebiets. Dementsprechend galten preußisches, österreichisch-ungarisches und russisches Recht. Die Verf. beschreibt diese unterschiedlichen Epochen ausführlich und mit akribischem Aufwand. Dabei arbeitet die Verf. eine Fülle polnischer strafvollzugsrechtlicher Literatur ein und zeigt, dass parallel zu den Reformbestrebungen in Preußen, England und anderen westeuropäischen Ländern auch in Polen, insbesondere in der kurzen Zeit des Königreichs Polen im 19. Jh. ein reger wissenschaftlicher Diskurs zur Strafvollzugsreform entstand (vgl. *Kapitel 2.2.2.2-3*). Auch in der kurzen Zeit zwischen den beiden Weltkriegen (*Kapitel 2.2.3*) werden intensive Reformbemühungen, vor allem für eine gesetzliche Regelung der Materie er-kennbar, die den deutschen Leser stark an die (leider ebenfalls vergeblichen) Re-formbemühungen der Weimarer Zeit erinnern. Eine spezifische Tragik stellt natürlich dar, dass Polen zwei Monate vor dem Überfall des Nationalsozialisti-schen Regimes ein recht modernes Strafvollzugsgesetz verabschiedete, das nie Geltung erlangte. Den Gräueltaten der Nazis folgte mit dem Massaker der Roten Armee an den in ihrem Einmarschgebiet gefangen genommenen Offizieren bei Katyń (Ermordung von ca. 13.000 Offizieren, darunter viele Bedienstete des Strafvollzugs) ein weiteres traumatisches Kollektiverlebnis des polnischen Vol-kes. In der Nachkriegsära, die die Verf. als Zeit des kommunistischen Strafvoll-zugs überschreibt, herrschte ein sehr strenges Vollzugsregime und eine entspre-chende Gerichtspraxis bzgl. der Anordnung von Freiheitsstrafen, eine Zeitpoche, die gelegentlich von sog. Tauwetterperioden aufgehellt wurde. Die kriminologi-sche Strafvollzugsforschung teilte sich in die überwiegende Zahl systemtreuer „Hofberichterstatter" und eine kleine Gruppe kritischer Wissenschaftler (vgl. S. 40), der u. a. auch der Mentor der Verf. während ihrer späteren juristischen Ausbildung, *Zbigniew Hołda*, angehörte. Im Gefolge des KSZE-Abkommens von 1975 entstanden mit dem sog. Helsinki-Komitee und anderen NGO-Grup-pen, die sich speziell für die Menschenrechte Gefangener einsetzten, aus denen aber auch Strafvollzugsforschungen hervorgingen. Die Zustände am Ende der sozialistischem Ära in den 1980er Jahren waren von Überbelegung und Unter-finanzierung der Anstalten gekennzeichnet, so dass es zu wiederholten Gefan-genenunruhen, Hungerstreiks etc. kam, bei denen auch mehrere Menschen zu Tode kamen (S. 44, 46). Ebenfalls sehr detailliert und kenntnisreich beschreibt die Verf. die Entwicklung im Transformationsprozess nach 1991 (*Kapitel 2.2.5*). Hier wird ein weitreichender Wandel vor allem durch einen für die ehemaligen Ostblockstaaten wohl einmaligen Erneuerungsprozess beim Personal, der ver-stärkten Öffnung der Gefängnisse für gesellschaftliche Organisationen und nicht zuletzt bei der Forschung deutlich (S. 46 ff.).

In *Kapitel 3* geht die Verf. auf die aktuellen rechtlichen Grundlagen des Strafvollzugs ein und beginnt zunächst mit den verfassungsrechtlichen Prinzi-pien, die auch für das Strafrecht insgesamt relevant sind (*Kapitel 3.1*). Interes-sant erscheint im Kontext des Verfassungsrechts, dass internationale Abkommen wie der EMRK im Fall der Ratifizierung im Konfliktfall Vorrang vor den einfachen nationalen Gesetzen haben (S. 56), also nicht wie in Deutschland formal auf einer Stufe mit dem nationalem (Bundes-)Recht stehen. Ausführlich beschreibt die Verf. die Struktur und Kompetenzen des Verfassungsgerichtshofs (*Kapitel 3.1.1*). Wichtigster Unterschied im Vergleich zu Deutschland ist, dass es eine Individualbeschwerde des Bürgers z. B. hinsichtlich Entscheidungen der Vollzugsbehörden zu Einzelmaßnahmen des Vollzugs nicht gibt. Beschwerden sind nur gegen Gesetze und Verordnungen insgesamt, nicht gegen Einzelentscheidungen aufgrund eines Gesetzes o. ä. vorgesehen. Gleichwohl zeigt die Verf. dass die Rechtsprechung des Verfassungsgerichtshofs gelegentlich auch Strafvollstreckungs- bzw. Strafvollzugsfragen betrifft. Zu Recht hegt sie Zweifel an der Rspr. zum Rückwirkungsverbot bzgl. restriktiveren Regelungen zur bedingten Entlassung, die auch auf sog. Altfälle angewendet und vom Verfassungsgericht akzeptiert wurden (S. 63 f.). In einer anderen Entscheidung hat der polnische Verfassungsgerichtshof in Übereinstimmung mit dem EGMR anerkannt, dass die langdauernde Unterbringung in überbelegten Zellen mit weniger als 3 m^2 eine Verletzung von Art. 3 EMRK darstellen kann (S. 67).

In *Kapitel 3.2* wird das strafrechtliche Sanktionensystem in Polen dargestellt. Der Ausflug in die Geschichte der Straftheorien zu *Kant* und *Hegel* zeigt am zitierten Schrifttum die Rezeption und Auseinandersetzung mit diesen und anderen strafrechtstheoretischen Autoren in Polen. Eher knapp wird die Krise des Resozialisierungskonzepts in den 1970er und 1980er Jahren mit Blick auf den Slogan eines „*nothing works*" behandelt. Dass diese These falsch war und inzwischen widerlegt ist, wird anhand neuerer Meta-Analysen belegt. Dem schließen sich Ausführungen zur Kritik des Resozialisierungsgedankens im polnischen Schrifttum an. Teilweise hat sich die polnische Strafrechtswissenschaft auch generalpräventiven Ansätzen angeschlossen, überwiegend werden jedoch spezialpräventive Ansätze priorisiert, die auch unter dem sozialistischen Regime unter dem Titel „Umerziehung" wenigstens rhetorisch eine prominente Bedeutung genossen haben. Interessant erscheint, dass es auch in Polen etliche Befürworter des Restorative-justice-Gedankens gibt (S. 81, Fn. 266). Ob wiedergutmachende Sanktionsformen allerdings in der Praxis eine nennenswerte Rolle spielen, muss nach der von der Verf. zitierten Skepsis vor allem der Rechtsdogmatiker (S. 82) bezweifelt werden.

Bei der Strafzumessung räumt der Gesetzgeber der Spezialprävention Vorrang ein, wenngleich auch die anderen Strafzwecke in Art. 53 poln. StGB genannt werden. In derselben Vorschrift ist auch das Prinzip der „ultima ratio" der Freiheitsstrafe kodifiziert (S. 87). Der Sanktionenkatalog ist insofern umfangreicher als im deutschen Strafrecht als er mit der Freiheitsbeschränkungsstrafe über eine schon 1969 eingeführte zusätzliche Alternative verfügt. Diese besteht in einer Mischung aus Geldstrafe (Abgabe von 10-25% des Lohns), gemeinnütziger Arbeit (20-40 Std. pro Monat) und freiheitsbeschränkenden Weisungen (z. B. Verbot des Wohnsitz- bzw. Arbeitsstellenwechsels). Der Geldstrafenanteil und die gemeinnützige Arbeit sind zwei alternative Varianten dieser eher unbestimmten Strafe (allerdings liegt das Höchstmaß bei einem Jahr). Die deutlich punitivere Ausrichtung des Strafrechts wird an der Dauer der Freiheitsstrafe deutlich: Neben der zeitigen Freiheitsstrafe von maximal 15 Jahren gibt es eine zeitlich fixierte Strafe von 25 Jahren für schwerste Verbrechen, zusätzlich aber auch die lebenslange Freiheitsstrafe mit einer Mindestverbüßungszeit von 25 Jahren. Das polnische Strafrecht kennt verschiedene Formen der bedingten Einstellung des Verfahrens, der bedingten Verurteilung (Bewährung) und der bedingten Strafrestaussetzung (vgl. *Kapitel 3.2.4*).

In *Kapitel 3.3* folgen Ausführungen zur Sanktionspraxis in Polen. Aus *Abb. 3.3* wird ersichtlich, dass der Anteil unbedingter Freiheitsstrafen von 1995-2012 von 17% auf 10% zurückging. Zugenommen hat die Freiheitsbeschränkungsstrafe von 4% auf 12%, während der Anteil von Bewährungsstrafen (2012: 55%) und Geldstrafen (2012: 23%) relativ konstant blieb. Bemerkenswert ist hierbei, dass die Bewährungsstrafe nur bei einem Drittel der Fälle mit der Unterstellung unter Bewährungsaufsicht verknüpft wird (S. 102). In absoluten Zahlen hat sich die Zahl der Verurteilten im o. g. Zeitraum verdoppelt, was aber im Wesentlichen an der Heraufstufung von Trunkenheitsfahrten zu Straftaten liegt (S. 103). Dementsprechend haben vor allem kürzere Freiheitsstrafen von bis zu einem Jahr (vgl. *Tabelle 3.3*) zugenommen. Die Zahlen unbedingter Freiheitsstrafe stiegen absolut nur unterdurchschnittlich an und dürften den Belegungsanstieg nicht entscheidend geprägt haben. Hier dürften eher die längeren Verweildauern von Bedeutung gewesen sein (restriktivere vorzeitige Entlassungspraxis), was sich insbesondere aus den Zahlen in *Kapitel 8.9.1* erschließen lässt.

Im *Abschnitt 3.4* wird das Strafvollstreckungsgesetzbuch einführend dargestellt. Im Gegensatz zu deutschen Strafvollzugsgesetzen geht es hierbei auch um die Regelung der Vollstreckung ambulanter Sanktionen. Da der Strafvollzug i. e. S. in den nachfolgenden Kapiteln behandelt wird, geht die Verf. hier nur auf die ambulanten Sanktionen, insbesondere die Bewährungsstrafe ein. Interessant ist, dass ein Bewährungshelfer nicht mehr als 35 Fälle zugewiesen erhalten soll (S. 112). Da dies keine verbindliche Norm ist, bleibt die Realität mit durchschnittlich 80 Betreuungsfällen weit hinter dem gesetzlichen Anspruch zurück (S. 112). Ein Charakteristikum des polnischen Rechts in diesem Kontext ist die große Anzahl ehrenamtlicher Bewährungshelfer, die die Zahl Hauptamtlicher um das 5-8-fache übersteigt (vgl. *Tabelle 3.4*).

Im vierten Kapitel geht die Verf. zunächst auf den Vergleich von Gefangenenraten in Europa ein. Polen weist – wie schon in der Einleitung bemerkt – eine relativ hohe Gefangenenrate auf (224 im Jahr 2013; vgl. *Tabelle 4.1*). Langfristig seit 1990 (unter 150 pro 100.000) ist die Gefangenenrate nach einem zwischenzeitlichen Rückgang Anfang der 2000er Jahre deutlich angestiegen (vgl. *Abbildung 4.1*). Während in manchen Ländern ein hoher Ausländeranteil oder hohe Untersuchungshaftraten hierfür (wesentlich) mitverantwortlich zeichnen, ist das für Polen keine Erklärung. Der Ausländeranteil ist mit 0,6% am niedrigsten in Europa und die Untersuchungsgefangenenzahl ist 2002-2012 von fast 21.000 auf ca. 7.000 gesunken (vgl. *Tabelle 4.3*). Die Verf. sieht die Ursachen der Entwicklung in der nach wie vor „punitiven" polnischen Strafpolitik (S. 118). Andererseits deutet sie den Rückgang der Untersuchungshaftzahlen als Anzeichen einer „Liberalisierung der Strafpolitik". Interessant erscheint, dass möglicherweise die Rspr. des EGMR dazu beigetragen hat, wofür die Verf. einige polnische Fälle aus der Rspr. zitiert.

Eindeutige Erklärungen sind schwierig, da es sich offensichtlich um ein vielschichtiges Phänomen handelt. Eine mögliche zusätzliche Interpretation, die sich mit der Zunahme kurzer Freiheitsstrafen deckt (vgl. *Kapitel 3.3*), könnte sein, dass der Zuwachs unbedingter Strafen mit der Neukriminalisierung der Trunkenheitsfahrt (2005) erklärt werden kann. Diese Fälle werden i. d. R. nicht in U-Haft gelangen, aber u. U. eine Freiheitsstrafe verbüßen. Bezeichnenderweise hat ab 2006 die Population verurteilter Gefangener deutlich zugenommen (vgl. *Abbildung 4.3*).

Zwar liegt die Auslastung der polnischen Anstalten seit 2009 unter 100% (vgl. *Abbildung 4.2*), jedoch konstatiert die Verf. zu Recht eine „verdeckte" Überbelegung. So wurden viele Freizeit- und Gruppenräume zu Hafträumen umgewidmet, wodurch zwar Haftplätze geschaffen wurden, die Lebens- und Resozialisierungsbedingungen sich aber weiter verschlechtert haben (vgl. S. 125 f.). Zudem verweist die Verf. an späterer Stelle auf die Problematik von Verurteilten, die mangels Haftplätzen auf die Vollstreckung der Freiheitsstrafe warten müssen (S. 126).

Die Verf. geht in der Folge noch auf weitere Faktoren, die die Gefängnisbelegung beeinflusst haben, ein. Interessant ist dabei die Auswirkung des in *Kapitel 4.1* behandelten Urteils des Verfassungsgerichtshofs, das auf der Einhaltung der Mindestwohnfläche von 3 m^2 pro Gefangenen beharrte. Auch die bedingte Entlassung hat normalerweise eine wichtige Funktion. In *Tabelle 4.2* werden die Zahlen der aus dem Strafvollzug ausgeschiedenen Gefangenen (i. d. R. aufgrund der Vollverbüßung der Strafe oder im Weg der bedingten Entlassung ausgewiesen. Der Anteil der bedingt Entlassenen auf die Gesamtzahl der wegen Strafende oder vorzeitig Entlassenen ist seit 2010 rückläufig und betrug 2013 33,4%. Er ist etwas geringer, als wenn man nur die Anträge auf bedingte Entlassung und die darauf bezogenen positiven Entscheidungen zugrunde legt (vgl. dazu *Kapitel 8.9.1*), weil etliche Gefangene offenbar keinen Antrag auf bedingte Entlassung stellen.

In *Kapitel 4.3* beschreibt die Verf. einige Charakteristika der Gefangenenpopulation in Polen. Hierbei wird deutlich, dass junge Gefangene unter 21 Jahren eine kleine, zudem (demografisch bedingt) abnehmende Minderheit von 4% der Gesamtpopulation darstellen. Bemerkenswert ist darüber hinaus der nur zum geringen Teil demographisch bedingte Rückgang der Altersgruppe der 15- bis 21-Jährigen im Vollzug der Freiheitsstrafe um 57% im Zeitraum 2004-2013.

Genauso bemerkenswert ist allerdings der Anstieg des Anteils von älteren Gefangenen (über 51 Jahre alt), der sich verdoppelt hat. Dies könnte auf die exorbitant langen Strafzeiten bei Mord u. ä. (s. o.) und die Ersetzung der Todesstrafe durch lebenslange Strafen zusammenhängen (S. 129). Allerdings widerspricht dies der unter *4.3.3* beschriebenen Verteilung von Gefangenen mit langen Haftstrafen (> 5 Jahre), bei denen Polen neben Deutschland auf die niedrigsten Werte kommt (vgl. *Abbildung 4.6*). Aufschlussreich sind auch die Analysen zur Deliktsstruktur mit auffälligen Parallelen, aber auch Abweichungen zur deutschen Vollzugspopulation. Eigentumstäter machen etwa die Hälfte der Gefangenen aus, Tötungs- und Körperverletzungsdelikte ca. 10%, Delikte gegen die Familie, worunter auch häusliche Gewalt gerechnet wird, ebenfalls ca. 10%. Ansonsten spielen Verkehrsdelinquenten mit 2012 knapp 9% und Sexualdelinquenten mit knapp 4% noch eine nennenswerte (aber untergeordnete) Rolle (vgl. *Tabelle 4.4*).

Hinsichtlich der Länge zu verbüßender Freiheitsstrafen fällt auf, dass nur 14% der 2012 Inhaftierten mindestens 5 Jahre Freiheitsstrafe zu verbüßen hatten. Der Großteil verbüßte kurze Strafen von bis zu einem Jahr (knapp 30%) oder bis zu zwei Jahren (32%, vgl. *Tabelle 4.5*). Hier deuten sich rechtspolitisch Perspektiven für eine Ausweitung von Alternativen zur Freiheitsstrafe an, was die Verf. auch anspricht und in der Zusammenfassung aufgreift. Gleiches ergibt sich für die ca. 4.000 stichtagsbezogen eine Ersatzfreiheitsstrafe Verbüßenden (vgl. *Tabelle 4.6*).

Eine besondere Kategorie stellen sog. gefährliche Gefangene dar, die in besonderen Sicherheitsabteilungen untergebracht werden. Hier handelt es sich um Formen der Isolation, die auch das Anti-Folter-Komitee kritisiert hat (vgl. S. 136 f.). Anscheinend gibt es keine statistischen Angaben darüber, um wie viele Personen es sich jährlich handelt.

Das *5. Kapitel* behandelt die materielle Basis und Infrastruktur des Strafvollzugs in Polen. Dabei geht es um die Zahl der Anstalten und deren Kapazität, das Budget und das Personal. Die bauliche Struktur des Strafvollzugs in Polen ist sehr überaltert, nur rund ein Viertel der Anstalten wurde nach dem 2. Weltkrieg gebaut, 60% stammen aus der Zeit vor dem 1. Weltkrieg. 21 Anstalten (12%) verfügen über eine Kapazität von 1.000 und mehr Haftplätzen (vgl. *Tabelle 5.1*), für den deutschen Leser geradezu gigantische Verhältnisse. Obwohl auch das Gesamtbudget des Vollzugs erhebliche Ausmaße annimmt, sind die Kosten pro Gefangener mit 600 € pro Monat bzw. 20 € pro Tag, was höchstens ein Viertel der Kosten des deutschen Vollzugs ausmacht, sehr gering. Die Personalausstattung ist ungünstiger als in Deutschland, denn auf die mehr als 84.000 Gefangenen kommen weniger als 30.000 Bedienstete, was einem Faktor von nahezu 1 : 3 entspricht (in Deutschland kann man von einem Verhältnis von ca. 1 : 2 ausgehen, worauf die Verf. zutreffend hinweist, S. 147). Die Ausbildung der Bediensteten des Allgemeinen Vollzugsdienstes ist vergleichsweise kurz und enthält nach einer 11-tägigen Einführung eine knapp zweimonatige praktische Phase (S. 144). Dies kontrastiert doch deutlich zur zweijährigen Ausbildungszeit in Deutschland (vgl. dazu *Blanck* 2015). Das Bildungsniveau der Strafvollzugsbediensteten ist erstaunlich hoch (45% mit Fachhochschul- oder Universitätsabschluss).

Im *6. Kapitel* geht die Verf. ausführlich auf das Vollzugsziel ausweislich des Strafvollstreckungsgesetzbuches ein. Ähnlich wie in Deutschland steht hier die Resozialisierung als alleiniges Vollzugsziel im Mittelpunkt. Im Gegensatz zum Gesetz von 1969 wird auf eine zwangsmäßige „Besserung" verzichtet, das Gesetz spricht jetzt von „Ermutigung", sich auf Resozialisierungsangebote einzulassen. Eine von manchen in Polen geforderte Pluralität von Vollzugszielen kann man bei richtiger Betrachtung des Gesetzestexts in Polen nicht entnehmen. So wird der Schutz der Allgemeinheit als Aufgabe nur in anderen, insbesondere Sicherheits- und Ordnungsvorschriften bezogen auf das Leben in der Anstalt erwähnt (S. 150 f.). Die Verf. geht dann ausführlich auf den Resozialisierungsbegriff und seine Geschichte in der polnischen Literatur ein (*Kapitel 6.2*). Hier zeigt sie, dass die polnische Vollzugsdogmatik aktuelle Konzepte der kognitiv-behavioralen Behandlungsprogramme bereits theoretisch reflektiert und aufgenommen hat (S. 153 ff.). Im *Abschnitt 6.3* wird die Praxis und Effektivität der Behandlungsprogramme im Gefängnis thematisiert. In Polen gibt es offenbar noch keine systematische Evaluation von Programmen im Strafvollzug. Immerhin wird aber aus den zitierten Werken polnischer Autoren deutlich, dass die sog. „*What-works*"-Literatur (u. a. der *Sherman-Report*) bekannt zu sein scheinen (S. 162 f.). Zu Recht plädiert die Verf. für die Durchführung gut konzipierter Evaluationsstudien auch in Polen (S. 166).

Das *7. Kapitel* ist der Individualisierung des Vollzugs als Strukturprinzip gewidmet. Hierbei geht es u. a. um Grundsätze der Differenzierung und die verschiedenen Anstaltsarten, Vollzugsregime etc. Ein Resozialisierungsvollzug setzt notwendig die Differenzierung und Klassifizierung oder moderner gesprochen die Diagnose von Behandlungserfordernissen und passgenaue Vermittlung in entsprechende Anstalten bzw. Programme voraus. Davon geht auch der polnische Strafvollzug aus. Er differenziert nach drei Anstaltsarten (sieht man vom quantitativ unbedeutenden Militärarrestvollzug ab, vgl. *Kapitel 7.2*): Anstalten für junge Gefangene (bis 21 Jahre), Anstalten für Erstinhaftierte und für sog. Strafvollzugsrückfalltäter (S. 153). Die beiden Erwachsenenanstaltsformen betreffen jeweils etwa die Hälfte der Inhaftierten (vgl. *Abbildung 7.1*). neben dieser Differenzierung gibt es noch die Unterscheidung in geschlossene, halboffene und offene Anstalten (vgl. *Kapitel 7.3*). Bemerkenswert ist, dass die Unterbringung im geschlossenen Vollzug nicht allein auf der Basis der Rückfallgefahr („gefährliche Gefangene"), sondern auch bereits der Deliktschwere erfolgt, d. h. bestimmten wegen schwerer Verbrechen verurteilten Tätergruppen bleibt der offene Vollzug von vornherein vorenthalten (S. 170 f.). Während der offene Vollzug mit nur knapp 4% der Insassen eine noch geringere Rolle spielt als in Deutschland, ist der sog. halboffene Vollzug mit offenen Zellen und weitreichenden Bewegungsmöglichkeiten innerhalb der Anstalt, aber auch Vollzugslockerungen, mit knapp 49% erstaunlich weit verbreitet (vgl. *Abbildung 7.2*). Eine Parallele zu Deutschland zu ziehen, ist hier schwer, weil viele geschlossene Anstalten hierzulande dem halboffenen Typus in Polen entsprechen dürften.

Weiterhin unterscheidet man in Polen nach den Vollzugssystemen der „programmierten Einwirkung", des „einfachen" Vollzugs und des „therapeutischen" Vollzugs. das erste System der „programmierten Einwirkung" entspricht dem deutschen auf einer Behandlungsuntersuchung und einem individuellen Vollzugsplan basierenden „Regelvollzug". Das therapeutische System kann mit der deutschen Sozialtherapie verglichen werden, auch in Polen gibt es seit 2010 die obligatorische Zuweisung von pädophilen Sexualtätern (offenbar also nicht aller Sexualtätergruppen, vgl. S. 174). Der „einfache" Vollzug enthält zwar auch Resozialisierungsangebote, jedoch wird kein Vollzugsplan erstellt, Arbeitsmöglichkeiten und Freizeitangebote sind hier eingeschränkt (S. 176). Ca. 38% der Gefangenen verbüßten ihre Strafe in diesem Regime, 57% im Regime der „programmierten Einwirkung" und knapp 5% im therapeutischen Vollzug (vgl. *Abbildung 7.3*; das sind stichtagsbezogen bemerkenswerterweise mehr als in der Sozialtherapie in Deutschland!).

Das zentrale *8. Kapitel* widmet sich den rechtlichen und rechtstatsächlichen Bedingungen im Vollzugsverlauf von der Aufnahme in die Anstalt bis zur Entlassung.

Im Vorfeld der Aufnahme ist der Aufschub als vollstreckungsrechtliche Maßnahmen zu erwähnen (vgl. *Kapitel 8.1.1*). Hierbei handelt es sich um besondere Situationen psychischer oder anderer schwerwiegender Erkrankungen, familiärer Notlagen, aber auch den Fall einer drastischen Überbelegung, die zu einem Aufschub bei maximal zwei Jahren Freiheitsstrafe führen kann.

Die *Unterbrechung* (*Kapitel 8.1.1*) ist eine Vollstreckungsmaßnahme nach Haftantritt, die Gründe sind die gleichen wie beim Strafaufschub.

Die Aufnahme erfolgt seit 2011 nicht – wie zuvor – in einer Anstalt möglichst nahe am Heimatort des Verurteilten. Dieses Kriterium wurde gestrichen, was die Verf. zu Recht als Verstoß gegen die EPR wertet. Über das das Verfahren der Zuteilung nach den verschiedenen Vollzugssystemen („einfaches" System, System der „programmierten Einwirkung", therapeutisches System) finden sich Ausführungen bereits in *Kapitel 7*, insbesondere *7.1*.

Sehr detailliert wird das Thema medizinischer Betreuung und der Gesundheit im Vollzug in *Kapitel 8.2* behandelt. Unzulänglichkeiten der medizinischen Versorgung werden in dem beispielhaft dargestellten Fall *Kupzak v. Poland* deutlich, der vor dem EGMR verhandelt wurde und in dem Polen wegen Verletzung von Art. 3 der EMRK verurteilt wurde (S. 188 f.). Auch das CPT und der polnische Ombudsmann haben Polen diesbezüglich wiederholt kritisiert. Immerhin werden in Polen die medizinischen Versorgungsleistungen detailliert dokumentiert (vgl. *Tabelle 8.1*). Dies ermöglicht es, die (sehr niedrigen) Prävalenzraten bzgl. Hepatitis und HIV aufzuführen (vgl. *Tabelle 8.3*). Ein größeres Problem als AIDS ist – wie in anderen osteuropäischen Ländern – die Infektion mit Tuberkulose. Auch hier gibt es eine Statistik des Strafvollzugsdiensts, die immerhin fast 1.000 Fälle, davon fast die Hälfte in der ansteckenden Form ausweist (*Tabelle 8.4*).

In *Kapitel 8.3* wird das Thema „Arbeit" erörtert. Das poln. StVollstrGB sieht die Arbeitspflicht vor, jedoch kein Recht auf Arbeit. Vorrangig werden Gefangene beschäftigt, die Unterhaltszahlungen zu leisten haben (S. 200). Die Vergütung beträgt mindestens den gesetzlich festgelegten Mindestlohn. Bemerkenswert ist, dass das Verfassungsgericht 2010 die anderslautende Vorschrift des StVollstrGB, die nur „mindestens die Hälfte des Mindestlohns" garantierte, für verfassungswidrig erklärte. Der Gefangene hat allerdings nicht das volle Arbeitsentgelt zur Verfügung. 10% werden für einen Fonds der Entlassenenhilfe, 25% für einen Fonds zur beruflichen Förderung der Gefangenen und die Förderung der Anstaltsbetriebe abgezweigt. Ca. 60% werden dem Gefangenen gutgeschrieben, daraus aber noch ein Übergangsgeld gebildet (S. 204). Im Ergebnis verdienen Gefangene in Polen relativ gesehen damit ein Mehrfaches des Arbeitsentgelts eines Gefangenen in Deutschland. Fast nebenbei wird im *Abschnitt 8.3.3* vermerkt, dass Gefangene in die Rentenversicherung einbezogen sind (wofür Reformer in Deutschland sich seit mehr als 50 Jahren vergeblich einsetzen). Das polnische StVollstrGB kennt aber auch das Institut der unentgeltlichen Arbeiten. Damit sind Hausarbeiten (Reinigung, Essensausgabe etc.) gemeint, zu denen der Gefangene für bis zu 90 Std. pro Monat verpflichtet werden kann. So schön die gesetzlichen Bestimmungen zum Arbeitsentgelt klingen, so trist, ja geradezu desaströs ist die Realität. Ende 2012 waren nur knapp 30% der Gefangenen beschäftigt, davon knapp 40% entgeltlich. d. h. 60% der ohnehin wenigen beschäftigten Gefangenen wurde nur eine unentgeltliche Arbeit angeboten! (S. 206). Bezogen auf alle Gefangenen macht der Anteil entgeltlich Beschäftigter dementsprechend lediglich knapp 12% aus (vgl. *Tabelle 8.5*).

Auch im Bereich der schulischen und beruflichen Ausbildung werden erhebliche Defizite des polnischen Strafvollzugs erkennbar. Die ca. 3.200 Schüler im Jahr 2011/12 und 820 Absolventen (vgl. *Tabelle 8.7*) machen nur einen sehr geringen Anteil der Vollzugspopulation aus. Immerhin nahmen mehr als 10.000 Gefangene an berufsbildenden „Kursen" teil (*Tabelle 8.8*). Überwiegend scheint es sich um kurzzeitige berufliche Orientierungsmaßnahmen zu handeln (vgl. S. 211 f.).

Freizeitangebote sind im Hinblick auf Bibliotheken und Bücherleihe relativ gut entwickelt. Jeder Gefangene hat ein Recht auf ein eigenes Fernsehgerät und in nahezu jeder Zelle gibt es ein DVD-Abspielgerät. Angesichts der Langeweile und fehlender Arbeit hat man den Eindruck, dass die Gefangenen auf diese

Weise ruhig gestellt werden sollen. Die Anstalten organisieren aber auch an-spruchsvollere Kulturveranstaltungen (Konzerte u. ä.), die sich großer Beliebt-heit erfreuen (S. 213). Kritisch vermerkt die Verf., dass trotz der erkennbaren Bemühungen der Anstalten, ein abwechslungsreiches Freizeitprogramm anzu-bieten, nicht wenige Gefangene abzüglich einer Stunde Hofgang 23 Stunden in der Zelle verbringen. Dies hat das CPT zu deutlicher Kritik veranlasst und der Forderung, dass Gefangene mindestens 8 Stunden pro Tag außerhalb des Haft-raums an Freizeitangeboten teilnehmen können sollten (S. 215).

Die Kommunikation mit der Außenwelt (*Kapitel 8.6*) wird auf verschiedene Weise ermöglicht. Den deutschen Leser mag zunächst erstaunen, dass die Ge-fangenen ein Recht auf uneingeschränkte Nutzung des durch die Anstalt vermit-telten Telefonverkehrs haben (*Kapitel 8.6.1*). Dementsprechend sind in Polen Karten- oder andere Telefongeräte in den Anstalten aufgestellt. Einschränkun-gen sind aus Sicherheitsgründen möglich, Mobiltelefone sind auch in Polen nicht erlaubt. In den geschlossenen Anstalten wird im Gegensatz zu den offenen und halboffenen Anstalten die Korrespondenz regelmäßig kontrolliert, was die Verf. zu Recht als nicht konform mit der Rspr. des EGMR (mit Hinweis auf Einzelentscheidungen) kritisiert. Anscheinend hat sich der EGMR aber noch nicht zu dieser Frage geäußert, wohl aber Polen mehrfach wegen der Verletzung von Art. 8 EMRK verurteilt, weil Briefe des Gerichtshofs an Gefangene mit dem Stempel „zensiert" ausgehändigt wurden (S. 217 f.).

Besuche und deren Häufigkeit hängen vom Anstaltstyp, in dem sich der Ge-fangene befindet, ab (*Kapitel 8.6.3*). Im geschlossenen Vollzug hat der Gefan-gene ein Recht auf zwei, im halboffenen Vollzug auf drei und im offenen Voll-zug auf eine unbegrenzte Zahl von Besuchen (jeweils von einer Std. Dauer).

Vollzugslockerungen werden als „Genehmigung des zeitweiligen Verlassens der Anstalt" (Ausgang) bezeichnet (*Kapitel 8.7*). Darunter fallen sog. System-ausgänge, die vom Typ der Anstalt abhängen. Im geschlossenen Vollzug sind diese nicht vorgesehen, im halboffenen Vollzug gibt es einen Ausgang alle zwei Monate, im offenen Vollzug einen Ausgang jeden Monat, jährlich bis zu 28 Tage. Daraus wird erkennbar, dass der Begriff „Ausgang" auch den Hafturlaub oder Langzeitausgang des deutschen Strafvollzugsrechts mit umfasst. Neben diesen „Systemausgängen", die man auch als Regelausgänge bezeichnen könnte, gibt es noch sog. Belohnungsausgänge von maximal 30 Std. Wichtigstes Krite-rium des recht weitgehenden Belohnungsausgangs ist, dass eine „vertrau-enswürdige Person" zur Verfügung steht, die den Ausgänger für bis zu 28 Tage im Jahr aufnimmt. In *Kapitel 8.8* werden die in Art. 137 StVollstrGB aufge-führten Belohnungsmaßnahmen „zum Zweck der Ermutigung" (S. 226) näher erläutert. Hervorzuheben ist, dass diese Maßnahmen im Gegensatz zu den Sys-temausgängen auch Gefangene im geschlossenen Vollzug betreffen können.

Darüber hinaus gibt es entsprechend den deutschen Regelungen Sonderaus-gänge bei familiären Anlässen (der Begriff „Schicksalsausgang" trifft den Sach-verhalt von Geburt, Hochzeit, schwerer Krankheit und Tod von Angehörigen umgangssprachlich ganz gut). Die in *Tabelle 8.9* ausgewiesenen Ergebnisse deuten an, dass die Zahl der Systemausgänge sehr gering ist, was auf eine restriktive Handhabung schließen lässt, während Belohnungsausgänge in zwei Varianten mit insgesamt ca. 67.000 Genehmigungen bei ca. 19.000 Gefangenen immerhin beachtlich erscheinen. Bei insgesamt jährlich mehr als 67.000 Entlassungen (2010; vgl. *Kapitel 4.2, Abbildung 4.4*) sind aber auch diese Zahlen zu relativieren. Ausgänge zur Vorbereitung der Entlassung als zusätzliche Lockerungsmaßnahmen spielen keine bedeutende Rolle (zur bedingten Entlassung s. unten).

Als zusätzliche Lockerungsform gibt es Genehmigungen für die Teilnahme an kulturellen Veranstaltungen außerhalb der Anstalt (auch als Belohnungsausgang vorgesehen), an therapeutischen Maßnahmen oder an Ausbildungsmaßnahmen (insoweit vergleichbar mit dem deutschen Freigang).

Aus pädagogischen Gesichtspunkten interessant ist, dass das polnische Strafvollzugsrecht neben den klassischen Disziplinarmaßnahmen auch die erwähnten Belohnungsmaßnahmen kennt (vgl. *Kapitel 8.8*). Diese Idee ist im deutschen Strafvollzugsrecht nur rudimentär in einigen Jugendstrafvollzugsgesetzen verankert. Der Katalog von Disziplinarmaßnahmen (S. 227) entspricht dem deutschen StVollzG weitgehend, wobei die Besuchsdurchführung von Besuchen nur mit Trennscheibe als Disziplinarmaßnahme fragwürdig erscheint. Die Statistik zur Verhängung des Arrests als schwerster Disziplinarmaßnahme (*Tabelle 8.10*) deutet an, dass davon nur sehr restriktiv Gebrauch gemacht wird, was vom CPT bestätigt wurde. Kritisiert wurde hingegen, dass der Kontakt zur Familie während des Arrests völlig ausgeschlossen wird. Auch das CPT beklagte im Übrigen, dass die Gesamtzahl und Art von Disziplinarmaßnahmen von der polnischen Strafvollzugsverwaltung nicht ausreichend dokumentiert werden.

In *Kapitel 8.9* wird das wichtige Thema der Entlassungsvorbereitung, Entlassung und Nachbetreuung behandelt. Die Verf. beginnt mit der Frage der bedingten Entlassung (*Kapitel 8.9.1*). Interessant erscheint zunächst die auch von der Verf. kritisierte Praxis der Gerichte, bei der Aussetzungsentscheidung generalpräventive Aspekte zu berücksichtigen, obwohl das Gesetz von 1997 (im Gegensatz zum Gesetz von 1969) diese nicht (mehr) erwähnt. Normalerweise kommt schon nach Verbüßung der Hälfte der Strafe eine Strafrestaussetzung in Betracht, bei Rückfalltätern erhöht sich dieser Anteil auf zwei Drittel und bei mehrfach Rückfälligen auf drei Viertel. Bei der 25-jährigen Strafe sind mindestens 15, bei der lebenslangen Strafe 25 Jahre zu verbüßen. Diese auch im internationalen Vergleich hohen Mindestverbüßungszeiten (vgl. *Dünkel/van Zyl Smit/Padfield* 2010; *Dünkel* 2013, § 38 Rn. 46) sind in Polen als Kompromiss mit den Befürwortern einer Ersetzung der Todesstrafe durch „Lebenslang" ohne Aussetzungsmöglichkeit zu erklären (S. 234). Die Verf. kritisiert diese restriktiven Regelungen mit guten Argumenten (S. 235). Sie berichtet anschließend über eine empirische Rückfallforschung bzgl. bedingt Entlassener aus den 1990er

Jahren, die allerdings mangels eines Kontrollgruppenvergleichs zur Wirksamkeit der Maßnahme keine Aussage zulässt.

Nachfolgend berichtet die Verf. von Gesetzesreformen, durch die eine Mindestverbüßungszeit vor einer bedingten Entlassung abgeschafft wurde (S. 236). Die Verf. bedauert die „restriktive" Praxis, wonach nur 43% der Anträge auf bedingte Entlassung positiv beschieden werden (vgl. *Tabelle 8.11*). Das mag richtig sein, insbesondere wenn man die nahezu einhundertprozentige Aussetzungsrate bei Anträgen von der Anstaltsleitung den auf Eigeninitiative des Gefangenen gestellten Anträgen (Aussetzungsquote 25%) gegenüberstellt.

Das Gesetz sieht als Zeitraum der Entlassungsvorbereitung (*Kapitel 8.9.2*) die letzten 6 Monate vor dem (ggf. vorzeitigen) Entlassungszeitpunkt an. Das erscheint vergleichsweise kurz und auch die Maßnahmen eines Übergangsmanagements entwicklungsfähig bzw. -bedürftig. Die Entlassenenhilfe wird mehr und mehr auch wieder als staatliche Aufgabe begriffen (zu den „gesellschaftlichen", d. h. privaten Trägern vgl. *Kapitel 10*). Obwohl der polnische Staat nicht unerhebliche Summen in Entlassenenhilfemaßnahmen der beruflichen und schulischen Bildung bereitstellt, wird dies von der Verf. als unzureichend kritisiert (S. 245).

Kapitel 9 ist der Kontrolle des Vollzugs gewidmet. Dazu gehören zunächst die Anträge und Beschwerden von Gefangenen (*Kapitel 9.1*). Letztere bleiben i. A. ohne Erfolg. Rechtsmittel sind seit 2011 auf die ausdrücklich im Gesetz explizit genannten Sachverhalte beschränkt, während die deutsche Rspr. z. B. auch Realakte (z. B. Nichtanklopfen bei Betreten des Haftraums) als Gegenstand von Anträgen auf gerichtliche Entscheidung zulässt. Jedenfalls scheinen auch gerichtliche Klagen weitgehend erfolglos, z. T. wohl statistisch gesehen deshalb, weil aussichtslose Klagen einiger weniger „Querulanten" dominieren.

Ein wichtiges Instrument der Kontrolle ist die sog. pönitentiare Aufsicht durch den Strafvollzugsrichter, deren lange Tradition die Verf. eingangs beschreibt (*Kapitel 9.3*). Der Vollzugsrichter kann Beschwerden von Gefangenen nachgehen, hat aber darüber hinausgehend allgemeine Aufsichts- und Kontrollkompetenzen. Er kann im Rahmen seiner Inspektionen auch Disziplinarmaßnahmen verhängen (S. 253), was aber im Vergleich zu Entscheidungen der Anstaltsleitung außerordentlich selten vorkommt. Eine rechtswidrige Behandlung von Gefangenen kann der Richter aufgreifen und bis vor den Minister bringen. Im Übrigen scheint das klassische Aufgabenfeld die Durchführung von Inspektionen zu sein. Obwohl mit der Übertragung der traditionellen Aufsichtsfunktion seitens der Staatsanwaltschaft im sozialistischen Recht auf einen Richter eher Unabhängigkeit und Transparenz hergestellt werden sollten, scheinen die Gefangenen wenig Vertrauen in diese Form der Kontrolle zu haben (vgl. S. 255). Sehr viel höheres Ansehen genießt dagegen der Ombudsmann (*Kapitel 9.4*). Auch er führt unabhängige Inspektionen durch, hat aber weniger eigene Eingriffsrechte als der Strafvollzugsrichter. *Tabelle 9.1* zeigt eindrucksvoll das weite und intensive Feld von Inspektionen innerhalb eines Jahres durch die Ombudsbehörde.

Im *10. Kapitel* wird die Beteiligung gesellschaftlicher Organisationen beschrieben. Dazu gehören private Träger der Nachentlassenenhilfe, aber auch NGOs, die sich eher der Kontrolle des Vollzugs verschrieben haben (z. B. das Helsinki-Komitee, heute Helsinki-Stiftung). Die Nachentlassenenhilfeorganisation „Patronat" wurde schon 1908 gegründet, zahlreiche weitere Vereine und Stiftungen sind hinzugekommen.

Im *11. Kapitel* geht die Verf. auf neue Formen alternativer Sanktionen wie die elektronische Überwachung ein. Ebenso wie in verschiedenen westeuropäischen Ländern, insbesondere England, den Niederlanden oder Schweden, hat auch Polen die elektronische Überwachung eingeführt und ist dabei, sie gesetzlich weiter auszubauen. Praktische Erfahrungen damit gibt es erst seit 2009, seit 2012 ist das Monitoring landesweit eingeführt. Zunächst handelte es sich um eine Strafvollstreckungsvariante der Freiheitsstrafe, d. h. die Gefangenen verbüßen einen Teil der Strafe unter elektronischer Aufsicht. 2012 wurde das Monitoring auch auf Personen in Freiheit erweitert, denen der Zugang zu Massenveranstaltungen untersagt wurde. Die Fußballeuropameisterschaft und das Bestreben Hooligans fernzuhalten, haben diese Entwicklung befördert.

Die Voraussetzungen für eine elektronische Überwachung sind relativ eng, nur Täter mit einer Freiheitsstrafe oder einem Strafrest von weniger als einem Jahr, darunter Ersatzfreiheitsstrafen, können berücksichtigt werden, ferner muss eine Wohnung mit Telefonanschluss vorhanden sein. Sicherheitsgesichtspunkte oder ein hoher „Demoralisierungsgrad" dürfen nicht entgegenstehen. Zu Recht kritisiert die Verf. am Ende des Kapitels, dass damit ein sehr begrenzter und positiv selektierter Personenkreis für die elektronische Überwachung in Frage kommt, der in anderen Ländern (insbesondere Deutschland) durch herkömmliche Alternativen wie die Geldstrafe, gemeinnützige Arbeit oder die „normale" Bewährungsaufsicht erfolgreich betreut wird. Dies wird durch die Zusammensetzung der bisher Überwachten (vorwiegend Eigentums- und Vermögensdelikte, Verkehrsdelikte, Unterhaltspflichtverletzungen u. ä.) und die durchschnittlich kurze Überwachungszeit von 3,8 Monaten belegt. Tendenzen eines Net-widening dürften daher auch in Polen gegenüber echten haftreduzierenden Wirkungen überwiegen. Gleichwohl sind die Fallzahlen nicht unbeachtlich. So wurden bis April 2013 insgesamt fast 19.000 Personen in das System aufgenommen. Die Kosten mit 4,60 € pro Tag sind im europäischen Vergleich und auch gegenüber den täglichen Haftkosten im Vollzug sehr niedrig, jedoch verweist die Verf. zu Recht auf die immensen Kosten der Implementierung der Technik, die den polnischen Staat ca. 56 Millionen € gekostet hat (S. 273, Fn. 683).

Im *12. Kapitel* werden die Konzeptionen und Ergebnisse dreier international vergleichender Studien des Greifswalder Lehrstuhls mit dem Fokus auf die Situation des polnischen Strafvollzugs dokumentiert, an denen die Verf. jeweils mit Landesberichten für vergleichende Publikationen (*Dünkel* 2007; 2009; *Dünkel/ Kestermann/Zolondek* 2005; *Zolondek* 2007; *Drenkhahn* 2009; 2010; 2011a; 2011b) beteiligt war. Auch hat sie selbst jeweils die empirischen Daten erhoben und teilweise zusätzliche Auswertungen für die vorliegende Arbeit vorgenommen.

Das erste Projekt betrifft eine empirische Bestandsaufnahme des Männererwachsenenstrafvollzugs in 7 Ostseeanrainerstaaten in den Jahren 2002-2004. Obwohl die Daten ca. 10 Jahre alt sind, haben sie – wie aus den vorangehenden Situationsbeschreibungen des Strafvollzugs in Polen in der vorliegenden Arbeit deutlich wurde – kaum etwas an Aktualität eingebüßt. Die Lebens- und Haftbedingungen des Erwachsenenvollzugs in Polen waren schon damals im Vergleich zu den skandinavischen Ländern und Deutschland in vielerlei Hinsicht besonders prekär, um nicht zu sagen rückständig. Die in internationalen Standards vorgesehene Unterbringung in Einzelhafträumen gab es nur vereinzelt (ca. 3% der Gefangenen), Unterbringungen in Massenschlafsälen wie in den Baltischen Staaten zwar nicht, aber die Hälfte der Gefangenen musste sich den Haftraum mit mindestens 3-7, weitere 17% mit 8-14 Gefangenen teilen (*Abbildung 12.2*). Mehr als die Hälfte der Gefangenen klagte über zu kalte und feuchte Hafträume (*Abbildung 12.3*). 25% gaben an, Probleme mit Alkohol zu haben, die Hälfte davon nahm auch an einer Alkoholbehandlung teil (*Abbildung 12.6*). Ca. 50% beschrieben das Anstaltsklima als ziemlich oder sehr angespannt (*Abbildung 12.8*) und ebenso viele fühlten sich unsicher, insbesondere am Tag (*Abbildungen 12.9* und *12.10*). Bedrohungen, Diebstählen und Körperverletzungen (24%) ausgesetzt zu sein, gehörte zum Vollzugsalltag (*Abbildung 12.11*). Angesichts der mangelnden statistischen Erfassung von Disziplinarmaßnahmen durch die Vollzugsbehörden (s. *Kapitel 8.8*) gewinnt der Befund, dass 69% der Befragten disziplinarisch sanktioniert worden waren, besondere Brisanz. Dies waren zugleich die höchsten Werte im Vergleich der Ostseeanrainerstaaten (*Abbildung 12.12*). In Übereinstimmung mit den Befunden zur Arbeit und Arbeitsentlohnung (*Kapitel 8.3*) hatten nur knapp 24% Arbeit, davon 40% bezahlte Arbeit (d. h. nur knapp 10% der Gefangenen hatten eine bezahlte Arbeit!).

Entsprechend der Erkenntnisse in *Kapitel 8.7.3* haben nur knapp 19% der Befragten Lockerungen erhalten (*Abbildung 12.19*), immerhin gaben fast die Hälfte an (45,5%), an irgendeiner Entlassungsvorbereitungsmaßnahme teilzunehmen.

Erhellend sind weiterhin die Ergebnisse der Bedienstetenbefragung. Polnische Beamte nahmen einen Spitzenplatz in der Betonung des Schutzes der Allgemeinheit ein, sehen aber – ebenso wie die Vollzugsbeamten anderer Länder – eine Diskrepanz in einer tatsächlich zu starken Betonung des Sicherheitsaspekts (Übersicherung der Anstalten) im Vergleich mit idealen Verhältnissen (*Abbil-*

dung 12.20). Gleichfalls sahen sie eine zu geringe Betonung des Resozialisierungsaspekts, der in der Praxis kaum realisiert werde (*Abbildung 12.21*). Den Gedanken der Wiedergutmachung und Bemühungen einer Opferentschädigung auch aus dem Vollzug heraus sehen zwar 33% positiv, die Hälfte kann damit nichts anfangen, der Rest ist sogar dagegen (*Abbildung 12.22*). Nicht alle sind Freunde des Resozialisierungsgedankens. Der Befund dass 42% der Beamten der Aussage „Resozialisierung ist Geldverschwendung" zustimmten, weitere 33% dem teilweise zustimmten und nur 25% diese Aussage dezidiert ablehnten (vgl. *Abbildung 12.23*), muss nachdenklich stimmen. Ebenso deutlicher Handlungsbedarf für Personalschulungs- und -entwicklungskonzepte ergibt sich aus der hohen Zustimmung zur populistischen Aussage „Wenn die Anstalten weniger komfortabel wären, dann gäbe es weniger Kriminalität" (50% und damit zusammen mit litauischen Beamten der höchste Zustimmungswert im internationalen Vergleich, vgl. *Abbildung 12.24*; zu bedenken ist hierbei der baulich schlechte Zustand der meisten polnischen Gefängnisse, der schon den Begriff „Komfort" in der Frage als eher realitätsfern erscheinen lassen musste). Die Anstaltsatmosphäre fanden die Bediensteten noch angespannter und unsicherer als die Gefangenen (*Abbildungen 12.25* und *12.26*). Zugleich klagten die polnischen Beamten wie in keinem anderen der beteiligten Länder über Gesundheitsbeschwerden (*Abbildung 12.27*). Auch bei der Einschätzung der Arbeitsbelastung (Stress, Zeitdruck) gaben die polnischen Beamten im internationalen Vergleich signifikant negativere Einschätzung ab als die Kollegen in den anderen Ländern (*Abbildungen 12.28* und *12.29*). Als positiv sehen sie lediglich „gute Aufstiegschancen" (*Abbildung 12.33*).

Dieser Teil der Untersuchung (Beamtenbefragung) wurde bislang noch nicht ausgewertet bzw. publiziert und stellt zusammen mit den vorangehenden Befunden der Arbeit eine einzigartige Möglichkeit dar, auf bestimmte Probleme des polnischen Strafvollzugs hinzuweisen, die in erheblichem Umfang auch im Bereich des Personals zu sehen sind. Daraus leiten sich Forderungen nach einer verbesserten personellen Ausstattung, Ausbildung und Weiterbildung der Bediensteten ab, ohne deren Akzeptanz ein Resozialisierungsvollzug nicht umsetzbar ist.

Die Studie zum *Frauenstrafvollzug in Europa* (*Kapitel 12.2*), deren empirische Erhebungen am Greifswalder Lehrstuhl für Kriminologie in den Jahren 2003-2005 durchgeführt wurden, umfasste 9 Länder aus allen Regionen Europas (vgl. *Tabelle 12.4*). Der polnische Frauenvollzug unterscheidet sich nach den Unterbringungsbedingungen nicht wesentlich vom Männervollzug. Mehr als die Hälfte der befragten 61 weiblichen Insassen musste sich den Haftraum mit mindestens 8 anderen Gefangenen teilen (*Abbildung 12.36*). Allerdings war der Anteil von Gefangenen, die das Anstaltsklima als angespannt oder bedrohlich empfanden, deutlich geringer als im Männervollzug. Auch war die subjektive Wahrnehmung des eigenen Gesundheitszustands bei den polnischen weiblichen

Insassen vergleichsweise gut (*Abbildung 12.39*). Die schon im Männervollzug erkennbaren Defizite bzgl. (bezahlter) Arbeit sind im Frauenvollzug offenbar noch ausgeprägter. Nur 30% hatten eine Arbeit, davon gerade mal ein Siebtel bezahlte Arbeit. D. h. andererseits, dass 95% der inhaftierten Frauen keinerlei Einkommen aus Arbeit hatten und damit auf ein minimales Taschengeld seitens der Anstalt angewiesen waren. Nur 5%, das sind umgerechnet n =3 der befragten 61 Insassinnen, verfügten über ein Einkommen aus Arbeit! Auf diesen katastrophalen Zustand weist die Verf. zu Recht kritisch hin.

Die Bedienstetenbefragung ergab ebenso wie im Männervollzug eine deutliche Priorität der Ausrichtung des Strafvollzugs in der Praxis am Gedanken des Schutzes der Allgemeinheit (77% sehen ihn in der Praxis als besonders ausgeprägt). Die Resozialisierung rangierte mit 23% auf ähnlichem Niveau wie Sühne und Abschreckung. Auch die Bediensteten des Frauenvollzugs möchten aber im Idealfall, dass mehr Resozialisierungsangebote und weniger Sicherheitsaspekte eine vorrangige Rolle spielen (*Abbildung 12.45*). Eine wiedergutmachungsorientierte Vollzugsgestaltung hält die Mehrzahl der Bediensteten für nicht sinnvoll oder weiß offenbar mit der Frage nichts anzufangen (*Abbildung 12.46*).

Das dritte zu erwähnende Projekt der Greifswalder Forschergruppe betrifft den Langstrafenvollzug in Europa, hier unter Beteiligung von 11 Ländern aus allen europäischen Regionen (vgl. *Tabelle 12.9*). Auf diese erst nach Abgabe der Dissertation publizierte Studie (vgl. *Drenkhahn/Dudeck/Dünkel* 2014) geht die Verf. hier nur hinsichtlich einiger schon vorab veröffentlichter Grunddaten ein. In jedem Fall wird – wie schon in *Kapitel 4.3.3* – ausführlich dargelegt, deutlich, dass der Anteil von Gefangenen mit langen Haftstrafen (> 5 Jahre Freiheitsstrafe) in Polen abgesehen von Deutschland am niedrigsten ist (vgl. *Abbildung 4.6* und oben).

Im zusammenfassenden *13. Kapitel* geht zunächst auf das zentrale Problem des polnischen Strafvollzugs, nämlich die im europäischen Vergleich überdurchschnittlich hohe Gefangenenrate und Möglichkeiten ihrer Reduzierung ein. Dabei tritt die Verf. klar und deutlich für einen Ausbau der vorhandenen und neuer Alternativen zur Freiheitsstrafe einschließlich der bedingten Entlassung ein. Das verdient ebenso Zustimmung wie die zurückhaltende Einschätzung des Potenzials der elektronischen Überwachung.

In Bezug auf die rechtstatsächliche und menschenrechtliche Situation des Strafvollzugs kritisiert die Verf. zu Recht das nur rudimentäre Angebot an Arbeit, dem eine staatlich angeordnete (aber nicht durchsetzbare) Arbeitspflicht gegenübersteht. Diese auch in anderen Ländern bestehende Diskrepanz ist in Polen besonders ausgeprägt und nicht akzeptierbar. Richtig ist auch, dass es neben weiteren Reformen des Strafvollzugsrechts auch einer Einstellungsänderung der Bevölkerung bedarf, ein Problem, das die früheren und die jetzige Regierung in Polen offenbar erkannt haben.

Die Einschätzungen der Verf. verdienen ausnahmslos Zustimmung, insbesondere auch, was die Probleme der Bediensteten anbelangt.

Die vorliegende Arbeit ist äußerst verdienstvoll. Es werden die aktuellen Entwicklungen des Strafvollzugs in Polen umfassend aufgearbeitet. Dabei werden die historischen Bezüge sehr akribisch aufgearbeitet und größere Zusammenhänge mit der allgemeinen Geschichte Polens deutlich gemacht. Dem deutschen Leser wird hier erstmals detailliert auch die entsprechende Diskussion zur Freiheitsstrafe und ihres Vollzugs in der polnischen Literatur und Rechtsprechung zugänglich gemacht. Eine Fülle von rechtstatsächlichem Material wird im Rahmen sekundärstatistischer Analysen ausgewertet, die neben den wichtigen international vergleichenden Primärforschungen (vgl. *Kapitel 12*) ein Bild der Wirklichkeit des polnischen Vollzugs geben und zugleich die Probleme und Unzulänglichkeiten der Vollzugspraxis aufzeigen.

Die vorliegende Arbeit wurde im Sommersemester 2013 als Dissertation an der Rechts- und Staatswissenschaftlichen Fakultät angenommen. Die Literatur und aktuelle Reformen bis Ende 2014 wurden aktualisiert bzw. eingearbeitet. Prof. Dr. *Philipp Walkenhorst*, gilt der Dank für die zügige Anfertigung des Zweitgutachtens. *Kornelia Hohn* hat wie immer mit großer Sorgfalt die Druckvorlage erstellt. Dafür gebührt ihr gleichfalls besonderer Dank und Anerkennung.

Greifswald, im April 2015

Frieder Dünkel

Danksagung

Ein Leben ist ein Weg, ist eine Wanderung. Und wenn man sich entscheidet, in einem anderen, zuerst ganz fremden Land, eine Zeit lang zu leben, begibt man sich auf einen unbekannten Weg. Auf den ersten Meilen benötigt man sehr viel Unterstützung und Hilfe. Die Begegnungen mit Menschen spielen also eine wichtige Rolle. Ich hatte besonderes Glück auf meiner Wanderung ins Fremde und traf überwiegend warmherzige und offene Menschen. Für diese Begegnungen, Freundschaften und Liebe bin ich sehr dankbar.

An dieser Stelle sei deshalb meinem Doktorvater, Prof. Dr. Frieder Dünkel, besonders gedankt. Für die Möglichkeit bei ihm zu promovieren, für die freundschaftliche Betreuung und für seine großzügige Hilfe bei den Sprachkorrekturen. In diesen Jahren am Lehrstuhl habe ich sehr viel erfahren, erlebt und dank seiner enthusiastischen Schaffensfreude Menschen aus verschiedensten Ecken der Welt getroffen und kennen lernen dürfen.

Frau Kornelia Hohn möchte ich für die sorgfältige Bearbeitung der Druckvorlage danken und insbesondere auch für ihre Freundschaft, für die vielen witzigen Sprüche, die den Arbeitsalltag erfrischten und die mein Deutsch vielleicht um ein Stück weit humorvoller gemacht haben und für alles, was ich von ihr gelernt habe.

Meinen langjährigen Kolleginnen und Kollegen Bernd Geng, Dr. Christine Morgenstern und Dr. Ineke Pruin danke ich für das freundschaftliche Miteinander, für die offenen Ohren, die Motivationen und Anregungen und vor allem für ihre Hilfsbereitschaft, alle meine Fragen zu beantworten und Teile meiner Arbeit Korrektur zu lesen.

Desweiteren sei vielen Kolleginnen und Kollegen, Freundinnen und Freunden vom Lehrstuhl gedankt für die gute Arbeitsatmosphäre, wunderbare Begegnungen und Momente: Dr. Álvaro Castro Morales, Griselle Moreno Vargas, Prof. Dr. Kirstin Drenkhahn, Dr. Andrea Gensing, Dr. Philip Horsfield, Dr. Katrin Müller, Dr. Andrea Păroşanu, Dr. Gintautas Sakalauskas, Moritz von der Wense, Dr. Marina Zaikina, Dr. Juliane Zolondek, Prof. Dr. Claudia Kestermann, Mojca Zupančičic und vielen anderen.

Meinen lieben Freundinnen Anke Nordt und Patrycja Krupa danke ich für die unermüdlichen Korrekturen, Textbearbeitungen und für die Geduld, sich immer wieder meinen Sprachkreationen anzunehmen.

Einen großen Dank richte ich an Prof. Dr. hab. Barabara Stańdo-Kawecka für ihre Freundschaft und für die vielen hilfreichen Hinweise aus Sicht der polnischen Wissenschaft. Mein Dank gilt auch den vielen anderen polnischen Wissenschaftlern, Strafvollzugsbediensteten und Bewährungshelfern für ihre hilfreichen Bemerkungen, Erklärungen und Informationen.

Ein herzlicher Dank gilt der Heinrich-Böll-Stiftung für die finanzielle und ideelle Unterstützung im Rahmen des Promotionsstipendiums.

Bei Prof. Dr. Philip Walkenhorst bedanke ich mich sehr herzlich für die schnelle Erstellung des Zweitgutachtens.

Ein Dank gilt auch der Familie meines Mannes, insbesondere seinen Eltern Roswitha und Helge, die mich warmherzig in ihre Familie aufgenommen haben und mich auf meinem Weg unterstützten.

Diese Arbeit widme ich, neben meinem geliebten Onkel Krzysztof, meiner Familie: meinen Eltern Marzenna und Marek, meinem Bruder Michał, seiner Frau Maia und ihren Töchtern Terenia und Danusia, und nicht zuletzt meinem lieben Mann Jan. Ich danke Euch für die unendliche, bedingungslose Liebe, die ich von Euch bekomme, die mich durch das Leben führt und stärkt, für Eure Unterstützung und Geduld.

Pracę tę dedykuję pamięci mojego ukochanego wuja Krzysztofa i mojej rodzinie: moim rodzicom Marzennie i Markowi, mojemu bratu Michałowi i jego żonie Maii oraz ich córkom, Terenii i Danuśce oraz mojemu kochanemu mężowi - Janowi. Dziękuję Wam za nieskończoną, bezinteresowną miłość, która prowadzi mnie przez życie i dodaje sił, za wsparcie i za cierpliwość.

Greifswald, im April 2015

Joanna Grzywa-Holten

Abkürzungsverzeichnis

Abs.	Absatz
Art.	Artikel
Aufl.	Auflage
Bd.	Band
bspw.	beispielsweise
BVerfG	Bundesverfassungsgericht
bzgl.	bezüglich
bzw.	beziehungsweise
ca.	circa
CPT	Committee for the Prävention of Torture/ Anti-Folter-Komitee
d. h.	das heißt
EGMR	Europäischer Gerichtshof für Menschenrechte
EMRK	Europäische Menschenrechtskonvention
EPR	European Prison Rules/Europäische Strafvollzugsgrundsätze
etc.	et cetera
f., ff.	folgende, fortfolgende
Fn.	Fußnote
gem.	gemäß
ggf.	gegebenenfalls
GG	Grundgesetz
Hrsg.	Herausgeber/in
i. d. R.	in der Regel
i. S. d.	im Sinne der/des
i. S. v.	im Sinne von
JGG	Jugendgerichtsgesetz
Jh.	Jahrhundert
k. A.	keine Angaben
Kap.	Kapitel
KOR	Komitet Obrony Robotników/ Komitee zur Verteidigung der Arbeiter

KSZE	Konferenz über Sicherheit und Zusammenarbeit in Europa
m. w. N.	mit weiteren Nachweisen
NGO	Non-Governmental Organization/ Nichtregierungsorganisation
NJW	Neue Juristische Wochenschrift
NKWD	Narodny kommissariat wnutrennich del/ Volkskommissariat für innere Angelegenheiten
Nr.	Nummer
NSZZ Solidarność	Niezależny Samorządny Związek Zawodowy Solidarność/Unabhängigen Selbstverwalteten Gewerkschaft Solidarität
OECD	Organisation for Economic Co-operation and Development
o. g.	oben genannte(n)
OSZE	Organisation für Sicherheit und Zusammenarbeit in Europa
P.	Punkt
poln.	polnisch
poln. StVollstrGB	polnisches Strafvollstreckungsgesetzbuch
poln. StGB	polnisches Strafgesetzbuch
PRL	Polska Republika Ludowa/Volksrepublik Polen
Rec	Recommendation
Rn.	Randnummer
RPO	Rzecznik Praw Obywatelskich/Ombudsmann
S.	Seite
s. o.	siehe oben
s. u.	siehe unten
SN	Sąd Najwyższy/das Oberste Gericht
sog.	sogenannte
StGB	Strafgesetzbuch
StVollzG	Strafvollzugsgesetz
TK	Trybunał Konstytucyjny/(polnischer) Verfassungsgerichthof
u. a.	unter anderem oder und andere
u. ä.	und ähnliche

u. a. m.	und andere mehr
UdSSR	Union der sozialistischen Sowjetrepubliken
UN	United Nations/Vereinte Nationen
UNO	United Nations Organisation
usw.	und so weiter
u. U.	unter Umständen
vgl.	vergleiche
z. B.	zum Beispiel
z. T.	zum Teil

Strafvollzug in Polen – Historische, rechtliche, rechtstatsächliche, menschenrechtliche und international vergleichende Aspekte

1. Einleitung

Die Freiheitsstrafe ist, vor allem in den Ländern, in denen die Todesstrafe abgeschafft wurde, die schwerste Sanktion, die in die Rechte des Individuums eingreift. Obwohl sie international als *ultima ratio* der Verbrechenskontrolle angesehen wird,[1] wurde sie insbesondere in den ehemaligen Ostblockstaaten traditionell relativ häufig verhängt. Dies gilt auch für Polen, das dementsprechend zu den Ländern mit einer hohen Gefangenenrate gehört.[2] Der gesellschaftliche Umbruch Ende der 1980er Jahre hat auch im Bereich des Strafvollzugs in Polen zu tiefgreifenden Veränderungen geführt, und zwar im Hinblick auf das Strafvollzugsrecht wie auch die Strafvollzugspraxis. Nach wie vor gibt es allerdings erhebliche Probleme bei der Herstellung eines menschenrechtskonformen Vollzugs. Überbelegung, veraltete bauliche Strukturen und Personalmangel zählen zu den alten wie neuen Herausforderungen.

Seit dem 18. und 19. Jahrhundert ist die „Königin der Strafen" in allen europäischen Gesetzbüchern zu finden. Sie wurde als Ersatz für die Todesstrafe eingeführt. Außerdem trug sie zur Abschaffung der Körperverstümmelungsstrafen bei. Parallel zur Aufnahme der Freiheitsstrafe in die Gesetzbücher entwickelte sich im 18. und 19. Jahrhundert auch die Institution des Gefängnisses im modernen Sinne, in dem die Freiheitsstrafe vollzogen wird. Am Anfang glaubte man, dass der Freiheitsentzug an sich schon einen großen Erfolg bei der Erziehung der Inhaftierten haben würde. Aber bereits Anfang des 20. Jahrhunderts wurden

---

[1] Vgl. u. a. European Prison Rules/Europäische Strafvollzugsgrundsätze 2006, Präambel als auch Entscheidungen des polnischen Verfassungsgerichtshofes u. a. vom 1. September 2005, Sygn. akt Ts 51/05.

[2] 2013 lag die Gefangenenrate bei 223. Sie war damit im Vergleich zu Deutschland (80) fast drei Mal so groß, vgl. http://www.prisonstudies.org/info/worldbrief/?search=europe &x= Europe. Letzter Abruf am 20.05.2013.

im Strafvollzug viele Probleme deutlich. Man weist hier vor allem auf dessen negative Effekte hin, wie z. B. Stigmatisierung, Mangel an Kontakten zur normal funktionierenden Gesellschaft und daraus folgende fehlerhafte Anpassung des Verurteilten an das zukünftige Leben in der Gesellschaft. Dazu kommen auch der hohe finanzielle Aufwand für den Erhalt der Gefängnisse und unbefriedigende Ergebnisse der Resozialisierung.

Es wird versucht, die oben genannten negativen Faktoren auf verschiedene Weise zu mindern bzw. zu vermeiden. Am häufigsten geschieht dies durch die Einführung von alternativen Sanktionen wie die Geldstrafe, die Strafaussetzung zur Bewährung oder durch die bedingte vorzeitige Entlassung. Außerdem wurden andere Wege der Reaktion auf eine Straftat vor dem gerichtlichen Strafverfahren gefunden. Dies gilt jedoch lediglich für diejenigen Straftaten, die eine – in der polnischen Dogmatik sogenannte – geringe gesellschaftliche „Sozialschädlichkeit" aufweisen.

Die Freiheitsstrafe wird höchstwahrscheinlich noch lange im Strafrecht unentbehrlich bleiben. Unabhängig von der notwendigen grundsätzlichen kritischen Betrachtung und einem kontinuierlichen Monitoring der Menschenrechte in den Gefängnissen ist nach neuen Konzepten zur Verbesserung des strafrechtlichen Sanktionssystems und der Vollstreckung bzw. dem Vollzug von Strafrechtssanktionen zu suchen. Die Komplexität der verschiedenen Aspekte der Vollstreckung und des Vollzugs der Freiheitsstrafe verlangt eine effektive Koordinierung und ein gutes Management der Zusammenarbeit verschiedener Institutionen und Organisationen, eine Evaluierung der einzelnen Programme und eine breite, umfangreiche interdisziplinäre Diskussion über Freiheitsstrafe, ihre Folgen für den Inhaftierten und für die Gesellschaft.[3] Das gegenwärtige Europa ist insbesondere durch die Konsolidierungsprozesse gekennzeichnet. Die Annäherungsprozesse während des 20. Jahrhunderts werden in diesem Jahrhundert weiter intensiviert und entwickelt und die Rechtsordnungen einzelner Länder gleichen sich zunehmend an. Die Grundlage hierfür ist die Existenz der internationalen Institutionen und gemeinsamen Rechtsvorschriften und internationalen Menschenrechtsstandards, die durch die Tätigkeit des Europarats und insbesondere die Europäische Union, der Polen 2004 beigetreten ist, entstanden sind.

In der heutigen Rechtstheorie spricht man vom Multizentrismus, der die Koexistenz von verschiedenen rechtlichen Zentren annimmt.[4] Der Schaffung eines gemeinsamen Rechtsraumes müssen jedoch die Kenntnis und das Verständnis der einzelnen, nationalen Rechtsordnungen vorangehen. Zahlreiche juristische Probleme können heutzutage nicht nur im Rahmen des Rechtssystems lediglich eines Landes interpretiert und gelöst werden, sondern auch in Bezug auf gemeinsame europäische und internationale Vorschriften und Empfehlungen

---

3   Siehe dazu *Kuć* 2008, S. 37 ff.; *Kalisz* 2013, S. 292 f., *Stańdo-Kawecka* 2013b, S. 17.

4   Vgl. *Wojnar* 2007, S. 10 ff.

(Vereinte Nationen, Europarat). In diesem Sinne kann auch die interne Rechtsprechung der unabhängigen Gerichte der Kontrolle der internationalen Institutionen unterzogen werden.[5] Dies kann zu Problemen und Konflikten führen, gleichzeitig eröffnet dies aber große Chancen. Hier stellen Menschenrechte das beste Beispiel dar. Durch die Europäisierung der einzelnen Rechtsordnungen finden sie immer breitere Anerkennung und stärkeren Schutz.

Die vorliegende Arbeit soll den deutschen Lesern[6] einen Überblick über die Regelungen und die Praxis des polnischen Strafvollzugs geben. Insbesondere wird auf die historische, menschenrechtliche und die rechtstatsächliche Lebenssituation in den Gefängnissen eingegangen.

Auf die bestehenden Ähnlichkeiten und Unterschiede zwischen den Vollzugssystemen der Freiheitsstrafe in Polen und in Deutschland wird bei der Vorstellung der einzelnen Regelungen eingegangen. An dieser Stelle ist es jedoch angebracht, auf zwei wesentliche Unterschiede in beiden Rechtssystemen hinzuweisen. Der erste folgt aus der Tatsache, dass Deutschland ein föderal strukturiertes Land ist. Kapitel VII des deutschen Grundgesetzes unterscheidet die Ebenen der Gesetzgebung: eine, die ausschließlich dem Bund vorbehalten ist, eine, die den Ländern vorbehalten ist, sowie die konkurrierende Gesetzgebung. Vor der Föderalismusreform von 2006 gehörte der Strafvollzug zur Kompetenz des Bundes. Seit 2006 gilt dies nicht mehr und einzelne Bundesländer haben eigene Gesetze verabschiedet bzw. sind auf dem Weg dahin.[7] Die Ausführung des Strafvollzugsgesetzes gehörte in ihren Einzelheiten bisher ohnehin schon zum Landesjustizressort.[8]

Der zweite beachtenswerte Unterschied besteht darin, dass im deutschen System der Vollzug der Freiheitsstrafe separat von der Vollstreckung anderer Strafen geregelt ist. Art. 1 bestimmt den Anwendungsbereich des StVollzG: „Dieses Gesetz regelt den Vollzug der Freiheitsstrafe in den Justizvollzugsanstalten und der freiheitsentziehenden Maßregeln der Besserung und Sicherung".[9]

---

5   Vgl. *Łętowska* 2011, S. 4 ff.

6   In diesem Buch wird aus Gründen der besseren Lesbarkeit meist die männliche Wortform verwendet. Selbstverständlich sind jedoch stets Männer und Frauen gleichberechtigt gemeint.

7   Im Bereich des Erwachsenenstrafvollzugs haben bislang Baden-Württemberg, Bayern, Hamburg, Hessen und Niedersachsen eigene Gesetze geschaffen. Für den Bereich des Jugendstrafvollzugs wurden aufgrund der Entscheidung des BVerfG vom 31.5.2006 (NJW 2006, S. 2093 ff.) bis zum 1.1.2008 in allen Bundesländern gesetzliche Regelungen geschaffen. Auch hinsichtlich des Untersuchungshaftvollzugs hat die Rechtsprechung des BVerfG zu neuen gesetzlichen Regelungen in allen Bundesländern geführt (Untersuchungshaftvollzugsgesetze).

8   Vgl. Art 30 und Art. 83 GG.

9   Inzwischen ist klar, dass auch der Sicherungsverwahrungsvollzug bis zum 31.5.2013 in eigenständigen Landesgesetzen geregelt werden muss, vgl. BVerfG 2 BvR 2365/09,

Der Vollzug der Maßregeln zur Besserung und Sicherung in Gestalt der Unterbringung in psychiatrischen Kliniken und in Entziehungsanstalten obliegt in Deutschland schon seit langem den Landesministerien für Gesundheit bzw. Soziales.

Der Vollzug der Freiheitsstrafe in Polen ist gemeinsam mit der Vollstreckung anderer Sanktionen sowie mit den Regelungen zur Vollstreckung der Untersuchungshaft im Strafvollstreckungsgesetzbuch geregelt. Einige Verordnungen konkretisieren die Bestimmungen des Gesetzes. Da Polen ein Zentralstaat ist, gibt es nur eine landeseinheitliche Gesetzgebung für den Strafvollzug.

Die vorliegende Arbeit beinhaltet eine umfassende Bestandsaufnahme des polnischen Strafvollzugs mit vergleichenden Bezügen zur Entwicklung in Deutschland unter besonderer Berücksichtigung menschenrechtlicher Aspekte. Neben der Analyse der gegenwärtigen rechtlichen Situation wird ein besonderer Schwerpunkt bei der historischen Entwicklung und der rechtstatsächlichen Situation liegen. Die Arbeit gliedert sich in folgende 13 Kapitel:

Kapitel 2 widmet sich den historischen Aspekten der Freiheitsstrafe in Polen. Dabei ist auch auf die bewegte allgemeine Geschichte Polens und die unterschiedlichen Einflüsse in den verschiedenen historischen Epochen einzugehen.

Die Rechtsordnung eines Staates stellt ein umfangreiches, in sich geschlossenes System von miteinander verbundenen Normen als auch Regeln (Direktiven) der Rechtsprechung dar. In *Kapitel 3* werden deshalb die wichtigsten Rechtsnormen vorgestellt, die neben dem Strafvollstreckungsgesetzbuch bedeutenden Einfluss auf die Gestaltung des Strafvollzugs in Polen haben.

Die generelle Organisation des Gefängniswesens in Polen, die Darstellung der Population der Gefangenen, als auch die ausführlichen Regelungen bezüglich des Ablaufs des Vollzugs der Freiheitsstrafe, das Ziel der Freiheitsstrafe, als auch die Lockerungen der Freiheitsstrafe sind Thema von *Kapitel 4-8*. Zunächst geht es in *Kapitel 4* um einen Überblick zur statistischen Entwicklung der Population des Strafvollzugs in Polen im internationalen Vergleich. In *Kapitel 5* wird die Infrastruktur des Gefängniswesens (Anstalten, Budget) einschließlich der Personalstruktur analysiert. *Kapitel 6* widmet sich dem Ziel des Strafvollzugs unter besonderer Berücksichtigung des Resozialisierungsprinzips. *Kapitel 7* behandelt die Arten und Typen von Strafvollzugsanstalten sowie die Probleme der Klassifizierung und Individualisierung im Vollzug der Freiheitsstrafe. Daran schließen sich Fragen des Vollzugsablaufs (Aufnahme, Diagnostik etc.), der Grundversorgung (Ernährung, Bekleidung, Hygiene etc.), der Arbeit, Ausbildung, Freizeitgestaltung, Kommunikation mit der Außenwelt über Besuche etc. sowie Vollzugslockerungen und die Entlassungsvorbereitung bzw. bedingte Entlassung und Entlassenenhilfe im zentralen *Kapitel 8* an.

Entscheidung vom 4.5.2011. Das StVollzG gilt daher dann nur noch in den Ländern, die noch kein Landesstrafvollzugsgesetz verabschiedet haben und nur für Strafgefangene.

Im *9. Kapitel* werden Aspekte der Kontrolle des Vollzugs behandelt. Dabei geht es zunächst um die gerichtliche Kontrolle von Vollzugsentscheidungen (Rechtsmittel der Gefangenen), weiterhin um Formen der richterlichen Aufsicht und um die Beteiligung von Ombudspersonen.

In *Kapitel 10* wird die Beteiligung der Gesellschaft vor allem durch Nicht-regierungsorganisationen (NGOs) erörtert.

Kapitel 11 gibt einen Überblick über die Vollstreckung der Freiheitsstrafe außerhalb der Strafanstalt im System der elektronischen Überwachung.

Kapitel 12 stellt einen gesonderten Teil der Arbeit dar. Hier werden die wesentlichen Ergebnisse von drei empirischen Studien, die am Lehrstuhl für Kriminologie durchgeführt wurden, und an denen Polen als Projektpartner beteiligt war, dargestellt. Es handelt sich um international vergleichende, empirische Untersuchungen zu den Lebens- und Haftbedingungen im Männererwachsenen-vollzug der Ostseeanrainerstaaten,[10] des Frauenstrafvollzugs im europäischen Vergleich[11] und des sog. Langstrafenvollzugs in ausgewählten europäischen Ländern.[12] An allen drei Untersuchungen war die Verfasserin an Datenerhebung und -auswertung sowie der Abfassung von Landesberichten bzgl. des polnischen Teils der Untersuchungen beteiligt.

Kapitel 13 fasst die Ergebnisse der Arbeit zusammen und entwickelt daraus rechtspolitische und rechtspraktische Vorschläge zur weiteren Reform des Strafvollzugs in Polen.

Manchmal können dem deutschen Leser einige Formulierungen bzw. Namen der Institutionen und Rechtsinstitute fremd erscheinen. Großenteils wurde das funktionale Äquivalent der Rechtsinstitute des deutschen Strafvollzugsrechts benannt und terminologisch verwendet. An einigen Stellen wurde jedoch bewusst die wörtliche Übersetzung anstelle der Anpassung an deutsche Begrifflichkeiten gewählt.

Bei der Arbeit wurden überwiegend die polnischen Autoren und ihre Werke zitiert, u. a. um einen Überblick über den polnischen Diskurs zu diesem Thema zu geben. Dies erscheint sinnvoll, da in Deutschland die polnischen Entwicklungen bislang nur ausschnittsweise durch einige Publikationen in deutscher und englischer Sprache zugänglich sind.

Neben Literaturquellen wurden im großen Ausmaß Informationen des Justizministeriums, Strafvollzugsdiensts und des Ombudsmannes eingearbeitet, sowie auch einige Entscheidungen der polnischen Gerichte, des Verfassungsgerichtshofes und des Europäischen Gerichtshofs für Menschenrechte bzgl. Polens.

---

10   Vgl. *Dünkel* 2009a.

11   Vgl. *Dünkel/Kestermann/Zolondek* 2005; *Zolondek* 2007.

12   Vgl. *Drenkhahn* 2010; *Drenkhahn* 2011a.

> *„ ...das Recht, die Normen und die zahl-*
> *reichen dogmatischen Figuren sind schwer*
> *zu begreifen ohne Kenntnis ihrer Entstehung,*
> *ihrer politischen Hintergründe und der*
> *Weltanschauung, aus der sie geschaffen*
> *wurden. "*[13]

2. Historische Entwicklung der Freiheitsstrafe und des Strafvollzugs in Polen und die Bedeutung der Menschenrechte in der polnischen Strafvollzugsgeschichte

2.1 Von der Vergeltung zur sozialen Reintegration – Einführung in die Geschichte des Strafvollzugs

Die Geschichte des Strafvollzugs stellt eine sehr umfassende und vielseitige Materie dar. Sie beinhaltet sowohl die Entwicklung der freiheitsentziehenden Sanktionen als auch die Geschichte der Institutionen, in welchen diese Sanktionen vollzogen werden. Eine vollständige Erfassung dieses Themas würde auch eine komplexe Betrachtung und eine Analyse des gesamten philosophischen, soziologischen und kriminalpolitischen Hintergrunds einbeziehen müssen und damit den Rahmen dieser Arbeit sprengen. Im Folgenden werden deshalb lediglich die wichtigsten Entwicklungen des Strafvollzugsgedankens geschildert.

Die ersten Erwägungen über den Entzug der Freiheit als Sanktion und über die Gefängnisse finden wir schon in den ältesten Schriften der Menschheit. Sie treten in der Bibel, in der griechischen Mythologie und auch in den amtlichen Dokumenten und philosophisch-historischen Schriften der antiken Welt auf.[14] In vergangenen Epochen haben dennoch die Gefängnisse prinzipiell eine andere als die heutige Rolle erfüllt. Grundsätzlich waren sie Orte der Zwangsarbeit oder sie dienten als Sicherungshaft, um die Zahlung einer Geldschuld zu sichern.

Im mittelalterlichen Europa fand der Freiheitsentzug als regelmäßig angewandte Sanktion vor allem Gebrauch in den Klöstern. Zuerst wurde er nur als „innerklösterliche Disziplinarmaßnahme"[15] gegen delinquente Mönche und Nonnen verhängt, später aber wandelte sich diese in eine allgemeine Kirchen-

---

13 *Müller* 2006, S. 1.

14 In den ältesten Schriften der Menschheit, u. a. in der griechischen Mythologie (Labyrinth von Kreta), in der Bibel (*Joseph* im Gefängnis des *Pharaos* oder *Antifil* im filistinischen Gefängnis), in den mesopotamischen Briefen aus Eschnuna ca. 1900 v. Chr., und in den Schriften der griechischen und römischen Historiker, z. B. von Livy, Ulpian (Ergastulum, Tullianum), findet man Passagen, die auf die Existenz des Freiheitsentzugs verweisen, vgl. *Kożuchowski* 1825, S. 277; *Rabinowicz* 1933, S. 3.; *Peters* 1995, S. 17.

15 Vgl. *Krause* 1999, S. 16 f.

rechtliche Strafe, die auch gegenüber Laien, die eine Schuld zu verbüßen hatten, angewandt wurde. Im weltlichen Sanktionssystem fand man dagegen den Freiheitsentzug als Strafe sehr selten. Er war aber Teil solcher Sanktionen wie der Arbeitsstrafe auf den Galeeren, der öffentlichen Zwangsarbeiten oder der Deportation.[16] Die Kerker und Festungskeller dienten mit wenigen Ausnahmen eher als Untersuchungshaft, in denen der Verurteilte auf die Vollstreckung der Todes- oder Leibstrafe wartete. Später, vor allem in den Prozessen der Inquisition gegen Ketzer und Hexen, wurden in solchen Räumen verdächtige Personen festgehalten (also noch vor dem Prozess) und oftmals mit Folter zu Aussagen gezwungen. Im späteren Mittelalter findet man den Freiheitsentzug als Sanktion in den Stadtrechten, manchmal auch im feudalen Recht.[17] Er wurde, meistens um die Zahlung von Geldstrafen zu erwirken, aber auch als Milderung der Verstümmelungs- bzw. der Todesstrafe angewandt.

Erst ein tiefgreifender Diskurs zur „Strafe im Allgemeinen", welcher sich vor allem in den neuen philosophischen Trends der Epoche der Aufklärung beobachten lässt, die veränderten sozialen Bedingungen und die gravierenden technischen Fortschritte in Europa um die Wende des 16. und 17. Jh. sollten zur breiteren Anwendung der Freiheitsstrafe und zur Entstehung des Gefängnisses als Strafanstalt, als Ort des Vollzugs der Freiheitsstrafe führen.

In der Aufklärungsepoche wurde das Thema des Strafrechts erstmalig so komplex betrachtet, dass wir mit *Salmonowicz* resümierend feststellen können: „In keiner anderen Epoche und auf keinem anderen Gebiet waren die Änderungen größer, die Evolution nachdrücklicher und die Endresultate wertvoller als bezüglich der Strafe in der Zeit der Aufklärung."[18] Die Distanzierung zur Sanktion als ausschließlichem Akt der Vergeltung, die Postulate der Humanisierung der Strafe, die Implementierung erzieherischer Elemente, als auch die Formulierung der Menschenrechtsidee führten letztlich dazu, den Schwerpunkt von der Todesstrafe und den Leibesstrafen auf die Freiheitsstrafe, die „Königin der Strafen" zu verlagern.[19]

Das Ableiten der Freiheitsstrafe aus „Humanität, Fortschritt und Reformfähigkeit"[20] ist, wenn auch die älteste und die am meisten verbreitete, nicht die einzige Erklärung zur Erstehung und Verbreitung der Freiheitsstrafe. In der Literatur findet man viele wichtige und interessante Meinungen, die sich kritisch mit diesem Prozess auseinandersetzen, die die Entstehung der Gefängnisse aus anderen Perspektiven betrachten und für den Ursprung dieser Institution andere

---

16 Vgl. *Spierenburg* 1995, S. 66.

17 Vgl. *Krause* 1999, S. 18.

18 *Salmonowicz* 1996, S. 159.

19 Vgl. hierzu vor allem die Werke von *Beccaria, Montesquieu, Rousseau* und *von Sonnenfels*.

20 Vgl. *Bretschneider* 2003, S. 25.

Hauptgründe anführen, wie z. B. sozioökonomisch-politische Machtverhältnisse, die wirtschaftliche Dimension dieser Strafe (Gefangene als billige Arbeitskräfte), als auch den allgemeinen sozialen und kulturellen Wandel und nicht zuletzt die Armut.[21]

Die Existenz und Entwicklung der Freiheitsstrafe forderte die Entstehung der Institutionen, welche diese Strafe vollziehen würden. Wenn man über den Ursprung der Strafanstalten spricht, weist man am häufigsten auf die in der zweiten Hälfte des 16. Jh. entstandenen Zuchthäuser und die Verbesserungs- und Arbeitsanstalten hin. Das erste Objekt dieses Typus, welches eher aus der Armen- und Krankenpflege hervorging als aus der Strafrechtspflege, war das *House of Corrections,* das im Jahr 1555 von *Edward VII.* im Schloss *Bridewell* in London, in England gegründet worden war. Es wurden dort Bettler, Landstreicher, Diebe und Prostituierte untergebracht, also Personen die für „gemeinschädlich" gehalten wurden. Der Aufenthalt in solchen Anstalten wurde mit Zwangsarbeit verbunden und sollte der moralischen Besserung der Insassen dienen. Erst später brachte man auch die Kriminellen in diesen Häusern unter.

Zum Ende des 16. Jh. entstanden in den Niederlanden Arbeitshäuser. Im Jahr 1595 die Anstalt *Rasphuis* für Männer, im Jahr 1597 *Spinhuis*[22] als Anstalt für Frauen und im Jahr 1603 ein Haus für Jugendliche. In diesen Anstalten wurden, anders als in *bridewells*[23], von Anfang an neben den Personen, die einer Besserung bedürfen, auch Kriminelle eingesperrt. Die Veränderung ihrer Persönlichkeit sollte auf dem alten Prinzip *ora et labora* basieren und durch gemeinsame Arbeit und Religionslehre zur „moralischen Heilung" führen.[24] Dem Funktionsprinzip dieser Anstalten lag in großem Maße die Glaubenslehre der Reformation, insbesondere die calvinistische Vision der Gesellschaft und die daraus resultierende Arbeits- und Wirtschaftsethik zugrunde. Die Pflicht und die wichtigste Aufgabe jedes einzelnen Menschen, der nicht als Individuum, sondern vor allem als ein Element der Gesellschaft wahrgenommen wurde, war der Dienst an dieser Gesellschaft, in welche er sich auf nützliche Art und Weise einbringen sollte. Landstreicherei, Prostitution, Bettelei und Obdachlosigkeit wurden als Folgen der Unfähigkeit gesehen, auf gerechte Art Geld für den eigenen Unterhalt zu verdienen und einen vernünftigen Platz in der Gesellschaft

---

21 Vgl. hierzu vor allem *Rusche/Kirchheimer* 1974; *Foucault* 1977, als auch die Kritik an diesen, u. a. *Steinert* 1978, S. 30-45, siehe auch *Christie* 1995, S. 36 ff. und *Pratt* 2002.

22 Die Namen beziehen sich auf die niederländische Bezeichnung der Hauptarbeiten, welche in diesen Häusern von Insassen geleistet wurden: in der Männeranstalt die Vorbereitung von Farbstoffen und in der Frauenanstalt das Spinnen von Garn. Die Männeranstalt wurde auch als *Tuchthuis* bekannt, was auf Niederländisch einfach Zuchthaus bedeutet und alle Häuser dieses Typus erfasst, vgl. *Krause* 1999, S. 36.

23 Später wurden ähnliche Anstalten gleichen Typs *bridewells* genannt. Siehe dazu *Spierenburg* 1995, S. 67.

24 Vgl. *Śliwowski* 1978, S. 33 ff.; vgl. *Brugger/Holzbauer* 1996, S. 28.

einzunehmen. Derlei Handlungen galten als schädlich für die Gesellschaft und stellten eine Form von Sünde dar. Doch die Unterbringung in einer Anstalt sollte nicht mehr nur der bloßen Vergeltung und der Wiederherstellung der Gerechtigkeit dienen, die der Verbrecher mit seiner Tat verletzt hatte, sondern vor allem sollte sie die Menschen befähigen, der Gemeinschaft durch individuelles Schaffen zu dienen. Um diese Leistung erbringen zu können, musste ein „nutzloser" Mensch umerzogen werden. Der Zwang zur Arbeit schien das beste Mittel dafür zu sein. Ein deutlicher Ausdruck dieses Gedankens war in einer Parole zu finden, welche über der Eingangstür des *Tuchthuis* hing: „Ich räche mich nicht, ich zwing zum Guten hin. Zwar meine Hand ist hart, doch liebreich ist mein Sinn."[25] Dem Vorbild Amsterdams folgend, wurden in weiteren niederländischen als auch in anderen europäischen, vor allem in den hanseatischen Städten Arbeits-, Besserungs- und Zuchthäuser gegründet.[26]

Ab dem Ende des 17. und im 18. Jh. waren diese Anstalten in verschiedenen Formen weit verbreitet. Anfänglich versuchte man dort einen höheren Standard der Lebensbedingungen herzustellen und die Verbesserungsgedanken zu realisieren. Einige Jahrzehnte später hatten jedoch diese ideellen Ansätze nichts mehr gemein mit der in den meisten Anstalten herrschenden Realität und glichen den Verhältnissen in den Kerkern und Stadttürmen. Die Menschen wurden unter katastrophalen sanitären und hygienischen Bedingungen untergebracht, unterernährt und inhuman behandelt. Die große Überbelegung stellte einen zusätzlichen Faktor dar, der neben der Unfähigkeit und „Verdorbenheit" des Personals die negative, angespannte Atmosphäre in den Anstalten verstärkte. Es gab keinerlei Klassifikation der Inhaftierten, keine Trennung zwischen Verbrechern, Landstreichern, Bettlern oder psychisch Kranken. Solch eine Situation führte eher zu einem weiteren Niedergang des Gefängniswesens, moralischem Verfall und zur Vernichtung der Insassen als zu den positiven Änderungen, die den Menschen eine Rückkehr in die Gesellschaft ermöglichen hätten sollen.

Gegen diesen Zustand trat ein englischer Befürworter der humanistischen Ideen, *John Howard,* auf. In seinen berühmten Arbeiten „The State of the Prisons in England and Wales" aus dem Jahr 1777 und „An Account of the Principal Lazarettos of Europe" aus dem Jahr 1789 beschrieb er nachdrücklich seine zahlreichen Reisen und Besuche der Arbeitshäuser und Gefängnisse in England und in den anderen europäischen Ländern und schilderte die vorgefundenen Bedingungen. Er rief zu Strafvollzugsreformen auf und formulierte etliche Vorschläge, welche das herrschende Elend und die mangelnde Versorgung der Gefangenen und den niedrigen Standard des Gefängnisses verbessern sollten. Der menschenwürdige Umgang mit den Inhaftierten, ihre Differen-

---

25 Zitiert nach *Ortner* 1988, S. 21.

26 Kopenhagen (1606), Brüssel (1625), Bremen (1608), Hamburg (1618), Lübeck (1613), Danzig (1629). Mehr dazu bei *Krause* 1999, S. 30-44; *Spierenburg* 1999, S. 67 f.

zierung und somit auch die Klassifikation der Gefangenen, eine bessere Grundversorgung und sanitäre Mindeststandards, als auch die Einführung einer bedingten vorzeitigen Entlassung hielt er für die unverzichtbaren Elemente eines humaneren Strafvollzugs. Entsprechend seines bekannten Postulats „make man diligent and they will be honest"[27] sprach er sich für die Einführung von Ausbildungsmöglichkeiten in den Gefängnissen aus[28] und sah die Arbeit und die Disziplin der Gefangenen als einen der wichtigsten Faktoren der Besserung an, wobei jedoch die Arbeit mit einem symbolischen Lohn vergütet werden sollte. Nur ein Vollzug, der diese Elemente beinhaltet, könne danach eine effektive Besserungswirkung der Freiheitsstrafe erzielen und die menschliche Würde der Gefangenen bewahren. Auch wenn die Reformen, die auf seinen Ideen beruhten, erstmals nur in seiner Heimat England durchgeführt wurden, ist die Bedeutung von *Howards* Arbeit groß. Mit seinen Postulaten und Änderungsvorschlägen kreierte er die Vision eines menschenwürdigen Gefängnisses.[29]

Einen beachtlichen Einfluss auf die Entwicklungsprozesse des Gefängniswesens hatte auch die Tätigkeit der Quäker, eine evangelische Gruppe, welche sich in England und dann in den USA unter anderem für Reformen des Strafvollzugs ausgesprochen hatte und in diesem Feld aktiv tätig war. Ihre Erfahrungen aus der Wohlfahrtstätigkeit für Gefangene als auch ihre Religionslehre bildeten die Grundlage eines neuen Systems der Freiheitsstrafe, das später als solitary-system bekannt wurde.[30] Die Quäker glaubten an die Selbsterfahrung von Gott, der sich jedem Menschen offenbaren kann, selbst denen, die irrten und auch denen, die sich schuldig gemacht hatten. Der Weg zur moralischen Besserung eines jeden Verbrechers führte durch die Buße, die ihre Vervollkommnung in der Auseinandersetzung mit der eigenen Tat und der daraus folgenden Reue fand. Nur eine tiefe, gründliche Erkenntnis eigener Fehler sollte ein Verzeihen von Seiten der Gesellschaft begründen. Diese Erkenntnis war durch die Kontemplation und Selbsterfahrung von Gott und nur in vollkommener Isolierung, auch vor dem Einfluss der Mitinsassen, möglich. Die erste Anstalt, die auf solch einem absoluten Trennungsprinzip aufbaute, wurde in Philadelphia, im Bundesland Pennsylvania im Jahr 1791 eröffnet. Nach der anfänglichen Euphoriephase hatte man jedoch sehr schnell erkennen müssen,

---

27 *Ortner* 1988, S. 21.

28 Vgl. *Stańdo-Kawecka* 2000, S. 69.

29 Vgl. *McGowen* 1995, S. 88. Von *Howards* Gedanken inspiriert war auch der in Deutschland hoch angesehene Reformator *Heinrich Balthasar von Wagnitz*. Er kritisierte die in den Zuchthäusern herrschenden Missstände und sprach sich für deren sinnvolle Gestaltung und für die „moralische Besserung" der Inhaftierten aus. Über seine Gedanken geben einige umfangreiche Schriften Zeugnis, die er verfasste, vgl. *Dünkel* 1983, S. 28.

30 Vgl. siehe *Rothman* 1995, S. 117; ferner *Dünkel* 1983, S. 29.

dass diese vollständige Isolierung, der fehlende Kontakt mit der Außenwelt als auch unter den Gefangenen, sowie die völlige Tatenlosigkeit zu keiner Besserung führten, sondern ganz im Gegenteil:[31] Bei vielen Insassen verursachten sie Wahnsinn, Apathie und absolute Unfähigkeit für die spätere Integration in die Gesellschaft. Aufgrund dieser Erfahrungen suchte man nach neuen Wegen, neuen Strafvollzugsmodellen die diese negativen Faktoren beseitigen würden. Es entstand ein neues System, oder wie einige Autoren meinen,[32] nur eine neue Variante des Zellen-Systems (solitary-system), die nach der Stadt Auburn im Bundesstaat New York, wo es 1826 zum ersten Mal eingeführt worden war, auburnsches System benannt wurde. Dort waren die Gefangenen während der Nacht getrennt untergebracht, während des Tages aber arbeiteten sie unter einem allgemeinen Schweigegebot zusammen, weshalb dieses System auch als Schweigesystem bekannt ist. Einige Jahrzehnte existierten beide Systeme parallel, jedoch war die auburnsche Variante effektiver und menschlicher und setzte sich letztendlich durch.[33]

In Europa, vor allem in England und Irland, als auch in den Vereinten Staaten wurde die Idee eines resozialisierenden, humanen und vorbeugenden Gefängnisses vertieft und weiter entwickelt. Eine gravierende Rolle spielten dabei die Prinzipien und der Prozess der Differenzierung und Klassifizierung der Gefangenen. Zum Standard gehörte die räumliche Trennung der Straftäter von den Personen, deren Charakter eine Besserung verlangt, die aber keine Straftat begangen haben, als auch von psychisch kranken Insassen. Des Weiteren wurden die Verurteilten nach verschiedenen Kriterien wie Geschlecht, begangenem Delikt, Vorstrafen, als auch dem Grad der „Demoralisierung" in verschiedenen Gruppen untergebracht. Man versuchte auch, die Besserungspotentiale der Gefangenen einzuschätzen und sie dementsprechend in verschiedene „Hoffnungsstufen" einzuordnen. So gab es diejenigen, deren Resozialisierung möglich erschien und solche, für deren Heilung man keine Hoffnung hatte.[34]

Mitte des 19. Jh. entstand ein neues System, dessen Grundmerkmal in der Aufteilung der Aufenthaltszeit der Gefangenen in Etappen oder Stufen bestand. Die Gefangenen wurden während der Unterbringung in der Anstalt einer ständigen Beobachtung und Beurteilung unterzogen und wurden entsprechend der Fortschritte der nächsten, milderen Phase des Gefängnisaufenthaltes zugeordnet. Nach *Charles Lukas,*[35] einem französischen Rechtsanwalt, der die theoretischen

---

31   Vgl. *McGowen* 1999, S. 89.

32   Vgl. *Stańdo-Kawecka* 2000, S. 72.

33   Vgl. *Kaiser/Schöch* 2002, S. 19.

34   Vgl. *Stańdo-Kawecka* 2000, S. 75.

35   *Charles Lucas* fasste seine Ideen in drei Werken zusammen: „Du système répressif en général, de la peine de mort en particulier" aus dem Jahr 1827, „Le système pénitentiaire en Europe et aux Etats Unis" aus dem Jahr 1830 und „De la réforme des prisons et

Gründe dieses progressiven Systems formuliert hatte, sollte diese stufen-
orientierte Klassifikation die erzieherischen Ziele der Freiheitsstrafe optimieren
und den Gefangenen eine allmähliche Vorbereitung auf die Rückkehr in die
Gesellschaft ermöglichen. Zum ersten Mal wurde dieses Modell in der bri-
tischen Kolonie, auf der Insel Norfolk, in Australien vom Leiter der dortigen
Anstalt, *Alexander Maconochie*, erprobt. Der Aufenthalt in der Anstalt wurde in
drei Stufen geteilt, sollte sich der Gefangene über einen bestimmten Zeitraum
entsprechend der Vorschriften verhalten, bzw. hatte er genügend Zeichen der
Besserung bewiesen, erreichte er die nächste Stufe, die sich durch bessere
Lebensbedingungen und ein leichteres Regime auszeichnete.[36] Auf den Er-
kenntnissen dieser Anstalt aufbauend, entstand auch eine irische Version,
welche nach ihrem Gründer Sir *Walter Crofton – Croftons-System* benannt
wurde. Die Besonderheit war hier eine zusätzliche Institution, das sog. Über-
gangsgefängnis, in welchem die Gefangenen kurz vor der Entlassung untergebracht und intensiv auf das Leben in Freiheit vorbereitet wurden. Die Idee
dieses progressiven Systems stieß in Europa erst im 20. Jh. auf Begeisterung und
wurde weiter entwickelt und modifiziert.

Im 19. Jh. war die Freiheitsstrafe in allen nationalen Strafrechtssystemen
festgeschrieben und wurde in der Praxis weit verbreitet und angewandt. Ihre Geschichte kann man als Versuch zur Verwirklichung eines humaneren Strafsystems, als eine Fortentwicklung von Vergeltung und Abschreckung zu einem
Resozialisierenden Modell betrachten, als weiter andauernde Suche nach der
perfekten Lösung. Dabei darf man aber nicht vergessen, dass die Freiheitsstrafe
seit ihrer Entstehung scharfer Kritik unterliegt. Nach der anfänglichen Begeisterung kam es sehr schnell auch zur Betrachtung ihrer negativen Aspekte. Viele
Intellektuelle, Politiker und Wissenschaftler kritisierten seit Anfang an diese
Sanktion und waren oft der Meinung, dass sie mehr Leid und Probleme mit sich
bringt, als positive Effekte.[37] Es entstanden abolitionistische Gruppen, die sog.
Anti-Gefängnis-Bewegung, die eine gänzliche Abschaffung dieser Strafe forderten bzw. das Nachdenken über eine Gesellschaft ohne Gefängnisse postu-
lierten.[38]

Der Disput über die Effektivität, moralische Richtigkeit und Nützlichkeit
dieser Strafe und über die Bedingungen ihres Vollzugs dauert an. Heutzutage
wird die Freiheitsstrafe auf Basis vieler Elemente aus verschiedenen strafrechtli-

---

de la théorie d'emprisonnement". An seinem letzten Werk schrieb er über 20 Jahre
(1836-1858). Die drei Bände beinhalten eine umfassende Analyse des Gefängniswesens
und innovative Ideen zur Modernisierung und Verbesserung der Gefängnisse.

36   Mehr dazu u. a. bei *Hirst* 1995, S. 290 f.

37   Vgl. *Śliwowski* 1981, S. 6.

38   Diese Bewegung ist bis heute aktiv, wenngleich die Vertreter des sog. Abolitionismus
in der aktuellen Strafvollzugpolitik keine wesentliche Rolle mehr spielen, vgl. *Davis*
2004.

chen Theorien konzipiert. In verschiedenen gesellschaftlichen und politischen Kreisen verschiedener Länder existieren parallel Reformbewegungen, welche sich die Humanisierung, Lockerung und Verbesserung der Effektivität des Strafvollzugs als Ziel setzen, als auch die Gruppen, die eine Verschärfung des gesamten Sanktionensystems und der Freiheitsstrafe verlangen. Welche Elemente in welchen Systemen betont werden, hängt von der jeweiligen Strafpolitik der Länder ab. Diese wiederum stellt eine Spiegelung des allgemeinen politischen Systems und der Wertevorstellungen der Gesellschaft dar.

Um die Gefängnisse zu humanisieren ist eine breitgefächerte Diskussion in der Gesellschaft nötig, die auf wissenschaftlichen Befunden basiert und die die Bürger in tiefere Kenntnis setzt und für bestimmte Kernfragen sensibilisiert. Ohne diese Entwicklung ist kaum ein Fortschritt im Umgang mit Gefangenen möglich.

2.2 Die Entwicklung der Freiheitsstrafe und des Strafvollzugs in Polen

2.2.1 Die Entwicklung des Strafrechts und der Freiheitsstrafe in Polen bis zum Ende des 18. Jh.

Auf dem polnischen Gebiet,[39] wie in ganz Europa sind die Anfänge des eigenen Strafrechts schon in der Zeit des Frühmittelalters zu finden. Wegen des Mangels an erhaltenen schriftlichen Quellen kann man die Prinzipien dieses Rechts nur bruchteilweise rekonstruieren. Unser Wissen in dieser Materie basiert vor allem auf der Erwähnung in den späteren mittelalterlichen Schriften.[40] Aus diesen geht hervor, dass das Strafrecht jener Epoche überwiegend auf dem Racheprinzip basierte, welches sich wiederum am Talionsprinzip, also „Auge um Auge, Zahn um Zahn" orientierte, als auch auf dem Prinzip einer gemeinsamen Verantwortung beruhte. Ein Verbrechen richtete sich immer gegen die ganze Gemeinschaft. Demnach hatte also die ganze Sippe, der Stamm oder die Familie die vergeltende Rolle des Rächers einzunehmen und wiederum die ganze Sippe

---

39 Gemeint ist hier das Gebiet zwischen den Flüssen Oder und Bug, wo sich höchstwahrscheinlich Anfang des 7. Jh. unter den Westslawen zwei große Gemeinschaften herausbildeten. Die *Polanen* im Nordwesten und die *Wislanen* im Süden entwickelten sich zu den bedeutendsten Stämmen dieser Zeit. Die Vereinigung der slawischen Stämme auf dem erwähnten Gebiet und die Herausbildung der polnischen Staatlichkeit wurden durch die *Polanen* erreicht. Erstmalig beschrieben bzw. erwähnt wird dies in den Notizen von *Ibrahim Ibn Yaqub*, einem jüdischen Händler, der im 10. Jh. Mittel- und Osteuropa bereiste, als auch in der „Cronica et gesta ducum sive principum Polonorum" von *Gallus Anonymus* im 12. Jh.

40 Vgl. *Rafacz* 1932, S. 15.

des Täters trug die Verantwortung für seine Handlung.[41] Einige Elemente dieses Systems sind bis in heutige Zeiten erhalten geblieben und in verschiedenen Kulturkreisen auch noch als praktiziertes Verfahren zu finden.[42] Statt zur Rache und Vergeltung kam es oft zu einer Versöhnung zwischen Sippen und es wurde ein Vergleich abgeschlossen. Die Verhandlungen führten sog. Schiedshelfer/ Schiedsführende (später Schiedsrichter) und sie bestimmten die einzelnen Punkte des Vergleiches, der immer zwei Komponenten beinhaltete: eine Genugtuung und die Entschädigung. Dieser Typ der Konfliktlösung, auch wenn später durch königliche Gerichtbarkeit sehr eingeschränkt, wurde sehr populär in Polen und überdauerte, wie in vielen anderen Ländern bis heutiger Zeit.[43]

Ab dem 9. Jh. entstanden in Polen die ersten Zentren, in welchen sich einige Stämme und Familien unter einem Machthaber sammelten. Die Rolle des Bestrafenden übernahm der Herrscher, was in einem beachtlichen Grad die Eigenständigkeit der einzelnen Stämme begrenzte und dadurch auch zu ersten Versuchen der Vereinheitlichung des Rechts führte. Bis zur Mitte des 14. Jh. galt als vorherrschendes Recht das Gewohnheitsrecht, das vor allem durch richterliche Rechtsprechung entwickelt wurde. In den Urteilen haben die Richter neben der Lösung eines konkreten Falles auch über das Beibehalten oder über die Eliminierung der durch Gewohnheitsrecht gebildeten Rechtssätze entschieden.[44]

Den Beginn einer umfassenden Rechtssetzung in Polen findet man im 13. und 14. Jh. in Form von Statuten und Privilegien.[45] Den heutigen Gesetzen ähnlich waren vor allem Generalprivilegien, die größere Gesellschaftsgruppen erfassten oder sogar alle Bürger betrafen. In der zweiten Hälfte des 14. Jh. spielte

---

41 Diese Sitte war im Fall des Totschlags unter den Adligen bis zum 12. oder sogar 13. Jh. in Polen als privater Krieg bekannt.

42 Die Blutrache existiert neben dem geltenden Recht bis heute als Vendetta auf Sizilien oder als kan davis in der Türkei. Noch in den 1990er Jahren des 20. Jh. war sie unter dem Namen Hakmarrëje in Albanien weit verbreitet. Ausführlicher zu den ersten Formen der Volksrache siehe u. a. *Makarewicz* 1906, S. 214 ff.

43 Siehe mehr *Rosner* 2005, S. 39.

44 Die Selbstständigkeit der polnischen Richter und ihre Unabhängigkeit vom König findet Bestätigung in der ältesten Erfassung des polnischen Gewohnheitsrechts vom 13. Jh., der sog. „*Księga Elbląska*": „Man soll auch bedenken, dass der polnische Richter keine Schöffen und keine Vorgesetzten hatte. Hatte er während der Verhandlung weise Menschen um sich, konnte er diesen den Sachverhalt vorstellen. Und wenn die Meinung des Einen oder Anderen ihm berechtigt zu sein schien, urteilte er gemäß dieser Meinung. Wenn ihm aber keine Meinung als begründet erschien, entschied er nach eigener Ansicht, so weit wie möglich vom Gerechtigkeitsgefühl geleitet." Zitiert nach *Uruszczak* 1999, S. 99.

45 Als *privata lex* bildeten die Privilegien eine Art Sondernormen zum allgemeinen Recht. Sie bestanden aus dem Zuspruch besonderer Berechtigungen für physische oder juristische Personen oder ganzer Gesellschaftsgruppen.

das gesetzte Recht schon eine bedeutende Rolle. *Kaziemierz Wielki (Casimir der Große,* 1333-1370) der letzte Vertreter der *Piasten-Dynastie,*[46] unternahm den Versuch der einheitlichen Kodifizierung des gerichtlichen polnischen Rechts. Wegen vieler, verschiedener Ungleichheiten zwischen den einzelnen Teilen Polens, gelang es ihm jedoch nicht, eine allgemeingültige Gesetzgebung zu verwirklichen. Die Kodifikation des Rechts gelang nur bezogen auf die beiden größten Teile des Landes, Kleinpolen und Großpolen. Es war aber auf dem Weg zur Konsolidierung und Vereinheitlichung des polnischen Rechts ein großer Schritt nach vorn, denn dieser Prozess wurde unter der späteren Herrschaft der *Jagiellonen-Dynastie*[47] fortgesetzt und die Statuten Casimirs wurden in einen Rechtsakt gebunden. Ihren Gegenstand bildeten 130 Artikel, welche sich übergreifend auf allgemeine Rechtsprinzipien und auf das Strafrecht bezogen. Zum ersten Mal im polnischen Recht wurde so eindeutig das Prinzip lex retro non agit geäußert. Die Statuten betonten die Individualisierung und Subjektivierung

---

46   Die *Piasten*-Dynastie war die erste polnische Herrscherdynastie, die ihren Namen nach dem legendären Gründer Piast erhielt. Der erste historisch nachweisbare Herzog dieser Familie, *Mieszko I.* (um 922-992) hatte im Jahr 966 das Christentum aus den Händen eines tschechischen Bischofs empfangen, um Polen in die christliche Volksgemeinschaft zu führen. Dieses Datum wird als der Anfang des polnischen Staates begriffen. Die volle Souveränität und Anerkennung in der politischen Arena des christlichen Europas gewann Polen jedoch erst mit der Krönung seines Sohnes, *Bolesław Chrobry (Bolesław des Tapferen,* 992-1025), im Jahr 1025.

47   Im Jahre 1370, nach dem Tod von *Kazimierz Wielki* wurde auf Basis früherer Abkommen und Vereinbarungen Ludwig von Ungarn zum polnischen König. Im Gegenzug zur Gewährung von Privilegien für polnische Adlige hatte er für seine Tochter das Recht auf den polnischen Thron erworben. Im Jahre 1374 wurde demgemäß *Jadwiga von Ungarn* als einzige Frau in der Geschichte Polens zum König (nicht Königin) in der Wawel-Kathedrale in Krakau gekrönt. Obwohl sie schon mit einem habsburgischen Prinz verlobt war, löste sie diese Bindung auf Bitten bzw. Druck des polnischen Adels und des ganzen Volkes. Da Polen nicht dem *Habsburger* Kreis angehören wollte und angesichts der Gefahr des in Preußen an Kraft gewinnenden Kreuzritterordens, heiratete sie einen um Jahre älteren litauischen Fürsten. Diese Ehe bedeutete den Beginn einer polnisch-litauischen Personalunion, welche u. a. den Sieg über den Kreuzritterorden (*Orden der Brüder vom Deutschen Haus St. Mariens in Jerusalem*) am Tannenberg im Jahre 1410 ermöglichte. Die Herrschaft der *Jagiellonen*-Dynastie führte zum wirtschaftlichen Aufschwung Polens und verstärkte die politische Stabilisation im Land und auf internationaler Ebene. Die Regierungszeit der zwei letzten Vertreter der Dynastie, *Zygmunt I Stary (Sigismund I. der Alte,* 1506-1548) und die seines Sohnes, *Zygmunt II August (Sigismund II. August,* 1548-1572), gilt als Goldene Ära der *Res Publica Utriusque Nationis.* Sie ist durch die weitergehende Stärkung Polens und durch eine relativ große religiöse Freiheit gekennzeichnet, was Ausdruck in einem bis heute populären Ausspruch von *Zygmunt II August* findet: „Ich bin Euer König, nicht König eures Gewissens." Angesichts eines durch religiöse Kriege und den wachsenden Einfluss der Inquisition beherrschten Europas, ist diese, mindestens in der Praxis eher tolerante Einstellung von besonderer Bedeutung, vgl. *Czapliński* 1985, S. 163, siehe auch *Jasienica* 1989.

strafrechtlicher Verantwortung und führten ein milderes Sanktionssystem ein[48] als dies zuvor im überkommenen Gewohnheitsrecht galt. Sie erschienen erstmalig in Druckform samt einiger anderer Dokumente[49] in einer Sammlung namens Syntagmata im Jahr 1488. Obgleich in der Folgezeit viele Male geändert, bildeten sie bis zum Ende der I. Res Publica Polens die Hauptquelle des polnischen Landesrechts.

Bei der Umschreibung des polnischen Rechts des Mittelalters und auch der Renaissance darf man nicht vergessen, dass es sich um ein partikulares Rechtssystem handelte. Neben den feudalistischen Vorschriften des Landesrechts, hatten vor allem das Stadtrecht[50] und das kanonische Recht Bedeutung. Man berief sich auch auf Teile des litauischen, jüdischen, armenischen und russischen Rechts sowie auf das Walachenrecht.[51]

Die mittelalterliche Sanktionensystematik teilte die Strafen in „kriminale" und „halbkriminale" ein. Zu den kriminalen Sanktionen gehörten die Todesstrafe und der Verweis des Landes. Die halbkriminalen Sanktionen, auch Zivilstrafen genannt, meinten die Geldstrafe, Leibesstrafen und alle „Strafen auf die Freiheit".[52] Darüber hinaus existierten andere Systematiken, wie z. B. die Unterteilung der Strafen in solche, die gegen Männer und solche, die nur gegen Frauen verhängt werden konnten, entehrende und nicht entehrende, für Adelige und für Stadtbürger, öffentliche und private oder auch die Unterscheidung von Zivil- und Militärstrafen.

---

48   Die Statuten haben viele besonders brutale Leibesstrafen abgeschafft.

49   Nieszawskie- und die Krakowsko-Wareckie-Statuten.

50   Die mittelalterlichen polnischen Städte wurden überwiegend auf Basis des Magdeburger Stadtrechts (*Jus Municipale Magdeburgense*) gegründet, welches von deutschen Siedlern und Handwerkern auf polnisches Gebiet gebracht wurde. Mit der Zeit entwickelten sich verschiedene lokale Varianten dieses Rechts wie z. B. das *Jus Novi Fori* um ca. 1210, das *Jus Culmense Vetus* um 1233 oder auch das *Jus Posnaniense* aus dem Jahr 1253. Diese Städte waren mit Magdeburg durch das dortige Gericht, das für alle Entscheidungen zuständig war, eng verbunden. Im Jahr 1356 wurde in Krakau das Höhere Gericht des deutschen Rechts gegründet, das die polnische Gerichtsbarkeit von der Rechtsprechung des magdeburgischen Gerichts löste. Siehe dazu u. a. *Mikołajczyk* 1998, S. 9.

51   Vgl. *Czapliński* 1985, S. 191 ff.

52   Diese Aufteilung sah Ähnliches im städtischen Recht vor. Gegenüber den zivilrechtlichen Strafen standen die kriminalen Strafen, wobei hier vor allem verschiedene Abwandlungen der Todesstrafe dazu gehörten. Beide Kategorien waren nicht miteinander kombinierbar. Gefängnis als Strafe fand kaum Anwendung. Die Todesstrafe wurde oft durch Zwangsarbeit ersetzt, die im Laufe der Zeit als Element der längeren Freiheitsstrafen etabliert wurde. Anders jedoch gestaltete sich diese Prozedur in kleineren Städten. Hier verhängte man relativ oft die Arbeitsstrafe, auch für kürzere Zeitabschnitte wie einige Stunden oder einige Tage, vgl. *Mikołajczyk* 1998, S. 235.

Zu den am häufigsten verhängten Strafen gehörten die Todesstrafe, die Leibesstrafen und die Geldstrafe. Das mittelalterliche polnische Recht kannte auch die „Strafen auf die Freiheit", wobei nur drei von ihnen mit Freiheitsentzug in Absonderung[53] verbunden waren: „Strafe des Unteren Turms" und „Strafe des Oberen Turms" und die Gefängnisstrafe.

Im mittelalterlichen Polen wie auch später im 16. bis 18. Jh. wurde die Strafe des „Unteren Turms" ziemlich selten angewandt. Sie wurde nur gegen Mörder und Mittäter bei der Ermordung eines Adligen und gegen Personen, die königliche Briefe vernichtet bzw. unterschlagen hatten, verhängt. Bei dieser Form der Strafe blieb die Ehre des Verurteilten unangetastet. Er musste sich freiwillig in Anwesenheit von drei Zeugen – vom Gerichtsassistent und zwei weiteren Adligen zur Strafe stellen, musste den Turm bezahlen, konnte aber einige Haushaltsartikel mitnehmen und auch auf eigene Kosten einen Ofen installieren. In der *Constitutio* von 1588 wurden die Bedingungen der Verbüßung dieser Strafe verschärft: die Tiefe wurde auf 9-11 Meter festgelegt, eine Beheizung ausgeschlossen und jegliche Erleichterungen untersagt. Die Zeitspanne für diese Strafe betrug zwischen einer Woche bis zu eineinhalb Jahren.[54] Die extremen Verhältnisse, Kälte, Feuchtigkeit und spärliche Ernährungsrationen führten dazu, dass nicht viele diese Strafe überlebten. Erst nach der Reformierung des Strafsystems von Kronmarschall (*marszałek koronny*) *Stanisław Lubomirski* im Jahr 1769 wurden die Verhältnisse zur Buße wieder milder und unterschieden sich nicht viel von denen des „Oberen Turms".

Die Strafe des „Oberen Turms" existierte zwar schon im Mittelalter, fand jedoch breitere Anwendung erst in der Neuzeit. Ursprünglich nur wegen Totschlags zwischen Adligen,[55] wurde sie später auch wegen Belästigung der Personen, die sich zur Landesverteidigung im allgemeinen Aufgebot begeben hatten, wegen Aufforderung zum Duell, als auch wegen Hausfriedensbruchs bei einer adligen Familie und wegen Verletzung der öffentlichen Ordnung, verhängt.[56] Bei dieser Strafe, im Gegensatz zur Strafe des „Unteren Turms" befanden sich die Haftäume immer über Bodenniveau und waren beheizt. Wie auch beim Unteren Turm, hatte diese Strafe keinen Einfluss auf die Ehre des Verurteilten. Dieser musste nur für den eigenen Unterhalt bezahlen, konnte Dienstboten beschäftigen als auch Gäste empfangen. Die Länge der Strafe war sehr unterschiedlich. In den alten Dokumenten und Urteilen liest man über Verurtei-

---

53 Die „Strafen auf die Freiheit" umfassten neben dem Freiheitsentzug auch solche Sanktionen, die die Beweglichkeit oder Bewegungsmöglichkeit auf schmerzliche Art beschränkten und bei denen der Delinquent öffentlich zur Schau gestellt wurde. Zu diesen gehörten u. a. Halseisen, Stock (Fußblock), Pranger (Kaak).

54 In Masowien bis zu 4 Jahren.

55 Seit 1538 bedroht mit der Strafe des Unteren Turms.

56 Vgl. *Rafacz* 1932, S. 139.

lungen für eine Stunde wegen Provokation einer Streiterei an einem öffentlichen Ort, wie auch über Verurteilungen bis zu einem Jahr und sechs Wochen wegen Totschlags.[57] Die Turmstrafen verloren im 18. Jh. an Bedeutung.

Im Gegensatz zu den beiden Turmstrafen wurde die Gefängnisstrafe nur über Nicht-Adlige verhängt und stellte eine entehrende Sanktion dar. Es gibt wenige frühere Dokumente, die sie überhaupt erwähnen (zum ersten Mal im Jahr 1447) oder beschreiben. Eine breitere Anwendung fand sie erst im 17. Jh., vor allem im Stadtrecht. Die Unterbringung erfolgte in Gemeinschaftszellen, oft trugen die Gefangenen Fußschellen und waren zusätzlich an die Wand gekettet. Die Verbrechen wurden nach dem Grad ihrer gesellschaftlichen Schädlichkeit eingeteilt. Die Gefängnisstrafen waren dementsprechend von unterschiedlicher Dauer bzw. wurden auch auf Lebenszeit verhängt. Relativ oft war diese Sanktion mit der öffentlichen Zwangsarbeit, z. B. bei dem Bau neuer Burgen oder Stadtmauern, verbunden.[58] Die Arbeit galt als eine zusätzliche Sanktion, obgleich man in den Urteilen aus dem 17. Jh. manchmal Bemerkungen *„ad correctionis vitam"* findet, was auf ein zu erwartendes Besserungsziel dieser Strafe hinweisen könnte.[59]

In Polen war auch die Klosterhaft als Sanktion bekannt. Diese Art des Freiheitsentzugs wurde nur in den Fällen, die dem kanonischen Recht unterlagen, verhängt.

Die Burgverliese, Rathaus- und Schlosskeller dienten nur zur vorläufigen Festnahme der Verbrecher vor der Fällung des Urteils. Man versuchte die Verdächtigen so schnell wie möglich vor Gericht zu stellen und weil das Schuldeingeständnis als oberstes Beweismittel galt, wurde es oftmals durch Folter erzwungen.

Die weit verbreitete Todesstrafe und die Leibesstrafen, die extremen Bedingungen in den Kerkern, Burgverliesen und Gefängnissen, als auch die weit verbreitete Anwendung der Folter stießen schon im Mittelalter und dann in der Renaissance auf wachsenden Widerstand im aufstrebenden Bürgertum ganz Europas. Dieser Bewegung schlossen sich auch polnische Gelehrte, Schriftsteller und Publizisten an. Schon im 15. und 16. Jh. sprachen sich z. B. *Jan Ostroróg, Paweł Włodkowic, Biernat z Lublina* und *Jan Frycz Modrzewski* gegen die Folter aus. Sie verlangten die Verbesserung der Bedingungen in den Kerkern und lenkten die Aufmerksamkeit auf die notwendige Abgrenzung der „ganz verdorbenen Verbrecher" von denen, die „man noch retten zu können meinte".[60] In ihren Schriften lassen sich also die ersten Ansätze der modernen Menschen-

---

57   Vgl. *Rafacz* 1932, S. 140.

58   Vgl. *Rafacz* 1932, S. 141.

59   Vgl. *Mikołajczyk* 1998, S. 235.

60   Vgl. *Pawlak* 1999, S. 9.

rechte finden.[61] Tiefgreifende Auseinandersetzungen um das Wesen der Strafe, die Infragestellung ihrer Wirkung auf die Gefangenen, der Beweis der Inhumanität bisheriger Sanktionssysteme, die Postulate zu Besserungselementen bei der Strafe und der Aufruf zur Umgestaltung des Bestrafungssystems weg von den Leibesstrafen hin zur Freiheitsstrafe brachte jedoch die Aufklärungsepoche, die Änderungen in der Praxis sind aber erst später zu beobachten.[62]

Mitte des 18. Jh. entstanden in Polen die ersten Institutionen, die sukzessiv den Freiheitsentzug mit der Besserung der Persönlichkeit der Insassen in Verbindung brachten. Im Jahr 1732 wurde in Warszawa das *Domus Correctionis* für Jugendliche und im Jahr 1736 auch das für Erwachsene gegründet. In beiden Heimen wurden neben den Straftätern, die gemäß einer gerichtlichen Entscheidung dorthin eingewiesen wurden, auch Personen untergebracht, die einer Besserung bzw. Fürsorge bedurften, wie Obdachlose, Bettler und sog. „schwierige Jugendliche", die von den Eltern zur „Umerziehung" dorthin geschickt wurden. Die wichtigsten Mittel zur Besserung waren die Arbeit und die berufliche Ausbildung. Die Unterbringung erfolgte in Gemeinschaftszellen, wobei Männer und Frauen getrennt wurden.[63]

In der zweiten Hälfte desselben Jh. entstanden in Warszawa und in Toruń die ersten Arbeitshäuser (1776, 1792), die nach dem Amsterdamer Muster organisiert wurden. Sie wurden aber nicht vom Staat gegründet, geführt und finanziert, sondern befanden sich in privatem Besitz.[64]

Im Jahr 1767 wurde ein für diese Zeiten sehr modernes Marschall-Gefängnis gegründet, welches als erstes polnisches Gefängnis bezeichnet wird. In dieser Anstalt wurden viele neue Ideen zur Humanisierung und Effektivierung der Strafe praktisch umgesetzt. Unter anderem die Abgrenzung der Strafgefangenen von den Untersuchungsgefangenen, die Trennung von Frauen und Männern, als

---

61   Inhalte, die wir gegenwärtig als Hauptbestand der Menschenrechte bezeichnen, sind explizit z. B. in den Schriften von *Paweł Włodkowic* zu finden: „Ad aperiendum" (1416), „Iste tractatus" (1417), „Quoniam error" (1417), „Oculi" (1420), „Ad vivendum" (1421). Unter anderem verkündete er eine Friedensdoktrin, Glaubenstoleranz und Unantastbarkeit der Menschenwürde jedes Individuums. Diese Ideen hatten einen innovativen Charakter im damaligen Europa, das unter langen Kriegen litt und durch viele Inquisitionsprozesse und Hexenverfolgungen gezeichnet war. *Andrzej Frycz Modrzewski* spricht sich in seinem bekannten Werk „De Republica emendanda" von 1551 für die Gleichberechtigung aller Mitglieder der Gesellschaft und auch für die Religionsfreiheit aus, vgl. *Czapliński* 1985, S. 157 ff.

62   In der polnischen politischen Literatur und Publizistik vor allem: *Jan Frycz Modrzewski* in „De Republica emendanda" (1551), *Stanisław Staszic* in „Przestrogi dla Polski" (1790), und in „Listy Anonima" (1788-89) und *Hugo Kołłątaj* in „Prawo polityczne narodu polskiego" (1790), vgl. *Czapliński* 1985, S. 157 ff.

63   Mehr dazu u. a. *Urban* 2008a, S. 48.

64   Vgl. *Rafacz* 1932, S. 144.

auch der politischen Gefangenen von allen anderen, die Gewährleistung ausrei-
chender Essrationen, die Versorgung mit Kleidung, ein Mindestmaß an hygieni-
schem Standard, ärztliche Fürsorge, das Beschwerderecht gegen die Verwaltung, Zugang zur geistlichen Fürsorge und Kontakte zur Außenwelt, vor allem
zu den Familien.[65] Mit dem Aufenthalt in der Anstalt war die Arbeitspflicht verbunden. Die Beschäftigung der Gefangenen erfolgte oft auf Basis der Vereinbarungen zwischen der Gefängnisverwaltung und den öffentlichen Institutionen,
bei denen die Gefangenen die Arbeit zu leisten hatten.[66]

Im Jahr 1782 wurde in der Festung *Kamieniec Podolski* ein Gefängnis für
Langstrafengefangene gegründet.

Die immer weiter entwickelten humanen Ideen fanden in den polnischen
Kodifikationen erst am Ende des 18. Jh. im Rahmen der Reformen um den
Vierjährigen Reichstag *(Sejm Czteroletni)* ihren Ausdruck. Kurz vor dem Niedergang der I. *Res Publica Polen* wurde die erste europäische, geschriebene,
bürgerliche Verfassung verabschiedet, die auch Regeln der Freiheitsstrafe beinhaltete und die erste Ansätze einer liberalen Menschenrechtskonzeption ein-
führte. Diese Reformen wurden jedoch in der Folge der dritten Teilung Polens
1795 unterbrochen.[67]

---

65   Vgl. *Rafacz* 1932, S. 142.

66   Vgl. *Rafacz* 1932a, S. 45.

67   Seit dem Ende des 17. Jh. traten in der *Res Publica Polen* viele interne und externe
     Probleme auf, die sich gegenseitig bedingten und auch verstärkten. Die außenpoliti-
     schen Schwierigkeiten wurden von den Adligen genutzt, um weitere Privilegien und
     Rechte zu gewinnen, was die Macht der Könige sehr schwächte und das private Inte-
     resse über das der Allgemeinheit stellte. Das bekannte *liberum veto*, das Recht jedes ad-
     ligen Bürgers mit seinem Einspruch das Parlament beschlussunfähig zu machen, führte
     im Weiteren zur Schwächung der Zentralmacht und zur Lähmung der staatlichen Insti-
     tutionen. Diese Situation wussten die Nachbarmächte zu nutzen. Am 5. August 1772
     marschierten die Nachbararmeen Preußens, Russlands und Österreichs unter dem Vor-
     wand der Unterstützung polnischer Oligarchen, gegen deren unbegrenzte Macht sich in-
     zwischen viele Reformen richteten, in Polen ein. Dieses Ereignis kennzeichnet die erste
     Teilung Polens. Aber auch nach diesen Umwälzungen versuchten viele Kreise in Polen
     Reformen voranzubringen. Die wichtigsten wurden vor allem im Rahmen der Arbeiten
     des Vierjährigen Sejms (1788-1792) diskutiert und in die am 3. Mai 1791 verabschie-
     dete Verfassung einbezogen. Sie führte eine konstitutionelle Monarchie als Form der
     Staatsmacht ein, hob das *liberum veto* auf, schränkte die Macht des Hochadels in be-
     deutendem Umfang ein und führte Religionsfreiheit ein. Die *Constitutio des 3. Mai* war
     die erste Konstitution Europas und die zweite weltweit (nach den USA 1787), welche
     die Teilung der staatlichen Macht in Legislative, Exekutive und Judikative vorsah. Sie
     war ein Versuch, den Staat zu modernisieren. Einige der Lösungen waren für die dama-
     lige Zeit sehr fortschrittlich und von epochaler Bedeutung, siehe hierzu u. a. *Stępień*
     2012, S. 389 ff. Die Reformen wurden vom polnischen Hochadel, von Preußen und dem
     damaligen Groß-Russland nicht akzeptiert. Es begann der Krieg um die Verfassung,
     welchen Polen verloren hat. Es folgte die zweite Teilung Polens (1793). Die Reformen

2.2.2 Freiheitsstrafe und Strafvollzugslehre in den polnischen Gebieten unter der Besatzung

Die Geschichte der Freiheitsstrafe und deren Vollzug in der Epoche der Teilung Polens ist zu einem großen Teil die Geschichte der Strafrechtssysteme der Aggressoren: des Kaisertums Österreich (ab 1867 Österreichisch-Ungarische Monarchie), des Königreichs Preußen und Großrusslands und wird hier deshalb nur sehr allgemein skizziert. Während dieser Zeit aber wurde in verschiedenen polnischen Kreisen ein sehr intensiver und moderner Diskurs über die Freiheitsstrafe und den Strafvollzug geführt. Die neuen Ideen konnten sich vor allem in den polnischen Emigrationszentren Frankreichs und Englands oder in zeitweisen Ansätzen polnischer Eigenstaatlichkeit entwickeln: im *Księstwo Warszawskie* (Warschauer Herzogtum) 1807, im *Królestwo Polskie* (Königreich Polen) und in der *Rzeczpospolita Krakowska* bzw. *Wolne Miasto Kraków* (Res Publica Krakau/Freie Stadt Krakau) seit 1815.

2.2.2.1 Kurzer Abriss der Gesetzgebung der Teilungsmächte

In den von Preußen besetzten Gebieten bildete anfänglich das Allgemeine Landrecht für die preußischen Staaten von 1794 die Grundlage für die Justiz. Nach diesem Gesetz gab es drei Formen der Freiheitsstrafe: Festungshaft und Gefängnis, die unter gerichtlicher Aufsicht standen, als auch die Zuchthäuser, welche der polizeilichen Verwaltung unterlagen. Die Gefängnisse wurden in Anlehnung an das Einzelzellensystem in pennsylvanischer (solitary-system) Variante organisiert. Im Jahre 1851 wurde das Landrecht durch ein milderes Strafgesetzbuch für die Preußischen Staaten ersetzt, das unter dem starken Einfluss des französischen *Code Penal* stand. Zu den wichtigsten Innovationen dieses neuen Gesetzes gehörten u. a.: die Abschaffung der entehrenden Strafen und die Einführung

---

des Vierjährigen Sejms wurden aufgehoben und was noch von Polen übrig blieb, fungierte als informelles Protektorat Russlands. Die endgültige Liquidation des Staates wurde im Jahr 1795 in Folge der dritten Teilung vollbracht. Polen verschwand aus der politischen Karte Europas. 123 Jahre gab es zwar keine Geschichte Polens, es gab aber die Geschichte der Polen. Dieser Zeitraum ist sehr bezeichnend und beeinflusst die Politik, die Mentalität und die Denkweise vieler Polen bis heute. Mochte Polen zu dieser Zeit nicht auf der Landkarte existieren, so fand es sich mit dieser Situation jedoch nie ab. Es war eine Periode des Kampfes um die Unabhängigkeit mit diplomatischen Mitteln als auch in einigen, großen Volksaufständen, die blutig von den Besatzungskräften niedergeschlagen wurden. Es ist auch eine Periode des Kampfes um die eigene Kultur, um die eigene Sprache, um das Bestehen einer Nation. „Dieses Paradox kann gar nicht deutlich genug hervorgehoben werden, liefert es doch den Schlüssel für ein besseres Verständnis vieler Eigenheiten der neueren und neuesten Geschichte. Das so genannte „Teilungstrauma" sollte in Polen weit über das 19. Jh. hinaus zum alles bestimmenden Ausgangspunkt des politischen Denkens und Handelns werden", vgl. *Jaworski u. a.* 2000, S. 249.

der vorzeitigen, bedingten Entlassung.[68] Im Jahr 1871 trat das Reichsstraf-
gesetzbuch in Kraft, das in großen Teilen nur eine Bearbeitung des vorherigen
preußischen Strafgesetzbuches war.

Innerhalb der habsburgischen Monarchie galt ab 1787 das Allgemeine Gesetz über Verbrechen und derselben Bestrafung, mit dessen Novellierung man
schon einige Jahre später begann. Ein Entwurf des österreichischen Gesetzes
wurde im Jahr 1796 auf polnischem Gebiet unter dem Namen Strafgesetz für
Westgalizien eingeführt. „Dieses Gesetz trug nicht im Geringsten die spezifischen Merkmale des Landes, in dem es zu geltendem Recht geworden war. Es
ging dabei nur um ein Experiment, das die Arbeiten an der Endversion des österreichischen Gesetzes erleichtern sollte."[69] Als Strafen sah das Gesetz die Todesstrafe, die lebenslange und die zeitige Freiheitsstrafe vor, unterschied jedoch
zwischen schwerstem, schwerem und leichtem Gefängnis.[70] Ab dem 3. September 1803 galt das Gesetzbuch über Verbrechen und schwere Polizeiübertretun-
gen. Die Regelungen bezüglich der Freiheitsstrafe wurden fast unbearbeitet
übernommen. Das Gesetzbuch beinhaltete als eines der ersten europaweit einige
Vorschriften, welche die Differenzierung der Häftlinge vorsahen und besondere
Normen für den Jugendvollzug einführten.[71] Im Jahr 1833 schaffte Kaiser
Franz I. die schwersten Gefängnisse ab und 1852 trat ein neues Gesetzbuch in
Kraft. Bezüglich der Freiheitsstrafe wurden kaum Veränderungen vollzogen,
lediglich der Rahmen der zeitigen Strafe wurde von 6 Monaten bis zu 20 Jahren
neu festgelegt. Strafen bis zu einem Jahr sollten fortan in den Gerichtsgefäng-
nissen vollzogen werden und die Strafen von über einem Jahr in den Strafanstalten.[72] Das Gesetzbuch galt über 100 Jahre und wurde erst 1974 durch ein
neues österreichisches Strafgesetz ersetzt.

Neben den erwähnten Gesetzesnivellierungen verdienen noch zwei Änderungen Aufmerksamkeit: im Jahr 1865 wurde das Gefängniswesen aus dem Ressort für innere Angelegenheiten in das Justizressort verlegt und im Jahr 1872
dann das Einzelzellensystem als alleiniges eingeführt.[73]

Im russischen Strafsystem des 18. und 19. Jh. wurde die Strafpraxis[74] durch
Körperstrafen, Verbannung und Deportation dominiert. Daher gab es verhältnismäßig wenige Gefängnisse, welche sehr uneinheitlich eingerichtet und ver-

---

68 Vgl. *Jescheck* 1988, S. 86.

69 Vgl. *Sobociński* 1959, S. 199.

70 Vgl. *Grodziski/Salmonowicz* 1965, S. 123 ff.

71 Art. 442 beinhaltet das Gebot der Trennung der Jugendlichen von den anderen Gefange-
    nen, die in gemeinschaftlicher Unterbringung einen negativen Einfluss haben könnten.

72 Vgl. *Krzymuski* 1911, S. 507 f.

73 Vgl. *Dziadzio* 2001, S. 234.

74 Vgl. *Pawlak* 1999, S. 19.

waltet waren.[75] Um diese Situation zu ändern, erließ im Jahr 1817 Zar Alexander I. eine Anordnung, in der er befahl, dass alle Gefängnisse innerhalb des russischen Territoriums gleich den Gefängnissen in Moskau und Kaluga errichtet werden sollten.

In den Jahren 1818 bis 1847 galt auf dem Territorium des polnischen Königreichs das Strafgesetzbuch für das Königreich Polen. Es beinhaltete noch Elemente feudalistischer Rechtsgedanken, versuchte aber, diese mit modernen Ansätzen zu verbinden. Die Strafen wurden in drei Gruppen eingeteilt: Hauptstrafen, Besserungsstrafen und Polizeistrafen. Zu den Hauptstrafen gehörten u. a. die Strafe des Gefängnisses in der Festung, die von 10 bis 20 Jahren bzw. lebenslänglich verhängt werden konnte, und die Strafe des schweren Gefängnisses (von 3 bis 10 Jahren). Der Katalog der Besserungs- und Polizeistrafen erfasste u. a.: den „öffentlichen Arrest", Polizeiarrest, die Unterbringung in einem Besserungshaus.

Die Strafpraxis erwies sich als ein stark an der Freiheitsstrafe mit Arbeitspflicht (99,7% aller Sanktionen stellte die Freiheitsstrafe dar), Vergeltung und Abschreckung orientiertes System mit verschiedenen Verschärfungselementen wie Ketten, Brandmarken, Reduzierung der Essrationen und sah auch weiterhin die Prügelstrafe vor.[76]

Um die Gesetzgebung im Königreich Polen an diejenige Russlands anzupassen, wurde im Jahre 1847 das Gesetz für Haupt- und Besserungsstrafen eingeführt. Im Prozess der Modernisierung des Strafrechts war dies ein Schritt zurück, denn das Gesetzbuch war sehr kasuistisch, beinhaltete viele Analogien und diente vor allem der Abschreckung und Vergeltung. Es wurde im Jahr 1876 durch das russische Strafgesetzbuch von 1866 ersetzt. Im Jahr 1917, kurz vor dem Ende des Ersten Weltkriegs wurde auf dem polnischen Gebiet unter russischer Besatzung noch ein weiteres Gesetzbuch eingeführt. In Russland galt nur sein Allgemeiner Teil. Mit dem nach seinem Autor *Tangacew* benannten Gesetzbuch wurde ein modernes Strafrecht eingeführt, das die vorzeitige Entlassung und Bewährungsmittel vorsah. Wegen des Krieges und der Befreiung Polens spielte es zwar nur eine geringe Rolle, galt aber bis zur Entstehung des polnischen Strafgesetzbuches im Jahre 1932.

---

75 Vgl. *Senkowska* 1961, S. 181.

76 Vgl. *Kaczyńska* 1989, S. 170.

2.2.2.2 Strafvollzugsgedanken im Herzogtum Warschau (1807-1815)[77]

In der kurzen Zeit der Existenz des Herzogtums Warschau wurde eine vorläufige Regelung über die Organisation des Gefängniswesens getroffen, nach der alle Gefängnisse dem Staat gehörten[78] und die Verwaltung der Gefängnisse den Gerichten oblag. Parallel wurde eine Kommission ins Leben gerufen, die eine Reform des Strafrechts und des gesamten Justizwesens vorbereiten sollte. Ihre kurze Arbeit wurde mit der Niederlage Napoleons und dem Einmarsch der russischen Armee unterbrochen.

Für diese Zeit verdient die Lehre und Tätigkeit von *Julian Ursyn Niemcewicz* besondere Aufmerksamkeit. Seine Ansichten sind teils als Konsequenz seines 10-jährigen Aufenthalts in den Vereinigten Staaten zu sehen. Das dort gewonnene Wissen und die gemachten Erfahrungen versuchte er in die Reform des polnischen Gefängnissystems einzubringen. Seine in einigen Publikationen[79] erschienenen Ideen bildeten die Grundlage für die Entwicklung des neuzeitlichen polnischen Strafrechtsgedankens. Zu den wichtigsten Postulaten gehörten die Abschaffung der Todesstrafe und die Verbreitung der Freiheitsstrafe. Neben dem Schutz der Gesellschaft sollte die Freiheitsstrafe zur Besserung der Gefangenen dienen, weshalb *Niemcewicz* die Notwendigkeit einer Klassifikation und der Trennung der Gefangenen betonte. Als einer der wichtigsten Faktoren, die zur Besserung führen sollten, sah er die Arbeit der Gefangenen an und sprach sich für deren Entlohnung aus. Er war aber, wie auch *John Howard*, dessen Werk und Ideen *Niemcewicz* gut bekannt waren, gegen die Zurschaustellung der Gefangenen bei Arbeiten im öffentlichen Raum, welche seiner Meinung nach einen entehrenden Charakter hatten. Weiterhin postulierte er die Einführung der gerichtlichen Aufsicht über den Vollzug der Freiheitsstrafe in Form einer Inspektorenaufsicht, was in dem Gefängniswesensakt 1807 eingeführt worden ist. Einen großen Raum in seinen Werken nehmen auch die Erwägungen für und gegen die

---

77 Im Jahr 1807 bekam Polen mit Hilfe und Unterstützung von Seiten *Napoleons* einen Staatsersatz – das Warschauer Herzogtum. Nach *Napoleons* Niedergang, in Folge der Bestimmungen des Wiener Kongresses, wurden zwei völlig nichtsouveräne Formen geschaffen: einerseits das Königreich Polen unter russischer Herrschaft, auch Kongresspolen genannt, und das Großherzogtum Posen unter preußischer Macht. Ein wenig mehr Autonomie erhielt die Freie Stadt Krakau, auch Res Publica Krakau genannt, welche aber im Jahr 1846 nach dem niedergeschlagenen Krakauer Aufstand wieder abgeschafft wurde.

78 Viele Gefängnisse in früheren Zeiten lagen in privaten Händen.

79 „Memoriał" aus dem Jahr 1807 und die spätere Arbeit von *Niemcewicz* von 1818 „Über die öffentlichen Gefängnisse, über die Bußhäuser also, eine kurze Abhandlung", spielten eine wichtige Rolle bei der Vorbereitung der Strafvollzugsreform im Königreich Polen, vgl. *Skarbek* 2009.

vorzeitige Entlassung ein.[80] Auch in der Praxis wurde viel geändert bzw. wurden Reformen unternommen, die die Situation der Gefangenen und die Infrastruktur des Gefängniswesens verbessern sollten. Hier soll man die Arbeit von *Jan Paweł Łuszczewski*, Minister der Inneren Angelegenheiten oder *Aleksander Potocki*, Polizeiminister herausheben.[81]

2.2.2.3 Strafvollzugsreformen im Königreich Polen (1815-1916)

Die Gedanken von *J. U. Niemcewicz* haben im Königreich Polen u. a. *Xawery Potocki, Aleksander Kożuchowski, Józef Haller,* und *Fryderyk Skarbek* fortgesetzt und weiter entwickelt.

Vor allem Letzterer hat viel für die Entwicklung des polnischen Gefängniswesens getan. Im Jahr 1827 wurde er zum Direktor desselben berufen und übernahm 1854 die Leitung des Justizministeriums. Ihm wurde die Aufgabe anvertraut, das Gefängniswesen zu reformieren. Seiner Meinung nach sollte das Gefängnis drei Funktionen erfüllen: es sollte ein Ort werden, an dem die Strafe vollzogen wird, es sollte eine schützende Rolle gegenüber der Gesellschaft spielen, vor allem aber sollte es der Besserung der Gefangenen dienen. So wie *Niemcewicz* hielt auch *Skarbek* die Arbeit und die Ausbildung für die wichtigsten Faktoren im Prozess der Verhaltensbesserung. In seinen Schriften betonte er oft, dass Arbeit nur einen positiven Einfluss haben könne, wenn sie ausschließlich den Erziehungsaspekt beinhaltet und kein zusätzliches Element der Repression darstellt. Sie sollte auch bezahlt werden. *Skarbek* schaffte deshalb die „sklaverische" Arbeit der Gefangenen in der Öffentlichkeit als entehrendes, zusätzliches Übel ab. Er ließ handwerkliche Werkstätten errichten, in denen die Gefangenen Möglichkeiten hatten zu arbeiten und einen Beruf zu erlernen.[82] Unter *Skarbek* wurde auch das Recht der Gefangenen auf einen Spaziergang im Freien pro Tag und das Recht auf mindestens eine warme Mahlzeit pro Tag eingeführt.[83]

In seiner Arbeit schenkte *Skarbek* viel Aufmerksamkeit den straffälligen Jugendlichen. Ihm ist auch die Gründung des „Mokotów Instituts für „moralisch benachteiligte Kinder" zu verdanken. Diese Anstalt gehörte zu den wenigen, die

---

80   Vgl. *Demidowicz* 2005, S. 230.

81   Vgl. *Czołgoszewski* 2010, S. 131.

82   Die erste Gefängnisfabrik wurde 1832 in Warschau gegründet. Sie war ein Webereibetrieb, in dem man Stoffe für den eigenen Bedarf im Gefängniswesen herstellte, vgl. *Pawlak* 1999, S. 30.

83   Auch *Kożuchowski* vertrat die Meinung, dass die Arbeit der Gefangenen nur dann sinnvoll wäre, wenn sie zum Erlernen eines Berufs führen würde, weshalb er sich explizit gegen die Gefangenenarbeit in der Öffentlichkeit aussprach, vgl. *Kożuchowski* 1825, S. 277.

sich explizit mit den straffälligen bzw. strafgefährdeten Jugendlichen und Kindern beschäftigte. Der Aufenthalt in der Anstalt ermöglichte den jungen Menschen u. a. eine allgemeine sowie auch eine berufliche Ausbildung zu erhalten.[84]

Als Grundlagen für viele seiner Reformen dienten die Ideen der pönitentiaren Kongresse, bei denen er als Vertreter des Gefängniswesens des Königreichs Polen teilnehmen konnte. Im Rahmen der harten, rückständigen russischen Gesetzgebung waren neue humanere Ideen nicht einfach einzuführen und zu realisieren. Dank *Skarbeks* Tätigkeit aber war ein großer Teil der Gefängnisse im Königreich viel menschlicher und moderner als in anderen Gebieten unter russischer Herrschaft geworden.[85] Leider wurde im Jahr 1830, nach dem Zusammenbruch des „November-Aufstands", die Autonomie des Königreichs abgeschafft und alle Reformen wurden gestoppt.

Kurze Erwähnung soll auch die Arbeit und Tätigkeit von *Aleksander Sas Bojarski*, der im Jahr 1865 den Lehrstuhl für Strafrecht und Strafrechtverfahren an der Jagiellonen Universität in Kraków übernommen hatte, bekommen. Dieser Wissenschaftler machte sich insbesondere auf dem Feld der international vergleichenden Forschung und in der Organisation der Nachentlassungshilfe für ehemalige Gefangene verdient.

In der 2. Hälfte des 18. Jh., auf den Gebieten unter russischer Besatzung entstand die Gesellschaft für Landwirtschaftliche Siedlungen und Handwerkliche Zufluchtsorte (*Towarzystwo Osad Rolnych i Przytułków Rzemieślniczych*). Diese Institution hatte sich vorgenommen an „die moralische Besserung" der Kinder, die zu einer Strafe verurteilt worden waren, als auch der minderjährigen Bettler und Streicher, zu arbeiten. Im Jahr 1876 wurde die erste „Siedlung" in *Studzieniec*, später weitere in *Puszcza* und *Nowa Huta* eröffnet. In diesen wurden straffällige junge Männer und Frauen untergebracht, die in kleinen Gruppen „Familien" untergeteilt wurden. Zu den Grundlinien gehörten die gemeinschaftliche Erziehung und der progressive Aufenthaltssystem, der durch gemeinsame Arbeit, Ausbildung und gemeinsam und effektiv verbrachte freie Zeit gefüllt werden sollte. Der Jugendliche blieb in der Institution bis zur Vollverbüßung der Strafe oder bis zur Vollendung des 18. Lebensjahres. Nach der Entlassung bis zur Vollendung des 21. Lebensjahrs befanden sich die Entlassenen weiterhin unter der Obhut dieser Gesellschaft.[86]

Zur Wende vom 19. zum 20. Jh. waren die Strafanstalten und das Gefängniswesen innerhalb der polnischen Gebiete unter Besatzung sehr veraltet. Der Vollzug der Freiheitsstrafe orientierte sich immer noch an Vergeltung und Ab-

---

84 Vgl. *Urban* 2008a, S. 50 f.

85 Vgl. *Pawlak* 1999, S. 29.

86 *Urban* 2008, S. 54. Dieses Siedlungskonzept wurde von *A. Miklaszewski* erarbeitet und basierte auf den Regeln der französischen Anstalt in Mettray. Sie übertraf jedoch in der Komplexität der Organisation und in positiven Effekten den Prototyp.

schreckung und diente vor allem politischen Repressionen. Die Gefängnisse waren voll von politischen Gefangenen, aufständischen Beteiligten sowie Personen, die Widerstand gegen die „Preußifizierung" bzw. „Russifizierung" geleistet hatten. Nirgendwo wurde vollständig das Problem der jugendlichen Gefangenen geregelt. Sie verbüßten ihre Strafen meistens zusammen mit den Erwachsenen. Bedeutende Änderungen brachte erst das 20. Jh. mit sich, welche aber durch den Ausbruch des 1. Weltkriegs unterbrochen wurden.

2.2.3 Polnischer Strafvollzug in der Zwischenkriegszeit (1918-1939)[87]

Im Jahr 1918 hatte Polen nach über 100 Jahren Nicht-Existenz auf der Europakarte seine Unabhängigkeit wieder gewonnen. Es begann ein mühsamer Prozess der Vereinigung polnischer Gebiete im Hinblick auf die kulturelle, administrative Integrität, aber vor allem hinsichtlich der rechtlichen Aspekte. Der Mangel an polnischen Rechtsakten zwang zu schnellen Kodifikations- und Rechtsangleichungsarbeiten.

Das polnische Gefängniswesen[88] arbeitete seit dem Jahr 1919 in Anlehnung an ein Dekret, welches vorläufig als Gefängnisordnung galt.[89] Dieser Rechtsakt hatte eine Brücke zwischen den veralteten, von den Besatzungsmächten erlassenen Vorschriften und den neuen polnischen, die sich erst in der Vorbereitungsphase befanden, errichtet. Gemäß diesem Dekret wurden neue Verwaltungskreise für die Anstalten definiert, eine neue vereinheitlichte polnische Hierarchie der Strafvollzugsdienste eingeführt und die Typen der Anstalten festgelegt.

---

87 Für einen formalen Anfang des neuen Polens, der *II. Rzeczpospolita Polska*, (man hatte den Name *Res Publica Polen*, diesmal aber in der polnischen Schreibweise, als Zeichen der Kontinuität des polnischen Staates, gewählt) nimmt man den 11. November 1918 an, als Marschall *Józef Piłsudski* das Oberkommando der polnischen Armee übernahm. Die westliche Grenze Polens wurde auf der Konferenz in Paris bestimmt, die östliche, die sog. Curzon-Linie, von Polen nicht akzeptierte, wurde in bewaffneten Konfrontationen erkämpft und letztendlich erst 1922 festgelegt. Der 18. November und der 3. Mai stellen die zwei Nationalfeiertage Polens dar. Der Zweite Weltkrieg bringt das Ende dieser jungen Republik mit sich. Am 1. September 1939 marschierte die deutsche Armee und am 17. September die Rote Armee ein. Im Oktober kapitulierten die letzten Truppen der polnischen Armee, die polnische Regierung ging ins Exil.

88 Die Übernahme der Verwaltung von Strafanstalten aus den Händen der Besatzungsmächte hatte noch vor dem 18. November 1918 begonnen. Dieser Prozess wurde von einer besonderen Sektion des Gefängnisdepartments durchgeführt, die sich schon seit 1917 auf diese Aufgabe vorbereitete. Es wurden 400 Anstalten übernommen, davon ca. 60 kleine Einheiten, die in den ersten Jahren des neuen Staates geschlossen wurden, vgl. *Pawlak* 1990, S. 53.

89 Dekret Naczelnika Państwa z dnia 8 lutego 1919 roku w sprawie tymczasowych przepisów więziennych/Dekret des Staatsoberhauptes zu den vorläufigen Gefängnisvorschriften vom 8. Februar 1919, Dz. U. 1919 r. Nr. 15. poz. 202.

Die Kodifikationsarbeiten der 1920er und die der 1. Hälfte der 1930er Jahre standen unter dem besonderen Einfluss der internationalen pönitentiaren Kongresse. Sowohl die theoretischen als auch die praktischen Lösungen, die in den folgenden polnischen Rechtsakten zu finden waren und welche die Basis des Strafvollzugssystems in Polen darstellten, entstanden und wurden weiter entwickelt unter dem Einfluss der Ideen und Postulate dieser Kongresse.[90] Ein bedeutender Rechtsakt, der unter beachtlichem Einfluss von Gedanken und Innovationen des Londoner Kongresses[91] stand, war die Verordnung des Präsidenten zur Organisation des Strafvollzuges aus dem Jahr 1928.[92] In erster Linie hatte diese Verordnung eine vollkommene Vereinheitlichung der Organisation von Anstalten zustande gebracht und alle Gefängnisse wie auch die Erziehungs- und Besserungsanstalten für Jugendliche dem Justizministerium unterstellt. Die Kernidee, die sich durch diese neuen Vorschriften zog, war die weitere Individualisierung der Freiheitsstrafe, welche durch detaillierte Klassifikation der Gefangenen und der Justizanstalten erreicht werden sollte.[93] So wurden letztere in selbständige Gefängnisse und in Amtsgerichtgefängnisse unterteilt, wobei erstere weiterhin in Strafanstalten, Untersuchungsanstalten und in die Straf- und Untersuchungsanstalten[94] gegliedert wurden. Die weiteren Unterkriterien der Klassifizierung waren die Kapazität und die Länge der Freiheitsstrafe, die in den Anstalten verbüßt werden sollte.[95]

Die Ausbildung und die Arbeit als wichtigste Elemente der Resozialisierung der Gefangenen gewannen an Bedeutung, was den weiteren Ausbau des Schulsystems in den Gefängnissen, als auch den Ausbau der Betriebe, Werkstätten

---

90   Londoner Kongress im Jahr 1925, Prager Kongress im Jahr 1930.

91   Der Londoner Kongress legte eins der wichtigsten Prinzipien des Strafvollzugs fest – das Prinzip der Individualisierung als Grundlage für die Gestaltung des Strafvollzuges, vgl. *Górny* 1990, S. 209.

92   Rozporządzenie Prezydenta Rzeczypospolitej z dnia 7 marca 1928 w sprawie organizacji więziennictwa/Verordnung des Präsidenten mit der Kraft des Gesetzes vom 7. März 1928 in der Sache der Organisation des Gefängniswesens, Dz. U. 1928, Nr. 29, poz. 272. Der Entwurf dieses Aktes wurde schon im Jahre 1924 vorbereitet. Nach der Rückkehr der polnischen Delegation vom Londoner Kongress hatte man jedoch viele Regeln aus diesem Akt als veraltet und verbesserungsbedürftig befunden. Die neuen Ideen und Lösungen wurden eingearbeitet und in die o. g. Verordnung eingeführt.

93   Vgl. *Pawlak* 1999, S. 60.

94   Eine Zwischenform von Untersuchungshaft und Gefängnis.

95   Nach dem Kriterium „Länge der Strafe" wurden die Strafvollzugsanstalten in zwei Gruppen geteilt: Strafvollzugsanstalten für Gefangene mit der Freiheitsstrafe von einem Jahr bis zu drei Jahren und Strafvollzugsanstalten für Gefangene, die zu einer Freiheitsstrafe von über drei Jahren verurteilt wurden. Nach dem Kriterium der Kapazität wurden die Gefängnisse in drei Klassen geteilt: 1. Klasse: bis 150 Plätze, 2. Klasse: 150 bis 450 Plätze und die 3. Klasse über 450 Plätze.

und Bauernhöfe des Gefängniswesens zur Folge hatte. Der Gefangene war verpflichtet zu arbeiten, seine Ausbildung und seine Interessen sollten jedoch bei der Zuweisung der Arbeit berücksichtigt werden.

Die Gefängnisse an den Amtsgerichten waren eher klein und dienten dem Vollzug sehr kurzer Freiheitsstrafen.

Trotz ihres detaillierten Charakters beinhaltete diese Verordnung viele Delegierungsvorschriften, welche die Befugnisse zur Regelung der vielen Bereiche auf andere Organe übertrugen (Übertragung der Gesetzgebung). Auf Basis solcher Vorschriften ist 1931 (ein Jahr nach dem Prager Kongress) die Gefängnisordnung in Kraft getreten.[96] Wenn die Verordnung von 1928 sich eher der Organisation der Gefängnisse widmete, stellte die Ordnung von 1931 den ersten allgemeinen polnischen Rechtsakt dar, welcher die inhaltlichen Prinzipien des Strafvollzugs regelte und harmonisierte, die Bestimmungen bezüglich der Arbeit der Gefangenen ausführlich formulierte, als auch einen umfassenden Katalog von Rechten und Pflichten der Gefangenen beinhaltete. Mit diesem Akt wurde das Progressivsystem[97] in die Gefängnisse eingeführt. Die polnische Variante dieses Systems wurde dreistufig konzipiert und auf ein Punkteprinzip aufgebaut.

Nach langen Diskussionen wurde Ende der 1920er und Anfang der 1930er Jahre auch das Strafrecht letztendlich in zwei[98] hoheitlichen Akten mit Gesetzesrang geregelt: im Strafprozessgesetzbuch von 1928[99] und im Strafgesetzbuch von 1932.[100] Beide beinhalteten auch Vollstreckungsvorschriften.

Das Strafgesetzbuch wird oft auch als *Makarewicz* Strafgesetzbuch bezeichnet, da der gesamte Kodifikationsprozess unter dem Einfluss dieses exzellenten Wissenschaftlers stand und viele seiner Vorschläge in das Gesetzbuch eingearbeitet wurden. Dieser Rechtsakt, vor allem in Bezug auf die Systemkohärenz,

---

96 Rozporządzenie Ministra Sprawiedliwości z dnia 20 czerwca 1931 roku w sprawie regulaminu więziennego/Die Verordnung des Justizministers der Republik Polen über die Gefängnisordnung vom 20. Juni 1931, Dz. U. 1931 nr.71, poz. 577.

97 Bis dahin fand dieses System nur gegenüber den Gefangenen Anwendung, die eine Freiheitsstrafe von über drei Jahren erhalten hatten.

98 Im Verlauf der Diskussionen, welche die Entstehung der Strafgesetze einleiteten, wurde ein Konzept der Dreiteilung des Strafrechts erwogen. *Rappaport* hatte vorgeschlagen, alle Strafvollstreckungsvorschriften in einem eigenen Gesetzbuch zu erfassen. Dieser Vorschlag wurde letztendlich abgelehnt, man griff ihn aber wieder im Rahmen der Kodifikationsarbeiten der 1960er Jahre auf, vgl. *Rappaport* 1930.

99 Rozporządzenie Prezydenta Rzeczypospolitej Polskiej z mocą ustawy z dnia 19 marca 1928 Kodeks postępowania karnego/Die Verordnung des Präsidenten der Res Publica Polen mit Gesetzeskraft Strafprozessgesetzbuch vom 19. März 1928, Dz. U. Nr. 33 poz. 313.

100 Rozporządzenie Prezydenta Rzeczpospolitej Polskiej z mocą ustawy z dnia 11 lipca 1932 Kodeks karny/Die Verordnung des Präsidenten der Res Publica Polen Strafgesetzbuch vom 11. Juli 1932, Dz. U. Nr. 60, poz. 571.

aber auch wegen der einzelnen, dogmatischen Lösungen, wie z. B. das Konzept der Anstiftung und Beihilfe, gehörte zu den am besten konstruierten europäischen Strafgesetzbüchern und wird bis heute als Beispiel für eine hervorragende legislative Technik genannt.[101] Inhaltlich stellt das Gesetzbuch einen Kompromiss zwischen der klassischen und der positivistischen Schule dar. Der Schwerpunkt lag bei den Postulaten der soziologischen Schule, was unter anderem durch die Einführung eines zweispurigen Sanktionensystems zum Ausdruck gebracht worden ist: neben Strafen[102] waren auch Sicherungsmaßnahmen vorgesehen, die nicht auf dem Schuldprinzip, sondern auf der Einschätzung der Gefährlichkeit von Tätern gegenüber der Gesellschaft basierten. Diese Sicherungsmaßnahmen sollten in speziellen Anstalten vollzogen werden.[103] Die neuen Vorschriften forderten einen wesentlichen Umbau der bisherigen Struktur des Gefängniswesens, nicht nur organisatorischer Art, sondern auch durch den tatsächlichen Bau neuer Anstalten. Im Rahmen dieser Änderungen wurden die Strafanstalten neu kategorisiert: in einfache und in spezielle. Die einfachen Anstalten wurden in vier Gruppen untergliedert je nach Länge der Strafe, die in den jeweiligen Anstalten verbüßt werden sollte. Die speziellen Gefängnisse wurden in Anstalten mit hartem Regime und mit Resozialisierungsregime weiter abgestuft. In ersteren wurden die Gefangenen untergebracht, die für schwerste Straftaten verurteilt worden waren als auch die Rückfalltäter. Das Gesetz sah die Möglichkeit vor, nach einer bestimmten Zeit und einem ordnungsgemäßen Verhalten in ein einfaches Gefängnis versetzt werden zu können. Die vielfachen Rückfalltäter, die nach der Abbüßung der Strafe immer noch eine Gefahr für die Gesellschaft darstellten, wurden in Sicherheitsanstalten untergebracht. Die Unterbringung wurde zunächst für fünf Jahre festgelegt, die durch das Gericht um weitere fünf verlängert werden konnte.[104] Zusätzlich führte man in den Anstalten mit härterem Regime die Abteilungen für Gefangene mit lebenslanger Freiheitsstrafe und für psychisch „Nicht-Vollwertige" ein.[105] Zu den Resozialisierungsanstalten gehörten Landwirtschaftskolonien,[106] Anstalten mit Werkstätten,

---

101 Vgl. *Kardas* 2009, S. 25; *Utrat-Milecki* 2003, S. 38.

102 Das Gesetzbuch schaffte verschiedene Varianten und Verschärfungselemente der Freiheitsstrafe (Festungshaft, schweres Gefängnis, Ketten etc.) ab, an deren Stelle traten die Freiheitsstrafe zwischen 6 Monaten und 15 Jahren, die lebenslange Strafe und der Arrest zwischen einer Woche und 5 Jahren.

103 Vgl. *Stańdo-Kawecka* 2013a, S. 1027 ff.; vgl. *Sheybal-Rostek* 2004, S. 109.

104 Siehe *Pawlak* 1990, S. 65; vgl. *Stańdo-Kawecka* 2013a, S. 1028.

105 Bis 1928 wurden die psychisch kranken Personen nicht in Strafanstalten untergebracht und behandelt, sondern in öffentlichen Kliniken. Gleichzeitig wurde ihnen ein Urlaub von der Freiheitsstrafe erteilt.

106 1923 hatte das Gefängniswesen begonnen, eigene Grundstücke und Bauernhöfe zu kaufen. Manchmal wurden sogar ganze Gutshäuser mit zugehörigem Land erworben. Im

und „bewegliche Arbeitszentren". Besondere Aufmerksamkeit verdienen letztere. In diesen Anstalten wurden die wegen leichterer Taten verurteilten Gefangenen untergebracht – Männer bis 45 Jahre, die wegen nicht schwerer Delikte, vor allem Diebstählen verurteilt worden waren. Die verhängte Strafe durfte ein Jahr nicht überschreiten. Die Gefangenen wohnten in speziellen Baracken, die man demontieren und transportieren konnte. Für die geleistete Arbeit bekamen sie keine Vergütung, nur wertvollere Essensrationen. Diese Zentren funktionierten von April bis November, während des Winters wurden sie geschlossen. Gefangene, die in dieser Zeit nicht die ganze Strafe verbüßten, aber produktiv arbeiteten, wurden vorzeitig, bedingt entlassen. Solchen Gefangenen, denen man keine besondere Leistung ausstellte, wurde ein Urlaub von der Strafe für die Winterzeit erteilt. Im Gesetz wurde ein Umrechnungssystem verankert: für zwei Arbeitstage waren drei Tage der Freiheitsstrafe verbüßt. Diese Arbeitszentren stellten, wenngleich mit politischen Hintergrund eine interessante Mischung von Freiheitsstrafe, Freiheitsbeschränkungsstrafe und *community service* dar. Unter anderem waren sie als Lösung für die Überbelegung der Gefängnisse konzipiert. Im Jahre 1939 gab es ca. 30 solcher Zentren, in denen ca. 10.000 Gefangene untergebracht wurden. Obwohl das gesetzlich festgelegte Ziel der Gefangenenarbeit die Resozialisierung war, erfüllte die Beschäftigung keine erzieherischen Aufgaben, vielmehr hatte sie ökonomischen Nutzen.[107]

Der Gestaltungsprozess des neuen polnischen Strafvollzugssystems wurde schließlich mit dem Gesetz über die Organisation des polnischen Gefängniswesens von 1939 vollendet.[108] Dieses Gesetz addierte und vereinheitlichte alle bisherigen Regulationen. Zu den wichtigsten neuen Bestimmungen gehörten die weitere detaillierte Klassifikation der Anstalten, welche der Vertiefung der Individualisierung der Freiheitsstrafe dienen sollte und die Einführung der freien Progression gegenüber allen Gefangenen (früher nur gegenüber Langstrafengefangenen).[109] Die fachliche Vorbereitung des Personals wurde auch stark akzentuiert.[110] Die Bestimmungen dieses Gesetzes wurden jedoch nie in der Praxis erprobt.

Viele einzelne Lösungen, die in den nacheinander folgenden Gesetzen der Zwischenkriegsperiode vorgesehen waren, hatten einen wegbereitenden Charakter und stellten ein Novum in der Strafvollzugslehre dar. Leider bedeuten

---

Jahr 1936 verfügten die Justizanstalten über ca. 3500 ha landwirtschaftliche Fläche, vgl. *Pawlak* 1990, S. 70.

107 Vgl. *Kalisz* 2004, S. 139.

108 Ustawa z dnia 26 lipca 1939 o organizacji więziennictwa/Gesetz über die Organisation des Gefängniswesens vom 26. Juli 1939, Dz. U. Nr. 68, poz. 457.

109 Vgl. *Pawlak* 1999, S. 58.

110 Eine umfassende Darstellung der Reformen und kriminalpolitischen Debatten der Zwischenkriegszeit bietet in seiner Monografie *Rodak* 2009.

gute Gesetze nicht automatisch eine gut funktionierende Praxis. Die in den Gefängnissen herrschenden Bedingungen unterlagen der scharfen Kritik vieler Praktiker und Wissenschaftler: „Es gibt nicht viele Länder, in denen der Unterschied zwischen dem, was sein sollte und dem, was ist, so groß ist, wie bei uns".[111] Die Anstalten waren permanent überbelegt,[112] die sanitären Bedingungen sehr schlecht, die Arbeitslosigkeit betrug bis zu 80%. Die Gefangenen, obwohl dies die Vorschriften anders vorsahen, wurden ohne jegliche Klassifikation und ohne ein individuelles Programm untergebracht.[113] Erst Anfang der 1930er Jahre wurden Ansätze der erzieherischen Arbeit in den Gefängnissen vertiefend durchgeführt. Diese wurde eigentlich nur neben anderen Tätigkeiten realisiert, erst später schuf man in jeder Anstalt besondere erzieherische Abteilungen, welche von Lehrern, Priestern, Bibliothekaren und Sportlehrern geführt wurden.[114] Kleine Anzeichen der Verbesserung der allgemeinen Situation in den Gefängnissen gab es Ende der 1930er Jahre, kurz vor Beginn des 2. Weltkriegs. In erheblichem Maße hing dies mit der allgemeinen Konjunktur des Weltmarkts und der langsamen Bewältigung der Krisen der früheren 1930er Jahre zusammen.

Der 2. Weltkrieg hemmte erneut die Entwicklung des polnischen Staates und mit ihm die Entwicklung des Strafvollzuges. „In den ersten Tagen des Krieges wurde für die Kurzstrafgefangenen eine Amnestie ausgerufen, die anderen versuchte man, nach Osten zu transportieren. Der schnelle Vormarsch der deutschen Armee und das Einmarschieren der russischen Armee erwirkten, dass auch diese Gefangenen einfach frei gelassen wurden. Die deutsche Streitmacht fand die Gefängnisse leer vor – ohne Gefangene und ohne Personal."[115] In der Zeit des Krieges hatte die Okkupationsverwaltung alle Gefängnisse übernommen und eigenes Personal angestellt. Eine Ausnahme war das Generalgouvernement für die besetzten polnischen Gebiete,[116] wo die alten polnischen Vor-

---

111 Vgl. *Rabinowicz* 1935, S. 73.

112 In den 1920er Jahren verfügte das polnische Gefängniswesen über ca. 34.000 Plätze, die Zahl der Gefangenen betrug ca. 30.000. Die Gefangenenrate (Zahl der Gefangenen pro 100.000 der Wohnbevölkerung) betrug 100. In den Jahren 1938-1939 sah die Situation anders aus. Die Kapazität der Anstalten stieg um ca. 10.000 Plätze, die Zahl der Gefangenen hatte sich aber mehr als verdoppelt und betrug über 70.000 (unter ihnen die Gefangenen, die sich in den beweglichen Arbeitszentren befanden). Die Überbelegung betrug also ca. 40%. Die Gefangenenrate stieg um das Doppelte und betrug damit über 200, vgl. *Pawlak* 1999, S. 61 ff.

113 Vgl. *Walczak* 1990, S. 45.

114 Vgl. *Pawlak* 1999, S. 71.

115 Vgl. *Pawlak* 1999, S. 75.

116 Das Generalgouvernement war ein Gebiet in Polen, welches von Deutschland besetzt aber nicht von der nationalsozialistischen Regierung annektiert wurde. Es erfasste die Regionen um die Städte *Kraków*, *Radom*, *Warszawa* und *Lublin*, später auch *Lwów* (gegenwärtig ukr. *Lwiw*).

schriften in Kraft blieben und polnisches Personal der unteren Hierarchie zwangsmäßig angestellt wurde.

Auf dem von der Roten Armee besetzten Gebiet wurden die Strafvollzugsbediensteten, die während des Einmarschs gerade im Dienst waren größtenteils getötet oder nach Sibirien transportiert.[117] Diejenigen, die gerade nicht im Dienst waren, wurden mit den Offizieren anderer uniformierter Berufsgruppen (Armee, Polizei) in die Lager *Kozielsk, Ostaszków* und *Starobielsk* deportiert und dort inhaftiert. Diese Lager wurden im April und Mai 1940 von der NKWD[118] liquidiert. Fast alle sich dort befindenden, ca. 13.000 Offiziere wurden in der Nähe eines Ortes namens *Katyń* als auch in *Charkow* und *Kalinin* mit einem Schuss in den Hinterkopf ermordet.[119]

2.2.4 Menschenrechte und der kommunistische Strafvollzug in der Volksrepublik Polen

Gemäß den offiziellen und halboffiziellen Bestimmungen von Jalta und Potsdam befand sich Polen nach dem Zweiten Weltkrieg[120] im Orbit des sowjetischen Einflussbereiches. In der gleichen Epoche, in welcher die UNO[121] entstand und die Allgemeine Erklärung der Menschenrechte verabschiedet wurde, wurde in Polen, so wie in den anderen Ländern des Warschauer Paktes,[122] systematisch das kommunistische System eingeführt. In den Jahren 1944-1956 existierte die-

---

117　Bis zum Jahr 1941 wurden ca. 500.000 polnische Bürger nach Sibirien verbannt.

118　Narodnij Kommissariat Wnutrennych Del/Volkskommissariat für Innere Angelegenheiten der UdSSR.

119　Mord an den polnischen Offizieren, Soldaten und Polizisten, der als das Massaker von *Katyń* bekannt ist, fand nicht nur im Wald von *Katyń*, sondern auch an anderen Orten in der ehemaligen Sowjetunion statt. Die Gräber der Offiziere, oft nur schätzungsweise erkannt befinden sich auf den Gebieten von Weißrussland, der Ukraine und Russland.

120　„Aus der Sicht des internationalen Rechts stellte die *Jalta*-Vereinbarung einen Verstoß gegen die Regeln des internationalen Rechts dar. Erstens verletzten die Jalta-Vereinbarungen das Selbstbestimmungsprinzip der Staaten und Völker gemäß derer keine Entscheidungen über einen Staat getroffen werden dürfen ohne Anwesenheit desselben. Zweitens stellte Jalta eine Verletzung der Atlantik Charta von 1941 dar. In diesem Dokument verpflichteten sich die Alliierten, auf territoriale Veränderungen, die nicht im Einklang mit dem Willen der betreffenden Völker standen, zu verzichten. Es wurde auch allen Völkern gewährt, die Regierungsform demokratisch wählen zu dürfen, unter welcher das Volk leben möchte. Während dessen wurden in Jalta zahlreiche Änderungen auf der Weltkarte unternommen, welche zur Verschiebung vieler Grenzen führten, Vertreibung und Umsiedelung von Millionen Menschen gegen ihren Willen verursachten", *Davies* 1999, S. 1181.

121　United Nation Organisation.

122　Militärpakt der kommunistischen Staaten von 1955 unter der Führung *Stalins*.

ses in seiner drastischsten Form als Stalinismus.[123] Dieses totalitäre System stützte sich auf die Ideologie des Terrors, welchem der Mensch als Individuum, als frei denkendes Wesen völlig fremd war. Ein System, das jegliche Erscheinungen des politischen Pluralismus liquidierte, das die Wirtschaft zentralisierte, die Unabhängigkeit der Gerichte ablehnte und eine totale Abhängigkeit von der UdSSR bedeutete.[124] Diese Abhängigkeit war so weit fortgeschritten, dass man in der Literatur auch die Meinungen findet, die diese Periode als nicht-polnische Herrschaft betrachten: „Es ist sehr schwierig, eindeutig festzustellen, ob man über einen polnischen Staat sprechen kann oder über eine fremde Verwaltung auf polnischen Gebieten. (...) Es scheint, dass in vielen Bereichen – auf jeden Fall im Bereich der Justiz, darunter vor allem im Gefängniswesen – die Verwaltung des Königreichs Polen[125] mehr Selbständigkeit genoss als die quasi-polnische Verwaltung der ersten Jahren nach dem Krieg".[126]

Die Ära der Volksrepublik Polen war von dem ständigen Wechsel zwischen den Zeiten, den strengerem Regime und von den Tauperioden, in denen die kommunistische Macht mindestens die Ersetze der grundlegenden Menschenrechte respektierte, geprägt. Bis zum Jahr 1989 herrschte jedoch ununterbrochen eine Ideologie, die keinen Konflikt zwischen dem Individuum bzw. der Gesellschaft und dem Staat wahrnehmen wollte. Gemäß dieser Ideologie war es nicht nötig irgendwelche Mechanismen einzuführen, welche die Individuen vor dem Machtmissbrauch der Staatsträger hätten schützen sollen. Die kommunistische Regierung vertrat nach eigener Auffassung jegliche Interessen des Staates, des Individuums als auch die des ganzen Volkes. Ein Mensch war nur als ein Teil des Volkes wahrgenommen. Es konnten also keine Konflikte entstehen.[127] Vor diesem Hintergrund soll man alle Geschehnisse und Machtverbindungen, unter anderem die Position des Gefängnisses in den institutionellen und rechtlichen Strukturen dieser Periode analysieren und verstehen.

Bereits vor dem Ende des Krieges entstand auf den Gebieten, die durch die Rote Armee befreit worden waren, das Komitee der Nationalbefreiung. Seine Mitglieder wurden in der Sowjetunion ausgebildet und waren *Stalin* direkt un-

---

123 Bezüglich der Bezeichnung des Systems, welches in Polen nach dem Zweiten Weltkrieg herrschte, gibt es unter Historikern viele Diskussionen und Streitigkeiten. Meistens nutzt man wechselweise die Begriffe Kommunismus und Sozialismus. Unter Stalinismus versteht man ein totalitäres, politisch-ökonomisches System, was in Osteuropa nach der Machtübernahme von *Stalin* bis zu seinem Tod 1953 bzw. bis 1956 herrschte.

124 Vgl. *Garlicki* 1993, S. 6.

125 Siehe *Kapitel 2.2.2.3*.

126 Vgl. *Pawlak* 1999, S. 91; *Rejmanowa* 1997, S. 18 f. Die Richter waren eher als Beamte des Staates gesehen als unabhängige Entscheidungsträger und die ganze Justiz fungierte als Kontrollapparat. Dazu ausführlich siehe *Rzepliński* 1996, S. 14 ff.

127 Vgl. *Kuźniar* 2004, S. 29.

terstellt.[128] Die organisatorischen Einheiten des Machtapparates bildeten Ressorts, unter ihnen das Ressort der Öffentlichen Sicherheit.[129] Seine wichtigste Aufgabe bestand in der ideologischen Säuberung des Volkes, was als Vernichtung der antikommunistischen Opposition und als Unterdrückung jedweden Widerstands in der Gesellschaft zu verstehen war.[130]

Die Grundlage der damaligen Kriminalpolitik bildete die Marxistisch-Leninistische Theorie der Kriminalität. Gemäß dieser Doktrin versteht sich „Kriminalität als primitive Form des Widerstandes gegen erniedrigende materialistische und gesellschaftliche Verhältnisse. Der Angriff gegen kapitalistisches Eigentum stellte eine Erscheinung des Ablehnens des Kapitalismus dar."[131] Mit der Einführung des Kommunismus, in dem das private Eigentum kaum existieren sollte, sollte die Kriminalität, vor allem jene die sich gegen das Eigentum richtete, verschwinden. Es kam aber anders.[132] Die Kriminalität wuchs und um die Theorie der neuen Situation anzupassen, wurde sie modifiziert: jeder Mensch, der ein Verbrechen begann, schadete dem kommunistischen Staat, trat also gegen den Kommunismus auf. Damit wurde jedes Verbrechen zu einer politischen Tat. Entscheidend bei der Zumessung der Strafe war der Grad der gesellschaftlichen Gefährlichkeit, was als Grad der Schädlichkeit gegenüber dem kommunistischen Staat und dem Machtapparat interpretiert wurde. Im Endeffekt, in dieser Version von Kriminalität „stand vor dem Gericht nicht ein Mensch, ein Mitglied der Gesellschaft, sondern ein Feind des Systems".[133] Das Strafrecht wurde als Lösungsmittel für den Kampf mit der Opposition und für die wirtschaftlichen und gesellschaftlichen Probleme genutzt.[134] Die Gefahr für das totalitären System und nicht eine im Gesetz bestimmte Straftat war der Grund der Strafbarkeit.[135]

---

128   Diese Quasi-Regierung wurde so schnell gebildet, um die rechtsgemäße Regierung, die sich im Exil in London befand, zu entmachten.

129   Ab 1945 unter dem Namen Ministerstwo Bezpieczeństwa Publicznego/Ministerium der Öffentlichen Sicherheit) und ab 1953 als Minsterswo Spraw Wewnętrznych/Ministerium für Inneren Gelegenheiten.

130   Vgl. *Czołgoszewski* 2002, S. 6. Die Rechtsprechung in Fällen gegen die Opposition, gegen deutsche Kriegsverbrecher, Mitarbeiter und auch Mitglieder der Ukrainischen Aufständischen Armee ruhte in der Regel in den Händen der Militärgerichte. Diese haben häufig Todesurteile ausgesprochen, siehe *Maleszczyk* 1900, S. 28. In den ersten Monaten und Jahren nach dem Krieg wurden sehr viele Offiziere und Soldaten der polnischen National-Armee (*Armia Krajowa, AK*) inhaftiert und entweder zur Todesstrafe verurteilt oder in Arbeitslager nach Sibirien verschickt.

131   Vgl. *Moczydłowski* 2003, S. 79.

132   Vgl. *Szymanowski* 2010b, S. 48 f.

133   Vgl. *Moczydłowski* 1994, S. 4.

134   Siehe *Hołda* 1990, S. 170.

135   Siehe *Wróbel/Zoll* 2010, S. 60.

Die marxistische Strafrechtlehre herrschte in Polen bis zum Ende der 1980er Jahre, wobei ab Ende der 1970 verlor sukzessiv ihre führende Position.[136]

Der ganze Justizapparat, darunter auch das Gefängniswesen, war auf den Kampf gegen die politischen Gegner gerichtet. Man nimmt an, dass in den Jahren 1945-1953 allein in den Gefängnissen, die dem Sicherheitsressort unterstellt waren, über eine Million[137] Menschen inhaftiert wurden. Neben diesen Anstalten existierten auch Arbeitslager, Untersuchungshaftanstalten des Militärs und Einheiten, die direkt der NKWD unterstanden.

Bei der Erforschung des polnischen frühkommunistischen Strafvollzugs muss man einige Besonderheiten berücksichtigen. Vor allem darf man nicht vergessen, dass die Grenze zwischen einer Freiheitsstrafe, die als Entzug der Freiheit auf Grund einer gerichtlichen Entscheidung zu verstehen ist und einer Unterbringung in der Untersuchungshaft, sehr fließend war. „Der Fakt der Verurteilung hat in der Realität am Status des Angeklagten nichts geändert. Die Fällung und Bestätigung des Urteils hat den Untersuchungsprozess nicht definitiv abgeschlossen. Dieser Prozess nahm also nur eine verdeckte Form an, die sich in jedem Moment in einen neuen Untersuchungsprozess verwandeln und zu einer weiteren Verurteilung führen konnte."[138] Des Weiteren muss die Analyse des Rechts jener Zeit die Gegebenheit berücksichtigen, dass viele vorkriegszeitliche Gesetze, z. B. das Strafgesetzbuch von 1932 oder die Gefängnisordnung aus dem Jahr 1939 zwar offiziell galten, jedoch kaum angewandt wurden. Die kommunistischen Machthaber gaben eine unermessliche Zahl von neuen Dekreten, Verordnungen und Anordnungen heraus, welche die Anwendung der „Hauptgesetze" so weit beschränkten, dass die Realität ganz anders geformt wurde und nicht viel Gemeinsames mit den Bestimmungen der Gesetzbücher hatte.

In den ersten Jahren des Kommunismus oszillierte die Zahl der regulären Strafanstalten um 130. Ihre Organisation regelte ein Rundschreiben (Okólnik) des Ministeriums der Öffentlichen Sicherheit (*Ministerstwo Bezpieczeństwa Publicznego*) aus dem Jahr 1945. Die Anstalten wurden in Strafanstalten und Straf- und Untersuchungsanstalten unterteilt. Es existierten auch Sonderanstalten, sog. Zentralanstalten, die direkt dem Ministerium der Öffentlichen Sicherheit und nicht dem Direktor des Gefängniswesens unterstanden. In diesen Anstalten wurden politische Gefangene und Gefangene mit einer Strafe von über 3 Jahren untergebracht.

---

136 Vgl. *Warylewski* 2010, S. 53 f.

137 Vgl. *Czołgoszewski* 2002, S. 6. Die Bevölkerung Polens betrug im Jahr 1946 23,6 Mio. Einwohner, im Jahr 1950 25 Mio. und im Jahr 1960 30 Mio. Quelle: Główny Urząd Statystyczny (Statistischer Hauptamt) http://www.stat.gov.pl/cps/rde/xbcr/gus/POZ_-ludnosc_wg_spisow_1946_2002.xls.

138 Vgl. *Kostewicz* 1991, S. 86.

Der Stand der Gefängnispopulation jener Zeit ist ziemlich schwierig zu schätzen. Gemäß den damaligen offiziellen Statistiken waren am 31.01.1946, also kurz nach dem Krieg, 61.894 Personen inhaftiert,[139] davon befanden sich 58.237 in Untersuchungshaften, die dem Amt der Öffentlichen Sicherheit (*Urząd Bezpieczeństwa Publicznego*) unterlagen. Am Ende des Jahres 1949 stieg die Gefangenenzahl auf 101.000. Erst im Jahr 1956 wurde mit einer Welle allgemeiner Lockerungen in der Politik diese Zahl durch einige Amnestien stark reduziert und betrug 21.000.[140] Die Unterbringung der Gefangenen erfolgte überwiegend in großen Gemeinschaftszellen, die selten für weniger als 5-Personen pro Zelle ausgelegt waren. Diese Form der Unterbringung war typisch für den sowjetischen Strafvollzug und in fast allen Ländern des Warschauer Pakts weit verbreitet. Bis heute wurde diese Praxis, überwiegend aus finanziellen Gründen, kaum geändert.

Zur Personalstruktur der Anstalten jener Zeit findet man kaum Informationen. Die Mehrheit der Entscheidungen des Personalmanagements hatte einen politischen Hintergrund. Es gibt nicht viele Dokumente, die bis zur heutigen Zeit erhalten geblieben bzw. zugänglich sind und die glaubwürdige Quellen für die Forschung und Wissenschaft darstellen könnten. Formell stellten die Gefängnisbeamten eine unabhängige, uniformierte Einheit dar, faktisch aber waren sie, genau wie das Militär und die Polizei, der Regierung unterstellt und politisch indoktriniert. Zum wichtigsten Kriterium bei der Anstellung wurde die „richtige" politische Gesinnung des Kandidaten. Die Ausbildung und berufliche Kompetenzen spielten nur eine geringe Rolle. Im Jahr 1949 verfügten fast 50% der Strafvollzugsbediensteten über keine Grundschulausbildung, im Jahre 1951 hatte über die Hälfte der Anstaltsleiter keine mittlere Ausbildung.[141]

Die schwierigste Periode der Nachkriegszeit in Polen endete mit dem Tod Stalins im Jahr 1953. Doch erst ab 1956 kann man leichte Lockerungstendenzen des Machtapparates beobachten. Dies bedeutete zwar keinen Rückgang von einem totalitären System, aber die Oktoberwende brachte doch einige positive Änderungen mit sich: Unterlassung der drastischen, unmenschlichen Praktiken seitens der Regierung in den Gefängnissen und überhaupt in der Strafverfolgung, eine leichte Dezentralisierung der Macht und eine gewisse Lockerung der Zensur. Zwar führte „der Umbruch 1956 trotz seiner großen politischen und gesellschaftlichen Bedeutung zu keinem fundamentalen Wandel",[142] doch im

---

139 Die Strafgefangenenrate betrug ca. 250 pro 100.000 der Bevölkerung.

140 Diese Zahlen betreffen nur die „normalen" Strafgefangenen und keine politischen, die Grenze war jedoch, wie schon erwähnt, sehr fließend. Man muss die offiziellen Daten jener Epoche mit bestimmtem Abstand betrachten. Viele damalige Statistiken hält man heutzutage für fragwürdig bzw. unglaubwürdig, vgl. *Utrat-Milecki* 1996, S. 38.

141 Vgl. *Utrat-Milecki* 1996, S. 29.

142 *Falandysz* 1987, S. 28 zitiert nach *Hołda* 1990, S. 173.

Strafvollzug fanden einige gravierende Änderungen statt. Von größter Bedeutung waren die Loslösung des Gefängniswesens vom Ministerium für Innere Angelegenheiten und dessen Eingliederung in das Justizministerium,[143] was einige Kaderänderungen nach sich zog als auch die Einführung, neben die schon existierende Aufsicht der Staatsanwaltschaft, der richterlichen Aufsicht über die Strafvollstreckung im Jahr 1957. In der Anfangsphase waren die Befugnisse des Staatsanwalts und des Richters ähnlich, so haben sie sich oft gleichgeschaltet. Mit der Zeit gewannen jedoch die Richter immer mehr Kompetenzen und immer größere Bereiche unterlagen ihrer Aufsicht.[144] Trotz aller Verwicklungen in das Machtsystem waren die Richter unbeeinflusster und unabhängiger als die Staatsanwälte und vor allem als die Verwaltungsangestellte.[145]

Ein weiterer Fortschritt auf dem Weg zu einem gerechteren Vollzug war die Zuteilung der Befugnis für den Vorsitzenden des Bezirksgerichtes, eine Entscheidung von der Anstaltsverwaltung anfechten zu dürfen. Auch relativ große Bedeutung hatte die Einrichtung der Strafvollzugsabteilungen in den Gerichten, die man als Vorstufe der heutigen Strafvollzugskammer in den Bezirksgerichten ansehen kann. Die Richter dieser Abteilungen übten die Aufsicht über die Gefängnisse aus, konnten diese inspizieren und besaßen auch die Kompetenz, über die vorzeitige, bedingte Entlassung zu entscheiden.[146]

Das Gefängniswesen der 1960er Jahre unternahm den Versuch, die Gefängnisse zu modernisieren, das Niveau und die Effektivität der Resozialisierung zu verbessern und die Qualifizierung der Kader zu erhöhen. Es wurden für damalige politische Verhältnisse innovative Projekte durchgeführt,[147] als auch Kooperationen mit Universitäten und anderen wissenschaftlichen Institutionen zugelassen. Im Jahr 1966 wurde die „Ordnung der Freiheitsstrafe"[148] verabschiedet. Als Grundform der Unterbringung der wegen weniger schwerer De-

---

143 In der zweiten Hälfte der 1950er Jahre unterlag in allen Ländern des Ostblocks das Gefängniswesen dem Innenministerium.

144 In jener Zeit war im kommunistischen Block die richterliche Aufsicht über die Strafvollstreckung der Strafen nicht vorgesehen. Polen war der einzige Staat des Ostblocks, in dem es gelang, die richterliche neben die schon existierende Aufsicht des Staatsanwalts einzuführen.

145 Umfassend über die Einbindung und die Verwicklungen der Justizbeamten im kommunistischen System schreiben u. a.: *Kulesza/Rzepliński* 2001; *Czołgoszewski* 2002.

146 Vgl. *Pawlak* 1999, S. 110.

147 Unter anderem: Experiment in *Szczypiorno*, in einer Strafanstalt für junge Verbrecher, siehe *Świda/Świda* 1961; *Świda-Ziemba* 1990; Model des Arbeitszentrums für Verurteilte in *Gdańsk-Przeróbka*; Experiment in der Strafanstalt für jugendliche Frauen in *Bojanów*, siehe *Machel* 1983.

148 Zarządzenie Ministra Sprawiedliwości z dnia 7 lutego 1966 w sprawie regulaminu wykonywania kary pozbawienia wolności/Verordnung des Justizministers zur Ordnung des Strafvollzuges vom 7. Februar 1974, Dz. Urz. MS 1966, Nr. 2, poz. 12.

likte Verurteilten sah sie sog. Arbeitszentren vor. Sie ähneln den heutigen offenen bzw. halboffenen Anstalten, in denen die Gefangenen teilweise auch außerhalb der Anstalt, ohne Aufsicht der Bediensteten, arbeiten dürfen.[149]

Das polnische Gefängniswesen nahm auch die Zusammenarbeit mit Strafvollzugsvertretern anderer Länder auf. Zur Plattform des internationalen Austauschs wurden wieder die Strafvollzugskongresse der Vereinten Nationen.[150] Erstmalig nach dem Zweiten Weltkrieg nahm die polnische Delegation im Jahr 1960 am Londoner Kongress teil. Die Voraussetzung für die Teilnahme an diesen Kongressen war die Anerkennung der Mindestgrundsätze für die Behandlung der Gefangenen[151] und die Willensäußerung, die Gefängnisse gemäß dieser Resolution zu gestalten. Die bloße Erklärung der Anerkennung und die Teilnahme der polnischen Delegation am Kongress war ein kleines Zeichen der Entpolitisierung des Strafvollzuges und der politischen Entspannung im Land.

Parallel zu den Änderungen in der Praxis wurde an der neuen komplexen Strafkodifikation gearbeitet. Während der Arbeiten und Diskussionen kam immer öfter die vorkriegszeitliche Idee eines separaten Strafvollstreckungsgesetzes zur Sprache. Diese Konzeption lag letztendlich den Kodifikationsarbeiten der 1960er Jahre zugrunde und fand schließlich ihren Ausdruck im Strafvollstreckungsgesetzbuch von 1969. In ihm wurde die Vollstreckung aller Entscheidungen, die im strafrechtlichen Prozess als auch im Prozess wegen Übertretungen verhängt wurden, separat geregelt.

Trotz seines innovativen Charakters unterlag dieses Gesetz sofort einer scharfen Kritik seitens der unabhängigen Wissenschaftler. Als sehr negativ galten die große Zahl der ungenauen Vorschriften als auch viele Ermächtigungen zum Erlass von Rechtsverordnungen. Sehr schnell stellte man fest, dass die Vorschriften dieses Gesetzbuches eine sehr repressive Gerichtspraxis förderten. Trotz vieler mangelhafter Regelungen darf man aber nicht die positiven Aspekte der separaten Regelung des Strafvollzuges übersehen. Die Vorschriften, welche die Vollstreckung der Sanktionen regelten, erhielten eine neue Bedeutung. Mit dieser Tatsache wurde das Strafvollstreckungsrecht als selbständiger Zweig des

---

149 Vgl. *Kalisz* 2004, S. 153.

150 Der offizielle Name: Kongresse der Vereinten Nationen zur Vorbeugung der Kriminalität und Behandlung von Straftätern (United Nations Congresses on the Prevention of Crime and the Treatment of Offenders), auch die Kongresse der dritten Generation genannt. Sie stellten eine Kontinuität der Straf- und Pönitentiaren Kongresse der Vorkriegszeit dar. Der erste Kongress der dritten Generation fand in Genf im Jahr 1955 statt, die nachfolgenden Kongresse alle 5 Jahre.

151 Die Mindestgrundsätze für die Behandlung der Gefangenen (*Standard Minimum Rules for the Treatment of Prisoners*) wurden vom Ersten Kongress der Vereinten Nationen für Verbrechensverhütung und die Behandlung Straffälliger in Genf 1955 angenommen und durch den Wirtschafts- und Sozialrat mit seinen Resolutionen 663 C (20IV) vom 31. Juli 1957 und 2076 (LXII) vom 13. Mai 1977 gebilligt.

polnischen Rechts angesehen, was auch zu einem größeren Interesse für die Strafvollzugsforschung führte. Es wurden Forschungsprojekte im Institut der Rechtswissenschaften in Warschau als auch im Justizministerium durchgeführt.[152] Jedoch nicht jedem Wissenschaftler wurde gestattet solche Untersuchungen durchzuführen und die Kritik des Systems konnte nur sehr dezent und versteckt geäußert werden. Kritisch und treffend beschrieb *Rzepliński* die Situation der Wissenschaft in den Bereichen des Strafvollzugs und der Kriminologie: „Die Wissenschaft hatte einen ziemlich großen Einfluss auf den Strafvollzug. Gefängnisse mit ihrem Personal und Gefangene hatten immer eine treu ergebene Gruppe von Kriminologen. Bis zum Ende der Volksrepublik Polen existierte jedoch eine sehr deutliche Einteilung dieser Gruppe in sog. „Hofwissenschaftler, die ihre Untersuchungen und Publikationen in dem Jargon der kommunistischen Propaganda schrieben (...) und in eine kleinere Gruppe der jüngeren, unabhängigen Wissenschaftler, die die kommunistische Version der Forschung ablehnten. Erstere hatten Offiziersstellen in dem Forschungszentrum des Strafvollzugsdiensts und dadurch Zugang zu allen Anstalten und Daten, als auch den Urlaub in den besten Sommerhäusern des Ressorts, die anderen nach der Publikation eines ersten, objektiven Textes typische Probleme jener Zeit".[153]

Trotz dieser Schwierigkeiten und Bedrohungen, die ein nicht-demokratischer Staat mit sich bringt, muss man anmerken, dass es der polnischen Wissenschaft in den Bereichen der Pönologie und Strafvollzugsforschung gelungen ist, an vielen guten Vorkriegsmustern anzuknüpfen sowie neue wirksame Konzepte zu erarbeiten und den gesamten Strafvollzug auf die Idee der Resozialisierung zu stützen, wenngleich diese ziemlich politisch gefärbt war.[154]

Eine bedeutende Verschlechterung der Gesetzgebung zum Strafvollzug, fast einen Schritt zurück stellte die im Jahre 1974 eingeführte neue Gefängnisordnung dar.[155] Diese Verordnung beinhaltete viele Regelungen zu den Gefangenenrechten, die eine gesetzesrangige Regelung verlangten, entwickelte und konkretisierte die Beschränkungen im Bereich der Individualisierung der Strafe und in der sog. freien Progression, führte ein zusätzliches, hartes Regime ein, hob deutlich die Pflichten der Gefangenen über deren Rechte hervor, führte als Disziplinarmaßnahme die Strafe der verminderten Essensrationen ein und betrachtete Arbeit als zusätzliche Repressalie. Sie verletzte u. a. eines der wichtigsten

---

152 Siehe *Szymanowski* 2010a, S. 274.

153 *Rzepliński* 1993, S. 14.

154 Vgl. *Utrat-Milecki* 2003, S. 39.

155 Zarządzenie Ministra Sprawiedliwości z dnia 25 stycznia 1974 w sprawie tymczasowego regulaminu wykonywania kary pozbawienia wolności/Verordnung des Justizministers zur vorläufigen Ordnung des Strafvollzuges vom 25. Januar 1974, Dz. Urz. Min. Spr. 1974, Nr. 2 poz. 6.

strafrechtlichen Prinzipien, nämlich den Grundsatz *nulla poena sine lege* und kreierte eine sehr punitiv orientierte Praxis.

Die zweite Hälfte der 1970er Jahre ist durch mehrere bedeutende Ereignisse im Bereich der Menschenrechte gekennzeichnet. Polen unterzeichnete die wichtigsten UN-Menschenrechtskonventionen: den Internationalen Pakt über bürgerliche und politische Rechte und den Internationalen Pakt über wirtschaftliche, soziale und kulturelle Rechte[156] und wurde zum Unterzeichner der Schlussakte der KSZE, welche in Helsinki im Jahr 1975 verabschiedet wurde.[157] Diese Ereignisse hatten keine unmittelbare Wirkung auf die politische Situation in Polen, sind aber dennoch von sehr großer Bedeutung, denn sie gaben dem Kampf um politische und wirtschaftliche Freiheiten eine bisher nicht existierende rechtliche Grundlage. Die Ratifizierung dieses Akts trug auch zur Entstehung der Freiheitsbewegungen in den damaligen Ostblockstaaten bei, die sich als Ziel die Verteidigung der Menschenrechte gestellt hatten. Die erste bedeutende Organisation dieser Art entstand in Polen als Antwort auf die drastischen Repressionen gegenüber Arbeitern, die an den Protesten im Juni 1976 teilgenommen hatten. Die Aufgabe des Komitees zur Verteidigung der Arbeiter (*KOR – Komitet Obrony Robotników*) bestand darin, den verfolgten Arbeitern und ihren Familien Beistand zu leisten und wenn es zu gerichtlichen Verhandlungen gekommen war, auch ihre Rechte vor den Gerichten zu verteidigen. Eine weitere wichtige Organisation, Die Bewegung zur Verteidigung der Menschen- und Bürgerrechte (*Ruch Obrony Praw Człowieka i Obywatela*), die in den Jahren 1977-1981 tätig war, bezog sich direkt auf die beiden UN-Pakte. Die Überwachung der Beachtung dieser seitens der polnischen Regierung stellte das unmittelbare Ziel dieser Organisation dar. Sie leistete intensive Informationsarbeit in der Gesellschaft, wurde Herausgeber einer der ersten Untergrund-Zeitschriften im kommunistischen Polen, organisierte viele Aktionen und De-

---

156 Internationaler Pakt über bürgerliche und politische Rechte und Internationaler Pakt über wirtschaftliche, soziale und kulturelle Rechte vom 19. Dezember 1966 (International Covenant on Civil and Political Rights and International Covenant on Economic, Social and Cultural Rights, A/RES/2200 A (20I)). Polen hatte diesen Pakt am 3. März 1977 ratifiziert.

157 Die Sitzungen der Konferenz über Sicherheit und Zusammenarbeit in Europa (KSZE) begannen im Juli 1973. Ihre wichtigsten Bestimmungen wurden im Helsinki Akt festgehalten und sind in drei so genannte Körbe gegliedert: 1. Korb: Sicherheitsprobleme in Europa, 2. Korb: Zusammenarbeit auf europäischer Ebene in der Wirtschaft, Wissenschaft, Technik und im Naturschutz und 3. Zusammenarbeit in humanitären und ähnlichen Angelegenheiten. Der erste Korb beinhaltete die Fragen der Menschenrechte und die wichtigsten Freiheiten; vor allem Meinungs-, Religions-, und Gewissensfreiheit sowie das Recht der Völker auf Selbstbestimmung. Im Jahr 1994 wurde die KSZE in die Organisation für Sicherheit und Zusammenarbeit in Europa (OSZE) (Organization for Security and Cooperation in Europe, OSCE) umgewandelt.

monstrationen und gab tatsächliche und juristische Hilfe für die wegen ihrer politischen Orientierung und Aktivität Verfolgten.

Die Bedeutung dieser Organisation auf dem Weg zur Demokratie betont die Verehrung der Mitglieder zum 30. Jahrestag der Entstehung durch Sejm der Republik Polen: „(…) Durch Ihre Entstehung und Tätigkeit hat Die Bewegung zur Verteidigung der Menschen- und Bürgerrechte zum Erwachen der Freiheitsaspirationen der „Vor-*Solidarność*" Gesellschaft beigetragen. Sie war eine bedeutende Bürgerinitiative auf dem Weg zur Unabhängigkeit und zum Schaffen einer die Menschenrechte respektierenden Gesellschaft.[158]

Diese Organisationen gewannen immer mehr Mitglieder, was sehr schnell einen immer größer werdenden und besser organisierten Widerstand der Gesellschaft gegen die kommunistische Unterdrückung bewirkte.

Ein Meilenstein in der polnischen Geschichte des Kampfes um Menschenrechte und bürgerliche Freiheiten waren die Änderungen des Jahres 1980.[159] Im Rahmen der Tätigkeit der NSZZ *Solidarność* wurde eine breite Palette neuer Gesetze vorbereitet. Ende 1980 entstand die Kommission der Justizarbeiter der

---

158 Deklaracja Sejmu Rzeczypospolitej Polskiej¸z dnia 16 marca 2007 r. w 30. rocznicę powstania Ruchu Obrony Praw Człowieka i Obywatela/Öffentliche Erklärung des Sejms vom 16. März 2007 zum 30. Jahrestag der Entstehung der Bewegung zur Verteidigung der Menschen- und Bürgerrechte.

159 Zweifellos stellt der August 1980 eines der wichtigsten Daten der polnischen Nachkriegsgeschichte dar – den Beginn der größten Widerstandsbewegung in den kommunistischen Ostblockländern, die letztendlich ohne Blutvergießen zu einer Staatsformänderung führte. Den Anfang der August-Ereignisse bezeichnet vor allem der Streik in der Danziger Werft (*Stocznia Gdańska*). Die ursprünglichen Forderungen, welche die Streikenden der Werftdirektion gestellt hatten, waren sehr bescheiden: *Anna Walentynowicz* und *Lech Wałęsa* sollten wieder auf ihren Posten gesetzt werden, kleine Lohnerhöhungen sollten gewährt werden, die Sozialleistungen waren an die der Polizei anzugleichen und es sollte eine Erlaubnis erteilt werden, ein Denkmal für die in früheren Streiks ermordeten Werftarbeiter zu errichten. Nach kurzer Zeit verwandelte sich dieser Protest in einen allgemeinpolnischen Sitzstreik, dem sich weitere Betriebe, Fabriken, Krankenhäuser und Universitäten anschlossen. Am 22. August begann die Regierung mit den Streikenden zu verhandeln. Gegenstand der Einigungsgespräche waren nicht mehr die ursprünglichen Postulate, sondern 21 Forderungen, welche die Streikenden stellten. Sie forderten u. a.: Vereinigungsfreiheit in freien Gewerkschaften, das Recht auf Streik, Zensureinschränkung, politischen Pluralismus und Entlassung der politischen Gefangenen aus den Gefängnissen. Die Verhandlungen endeten am 31. August mit der Unterzeichnung der sog. August-Vereinbarungen (*porozumienia sierpniowe*). Die kommunistische Regierung hatte den Postulaten zugestimmt und die Entstehung der Unabhängigen Selbstverwalteten Gewerkschaft Solidarität (Niezależny Samorządny Związek Zawodowy „*Solidarność*") oft nur unter der Abkürzung NSZZ *Solidarność* bekannt, bewilligt. In den nächsten Monaten, einer politischen Tauperiode, entstand um diese Gewerkschaft eine breite, verschiedene gesellschaftliche Schichten erfassende Bewegung, die als *Solidarność* bekannt wurde. Diese Bewegung war in ihrem Kern und in ihrer Tätigkeit eine allgemeinpolnische Menschenrechtsbewegung.

Solidarność, die sich u. a. mit den Begriffen Menschenrechte, Gerechtigkeit und Rechtsstaatlichkeit in der Gesetzgebung und in der Exekutive beschäftigte. In den Diskussionen wurde schnell herausgestellt, dass, um die politische Wende in Polen zu erwirken, eine umfassende Rechtsreform nötig war. Es wurde ein Zentrum ins Leben gerufen, das sich zur Aufgabe stellte, neue Gesetze zu erarbeiten. In sehr kurzer Zeit wurden über 20 Entwürfe von Gesetzen vorbereitet, unter denen sich auch die Entwürfe des Strafgesetzbuches und des Strafvollstreckungsgesetzbuches befanden.[160] In diesen Konzepten verlor das Strafrecht seinen bis dato repressiven Charakter: es wurden wichtige prozessuale Garantien eingeführt, der Katalog der Rechte von Gefangenen und der von Untersuchungshaftgefangenen wurde bedeutend erweitert, die Todesstrafe wurde abgeschafft, der Katalog von Alternativen zum Freiheitsentzug wurde erweitert. Man führte auch eine Korrektur aller Vorschriften durch, die bisher nicht klar genug gefasst waren und große Möglichkeiten der Analogiebildung bzw. unterschiedlicher Rechtsauslegung eröffneten.

Die Einführung dieser Reformen wurde ein Jahr später durch den Kriegsnotstand[161] unterbrochen. Der Kriegsnotstand stellt einen sehr düsteren Zeitabschnitt der polnischen Geschichte dar, eine Periode der Repressionen, Einschränkungen der Freiheiten und massive Verletzungen der Menschenrechte. Auf den Straßen fuhren Panzer, eine Polizeistunde wurde eingeführt, die Korrespondenzen und Telefongespräche wurden zensiert. Wieder versuchte die Regierung, die sozialen und ökonomischen Probleme durch strafrechtliche Repressionen zu lösen.[162] In den ersten Monaten des Kriegsnotstands wurden 6.000 bis 10.000 Menschen aus politischen Gründen interniert und in den Gefängnissen und Internierungslagern ohne jegliches Urteil eingesperrt. Viele von ihnen wurden erst Jahre später entlassen.

Der Kriegsnotstand war aber auch die Zeit sehr intensiver und breit vernetzter Untergrundarbeit. Es entstanden viele illegale Druckereien, Komitees der

---

160 Ausführlich dazu vgl. *Barczyk/Grodziski/Grzybowski* 2001.

161 Die kommunistische Regierung sah eine derart schnelle Entwicklung der Reformen und eine so breite Unterstützung aus der Mitte der Gesellschaft für die *NSZZ Solidarność* nicht vor. Unter anderem wegen Warnungen vor Machtverlust aus Moskau rief sie am 13.12.1981 den Kriegstand aus. Als Grund für die wirtschaftliche Krise und die politischen Unruhen, die der Kriegsnotstand bewältigen sollte, nannte die Regierung ihren politischen Gegner die *NSZZ Solidarność*. General *Jaruzelski* meint, dass, wenn er den Kriegsnotstand nicht eingeführt hätte, die russische Armee einmarschiert wäre. (Genauer gesagt nicht einmarschiert wäre, sondern Polen von Mitte angegriffen hätte, da schon seit den 1940er Jahren ca. 60.000 russische Soldaten in Polen stationiert waren.) Die Diskussion über die Ursachen und die Notwendigkeit der Einführung dieses Kriegsnotstandes zieht sich bis zur heutigen Zeit durch die gesamte polnisch-historische Publizistik und die politischen Debatten.

162 Vgl. *Postulski/Hołda* 2005, S. 13.

NSZZ *Solidarność* und Organisationen, wie z. B. das polnische Helsinki-Komitee, das die Einhaltung der Menschenrechte bis heute in Polen überwacht.

So wie die ganze wirtschaftliche und politische Situation Polens, ist in den letzten 10 Jahren der PRL (*Polska Republika Ludowa,* dt. Volksrepublik Polen) auch das Gefängniswesen durch eine sich ständig vertiefende Krise gekennzeichnet. In 148 damals existierenden Anstalten fehlten die Finanzmittel für die Grundversorgung der Gefangenen, für das Essen und für die einfachsten hygienischen Mittel. Gleichzeitig wuchs die Gefangenenzahl, was zu enormer Überbelegung führte, dementsprechend war auch die Gefangenenrate hoch und betrug 255 im Jahr 1987 (90.000 Verurteilte) und ca. 220 (68.000 Verurteilte) im Jahr 1988.[163] Diese Situation löste eine ständig zunehmende Zahl von Unruhen in den Strafanstalten aus und ändert sich teilweise erst nach 1991.

2.2.5 Zu einem humaneren Strafvollzug? Polnisches Strafrecht und polnischer Strafvollzug im Transformationsprozess

Im Dezember 1982 wurde der Kriegsnotstand ausgesetzt und ein Jahr später offiziell aufgehoben. In den folgenden Jahren verschlechterte sich die wirtschaftliche Lage in den kommunistischen Ländern drastisch. Im April und im August 1988 brachen neue Streikwellen aus. Die Regierung konnte diese Situation nicht mehr mit Gewalt lösen, auf Unterstützung von Seiten Russlands war auch nicht zu hoffen.[164] In dieser Lage nahm die kommunistische Macht Verhandlungen mit der *Solidarność* und mit der Katholischen Kirche auf,[165] die als Debatten des runden Tisches (*obrady okrągłego stołu*) bekannt sind. Sie wurden mit der Unterzeichnung eines Abkommens beendet, das eine grundlegende und vielseitige Veränderung des polnischen politischen Systems bedeutete.[166]

---

163 Vgl. *Szymanowski* 1996, S. 39.

164 Für die Situation in Polen hatte der Änderungsprozess große Bedeutung, welcher unter *Michail Gorbaczow* im Jahr 1985 in der UdSSR unter dem Namen *Perestroika* begann.

165 Die Katholische Kirche stellte in Polen von Anfang an eine sehr bedeutende Stütze der Widerstandbewegung dar und wurde als Partner zu den Verhandlungen eingeladen.

166 Zu den wichtigsten Bestimmungen des Runden Tisches gehörten: die Reaktivierung des Senats (Das polnische Parlament hatte in der Zwischenkriegszeit beide Kammern: den Sejm und den Senat. Im kommunistischen Polen gab es nur Sejm.), des Amtes des Präsidenten und die Wiederherstellung der teilweise freien Wahlen zum Sejm und freie Wahlen zum Senat. Diese Wahlen fanden am 4. Juni 1989 statt und endeten mit dem Sieg der *Solidarność*-Kandidaten. Sie erhielten 35% der Sitze des Sejms (nur so viele waren für Nicht-kommunistische Kandidaten laut den Bestimmungen des Runden Tisches vorgesehen) und 99 von 100 Mandaten für den Senat. Ein Jahr später gewann *Lech Wałęsa* die erste allgemeine Präsidentschaftswahl. Nach der Vereidigung zum Präsidenten erhielt er die offiziellen polnischen Staats- und Machtinsignien der *II. Res Publica* Polen, die sich seit 1939 in London bei den Präsidenten in Exil befanden. Diese

Die wichtigste Annahme des neuen demokratischen Rechtsstaates war die Anerkennung des Bürgers, der als Individuum über eine angeborene, unantastbare Würde verfügt. Diese Würde zu schützen, ist die beachtenswerteste Aufgabe des Staats, was der bisherigen, kommunistischen Vision des Bürgers, des Staates und ihres gegenseitigen Verhältnisses eher unbedeutend war. Diese Veränderungen forderten den Aufbau eines neuen Rechtssystems und verlangten die Umgestaltung vieler Institutionen und staatlicher Ämter. Der Transformationsprozess hatte in Polen einen evolutionären Charakter und ist schwer in einem zeitlichen Rahmen zu definieren. Im Bereich der wesentlichen Gesetzgebung wurde der Prozess weitgehend abgeschlossen. Nichtdestotrotz sind manche Bereiche, wie z. B. Strafrecht, aber auch der Strafvollzug immer noch im Umbau, bzw. scheinen noch nicht stabilisiert und werden ständig geändert und bearbeitet.[167]

Das Strafrecht gehört zu den Rechtsbereichen, die sehr stark dem totalitär-politischen System gedient und die bürgerlichen Rechte und Freiheiten beeinträchtigt hatten, daher stellte sich bei dessen Reform ziemlich schnell heraus, dass die Änderungen so umfangreich werden würden, dass man neue Gesetze vorbereiten musste, wobei ein paar unmittelbar notwendige Novellierungen schon zuvor in Kraft traten. Die Kommission zur Kodifikation[168] bereitete die Entwürfe der Strafgesetze vor, aber erst 1995 wurden diese vom Justizminister gebilligt und dem Sejm vorgelegt. Nach vielen Lesungen und nach der Einarbeitung zahlreicher Verbesserungsvorschläge seitens des Senats verabschiedete das Parlament am 6. Juni 1997 drei Strafgesetze, welche nach relativ langen *vacatio legis* im September 1998 in Kraft traten.[169]

Die intensiven Auseinandersetzungen und Streitgespräche über die ganze Reform, über einzelne Regelungen und Institute haben nach der Verabschiedung der Gesetzbücher nicht nachgelassen. Viele neue Lösungen wurden in der Praxis erprobt und regten zu weiteren zahlreichen Diskussionen an. Schon im Jahr

---

Übergabe galt als Symbol der Kontinuität des polnischen unabhängigen Staates und bezeichnet das Ende eines undemokratischen Systems in Polen.

167 Auf der außenpolitischen Ebene kamen diese Änderungen zum Ausdruck im Beitritt Polens zu den internationalen Strukturen und Organisationen und durch die Unterzeichnung zahlreicher internationaler Konventionen und Pakte. Gleichzeitig wurden schon früher ratifizierte Bestimmungen, vor allem im Bereich der Menschenrechte, respektiert und durch die Gerichte und staatlichen Institutionen praktiziert.

168 Diese Kommission wurde noch vor der Wende ins Leben gerufen, ab 1989 arbeitete sie aber in einer neuen Personalzusammensetzung. Zu dieser gehörten Spezialisten aus dem Bereich Strafrecht – Wissenschaftler, Richter und Vertreter des Justizministeriums.

169 Ustawa z dnia 6 czerwca 1997 r. Kodeks karny wykonawczy/Strafvollstreckungsgesetzbuch vom 6. Juni 1997, Dz. U. z dnia 5 sierpnia 1997; Ustawa z dnia 6 czerwca 1997 r. Kodeks karny/Strafgesetzbuch vom 5. Juni 1997, Dz. U. z dnia 2 sierpnia 1997; Ustawa z dnia 6 czerwca 1997 Kodeks postępowania karnego/Strafprozessordnung vom 6. Juni 1997, Dz. U. z dnia 4 sierpnia 1997.

1999 berief der Justizminister eine Kommission zur Vorbereitung der Strafrechtsreformen, die im Jahr 2001 einen Gesetzesentwurf zur Novellierung der
drei Strafgesetzbücher zur Unterzeichnung vorlegte. Dieser Entwurf wurde vom
Präsidenten jedoch nicht unterzeichnet mit der Begründung, er beinhalte viele
Mängel und Fehler. Die nun folgenden personellen Wechsel in der Regierung
und im Parlament trugen zur Entstehung einiger paralleler Novellierungsent-
würfe bei. Letztendlich wurden das Strafrecht, das Strafprozessrecht und das
Strafvollstreckungsrecht durch drei einzelne Novellierungsgesetze im Jahr 2003
geändert. Die Reform des Strafvollzuges erfasste viele Änderungen, die auf
Grund von Hinweisen und Beobachtungen von Richtern und Justizvollzugsbediensteten, also von Praktikern veranlasst wurden. Viele spezielle Fragen, die
persönliche und finanzielle Angelegenheiten der Verurteilten regulierten, ihre
Rechte und Pflichten konkretisierten und die Beschäftigung der Verurteilten betrafen, waren bisher in den Anordnungen des Justizministers in der Vollzugsordnung der Freiheitsstrafe und in der Untersuchungshaftordnung geregelt.[170]
Diese wurden größtenteils in das Strafvollstreckungsgesetzbuch integriert. Des
Weiteren wurden viele Vorschriften, die Schwierigkeiten bei der Interpretation
und Anwendung verursachten, ausführlicher und eindeutiger formuliert. Weitere
wurden an die schon davor geänderten Gesetze angepasst, z. B. im Bereich des
Gesundheitsdienstes oder des Erziehungswesens.

Das Jahr 1989 brachte eine tiefe Krise des Gefängniswesens mit sich. In den
etwa 100 Streiks, Hungerstreiks und Unruhen kamen 9 Menschen ums Leben,
über 100 wurden schwer verletzt, die materiellen Schäden wurden auf einige
zehn Milliarden Zloty geschätzt.[171] Von Beginn an war der Anpassungsprozess
des Gefängniswesens an die neue politische Situation und an die neuen wirtschaftlichen Bedingungen sehr mühsam und mit vielen Problemen verbunden.
Das Gefängniswesen baute auf ganz neuen Prinzipien, die vor allem auf Men-
schenrechtstandards basierten, die einen offenen und humaneren Strafvollzug
ermöglichen sollten. Dies hatte natürlich auch eine große Auswirkung auf die
Arbeitsbedingungen im Gefängnis und damit auch auf die Kriterien der Einstellung von Bediensteten. Die Beamten, die durch ihr Verhalten vor der Wende
kompromittiert wurden, wurden entlassen. Parallel erhöhte man die Ansprüche
bezüglich der Ausbildung der Kader. So wurden in den ersten beiden Jahren der
1990er Jahre 27% und bis zum Jahr 1995 40% der Gefängniskader neu besetzt.[172] Den Änderungen unterlagen auch die Regeln der Zusammenarbeit mit

---

170 Diese Ordnungen hatten einen untergesetzlichen Rang. Es waren Verordnungen, zugleich
aber regulierten sie Fragen der Rechte und Pflichten von Gefangenen. Nach den Prinzipien eines Rechtsstaates, die auch in verschiedenen internationalen Konventionen
verankert sind, darf eine Einschränkung der persönlichen Freiheit nur in einem Gesetz
festgelegt werden.

171 Vgl. *Moczydłowski* 2003, S. 77; *Moczydłowski* 2011, S. 456.

172 Vgl. *Szymanowski* 1996, S. 37.

anderen Institutionen: mit den Gerichten, der Staatsanwaltschaft und mit der Bewährungshilfe. Neue Konzeptionen förderten die Öffnung der Gefängnisse für die gesellschaftliche Mitwirkung. Karitative Organisationen und Wohltätigkeitsvereine, kirchliche Verbände, zahlreiche inländische und internationale Menschenrechtsorganisationen, als auch die Wissenschaft und Forschung erhielten Zugang zu den Gefangenen. *Moczydłowski*, ein polnischer Wissenschaftler und Leiter des Gefängniswesens in den Jahren 1990-94 nennt diese Zeitperiode „(…) Übergang von einem antigesellschaftlichen, „antisozialen" Gefängnis, zu einem „prosozialen", welches die Gefangenen auf das zukünftige Leben in der Gesellschaft vorbereiten soll".[173]

Zu einem sehr bedeutenden Problem der neuen Zeiten ist die kolossale Arbeitslosigkeit unter den Gefangenen geworden[174], welche in Verbindung mit einem ziemlich bescheidenen Ausbildungs- und Kulturangebot eine völlige Untätigkeit, Apathie oder auch Aggression und seelische Verarmung hervorbrachte. Als zweites schwerwiegendes Problem muss man die dauerhafte Überbelegung der Gefängnisse anmerken. Beide Faktoren machten die Resozialisierung bzw. Vorbereitung zur gesellschaftlichen Reintegration fast unmöglich.

Ein weiteres Zeichen der neuen Zeit war die sich ändernde Struktur der Gefangenen.[175] So stieg der Anteil der Gefangenen, die wegen organisierter Kriminalität, Gewaltkriminalität und Drogenhandel verurteilt wurden, die also längere Freiheitsstrafen zu verbüßen hatten und ein ziemlich großes Potential an gewaltorientiertem Handeln aufzeigten.[176] Viele Gefangene waren und sind alkohol- und/oder drogenabhängig, benötigen also eine spezielle therapeutische Behandlung, wofür aber im Gefängniswesen die Mittel fehlen. Die Änderungen der wirtschaftlichen Situation in Polen brachten in die Gefängnisse eine enorme ökonomische Schichtung der Gefangenen und die immer größer werdende Kluft zwischen denjenigen, die über finanzielle Mittel verfügen und denen, die nichts haben.[177] Diese Tatsache hat ebenfalls Einfluss auf einen schon immer in Polen

---

173   *Moczydłowski* 2011, S. 457.

174   In den Gefängnissen der Volksrepublik gab es kaum Arbeitslosigkeit bzw. die Arbeitslosenquote betrug maximal 10%. In den 1990er Jahren, mit dem Zusammenbruch der Gefängnisunternehmen und Werkstätten, stieg sie und betrug ca. 30%. Im Jahr 1994 schon fast 75%, vgl. *Pawlak* 1999, S. 73.

175   Vgl. *Szałański* 2008a, S. 369 f.

176   An dieser Stelle ist allerdings anmerken, dass eine Liberalisierung der Strafzumessungspolitik und eine Einschränkung der Anwendung der Freiheitsstrafe dazu führen kann, dass Straftäter mit schweren Delikten vermehrt zu einer bedingten Strafe verurteilt werden. Dementsprechend wird zwar die Anstaltspopulation reduziert, jedoch verändert sich die Insassenstruktur, indem zunehmend schwierigere „Klientel" (mit ggf. „gefährlichen" Gefangenen) im Vollzug verbleibt, vgl. *Kalisz* 2013, S. 280.

177   Die wirtschaftliche Schichtung unter Gefangenen ist im Wesentlichen ein Spiegelbild der Schichtung in der polnischen Gesellschaft, die in den 1990er und am Anfang des 21.

präsenten Aspekt des Gefängnislebens: auf die Subkultur (*podwójne życie więzienia*). Es entstand eine neue Machthierarchie unter den Gefangenen, in der ökonomische Faktoren und die Gewaltbereitschaft immer eine bedeutende Rolle spielen. Diese Situation verlangt die Erarbeitung von neuen Methoden und Umgangsregeln seitens der Anstaltsleitung und der Bediensteten.

Trotz des großen Umfangs der Änderungen, des enormen Arbeitsaufwands und der Bemühungen, die man in die Durchführung der Reform des Gefängniswesens investierte, muss man bemerken, dass kaum ein homogenes und folgerichtiges Programm erarbeitet wurde. Es fehlte eine solide perspektivische Konzeption für die gesamte Kriminalpolitik bzw. es wurde eine solche nicht konsequent eingeführt, die auf den Erfahrungen der Praktiker, Wissenschaftler und Forscher basierte und die mit der Entwicklung einer aufgeklärten Gesellschaft verbunden gewesen wäre.[178] Der Mangel an Kommunikation mit und Sensibilisierung in der Gesellschaft führte zum weitgehenden Unverständnis der Problematik der Freiheitsstrafe und ihrer sozialen Folgen für den Gefangenen und Entlassenen, aber auch für die Gesellschaft. Es war eher problematisch, wenn nicht unmöglich, eine Liberalisierung der Strafrechtspolitik zu verwirklichen und einen menschenrechtsorientierten Vollzug in einer eher punitiv orientierten Gesellschaft zu realisieren, die sich durch ein hohes Bedrohungsgefühl charakterisierte und die Wiedereinführung der Todesstrafe und Verschärfung der Sanktionen verlangte. Im Jahr 2005 waren fast 50% der Bevölkerung der Meinung, dass man in Polen nicht sicher leben kann.[179] Die Thematik der Strafpoli-

---

Jh. ein dramatisches Ausmaß annahm. Laut einem UNO Bericht entwickelte sich die Kluft zwischen Armut und Reichtum in Polen von 175 Ländern am schnellsten. 20% Bevölkerung befanden sich in der extremen Armut, vgl. *Bulenda/Musidłowski* 2003a, S. 10.

178 Siehe u. a. *Moczydłowski* 2003, S. 78. *Dubiel* sieht diese Probleme als Folge der Politik des Justizministeriums und vieler Unklarheiten in den Beziehungen zwischen der Verwaltung des Gefängniswesens und dem Justizministerium, vgl. *Dubiel* 2008, S. 108 f.

179 *Centrum Badania Opinii Społecznej* 2010, S. 2. Die Frage lautete: „Ist Polen, Ihrer Meinung nach ein Land, in dem man in Sicherheit leben kann?" Solche Fragen soll man sehr vorsichtig auswerten und immer im Zusammenhang mit anderen Fragen interpretieren. Es ist eher ein polnisches Phänomen, dass man bei einer so allgemein formulierten Frage zu anderen Ergebnissen kommt (eher negativen), als wenn man Fragen nach dem Sicherheitsgefühl an bestimmten, konkreten Orten (zu Hause, in der Schule etc.) stellt (Problem der optimistischeren Nahraumperspektive im Vergleich zu den massenmedial vermittelten anderen Bereichen der sozialen Kriminalitätsfurcht), vgl. *Dünkel/Gebauer/Geng/Kestermann* 2007, S. 24 ff. m. w. N. In den ersten Jahren nach der Wende stieg die Kriminalität in Polen um ca. 60%, erst ab dem Jahr 2004 vermerkte man einen leichten Rückgang. Mit dem Anstieg der Kriminalität der frühen 1990er Jahre erhöhte sich in Polen auch die allgemeine Kriminalitätsfurcht und das Unsicherheitsgefühl, was aber höchstwahrscheinlich weniger an der tatsächlich stark steigenden Kriminalität der Umbruchzeit lag, sondern auch an der intensiven Berichterstattung der Medien, die über diesen Anstieg sehr intensiv, oft tendenziell und selektiv berichtet ha-

tik und öffentlichen Sicherheit nahm einen bedeutenden Platz im Parlaments-
wahlkampf 2005 ein.[180] Die Wahlen gewann eine Partei, die ein hartes
Programm zur Bekämpfung der Kriminalität präsentierte und eine bedeutende

---

ben, siehe *Kossowska* 2013, S. 95; *Woźniakowska-Fajst* 2013, S. 371 ff. Allerdings
hatte diese „öffentliche Unsicherheit" in den 1990er Jahren einen eher geringen Einfluss
auf die Kriminalpolitik und die Gesetzgebung. Das Strafgesetzbuch vom 1997 führte zu
einer Liberalisierung der Strafpolitik und war von dem Bestreben geprägt, sich von der
kommunistischen Zeit, in der das Strafrecht maßgeblich der Verwirklichung politischer
Ziele diente, und der Punitivität des damaligen Strafrechts zu distanzieren, vgl. *Schwarz*
2013, S. 165. In den 2000er Jahren blieb die Kriminalität eher stabil und das Sicherheitsgefühl der Gesellschaft ist gestiegen. Zugleich wurde die Öffentlichkeit jedoch mit
Informationen über eine angeblich steigernde Kriminalität und die vermeintliche Straf-
losigkeit gefährlicher Straftäter seitens der Medien und der Politik überflutet, vgl.
Klaus/Rzeplińska/Woźniakowska-Fajst 2013b, S. 297. *Krajewski* stellt sogar die These
auf, dass die relativ hohe Punitivität der polnischen Strafpolitik in den letzten Jahren ihren Ursprung nicht in der punitiven Einstellung der Gesellschaft findet, womit die Politiker oft die Notwendigkeit der Sanktionsverschärfung begründen, sondern wahrscheinlich ein anderer, umgekehrter Prozess stattfindet: Die punitiven und populistischen
Aussagen einiger Politiker und ihre Verbreitung sowie Unterstützung durch Medien
formen die Strafpolitik und die Einstellungen der Gesellschaft, siehe hierzu *Krajewski*
zitiert nach *Klaus/Rzeplińska/Woźniakowska-Fajst* 2013a, S. 326. Im Jahr 2007 hat
Szymanowska eine Studie zur Einstellungen der Polen gegenüber Verbrechen und Bestrafung durchgeführt und im Resümee geschrieben: „Die Befragten gaben überwiegend
an, dass der Staat in erster Linie die Täter besonders schwerer Verbrechen, unabhängig
von der gesellschaftlichen Position der Person bestrafen soll, bei Tätern weniger schwerer Delikte, die sich auch durch einen geringeren Grad der ‚sozialen Schädlichkeit' charakterisieren, und bei denen sich der Täter gleichzeitigt mit dem Opfer versöhnt hat,
könne der Staat dagegen auf die Strafe verzichten", *Szymanowska* 2008, S 80 und 300
ff. In den letzten Jahren geht die Kriminalität in Polen zurück, nur die Wirtschaftskrimi-
nalität steigt tendenziell an. Im Jahr 2012 war der größte Rückgang bei Raubüberfällen
zu vermerken, vgl. *Buczkowski* 2013 S. 68. Ein sehr umfangreiches und tiefgründliches
Bild der Kriminalitätsentwicklung, ihrer Ursachen, Gründe für die steigenden, aber auch
sinkenden Tendenzen, Folgen für die Gesellschaft und die Wahrnehmung seitens der
Gesellschaft sind bei *Buczkowski* u. a. 2013 zu finden. Eine ausführliche Analyse des
Medienbildes der Kriminalität und ihre Auswirkungen auf die Entwicklung der Kriminalpolitik bietet *Witkowska-Rozpara* 2011.

180 Natürlich bleibt hier die Frage offen, wie weit diese zwei Seiten sich gegenseitig bedient hatten, also wie weit die Politik und die permanent in den Medien gestreuten Informationen über hohe Kriminalität das Angstgefühl verursachten. In den letzten Jahr-
zehnten kann man eine Tendenz beobachten nach der sich die Kriminalpolitik immer
weiter auf die in den Medien präsentierten Ansichten stützt. Der Eingriff der Medien,
vor allem derjenigen, die nach billigen Sensationen suchen in der Politik und insbesondere in der Kriminalpolitik, ist gefährlich. Er öffnet dem „penal Populismus" der Weg
in die Gesetzgebung, laienhafte Meinungen erhalten ebenso großes Gewicht, wie die
Einschätzungen von den Wissenschaftlern und Experten; dies führt unweigerlich zu
chaotischen Irritationen in der ganzen Gesetzgebung. Vgl. *Pratt* 2007, S. 67 f.; *Filar*
2009, S. 56; *Zalewski* 2009, S. 24,

Verschärfung des Strafrechts versprach. Die darauf folgende Politik hatte unmittelbare Konsequenzen für das Gefängniswesen.[181]

Die nächsten Parlamentswahlen 2007 entschied eine liberale Partei für sich, weshalb sich auch die Kriminal- und Strafpolitik entspannte, wobei die Diskussionen über die Notwendigkeit der Strafrechtsreformen weiterhin geführt wurden. Vor allem von Seiten der populistischen Parteien, die diesmal als parlamentarische Opposition agierten, wurden die Verschärfung der Sanktionen und die Einführung neuer Typen von Straftaten postuliert. Die Reform erwies sich aber auch wegen vieler Lücken und widerspruchsvoller Regelungen, die inzwischen durch einige, nicht aufeinander abgestimmte Novellierungen der einzelnen Vorschriften entstanden waren und zu den verschiedensten Interpretationen bzw. unlogischen Situationen geführt haben als notwendig.[182]

Diese Diskussionen mündeten in zwei von der Regierung und drei von den Abgeordnetengruppen vorgelegten, teilweise auseinander gehenden Entwürfe, um schließlich im Jahre 2009 als „Große Novellierung der Strafgesetzbücher" durch das Parlament verabschiedet zu werden und im Jahr 2010 in Kraft zu treten. Diese umfangreiche und beachtliche Reform[183] hat tatsächlich viele Lücken und Fehler eliminiert und einige Vorschriften eingeführt, die das polnische Recht an internationale, vor allem an die neuen EU-Rechtsakte anpasste. Sie führte auch viele spezielle, bedeutende Änderungen ein, wie z. B. die Stärkung der Rechte der Opfer durch eine Erweiterung der Situationen, in denen das Gericht den Täter zur Schadenswiedergutmachung verpflichten kann, die Optimierung der Anwendung der Geldstrafe, der Freiheitsbeschränkungsstrafe und der bedingten Entlassung. Im Strafprozessgesetzbuch wurde eine umfangreiche Neuerung des beschleunigten Verfahrens unternommen. Eine recht weitgehend diskutierte Neuheit ist die Einführung einer obligatorischen Therapie für die Täter der pädophilen Vergewaltigung und der Vergewaltigung mit Inzest-Charakter.

Ein positives Zeichen ist die Berufung bzw. Wiederaufnahme der Arbeit der „Kommission für Strafrechtskodifikation" unter der Leitung von Prof. *Andrzej Zoll*,[184] der einen wesentlichen Beitrag zum Strafgesetzbuch von 1997 geleistet

---

181 Im November 2006 hatte die Überbelegung der Gefängnisse ihren Höhepunkt erreicht und betrug 24%.

182 Ab dem Zeitpunkt des Inkrafttretens wurde das Strafgesetzbuch bereits mehr als 30-mal novelliert, der größere Teil der Änderungen verschärfte den repressiven Charakter des Strafrechts, vgl. *Filar* 2009, S. 53; 2010, S. 845, siehe auch *Ćwiąkalski* 2009, S. 13; *Klaus/Rzeplińska/Woźniakowska-Fajst* 2013, S 360 f.

183 Insgesamt wurden neun Gesetze geändert, darunter sechs Gesetzbücher.

184 Ab dem Jahr 2013 übernahm Prof. *Piotr Hofmański* die Leitung.

hat und der auch im internationalen Vergleich für eine rationale Strafpolitik und tief liegende Kenntnis des Strafrechts bekannt ist.[185]

Im Jahr 2010 hat eine umfangreiche und tiefgreifende Reform des Gefängniswesens begonnen, die als größte seit 50 Jahren bezeichnet wird.[186] Parallel zu dieser Reform hat die Berufung des Rates für Strafvollzugspolitik stattgefunden, die insbesondere die Entwicklungen und Änderungen im Gefängniswesen mit Unterstützung von wissenschaftlicher Forschung betreiben will.

Am 1. Juli 2015 soll eine große Novellierung der Strafprozessordnung in Kraft treten. Dieses Änderungsgesetz wurde zwei Jahre zuvor verabschiedet aber schon in dieser eher langen *vacatio legis* einige Male überarbeitet. Im Januar 2015 wurde eine neue Änderung des Strafgesetzbuchs und des Strafvollstreckunggestzbuches durch die erste Kammer des polnischen Parlaments (*Sejm*) verabschiedet. Sie soll ebenfalls im Juli 2015 zusammen mit der oben erwähnten Novellierung der Strafprozessordnung in Kraft treten.[187] Diese Novellierung sieht sehr weitgehende Änderungen im polnischen Strafsanktionensystem vor, insbesondere geht es um die Einschränkung der Anwendung der bedingten Freiheitsstrafe, um eine neue (erweiterte) Konzeption für Freiheitsbeschränkungsstrafen und weitere Änderungen im Bereich von Strafmaßnahmen und Sicherungsmaßnahmen. Auch die Konzeption der elektronischen Überwachung soll verändert werden. Sie soll nicht mehr nur eine Art des Vollzugs der Freiheitsstrafe sein, sondern auch ein Element der Freiheitsbeschränkungsstrafe, ferner eine Maßnahme im Rahmen der Verstärkung des Verbots sich einer Person zu nähern oder des Verbots bestimmte Orte aufzusuchen. Die elektronische Überwachung soll zukünftig im Strafgesetzbuch geregelt werden und nicht – wie gegenwärtig – in einem getrennten Gesetz.

An dieser Stelle ist anzumerken, dass diese Reform schon jetzt auf viel Kritik stößt. Für eine vertiefte Analyse ist es jedoch noch zu früh, insbesondere aus zwei Gründen – es ist noch nicht klar, ob die Vorschriften in Kraft treten bzw. welche endgültige Form/Inhalt sie einnehmen werden und zweitens wird erst die praktische Anwendung der neuen Vorschriften zeigen, ob die Reform die beabsichtigten Änderungen bewirkt.

---

185 Die Kodifikationskommission des Strafrechts ist ein Beratungsorgan am Justizministerium.

186 Gespräch mit Justizminister *Kwiatkowski*, vgl. *Pilarska-Jakubczak*, 2011, S. 8 f. Einige neue Regelungen, die diese Reform bringt werden kurz im *Kapitel 5* angesprochen.

187 Das Gesetz wurde dem Senat (II. Kammer des Parlaments) und dem Präsidenten zur Unterzeichnung vorgelegt. Es ist aber nicht sicher, ob der Senat das Gesetz in dieser Form annimmt oder weitere Änderungen vorschlägt. Im zweiten Fall muss der *Sejm* über die Änderungen erneut entscheiden. Viele Experten sprechen schon jetzt von widersprüchlichen, unklaren Vorschriften und Fehlern in der Formulierung einzelner Regelungen. Es wird auch kritisiert, dass diese Änderungen ohne grundlegende empirische Studien zur Wirkung einzelner Sanktionen eingeführt werden.

Die kommenden Monate und Jahre werden zeigen, ob sich die polnische Kriminalpolitik und das Gefängniswesen auf eine kontinuierliche Art und Weise in eine fortschrittliche Richtung weiter entwickeln werden.

3. Aktuelle rechtliche Grundlagen des Strafvollzugs in Polen

Das Rechtssystem eines Staates ist eine umfassende Sammlung von hierarchisch angeordneten und miteinander verbundenen Normen. Es wäre also unvollständig, die Regelungen des Vollzugsrechts zu erläutern, ohne zumindest die wesentlichen Regelungen, die die Grundlage des gesamten Strafrechts bilden, darzustellen.

3.1 Verfassungsrechtliche Prinzipien

Das Strafrecht und damit auch der Strafvollzug sind jene Gebiete des Rechts, welche sich bei Vorliegen der Anwendungsvoraussetzungen am intensivsten auf die grundlegenden Werte und Güter des Individuums auswirken, welchen aber ein subsidiärer Charakter im System der gesamten, gesellschaftlichen Sozialkontrolle zukommt bzw. zukommen soll.[188] Die Anwendung von derartigen Sanktionen erfordert folglich in einer besonderen Art und Weise eine verfassungsrechtliche Begründung. In der Verfassung sucht der Gesetzgeber Hinweise dafür, welche Taten in welchem Umfang kriminalisiert, und indirekt auch dafür, welche Sanktionen mit welcher Eingriffsintensität verhängt werden sollen[189] und schließlich auch wie (lange) diese innerhalb oder außerhalb des Gefängnisses zu vollziehen sind. Insofern hat die Verfassung eine enorme Bedeutung für die gesamte Strafrechtspflege.

Nach dem Fall des kommunistischen Systems im Jahre 1989, in dem Polen die volle Souveränität wieder erlangte hat, gehörte es zu den dringlichsten Aufgaben, eine neue Verfassung zu verabschieden. Diese musste die tief greifenden Veränderungen des politischen Systems berücksichtigen, insbesondere musste die Idee eines freien, demokratischen Rechtsstaats zum Ausdruck gebracht werden. 1992 verabschiedete der Sejm das Grundgesetz, welches die Beziehungen zwischen der Legislative, der Exekutive und der territorialen Selbstverwaltung regelt, genannt wurde es „die kleine Verfassung" (*Mała Konstytucja*). Sie ordnete nur die grundsätzlichen systempolitischen Prinzipien des Staates. In allen übrigen Fragestellungen galten die Vorschriften der Verfassung aus dem Jahr 1952. Erst im Jahr 1997 wurden die verfassungsgebenden Arbeiten endgültig abgeschlossen. Die derzeitige Verfassung der Republik Polen (*Konstytucja Rzeczypospolitej Polskiej*) trat am 17. Oktober 1997 in Kraft, nachdem sie durch

---

188   Siehe die Bemerkungen bei *Wróbel/Zoll* 2010, S. 25; *Roxin* 2006, § 2, Rn. 97, S. 45. Auch der poln. Verfassungsgerichtshof betrachtet das Strafrecht als *ultima ratio* im gesamten Rechtssystem. Strafrechtliche Maßnahmen sind nur dann begründet, wenn das erwünschte Ziel auf keine andere Weise erreicht werden kann, vgl. Wyrok TK 251/ 6B/2005.

189   Vgl. *Wąsek* 1997, S. 175.

eine Volksabstimmung angenommen, vom Präsidenten unterzeichnet und im Gesetzblatt veröffentlicht wurde. Der Verfassungstext beinhaltet 243 Artikel und wird durch eine umfassende Präambel eingeleitet. In dieser beruft man sich auf jene Werte, die für die Menschen/Bürger die höchste Bedeutung haben bzw. haben sollen: die Achtung von Gerechtigkeit und Freiheit und des gesellschaftlichen Dialogs, das zuverlässige und effiziente Handeln der öffentlichen Institutionen, die Erinnerung an die nationale Vergangenheit und an das Erbe der vergangenen Generationen. Ein besonderer und häufig diskutierter Satz in der Präambel gilt dem Ausdruck der Verbundenheit mit allen Polen, die sich außerhalb der Landesgrenzen aufhalten. Es scheint, dass der Gesetzgeber hierdurch versucht hat, die Aufmerksamkeit auf die Besonderheit der polnischen Geschichte zu lenken und die Erinnerung an jene Landsleute aufrecht zu erhalten, die sowohl durch die Besatzungsmächte im 19. Jh., wie auch im kommunistischen Nachkriegspolen gezwungen wurden, das Land zu verlassen, ebenso an die Tausenden, die hinter den Grenzen zurückgelassen wurden, als Folge der Festlegung der neuen Ordnung nach den Verträgen von Jalta. Das letzte Kapitel der Präambel beinhaltet den Appell an alle, die die Verfassung anwenden zur Achtung der angeborenen Würde des Menschen, seines Rechts auf Freiheit und der Verpflichtung zur Solidarität mit anderen. Die Achtung dieser Grundsätze soll die unantastbare Grundlage der Republik Polen sein. Diese letzte Formulierung hat eine große Tragweite, insofern als sie das grundlegende Prinzip für die Interpretation aller Vorschriften der Verfassung, wie auch des gesamten polnischen Rechtssystems festlegt.[190]

Gleichfalls grundsätzliche Bedeutung für die Gesamtheit der Rechtsetzung nimmt Art. 2 ein, der den Grundsatz des Rechtsstaats ausdrückt: „Die Republik Polen ist ein demokratischer Rechtsstaat, der die Grundsätze der sozialen Gerechtigkeit verwirklicht." Diese Vorschrift stellt (auch wenn sie nur entfernt und nicht unmittelbar mit der Materie des Strafrechts zu tun zu haben scheint) die Grundlage für die vielfältige Rechtsprechung auch in Strafsachen dar.[191] Aus dieser Vorschrift leiten der Verfassungsgerichtshof und das Oberste Gericht un-

---

190 In der polnischen, existieren Streitigkeiten zum rechtlichen Status der Präambel. Das polnische Verfassungsgericht stellte in einem Urteil von 2005 (K 18/04) fest: „aus dem Inhalt des Vorwortes der Verfassung kann man keine Rechtsnormen im strengeren Sinne ableiten. Dies heißt jedoch nicht, dass der Präambel jedwede rechtliche Bedeutung entzogen ist, da sie Hinweise auf den authentischen Willen des Verfassungsgebers gibt und als Auslegungsmaxime für eine entsprechende Interpretation des normativen Teils der Verfassung maßgebend ist", vgl. *Lewandowski* 1998, S. 118 ff.

191 Siehe *Wąsek* 1997, S. 171.

ter anderem die Hauptgrundsätze der gesamten Staatsordnung, Gerechtigkeit und Gleichheit vor dem Recht und der Bemessung der Strafe ab.[192]

Der Verfassungsgerichtshof hat sich auch oft zum in Art. 2 verankerten Begriff der sozialen Gerechtigkeit geäußert. In seinen Erwägungen spricht er sich für die distributive Auffassung (*iustitia distributiva*) aus und beruft sich auf *J. Rawls* und seine Theorie der Gerechtigkeit „alle Werte Freiheit und die Chancen, Einkommen und Vermögen und die Gründe für Selbstachtung – sind gleichmäßig zu verteilen, es sei denn, ungleiche Verteilung dieser Werte ist von Vorteil für alle." Die soziale Gerechtigkeit wird vom polnischen Verfassungsgerichtshof in der Verbindung mit dem Gleichheitssatz interpretiert „wenn die Verteilung von Gütern und die damit verbundene Aufteilung auf die Menschen ungerecht sind, dann sind diese Unterschiede als Ungleichheit zu betrachten."[193]

Von weitreichender Bedeutung für das Strafrecht und für den Strafvollzug sind jene Vorschriften der Verfassung, die von den Freiheiten und Rechten der Menschen sprechen, ebenso wie diejenigen, die die grundlegenden Prinzipien des Rechtsstaats, des materiellen Strafrechts sowie die Prozessgarantien erläutern (Art. 30-86 poln. Verfassung).

Das Verbot des Verstoßes gegen die Menschenwürde wird in Art. 30 explizit ausgedrückt: „Die angeborene und unveräußerliche Würde des Menschen bildet die Quelle der Freiheiten und der Rechte des Menschen und der Bürger. Sie ist unantastbar, sie zu achten und zu schützen ist die Pflicht der öffentlichen Gewalt." Das Gebot zur Achtung der menschlichen Würde als eine angeborene Eigenschaft jedes Menschen ist von absolutem Charakter. Es darf in keiner Weise eingeschränkt werden. Die Pflicht, die Würde des Menschen und die in ihr verankerten Menschenrechte zu respektieren und zu schützen, obliegt allen staatlichen Institutionen und allen Bürgern. Die Menschenwürde wird auch durch die Stabilität des Rechtsystems verwirklicht, das dem Individuum die Vorhersehbarkeit staatlichen Handels und damit Rechtssicherheit gewährleistet. Sämtliches Handeln der öffentlichen Behörden muss immer die Existenz eines unantastbaren Kerns autonomer Individualität beachten, im Rahmen dessen, es dem Einzelnen möglich ist, sich individuell, kulturell, politisch und sozial zu verwirklichen. Die Handlungen der staatlichen Organe dürfen keine rechtliche oder reale Situation schaffen, die in irgendeiner Weise die Würde des Menschen verletzen würde.[194]

---

192 U. a. im Urteil vom 17. Dezember 1997 betont der Verfassungsgerichtshof, dass aus dem Verfassungsprinzip des demokratischen Rechtsstaates der Grundsatz *lex retro non agit* abzuleiten ist, vgl. Wyrok TK z 17 grudnia 1997 r., K 22/96.

193 Vgl. die Begründung des Urteils K. 7/90, OTK 1990 r., poz. 5, S. 53.

194 Siehe Entscheidungen des Verfassungsgerichtshofs: Wyrok Trybunału Konstytucyjnego z 7 stycznia 2004 r., K 14/03, Wyrok Trybunału Konstytucyjnego z dnia 19 marca

Diesen Aspekt spricht auch das polnische Oberste Gericht an: „Die in Artikel 30 genannte Pflicht des Staates soll von der öffentlichen Macht überall dort besonders geachtet werden, wo der Staat seine repressiven Aufgaben auf der Basis seines Gewaltmonopols ausübt. Die Ausübung dieser Funktionen darf zu keinen stärkeren Einschränkungen der Menschenrechte führen, als sie aus der Schutzfunktion und dem Ziel der Repressionsmaßnahme hervorgehen".[195]

Art. 31 bestimmt die Zulässigkeit von Rechtsbeschränkungen, die aus der Verfassung hervorgehen. Einschränkungen in der Nutzung der verfassungsrechtlich verliehenen Freiheiten und Rechte können lediglich aufgrund eines Gesetzes vorgenommen werden und dann auch nur, wenn sie im demokratischen Staat für dessen Sicherheit oder öffentliche Ordnung notwendig sind. Bei der Feststellung der Notwendigkeit müssen u. a. zwei wichtige Fragen beantwortet werden: Ist die eingeführte Regelung in der Lage, die auferlegten Ziele zu erreichen? Stehen die Folgen der eingeführten Regelung in einem ausgewogenen Verhältnis zu den Belastungen, die den Bürgern durch sie auferlegt werden? Nur wenn dies bejaht wird, kann man eine Notwendigkeit in Betracht ziehen. Das einzige Recht, bei welchem das Proportionalitätsprinzip nicht greift, ist die Würde des Menschen, die einem bedingungslosen Schutz unterliegt, als transzendenter Wert vorrangig vor den anderen Rechten und Freiheiten des Menschen, angeboren und unabdingbar.

Von wesentlicher Bedeutung für das Strafvollzugsrecht ist Art. 40, in dem das Folterverbot ausgesprochen wird: „Niemand darf der Folter oder grausamer, unmenschlicher oder erniedrigender Behandlung oder Bestrafung unterzogen werden. Es ist verboten, Leibesstrafen anzuwenden."

Ferner ist Art. 41 zu nennen, der die Unantastbarkeit und die persönliche Freiheit des Individuums sichert und den Entzug oder die Einschränkung der Freiheit nur auf Gesetzgrundlage und im gesetzlich vorgeschriebenen Verfahren zulässt (...), Absatz 4 des letzteren führt das Prinzip der humanen Behandlung der Personen, denen die Freiheit entzogen worden ist, ein: „Jeder, dem die Freiheit entzogen wurde, soll auf eine humane Weise behandelt werden." Interessant

---

2007 r., K 47/05, Wyrok Trybunału Konstytucyjnego z dnia 2 kwietnia 2007 r., SK 19/06 und Biuro Trybunału Konstytucyjnego 2010, S. 5, S. 12ff.

195 Wyrok Sądu Najwyższego z dnia 28 lutego 2007r./Entscheidung des Obersten Gerichts vom 28. Februar 2007, sygn. akt V CSK 431/06. Der Kläger, ein Inhaftierter, verlangte Schadenersatz wegen der Verbüßung der Freiheitsstrafe in einer überfüllten Zelle. Die Gerichte der ersten und zweiten Instanz hatten keine Rechtsverletzung festgestellt. U. a. waren sie der Meinung, dass die schwierigen Bedingungen im Gefängnis ein „normales" Element der Freiheitsstrafe darstellen und haben die Klage abgewiesen. Das Oberste Gericht hat im Kassationsverfahren anders entschieden. Die Überbelegung und die dadurch verursachten schlechten Wohn- und Sanitärbedingungen haben ein zusätzliches Leiden verursacht und können nicht als „normaler" Teil einer Freiheitsstrafe, also einer Repressionsmaßnahme anerkannt werden. Sie seien für jeden Menschen demütigend und erniedrigend. Der Oberste Gerichtshof verwarf das angefochtene Urteil und stellte eine Verletzung der persönlichen Rechte des Strafgefangenen fest.

ist, dass im vorletzten Verfassungsentwurf diese Vorschrift folgendermaßen klang: „Jede Person, der die Freiheit entzogen wurde, soll auf eine humane Weise behandelt werden, die ihr gestattet, sich in das Leben in Freiheit einzugliedern." In dieser Fassung waren folglich ein Gebot zur individuellen Prävention sowie die Annahme enthalten, dass die Freiheitsstrafe der Wiedereingliederung des Verurteilten dienen sollte, indem sie ihm Möglichkeiten zur Anpassung an das Leben in Freiheit bietet. Diese Formulierung wurde gestrichen, da viele Urheber dieses Entwurfs befanden, dass eine solchermaßen formulierte Vorschrift sich nicht mit der Existenz einer lebenslangen Freiheitsstrafe vereinbaren ließe. Eine solche Sicht der Dinge erscheint jedoch wenig zutreffend. Diese Vorschrift schloss lediglich die Existenz dieser Strafe ohne Möglichkeit zur vorzeitigen bedingten Entlassung aus.[196]

---

196 Vgl. *Zoll* 1997, S. 72. Diese Formulierung könnte eine Barriere für die zu lange Verbüßungszeit nach der der Inhaftierte sich um die bedingte, vorzeitige Entlassung bemühen kann, bilden (die formelle Voraussetzung). Das deutsche BVerfG hat schon 1977 betont, dass eine lebenslange Freiheitsstrafe nur dann verfassungsgemäß ist, wenn dem Verurteilten die Möglichkeit einer vorzeitigen, bedingten Entlassung gewährt wird, vgl. BVerfGE 14,76. Auch der Europäische Menschenrechtsgerichtshof ist der Auffassung, dass die Gerichtsentscheidung zu einer lebenslangen Freiheitsstrafe ohne jegliche Perspektive auf eine frühzeitige Entlassung unvereinbar mit Art. 3 EMRK, siehe u. a. in *A. and others v. The United Kingdom*, Entscheidung vom 19. Februar 2009 (Application no. 3455/05) sein könnte. Eine interessante Sachlage stellt der Fall *Kafkaris v. Cyprus* dar. *Kafkaris* hatte die Regierung Zyperns u. a. wegen des Verstoßes gegen den Art. 3 der Menschenrechtskonvention durch die Verhängung der lebenslangen Freiheitsstrafe ohne Möglichkeit auf eine bedingte vorzeitige Entlassung ihm gegenüber verklagt. Die Möglichkeit einer bedingten Entlassung hatte man während der Verbüßung der Strafe aufgehoben. Der Europäische Gerichtshof befand jedoch, dass eine solche Möglichkeit weiterhin, nämlich durch das Gnadenrecht des Präsidenten bestünde und hat die Klage von *Kafkaris* abgelehnt. Das Urteil des Gerichthofs wurde mit einer Stimmenmehrheit von 10 zu 7 gefällt. In einer gemeinsamen abweichenden Meinung sprachen die Richter *Tulkens, Cabral, Barreto, Fura-Sandström, Spielmann* und *Jebens* das Problem an, inwiefern die gegebene Möglichkeit, in diesem Fall das Gnadenrecht, eine Möglichkeit darstelle, die dem Gefangenen eine reale Chance auf eine bedingte vorzeitige Entlassung bietet und nicht lediglich die Möglichkeit darstelle, die in der Theorie existiert und inwiefern die effektive Möglichkeit eine Rolle bei den Kontrollmechanismen zur Willkür der gegebenen Entscheidung spielt. Der Meinung dieser Richter nach, war die Möglichkeit von *Kafkaris* das Gnadenrecht in Anspruch zu nehmen, derart gering, dass sie einem lebenslangem Verbleiben im Gefängnis gleichkomme. „However, the prospect of release, even if limited, must exist de facto in concrete terms, particularly so as not to aggravate the uncertainty and distress inherent in a life sentence. By ‚de facto' we mean a genuine possibility of release. That was manifestly not the case in this instance." Das wichtigste Postulat in der gesamten Diskussion um die Entscheidung des Falles *Kafkaris* stellt jedoch die Aussage des Richters *Bratza* dar. Sie wurde bereits in der zitierten, abweichenden Meinung erwähnt: „the time has come when the Court should clearly affirm that the imposition of an irreducible life sentence, even on an adult offender, is in principle inconsistent with Article 3 of the Convention", vgl. auch *van Zyl Smit/Snacken* 2009, S. 331.

Ausdruck der Einstellung des Staates zu den Grundrechten des Einzelnen bildet auch das strafrechtliche Prinzip: *nullum crimen, nulla poena sine lege.* Es gehört zu den wichtigsten Grundsätzen des Strafrechtes und hat den Status einer Garantie, die den Einzelnen vor Missbrauch durch die Staatsgewalt schützt. Es wurde auch in die gegenwärtig geltende Verfassung aufgenommen in Art. 42. Aus diesem Grundsatz ergeben sich wie im deutschen Recht ausführliche Justizgrundrechte: *nullum crimen, nulla poena sine lege scripta, nullum crime, nulla poena sine lege certa, nullum crime, nulla poena sine lege stricta, lex retro non agit.* Durch diese Grundprinzipien des Art. 42 behält die Verfassung die Ausschließlichkeit des Gesetzes für den Bereich des Strafrechts vor. Sowohl die verbotene Tat, die für diese Tat drohende Sanktion und ihre Schwere, wie auch die Grundsätze ihrer Bemessung müssen durch das Gesetz geregelt sein. Im Zusammenhang mit dem Grundsatz der rechtmäßigen Gesetzgebung, welcher aus Art. 2 abgeleitet wird, müssen diese Vorschriften klar und eindeutig formuliert werden. Die Aufnahme dieser Vorschrift in die Verfassung verdeutlicht die herausragende Bedeutung dieses Grundsatzes. Damit hat die Verfassung eine seit langer Zeit erhobene Forderung der Strafrechtslehre erfüllt.

Art. 42 drückt ferner im Absatz 3 den Grundsatz der Unschuldsvermutung aus und Art. 45 schützt das Recht auf eine öffentliche und gerechte Verhandlung durch ein unabhängiges Gericht.

In der heutigen Epoche der Grenzöffnung und der Vertiefung der Zusammenarbeit der Staaten in allen Bereichen ist eine Regelung der Stellung der internationalen Rechtsnormen in der Hierarchie der Quellen des inneren Rechts in einer grundlegenden Vorschrift unabdingbar. Art. 90 sieht vor, dass Polen sich an das verbindliche internationale Recht hält. In Art. 91 der Verfassung steht, dass ein ratifiziertes internationales Abkommen nach seiner Verkündung im Gesetzblatt der Republik Polen einen Teil der öffentlichen Rechtsordnung darstellt und unmittelbar angewandt wird, es sei denn, dass seine Anwendung abhängig von einen besonderen Gesetzeserlass ist. Internationale Abkommen, (unter anderen auch die EMRK), die vom Parlament ratifiziert wurden, haben im Konfliktfall dann Vorrang vor dem nationalen Gesetz. Eine solche Rangfolge der internationalen Rechtsakte, vor allem im Bereich der Menschenrechte, macht diese zu einem wirklichen und wirksamen rechtlichen Instrument, auf welches sich die Bürger im Verfahren vor allen Gerichten und Verwaltungsbehörden berufen können.[197]

---

197 Hier ist ein Unterschied zu Deutschland zu vermerken. In der deutschen Rechtsordnung hat die EMRK den gleichen Rang wie ein nationales Gesetz, also keinen Vorrang wie im polnischen Recht.

3.1.1 Der Verfassungsgerichtshof

Eine besondere Bedeutung für die Konstruktion des ganzen Rechtssystems haben von der Verfassung vorgegebene Verfahren, die es ermöglichen, Parlamentsakte – Gesetze und rangniedrigere rechtliche Regelungen in Bezug auf ihre Übereinstimmung mit der Verfassung hin zu untersuchen.[198]

In der polnischen Rechtsdoktrin erschienen die ersten Forderungen nach einem Verfassungsgericht in den 1970er Jahren, an Kraft und Ausdruck gewannen sie in den Jahren 1980-1981 zur Zeit der sich ausweitenden Aktivitäten der NSZZ *Solidarność*. Vor dem Zweiten Weltkrieg existierte kein Verfassungsgericht. Bekanntlich galten nach Beendigung des Krieges die sowjetischen Muster, im Besonderen der Grundsatz der Einheitlichkeit der Staatsgewalt, der die Prinzipien der Gewaltenteilung ablehnte und die höchste souveräne Position für das Volksparlament beanspruchte.[199] Trotz der Einführung des Kriegsrechts und des notgedrungenen Untertauchens der *Solidarność*-Aktivisten begann sich die Idee zur Schaffung eines Verfassungsgerichtes zu entwickeln. Im Jahre 1982 wurde das Gesetz zur Einführung des Verfassungsgerichtshofs verabschiedet. Diesen rief man nach drei Jahren harter Auseinandersetzungen am 29.04.1985 mit dem Gesetz über den Verfassungsgerichtshof ins Leben.[200] Die Einflüsse der kommunistischen Doktrin waren noch sichtbar und die Befugnisse des Verfassungsgerichts deutlich eingeschränkt. Dies wird am deutlichsten dadurch, dass das Parlament die Möglichkeit hatte, rechtskräftige Verfassungsgerichtsentscheidungen aufzuheben.[201]

3.1.1.1 Die Struktur und die Kompetenzen des polnischen Verfassungsgerichtshofs

Die Funktion und die Struktur des polnischen Verfassungsgerichtshofs bestimmt derzeit die Verfassung und das Gesetz zum Verfassungsgerichtshof vom 1997.[202] Gemäß Art. 2, der die Kompetenzen regelt, entscheidet der Verfassungsgerichtshof über folgende Fälle:

Vgl. *Garlicki* 2001, S. 373.

199 Vgl. die Bemerkungen zum Thema „Historia Trybunału Konstytucyjnego w Polsce/Die Geschichte des Verfassungsgerichtshofes in Polen" unter: www.trybunal.gov.pl. (Abgerufen am 11.10.2010), ohne Angaben des Verfassers.

200 Konstytucja Rzeczpospoltej Polskiej z dnia 29 kwietnia 1985r./Die Verfassung der Republik Polen vom 29. April 1985. Dz. U. 1985 r. Nr 22, poz. 98.

201 Das kommunistische „Einkammer-Parlament" konnte Entscheidungen des Verfassungsgerichtshofes anfechten und außer Kraft setzen.

202 Ustawa o Trybunale Konstytucyjnym z dnia 1 sierpnia 1997r./Gesetz über den Verfassungsgerichtshof vom 1. August 1997. Dz. U. 1997 r. Nr 102, poz. 643.

1) die Verfassungsmäßigkeit von Gesetzen oder von internationalen Konventionen,
2) die Vereinbarkeit von Gesetzen mit den ratifizierten internationalen Konventionen, deren Ratifizierung eine vorherige gesetzliche Zustimmung verlangt,
3) die Vereinbarkeit der Rechtsvorschriften, die durch zentrale Staatsorgane[203] erlassen worden sind, mit der Verfassung, den internationalen Konventionen und mit den Gesetzen,
4) Verfassungsklagen,
5) Kompetenzstreitigkeiten zwischen zentralen Staatsorganen,
6) die Verfassungsmäßigkeit der Ziele und Handlungen der politischen Parteien.

Der Verfassungsgerichtshof setzt sich zusammen aus fünfzehn Richtern, die vom *Sejm* gewählt werden. Die Richter werden nicht gleichzeitig gewählt, sondern schrittweise ausgewechselt, wobei die Amtszeit eines Richters neun Jahre beträgt.

Der Verfassungsgerichtshof ist sowohl zur präventiven, wie auch zur nachträglichen Kontrolle der Rechtsnormen ermächtigt. Das Recht, sich an den Verfassungsgerichtshof im präventiven Kontrollverfahren zu wenden, obliegt jedoch allein dem Präsidenten und darf sich lediglich auf Gesetze beziehen, die bereits vom Sejm und vom Senat verabschiedet und dem Präsidenten zur Unterzeichnung vorgelegt wurden, sowie auf internationale Konventionen, die dem Präsidenten zur Ratifizierung vorgelegt wurden.

Die Zahl der Rechtssubjekte, die ein abstraktes Initiativrecht zum Vorgehen bei der nachträglichen Kontrolle haben, ist vergleichsweise groß. Die allgemeine Initiative, die Verfassungsmäßigkeit jedweden normativen Aktes in Frage zu stellen, können nahezu alle staatlichen Verfassungsorgane, ebenso wie eine Gruppe von 50 Sejmabgeordneten oder 30 Senatoren in Anspruch nehmen.

Das besondere Initiativrecht erlaubt das Infragestellen lediglich jener normativen Akte, deren Inhalt den Handlungsbereich des Antragstellers betrifft. Sie obliegt den Organen der territorialen Selbstverwaltung, den gesamtstaatlichen Gewerkschaften, den Arbeitnehmer- und Arbeitgeberverbänden, den Kirchen

---

203 Die staatliche polnische Verwaltung besteht aus der Regierungsverwaltung und der Selbstverwaltung. Zu den Organen der ersten Gruppe gehören die obersten Staatsorgane (*organy naczelne*), wie Staatspräsident, Ministerrat, Vorsitzende des Ministerrates und einzelne Minister, zentrale Organe (*organy centralne*) und die Regierungsregionalbehörden – die Vertretung der Regierung in der Wojewodschaft – als oberste der Wojewoda (*terenowe organy administracji rządowej*). Im Jahr 1999 wurde die dreigliedrige Selbstverwaltungsstruktur eingeführt, somit existiert die Selbstverwaltung in Polen auf Wojewodschaftsebene (*województwo*: 16), Kreisebene (*powiat*: 314+66, Städte mit Kreisrechten) und Gemeindeebene (*gmina*: 2.479). Quelle: Statistisches Jahrbuch 2014. Die Zahlen beziehen sich auf den 31.12.2013.

und Glaubensverbänden und dem Nationalen Gerichtsrat bezüglich der Akte, die die Unabhängigkeit der Gerichte und die Unbefangenheit der Richter betreffen.

Das konkrete Initiativerecht existiert in Form der „rechtlichen Anfragen". Solch eine Anfrage darf jedes Gericht stellen, wenn von der Entscheidung, ob die angezweifelte Rechtsvorschrift verfassungsgemäß ist bzw. mit den nationalen Konventionen und den Gesetzen übereinstimmt, die Entscheidung des anfragenden Gerichtes abhängt (Art. 193 der Verfassung).

Das Instrument, durch das sich der individuelle Bürger einbringen kann, ist die Verfassungsklage. Die Grundlage des Vorwurfs kann jedoch hier, im Gegensatz zu Deutschland,[204] nur die Verfassungswidrigkeit eines normativen Aktes sein, auf dessen Grundlage ein endgültiger Entscheid gefällt wurde, der die konstitutionellen Freiheiten oder Rechte des Klägers einschränkt. Der Verfassungsgerichtshof prüft keine Anträge, die ausschließlich das Urteil eines Gerichts oder die Entscheidung eines Verwaltungsorgans oder eine, auf Grundlage von Rechtsakten entstandene, reale Situation zum Gegenstand haben. Die Voraussetzung für einen erfolgreichen Antrag einer Verfassungsklage ist das Ausschöpfen sämtlichen dem Kläger zustehenden Rechtsmittel im Rahmen eines Gerichts- oder Verwaltungsverfahrens. Von den Fortschritten im Fall der Verfassungsklage wird immer der Ombudsmann informiert, der seine Teilnahme am Verfahren erklären kann. Auch andere staatliche Institutionen und Nichtregierungsorganisationen,[205] deren Tätigkeit thematisch mit dem untersuchten Fall zusammenhängt, können von dem Verfassungsgerichtshof eingeladen werden, um an der Untersuchung teilzunehmen oder eine schriftliche Stellungnahme abzugeben.

Der Verfassungsgerichtshof entscheidet meistens in einer Zusammensetzung von fünf Richtern, seltener in der Zusammensetzung von drei Richtern oder vollzählig.[206] Die Urteile sind allgemeingültig und endgültig.

---

204 In dem deutschen Kontrollsystem spielt die Klage vor dem Bundesverfassungsgericht eine viel größere Rolle als in Polen. Sie wird auf der Grundlage des Art. 93 Abs. 1 Nr. 4a des Grundgesetzes in Verbindung mit § 90 des Bundesverfassungsgerichtsgesetzes erhoben. Eine derartige Individualbeschwerde gibt es in Polen nicht.

205 In Angelegenheiten, bei denen, es sich um Grundrechteingriffe handelt, werden oft Organisationen wie *Helsinki-Stiftung* oder *amnesty international* gefragt.

206 Als vollzählig gilt der Verfassungsgerichtshof, wenn mindestens 9 von allen 15 Richtern mitentscheiden. In voller Besetzung entscheidet der Verfassungsgerichtshof im Fall von Kompetenzstreitigkeiten zwischen zentralen Staatsorganen; in Angelegenheiten zur Feststellung von Hindernissen für die Bekleidung des Präsidentenamtes, wie auch der Übertragung der vorläufigen Ausführung der Aufgaben des Präsidenten der Republik an den Marschall des Sejm; in Angelegenheiten zur Prüfung der Verfassungsmäßigkeit der Ziele und Handlungen einer politischen Partei; auf Antrag des Präsidenten der Republik; bei der Feststellung der Verfassungsmäßigkeit eines Gesetzes vor dessen Unterzeichnung; oder zur Prüfung der Verfassungsmäßigkeit einer internationalen Konvention vor ihrer Ratifizierung; ebenso in Fällen von besonderer Komplexität, entweder auf Initiative des Vorsitzenden des Verfassungsgerichtshofs hin, oder wenn der Antrag auf

3.1.1.2 Die Rechtsprechung des Verfassungsgerichtshofs in Bezug auf das Strafvollstreckungsrecht

Die Gesamtzahl der Fälle, die dem Verfassungsgerichtshof pro Jahr angetragen werden, hat sich in den letzten zehn Jahren stark erhöht. Im Jahre 2008 erreichte sie den Höhepunkt und betrug 598.

Einige Fälle werden direkt zum Hauptverfahren geleitet. Bei den Fällen, die von den Subjekten kommen, denen nur ein begrenztes Initiativerecht für die abstrakte Kontrolle zusteht wird bevor sie sachlich bearbeitet werden, die Zulässigkeit und Erfüllung der formellen Voraussetzungen geprüft. (Art. 36 und Art. 49 poln. Gesetz zum Verfassungsgerichtshof).

Abbildung 3.1: **Eingang der Fälle vor dem Verfassungsgerichtshof**

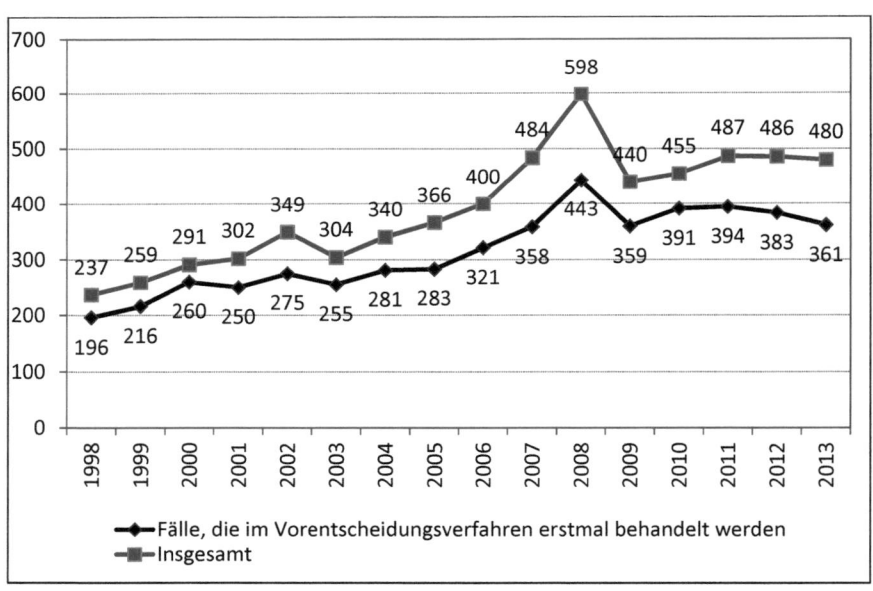

Quelle: Statistiken des Verfassungsgerichtshofs 2014. Abrufbar unter http://trybunal.gov. pl/sprawy-w-trybunale/statystyka.

Verhandlung von der Gruppe der Richter gestellt wird, die mit der Verhandlung der gegebenen Angelegenheit betraut ist; in Angelegenheiten, in denen die besondere Komplexität im Zusammenhang mit Kosten steht, die nicht im Haushaltsgesetz vorgesehen waren; und insbesondere dann, wenn die entscheidungstragende Gruppe der Richter beabsichtigt, von den rechtlichen Absichten abzuweichen, die in einem Entscheid ausgedrückt wurden, welcher in voller Besetzung erlassen wurde. Art. 25 poln. Gesetz zum Verfassungsgerichtshof.

Zu dieser Gruppe gehören auch die Verfassungsklagen. Im Jahr 2011 wurden 358 Klagen eingereicht. Ihre Zahl wächst kontinuierlich.

Tabelle 3.1: **Urteile und Beschlüsse des Verfassungsgerichtshofs, die ein Verfahren durch eine inhaltliche Entscheidung beendet haben**

	2000	2005	2010	2014
Verfassungsmäßigkeit von Gesetzen	37	48	31	39
Vereinbarkeit von Gesetzen und Rechtsvorschriften, die durch zentrale Staatsorgane erlassen worden sind, mit den ratifizierten internationalen Konventionen	7	5	3	9
Die Verfassungsmäßigkeit der Ziele und Handlungen politischer Parteien	1	-	1	-
Rechtliche Anfragen von Gerichten	15	26	46	31
Verfassungsklagen	25	55	31	40

Quelle: Statistiken des Verfassungsgerichtshofs 2014. Abrufbar unter http://trybunal.gov. pl/sprawy-w-trybunale/statystyka.

Es sind keine Statistiken zugänglich, die genau zeigen, wie viele Entscheidungen das Strafrecht im weitesten Sinne betreffen. Man muss annehmen, dass sich der Verfassungsgerichtshof mit dieser Frage bisher schon relativ häufig mittelbar – im Rahmen anderer Fragestellungen – wie auch unmittelbar beschäftigt hat. Im Folgenden werden zwei ausgewählte Entscheidungen des Verfassungsgerichts vorgestellt, die in einem unmittelbaren Zusammenhang mit dem Strafvollstreckungsrecht und den Institutionen, die vom Vollzug der Freiheitsstrafe betroffen sind, stehen.

Im Jahr 2000 befasste sich der Verfassungsgerichtshof mit dem Problem der bedingten vorzeitigen Entlassung und des intertemporalen (zwischenzeitlichen) Strafrechts. Die eingereichte Verfassungsklage betraf die Änderung der Regeln zur Bewilligung der bedingten Entlassung im Zuge des Verbüßens einer Freiheitsstrafe, die auf Grundlage des vorherigen Strafgesetzbuchs vom Jahre 1969 ausgesprochen wurde. Art. 14 der Einführungsvorschriften zum Strafgesetzbuch aus dem Jahr 1997[207] sieht (gemäß der Auslegung des Obersten Gerichts, auf

---

207   Art. 14 der Einführungsvorschriften zum Strafgesetzbuch vom 1997: In den Fällen, die mit einem rechtskräftigen Urteil beendet worden sind und wo die Strafe noch nicht vollstreckt wurde: 1) eine Todesstrafe ist in eine lebenslange Freiheitsstrafe umzuwan-

die sich der Verfassungsgerichtshof im vorliegenden Entscheid größtenteils berufen hatte)[208] vor, gegenüber Personen, die ihre Freiheitsstrafe verbüßen, die Regeln zur bedingten Entlassung des neuen Strafgesetzbuches anzuwenden. Vor allem handelt es sich hierbei um formelle Voraussetzungen, d.h. um den Zeitraum der Strafe, die der Verurteilte unbedingt verbüßen muss, bevor er eine vorzeitige Entlassung beantragen darf. Diese Zeiträume wurden im neuen Strafgesetzbuch verlängert. Die beiden Klagenden wurden nach dem alten Strafgesetzbuch von 1969 zu einer Freiheitsstrafe verurteilt und hatten den Teil der Strafe, nach dem es ihnen nach altem Recht zustand, sich um eine bedingte Entlassung zu bemühen, bereits verbüßt. Die Gerichte der ersten und zweiten Instanz beriefen sich auf Art. 14 und verhandelten nicht über die Anträge bis zu dem Moment, in dem die Verurteilten das Minimum der Strafe verbüßt hatten, welches nach dem neuen Strafgesetzbuch erforderlich war, um sich um eine bedingte Entlassung bemühen zu können. Die Kläger beanstandeten, dass die Regeln des Artikels 14 Abs. 4, u. a. das im Art. 2 der Verfassung enthaltene Rechtsstaatprinzip, sowie Art. 42 Abs. 1 der Verfassung, den Grundsatz *nulla poena sine lege* verletzen würden.

Im Urteil vom 10. Juni 2000[209] hat der Verfassungsgerichtshof der Meinung der Kläger nicht stattgegeben und unter anderem befunden, dass die Vorschrift des Art. 14 Abs. 4 verfassungsgemäß sei. Eines der wesentlichen Probleme war die Einschätzung der Verfassungsmäßigkeit bei der Anwendung der neuen Vorschriften des Strafgesetzbuches zur bedingten Entlassung in Bezug auf alle Personen, die eine Freiheitsstrafe verbüßen, die auf Grundlage von rechtmäßigen Urteilen verhängt wurde, welche vor dem Inkrafttreten des neuen Strafgesetzbuches im Jahre 1997 ausgesprochen wurden, also die Frage nach der intertemporalen Geltung des Strafrechts bzw. nach dem Rückwirkungsverbot. Im Zuge der Klärung dieses Zweifels befasste sich der Verfassungsgerichtshof unter anderem auch mit dem rechtlichen Charakter der Institution der bedingten Entlassung. Die im Folgenden aufgeführten Überlegungen des Verfassungsgerichtshofs sind von wesentlicher Bedeutung für das Strafvollstreckungsrecht.

In der Begründung des Urteils zitiert der Verfassungsgerichtshof den Beschluss des Obersten Gerichts und teilt die von diesem ausgedrückte Meinung, dass für die Berufung auf die Ausübung des „Rechts auf ein früheres Bemühen

---

deln, 2) Geldstrafe und Freiheitsbeschränkungsstrafe vollstreckt man wie bisher, 3) bei der bedingten Strafaussetzung finden die entsprechenden Vorschriften des neuen StGB Anwendung, 4) bezüglich der bedingt Entlassenen, als auch bezüglich denjenigen, die Freiheitsstrafen noch verbüßen, finden die Vorschriften des StGB zur bedingten Entlassung Anwendung.

208   Uchwała pełnego składu Izby Karnej/Beschluss der Strafkammer in voller Besetzung, I KZP 15/98, OSN, Izba Karna i Wojskowa, 1-2/99, poz. 1.

209   Wyrok Trybunału Konstytucyjnego z dnia 10 lipca 2000r./Urteil des Verfassungsgerichtshofs vom 10. Juli 2000, SK 21/99.

um eine vorzeitige Entlassung" keine Begründung im Zusammenhang mit Art. 2 der Verfassung enthalten ist. Man kann nämlich nicht von einer Ausübung des „Rechts auf vorzeitige bedingte Entlassung" sprechen.[210] Es handelt sich um ein Institut des Strafvollzugs und um ein Mittel der Kriminalpolitik. „So lange man keine Entscheidung zur vorzeitigen bedingten Entlassung getroffen hat, so lange kann man nicht davon ausgehen, dass eine verurteilte Person Ansprüche geltend machen kann. Der Ablauf des festgelegten Quantums der Strafe schafft für den Verurteilten nämlich weder eine Berechtigung noch eine durch das Recht gesicherte Erwartung auf eine bedingte Entlassung, die dem Schutz unterliegen könnte. Von derartigen Folgen könnte man nur dann sprechen, wenn nach dem Verbüßen des festgelegten Teils der Strafe eine Pflicht zur bedingten Entlassung des Verurteilten bestünde." Im Weiteren hat der Verfassungsgerichtshof befunden, dass „trotz der Einführung der neuen Regelungen im Strafgesetzbuch vom Jahre 1997 das Wesen der bedingten vorzeitigen Entlassung nicht berührt wurde. Die Verurteilten können sich weiterhin um eine vorzeitige Entlassung bemühen, nur eben zu neuen Bedingungen, die durch den Gesetzgeber in Übereinstimmung mit den Grundsätzen der Strafvollzugspolitik entworfen wurden". Gemäß dem Verfassungsgerichtshof kann man der in Frage gestellten Vorschrift auch keine rückwirkende Geltung vorwerfen. Der Grundsatz *nullum crimen sine lege* in der Verbindung mit dem Prinzip *lex retro non agit* schafft eine Sicherheitsgarantie dafür, dass eine Tat, die zum Zeitpunkt der Tat kein Verbrechen war, auch im späteren Zeitverlauf keines wird bzw. die Strafe für eine Tat eindeutig festgelegt sein muss.

Der Verfassungsgerichtshof sagt auch, ebenso wie das Oberste Gericht, in dem oben erwähnten Beschluss: „es ist schwerlich anzunehmen, dass das Gericht im Augenblick der Urteilsfällung die potentielle Möglichkeit einkalkulieren muss, von der Institution der bedingten vorzeitigen Entlassung Gebrauch zu machen. (...) Das Gericht, das die Strafe verhängt, sollte bei der Auswahl der Art und des Schweregrads der Strafe seine Aufmerksamkeit nicht auf die Möglichkeit zur bedingten vorzeitigen Entlassung lenken. Lediglich gemäß Art. 77 § 2 poln. StGB kann man individuell Einschränkungen dieser Institution schaffen, die zum Nachteil des Verurteilten, im Verhältnis zu dem vom Gesetz angenommenen abweichen."

In Hinblick auf die Begründung des Verfassungsgerichthofes kann man zusammenfassen, dass der Verfassungsgerichtshof die bedingte Entlassung und ihre Voraussetzungen eindeutig für ein Institut der Strafvollstreckung hält und somit separat vom eigentlichen Prozess der Verhängung und Bemessung der Strafe betrachtet. Die Konsequenz einer solchen Auffassung der bedingten Entlassung ist nach dem Verfassungsgerichtshof, jene außerhalb der Garantien anzusiedeln, die sich aus dem Grundsatz *nullum crimen sine lege* ergeben.

---

210 In der Literatur wird aber die bedingte vorzeitige Entlassung als Teil des Menschenrechts auf Freiheit gesehen, siehe hierzu *van Zyl Smit/Snacken* 2009, S. 316.

Die vom Verfassungsgerichtshof angeführte Argumentation weckt einige Zweifel. Nachvollziehbar erscheinen die zwei vorgelegten abweichenden Meinungen zur oben angeführten Zusammenfassung der Entscheidung des Verfassungsgerichtshofs, vor allem dort, wo sie sich auf den rechtlichen Charakter der bedingten Entlassung und dadurch auf den Umfang des Einflusses des Grundsatzes *nullum crimen sine lege* beziehen.

Der Richter *Garlicki* vertrat in seiner abweichenden Meinung[211] unter anderem die Ansicht, „dass man das entstandene Problem auf Grundlage des Prinzips *nulla poena sine lege*, welches durch Art. 42 Abs. 1 der Verfassung garantiert wird, prüfen muss. Zu den Bestandteilen einer Strafe gehört nämlich nicht nur ihre Dauer, sondern auch alle Elemente ihrer Vollstreckung, welche – im Augenblick der Verurteilung, in einer kategorischen Weise durch gesetzliche Vorschriften vorgesehen sind. Die gesetzliche Gestaltung der bedingten Entlassung wirkt sich auf die Dauer der Strafe aus, da sie in jedem Fall festlegt, welcher Teil unbedingt verbüßt werden muss. Es scheint also nicht möglich, wie es der Verfassungsgerichtshof vorgibt, die bedingte Entlassung ausschließlich als Element der Strafvollstreckung zu behandeln und sie komplett vom eigentlichen Inhalt der Strafe abzutrennen. Ebenso wie es konstitutionell unzulässig wäre, die Dauer einer bereits verhängten Strafe zu verlängern, ist also auch ein nachfolgendes Verschieben des Zeitpunkts, in dem die Chance auf eine bedingte vorzeitige Entlassung gegeben ist, unzulässig. Eine solche zeitliche Verschiebung nach hinten ist, meiner Meinung nach, gleichbedeutend mit einer Verschärfung der Strafe".

Ähnlich bemerkt der Richter *Jaworski* in der zweiten abweichenden Meinung: „In Übereinstimmung mit der verfestigten Doktrin und der legislativen Praxis in Polen, wie auch in der Mehrzahl anderer Rechtsordnungen ist die vorzeitige Entlassung sowohl Institution des materiellen Strafrechts, als auch des Strafvollstreckungsrechts. Die vorzeitige Entlassung entscheidet zusammen mit anderen Maßnahmen des Strafgesetzbuches über die Form der Kriminalpolitik und hat Einfluss auf das Strafmaß. Es ist das Strafgesetzbuch, das die Konditionen der vorzeitigen Entlassung regelt und nur die Fragen der Vollstreckung den Vorschriften des Vollstreckungsgesetzbuches überlässt." Der Zusammenhang zwischen den Voraussetzungen der bedingten Entlassung und dem Kern der Strafe ist eigentlich im Strafgesetzbuch, in Art. 77 § 2 explizit benannt: „In besonders begründeten Fällen kann das Gericht bei der Bemessung der Freiheitsstrafe restriktivere Voraussetzungen für die Inanspruchnahme der bedingten Entlassung durch den Verurteilten festlegen, als in Art. 78 vorgesehen sind". Nach seiner Auffassung ist die Verschärfung der Voraussetzungen für die bedingte Entlassung eindeutig als Verschärfung der Strafe zu sehen. Diese Auffassungen der beiden abweichenden Voten verdienen Zustimmung, weil das Rück-

---

211 Vor der Verkündung des Urteils kann jeder Richter eine abweichende Meinung zu Protokoll geben, bezüglich der Entscheidung oder auch bezüglich der Begründung.

wirkungsverbot auch auf wesentliche Modalitäten der Strafvollstreckung, die im materiellen Strafrecht geregelt sind, gelten sollte.

Mit einem weiteren interessanten Fall, der unmittelbar mit den Fragestellungen des Vollzugs der Freiheitsstrafe zusammenhängt, hat sich der Verfassungsgerichtshof im Jahre 2008 beschäftigt. Das im Verfassungsklageverfahren gefällte Urteil war von großer Bedeutung für die Situation in den Gefängnissen in Polen.

Die Klage wurde vor dem Hintergrund folgenden Sachverhalts eingereicht: Der Kläger *Garbacz* verbüßte eine Freiheitsstrafe, die er nacheinander in Strafanstalten verbrachte, in denen die Fläche, die einem Verurteilten zur Verfügung stand, kleiner war als die im Strafvollstreckungsgesetzbuch garantierten 3 qm.[212] Diese Situation resultierte aus der Anwendung des Art. 248 § 1 des Vollstreckungsgesetzbuches durch die Leiter der einzelnen Strafanstalten. „In besonders begründeten Fällen kann der Leiter der Strafanstalt oder der Untersuchungshaft die Häftlinge für einen bestimmten Zeitraum in Verhältnissen unterbringen, in denen die Fläche der Zelle pro Person weniger als 3 qm beträgt. Über eine solche Unterbringung ist der Strafrichter unverzüglich den zu informieren." Der Kläger verlangte schriftlich von den Verwaltungen der aufeinander folgenden Strafanstalten, in denen er sich aufhielt, seine Unterbringung in einer Zelle, die den gesetzmäßigen 3 qm entspricht. Diese Klagen wurden abgelehnt, die Verwaltung berief sich auf Art. 248 § 1. Auch das Strafgericht lehnte die Klage zweimal ab.[213] Um den Rechtsweg auszuschöpfen reichte *Garbacz* eine Verfassungsklage ein, zur Feststellung, ob Art. 248 § 1 des Vollstreckungsgesetzbuches die Grundrechte auf grundsätzliche Freiheiten des Einzelnen verletzt, die in Art. 40 und Art. 41 Abs. 4 der Verfassung garantiert werden. Ebenso sollte festgestellt werden, ob jener nicht im Widerspruch zu Art. 2 der Verfassung, der den Grundsatz der „angemessenen Gesetzgebung und der Bestimmtheit der Rechtsvorschriften" deklariert, steht. Im Zuge der Analyse der besagten Vorschrift zog der Verfassungsgerichtshof folgende Fragestellungen in Betracht: Erstens: stellt die Vorschrift eine Abweichung von dem Grundsatz dar, dass die Fläche der Zelle nicht weniger als 3 qm pro Person betragen soll? Dieser Minimalstandard darf folglich nur in Ausnahmefällen verringert werden. Zweitens: die Anwendung der Vorschrift ist ausschließlich in „besonders begründeten Fällen" zulässig. Dies darf folglich keine beliebige Situation sein, sondern eine Ausnahmesituation, die besonders begründet werden muss. Diese Vorschrift darf also in dem bestimmten Zeitraum keiner freien, erweiternden Auslegung unterliegen. Drittens: die Dauer einer solchen besonderen Situation ist in der Vorschrift als „bestimmter Zeitraum" bezeichnet.

---

212 Art. 110 poln. StVollStrGB.

213 Uchwała pełnego składu Izby Karnej/Beschluss der Strafkammer in voller Besetzung, I KZP 15/98, OSN, Izba Karna i Izba Wojskowa, z. 1-2/99, poz. 1.

Schon an dieser Stelle können Zweifel aufkommen, was die Formulierung des Artikels 248 § 1 bedeutete. Die Vorschrift legt keinen maximalen Zeitraum fest, sie schränkt nicht die Anzahl der Fälle ein, in denen sie bei ein und derselben Person angewendet werden kann, noch setzt sie verbindliche Unterbrechungen fest zwischen den aufeinanderfolgenden Anwendungen dieser Regelung. In der Praxis wurde infolgedessen aus dem „bestimmten Zeitraum" ein „unbestimmter Zeitraum", was grundlegende Zweifel an der Verfassungsmäßigkeit aufwarf.

In der besagten Entscheidung hat der Verfassungsgerichtshof verhältnismäßig ausführlich die Meinungen der einzelnen Verfahrensbeteiligten, vor allem der Helsinki Stiftung als auch die Feststellungen des Anti-Folter-Komitees sowie die Rechtsprechung des Europäischen Gerichtshofs für Menschenrechte,[214] berücksichtigt. Der Verfassungsgerichtshof stellte in seinem Urteil fest, dass die Überbelegung der Gefängnisse ein ernsthaftes Problem darstelle, welches zur Verletzung der grundlegenden Menschenrechte führen könne. Es könne das Durchführen jedweder Resozialisierungs- oder Hilfsmaßnahmen dem Verurteilten gegenüber verhindern, d. h. die Realisierung der gesetzlichen Ziele der Strafe unmöglich machen, was konsequenterweise unzulässig sei und weiterreichende negative Folgen für Polen, auch auf internationaler Ebene, nach sich ziehen kann. Auch könne die Überbelegung der Gefängnisse zu einer Verletzung von Art. 40 und 41 der Verfassung führen, die eine Wiederholung der grundlegenden Normen in den Konventionen zum Schutz der Menschenrechte darstellen. Die humane Behandlung muss die minimalen Bedürfnisse eines jeden Menschen einbeziehen, unter Berücksichtigung des durchschnittlichen Lebensstandards in der gegebenen Gesellschaft und verlangt von den Behörden ein positives Wirken im Sinne der Befriedigung dieser Bedürfnisse.[215]

In Übereinstimmung mit der Rechtsprechung des EGMR hat der polnische Verfassungsgerichtshof anerkannt, dass der langandauernde Aufenthalt in überbelegten Zellen unter entwürdigenden Bedingungen eine Verletzung von Art. 3 der Konvention i. S. einer erniedrigenden Behandlung, ist. Dementsprechend stellt er auch eine Verletzung von Art. 40 und 41 der polnischen Verfassung dar. Die Überbelegung kann als solche als inhumane Behandlung qualifiziert werden und im Falle einer besonderen Kumulierung von Unannehmlichkeiten sogar als Folter. Denn es fällt schwer, sich eine Situation vorzustellen, in der man bei einer Zelle mit weniger als 3 qm pro Person (was ohnehin einem der niedrigsten Standards in Europa entspricht) von einer humanen Behandlung sprechen kann.

---

214 Zu den Thesen des Europäischen Gerichtshofes für Menschenrechte betreffend Verletzungen des Art. 3 der Konvention, siehe u. a. die Fälle *Peers v. Greece*, Entscheidung vom 19. April 2001 (Application no. 28524/95), *Kalashnikov v. Russia*, Entscheidung vom 15. Juli 2002 (Application no. 47095/99) oder *Savenkovas v. Lithuania*, Entscheidung vom 18. November 2008 (Final 18/02/2009, Application no. 871/02).

215 Zusammenfassend siehe *van Zyl Smit/Snacken* 2009, S. 88 ff., 126 ff.

Ein humaner Strafvollzug beinhaltet auch die Erziehungs- und Hilfsmaßnahmen, die auf das Leben in Freiheit ohne Straftaten vorbereiten. Diese sind unmöglich oder ohne große positive Wirkung, wenn die Gefängnisse überfüllt sind, es herrscht eine angespannte Atmosphäre und es fehlen die Räume, um solche Maßnahmen durchzuführen.

Weiterhin hat der Verfassungsgerichtshof die sehr unpräzise Formulierung des Art. 248 § 1 kritisiert, die sehr weitläufige Interpretationen zulässt und dadurch eine Verletzung des Rechtsstaatsprinzips bedeutet. Aus diesem geht hervor, die Verpflichtung eindeutige Normen zu schaffen, die für ihre Adressaten verständlich sind. Die in Frage gestellte Vorschrift erfüllt diese Kriterien nach Meinung des Verfassungsgerichtshofs nicht.

Der Verfassungsgerichtshof hat endgültig über die fehlende Übereinstimmung der Vorschrift mit der Verfassung entschieden, was deren Abschaffung zur Folge hatte. Er entschied jedoch, dass die Vorschrift ihre Geltung erst nach Ablauf von 18 Monaten verliert, gerechnet ab der Verkündung des Urteils, also im September 2009.[216] Ein sofortiges Inkrafttreten zöge zu große Komplikationen und Schwierigkeiten nach sich. Dieses Urteil ist von einschneidender Bedeutung für die gegenwärtige Situation des polnischen Gefängniswesens. Die seit einigen Jahren anhaltende, fast zwanzigprozentige Überbelegung der Strafanstalten musste reduziert werden. Die Abschaffung des Art. 248 § 1 entzog den Leitern der Strafanstalten die rechtliche Grundlage auf andauernde Verkleinerungen der Wohnfläche der Häftlinge. Weiterhin beinhaltet das Urteil eine wichtige Neuorientierung und unterstreicht die Bedeutung der nationalen und internationalen Normen, an die man die Entscheidung angelehnt hat. Ebenso hat der Verfassungsgerichtshof durch diese Entscheidung dem Thema der permanenten Überbelegung der Strafanstalten in Polen und der Freiheitsstrafe und ihren negativen Folgen eine erneute Dringlichkeit gegeben und hoffentlich das vertiefte, öffentliche Interesse an diesem Thema geweckt. Es scheint, dass diese Entscheidung Einfluss auf die gesamte Rechtsprechungspraxis der Gerichtsorgane haben wird und zu einer komplexen Beurteilung der Anwendung der Freiheitsstrafe und infolgedessen auch zu ihrer Einschränkung führen wird. Dieses Urteil stärkt auch die Stellung der internationalen Rechtsprechung in Menschenrechtsfällen sowie die Gewichtung der Aussagen und Tätigkeiten des Europäischen Ausschusses zur Verhütung von Folter und unmenschlicher oder erniedrigender Behandlung oder Strafe.

---

216 Art. 190 der Verfassung lautet: „Die Entscheidung des Verfassungsgerichtshofs tritt am Tag der Verkündung in Kraft. Der Verfassungsgerichtshof kann jedoch eine andere Frist bestimmen, mit deren Ablauf der Normativakt seine bindende Kraft verliert. Ist ein Gesetz betroffen, darf diese Frist achtzehn Monate nicht überschreiten. Bei anderen Normativakten darf die Frist nicht länger als 12 Monate betragen. Im Falle eines Urteils, das finanzielle Aufwendungen zur Folge hat, die im Haushaltsgesetz nicht vorgesehenen sind, setzt der Verfassungsgerichtshof mit mindestens neun von 15 Richtern die Frist für das Außerkrafttreten des Gesetzes nach Anhörung des Ministerrates fest."

Nach bzw. aufgrund dieser Entscheidung wurde tatsächlich die Überbelegung in polnischen Anstalten mindestens in den vorliegenden Statistiken beseitigt. Diese erfolgte jedoch nicht nur bzw. nicht überwiegend durch eine schnelle Änderung der Kriminalpolitik sondern durch Umwandlung vieler Räume in Wohnzellen (siehe dazu mehr in *Kapitel 4.*).

3.2 Das System der strafrechtlichen Sanktionen und die Regeln der Strafzumessung im polnischen Strafgesetzbuch

„Strafe ist ein zweischneidiges Schwert:
Rechtsgüterschutz durch Rechtsgüterverletzung."[217]

3.2.1 Straftheoretische Grundlagen

Um den heutigen Diskurs über die Zwecke und Aufgaben der Freiheitsstrafe verstehen zu können, muss man sie aus der Perspektive der Erwägungen über Ziel und Begründung der Strafe im Allgemeinen betrachten.

Der Begriff der Strafe kann abhängig vom Kontext, in dem er betrachtet wird, oder der Wissenschaftsdisziplin, die sich mit ihm auseinandersetzt, sehr unterschiedlich aufgenommen werden und engere oder breitere Aspekte des gesellschaftlichen Lebens umfassen. Um sich dem Wesen der Kriminalstrafe nähern zu können, scheint es unumgänglich von dem Begriff der Strafe im weitesten Sinne als sozialem Konstrukt auszugehen, als gesellschaftlichem Ausdruck bestimmter moralischer, religiöser und politischer Wertevorstellungen eines Kulturkreises. In einer demokratisch geprägten Kultur gilt Strafe als Reaktion einer Gesellschaft, einer Gruppe auf ein Verhalten, das mit bestimmten Prinzipien nicht übereinstimmt und jene Werte verletzt, die von der gegebenen Gesellschaft im gegebenen Zeitraum als besonders bedeutsam und schützenswert anerkannt worden sind. Ihre Einhaltung soll mit jenen Sanktionen gewährleistet werden, die am stärksten in die private Sphäre eingreifen – mit strafrechtlichen Sanktionen. Man kann also sagen, die Kriminalstrafe ist eine Abwehrreaktion der Gesellschaft auf einen Rechtsbruch und findet Ausdruck in der Zufügung eines persönlichen Übels durch ein dazu berechtigtes Organ – in demokratisch verfassten Ländern durch ein unabhängiges Gericht.[218]

Wenn die Strafe eine beabsichtigte Verletzung von Rechtsgütern und der Freiheit eines anderen Menschen, eine beabsichtigte Zufügung des Leidens[219]

217 Vgl. *von Liszt* 1968, S. 28.

218 Siehe u. a. *Garlicki* 2001, S. 150; *Zoll* 2009, S. 47; *Wróbel/Zoll* 2010, S. 411 f.; *Gardocki* 2011, S. 158.

219 *Christie* 1995, S. 17.

ist, stellt sich die Frage, woher die Gesellschaft[220] ihre Berechtigung bezieht, einen solchen Eingriff in die Rechtsgüter des zu Sanktionierenden vorzunehmen und was ihr Ziel dabei ist. Seit ewigen Zeiten setzen sich Philosophen, Theologen, Rechtstheoretiker und Vertreter anderer Disziplinen mit der Frage – neben der Frage nach dem Kern und Wesen der Strafe – nach Zweck und Legitimation der Strafe auseinander. Die Antwort, die Rechtfertigung von Strafe also, ist nicht einheitlich und konstant. Sie ist mit dem gesamten philosophischen, moralischen sowie politischen System der gegebenen Gemeinschaft und der jeweiligen Epoche, insbesondere mit dem vorherrschenden Menschenbild und den Vorstellungen von Gesellschaft, Gerechtigkeit und Verantwortung, sowie der Rolle und Funktion des Rechts untrennbar verbunden. Deswegen ist sie auch permanenten Veränderungen ausgesetzt.[221] Man kann jedoch zwei Hauptstränge hervorheben, die sich im Laufe der Zeit als konstant herausgebildet haben: die Gerechtigkeitstheorien (absolut, retributiv), sowie die Strömung der präventiven (relativen, utilitaristischen) Theorien.[222] Erstere beziehen die Begründung von Bestrafung vor allem aus der begangenen Tat (*punitur quia peccatum est*), der zweite dagegen ist hauptsächlich auf das Verhindern weiterer Vergehen in der Zukunft konzentriert (*punitur sed ne peccatur*).[223]

Die absoluten Theorien stützen die Berechtigung der Strafe auf der Idee einer gerechten Vergeltung, sie begründen die Strafe einzig und allein mit der Tatsache der Verbrechensbegehung und befreien sie davon, ein Mittel zum Erreichen irgendeines Zweckes zu sein.[224] Die Strafe als solche stellt das Ziel dar und hat keine weitere Rolle zu erfüllen. Sie ist eine schlichte Bestätigung der Verantwortung eines jeden Menschen für sein Handeln. Einer der bekanntesten

---

220 Hier sind natürlich auch alle Institutionen, die in einem demokratischen Staat die Strafe verhängen, gemeint.

221 Nur eine interdisziplinäre Betrachtung der Strafe und der anderen allgemeinen rechtswissenschaftlichen Fragen kann den heutigen internationalen und interkulturellen Anforderungen gerecht werden, vgl. u. a. *Watkins-Bienz* 2004, S. 187.

222 In der Fachliteratur werden die General- und die Spezialprävention zum Teil auch als zwei ganz verschiedene Stränge betrachtet. Siehe u. a. *Roxin* 1997, S. 41-68. Es gibt auch Autoren, die die bisherige und hier vorgeschlagene Unterteilung als veraltet bzw. vereinfacht bezeichnen und andere Modelle vorstellen. U. a. schreibt *Utrat-Milecki* in seinem Buch „Strafe. Pönale Theorie und Kultur aus der integrativ-kulturellen Perspektive" über die Notwendigkeit einer neuen Klassifikation der Straftheorien, vgl. *Utrat-Milecki* 2010.

223 Dieser Satz geht auf *Seneca* (De Ira I ix 7) oder auf Protagoras (siehe *Warylewski* 2010, S. 53) zurück. Schon in der Antike gab es Meinungsverschiedenheiten bei der Begründung der Strafe. *Aristoteles* sprach sich eher für die ausgleichende Rolle der Strafe aus, Platon dagegen ist als Vorläufer des präventiven Gedankens zu sehen.

224 Die absoluten Theorien können weiterhin z. B. in Vergeltungs-, Gerechtigkeits- und Sühnetheorien unterteilt werden, mehr dazu bei *Terlinden* 2009, S. 23.

Vertreter dieser Strömung war *Immanuel Kant*. In seiner Philosophie bildet die Freiheit eine wichtige Kategorie, da nur eine freie Handlung eine moralische Handlung sein kann. Freiheit versteht *Kant* nicht als Gesetzlosigkeit sondern, als Freiheit von Naturgesetzen. Der Mensch ist zweifacher Natur – ein Sinneswesen und ein Vernunftwesen. Die menschlichen Handlungen – wenn der Mensch als ein Sinneswesen handelt – sind von der Natur bestimmt, also nicht frei, folgt er jedoch den Gesetzen der Vernunft, „der Bestimmung des Willens",[225] befreit er sich von den Naturzwängen. Als ein freies, autonomes Wesen unterwirft sich der Mensch in freier Entscheidung den Gesetzen der Vernunft und diese Fähigkeit wiederum macht ihn zu einer mit Würde ausgestatteten Persönlichkeit. Die Freiheit ist also „der Grund der Würde menschlicher und jeder vernünftigen Natur."[226] Allein ein auf diesem Grundsatz des kategorischen Imperativs,[227] der aus dieser Freiheit hervorgeht, basierendes Vorgehen ermöglicht das Zusammenleben der Individuen. Der Rechtsbruch beeinträchtigt diese Freiheit und nur durch vergeltende Strafe kann diese wiederhergestellt werden. Eine gerechte Strafe, die eine reine Vergeltung, einen Ausgleich der Tat darstellt, respektiert das Wesen des Menschen als ein Individuum mit freiem Willen. Der Strafe irgendwelche anderen Intentionen zuzuschreiben, führt nach *Kant* zu einer Verobjektivierung des Täters und ist unmöglich zu vereinbaren mit dem Prinzip der Unantastbarkeit der menschlichen Würde. Auch das Ausmaß und die Schwere der Strafe lässt sich nur aus dem Vergeltungsprinzip herleiten: „Welche Art aber und welcher Grad der Bestrafung ist es, welche die öffentliche Gerechtigkeit sich zum Prinzip und Richtmaße macht? Kein anderes als das Prinzip der Gleichheit (im Stande des Zünglins an der Waage der Gerechtigkeit) sich nicht mehr auf eine als auf die andere Seite hinzuneigen. Also was für verschuldetes Übel du einem anderen im Volk zufügst, das tust du dir selbst an. (...) Das Wiedervergeltungsrecht (*ius talionis*) kann die Qualität und die Quantität der Strafe bestimmt angeben, alle anderen sind hin und her schwankend (...)".[228] Somit vertritt *Kant* auch die Meinung, dass die Strafe sich nur an der Tat und nicht am Täter orientieren soll.[229]

---

225 *Kant* AA V.

226 *Kant* 2004, BA 79.

227 „Handle so, dass die Maxime deines Willens jederzeit zugleich als Prinzip einer allgemeinen Gesetzgebung gelten können". Die Bedeutung und Aktualität des kategorischen Imperatives liegt u. a. daran, dass er einen rein formalen Charakter hat und unabhängig von dem konkreten Inhalt des Moralsystems oder des Rechtssystem ist, vgl. *Stelmach/ Sarkowicz* 1998, S. 16.

228 *Kant* 1991, A 197 B 227 (S. 453).

229 Diese Auffassung ist auch Folge von *Kants* Unterscheidung zwischen Moralität (Tugendlehre) und Legalität (Rechtslehre). Ein Mensch kann nur wegen äußerer Handlungen, die gegen Gesetze verstoßen, verurteilt werden. Die innere Motivation, die Moralität, ist von der rechtlichen Beurteilung ausgeschlossen.

Kant sieht keine Möglichkeit, die Resozialisierung als Zweck der Strafe zu akzeptieren, so dass seine Theorie mit dem heutigen Verständnis von Strafe und Strafvollzug kaum vereinbar ist. Gleichzeitig aber verdanken wir *Kant* eine verstärkte Beachtung der menschlichen Würde, denn genau diese ist *Kants* Grund für die Ablehnung des Zweckgedankens im Strafrecht. Ein Widerspruch, der sich nur durch die Betrachtung von *Kants* Straftheorie im Zusammenhang mit seinem gesamten philosophischen System, mit seinem Verständnis der Moralität verstehen lässt.[230] Ein weiterer wichtiger und „zeitloser" Aspekt der kantianischen Theorie ist das Kriterium der Schuld als Grenze der Bestrafung.[231]

Auch *Hegel* sprach sich für die Strafe als reine Vergeltung aus. Das Vergehen, welches eine Verletzung bestimmter Regeln darstelle, bezeichne einen Verlust des gesellschaftlichen Gleichgewichts, müsse also bestraft werden, damit dieses Gleichgewicht – der Rechtsstaat – wieder hergestellt werden kann. Das Verbrechen ist die Negation der Rechtsordnung, somit ist die Strafe eine Negation der Negation.[232] „Das Verbrechen verletzt das Gesetz als geltend, das Gelten wird auch verletzt (...) Das Verbrechen macht das Recht ungültig. Indem der Verbrecher frei ausgeht, leidet die Gültigkeit des Rechts und damit ist die Gesellschaft kompromittiert (...) Das Aufheben der positiven Existenz des Verbrechens ist der Sinn der Strafe".[233] *Hegel* spricht sich für eine gerechte Strafe aus, lehnt aber sowohl das Talionsprinzip als auch Strafe als Rache, als Übelzufügung oder Schadensersatz insgesamt ab. Eine Strafe dient nur der reinen Wiederherstellung der Gerechtigkeit. Ein interessanter Punkt hegelscher Straftheorie besteht in seiner Betrachtung der Strafe als Recht des Verbrechers, als Bestätigung seines freien Willens „An den Verbrecher kommt daher die Strafe nicht als ein Fremdes, das durch den Begriff ausgemacht sei und wovon er nichts wisse. Es ist sein Recht, das dem Verbrecher widerfährt. Er setzt es als ein Geltendes und es gilt an ihm und über ihn. Es ist dies eine sehr wichtige Bestimmung, die die Ehre des Verbrechers als Mensch betrifft."[234]

Obwohl oft behauptet wird, dass die reinen Vergeltungstheorien eher schwer mit dem heutigen Begriff des Rechtsstaates als Sozialstaat, in dem das Individuum das Recht auf Resozialisierung hat, zu vereinbaren sind, kann man die Bedeutung der Lehre von *Kant* und *Hegel* für die Rechtswissenschaft und vor allem für die politische Philosophie nicht hoch genug schätzen. Die beiden Philosophen haben wesentlich zu der Entwicklung der Rechtsphilosophie als einer selbstständigen Disziplin, die zunächst (bis zur Entstehung der Historischen

---

230 Siehe dazu *Müller-Steinhauer* 2001, S. 7, 127 ff., 274 ff.; ferner *Merle* 2007, S. 1 ff.

231 Siehe u. a. *Marek* 1992, S. 234.

232 Vgl. *Flechtheim* 1975, S. 91.

233 *Hegel* 2005, S. 92, 204 (§ 99, § 218).

234 *Hegel* 2005, S. 95 (§100).

Rechtsschule und des Rechtspositivismus im 19. Jh.) noch im Rahmen der allgemeinen Philosophie und nicht der Rechtslehre betrieben wurde, beigetragen.
Kants Theorie ist Ausgangspunkt für viele philosophische Strömungen. Der Einfluss von *Kant* ist im sog. Neokantianismus, im gegenwärtigen Naturrechtsdis-
kurs, in rechtsphilosophischen und rechtspolitischen Theorien von *Kelsen,
Radbruch, Alexy,* in der Diskursethik von *Habermas* und auch in einer der
bedeutendsten Gerechtigkeitstheorien des 20. Jh., „A Theory of Justice", von
Rawls zu erkennen. *Kant* hat die präventiven Folgen einer Strafe nicht negiert, er
hat sie nur als Ziel der Strafe ausgeschlossen.[235]

Die Überzeugungen, dass die Tat der Ausdruck der freien Willen und die
Strafe eine gerechte und proportionale Folge einer Straftat sind, lagen der sog.
klassischen Schule des Strafrechts zugrunde.

In der polnischen Strafrechtslehre folgten diesen Grundsätzen und damit
auch *Kants* und *Hegels* Lehre vor allem zwei Wissenschaftler: *Romuald Hube*
(1803-1890) und *Edmund Krzymuski* (1852-1928).[236]

Hube beschäftigte sich vor allem mit Rechtsphilosophie und Rechtsge-
schichte und war ein Kenner des römischen Rechts sowie Anhänger und Enthu-
siast der hegelschen Lehre. Er war bis zum Jahr 1830 Professor für Rechtsge-
schichte an der Warschauer Universität.[237] Im Jahr 1833 emigrierte er für fast
30 Jahre nach Russland. In St. Petersburg war er an Gesetzgebungsarbeiten beteiligt, er arbeitete auch an der Universität und führte umfangreiche Archivstu-
dien zum Recht durch. In den Jahren 1823-1825, direkt nach dem Jurastudium in
Warschau, lebte er in Berlin und besuchte die Vorlesungen von Lehrern wie
Bockh und *Bitter* und vor allem *Hegel* und *Savigny,* mit denen er persönliche
Kontakte pflegte und deren Lehren einen großen Einfluss auf seine Ansichten
und Auffassungen hatten.[238] Im Bereich des Strafrechts ist ihm im Jahr 1830 die
Erarbeitung des Buches „Allgemeine Prinzipien des Strafrechts" zu verdanken.

Der herausragendste Vertreter der klassischen Schule in der polnischen
Straflehre war *Edmund Krzymuski*. Obwohl die Wende des 19. zum 20. Jh. neue
Denkströmungen mit sich brachte – vor allem die soziologische Schule gewann
an Bedeutung – stellte *Krzymuski* bis Ende seiner Tätigkeit sehr konsequent die

---

235 Siehe u. a. *Bormann* 2006, S. 144 ff; *Paulson* 2002, S. 11; *Rückert* 2002, S. 90; *Rawls*
2006; *Stelmach/Sarkowicz* 1998, S. 11, S. 20; *Utrat-Milecki* 2010, S. 70. In dem
strafrechtlichen Bereich kann man zwei Gruppen benennen, die auf Kants Gedanken
zurückgreifen: Die direkte Auseinandersetzungen mit Kants Gedanken bezeichnet man
als strafrechtstheoretischen Kantianismus und die eher neuen Strafkonzeptionen, vor
allem aus dem anglo-amerikanischen Raum nennt man Retributivismus, siehe *Novak*
2009, S. 173 f.

236 Vgl. *Wróbel/Zoll* 2010, S. 52.

237 Die Warschauer Universität wurde im Jahre 1830 nach der Niederschlagung des
November-Aufstands geschlossen.

238 Vgl. *Pol* 2011, S. 145 ff.

Grundannahme dieser Strömung, die den Schwerpunkt von der Tat auf den Täter verlagerte, in Frage. Als Philosoph blieb *Krzymuski* unter dem Einfluss von *Hegel* und vor allem von *Kant* und seiner Schuldtheorie. Er sah die Straftat als Folge des freien Willens des Subjekts, frei von irgendwelchen äußeren Einflüssen, die das Handeln determinieren könnten, und die Strafe als eine logische Konsequenz der menschlichen Verantwortung für selbstverantwortete, autonome Taten. Die ganze Rechtsordnung müsse auf dem Prinzip der Gerechtigkeit basieren und deswegen, um dieses Prinzip zu bewahren, ist der Staat verpflichtet Straftaten zu sanktionieren. Im Strafrecht machte sich *Krzymuski* weiterhin mit der Erarbeitung einer ersten, komplexen Darstellung des österreichischen Strafrechts in polnischer Sprache, das die Ansichten der zeitgenössischen klassischen Schule in vollem Umfang wiedergab, verdient.[239]

Im Gegensatz zu den Vergeltungstheorien behaupten die Präventionstheorien, dass die Strafe den Zweck hat, weitere, zukünftige Verbrechen zu verhindern. Ihre Vertreter – u. a. *Hugo Grotius, Paul Anselm Feuerbach* und *Franz von Liszt* stützen die Überzeugung hauptsächlich mit der Tatsache, dass das bereits begangene Verbrechen nicht mehr rückgängig gemacht werden könne, man jedoch durch eine strafrechtliche Sanktion einen präventiven Einfluss auf das zukünftige Verhalten nehmen könne. In Abhängigkeit davon, an wen sich die präventiven Handlungen richten – an die Gemeinschaft oder an den einzelnen Täter – unterscheidet man zwischen den Theorien der Generalprävention und Theorien der Spezialprävention.[240]

Spezialpräventive Theorien lenken im Strafprozess die Verschiebung des Schwerpunktes vom Verbrechen hin zum Täter, hin zu seiner Persönlichkeit und den gesellschaftlichen Bedingungen, in denen er lebt. Sie basieren auf dem Resozialisierungsgedanken, auf der Annahme, dass es möglich sei, den Menschen „neu" zu erziehen und zu sozialisieren und ihm eine Rückkehr in die Gesellschaft ohne Straftaten zu ermöglichen.

Die Grundsätze der modernen Theorie der Spezialprävention sind vor allem *Franz von Liszt* zu verdanken.[241] Er verneinte die metaphysische Rechtfertigung

---

239   Die erste Auflage des „Vortrags des Strafrechtes" (1885-1887) erfasste allgemeine Grundsätze des Strafrechts und die Lehre von Verbrechen und Strafe, die zweite (1901-1902) und dritte (1911) auch den besonderen Teil des österreichischen Strafrechts. Dieses Werk stellte jahrelang die Grundlage der Straftheorie und Praxis für polnische und österreichische Wissenschaftler dar, vgl. *Pol* 2011, S. 459 ff.; *Krzymuski* 1911.

240   Sowohl die spezialpräventive Theorie als auch die Generalprävention können in eine positive und in eine negative unterteilt werden. Die negative Spezialprävention baut auf der individuellen Abschreckung des Täters, die negative Generalprävention auf der Abschreckung potenzieller, zukünftiger Täter auf.

241   Im Jahr 1882 hat *von Liszt* im Rahmen seiner akademischen Antrittsvorlesung an der Universität in Marburg grundlegende Gedanken zur Zweckmäßigkeit der Strafe vorgetragen. Diese Rede ist unter dem Namen „Marburger Programm" bekannt und wurde

der Strafe und die Idee von absoluter Gerechtigkeit. Die Auseinandersetzungen darüber, ob die Strafe gerecht sei oder nicht, sind, wenn überhaupt, nur im Rahmen eines konkreten Rechtssystems möglich. Erst der Vergleich der konkreten Sanktion mit allen Sanktionen, die durch das gegebene Strafsystem vorgesehen sind, kann eine Antwort auf eine solche Frage geben.[242] Weiterhin ist *von Liszt* zufolge die Strafe nur dann gerecht, wenn sie nützlich und notwendig ist: „Das völlige Gebundensein der Strafgewalt durch den Zweckgedanken ist das Ideal der strafenden Gerechtigkeit. Nur die notwendige Strafe ist gerecht."[243] Das Hauptziel der Strafe ist nach *von Liszt* die Einflussnahme auf den Täter dahingehend, dass er in Zukunft keine Verbrechen mehr begehen wird. Im Zusammenhang damit legte *von Liszt* besonderen Wert auf eine individuelle Herangehensweise im Hinblick auf den Täter – d. h. er verlangte eine unterschiedliche Bestrafung unterschiedlichen Tätern gegenüber. In Abhängigkeit davon, mit welchem Tätertyp man es zu tun habe, könne man das Strafziel erreichen durch „Besserung, Abschreckung oder Unschädlichmachung".[244] Er unterteilte die Täter in drei verschiedene Gruppen: „Gelegenheitstäter, Täter, die zur Besserung taugen und unverbesserliche Täter." Nur gegenüber Tätern, die zur Besserung taugen, empfahl *von Liszt* erzieherische Maßnahmen. Gegenüber Tätern der ersten und jener der dritten Gruppe seien Besserungsmaßnahmen sinnlos, da sie die Verbrechen entweder ausnahmsweise, unter dem Einfluss des unwiederholbaren Zusammentreffens mehrerer Bedingungen begangen haben, und dieses somit nicht erneut begehen würden (erste Gruppe), oder aber Gewohnheitstäter sind und eine Änderung ihrer Einstellung nicht möglich erscheint. Diese dritte Gruppe gilt es nach *von Liszt* aus der Gesellschaft auszuschließen. Insofern ist *von Liszt* nicht nur der geistige „Begründer" des Resozialisierungsvollzugs, sondern auch potenziell rein sichernder Institutionen wie der Sicherungsverwahrung.

Die Seminare von *F. von Liszt* besuchte auch ein polnischer Jurist, später einer der wichtigsten polnischen Strafrechtslehrer des 20. Jh., *Juliusz Makarewicz*. Nach seinem Aufenthalt in Deutschland hat er an der Jagiellonen Universität in Kraków seine Habilitationsschrift „Das Wesen des Verbrechens", die auf den Thesen der soziologischen Schule basierte, vorgelegt. Sie wurde von dem zuvor erwähnten *Krzymuski*, Vertreter und Verteidiger der klassischen Schule zunächst abgelehnt, später zwar zugelassen, aber *Makarewicz* konnte die Arbeit nicht er-

---

vielfach veröffentlicht. In der vorliegenden Arbeit wurde die gekürzte Ausgabe aus dem Jahre 1968 verwendet.

242 Vgl. *von Liszt* 1968, S. 24 f.

243 *von Liszt* 1968, S. 27.

244 *von Liszt* 1968, S. 30.

folgreich verteidigen.[245] Er habilitierte zu einem anderen Thema und arbeitete die ersten Jahre danach an der Jagiellonen Universität, später übernahm er den Lehrstuhl für Strafrecht und Strafprozessrecht an der Universität in *Lwów*.[246]

Makarewicz wird als der berühmteste Vertreter der soziologischen Schule in der polnischen Strafrechtslehre angesehen. Wie schon in Kapitel 3 erwähnt, haben seine Ansichten ihren Ausdruck im polnischen Strafgesetzbuch von 1932 gefunden. Er sprach sich für die spezielle Prävention aus, wies aber den Streit um die Strafbegründung zurück. Er hielt die Strafe in ihrem Wesen für eine Vergeltung, eine Vergeltung jedoch, die bestimmten Zwecken dienen muss: „Allen diesen Doktrinen, die in der Literatur den Namen der Strafrechtstheorien tragen und die in Gruppen unterteilt wurden (Absolute-, Relative- und Vereinigungstheorien) ist ein Fehler gemeinsam – die Suche nach der Begründung der Strafe. Die Strafe braucht man nicht zu begründen, genauso wie die Begründung eines Verbrechen schwierig wäre. Beide sind gesellschaftliche Phänomene, von denen man nur das Wesen erfassen und erklären kann. Die Strafe ist Vergeltung und dieses Faktum kann keine Theorie ändern, es ist so, so lehren uns die Beobachtung und der Rechtsvergleich. Man könnte nur über das Ziel der Strafe diskutieren, nicht über ein ideales, allgemeines Ziel, nur darüber welche Möglichkeiten gibt es, die Strafe sinnvoll und für unterschiedliche Straftäter zu nutzen."[247] Schon ein paar Jahre früher schrieb er in seiner oben erwähnten, nicht angenommenen Habilitationsschrift: „Wenn wir die Entwicklung der Strafe beobachten und zu den Ergebnissen gelangen, dass dieselbe aus der gemeinschaftlichen Reaktion wider den Verbrecher hervorgegangen ist, dass ihr Wesen die Vergeltung ausmacht, dass der Zweckgedanke sich erst später hinzugesellt hat, dafür aber mit jeder höheren Kulturstufe zur größeren Geltung gelangt, dass die Linie der Evolution, die in die Zukunft führt auf die reinste Zweckstrafe als das letzte Ideal, dem wir zustreben hinweist, so werden wir aufhören müssen von unversöhnlichen Gegensätzen der Zweck- und Vergeltungsstrafe zu sprechen. Einerseits die brutale Vergeltung, sinnlose Rache (ohne Berücksichtigung des Schuldmoments) – anderseits der Zweckgedanke, der auf die Strafe, wo sie zwecklos ist und schädlich wirken kann verzichtet (sogenannte bedingte Verurteilung) oder dieselbe mildert (...) – bilden zwei entgegengesetzte Pole, innerhalb welcher die Entwicklung sich bewegt."[248]

---

245 Später, im Jahr 1906, als er schon Professor geworden war, hat *Makarewicz* dieses Werk in Deutschland unter dem Titel „Einführung in die Philosophie des Strafrechts" publiziert.

246 Das ukrainische Львів (*Lwiw*) lag in den Jahren 1340-1772 und 1918-1945 bzw. 1939 innerhalb der polnischen Grenzen.

247 *Makarewicz* zitiert nach *Zalewski* 2006, S. 34.

248 *Krzymuski* 1911, S. 32 f.

Eine solche Auffassung von Strafe, die in ihrem Wesen zwar eine Vergeltung darstellt, die aber präventive Zwecke zu erfüllen hat oder haben soll, vertraten u. a. auch zwei weitere polnische Strafrechtswissenschaftler: *Bronisław Wróblewski* (1888-1941), Professor an der Universität in *Wilno* (*Vilnius*) und *Władysław Wolter* (1897-1986), in den Jahren 1928 bis 1967 Inhaber des Lehrstuhls für Strafrecht und Strafprozess an der Jagiellonen Universität in Kraków und ein Nestor des polnischen Strafrechtes der Nachkriegszeit.[249]

Die spezialpräventiven Ansätze sind vor allem im Strafvollzug zunächst auf großen Enthusiasmus gestoßen und vor allem in den Vereinigten Staaten und in Skandinavien breit praktiziert worden. In den 1960er Jahren fanden sie viele Befürworter auch in Europa. Kaum aber hatten sich diese Ideen in der europäischen Gesetzgebung widergespiegelt, kamen vor allem aus den USA erste enttäuschte Reaktionen. Ergebnisse einiger umfangreicher Studien ergaben, dass die Möglichkeiten der Behandlung und Resozialisierung vor allem hinsichtlich der Rückfallvorbeugung nur begrenzt und kostspielig waren.[250] Einen wesentlichen Beitrag zu dieser Skepsis leistete der berühmte Aufsatz des amerikanischen Soziologen *Martinson* unter dem Titel „What works? Questions and Answers about Prison Reform".[251] *Lipton*, *Martinson* und *Wilks* haben über 200 Evaluationsstudien, die in den Jahren 1945 bis 1967 durchgeführt wurden, analysiert. Im Jahre 1974 publizierte *Martinson* einige dieser Ergebnisse und stellte fest, dass die Resozialisierungsmaßnahmen kaum eine rückfallpräventive Wirkung haben: „With few and isolated exceptions, the rehabilitative efforts that have been reported so far have had no appreciable effect on recidivism".[252] Diese Ergebnisse wurden zu einem Slogan und führten zu der sogenannten „nothing works"-Doktrin.

Neue empirische Untersuchungen, sowohl aus Europa, wie auch aus den USA, widerlegen jedoch die Aktualität der These eines „nothing works" aus den 1980er Jahren. Forschungsarbeiten zum sozialtherapeutischen Strafvollzug in Deutschland führen zu ähnlichen Ergebnissen und belegen den Erfolg solcher Programme.[253]

---

249 Siehe *Zalewski* 2006, S. 31 und „Historia Katedry Prawa Karnego Wydziału Prawa i Administracji UJ/Geschichte des Lehrstuhls für Strafrecht der Rechts- und Verwaltungsfakultät der Jagiellonen Universität unter: www.law.uj.edu.pl/karne/index.php/ historia-katedry-prawa-karnego-wydzialu-prawa-i-administracji-uj (Abgerufen am 26.01.2011).

250 Vgl. *Terlinden* 2009, S. 53.

251 Siehe *Martinson* 1974, S. 22-54; *Sarre* 1999, S. 2.

252 *Martinson* 1974, S. 25.

253 Mehr zu diesem Thema siehe: *Lipton* 1998; *Sherman u. a.* 1998; *Lösel* 1994; 2012; *Dünkel* 2000, S. 379 ff.; *Dünkel/Drenkhahn* 2001; *Egg u a.* 2001. Zur Sozialtherapie in Deutschland siehe *Dünkel* 1983, S. 44 ff.; *Drenkhahn* 2007. Zur Effektivität der Sexualstraftätertherapie siehe u. a.: *Wischka u. a.* 2001; *Hollweg/Liwon* 2005; *Wischka* 2009.

Der spezialpräventiven Theorie im Strafrecht wird vorgeworfen, dass sie keinen Maßstab für die Strafe liefern kann und die Freiheitsstrafe schwer von den Sicherungs- bzw. Besserungsmaßnahmen zu unterscheiden ist.[254] Wenn der Zweck der Strafe ist, den Straftäter zu resozialisieren, dann müsste er theoretisch so lange verschiedenen resozialisierenden Maßnahmen unterliegen bis er „geheilt" wird, die Sanktionen müssten (und wurden dies auch) tatsächlich auf unbestimmte Zeit verhängt werden. Sollte dann folgerichtig ein Straftäter, der nur einmalig eine Straftat begangen hat und bei dem keinerlei Wiederholungsrisiko besteht, nicht bestraft werden? Es könnte zu Situationen kommen, in denen der Täter eines geringfügigen aber ständig ausgeführten Verbrechens strenger bestraft wird, als jemand der einen Menschen im Affekt getötet hat.[255] Das wiederum wäre mit dem Gerechtigkeitsgefühl der Allgemeinheit vermutlich schwer zu vereinbaren. Die ausschließliche oder fast ausschließliche Orientierung auf den Täter und seine Bedürfnisse im Rahmen der Resozialisierung, sowie das gleichzeitige Trennen der Sanktion von der Tat, würde demgemäß eine gewaltige Bandbreite der Strafbemessung derselben Straftaten entsprechend der unterschiedlichen Resozialisierungsbedürfnisse der Täter ergeben.[256]

Ein weiterer Kritikpunkt stellte die Vernachlässigung der Opferperspektive dar. Die Enttäuschung über die angeblich fehlende Effizienz der Resozialisierung hatte nicht nur in Polen Einfluss auf die Wiederbelebung des Interesses an den absoluten Theorien. Innerhalb dieser suchte man nun nach Antworten für die, durch die spezialpräventiven Gedanken im Strafrecht „hervorgerufenen" Probleme. Ein Strafmaß, das dem durch das Verbrechen angerichteten Schaden entspricht, sowie die Annahme, dass jedes Verbrechen auf die verdiente Vergeltung trifft, befriedigte das Gerechtigkeitsempfinden der Allgemeinheit noch am ehesten.[257] Eine gerechte Strafe,[258] die sich an der Tat und nicht am Täter

---

254 Die Meinung, dass die Sicherungsmaßnahmen sich kaum von der langen Freiheitsstrafen unterscheiden, vertraten natürlich auch die Anhänger der soziologischen Schule, u. a. ein deutscher Wissenschaftler, *Franz Exner*, der sich jedoch für die Zweispurigkeit des Strafrechts, d. h. für die Strafen und für die Maßnahmen aussprach. Siehe *Exner* 1914, S. 157 nach *Zalewski* 2006, S. 31. Auch in der polnischen Lehre traten einige Wissenschaftler für solche Ansichten ein. Der polnische Strafrechtsprofessor, *Wacław Makowski*, Mitautor des Strafgesetzbuches von 1932 und Befürworter der präventiven Theorie, schrieb: „die Zweckstrafe herrscht immer deutlicher, triumphierender und eigenwilliger in der Praxis, so dass es immer öfter zu unbestimmten Urteilen kommt, d. h. zu Konstrukten, die sich von den Sicherungsmaßnahmen nicht unterschieden." vgl. *Makowski*, 1928, S. 214, zitiert nach *Zalewski* 2006, S. 31.

255 Siehe hierzu *Wróbel/Zoll* 2010, S. 423.

256 Vgl. die Studie von *Partridge/Eldgridge* von 1974 bei *Terlinden* 2009, S. 131.

257 *von Liszt* negierte diese Abhängigkeiten schon früher. Er lehnte die metaphysischen Begründungen der Bestrafung, die auf den absoluten Theorien beruhen, kategorisch ab, ebenso stellte er die darauf basierende Abhängigkeit zwischen dem Verbrechen und dem Strafmaß massiv in Frage: „keine metaphysische Grundlegung der Strafe ist im

orientiert, ist gleichzeitig auch eine Bestätigung des Gleichheitsprinzips aller Bürger vor dem Recht.[259] „Diese Bestrebungen nach klaren und überprüfbaren Strafzumessungsgrundsätzen waren somit Weggefährten des Abschieds vom uneingeschränkten Resozialisierungskonzept. Sie waren ferner Teil einer „neoklassischen" Entwicklung, in deren Verlauf schließlich absolute Straftheorien, die in die Diskussion eingebracht wurden, an Zustimmung gewannen."[260] Das vor allem in angelsächsischen Ländern wiedergeborene Interesse an den Vergeltungstheorien bzw. retributiven Elementen der Bestrafung verlegte erneut den Schwerpunkt des Strafrechts vom Täter auf die Tat und konzentrierte sich wieder stärker vor allem auf die Verhältnismäßigkeit zwischen Tat und Strafe.[261] Dieser neoklassische Blick auf den Zweck der Strafe im Sinne eines Retributivismus wird unter anderem in der Lehre von *Andrew von Hirsch* als „*just deserts idea*" bezeichnet.

Die kriminalpolitischen Debatten wurden in Polen vor allem nach der Wiedergewinnung der Unabhängigkeit, also nach 1918, insbesondere im Rahmen des Entstehungsprozesses des Strafgesetzbuches von 1932 wieder belebt. Auch hier wurde viel über den Umbau des Strafvollzugssystems debattiert.[262] Im Strafgesetzbuch vom 1932 besonderen Ausdruck fanden die Postulate der Soziologischen Schule, insbesondere in der Einführung der Zweispurigkeit des Strafrechts. Die Wichtigkeit neuer Konzeptionen und Methoden der Behandlung wurde erkannt, jedoch wurde ihnen nicht so weitgehende Bedeutung zugeschrieben wie es in den skandinavischen Ländern oder in Nordamerika der Fall war. Entsprechende Reformanstrengungen wurden im Übrigen auch wegen Geldmangels und aufgrund des Ausbruchs des zweiten Weltkrieges unterbrochen. Nach dem Krieg herrschte die kommunistische Doktrin. Jedes Verbrechen verletzte die politische Ordnung und stellte für die kommunistische Gesellschaft eine Gefahr dar. Der Straftäter sollte isoliert und durch kollektive Arbeit „umer-

---

Stande, das Prinzip des Strafmaßes abzugeben. (…) ob fünf Jahre Gefängnis oder zehn Jahre Zuchthaus, ob sechs Wochen Haft oder tausend Mark Geldstrafe dem einzelnen, konkreten Verbrechen entsprechen, das kann sie (die Strafe) uns nicht sagen und darf es uns nicht sagen wollen. (…) Nicht aus dem Prinzip der Strafe sondern aus dem Zweckgedanken ergibt sich das Maß der Strafe", *von Liszt* 1968, S. 22.

258 Wie oben schon erwähnt, trifft die Bestrafung, die einzig und allein von der Annahme einer reinen Vergeltung abgeleitet wird, immer auf Kritik. Wie unter anderen *Roxin* betont, sind die Annahmen dieser Theorien mit den gegenwärtigen Sozialstaatprinzipien und den mit diesen verträglichen Strafrechtsprinzipien nicht vereinbar. Ausführlicher siehe *Roxin* 2006, § 3, Rn. 8, S. 72 f.

259 Vgl. *Wróbel/Zoll* 2010, S. 420.

260 *Terlinden* 2009, S. 133.

261 Vgl. *von Hirsch* 2009, S. 115 ff. Zu dem neuen Retributivismus siehe auch *Kaiser* 1999, S. 137; *Kersting* 2010, S. 243 ff.; *Moore* 2009, S. 112 ff.; *Novak* 2009, S. 173 ff.

262 Vgl. *Krukowski* 1987, S. 40 ff.

zogen" werden. Erst nach 1956 wurden die Kriminologie und kriminologische Untersuchungen im Allgemeinen und speziell auch in den Gefängnissen langsam wieder eingeführt, wobei das Ziel der Freiheitsstrafe die „Umerziehung" durch Arbeit jedoch beibehalten wurde.

Als zweite Strömung der relativen Theorien sehen generalpräventive Theorien den Zweck der Strafe in der Notwendigkeit, Verbrechen vorzubeugen. Der Adressat ist nicht ein konkreter Täter, sondern die ganze Gesellschaft. Sie rationalisieren die Existenz der Strafe, indem sie ihr Funktionen zuschreiben, die über diejenige der Vergeltung und jene der speziellen Prävention hinausreichen sollen. Die Strafe habe zum Ziel, die Haltung der Mitglieder der Gemeinschaft so zu gestalten, dass sie keine Verbrechen begehen. Diese Theorie wurde insbesondere von *Paul Johann Anselm Feuerbach* in seiner Theorie des psychologischen Zwanges begründet.[263] Die strafrechtliche Androhung solle die Vorteile des Begehens einer Straftat übersteigen und dadurch den potentiellen Täter zur Unterlassung der Straftat bringen (psychisch zwingen). *Jeremy Bentham,* der sich auch für die Generalprävention aussprach, war der Meinung, dass die Beschwerlichkeit der Strafe bei weitem den eventuellen Nutzen übersteigen müsste, den der Täter erlangen würde, beginge er das Verbrechen, sodass der potenzielle Verbrecher beim Abwägen des erwarteten Nutzens und der drohenden Strafe zu dem Entschluss käme, dass sich das Verbrechen nicht lohne.[264] Wie *Roxin* hervorhebt, beschäftigt sich die Generalprävention vor allem mit der Strafandrohung, die Wirkkraft dieser hängt jedoch von der Verhängung und von der Vollstreckung ab. Somit sei sie eine „allgemeine" Straftheorie. Weiterhin betont *Roxin* zwei Vorteile dieser Idee: „anders als bei der Spezialprävention wird die Legitimation für die Strafe auch dann gewährleistet, wenn kein Wiederholungsrisiko besteht, und es ist eine klare Tatbestandsbeschreibung notwendig, die nicht durch Gefährlichkeitsprognosen" ersetzt werden darf. [265]

Behandelt man die Thematik der Straftheorien, muss auch die Theorie der wiedergutmachenden Gerechtigkeit (*Restorative justice*-Ansatz) Erwähnung finden, die sich seit vielen Jahren eines immer größer werdenden Interesses erfreut[266] und ist schon seit vielen Jahren ein fester Bestandteil der europäischen

---

263 Siehe *Roxin* 2006, § 3, Rn. 22, S. 78; *Vormbaum* 2009, S. 45 ff. Für die Theorie der Generalprävention sprachen sich u. a. auch *Sammuel Pufendorf, Christian Wolff, Arthur Schopenhauer* aus.

264 Vgl. *Wróbel/Zoll* 2010, S. 421.

265 *Roxin* 2006, § 3, Rn. 29, S. 81.

266 Obwohl die wiedergutmachenden Elemente bei den Konfliktlösungen in vielen alten Kulturen und religiösen Systemen bekannt sind, fanden sie den Weg in die Strafsysteme erst in den 1970er Jahren. Die Ursprünge der heutigen strafrechtlichen Institute der restorative justice muss man bei den Ureinwohnern Kanadas, der USA, Neuseelands und Australiens suchen. In diesen Ländern wurden Elemente dieser Idee auch am frühesten in die Rechtssysteme eingeführt.

Rechtssysteme.[267] Die Wiedergutmachungsgerechtigkeit wird weder als Straf-theorie anerkannt, noch als dritte Spur des Sanktionssystems angesehen, wenn auch letzteres als möglich und zukunftsfähig betrachtet wird.[268] Allerdings bietet sie alternative Lösungen zur generellen Herangehensweise an Bestrafung an und bildet eine wichtige Ergänzung im Prozess der Wiederherstellung der Gerechtigkeit und des Friedens. Sie bietet sowohl eine theoretische Basis als auch die praktischen Methoden, die eine integrative Wiederherstellung des sozialen Friedens ermöglichen.[269] In der *restorative justice* hat die Verletzung der zwischenmenschlichen und zwischengesellschaftlichen Bindungen eine größere Bedeutung als Gesetzesverletzung. Der Frage nach der Bestrafung des Täters wird die Frage vorangestellt, wie es zu einer Einigung zwischen dem Tä-ter und dem Opfer kommen könnte, oder/und wie man den mit der Tat ange-richteten Schaden ausgleichen könnte. Also vor allem, wie man die „zerrissenen, zwischenmenschlichen Relationen" wiedergutmachen kann. Der durch die Straftat entstandene Konflikt ist kein Konflikt zwischen dem Täter und dem Staat. Man spricht von einem durch den Staat „gestohlenen" Konflikt.[270] Der Konflikt „gehört" dem Opfer, dem Täter und der Gesellschaft. Prozesse wie Mediation, Täter-Opfer-Ausgleich oder family conferencing ermöglichen es dem Opfer, den nahen Verwandten, dem Täter und anderen Teilhabern des ge-sellschaftlichen Lebens, eine aktive Rolle im Prozess der Milderung der negati-ven Folgen des Verbrechens zu übernehmen.[271]

Diese Idee findet auch unter polnischen Wissenschaftlern und Praktikern Befürworter.[272] Das vertiefte Interesse an den Fragen der *restorative justice* und

---

267 Siehe European Forum for Victim-Offender Mediation and Restorative Justice 2000; *Miers/Willemsens* 2004; *Dünkel/Grzywa-Holten/Horsfield* 2015a m. w. N. In den euro-päischen Jugendstrafrechtssystemen vgl. *Dünkel/Grzywa/Horsfield/Pruin* 2011 m. w. N.

268 Siehe *Roxin* 2006, § 3, Rn. 74, S. 104 und dort zitierte Literatur; *Zalewski* 2006.

269 Vgl. *Domenig* 2008, S. 52 ff.

270 *Christie* 1977, S. 13.

271 Siehe u. a. *Braithwaite* 1989; *Zehr* 1990; *Christie* 2004; *Sullivan/Tifft* 2008; *Walgrave* 2008; van *Ness/Heetderk Strong* 2010; *Walgrave/Aertsen/Parmentier* u. a. 2013, S. 159 ff .Zur Wiedergutmachung im deutschen Strafrecht und auch im Strafvollzug bzw. als Alternative zum Freiheitsentzug siehe u a. *Kaspar* 2004.

272 Siehe u. a.*Czarnecka-Dzialuk/Wójcik* 2000; *Płatek/Fajst* 2005; *Zalewski* 2006. Über praktische Anwendung der Mediation im Jugendverfahren siehe *Czarnecka-Dzialuk/ Wójcik* 2012, S. 60-71. Zusammenfassend stellen die Autorinnen fest, dass die Media-tion, die Wiedergutmachung oder die gemeinnützige Arbeit eher selten Anwendung finden bzw. seltener als es der rechtliche Rahmen ermöglicht. Den Grund dafür sehen die Autorinnen vor allem im Schematismus, mit dem die Entscheidungen getroffen werden, und Skeptizismus der Richter diesen Innovationen (u. a. Mediation) gegenüber. Zu den neuesten Entwicklungen der Einführung von Maßnahmen der Restorative Justice

vor allem an der Mediation begann in Polen in den frühen 1990er Jahren.[273] Nach einigen Jahren der theoretischen Diskussion wurde die Mediation in das Strafverfahren gegen Jugendliche eingeführt und ab 1998 auch in das Erwachsenenstrafrecht.[274] Das Jahr 2005 wurde in Polen vom damaligen Justizminister zum Jahr der „wiedergutmachenden Justiz" gekürt. Es scheint, dass auch in der polnischen Gesellschaft die *Restorative Justice*-Idee Unterstützung findet. In den schon oben erwähnten Studien (*Kapitel 2.2.5*) von *Szymanowska* zu den Einstellungen der polnischen Gesellschaft gegenüber Verbrechen und zur Bestrafung gaben viele Befragten an, dass der Staat in weniger schweren Fällen von der Sanktionierung absehen und der Konflikt auf alternativen Wegen gelöst werden soll, z. B. durch Mediation und Wiedergutmachung.[275]

Die Idee der *Restorative Justice* zeigt im Hinblick auf die gewaltigen gesellschaftlichen Umwälzungen, ökonomische Krisen, den Zerfall gesellschaftlicher Netzwerke, Abbau sozialer Leistungen und zunehender sozialer Ungleichheit, einen alternativen, integrativen Weg zur Konfliktlösung, den die internationale Gemeinschaft einschlagen könnte.[276] Weitere Auseinandersetzungen in der gegenwärtigen Strafphilosophie sind hierfür unabdingbar.[277]

Gegenwärtig sind die Konzepte, die den meisten europäischen Strafkodifikationen zugrunde liegen, am häufigsten Mischformen der beiden Hauptstränge mit einer wachsenden Bedeutung der restaurativen Elemente.[278] Sie negieren

---

im polnischen Strafvollzug siehe *Dobiejewska/Rękas* 2013, S. 131 ff; *Szczepaniak* 2013b, S. 389 ff.; *Zalewski* 2015, S. 650 f.

273 Wobei, wie in *Kapitel 2* erwähnt, schon seit langer Zeit verschiedene Formen der außergerichtlichen Konfliktlösung existieren, z. B. Schiedsgerichte, Mediation als Diversionsmaßnahme etc.

274 In Deutschland wurde die Mediation (als Täter-Opfer-Ausgleich bezeichnet) gesetzlich erst im Jahr 1990 ins Jugendstrafrecht eingeführt. Vier Jahre später, im Rahmen der Strafrechtsreform fand die Wiedergutmachung auf gerichtlicher Ebene im Bereich der Freiheitsstrafe Anwendung. Sie kann bei den Freiheitsstrafen bis zu einem Jahr zu einem Schuldspruch unter Absehen von Strafe, oder zu einer Strafmilderung führen (§ 46a StGB), vgl. *Dünkel* 2011a, S. 211 f.

275 Vgl. *Szymanowska* 2008, S. 80, 300 ff.

276 Vgl. *Dünkel/Grzywa-Holten/Horsfield* 2015b m. w. N.

277 So auch *Zalewski* 2006. Diese Idee wird auch, wenn nur ansatzweise in Gefängnissen praktiziert. Mehr dazu u. a. bei *Johnstone* 2007, S. 157 ff. Zur Effektivität der wiedergutmachenden Maßnahmen in Fällen der häuslichen Gewalt in Deutschland siehe *Bals* 2011.

278 In der deutschen Strafrechtslehre Vereinigungstheorien genannt. In den heutigen nationalen und internationalen Diskussionen setzte sich keiner der beiden Hauptstränge eindeutig durch, eher kann man von Zyklen sprechen, in denen, die eine oder die andere Theorie mehr an Bedeutung gewinnt. Die Straftheorien spielen jedoch eine ordnende, klärende Rolle, die den heutigen Diskurs über die Strafe und ihre Zwecke aus der historischen Perspektive zu verstehen ermöglichen, vgl. *Stratenwerth* 1995, S. 2.

nicht generell die Strafe als eine Form der Wiederherstellung von Gerechtigkeit i. S. d. Vergeltung, schreiben ihr jedoch überwiegend präventive Ziele zu, sowohl im Sinne der Spezialprävention, wie auch der positiven Generalprävention,[279] insbesondere in Form der Integrationsprävention.[280] Ebenso führen sie in die Strafgesetzbücher sowohl Institutionen ein, die der Abschreckung und dem Schutz der Gesellschaft dienen sollen, wie auch solche, die auf der Idee der *restorative justice* basieren. Diese verschiedenen Aspekte, die man in der Gesetzgebung als Ziele oder Aufgaben bezeichnet, und damit versucht eine hierarchische Ordnung einzuführen, stehen oft in Konkurrenz zueinander. Ihre zeitgleiche Realisierung fällt häufig schwer.[281] Dies gilt gleichermaßen für Polen wie auch für Deutschland.

Nach einer in Polen wie auch in Deutschland weit verbreiteten und fundierten Auffassung, erfüllt die Strafe auf verschiedenen Etappen der Rechtssetzung und der Rechtsanwendung verschiedene Zwecke und wird damit auch unterschiedlich gerechtfertigt. Die Strafandrohung des Gesetzes wird eher durch ihre generalpräventive Wirkung charakterisiert. Der Gesetzgeber soll sich diesbezüglich von zwei Faktoren leiten lassen: vom Wert des zu schützenden Rechtsguts und von dem durch Erfahrung gewonnenen Wissen über die Wirkung der einzelnen Strafen. Auf dieser Ebene wird der Gesellschaft ganz deutlich gemacht, welche Werte und in welchem Ausmaß geschützt werden. Der Strafverhängung, also dem Prozess der Verurteilung und Strafzumessung, schreibt man den Vergeltungszweck und die Strafvollstreckung zu. Insbesondere jedoch der Strafvollzug soll allein durch die (positiv-)spezialpräventive Orientierung gerechtfertigt werden.[282]

Weiterhin wird die Generalprävention in gewisser Weise als die unterste Strafgrenze bezeichnet, d. h. die Strafe kann „nur so mild" sei, wie sie noch das Gerechtigkeitsgefühl und Vertrauen ins Recht befriedigt und dem „gesellschaftlichen Schaden" der Tat entspricht. Die Höchstgrenze der Strafbemessung begrenzt das Schuldprinzip. Die Strafe darf den Schuldgrad nicht überschreiten.

---

279   Zum Thema positive Generalprävention siehe mehr u. a. bei *Meier* 2001, S. 22 ff.; *Schünemann/von Hirsch/Jareborg* 1996; *Szamota-Sanecki* 2009, S. 73 ff.; *Terlinden* 2009, S. 140 ff.; *Vormbaum* 2009, S. 245.

280   Zu den präventiven Vereinigungstheorien siehe *Roxin* 2006, Rn. 37 ff., S. 85 ff.

281   Der dogmatische Diskurs über den Sinn und Zweck der Strafe wird im englischsprachigen Raum (u. a. auch wegen der Spezifik des Common law-Rechtssystems) intensiv durch einen soziologischen, rechtssoziologischen und kriminalpolitischen Diskurs über Verbrechen, Strafe und Gesellschaft ersetzt bzw. begleitet. Vgl. dazu *Stańdo-Kawecka* 2000, S. 35.

282   *Roxin* 2006, § 3, Rn.8; S. 72; *Zoll* 2009, S. 50. Zum gegenwärtigen Diskurs über Strafe und ihre Ziele siehe auch u. a. *Hassemer* 2009, S. 59 ff., 92 ff.; *Hassemer* 2010, S. 5 ff.; *Laubenthal* 2011, S. 97 ff.; *Streng* 2006, S. 237 ff.; *Utrat-Milecki* 2009; *Wojciechowski* 2009.

Abgesehen von der vorherrschenden Straftheorie oder den momentanen Tendenzen in der Kriminalpolitik, muss in einem demokratischen Rechtsstaat eine Sanktion mit den menschenrechtlichen Grundsätzen zu vereinbaren sein und die wichtigste Grundlage für die theoretischen Erwägungen, insbesondere aber für die Strafzumessung und Strafvollstreckung der Sanktionen, muss das Prinzip des Humanismus des Strafrechts bleiben. Den Ausgangspunkt müssen der Mensch und der Schutz des menschlichen Lebens und der menschlichen Würde darstellen.[283]

3.2.2 Grundsätze und Direktiven der Strafbemessung im polnischen Strafgesetzbuch

Das polnische Strafgesetzbuch basiert auf dem System der relativ bestimmten Sanktionen.[284] Der Gesetzgeber gibt nur den Strafrahmen vor, in dem er eine Bewertung der Schwere des jeweiligen Tatbestandes zum Ausdruck bringt.[285] Das gesetzliche Strafmaß wird im jeweiligen Urteil konkretisiert. Eine besondere Bedeutung erhalten hierbei die Grundsätze und Richtlinien der gerichtlichen Strafzumessung. Die polnische Strafrechtwissenschaft unterscheidet zwi-

---

283 Vgl. *Brunkhorst* 2006, S. 128; *Marek* 2010a, S. 7.

284 Eine Ausnahme stellen die lebenslängliche Freiheitsstrafe und die 25-jährige Freiheitsstrafe dar. Beide Sanktionen treten jedoch immer alternativ mit einer temporären Freiheitsstrafe auf. Die einzige Straftat, die ausschließlich mit lebenslanger Freiheitsstrafe und der 25-jährigen Strafe bedroht werden sollte (seit 2005) war die Tötung mit besonderen, qualifizierten Merkmalen. Im Jahr 2005, in Folge einer Novellierung der Strafgesetzbücher, hat Artikel 148 § 2 (sog. qualifizierte Tötung, ihre Merkmale entsprechen etwa dem Mord und der Tötung in besonders schweren Fällen im deutschen Strafrecht) einen neuen Inhalt bekommen. Es wurde auf die „Freiheitsstrafe nicht unter 12 Jahren" verzichtet. Die Strafandrohung sollte also auf die zwei bestimmten Höchststrafen beschränkt werden. Diese Änderung stieß auf große Kritik und die Novellierung des Artikels 148 § 2 wurde vom Verfassungsgerichtshof für verfassungswidrig erklärt (Wyrok Trybunału Konstytucyjnego z dnia 16 kwietnia 2009/Urteil des Verfassungsgerichtshofes vom 16. April 2009, sign. Akt. P 11/08). Die vom Berufungsgericht in Kraków gestellte Frage befasste sich neben dem Inhalt des Artikels 148 § 2 auch mit einer legislativ-technischen Frage und diese war auch der Grund für die getroffene Entscheidung des Verfassungsgerichtshofs. Der Kern der Rechtsfrage konzentrierte sich auf die Zulässigkeit der Einschränkung bzw. Ausschließung des Prinzips des freien richterlichen Ermessens und der Strafindividualisierung. In dem vom Berufungsgericht in Kraków untersuchten Fall hatte einer der Täter das 18. Lebensjahr nicht vollendet und gemäß des Art 54 § 2 des poln. StGB konnte ihm gegenüber keine lebenslange Strafe verhängt werden. Das anfragende Gericht konnte also nur eine Freiheitsstrafe von 25 Jahren verhängen und damit wurde die gesetzlich garantierte freie richterliche Ermessung ausgeschlossen.

285 Siehe u. a. *Meier* 2009, S. 152.

schen den Grundsätzen der Strafzumessung und den Direktiven.[286] Die Grundsätze stellen demzufolge „abstrakte" Richtlinien dar, in denen das Urteil gefällt wird. Die Direktiven bilden engere Wertungen, an denen sich der Richter bei der Verurteilung in einem konkreten, individuellen Fall zusätzlich orientieren sollte.

Zu den Grundsätzen gehören sowohl die allgemein herrschenden Rechtsprinzipien, die in der Verfassung und in den internationalen Rechtsakten zu finden sind, wie z. B. der Grundsatz der Humanität und der Menschenwürde, das Prinzip der Rechtsanwendungsgleichheit und das Prinzip der Gerechtigkeit[287] wie auch die Grundsätze, die im Strafgesetzbuch zusätzlich benannt werden: das Prinzip des freien richterlichen Ermessens, der Strafindividualisierung, der Schuld und das Prinzip der gesellschaftlichen Schädlichkeit der Tat als auch die Regeln der Bestimmtheit der Strafmaßnahmen und der Anrechnung der Untersuchungshaft.

Wie oben erwähnt, konkretisieren die Direktiven die Strafzumessung im individuellen Fall und bringen das Ziel, welches der Gesetzgeber durch das abstrakte Strafmaß erreichen möchte, zum Ausdruck. Das Strafgesetzbuch aus dem Jahre 1997 erwähnt zwei Direktiven-Strafzwecke: zum einen „präventive und erzieherische (Ziele), welche das Gericht in Bezug auf den Verurteilten erreichen soll", d. h. solche, die die Idee der Individualprävention ausdrücken. Zum anderen „Bedürfnisse im Bereich der Gestaltung des Rechtsbewusstseins der Gesellschaft", also eine Direktive der positiven Generalprävention.[288]

Es ist anzunehmen, dass der Gesetzgeber mit Nennung der Individualprävention im Text des Art. 53 an erster Stelle dieser den Vorrang einräumt und ihr

---

286 Die differenzierte Behandlung der Direktiven und Grundsätze und anderer Strafprozessprinzipien gehört einer anderen Materie an. Von einer vertieften Darstellung im Rahmen dieser Arbeit war daher abzusehen.

287 Siehe *Gardocki* 2011, S. 177.

288 Artikel 53 § 1 poln. StGB: Das Gericht hat die Strafe innerhalb der vorgesehenen, gesetzlichen Grenzen nach seinem Ermessen zu verhängen, darauf achtend, dass sie den Grad der Schuld nicht übersteigt. Ebenso muss der Grad der sozialen Schädlichkeit bedacht, sowie die präventiven und erzieherischen Ziele berücksichtigt werden, die die Strafe gegenüber dem Verurteilten zu erreichen hat und die Bedürfnisse hinsichtlich der Einflussnahme auf das Rechtsbewusstsein der Gesellschaft. § 2: Bei der Verhängung der Strafe berücksichtigt das Gericht insbesondere die Motivation und das Verhalten des Täters, das Begehen des Verbrechens gemeinsam mit einem Minderjährigen, Art und Grad der Verletzung der Verpflichtungen, die dem Täter obliegen, Art und Ausmaß der negativen Folgen des Verbrechens, persönliche Eigenschaften und Lebensbedingungen des Täters, das Vorleben sowie Verhalten des Täters nach der Tat und insbesondere seine Bemühungen um Schadensersatz oder eine andere Form der Wiedergutmachung, wie auch das Verhalten des Geschädigten. § 3: Bei der Verhängung der Strafe berücksichtigt das Gericht auch die positiven Ergebnisse einer Mediation zwischen Täter und Opfer wie auch einen Vergleich, den die beiden Parteien vor dem Staatsanwalt oder vor dem Gericht geschlossen haben.

Gewicht bei der Verhängung einer konkreten Sanktion unterstreichen wollte. Die Strafbemessung, welche zum Ziel hat, das erneute Begehen eines Verbrechens durch den gegebenen Täter zu verhindern und sich damit an der Resozialisierung ausrichtet, wird jedoch durch die Ziele der allgemeinen Prävention ergänzt. Die Strafe soll nicht nur den Täter erziehen, sondern erfüllt auch eine pädagogische Funktion in Bezug auf die Gesellschaft: Sie soll das Vertrauen in die Gerechtigkeit stärken und ein Gefühl der Genugtuung in Bezug auf den Schaden, der durch das gegebene Verbrechen entstanden ist, gewährleisten.

Besonders wichtig für den Strafvollzug ist Art. 58 § 1, der das Prinzip der Subsidiarität der Freiheitsstrafe (also Freiheitsstrafe als *ultima ratio*) einführt: „Wenn das Gesetz die Möglichkeit der Auswahl der Strafen vorsieht, verhängt das Gericht die Freiheitsstrafe ohne Aussetzung zur Bewährung nur in dem Fall, in dem eine andere Strafe oder Strafmaßnahme die Ziele der Strafe nicht erfüllen könnte".[289] Der Vorrang der ambulanten Strafen und Strafmaßnahmen findet weiterhin Ausdruck in § 3, wonach das Gericht auch Geldstrafe oder eine Freiheitsbeschränkungsstrafe verhängen kann, wenn die Tat mit einer Freiheitsstrafe unter 5 Jahren bedroht ist.

3.2.3 Strafen, Strafmaßnahmen und Sicherungsmaßnahmen

Im Folgenden wird ein kurzer Überblick über den Strafenkatalog des polnischen Strafgesetzbuches gegeben. Zuvor soll aber auf zwei für das Verstehen des polnischen Strafgesetzbuchsystems wichtige Begriffe eingegangen werden: Den Verbrechensbegriff und die Altersgrenzen der strafrechtlichen Verantwortlichkeit.

Das polnische Strafgesetzbuch beinhaltet keine Verbrechensdefinition als solche. Durch eine Beschreibung, wer einer strafrechtlichen Verantwortlichkeit unterliegt und unter welchen Voraussetzungen ein Verbrechen vorliegt, wird eine Definition jedoch angedeutet. Das Verbrechen ist demnach eine verbotene Tat, die durch das Gesetz zum Zeitpunkt des Begehens unter Strafandrohung

---

289 Artikel 58 § 1 poln. StGB: Wenn das Gesetz eine Wahlmöglichkeit vorsieht, verhängt das Gericht eine Freiheitsstrafe ohne bedingte Strafaussetzung nur dann, wenn eine andere Strafe oder Maßnahme die Ziele der Strafe nicht erfüllen kann. § 2: Die Geldstrafe wird nicht verhängt, wenn die Einkünfte des Täters, seine Vermögensverhältnisse oder Verdienstmöglichkeiten die Annahme begründen, dass der Täter die Geldstrafe nicht bezahlen, und dass sie im Rahmen einer Zwangsvollstreckung nicht eingetrieben werden kann. § 2a: Die Freiheitsbeschränkungsstrafe, die mit einer Verpflichtung aus Artikel 35 § 1 (gemeinnützige Arbeit) verbunden ist, wird nicht verhängt, wenn der Gesundheitszustand des Angeklagten oder seine persönlichen Lebensumstände die Annahme begründen, dass er der Verpflichtung nicht nachkommen kann. § 3: Wenn die Straftat mit einer Freiheitsstrafe, die 5 Jahre nicht übersteigt, bedroht ist, kann das Gericht anstatt dieser Strafe eine Geldstrafe oder Freiheitsbeschränkungsstrafe von bis zu 2 Jahren verhängen, insbesondere wenn es zusätzlich eine Strafmaßnahme anordnet. § 4: Die Vorschrift des § 3 wird nicht angewandt bei Tätern eines Vergehens mit Hooligan-Charakter, sowie bei Tätern eines Verbrechens gem. in Art. 178a § 4.

steht, in „größerem, als einem geringen Ausmaß" gesellschaftlich schädlich ist und rechtswidrig und schuldhaft begangen wurde.[290]

Die Altersgrenzen der strafrechtlichen Verantwortlichkeit statuiert Art. 10. Gemäß dem Strafgesetzbuch ist eine Person, die eine verbotene Tat begangen hat, nach Vollendung ihres 17. Lebensjahres verantwortlich.[291] Von dieser Regel sieht Art. 10 zwei Ausnahmen vor:

- Im Falle von besonders schweren Straftaten[292] kann aufgrund des Strafgesetzbuchs auch eine Person verantwortlich gemacht werden, die das 15. Lebensjahr vollendet hat, sofern die Rahmenbedingungen des Falles, sowie der Reifegrad des Täters, seine Charaktereigenschaften und persönlichen Lebensbedingungen dafür sprechen, insbesondere, wenn vorhergehend verhängte Erziehungs- und Besserungsmaßnahmen erfolglos waren (Art. 10 § 2).[293]
- Gegenüber einem Täter, der ein Vergehen[294] nach der Vollendung seines 17., aber noch vor Vollendung des 18. Lebensjahres begangen hat, wendet das Gericht anstelle einer Strafe erzieherische, therapeutische oder Besserungsmaßnahmen an, die für nicht Volljährige vorgesehen sind, sofern die Rahmenbedingungen des Falles, der Reifegrad des Täters, sowie seine Charaktereigenschaften und persönlichen Lebensbedingungen dafür sprechen (Art. 10 § 4).

---

290 Art. 1 § 1 poln. StGB: Der strafrechtlichen Verantwortlichkeit unterliegt nur derjenige, der eine strafbare, durch das zur Zeit der Tat geltende Gesetz verbotene Tat begangen hat. § 2: Eine Tat deren gesellschaftliche Schädlichkeit gering ist, ist keine Straftat. § 3: Der Täter einer verbotenen Tat begeht keine Straftat, wenn man ihm bei der Begehung der Tat keine Schuld zuschreiben kann.

291 Wie in Deutschland erreicht ein Mensch auch in Polen seine zivilrechtliche Volljährigkeit mit der Vollendung des 18. Lebensjahres.

292 Art. 10 poln. StGB zählt sie abschließend auf. Es sind folgende Verbrechen: Anschlag auf das Leben des Präsidenten der Republik Polen, Tötung, schwere Körperverletzung, eine Tat, die eine Gefahr für das Leben oder die Gesundheit vieler Menschen zur Folge hat, die gewaltsame Übernahme eines Flugzeugs oder Schiffs, Verursachung einer Katastrophe im Land-, Wasser- oder Luftverkehr, die das Leben oder die Gesundheit vieler Menschen gefährdet, die gemeinschaftliche Vergewaltigung (seit 2009 auch Inzestvergewaltigung und pädophile Vergewaltigung) und Vergewaltigung mit besonderer Grausamkeit, Geiselnahme und erpresserischer Raub.

293 Im Falle der Verurteilung einer Person zwischen dem 15. und 17. Lebensjahr darf das verhängte Strafmaß zwei Drittel der Obergrenze, der für diese Tat gesetzlich vorgesehenen Strafandrohung nicht überschreiten; ebenso kann das Gericht eine außerordentliche Strafmilderung anwenden.

294 Vergehen sind jene Straftaten, die mit einer Freiheitsstrafe von bis zu 3 Jahren bedroht sind, Straftaten, die mit über 3 Jahren Freiheitsstrafe bedroht sind, sind Verbrechen.

Das poln. StGB sieht Sanktionen, die an das Prinzip der Schuld angelehnt sind, Strafen und Strafmaßnahmen ebenso vor, wie auch Sicherungsmaßnahmen, deren Anwendung nicht auf der Schuld des Täters basiert. Ihre Funktion besteht vor allem in der Vorbeugung weiterer Taten und darin, die Gesellschaft vor den Personen zu schützen, die das Strafgesetz verletzt haben, aber schuldunfähig sind. Sie dürfen nur dann verhängt werden, wenn sie für diese Vorbeugung notwendig sind und nach Anhörung von Psychiatern und/oder von Psychologen nur gegenüber Personen, die als gefährlich einzustufen sind. Das polnische Gesetz sieht zwei Arten von Sicherungsmaßnahmen vor:

- zum einen Maßnahmen mit einem isolierenden-therapeutischen Charakter, die die Unterbringung in einer psychiatrischen sowie in einer Entziehungsanstalt umfassen.
- zum anderen Maßnahmen mit Verwaltungscharakter. Zu diesen gehören das Verbot der Einnahme einer bestimmten Stellung und der Ausführung eines Berufes oder einer bestimmten wirtschaftlichen Tätigkeit, das Verbot ein Fahrzeug zu führen sowie die Einziehung von bestimmten Gegenständen.

Die Unterbringung in einer psychiatrischen Anstalt oder eine Einweisung zur Therapie kann das Gericht gegen eine Person anordnen, die eine Straftat im Zusammenhang mit ihrer psychischen Krankheit, mit „Störungen der sexuellen Präferenzen", geistiger Behinderung oder mit Drogenabhängigkeit begangen hat, wenn es notwendig ist, um weiteren Straftaten vorzubeugen. (Art. 93 poln. StGB).[295] Die Anhörung eines Psychiaters, Psychologen oder auch Sexualwissenschaftlers ist in diesem Fall obligatorisch.

Die Novellierungen des Strafgesetzbuches von 2005 und 2010 fügten weitreichende Ausweitungen dieser Maßnahme ein – die nachträgliche Unterbringung in einer geschlossenen psychiatrischen Anstalt oder eine nachträgliche ambulante Zwangstherapie gegen Sexualstraftäter. Diese Maßnahmen kann das Gericht innerhalb der letzten 6 Monate vor der Entlassung anordnen, wenn der Täter wegen einer vorsätzlichen Tat zu einer unbedingten Freiheitsstrafe verurteilt wurde, diese verbüßt hat, jedoch immer noch ein Wiederholungsrisiko besteht. Seit 2010 ist diese Maßnahme gegen bestimmte Sexualstraftäter[296] einer vorsätzlichen Straftat

---

295 Auch wenn diese Maßnahmen mit Isolation verbunden sind, stehen hier die Therapie und die medizinische Behandlung der Täter an erster Stelle. Sie sollen dem Täter eine Rückkehr in die Gesellschaft ermöglichen. Bei der Verhängung dieser Maßnahme muss das Gericht entscheiden, ob das Ziel – die Rehabilitation und dadurch die Rückfallprävention – ohne Unterbringung in einer geschlossenen Psychiatrie erreicht werden kann. Vgl. *Postulski* 2010, S. 85.

296 Vergewaltigung einer Person, die das 15. Lebensjahr noch nicht vollendet hat als auch die Inzestvergewaltigung. Art. 95a in Verb mit Art 197§3 poln. StGB.

obligatorisch.[297] Die Regierung hat auch einen weiteren Gesetzentwurf vorbereitet, in dem die nachträgliche Unterbringung oder nachträgliche ambulante Therapie gegenüber wegen Mordes Verurteilten vorgesehen ist.[298]

Die aufgezählten Maßnahmen fällt das Gericht meistens ohne zeitliche Begrenzung, es hebt sie auf, sobald die Ursachen, aufgrund derer sie angeordnet wurden, beseitigt sind. Bei der Unterbringung in einer psychiatrischen oder in einer Entziehungsanstalt ist der Anstaltsleiter verpflichtet, das Gericht mindestens alle 6 Monate über den Gesundheitszustand des Patienten zu informieren.

Die Sicherungsmaßnahmen mit Verwaltungscharakter überschneiden sich teilweise mit den Strafmaßnahmen. Neben den oben genannten enthält der Strafmaßnahmenkatalog den Entzug der öffentlichen Rechte, die Pflicht zur Schadensbehebung, die Bußzahlung sowie auch die Bekanntmachung des Urteils. Die Strafmaßnahme kann sowohl als selbständige Sanktion als auch zusätzlich zu der Strafe verhängt werden. In der Begründung des poln. StGB hat der Gesetzgeber betont, dass „die Strafmaßnahmen das Mittel einer rationalen Strafpolitik darstellen und der Schadenswiedergutmachung, Gewinnherausgabe und Verbrechensprävention dienen und nicht die Strafrepression verstärken sollen."[299]

Der Strafenkatalog ist im Art. 32 enthalten und beinhaltet folgende Sanktionen:

- Geldstrafe,
- Freiheitsbeschränkungsstrafe,
- Zeitige Freiheitsstrafe,
- Freiheitsstrafe von 25-jähriger Dauer,
- Lebenslange Freiheitsstrafe.

Die im gegenwärtigen StGB enthaltene Aufzählung der Strafen von der leichtesten bis zur schwersten, was der umgekehrten Reihenfolge des ehemaligen StGB[300] entspricht, soll neue Tendenzen in der Strafpolitik ausdrücken, in der die Freiheitsstrafe als *ultima ratio* angewendet werden soll. Die Geldstrafe

---

297 Im Fall einer obligatorischen Maßnahme werden die medizinisch-therapeutischen Aspekte in den Schatten gestellt und der repressive Charakter der Sicherungsmaßnahme tritt in den Vordergrund, siehe *Postulski* 2010, S. 86.

298 Diese geplante Anwendungserweiterung ist u. a. mit der Tatsache verbunden, dass in den nächsten Jahren die Verurteilte, bei denen die Todesstrafe in 25 Jahre Freiheitsstrafe umgewandelt wurde, die Strafanstalten verlassen werden. Im Gesetzbuch von 1969 war als eine von den möglichen Strafen auch die Todesstrafe vorgesehen, im Jahr 1985 wurde jedoch ein Memorandum erlassen, das die Vollstreckung dieser Strafe unterbunden hat. Die verhängten und nicht vollstreckten Todesstrafen wurden in 25 Jahre Freiheitsstrafe geändert. Eine lebenslange Freiheitsstrafe war dem Gesetzbuch von 1969 nicht bekannt.

299 Vgl. die Begründung des Strafgesetzbuches von 1997, vgl. http://isap.sejm.gov.pl.

300 Poln. StGB vom Jahr 1969.

wird in Tagessätzen verhängt. Die Mindestanzahl der Tage beträgt 10, die Höchstzahl 540.[301] Bei der Bestimmung eines Tagessatzes berücksichtigt das Gericht die Einkünfte des Täters, seine persönlichen, familiären und Vermögensverhältnisse sowie seine Verdienstmöglichkeiten. Ein Tagessatz liegt zwischen 10 und 2.000 Zloty.[302]

Das Gericht kann die Geldstrafe auch zusätzlich zu einer Freiheitsstrafe verhängen, wenn der Täter die Tat mit dem Ziel begangen hat, einen Vermögensvorteil zu erreichen. Das Gericht kann die verhängte Geldstrafe zur Bewährung aussetzen, wenn dies ausreicht, um die Ziele der Strafe zu erreichen, insbesondere wenn zu erwarten ist, dass der Verurteilte künftig keine Straftaten begehen wird.

Die Freiheitsbeschränkungsstrafe wurde im Strafgesetzbuch von 1969 zum ersten Mal in die polnische Gesetzgebung eingeführt. Es handelte sich damals um das Ziel, neue Strafmaßnahmen zu finden, die eine Alternative zum kurzfristigen Freiheitsentzug darstellen sollten. In den vorgelegten Entwürfen wurde explizit an die bereits zweimal aus den russischen Gesetzbüchern in die polnische Gesetzgebung übertragene Besserungsarbeitsstrafe angeknüpft. Im gegenwärtig geltenden Strafgesetzbuch behielt man diese Sanktion in nur geringfügig veränderter Form bei. Obwohl sie eine interessante Alternative zur Freiheitsstrafe – vor allem zur kurzfristigen Freiheitsstrafe und zur Freiheitsstrafe mit bedingter Aussetzung – darstellt, wurde sie in den vergangenen 10 Jahren eher selten verhängt. In der letzten Reform, der sog. „Großen Strafrechtsreform"[303] wurden wesentliche Modifikationen eingeführt, die die Effektivität verbessern und vor allem den bewährungshilfeorientierten Charakter dieser Sanktion verstärken.[304]

Die Freiheitsbeschränkungsstrafe dauert mindestens einen Monat und höchstens 12 Monate.[305] Neben dem wesentlichen Element dieser Strafe – Ableistung einer unentgeltlichen, kontrollierten gemeinnützigen Arbeit von 20 bis 40 Stunden im Monat in einer entsprechenden Arbeitsstätte – werden dem Ver-

---

301 Bis zum Jahr 2010 waren es 360.

302 4 PLN ≈ 1 Euro.

303 Dafür wird wortwörtlich der Ausdruck „Große Novellierung" verwendet, so z. B. auch durch das Justizministerium, siehe dazu die Pressemitteilung der Informationsabteilung des Justizministeriums vom 7.06.2010.

304 Bis zur Reform vom 2009 musste das Gericht die wesentlichen Details der unentgeltlichen Arbeit im Rahmen dieser Strafe im Urteil bestimmen. Die Unterstellung unter die Aufsicht eins Bewährungshelfers konnte als zusätzliches Element festgelegt werden. Seit dem Jahr 2010 entscheidet der Bewährungshelfer über Art und Weise der Arbeit in allen Fällen und er koordiniert und beaufsichtigt diese Arbeit.

305 In einigen Fällen – wie bei der Verhängung einer Gesamtstrafe oder bei außerordentlichen Verschärfungsgründen kann die Freiheitsbeschränkungsstrafe für die Dauer von bis zu zwei Jahren verhängt werden.

urteilten weitere Einschränkungen auferlegt: Während der Vollstreckung dieser Strafe darf er seinen ständigen Aufenthaltsort nicht ohne gerichtliche Erlaubnis ändern und er hat die Pflicht, Auskunft über den Verlauf der Vollstreckung der Strafe zu erteilen.

Die zweite Variante dieser Strafe (im Hinblick auf die Arbeit) beruht auf dem Ersetzen der Arbeitsleistungen durch einen Einbehalt des Arbeitslohns in Höhe von 10-25% des Lohns zugunsten eines durch das Gericht festgelegten gemeinnützigen Zwecks. Insofern ist diese zweite Variante faktisch einer Geldsanktion ähnlich bzw. gleich. Bei der Verhängung dieser Strafe kann das Gericht dem Gefangenen auch zusätzliche Pflichten auferlegen. Zu diesen Pflichten gehören u. a. Wiedergutmachung des durch das Vergehen verursachten Schadens, die Versöhnung mit bzw. Entschuldigung bei dem Geschädigten, die Verpflichtung zu Alkohol- oder anderer Drogenabstinenz und die Verpflichtung zur Teilnahme an einer Therapie.[306]

Das Gericht übersendet dem zuständigen Bewährungshelfer die Urteilsabschrift. Dieser setzt sich mit den Organen der Gemeinde oder einer gemeinnützigen Organisation in Verbindung. Arbeitsort, Zeitrahmen, Art und Weise der Arbeit bestimmt der Bewährungshelfer nach Anhörung des Verurteilten. Ihm obliegt in Absprache mit der Institution, zu Gunsten derer die Arbeit ausgeübt wird, auch die Kontrolle des Ablaufs der Strafe.

Das poln. StGB unterscheidet zwischen zeitigen Freiheitsstrafen, die von einem Monat bis zu 15 Jahren dauern können, der 25-jährigen Freiheitsstrafe und der lebenslangen Freiheitsstrafe. Die letztere ist eine zeitlich unbestimmte Sanktion, die 1997 in das Strafgesetzbuch eingeführt wurde. Sowohl in der Dogmatik wie auch in der Rechtsprechung schenkt man dem unterschiedlichen Charakter dieser Langzeitstrafen große Beachtung. Vor allem die lebenslängliche Freiheitstrafe und die 25-jährige Freiheitsstrafe werfen in der polnischen und in der internationalen Diskussion bzw. Literatur viele Fragen auf, insbesondere wenn es um die Begründung, das Ziel, aber auch um die praktische Anwendung geht.[307]

---

306 Die aktuelle Reform vom 2015 (siehe *Kapitel 2.2.5*) führt neue Formen dieser Sanktion ein. Eine davon soll der Hausarrest („Residenzpflicht") mit elektronischer Überwachung sein. Weiterhin sehen die neuen Regelungen vor, die Freiheitsbeschränkungsstrafe bei Delikten, die mit einer Freiheitsstrafe bis zu 8 Jahren bedroht sind – ggf. auch in der Kombination mit einer kurzen unbedingten Freiheitsstrafe – anzuwenden. Das Gericht könnte also eine Freiheitsbeschränkungsstrafe von bis zu 2 Jahren verhängen, im Rahmen derer ein stationärer Teil i. S. einer unbedingten Freiheitsstrafe von bis zu 3 Monaten enthalten sein kann.

307 Ausführlich zur lebenslangen Freiheitsstrafe im polnischen Strafrechtssystem siehe *Wilk* 2010, S. 109 ff.; vgl. ferner *Niełaczna* 2013, S. 603 ff; Erwägungen über die resozialisierende bzw. erzieherische Funktion der lebenslangen Freiheitstrafe und der 25-jährigen Langzeitstrafe siehe *Stępniak* 2013, S. 768 ff. Zur lebenslangen Freiheitsstrafe in Deutschland und im internationalen Vergleich siehe *van Zyl Smit* 2002; *Morgenstern*

Selbstverständlich beziehen sich auch auf diese – ebenso wie auch auf die zeitige Freiheitsstrafe – sämtliche Erwägungen und Vorschriften, die die Strafziele betreffen, somit auch die spezialpräventive Ausrichtung. Dennoch haben die lebenslängliche und die 25-jährige Freiheitsstrafe aufgrund ihrer Dauer (unbestimmte Dauer im Fall der lebenslangen Freiheitsstrafe) einen fast eindeutigen Vergeltungs- und Ausschlusscharakter. Aus diesem Grunde sollten sie auch nur Anwendung finden, wenn eine zeitlich beschränkte Freiheitsstrafe nicht alle Strafziele erfüllen kann – vor allem wird es sich hier um die Ziele der Generalprävention handeln.[308] Das Strafgesetzbuch verbietet die Anwendung der lebenslangen Freiheitsstrafe gegenüber Personen, die ihr 18. Lebensjahr noch nicht vollendet haben, erwähnt an dieser Stelle jedoch nicht die 25-jährige Freiheitsstrafe. Es scheint jedoch angebracht, auch diese nicht gegenüber Personen dieser Kategorie anzuwenden, und wenn doch, dann zumindest mit größerer Sorgfalt und ausschließlich in Ausnahmesituationen. Diese Ansicht findet Bestätigung vor allem im Zusammenhang mit dem Inhalt der Richtlinie, bzgl. Art. 54 § 1. Diese legt fest, dass sich das Gericht bei der Bemessung der Strafe für einen nicht Volljährigen oder Jugendlichen, an erzieherischen Zielen orientiert. Die Vereinbarung dieser Direktive mit der Verurteilung zu einer 25-jährigen Freiheitsstrafe ist kaum möglich, auch wenn in so einem Fall mit Art. 10 § 3 eine besondere Milderungsvorschrift angewendet werden muss und die Strafe nur zwei Drittel des normalen Maßes beträgt.[309]

Weitere Unterschiede entstehen bei der Verschärfung oder Milderung der Strafe. Geht es um die Möglichkeit einer Verschärfung der Strafe und ist für das Verbrechen eine Freiheitsstrafe von bis zu 15 Jahren angedroht, so ist eine Verschärfung in Form der Verhängung einer 25-jährigen oder einer lebenslänglichen Freiheitsstrafe nicht möglich. In diesem Fall ginge es nämlich nicht um eine außerordentliche Verschärfung der Strafe, sondern um das Verhängen einer härteren Strafart, welche für das gegebene Verbrechen nicht vorgesehen ist.[310] Anders sieht die Sachlage im Falle der Bemessung der Gesamtstrafe aus. Überschreitet die Summe der zeitlich begrenzten verbundenen Strafen 25 Jahre und beträgt mindestens eine von ihnen nicht weniger als 10 Jahre kann das Gericht eine 25-jährige Freiheitsstrafe als Gesamtstrafe verhängen. (Art. 86 § 1a).[311] Im Falle einer außergewöhnlichen Strafmilderung, d. h. der Verhängung einer

---

2004, S. 53 ff; *Kett-Straub* 2011. Zu einer empirisch-vergleichenden Studie zur Thematik der Menschenrechte im Langstrafenvollzug siehe *Drenkhahn/Dudeck/Dünkel* 2014.

308   Vgl. *Buchała/Zoll* 1998, S. 308; *Szumski* 2005, S. 430; *Wilk* 2010, S. 115.

309   In der Doktrin überwiegt die Meinung, dass die Verhängung einer Freiheitsstrafe von 25 Jahren gegenüber Jugendlichen möglich ist. Siehe dazu u.a. *Wojciechowski* 1998.

310   Siehe *Buchała/Zoll* 1998, S. 329.

311   Dieser Artikel wurde mit der Novellierung von 2009 eingeführt. Bis dahin konnte in solchen Situationen die Gesamtstrafe 15 Jahre nicht überschreiten.

Strafe unterhalb der unteren Grenze der gesetzlichen Androhung, kann das Gericht in Bezug auf eine Tat, die unter Androhung einer mindestens 25-jährigen Freiheitsstrafe steht, keine niedrigere Strafe verhängen, als 8 Jahre Freiheitsentzug (Art. 60 § 6).

3.2.4 Bewährungssanktionen/-maßnahmen

Der polnische Gesetzgeber hat im 8. Kapitel des StGB drei Maßnahmen der strafrechtlichen Reaktion eingeführt, die eine Alternative zur vollständigen Verhängung der Strafe, bzw. zum vollständigen Vollzug der Freiheitsstrafe darstellen: die bedingte Einstellung des Verfahrens (*warunkowe umorzenie postępowania*), die bedingte Strafaussetzung (*warunkowe zawieszenie wykonania orzeczonej kary*) sowie die bedingte vorzeitige Aussetzung des Strafrests (*warunkowe przedterminowe zwolnienie z odbycia reszty kary*).

Auch wenn diese Maßnahmen von unterschiedlichem materiell- bzw. prozessrechtlichem Charakter sind und unterschiedliche Stadien des Strafprozesses betreffen, verbindet sie die Tatsache, den Täter während einer Probezeit unter den Bedingungen der sog. kontrollierten Freiheit stellen. Ihre Anwendung ist das Resultat der Rationalisierung des Strafprozesses. Im Leben können verschiedene Situationen auftreten, in denen der Täter zwar eine Straftat verübt hat, aber eine Strafe nicht unbedingt notwendig ist oder vollstreckt werden muss, um die Strafziele zu realisieren. Ein weiteres Element, das diese drei Institutionen verbindet, ist die positive Kriminalprognose, die eine Voraussetzung für ihre Anwendung darstellt. Diese Alternativen zur Verhängung bzw. Vollstreckung einer Strafe führen zur Senkung der ökonomischen als auch gesellschaftlichen Kosten und weisen eine höhere Erfolgsquote bei der Vermeidung des Rückfalls auf.[312] Inzwischen empfehlen auch zahlreiche internationale Standards die breite Anwendung der *Probation*, insbesondere wenn die Probezeit mit der Betreuung eines Bewährungshelfers verbunden ist.[313]

3.2.4.1 Die bedingte Einstellung des Verfahrens

Die bedingte Einstellung des Verfahrens stellt eine Erweiterung der Reaktionsmöglichkeiten im Hinblick auf strafbares Verhalten dar. Sie kommt zur Anwen-

---

312 Zur Überlegenheit der *Probation* gegenüber der unbedingten Freiheitsstrafe liegen zahlreiche Publikationen in der polnischen und in der internationalen Literatur vor, vgl. hinsichtlich der neuesten polnischen Literatur u. a. *Marek*, 2010b, S. 930 und die in Kapitel III („*Poddanie sprawcy próbie*"), insbesondere in der Einführung zitierte Literatur; vgl. auch *Skupiński* 2009, S. 37.

313 Vgl. insbesondere die Europäischen Bewährungshilfegrundsätze von 2010 (Probation Rules), siehe *Morgenstern* 2012, S. 221 ff.; in der polnischen Literatur vgl. z. B. *Nawój-Śleszyński* 2014, S. 7 ff.

dung in Situationen, in denen zwar eine strafbare Tat begangen wurde, der Grad der Schuld des Täters, sowie der Schadensgrad der Tat für die Gesellschaft jedoch nicht bedeutend sind und das Gericht zum Schluss kommt, dass ein gerichtliches Verfahren nicht notwendig ist, d. h. „trotz der Einstellung des Verfahrens wird der Täter die Rechtsordnung einhalten und vor allem keine Straftat begehen" (Art. 66 poln. StGB). Die bedingte Einstellung des Verfahrens stellt eine Alternative nicht nur zu einer strafrechtlichen Sanktion dar. Vielmehr liegt ihr Wesensmerkmal in der Alternative zu einem sanktionierenden Urteil.[314] Damit entspricht sie dem im europäischen Sprachgebrauch üblichen Konzept der gerichtlichen Diversion. Das Gericht bezieht sich bei der Entscheidung auf eine positive Kriminalprognose, die die Beurteilung des Zustandes des Täters beinhalten sollte, seine Charaktereigenschaften, seine persönlichen Lebensumstände, sowie eine Beurteilung seiner gegenwärtigen Lebensweise. Vor allem darf der Täter nicht wegen eines vorsätzlichen Verbrechens vorbestraft sein. Eine weitere Bedingung zur Anwendung der bedingten Einstellung des Verfahrens in Art 66 poln. StGB ist das Erfordernis eines eindeutig aufgeklärten Tathergangs. Dies bedeutet unter anderem, dass das Gericht zunächst alle Voraussetzungen der Strafverantwortlichkeit ermitteln muss und erst im weiteren Verlauf die Voraussetzungen prüft, deren kumulative Erfüllung einen Verzicht auf die Weiterführung des Verfahrens ermöglicht und zu einer bedingten Einstellung führen kann.[315]

Die Möglichkeit einer bedingten Einstellung des Verfahrens ist somit grundsätzlich für geringfügige Straftaten vorgesehen und ist auf solche beschränkt, bei denen die Höchstgrenze des gesetzlichen Strafrahmens eine Freiheitsstrafe von 3 Jahren nicht überschreitet. Eine gewisse Modifizierung dieser Grenzen ist im Zusammenhang mit der Einführung mehrerer Vorschriften in das poln. StGB entstanden, die Ausdruck der Idee der *restorative justice* sind. Sie betonen das Gewicht der Wiedergutmachung des Schadens und des Ausgleichs des Konflikts zwischen dem Täter und der Gesellschaft, der durch die Tatbegehung entstanden ist. Wenn eine Einigung zwischen dem Opfer und dem Täter erreicht und der Schaden, der durch die Tat entstanden ist, behoben wurde oder zumindest eine Maßnahme festgelegt wurde, um diesen Schaden zu beheben, kann das Verfahren auch in Bezug auf einen Täter eingestellt werden, der eine Straftat begangen hat, die mit einer Freiheitstrafe von bis zu 5 Jahren bedroht ist (Art. 66 § 3 poln. StGB).

Mit dem Beschluss einer bedingten Einstellung des Verfahrens entscheidet das Gericht auch über einen Bewährungszeitraum, dessen Dauer ein bis maximal zwei Jahre beträgt. Aus der Formulierung des Art. 67 § 2 und § 3 geht her-

---

314 Vgl. *Kunicka-Michalska* 2010, S. 938. Die bedingte Einstellung des Verfahrens wurde im polnischen Rechtssystem 1969 in das Strafgesetzbuch eingeführt.

315 Siehe *Buchała/Zoll* 1998, S. 480.

vor, dass die einzige obligatorisch auferlegte Verpflichtung in diesem Zeitraum ist, den Schaden wieder gut zu machen (sofern der Täter dies noch nicht getan hat). Die weiteren Einschränkungen und Verpflichtungen haben einen rein fakultativen Charakter und hängen davon ab, ob das Gericht sie für notwendig erachtet. Vor allem kann das Gericht den Täter im Bewährungszeitraum unter die Aufsicht eines Bewährungshelfers, einer vertrauenswürdigen Person oder einer Person, die einer Organisation angehört, die im Bereich „der Pflege, der Erziehung und des Verhinderns von Demoralisierung oder der Hilfe für Verurteilte" tätig ist, stellen.[316]

Die Aufsicht durch einen Bewährungshelfer kann schon im Einstellungsbeschluss, aber auch im Nachhinein festgelegt werden. Zusätzlich kann das Gericht dem Täter auch folgende Verpflichtungen auferlegen: das Gericht oder den Bewährungshelfer über den Verlauf der Bewährungszeit zu informieren, die Unterhaltspflicht zu erfüllen, und sich des Konsums alkoholischer Getränke oder der Einnahme anderer Rauschmittel zu enthalten. Ferner kann es eine Strafmaßnahme in Form einer Geldbuße sowie den Entzug der Fahrerlaubnis für einen Zeitraum von bis zu zwei Jahren anordnen.

Wenn die Bewährungszeit erfolgreich verlaufen ist, wird das Verfahren endgültig eingestellt. Das Verfahren wird obligatorisch wieder aufgenommen, sobald der Täter im Zeitraum der Bewährung vorsätzlich ein Verbrechen begangen hat, für das er rechtskräftig verurteilt worden ist. Hingegen obliegt es der Ermessensentscheidung des Gerichts, das Verfahren weiter zu betreiben, wenn der Täter im Zeitraum der Bewährung die Rechtsordnung schwer verletzt, die auferlegten Pflichten nicht erfüllt, oder sich der Aufsicht entzieht, vor allem aber, wenn er eine Straftat begeht, die jedoch noch nicht durch ein rechtskräftiges Urteil bestätigt wurde. Nach Ablauf von 6 Monaten nach der Beendigung der Bewährungszeit darf das Verfahren nicht wieder aufgenommen werden (Art. 68 poln. StGB).

Die bedingte Einstellung des Verfahrens obliegt allein der Entscheidungsgewalt des Gerichts. Der Staatsanwalt besitzt keine Kompetenzen, die ihm ermöglichen, das Verfahren einzustellen (wie unter dem vorhergehenden Strafgesetz und in Deutschland), er kann jedoch statt einer Anklageschrift einen Antrag auf Einstellung des Verfahrens einreichen.

Die Vorschriften des Strafgesetzbuchs machen die Möglichkeit einer bedingten Einstellung des Verfahrens nicht von der Zustimmung des Verurteilten abhängig. Sollte er jedoch einen Einspruch erheben, wird die Angelegenheit auf der Grundlage der Vorschriften der Strafprozessordnung zur Verhandlung geführt.

---

316 Art. 67 § 2 poln. StGB: Zu solchen Organisationen gehören Institutionen, Vereine Hilfsgruppen und Zentren der Entlassenenhilfe, der Jugendhilfe oder der allgemeinen Sozialhilfe.

3.2.4.2   Die bedingte Strafaussetzung

Die zweite Maßnahme, die im poln. StGB in Kapitel 8 festgelegt wird, ist das Institut der Strafaussetzung. Diese Maßnahme hat keinen einheitlichen Charakter und kann verschiedene Formen annehmen: als eine „bloße" Strafaussetzung, aber auch in der Verbindung/Kombination mit einer Geldstrafe, einer Strafmaßnahme oder mit Unterstellung unter Aufsicht eines Bewehrungshelfers. Der Versuch diese Sanktion in nur zwei Kategorien zu unterteilen, also in die Strafaussetzung „mit Bewährungsunterstellung" oder „ohne Bewährungsunterstellung" ist eine zu starke Vereinfachung.[317] Die Strafaussetzung in Polen entspricht dem kontinentaleuropäischen System des „sursis", indem eine zeitlich festgesetzte Freiheitsstrafe von bis zu zwei Jahren oder eine Geldstrafe verhängt wird, deren Vollstreckung in einem zweiten Rechtsakt zur Bewährung ausgesetzt wird. Demgemäß entscheidet das Gericht im polnischen Recht sowohl über die Schuld wie auch über die Strafe bzw. das Strafmaß und erst in der nächsten Phase folgt die Entscheidung über die Strafaussetzung und die Festlegung des Bewährungszeitraums. Insoweit findet man eine Entsprechung zur deutschen Strafaussetzung auf Bewährung. Die Unterstellung des Verurteilten unter die Aufsicht eines Bewährungshelfers oder einer anderen vertrauenswürdigen Person oder Organisation ist fakultativ.

Die Strafaussetzung ist möglich im Fall der Geldstrafe, einer Freiheitsbeschränkungsstrafe sowie einer Freiheitsstrafe. Im Fall der beiden ersten Sanktionen kann die Strafaussetzung auch dann erfolgen, wenn diese im Höchstmaß verhängt wurden, bei einer Freiheitsstrafe nur, wenn sie zwei Jahre nicht überschreitet.[318]

Wie erwähnt, hängt auch die bedingte Strafaussetzung von einer positiven Kriminalprognose ab. Der Bewährungszeitraum wird in Abhängigkeit von der Art der verhängten Strafe und dem Alter des Täters bestimmt:

- Bei einer Geldstrafe und einer Freiheitsbegrenzungsstrafe beträgt er ein bis zwei Jahre.
- Bei einer Freiheitsstrafe liegt er zwischen zwei und fünf Jahren.
- Ist der Verurteilte eine minderjährige Person oder bezieht sich die Strafe auf einen mehrfachen Wiederholungstäter, wird der Bewährungszeitraum verlängert und beträgt nun drei bis fünf Jahre.

In Art. 60 wurde ein besonderer Fall der Strafaussetzung festgehalten, die sog. Kronzeugenregelung: Wenn der Täter, der mit anderen Personen an der

---

317   Vgl. *Skupiński* 2009, S. 38, 57.

318   Wie oben erwähnt, sieht die Strafrechtsreform von 2015 (noch nicht in Kraft) vor, dass nur noch Freiheitstrafen bis zum einem Jahr zur Bewährung ausgesetzt werden können.

Straftat mitgewirkt hat „gegenüber dem Organ, das zur Verfolgung von Straftaten berufen ist, Informationen über die anderen am Verbrechen beteiligten Personen, sowie über wesentliche Details und Umstände der Tat preisgibt, kann das
Gericht die Strafe aussetzen". In diesem Fall kann das Gericht eine bis zu 5
Jahre lange Freiheitsstrafe für eine Probezeit von bis zu 10 Jahren aussetzen.

Eine bedingte Strafaussetzung wird nicht gegenüber mehrfachen Wieder-
holungstätern praktiziert, es sei denn das Gericht beschließt, dass ein „außerordentlich begründeter Fall" vorliegt. Ebenso wenig findet sie Anwendung gegenüber Tätern eines Vergehens des Hooliganismus,[319] sowie in Bezug auf Personen, die eine Straftat beim Führen eines Fahrzeugs unter Einfluss von Alkohol
oder anderen Rauschmitteln begehen, wenn sie wegen einer solchen Straftat
schon einmal rechtskräftig verurteilt worden sind oder diese trotz des Verbots
ein Fahrzeug zu führen, begangen haben. Sowohl die Konsequenzen des positiv,
wie auch die des negativ verlaufenden Bewährungszeitraums sind identisch mit
denen der bedingten Einstellung des Verfahrens.[320]

3.2.4.3   Die vorzeitige bedingte Entlassung

Die vorzeitige, bedingte Entlassung ist prinzipiell ein Institut des Vollzugs der
Freiheitsstrafe und deswegen sind die detaillierten Vorschriften diesbezüglich
im Vollstreckungsgesetzbuch geregelt. Das Strafgesetzbuch beinhaltet jedoch
die wichtigsten allgemeinen Vorschriften und die Voraussetzungen ihrer Gewährung. Die Darstellung der bedingten vorzeitigen Entlassung im polnischen
Recht erfolgt in *Kapitel 8.9.1*.

---

319 Art. 115 § 21 poln. StGB: Ein Delikt des Hooliganismus ist eine Straftat, welche einen
     vorsätzlichen Anschlag auf die Gesundheit, Freiheit, Ehre, körperliche Unversehrtheit,
     öffentliche Sicherheit, die Tätigkeit der staatlichen Institutionen oder auf die öffentliche
     Ordnung darstellt oder in vorsätzlichem Zerstören, Beschädigen oder „Untauglich-
     machen" von fremden Sachen besteht, wenn der Täter öffentlich und ohne bzw. mit
     einem lediglich belanglosem Grund handelt und dadurch die Verachtung der Rechts-
     ordnung zeigt.

320 Zur Sanktionspraxis bzgl. dieser Maßnahme und die Folgen des Widerrufs für die
     Population der Strafanstalten in Polen siehe *Kapitel 3.3*; vgl. auch *Skupiński* 2009,
     S. 38 ff. Die neue Reform vom 2015 sieht hier eine weitgehende Novellierung der
     Vorschriften. Im Fall eines Wiederrufs der bedingten Freiheitsstrafe erhält das Gericht
     zukünftig mehr Entscheidungsspielraum. Das Gericht kann nämlich anstelle der Anord-
     nung des Vollzugs der Freiheitsstrafe eine Geld- oder eine Freiheitsbeschränkungsstrafe
     verhängen (d. h. der jetzt übliche quasi-automatische Widerruf bei erneuten Straftaten
     wird vermieden).

3.3 Sanktionspraxis – Überblick

Die tatsächliche Situation in den Strafanstalten hängt in bedeutendem Maße von der Kriminalpolitik und insbesondere von der Sanktionspraxis des jeweiligen Landes ab.[321] Das Gefängniswesen hat kaum einen Einfluss auf die Gefangenenzahl und wenn überhaupt, dann nur indirekt (z. B. durch die Antragstellung des Anstaltsleiters im Hinblick auf die bedingte vorzeitige Entlassung der Gefangenen).

Eine umfassende Analyse der polnischen Straf- und Kriminalpolitik ist an dieser Stelle nicht möglich, ebenso wenig deren eindeutige Beurteilung.[322] Es sollen hier jedoch einige ausgewählte Aspekte dargestellt werden, um den darauf nachfolgenden Ausführungen zum Strafvollzug in Polen einen breiteren Hintergrund zu verschaffen.

Wie schon in *Kapitel 2* als auch in diesem Kapitel oben ausführlicher dargestellt wurde, lässt sich die kommunistische Epoche durch eine harte Sanktionspraxis charakterisieren, die vor allem auch der Bekämpfung der politischen Gegner diente. Das neue Strafrecht (1997) brachte eine Milderung der Strafandrohungen für einige Gewaltdelikte sowie die Entschärfung der Strafzumessung für Rückfalltäter mit sich. Man kann annehmen, dass dies auch einen bedeutenden Einfluss auf die Sanktionenpraxis nach sich ziehen wird. Bestimmte positive Tendenzen lassen sich trotz populistischer Parolen von Seiten einiger Politiker und der Medien feststellen. Die Verurteilungszahlen und auch die Gefangenenraten spiegeln eine positive Entwicklung jedoch leider nicht wider. Obwohl Polen zu den Ländern mit einer eher gemäßigten Kriminalitätsbelastung zu zählen ist und das Sicherheitsgefühl der Einwohner seit Jahren kontinuierlich steigt,[323] gehört es den Gefangenenraten nach zu den repressivsten Ländern Europas[324] (vgl. *Abbildung 3.2*).

---

321 *Stańdo-Kawecka/Krajewski* 2010, S. 724 ff.; *Moczydłowski* 2011, S. 469. Im internationalen Vergleich siehe vor allem *Dünkel* 2009a, S. 149 ff.; *Dünkel u. a.* 2010; *Dünkel* 2011a, S. 211 ff. und die dort zitierte Literatur. Siehe auch *Zimring/Hawkins* 1991, S. 205 ff.

322 *Warylewski* 2007, S. 1.

323 75% sind der Meinung, dass Polen ein sicheres Land ist und 88% der Antwortenden hält seine Wohnumgebung für sicher. Siehe Ministerstwo Spraw Wewnętrznych (Innenministerium), Raport o stanie bezpieczeństwa w Polsce w 2011 roku/Bericht über Sicherheit in Polen 2011, S. 15. http://www.msw.gov.pl/portal/pl/2/10205.

324 *Warylewski* 2007, S. 5 ff. Die Gefangenenraten sind nur ein Indikator, der die Strafpolitik charakterisiert. Ein weiterer Indikator sind die Inhaftierungsraten. Für Polen im internationalen Vergleich sah er aber auch nicht besonders günstig aus und betrug im Jahr 2011/2012 236 pro 100.000 der Wohnbevölkerung, vgl. auch *Krajewski* 2010, S. 34 ff. Mehr dazu siehe *Kapitel 4*.

Abbildung 3.2: **Gegenüberstellung der registrierten Kriminalität**
und Gefangenenraten im europäischen Vergleich

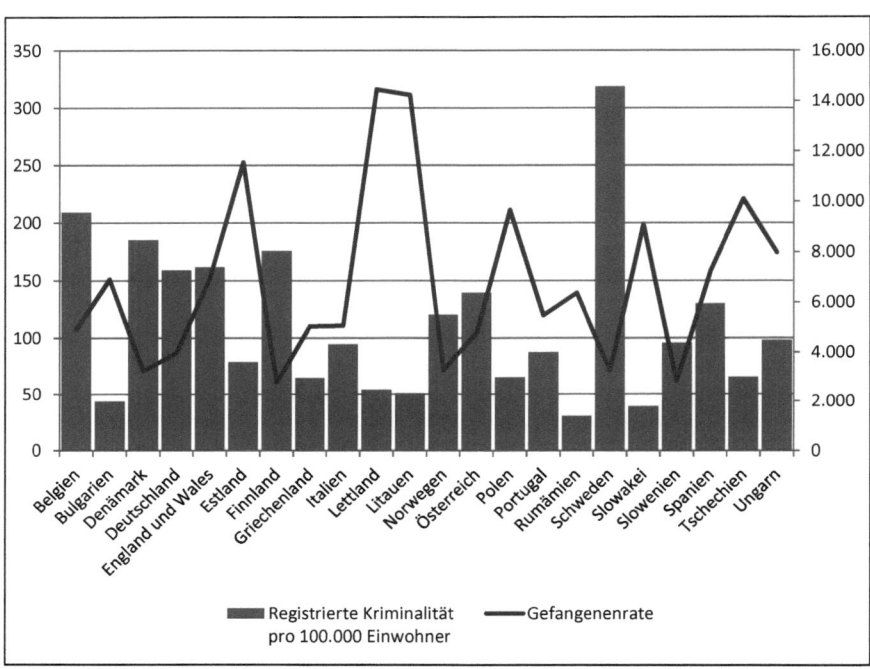

Quelle: *Warylewski* 2007, S. 6, aktualisiert und mit eigenen Berechnungen.

Wie oben bereits erwähnt, wurde das polnische Strafrecht im Jahre 1997/98 umfassend reformiert, die neuen Strafgesetze wurden 1997 verabschiedet und traten 1998 in Kraft. Damit sollte eine Anpassung an das neue politische System erfolgen. In der Strafzumessungspraxis kam es zu einigen eher geringen Änderungen.

Abbildung 3.3: **Durch die Gerichte für Offizialdelikte,**[325] **rechtskräftig verurteilte Erwachsene nach Art der Strafe**

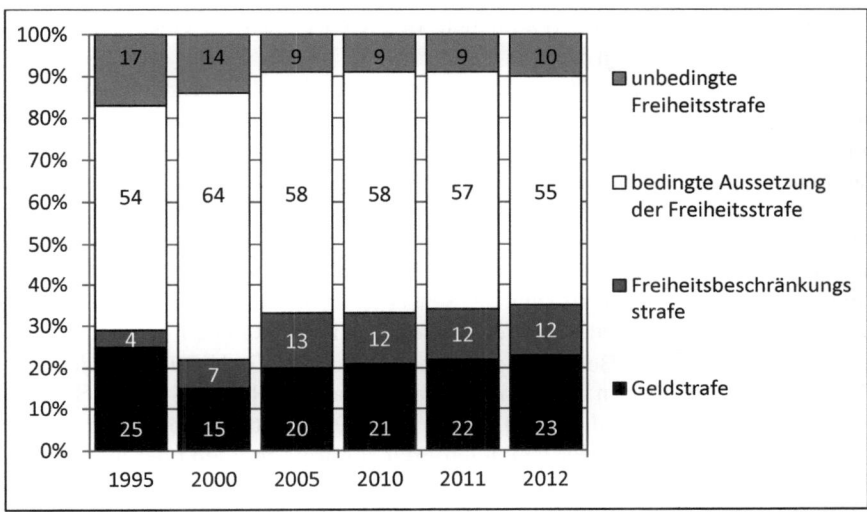

Quelle: Statistisches Jahrbuch 1996, 2006, 2012 und 2014.

Bezeichnend ist die Zurückdrängung der unbedingt verhängten Freiheitsstrafe, die im kommunistischen Strafsystem zwischen 1956 und 1988 etwa 40% aller verhängten Strafen ausmachte.[326] Einen weiteren, wenn auch leichteren Rückgang des prozentualen Anteils dieser Strafe, ist auch nach 1995 bemerkbar, von 17% im Jahr 1995 über 14% im Jahr 2000 bis auf 9% im Jahr 2005. Dieser Anteil bleibt in den letzten 6 Jahren eher konstant.

Der Geldstrafenanteil als Hauptsanktion an allen verhängten Strafsanktionen unterlag zwischen 1995 und 2005 einer Schwankung von ca. 10%. Der Rückgang der Geldstrafe im Jahr 2000 (15%) im Vergleich zu den Vorjahren (25%) liegt zum Teil an der erwähnten Strafrechtsreform. Die Geldstrafe wurde im Gesetzbuch von 1997 zum ersten Mal in Tagessätzen angesetzt. Diese Umstellung schien zu Beginn eher kompliziert zu sein und verursachte Skepsis bei den Richtern. Die Richter benötigten eine gewisse Zeit, um diese Sanktion richtig zu bemessen und zu verhängen. Ein weiterer Grund war vermutlich der Anstieg der Arbeitslosigkeit und damit ein Anstieg derjenigen, die eine eventuelle Geldstrafe

---

325 Die Delikte, die öffentlich verfolgt, also nicht diejenigen, die ausschließlich aufgrund einer Privatklage verfolgt werden.

326 Vgl. *Stańdo-Kawecka/Krajewski* 2010, S. 724.

nicht bezahlen konnten.[327] Ab dem Jahr 2000 steigt der Anteil der Geldstrafen langsam aber kontinuierlich, um im Jahr 2012 23% der verhängten Strafsanktionen zu erreichen. Immer noch stellt sie aber, insbesondere wenn man die polnische Sanktionspraxis im internationalen Vergleich betrachtet, einen eher geringen Anteil der verhängten Strafen.[328]

In den letzten Jahren[329] ist ein Anstieg der Freiheitsbeschränkungsstrafe zu vermerken, von 4% im Jahr 1995 auf 12-13% in den letzten sieben Jahren. Diese Strafe wurde im Strafgesetzbuch von 1997 reformiert, jedoch blieb sie im Wesentlichen gleich (siehe *oben*).[330]

Einen überwiegenden Anteil der verhängten Strafen nimmt die bedingte Freiheitsstrafe ein. In den letzten 20 Jahren lag diese Sanktion zwischen 50% und 60% aller verhängten Strafen (2012: 55%) und scheint typisch für die postkommunistischen Länder zu sein.[331] Seit etlichen Jahren gehört Polen zu den Ländern mit der höchsten Rate von Personen, die im Rahmen bedingter Freiheitsstrafen o. ä. unter Bewährungsaufsicht stehen.[332] Ende 2013 handelte es sich nach den Angaben in der vom Europarat herausgegebenen Statistik SPACE II um 208.139 Personen, d. h. 5.401,5 pro 100.000 der Wohnbevölkerung.[333]

Wenn diese Sanktion der bedingten Freiheitsstrafe in allen oder mindestens in den meisten Fällen mit der Unterstellung unter Bewährungsaufsicht verbunden wäre, würde sie vermutlich eine gute Alternative für die unbedingte Freiheitsstrafe darstellen. In der Praxis wird jedoch nur einem Drittel aller Verurteilten ein Bewährungshelfer zur Seite gestellt.[334] Die Strafe der verbleibenden

---

327 Vgl. *Stańdo-Kawecka/Krajewski* 2010, S. 725.

328 In der deutschen Strafzumessungspraxis nimmt die Geldstrafe mit 2012 82% der im Erwachsenenstrafrecht verhängten Sanktionen eine zentrale Rolle ein, vgl. *Heinz* 2014, S. 70 ff.; in Finnland ist die Sanktionspraxis mit mehr als 80% Geldstrafen ähnlich, vgl. *Lappi-Seppälä* 2010, S. 330 f.

329 Ende der 1970er Jahre wurde diese Sanktion viel öfter verhängt, im Jahr 1979 erreichte sie fast 20% aller Sanktionen, vgl. *Stańdo-Kawecka/Krajewski* 2010, S. 725.

330 Siehe oben *Kapitel 3.2.3* zu den Änderungen bzgl. dieser Sanktion in der Reform von 2015.

331 Vgl. *Stańdo-Kawecka/Krajewski* 2010, S. 724.

332 Vgl. *Mycka/Kozłowski* 2013, S. 5.

333 Berechnet nach *Aebi/Chopin* 2014, S. 17 f. (Table 1.1). In Deutschland standen Ende 2013 156.358 Personen unter Bewährungsaufsicht (die Führungsaufsichtszahlen sind darin allerdings wohl nicht enthalten), d. h. 1.941,8 pro 100.000 der Wohnbevölkerung und damit weniger als die Hälfte im Vergleich zu Polen. Diese Zahlen sind allerdings nur eingeschränkt vergleichbar, da die einzelnen nationalen Rechtssysteme die Strafaussetzung und Bewährungshilfe unterschiedlich regeln und eine valide statistische Erfassung teilweise fraglich ist, vgl. *Morgenstern* 2012, S. 213.

334 Vgl. Statistisches Jahrbuch 2012, S. 174; siehe auch *Krajewski* 2010, S. 40.

zwei Drittel verläuft oft ohne jegliche Kontrolle und Hilfe und resultiert nicht selten in einen Widerruf und die Anordnung der Vollstreckung der Freiheitsstrafe. Die häufigen Wiederrufe bedingter Freiheitsstrafen werden als einer der Hauptgründe für die Überbelegung in polnischen Gefängnissen angesehen. Der Anteil der widerrufenen bedingten Freiheitsstrafen ist in den letzten 10 Jahren um ca. 10% gestiegen und betrug im Jahr 2011 ca. 21%.[335]

Aus diesem Grund nimmt diese Problematik einen wesentlichen Platz in den aktuellen Reformüberlegungen des Sanktionensystems ein.[336]

Demzufolge ist es eher schwer festzustellen, dass die Freiheitsstrafe in der polnischen Sanktionspraxis anders als in der deutschen oder skandinavischen Praxis *ultima ratio* ist[337] (vgl. *Abbildung 3.3*).

Betrachtet man die Verurteilungspraxis in absoluten Zahlen, so war die Zahl der Verurteilten im Jahr 2012 mehr als doppelt so hoch wie im Jahr 1995. Der große Anstieg zwischen den Jahren 2000 und 2005 ist (neben dem tatsächlichen leichten Anstieg der Kriminalität und der Aufklärungsraten)[338] Folge der im Jahr 2003 eingeführten Verschärfung im Bereich der Verkehrsdelikte, insbesondere wegen der Einordnung von Trunkenheitsfahrten in die Kategorie „Straftat" aus der vormaligen Kategorie „Übertretung". Somit stieg auch deren strafrechtliche Sanktionierung. Im Jahr 2011 wurden u. a. ca 50.000 Fahrradfahrer wegen Trunkenheitsfahrten verurteilt.[339] Am Ende des Jahres befanden sich mehr als 12.000 verurteilte Fahrradfahrer in den polnischen Strafanstalten, die wegen Trunkenheitsfahren eine Freiheitsstrafe verbüßten.[340] Diese kuriose

---

335 Vgl. *Nawój-Śleszyński* 2014, S. 18.

336 Ustawa z dnia 15 stycznia 2015 r. o zmianie ustawy – Kodeks karny oraz niektórych innych ustaw/Gesetz vom 15. Januar 2015 zur Änderung des Strafgesetzbuches und einiger anderer Gesetze. Wie erwähnt, wurde der Text von *Sejm* verabschiedet und dem Senat vorgelegt (Stand 1. Februar 2015).

337 Vgl. *Heinz* 2012, S. 56. In der deutschen Strafzumessungspraxis nimmt die unbedingte Freiheitsstrafe nur ca. 8%. Wenn man jedoch die Einstellungen gemäß der StPO und des JGG berücksichtigt, macht sie lediglich noch 3,3% aus; vgl. *Heinz* 2012, S. 55; vgl. auch *Dünkel* 2011a, S. 218.

338 Siehe Ministerstwo Spraw Wewnętrznych, Raport o stanie bezpieczeństwa w Polsce w 2011 roku/Innenministerium, Bericht über Sicherheit in Polen 2011, S. 7. http://www. msw.gov.pl/portal/pl/2/10205 (Letzter Abruf am 20.04.2013).

339 Informator statystyczny wymiaru sprawiedliwości. Prawomocnie skazani dorośli wg rodzajów przestępstw i wymiaru kary - czyn główny . http://isws.ms.gov.pl/pl/-baza-statystyczna/opracowania-wieloletnie.

340 Hier spielten die widerrufenen bedingten Freiheitsstrafen eine große Rolle. Selten haben die Gerichte als erste Sanktion die unbedingte Freiheitsstrafe verhängt, eher eine bedingte in Verbindung mit der Geldstrafe. Nach den noch geltenden polnischen Vorschriften zum Widerruf bedingter Freiheitsstrafen wird der Widerruf obligatorisch

Situation wurde behoben durch eine Gesetzänderung im Jahr 2013, nach der jegliche Trunkenheitsfahrt mit nichtmotorisierten Fortbewegungsmitteln (Fahrrad) nur noch als Ordnungswidrigkeit gilt.[341]

In den kommenden Jahren wird sich in der Verurteilten- und Sanktionsstatistik sicherlich auch eine andere bedeutende Änderung niederschlagen. Die Änderung des Ordnungswidrigkeitengesetzbuchs[342] von 2013 koppelte den Wert des Schadens, der für die Qualifizierung eines Eigentums- oder Vermögensdelikts als Straftat oder als Ordnungswidrigkeit an den Mindestlohn und setzte den Grenzwert bei 25% des Mindestlohns an. Im Jahr 2015 beträgt der Grenzwert von 25% des Mindestlohns 437,50 PLN (ca. 106 Euro). Vor der Änderung im Jahr 2013 betrug der Grenzwert, ab dem eine Straftat vorlag, 250 PLN (d. h. ca. 60 Euro). Damit stellt ein Großteil der Eigentums- und Vermögensdelinquenz, insbesondere des Ladendiebstahls, seit 2013 keine Straftat mehr dar.

Die Verhängung der unbedingten Freiheitsstrafe ist absolut seit 1995 um ca. ein Viertel gestiegen, gleichzeitig hat sich die Zahl der Verurteilten, bei denen die verhängte Freiheitsstrafe zur Bewährung ausgesetzt wurde, mehr als verdoppelt (vgl. *Tabelle 3.2*).

---

angeordnet, wenn in der Probezeit einer bedingten Freiheitsstrafe eine weitere vorsätzliche Straftat begangen wird, vgl. Art. 75 poln. StGB.

341 Im polnischen Straßenverkehrsrecht unterscheidet man zwischen zwei Zuständen einer Person, die Alkohol konsumiert hat, die strafrechtlich relevant sind: „unter Einfluss von Alkohol", d. h. mit 0,2 bis unter 0,5 Promille Alkohol im Blut und „in betrunkenem Zustand" ab 0,5 Promille. Weiterhin unterscheidet man zwischen einem Fahrzeug mit oder ohne Motor. Nach den neuen Vorschriften des Strafgesetzbuchs wird als Straftat „nur" die Fahrt in betrunkenem Zustand (also ab 0,5 Promille) eines Fahrzeugs mit Motor eingestuft. Fahrten mit nichtmotorisierten Fahrzeugen wie z. B. Fahrrad werden als Ordnungswidrigkeiten eingestuft. Die Folgen können aber auch für Fahrradfahrer den Entzug der Freiheit in Form einer Arreststrafe von bis zu 30 Tagen bedeuten.

342 Ustawa z dnia 20 maja 1971 r. Kodeks wykroczeń/Gesetz vom 20. Mai 1971 Ordnungswidrigkeitengesetzbuchs. Dz.U. 1971 Nr 12 poz. 114, siehe Art 119 ff.

Tabelle 3.2:   **Durch die Gerichte für Offizialdelikte, rechtskräftig verurteilte Erwachsene nach Art der Strafe**

In abs. Zahlen	1995	2000	2005	2010	2011	2012
Strafen (mit Strafmaßnahmen) insgesamt	195.455	222.815	504.281	432.891	423.464	408.107
Geldstrafe als selbständige Sanktion	49.997	33.699	100.968	92.329	93.571	91.296
Geldstrafe neben Freiheitstrafe*	-	-	-	*124.593*	*116.475*	*116.475*
Freiheitsbeschränkungsstrafe	7.306	14.796	67.254	49.692	49.611	50.730
Freiheitsstrafe	138.092	174.184	334.378	290.669	280.023	265.876
davon unbedingte, zeitige Freiheitsstrafe	32.296 (23,4%)	30.687 (17,6%)	42.969 (12,8%)	39.582 (13,6%)	40.947 (14,6%)	41.691 (15,7%)
davon mit Aussetzung	105.796	143.497	291.409	251.087	239.076	224.185
25 Jahre Freiheitsstrafe	28	49	133	97	102	100
Lebenslange** Freiheitsstrafe	---	12	34	27	26	24
Andere, z. B. Strafmaßnahmen	32	75	1.514	77	131	81

*   Diese Sanktionierung ist nicht in der ersten Zeile enthalten, weil sie nicht als alleinige Sanktion verhängt wird und in den polnischen Statistiken getrennt aufgelistet wird.

**   Im Strafgesetzbuch von 1969 nicht vorgesehen.

Quelle: Statistisches Jahrbuch 1996, 2006, 2012 und 2014.

Betrachtet man nur die Freiheitsstrafe und ihre Dauer, dann ist festzustellen, dass in Polen überwiegend kurze Strafen bis zu einem Jahr verhängt werden. In den letzten 10 Jahren hat die Zahl der zu einer Freiheitsstrafe bis zu drei Monaten Verurteilten um den Faktor sechs zugenommen, anteilmäßig ist er über 20-mal größer geworden und diese Zahl ist kontinuierlich gestiegen. Hierbei haben die oben erwähnte Strafrechtsverschärfung von 2003 mit der Neukriminalisierung von Trunkenheitsdelikten im Straßenverkehr (siehe oben) als auch Änderungen des Gesetzes zur Bekämpfung der Drogenkriminalität[343] eine entscheidende Rolle spielten.

In einem beachtlichen Ausmaß wird die Geldstrafe neben der Freiheitsstrafe verhängt (2012 in 116.475 Fällen, vgl. *Tabelle 3.2*). In den meisten Fällen betrifft es bedingte Freiheitsstrafen. Bei der Verhängung dieser Sanktion wird zusätzlich in ca. 40% der Fälle eine Geldstrafe verhängt.

Im Vergleich zu 1995 hat sich auch die absolute Zahl der zu einer Freiheitsstrafe von drei Monaten bis zum einem Jahr Verurteilten verdoppelt, prozentual ist hier allerdings nur ein Anstieg um 3-4% an den insgesamt verhängten Freiheitsstrafen zu vermerken. In den letzten Jahren sinken aber die absoluten Zahlen wieder.

Insgesamt lagen 2012 82% der verhängten Freiheitsstrafen im Bereich von bis zu einem Jahr, d. h. die kurze Freiheitsstrafe spielt eine sehr bedeutende Rolle.

Der Anteil der Freiheitsstrafen von einem Jahr bis zu 3 Jahren, von 3 Jahren bis zu 5 Jahren und von 5 Jahren bis zu 10 Jahren ist rückläufig. Besonders bemerkenswert ist der rückläufige Anteil von Freiheitsstrafen von mehr als einem bis zu 3 Jahren von 28% auf 17%. Längere Freiheitsstrafen als 3 Jahre machen insgesamt gesehen nur ca. 1% aller verhängten Freiheitsstrafen aus. Der Anteil der Strafen von 10 bis 15 Jahren ist konstant geblieben (0,1%), obwohl die absoluten Zahlen gewissen Schwankungen unterlagen (vgl. *Tabelle 3.3*).

---

343 Das Änderungsgesetz aus dem Jahr 2000 führte die Bestrafung für den Besitz einer beliebigen Menge an verbotenen psychoaktiven Substanzen mit bis zu 3 Jahren Freiheitsstrafe ein, während zuvor der Besitz von Drogen in geringen Mengen nicht strafbar war.

Tabelle 3.3: Durch die Gerichte für Offizialdelikte, rechtskräftig verurteilte Erwachsene nach der Länge der zugemessenen Strafe

	1995		2000		2005		2010		2011		2012	
	Abs.	%	Abs.	%	Abs.	%	Abs.	%	Abs.	%	Abs.	%
Zeitige Freiheitsstrafe insgesamt*	138.092	100	174.184	100	334.378	100	290.669	100	280.023	100	265.876	100
Bis zu 3 Monaten	---**	---	4.025	0,4	20.108	6,0	24.420	8,4	25.186	9,0	24.644	9,2
Über 3 Monate bis 1 Jahr	96.144	69,6	115.166	68,0	237.276	71,0	212.372	73,1	204.176	72,9	193.652	72,8
Über 1 Jahr bis zu 3 Jahren einschl.	38.606	28,0	52.169	29,9	73.560	22,0	51.183	17,6	47.993	17,1	44.947	16,9
Über 3 Jahre bis zu 5 Jahren einschl.	2.529	1,8	1.988	1,2	2.452	0,7	1.861	0,6	1.881	0,7	1.906	0,7
Über 5 Jahre bis zu 10 Jahren einschl.	632	0,5	641	0,4	725	0,2	612	0,2	617	0,2	540	0,2
Über 10 Jahre bis 15 Jahren einschl.	181	0,1	195	0,1	257	0,1	221	0,1	170	0,1	187	0,1

*   Die zeitige Freiheitsstrafe beträgt in Polen von einem Monat bis zu einschließlich 15 Jahren. Die Freiheitsstrafe von 25 Jahren und die lebenslange Freiheitsstrafe werden im Sanktionenkatalog (Art. 32 poln. StGB) als eigenständige Sanktionen aufgelistet.

**   Die Freiheitsstrafe von unter 3 Monaten und die lebenslange Freiheitsstrafe wurden durch die Strafrechtsreform von 1997 ins Strafgesetzbuch eingeführt.

Quelle: Statistisches Jahrbuch 1996, 2006, 2012 und 2014.

Weiterhin interessant zu betrachten ist die die Entwicklung der Verurteilungen als Rückfalltäter i. S. d. Art. 64 poln. StGB. Das Konzept des poln. StGB enthält spezifische Strafschärfungen für sog. Rückfalltäter, die innerhalb von 5 Jahren erneut wegen vorsätzlicher Straftaten verurteilt werden. Nach Art. 64 § 1 poln. StGB kann das Gericht das Höchstmaß von Strafen um die Hälfte anheben, wenn der Verurteilte zuvor wegen einer ähnlichen vorsätzlichen Straftat mindestens 6 Monate verbüßt hatte. Gem. Art. 64 § 2 wird in jedem Fall eine Freiheitsstrafe verhängt die im Höchstmaß um die Hälfte angehoben wird und die auch im Mindestmaß erhöht sein muss. Voraussetzung dieser besonderen Strafschärfung ist, dass wenn der Verurteilte zuvor mindestens ein Jahr Freiheitsstrafe verbüßt hat und die neue Straftat ein Gewalt- oder Sexualdelikt darstellt.

Die Entwicklung der Verurteilungen als Rückfalltäter ist nachfolgend in *Tabelle 3.4* dargestellt. Im Gegensatz zum Rückgang der Verurteilungen insgesamt, der ab 2005 zu beobachten ist, hat der Anteil von sog. Rückfalltätern seit 2004 zugenommen. Bei den zu einer unbedingten Freiheitsstrafe Verurteilten handelt es sich in über 30% um Rückfalltäter (2012: 32,2%). Dieser Anteil ist in den letzten 10 Jahren um ca. 10% gestiegen (vgl. *Tabelle 3.4*).[344]

Tabelle 3.4: **Durch die Gerichte für Offizialdelikte, rechtskräftig verurteilte Erwachsene als Rückfalltäter i. S. v. Art. 64 poln. StGB Verurteilte**

	Bedingte Freiheitstrafe			Unbedingte Freiheitsstrafe		
	Insgesamt	Davon Rückfalltäter		Insgesamt	Davon Rückfalltäter	
		Abs.	%		Abs.	%
2004	278.338	3.574	1,3	48.993	10.969	22,3
2005	291.409	3.716	1,3	42.969	9.998	23,3
2006	272.653	3.154	1,2	42.421	9.474	22,3
2007	257.141	2.696	1,0	37.685	8.016	21,3
2008	250.774	---	---	38.495	---	---
2009	243.974	4.111	1,7	37.913	10.186	26,9
2010	251.087	5.109	2,0	39.582	11.797	29,8

---

344 Vgl. auch *Mycka/Kozłowski* 2013, S. 10 ff.; die Autoren weisen im Übrigen darauf hin, dass jeseits der Frage der Rückfalltäterschaft i. S. v. Art. 64 poln. StGB der Anteil Vorbestrafter, insbesondere bei den zu einer bedingten Freiheitsstrafe Verurteilten, sehr hoch ist, was in *Tabelle 3.4* nicht zum Ausdruck gelangt.

	Bedingte Freiheitstrafe			Unbedingte Freiheitsstrafe		
	Insgesamt	Davon Rückfalltäter		Insgesamt	Davon Rückfalltäter	
		Abs.	%		Abs.	%
2011	239.076	5.245	2,2	40.947	12.824	31,3
2012	224.185	5.324	2,4	41.691	13.445	32,2

Quelle: Informator statystyczny wymiaru sprawiedliwości. http://isws.ms.gov.pl/pl/-baza-statystyczna/opracowania-wieloletnie.

Wie oben angedeutet, entscheidet die Sanktionspraxis (neben der Entlassungspraxis) insbesondere bezüglich der bedingten und unbedingten Freiheitsstrafe über den Umfang der Gefängnispopulation. Es scheint, dass in der polnischen Sanktionspraxis ein beachtliches Problem bei den eher kurzen und mittleren Freiheitsstrafen besteht wie auch bei der oben erwähnten Praxis des Widerrufs der bedingten Freiheitsstrafe und im Hinblick auf die eher geringe Anwendung der Geldstrafe und der Freiheitsbeschränkungsstrafe. Hier könnte deren vermehrte Anwendung zu einer Reduzierung der Gefängnispopulation beitragen. Es ist zu hoffen, dass die die Reform von 2015 im Übrigen auch das Problem des Widerrufs von bedingten Strafen mindert, indem der Automatismus bei erneuter Straftatbegehung beseitigt wird.

3.4 Das Strafvollstreckungsgesetzbuch als Rechtsgrundlage für den Vollzug der Freiheitsstrafe

Den grundlegenden Rechtsakt für die heutigen Fragen der Strafvollstreckung stellt das Strafvollstreckungsgesetzbuch von 1997[345] dar. Dieses – wie alle drei Strafgesetzbücher – berücksichtigt die „neue" politische, ökonomische und gesellschaftliche Situation Polens. Zu den wichtigsten neuen Annahmen, die den gesamten Strafvollzug geändert haben, gehören die Wahrung der Menschenrechte und die daraus resultierenden Prinzipien der gerechten und menschlichen Behandlung der Häftlinge. Diese Werte bilden eine Basis für die gesamte Auslegung und Interpretation der Vorschriften der Strafvollstreckung bzw. des Strafvollzugs.[346]

Nach Artikel 1 regelt das Strafvollstreckungsgesetzbuch die Vollstreckung und den Vollzug der Strafen, Strafmaßnahmen und Sicherheitsmaßnahmen, die

---

345   Ustawa Kodeks karny wykonawczy z dnia 6 czerwca 1997 r/Strafvollstreckungsgesetzbuch vom 6. Juni 1997, Dz. U. z 1997 r. nr 90, poz. 557.

346   Vgl. *Holda/Postulski* 2005, S. 23.

im Strafprozess und Finanzstrafprozess verhängt wurden, und die Vollstreckung der Sanktionen in Übertretungssachen.

Es setzt sich aus vier Teilen zusammen:

1. Allgemeiner Teil

Dieser beinhaltet die Vorschriften bezüglich
*   des Anwendungsbereichs,
*   der Vollstreckungsbehörde,
*   der Rechte des Verurteilten und seiner Beschwerdemöglichkeiten,
*   des Vollstreckungsverfahrens,
*   der Teilnahme der Gesellschaft an der Vollstreckung der Sanktionen und an der Hilfe bei der sozialen Reintegration der Gefangenensowie
*   der Vollzugsaufsicht.

2. Besonderer Teil

Dieser spezielle Teil ist der ausführlichste. Er regelt in getrennten Abschnitten die Vollstreckung der Strafen, die Fragen der Überwachung, die Aussetzung des Strafrests zur Bewährung, die Aussetzung des Verfahrens, die Sicherungsmaßnahmen, die Strafmaßnahmen und die Vollstreckung der Untersuchungshaft.

3. Der das Militär betreffende Teil

4. Schlussteil, der zwei Abschnitte beinhaltet: Erklärungen der Gesetzesbegriffe sowie Übergangsbestimmungen und Schlussvorschriften.

Das Strafvollstreckungsgesetzbuch definiert nicht den Begriff der Vollstreckungsbehörde, in Art. 2 jedoch findet sich der Katalog der Vollstreckungsorgane. Diese lassen sich am einfachsten unterteilen in die gerichtlichen und die außergerichtlichen Organe.

Zu den Organen des Strafvollstreckungsprozesses gehören:

*   das Gericht der ersten Instanz,
*   das Strafvollzugsgericht,
*   der Vorsitzende des Gerichtes oder ein bevollmächtigter Richter,
*   der Strafvollzugsrichter,
*   der Leiter der Strafanstalt bzw. der Untersuchungshaftanstalt als auch der Direktor der Regional- und Zentralverwaltung des Strafvollzugsdiensts, eine andere Person, die eine andere, in den Vorschriften des

Vollstreckungsrechtes vorgesehene Anstalt leitet, die Strafvollzugs-kommission,

- der hauptberufliche Bewährungshelfer,
- ein gerichtliches Vollstreckungsorgan oder ein Verwaltungsvoll-streckungsorgan,
- das Finanzamt,
- ein Regierungs- oder Kommunalverwaltungsorgan und
- ein anderes Organ, das nach dem Gesetz zur Vollstreckung der gerichtlichen Entscheidungen befugt ist.

Zu den gerichtlichen Organen zählt man das Gericht der ersten Instanz, das Strafvollzugsgericht, den Vorsitzenden des Gerichts und den Strafvollzugsrichter.

Die grundlegende Zuständigkeit des Gerichtes wird in Art. 3 des Strafvoll-streckungsgesetzbuches ausgedrückt: „Das Gericht, welches die Entscheidung in erster Instanz gefällt hat, ist gleichzeitig zuständig im Verfahren der Vollstre-ckung dieser Entscheidung. Wenn es allerdings um den Vollzug der Freiheits-strafe geht, ist dafür das Strafvollzugsgericht zuständig."

Ein und dasselbe Gericht fällt also das Urteil, führt die Aufsicht über die Vollstreckung und fällt Urteile bei Vorfällen bezüglich der Vollstreckung dieser Entscheidung.

Die Kompetenzen des Gerichts der ersten Instanz können übertragen werden auf:

- das Strafvollzugsgericht,
- ein anderes ordentliches Gericht oder
- das Militärgericht.

Die Übertragung der gerichtlichen Kompetenz auf das Strafvollzugsgericht bildet den häufigsten Fall. Die Funktion des Strafvollzugsgerichts nimmt das Bezirksgericht, vergleichbar mit dem Landgericht in Deutschland, ein.

Ein neues Organ des Vollstreckungsverfahrens ist der Berufsbewährungs-helfer.[347] Seine Aufgaben wurden detailliert in Art. 173 des poln. StVollstrGB, in Kapitel 11 über die Vollstreckung der Bewährung, die bedingte Einstellung des Verfahrens und über die bedingte Strafaussetzung aufgelistet.

Ende der 1990er Jahre und Anfang der 2000er Jahre wurden in Polen umfas-sende Veränderungen am Modell der gerichtlichen Bewährungshilfe vorgenom-men.[348] Die Bewährungshilfe wird an den Bezirksgerichten organisiert und ist

---

347 Dieses Organ gab es natürlich auch vor 1997, es wurde aber nicht explizit an dieser Stelle genannt.

348 Die neuen Regelungen wurden im Gesetz über gerichtliche Bewährungshelfer vom 27. Juli 2001 das 2002 in Kraft getreten ist, eingeführt. Siehe Ustawa z dnia 27 lipca 2001 r.

teilweise dem Vorsitzenden des Bezirksgerichtes unterstellt. Man verlagerte den Schwerpunkt auf den professionellen (beruflichen) Berufsbewährungshelfer, im Gegensatz zu dem im vorherigen Modell hervorgehobenen ehrenamtlichen[349] Bewährungshelfer. Der Zahl der der beruflichen als auch der ehrenamtlichen (wörtlich übersetzt: „gesellschaftlichen") Bewährungshelfer ist in den letzten Jahren gestiegen (vgl. *Tabelle 3.5*).

Eine weitere wichtige Bestimmung war die Betonung der erzieherischen Aufgabe des Bewährungshelfers.

Die Fragen der Bewährungshilfe sind auch im Gerichtsverfassungsgesetz und in den Verordnungen des Justizministers geregelt. Erst diese Rechtsakte in Verbindung mit den Vorschriften des Strafvollstreckungsgesetzes geben ein Gesamtbild der Tätigkeiten und der Organisation der Bewährungshilfe.

Das Gesetz über gerichtliche Bewährungshelfer sagt nicht, wer ein Bewährungshelfer ist, sondern beschreibt seine Aufgaben: „gerichtliche Bewährungshelfer realisieren durch das Gesetz bestimmte Aufgaben, die einen erzieherisch-resozialisierenden, diagnostischen, prophylaktischen und kontrollierenden Charakter haben" (Art. 1).

Mit der Einführung des Gesetzes über die elektronische Überwachung kamen auf die Bewährungshelfer neue Aufgaben zu, nämlich die gesamte Organisation und die Kontrolle des Ablaufs der elektronischen Überwachung.[350]

Gemäß den vom Justizministerium verabschiedeten Normen[351] dürfte ein Berufsbewährungshelfer für Erwachsene nicht mehr als 35 Aufsichtsfälle und ein Berufsbewährungshelfer für Jugendliche nicht mehr als 25 eigene Aufsichtsfälle zur selben Zeit übernehmen. Obwohl die Zahl der Stellen kontinuierlich erhöht wird, kommen bei der heutigen Anzahl der Berufsbewährungshelfer auf jeden von ihnen ca. 80 zu beaufsichtigende Personen.

---

o kuratorach sądowych/Gesetzt über Gerichtsbewährungshelfer vom 27. Juli 2001, Dz. U. z dnia 12 września 2001 r. z późn. zm.

349 Das ist ein Bewährungshelfer, der ohne feste Anstellung arbeitet. Für seine Tätigkeit erhält er je nach Anzahl und Schwierigkeit der betreuten Fälle variierende Aufwandsentschädigung, die i. d. R. lediglich weniger als 100 € monatlich beträgt.

350 Vgl. *Pelewicz* 2013, S. 92 ff. und *Kapitel 11.*

351 Rozporządzenie Ministra Sprawiedliwości w sprawie standardów obciążenia pracą kuratora zawodowego z dnia 9 czerwca 2003/Verordnung des Justizministers über die Standards der Arbeitsbelastung des beruflichen Bewährungshelfers vom 9. Juni 2003, Dz.U. 2003 nr 116, poz. 1100.

Tabelle 3.5: **Anzahl der Bewährungshelfer in Polen**

	2000	2005	2011	2013
Berufsbewährungshelfer	3.537	4.138	5.062	5.045
„gesellschaftliche" Bewährungshelfer	23.161	28.804	31.285	29.346

Quelle: Statistisches Jahrbuch 2006 2012 und 2014 und die Angaben des Justizministeriums MS-S40.

Ein weiteres Organ, das in Art. 75 § 1 benannt wird, sind Strafvollzugskommissionen, die in den Strafanstalten arbeiten. Diese sind kollegiale Organe und setzen sich zusammen aus den vom Direktor berufenen Justizvollzugsbediensteten und Vertretern des zivilen Personals.

Die Strafvollzugskommission beschäftigt sich vor allem mit der Individualisierung des Vollzugs der Freiheitsstrafe:

- sie verteilt die Verurteilten auf die entsprechenden Typen der Strafanstalten, sofern dies nicht bereits durch das Gericht erfolgt ist;
- sie arbeitet ein individuelles Programm der „Einwirkung" aus (Vollzugsplan);
- sie beurteilt die Entwicklung der Verurteilten;
- sie entscheidet (falls das nicht schon vom Gericht festgestellt worden ist), ob ein Gefangener als „gefährlich" zu klassifizieren ist (siehe *Kapitel 4.3.4*).
- sie weisen die Gefangenen bestimmten Ausbildungsmaßnahmen zu.

Die detaillierte Darstellung der Maßnahmen und Rechtsinstitute des polnischen Strafvollzugs, u. a. die Fragestellungen der richterlichen und außergerichtlichen Aufsicht, werden in den nachfolgenden Kapiteln erläutert.

4. Gefangenenpopulation

4.1 Gefangenenrate in europäischer Perspektive

Wie eingangs bereits hervorgehoben, sind die international vergleichenden Forschungen nicht immer einfach und die aus ihnen gezogenen Folgerungen müssen mit Vorsicht interpretiert werden. Die nachfolgenden Zahlen zur Gefangenenpopulation einiger europäischer Länder haben im Hinblick auf die Bestrafungspraxis und -politik lediglich Indikatorfunktion. Unter anderem aus dem Grund, weil es sich um stichtagsbezogene Daten (z. T. aus unterschiedlichen Zeiträumen) handelt und Angaben zur Gefängnispopulation innerhalb kurzer Zeit Schwankungen unterliegen können.

Bei den Gefangenenraten[352] in Europa sind gravierende Unterschiede zwischen den einzelnen Ländern zu beobachten.[353] Einerseits findet man Länder mit sehr hohen Gefangenenraten – hierzu gehören vor allem die osteuropäischen Länder, denen andererseits die skandinavischen Ländern, aber auch Slowenien mit sehr niedrigen Raten gegenüberstehen. Die Erklärung dieser Zahlen und ihre Interpretation verlangt eine umfassende Analyse verschiedener Faktoren, u. a. der sozioökonomischen Situation des jeweiligen Landes, der Kriminalität, des Sanktionssystems und der Kriminalpolitik – hierbei vor allem die Sanktionspra-

---

352 Die Zahl der im Gefängnis inhaftierten Personen pro 100.000 Einwohner des Landes zu einem bestimmten Stichtag. Die Gefangenenrate ergibt sich damit aus der Zahl der jährlichen Inhaftierungen (Input) mal der Verweildauer. Hohe Gefangenenraten können durch eine Vielzahl jährlicher Einweisungen in den Strafvollzug, aber auch trotz relativ niedriger Einweisungsraten (Inhaftierungsrate) durch eine besonders lange Verweildauer zustande kommen. Die Verweildauer wird durch das gerichtliche Strafmaß und die Praxis der vorzeitigen (bedingten) Entlassung bestimmt. Dadurch werden die beiden wesentlichen Strategien zur Verminderung der Gefangenenraten deutlich: „Front-door"-Strategien durch eine Verminderung des Inputs (vermehrte Anwendung von Alternativen zur Freiheitsstrafe) oder die Verhängung kürzerer anstatt längerer Freiheitsstrafen sowie „Back-door"-Strategien durch vermehrte und frühzeitigere bedingte Entlassungen, vgl. zusammenfassend *Dünkel u. a.* 2010; *Dünkel/Geng* 2013.

353 Die Gefangenenraten von einem Stichtag müssen vorsichtig interpretiert werden, eine umfassende Analyse muss u. a. auch die Inhaftierungsrate einschließen, also den Anteil der Bevölkerung, dem innerhalb eines Jahres die Freiheit entzogen wird (Untersuchungshaft-, Strafvollzug, Maßregelvollzug etc.), vgl. *Dünkel* 2011a, S. 210; *Dünkel/Geng* 2013. Zur Frage inwieweit dieser Faktor für die Punitivität des Strafrechtssystems aussagenkräftig ist siehe *Krajewski* 2010, S. 33; im internationalen Vergleich, siehe *Dünkel* 2011a, S. 210.

xis bezüglich der Freiheitsstrafe bzw. alternativer Sanktionen und des Gebrauchs der bedingten Entlassung.[354]
    Im Vergleich mit anderen europäischen Ländern nimmt Polen bei einer Gefangenenrate von 224 im Jahr 2013 eine sehr ungünstige Position ein. Selbst wenn man nur die Länder des ehemaligen Ostblocks in den Vergleich einbezieht, gehört Polen hinter Litauen (314), Lettland (297) und Estland (245) leider zu den Spitzenreitern (vgl. *Tabelle 4.1*).[355]

Tabelle 4.1:   Gefangenpopulationen im internationalen Vergleich

EU Länder	Anzahl der Gefangenen	Gefangenenrate	Frauen (in %)	Ausländer (in%)	Auslastung	Stichtag
Belgien	10.974	100	4,0	44,2	117,7	2011
Bulgarien	10.961	146	3,2	1,8	104,7	Okt. 2011
Dänemark	3.829	68	3,9	28,2	92,9	1.9.2012
Deutschland	66.889	80	5,7	26,7	84,9	30.11.2012
Estland	3.278	245	5,2	40,3	86,8	4.3.2013
Finnland	3.214	60	6,7	14,5	100	1.1.2012
Frankreich	67.225	101	3,4	17,8	118,1	1.11.2012
Griechenland	12.586	111	5,0	57,1	136,5	1.1.2011
England/Wales*	83.867	149	4,6	12,6	105,7	2012/2013
Schottland*	7.781	146	5,6	3,4	99,7	29.3.2013
North Irland*	1.787	98	3,9	7,1	103,6	31.3.2013
Irland	4.275	93	3,6	19,6	94,9	4.12.2012
Italien	65.906	108	4,3	35,6	140,1	28.2.2013
Lettland	6.561	297	6,4	1,3	85,0	1.1.2012
Litauen	9.920	314	4,3	1,3	100	1.1.2012
Luxemburg	660	124	4,4	68,8	92,8	1.9.2012
Malta	580	138	7,2	50,0	102,9	Aug. 2011

354 Zur Erklärung der Gefangenenraten siehe *Dünkel/Snacken* 2001, S. 195 ff.; *von Hofer* 2010, S. 25 ff., insbesondere: *Dünkel u. a.* 2010, S. 997 ff.; *Morgenstern* 2010, S. 854 ff.

355 Ausführlicher über Gefangenenraten in Polen und die Zusammenhänge zwischen Straf- und Kriminalpolitik und die Situation in den polnischen Gefängnissen siehe u. a. *Krajewski* 2010, S. 25-44; *Stańdo-Kawecka/Krajewski* 2010, S. 724 ff.; *Moczydłowski* 2011, S. 453 ff. Im internationalen Vergleich siehe vor allem *Dünkel/van Zyl Smit* 2001, S. 798 ff.; *Dünkel* 2009, S. 149 ff.; *Dünkel u. a.* 2010; *Dünkel* 2011a, S. 210 f., *Dünkel/ Geng* 2013. Zur Situation in den osteuropäischen Gefängnissen kurz nach der Wende, u. a zur Überbelegung siehe auch *Walmsley* 2005, S. 8 ff.

EU Länder	Anzahl der Gefangenen	Gefangenenrate	Frauen (in %)	Ausländer (in%)	Auslastung	Stichtag
Niederlande	13.749	82	5,8	24,6	83,4	Sept. 2012
Österreich	8.719	103	6,4	48,6	100,8	1.12.2012
Polen	86.303	224	3,3	0,6	99,2	28.2.2013
Portugal	13.887	132	5,6	18,8	113,7	1.3.2013
Rumänien	32.386	152	4,5	0,7	118,1	5.3.2013
Schweden	6.669	70	5,8	27,6	94,4	1.10.2011
Slowakei	11.092	205	6,1	2,0	102,5	14.11.2012
Slowenien	1.412	69	5,0	11,0	107,9	19.11.2012
Spanien	68.900	149	7,5	33,2	95,2	29.3.2013
Tschechien	16.174	154	5,3	8,8	75,5	27.3.2013
Ungarn	17.210	173	7,2	3,4	136,5	31.12.2011
Zypern	900	112	6,0	58,9	150,8	1.9.2010

* In Großbritannien existieren drei verschiedene Strafvollzugssysteme: das nordirische, das schottische und das englische für England und Wales.

Quelle: http://www.prisonstudies.org/info/worldbrief/?search=europe&x=Europe, abgerufen am 20.04.2013.

Polen gehört neben Rumänien zu den Ländern mit dem geringsten Ausländeranteil unter den Gefangenen. Am 31.12.2012 waren 566 Ausländer in polnischen Strafanstalten inhaftiert. Ebenso gehört Polen zu den Ländern mit dem geringsten Frauenanteil (3,3%) innerhalb der Gefangenenpopulation der Strafanstalten.

Bei der Analyse der deutschen Gefangenenraten muss man immer beachten, dass es sich, um einen föderalen Bundesstaat handelt, innerhalb dessen die strafrechtliche Sanktionspraxis sowie die Praxis der Ausgestaltung des Strafvollzugs traditionell große Unterschiede aufweisen. Die Vollzugsorganisation lag in Deutschland trotz des bundeseinheitlichen StVollzG von 1977 immer schon in der Kompetenz der Länder, 2006 ist auch die Gesetzgebungskompetenz für den Strafvollzug auf die Länder übergegangen. Es ergeben sich demgemäß Unterschiede zwischen einzelnen Bundesländern auch bezüglich der Gefangenenraten. Diese schwankte im Jahr 2012 zwischen 49 in Schleswig-Holstein und 118 in Berlin.[356]

Wie schon am Beispiel Polens (siehe *Abbildung 3.2*) gezeigt wurde, weisen auch internationale, vergleichende Analysen darauf hin, dass die unterschiedliche Gefangenenraten in eher geringem Ausmaß mit der Kriminalitätsbelastung zusammenhängen. Man geht davon aus, dass dafür gesellschaftliche und sozio-

---

356 *Dünkel/Geng* 2013; *Dünkel/Geng/Morgenstern* 2010, S. 174.

ökonomische Faktoren eine bedeutende Rolle spielen, die z. B. in den skandinavischen Ländern, anders als in vielen anderen europäischen Ländern viel ausgeprägter sind. „Vielmehr scheint die Bestrafungsschwere stark mit der wohlfahrtsstaatlichen Orientierung und den Einkommensunterschieden innerhalb einer Gesellschaft, sowie dem dort vorhandenen Vertrauen in die politische und rechtliche Kultur assoziiert zu sein. (…) Hinzu kommt, dass die soziale und ökonomische Sicherheit, die das Wohlfahrtsmodell gewährleistet, ebenso wie das soziale Vertrauen, das es fördert, zu einer Gesellschaft beiträgt, in der Toleranz, geringere Angst und weniger stark ausgeprägte Bestrafungswünsche vorherrschen."[357]

Abbildung 4.1: **Entwicklung der Gefangenenraten in Osteuropa**

Quelle: *Dünkel/Geng* 2013.

In einigen osteuropäischen Ländern, insbesondere in Litauen, Lettland, Bulgarien, Tschechien oder Polen unterlagen die Gefangenenraten seit Anfang der 1990er Jahre deutlichen Schwenkungen. Kurz nach der Wende wurden die Ge-

---

357 *Lappi-Seppälä* 2010, S. 978.

fangenenraten häufiger durch massive Amnestien reduziert. Leider haben sich angesichts einer eher harten Sanktionierungspraxis bzgl. der Anzahl und Länge von Freiheitsstrafen, einer nur geringen Anwendung von ambulanten Sanktionen und in den ersten Jahren nach der Wende eher steigenden Kriminalität die Gefangenenraten in diesen Ländern wieder erhöht. Anderseits blieben in Ländern wie Slowenien oder Kroatien die Zahlen trotzt leichter Erhöhung immer noch vergleichsweise sehr niedrig. Auch in Russland sind (bei einem sehr hohen Ausgangsniveau) eher positive Tendenzen zu beobachten. In den letzten Jahren sank die Gefangenenzahl um über 30%.[358]

4.2 Belegung der polnischen Anstalten

Die eher punitive polnische Strafpolitik und die u. a. daraus resultierende enorme Überfüllung der polnischen Gefängnisse der letzten 20-30 Jahre wurde in der Fachliteratur oft angesprochen und kritisiert.[359]

Die Überbelegung der Strafanstalten, schlechte hygienische Zustände und daraus resultierende Einschränkungen der Rechte der Gefangenen und der Menschenrechte im allgemeinen waren auch Gegenstand der Kritik des Anti-Folter-Komitees[360] und bilden die Grundlage für Klagen vor dem Europäischen Menschenrechtsgerichtshof. Auch in polnischen Gerichten wurden derartige Verfahren geführt. Im Jahr 2007 hat das Oberste Gericht folgende Entscheidung getroffen:[361] „(...) Die Forderung nach Gewährleistung angemessener Bedingungen während des Verbüßens einer Freiheitsstrafe durch den Staat gehört zu einer der grundlegendsten Forderungen des neueren Staatsrechts und findet ihren Ausdruck in den internationalen Rechtsnormen. (...) Zusammenfassend muss also festgestellt werden, dass die Unterbringung eines zur Freiheitsstrafe Verurteilten in überbelegten Zellen ohne abgetrennte sanitäre Räumlichkeiten und ohne die Gewährleistung eines eigenen Schlafplatzes für jeden einzelnen Inhaftierten eine Verletzung der persönlichen Rechtsgüter, der Menschenwürde und des Rechts auf Wahrung der Intimsphäre bedeuten kann." Nach Art. 24 und

---

358 Siehe *Dünkel/Geng* 2013.

359 U. a. *Szymanowski* 2004, S. 148; *Krajewski* 2008, S. 39 ff.; *Skupiński* 2009, S. 16; *Krajewski* 2010, S. 25 ff.; *Stańdo-Kawecka/Krajewski* 2010, S. 719 ff.

360 U. a. auch im Bericht vom letzten Besuch im Jahr 2009 kritisiert das CPT die Überbelegung und appelliert an die polnische Regierung diese tatsächlich zu beseitigen. Weiterhin erinnert das CPT daran, dass die internationalen Standards mindestens 4 qm pro Gefangene in Gemeinschaftshafträumen empfehlen: „The CPT also reiterates its recommendation that the Polish authorities revise as soon as possible the norms fixed by legislation for living space per prisoner, ensuring that they provide for at least 4 m² per inmate in multi-occupancy cells."

361 Wyrok SN z dnia 28 lutego 2007/Urteil des Obersten Gerichts vom 28. Februar 2007, sygn. akt V CSK 431/06.

Art. 448 des poln. Zivilgesetzbuches kann die Staatskasse zur Verantwortung gezogen werden." Beachtung verdient in diesem Urteil nicht nur die Anerkennung der Überbelegung der Gefängnisse als Situation, die persönliche Grundrechte verletzen kann (dies ist im Grunde eine Wiederholung der Entscheidung des Europäischen Menschenrechtsgerichtshofs), sondern auch die Hervorhebung dessen, dass die Beweislast auf dem Staat/dem Strafvollzug ruht. Der Staat muss beweisen, dass die Bedingungen in einer Strafanstalt den nationalen wie internationalen Normen entsprechen und es zu keiner Verletzung der persönlichen Rechtsgüter gekommen ist. Dieses Urteil führte zu einem bedeutenden Zuwachs an zivilrechtlichen Klagen von Seiten der Gefangenen.

Seit dem Jahr 2006 kann man einen Rückgang der Überbelegung in den Strafanstalten beobachten. Nach offiziellen Angaben des Strafvollzugs gilt das Problem der Überbelegung seit Ende 2008 als beseitigt. Zumindest statistisch ist dies nachvollziehbar.

Abbildung 4.2:   Auslastung der polnischen Anstalten

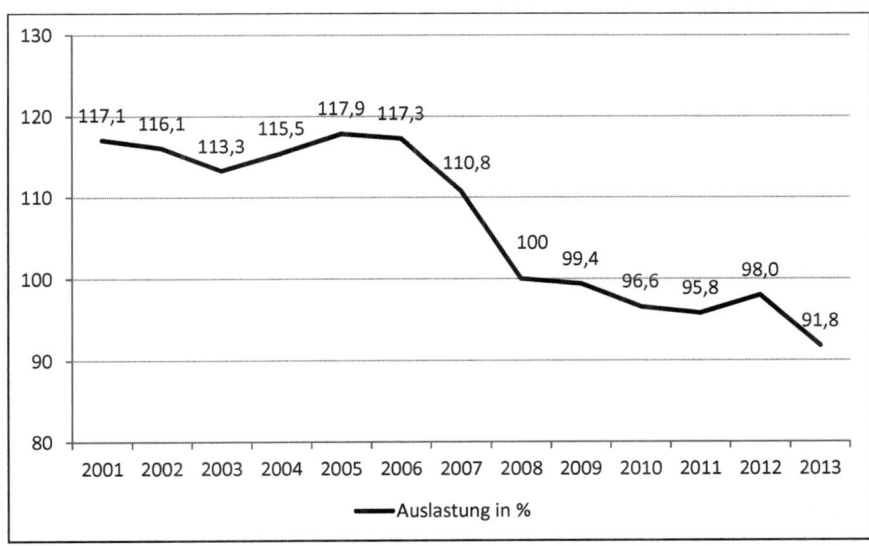

Anmerkung:	Seit dem Jahr 2007 wird die Auslastung der Anstalten nicht auf dem registrierten, sondern auf dem faktischen Stand basierend berechnet, d.h. die Plätze, die wegen Renovierung ausgeschlossen wurden, und die Gefangenen, die sich außerhalb der Strafanstalten befanden (z. B. in den medizinischen Einrichtungen, die nicht zum Gefängniswesen gehören oder in Polizeigewahrsam usw.), wurden nicht einbezogen.
Quelle:	Statistik des Strafvollzugdienstes 2001-2013, Stichtag jeweils 31.12. In der Jahresstatistik für 2009 wurden die angegebenen Daten nicht am 31.12., sondern am 4.01.2010 erfasst.

Einer der wichtigsten Aspekte, die zur Beseitigung der Überbelegung beigetragen haben, ist die beträchtliche Reduktion der Zahl der Untersuchungsgefangenen. Im Jahr 2001 betrug die Zahl annähernd 23.000, im Jahr 2006 nur
noch etwa 14.000 Personen, wobei diese Zahl im Jahr 2013 sogar auf unter
7.000 sank. Diese positive Tendenz, Untersuchungshaft immer seltener anzuordnen, und wenn, dann nur für die kürzest mögliche Dauer, ist in der Praxis der
polnischen Gerichte seit einigen Jahren zu beobachten und resultiert in bestimmtem Maß auch aus der Tatsache, dass Polen wegen der zu langen und zu
oft angewandten Untersuchungshaft einige Prozesse vor dem Europäischen Gerichtshof für Menschenrechte in Straßburg verloren hat.[362] Gleichzeitig könnte
dieser Rückgang aber auch auf eine Liberalisierung der Strafpolitik hinweisen.

---

362 Siehe u. a. *Chodecki v. Poland* (Application no. 49929/99) Urteil vom 26.04.2005;
Bagiński v. Poland (Application no. 37444/97), Urteil vom 11.01.2006, *Ladent v.
Poland* (Application no. 11036/03, Urteil vom 18.03.2008; *Wojciechowski v Poland*
(Application no. 5422/04), Urteil vom 05.06.2009; *Jamroży v. Poland*, (Application no.
6093/04), Urteil vom 15.09.2009 oder auch *Krawczak v. Poland* (Application no.
24205/06), Urteil vom 31.05.2011. Nach den Statistiken, die von der Helsinki-Stiftung
für Menschenrechte erhoben wurden, verlor Polen im Durchschnitt 3-4 Prozesse pro
Woche. In Anbetracht eines solch immensen Zuwachs von Fällen, wandte sich der Gerichtshof im Zusammenhang mit der Klage von *Władysław Jamroży* mit der allgemeinen Frage an die polnische Regierung, ob es der Wahrheit entspräche, dass die Untersuchungshaft in Polen unbegründet lang angewandt wird. Eine solche allgemeine Frage
stellt in den Entscheidungen des EGMR einen Präzedenzfall dar, siehe IAR: *Adam
Bodnar* über die präzedenzfalllose Frage des EGMR. http://www.hfhrpol.waw. waw.pl/
precedens/aktualnosci/iar-adam-bodnar-o-bezprecedensowym-zapytaniu-etpc.html.
Abgerufen am 03.01.2012.

Abbildung 4.3: **Untersuchungs- und Strafgefangene**

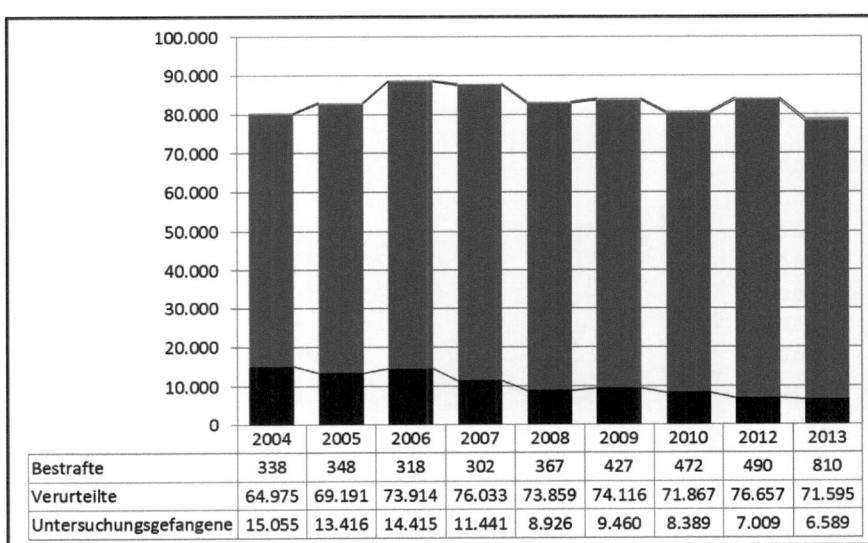

	2004	2005	2006	2007	2008	2009	2010	2012	2013
Bestrafte	338	348	318	302	367	427	472	490	810
Verurteilte	64.975	69.191	73.914	76.033	73.859	74.116	71.867	76.657	71.595
Untersuchungsgefangene	15.055	13.416	14.415	11.441	8.926	9.460	8.389	7.009	6.589

Anmerkung   Die Statistik des Strafvollzugdienstes erfasst drei Kategorien von Gefangenen: Strafrechtlich Verurteilte, Untersuchungsgefangene und wegen Übertretungen Bestrafte. Die dritte Gruppe erfasst Personen, die wegen Übertretungen aufgrund des Ordnungswidrigkeitsgesetzbuchs zu Arreststrafen von 5 bis 30 Tagen verurteilt wurden.

Quelle: Statistik des Strafvollzugdiensts 2004-2013, Stichtag 31.12. In der Jahresstatistik für 2009 wurden die angegebenen Daten nicht am 31.12.2009, sondern am 4.01.2010 erfasst.

Der Umstand, dass der Rückgang der Untersuchungsgefangenenzahlen mitverantwortlich ist für die Beseitigung des Problems der Überbelegung, lässt sich durch eine genauere Analyse der verurteilten Personen, die sich in den Strafanstalten aufhalten, belegen. In demselben Zeitraum, in dem man die Überbelegung intensiv reduzierte, stieg die Zahl der zur Freiheitsstrafe Verurteilten zunächst an – zwischen 2006 und 2007 um über 2.000. Tatsächlich gesunken ist sie zwischen 2007 und 2008, um im Jahr 2009 wieder unbedeutend anzusteigen und 2010 sank sie dann erneut. Unterzieht man die Aufnahmen und Entlassungen aus den Strafanstalten einer genaueren Betrachtung, fällt auf, dass auf den Rückgang der Zahl der Verurteilten in den Jahren 2008-2012eher die Entlassungen Einfluss hatten, als die Reduzierung der Personenanzahl, die in diese Anstalten eingewiesen wurde.

122

Abbildung 4.4: **Aufnahmen in den und Entlassungen aus dem Vollzug**

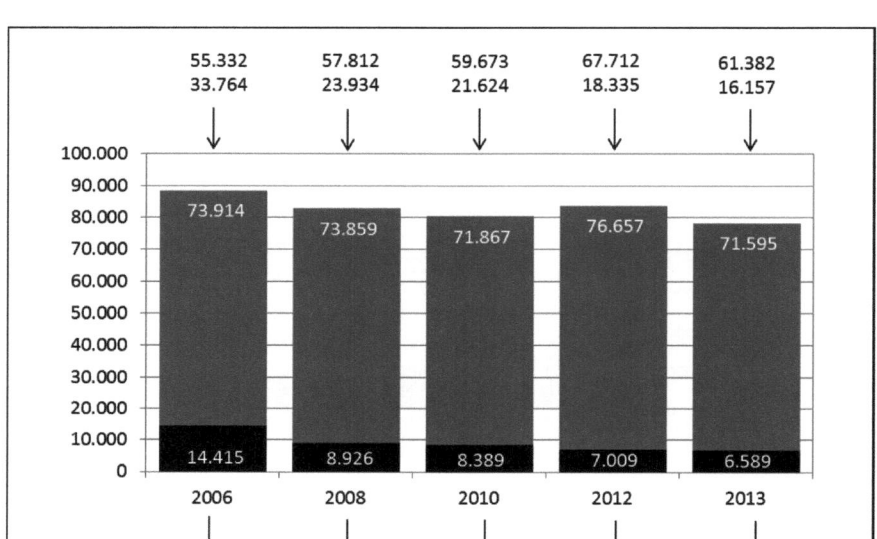

Anmerkung: Die Zahlen über dem Diagramm beziehen sich auf die Aufnahmen. Die obere Zahl betrifft die Verurteilten, die untere die Untersuchungsgefangenen. Dementsprechend beziehen sich die Zahlen unter dem Diagramm auf die Entlassungen.

Quelle: Statistik des Strafvollzugdiensts 2006-2013.

Vom Jahr 2006 an wuchs die Zahl der Verurteilten, die jährlich die Strafanstalten verlassen, beträchtlich. Einfluss darauf hatten vor allem zwei Faktoren: das Ende der Strafe und der Anstieg der Zahl der auf Bewährung Entlassenen in den Jahren 2006-2010. Der Anstieg der Personenanzahl, die in den Jahren 2007 bis 2009 ihre gesamte Strafe verbüßten, könnte durch die Verschärfung der Sanktionspraxis in den Jahren 2005-2006 verursacht worden sein, wie auch durch den Anstieg der Verurteilungen zu mittelfristigen Strafen von bis zu zwei und drei Jahren (im Jahre 2007 stellte die Anzahl, der zu einer Freiheitsstrafe von bis zu zwei Jahren Verurteilten 56,5% aller in Strafanstalten inhaftierten

Personen dar)[363], deren Beendigung in die Jahre 2007 und 2008 fiel. Positiv ist natürlich auch der Anstieg der Personenanzahl zu bewerten, denen eine bedingte vorzeitige Entlassung gewährt wurde, leider sind in den letzten drei Jahren die absoluten Zahlen und relativen Anteile wieder rückläufig (vgl. *Tabelle 4.2*). Der Anteil bedingter Entlassungen bezogen auf die insgesamt wegen Strafende oder zu Bewährung Entlassenen betrug 2007 39,9%, 2013 aber nur noch 33,4%, vgl. *Tabelle 4.2*; zur prozentualen Entwicklung der bedingten Entlassung bezogen auf entsprechende Antragstellungen vgl. unten *Kapitel 8.9.1*). Die Ursachen hierfür sind ohne weitere vertiefte Untersuchungen nicht eindeutig auszumachen. Möglicherweise hat die Einführung und zunehmende Anwendung der elektronischen Überwachung dazu beigetragen, indem Personen mit einer relativ günstigen Prognose gar nicht erst in den Vollzug gelangt sind bzw. während der Verbüßung der Strafe in diese Form der Vollstreckung überführt wurden.

Tabelle 4.2: Aus der Strafvollzugsstatistik „ausgeschiedene" Verurteilte und die Gründe dafür

	2007	2008	2009	2010	2011	2012	2013
Insgesamt	61.300	64.931	65.679	67.204	65.018	68.344	67.059
Aufgrund der Entscheidung des Organs, welches das Verfahren führt	1.123	1.601	1.655	1.939	3.443	6.059	8.827
Strafende	32.638	34.157	36.721	34.972	33.424	37.065	35.750
Bedingte vorzeitige Entlassung	21.666	22.963	21.703	25.034	23.164	20.204	17.917
% bzgl. der Vollverbüßer und bedingt Entl. insg.	39,9%	40,2%	37,1%	41,7%	40,9%	35,3%	33,4%
Entrichtung der Geldstrafe	2.816	3.111	2.746	2.545	2.227	2.339	2.169
Unterbrechung der Strafvollstreckung	2.202	2.341	2.337	2.322	2.343	2.252	2.185
Tod	118	110	106	104	127	107	k. A
Andere	737	648	411	288	417	425	211

Quelle: Statistik des Strafvollzugdiensts 2007-2013.

---

363 Vgl. die Antwort des Staatssekretärs im Justizministerium – mit Ermächtigung des Staatsministers – auf die Anfrage Nr. 3188 in der Sache der Überbelegung und der Unterfinanzierung der Strafanstalten vom 4. Februar 2009.

Eine weitere Tatsache, die auf die Verhältnisse im Strafvollzug Einfluss hatte, war die Änderung der Vorschriften der Strafvollstreckungsordnung.[364] Ein Grund dafür war das Urteil des Verfassungsgerichtshofs, welches in *Kapitel 3* näher behandelt worden ist. Artikel 248 wurde aufgehoben. Ein Teil von ihm fand Eingang im veränderten Artikel 110, der die Voraussetzungen stark eingrenzt bzw. präziser bestimmt, unter denen die Unterbringung in einer Zelle zugelassen ist, die kleiner als die geforderten 3 m², jedoch nicht kleiner als 2 m² ist. Die Unterbringung in einer solchen Zelle kann ausschließlich in Situationen erfolgen, die in Art. 110 genannt werden. Die Dauer beträgt 14 und in Ausnahmezuständen 90 Tage[365] und kann nur gegenüber bestimmten Gruppen von Inhaftierten angewandt werden.[366] Der vierzehntägige Zeitraum kann mit Einverständnis des Strafrichters auf 28 Tage verlängert werden. Zwischen mehreren aufeinander folgenden Unterbringungen dieser Art müssen mindestens 180 Tage liegen. In der Entscheidung über die Unterbringung muss der genaue Zeitraum genannt werden, für den die Unterbringung angeordnet wird. Der Verurteilte hat das Recht, innerhalb von 7 Tagen Einspruch gegen die Entscheidung einzulegen.

Bis zum Inkrafttreten dieser Vorschriften wurde dem Strafvollzug die Verpflichtung auferlegt, neue Unterbringungsmöglichkeiten für die meisten der Personen zu schaffen, die in Zellen untergebracht waren, in denen die Fläche pro Inhaftierten 3 m² unterschritt. Solche Räumlichkeiten wurden teilweise im Rahmen des vom Polnischen Gericht erarbeiteten und angenommenen „Programms zur Schaffung von 17.000 Haftplätzen in Organisationseinheiten des Strafvollzugs in den Jahren 2006-2009" gewonnen. Diese Zahl – obwohl sehr hoch – sicherte jedoch nicht den vollständigen Abbau der Überbelegung. Trotz der oben erwähnten Reduzierung der Untersuchungshaftzahlen und dem Anstieg der bedingten vorzeitigen Entlassungen war der Strafvollzug weiterhin gehalten, sich um neue Unterbringungsmöglichkeiten zu bemühen. Bibliotheken, Gemein-

---

364 Ustawa z dnia 9 października 2009 zmieniająca kodeks karny wykonawczy/Gesetz vom 9. Oktober 2009 zur Änderung des Strafvollstreckungsgesetzbuchs, Dz.U. Nr. 190, poz. 1475. Dieses Gesetz trat am 6. Dezember in Kraft, 18 Monate nach der Verkündung des Urteils des Verfassungsgerichtshofs.

365 Unter Ausnahmezustände fallen: ein Kriegszustand, eine Naturkatastrophe, eine epidemiologische Bedrohung auf dem Anstaltsgelände oder der Ausbruch einer Epidemie sowie andere Ereignisse, die eine Gefahr für die Sicherheit der Verurteilten oder der Strafanstalt darstellen.

366 Art. 110 § 2 b poln. StVollstrGB zählt folgende auf: ein Häftling, der zu einer Freiheitsstrafe verurteilt wurde, die zwei Jahre überschreitet, ein Rückfalltäter, ein Täter, der sich durch das Begehen von Verbrechen eine dauerhafte Einkommensquelle gesichert hat, oder ein Verbrechen begangen hat, indem er in einer organisierten Gruppe handelte, oder Teil einer solchen Verbindung war, ein Täter terroristischer Verbrechen, ein Sexualstraftäter, ein Inhaftierter, der geflohen oder nicht von seinem Freigang zurückgekehrt ist, ein Verurteilter, der sich aufgrund eines Verfahrens in einem in der Nähe gelegenen Gericht nur zeitlich begrenzt in einer Anstalt befindet.

schaftsräume, Therapieräume (ca. 500) usw. wurden zu Wohnzwecken umgestaltet. Einerseits wurde dadurch für die Mehrheit der Gefangenen eine Fläche von 3 m² sichergestellt, andererseits entstand jedoch eine Situation, in welcher die Verlegung von Gefangenen, die man für 14 Tage in einer überbelegten Zelle unterbringen durfte, und jenen, die man aus einer solchen Zelle wegverlegen musste, zu einer großen Unruhe unter den Insassen führte. Dies ging natürlich mit einem enormen Zeit- und Arbeitsaufwand für den Gefängnisdienst einher.[367] Diese Situation war mit ständigem Stress und Aufregung für die Verurteilten und die Bediensteten des Gefängnisses verbunden. Sie führte zugleich zu einem Mangel an Räumen für die therapeutische und resozialisierende Arbeit mit den Gefangenen, sowie auch an Räumlichkeiten, in denen die Verurteilten gemeinsam ihre freie Zeit verbringen können. *Lelental* merkt hierzu an: „Der Strafvollzug vollstreckt nicht die Strafe, er realisiert nicht die in Art. 67 niedergelegten Ziele der Strafe, da er seine kompletten Bemühungen lediglich in die Gewährleistung von Plätzen für die Inhaftierten investiert."[368]

Es fällt schwer, sich der positiven Bewertung der Reduzierung der Überbelegung in den polnischen Gefängnissen nicht anzuschließen, die Art ihrer Durchführung lässt jedoch viele Zweifel aufkommen. Die Möglichkeiten zur Realisierung des gesetzmäßigen Ziels des Vollzugs der Freiheitsstrafe sind in Gefängnissen, in denen eine hohe Überbelegung vorherrscht, stark eingeschränkt und es kommt häufig zu Menschenrechtsverletzungen. Gleichzeitig entwickeln sich Gefängnisse, die nicht über Räumlichkeiten für Therapiezwecke, Gruppenaktivitäten, Freizeitgestaltungen oder kulturelle Veranstaltungen verfügen zu ausschließlichen „Aufbewahrungslagern" für Gefangene. In diesen Gefängnissen wird zwar die Mindestfläche von 3 m² eingehalten, jedoch geschieht dies auf Kosten des therapeutischen, kulturellen und resozialisierenden Angebots.[369] In einer deutlich potenzierten Form kommt es bei Personen, die unter solchen Umständen untergebracht sind, zu einer vollständigen sensorischen Deprivation, zum Verlust von eigenen Bedürfnissen und Fähigkeiten zu selbständigem Handeln und zu einer generellen Abstumpfung.[370] Das polnische Strafvollstreckungsgesetzbuch nennt als eines der wichtigsten Mittel zur Ein-

---

367   *Pilarska-Jakubczak* 2010, S. 16.

368   Nach *Pilarska-Jakubczak* 2010, S. 16.

369   *Rzecznik Praw Obywatelskich* 2010, S. 48.

370   Eine sehr umfangreiche Bearbeitung der Thematik der Überbelegung der polnischen Strafanstalten präsentiert *Nawój-Śleszyński*. Die Autorin schildert sehr detailliert die negativen Einflüsse der Überbelegung, die sich auf die Insassen und auf das Personal der Strafanstalten auswirken. U. a. zählt sie die Reduktion der Behandlungsangebote, Verschlechterung der medizinischen Fürsorge, die Zunahme subkultureller Erscheinungsformen („Erhöhung des kriminogenen Potentials der Gefangenen") als auch die vermehrten Probleme der Sicherheit in den Anstalten auf, vgl. *Nawój-Śleszyński* 2013, S. 147 ff.

wirkung auf die Verurteilten in Art. 67 § 3 Kultur-, Bildungs- und Sportveranstaltungen. Die Reduzierung von Räumlichkeiten, in denen solche Veranstaltungen stattfinden können, kann demzufolge als tendenziell rechtswidrig bezeichnet werden. Zieht man weiterhin in Betracht, dass als weiterer wichtiger Faktor der Einwirkung auf die Verurteilten die Zurverfügungstellung einer Arbeit genannt wird, dies allerdings bei lediglich 30,5%[371] Prozent der Insassen gewährleistet werden kann, dann entsteht ein sehr tristes Bild und die großen Resozialisierungsbemühungen von Psychologen, Erziehern, Therapeuten verlieren ihre Wirkung, weil die gesamte Infrastruktur versagt. Die Realisierung des Strafziels, den Verurteilten auf ein Leben in der Gesellschaft vorzubereiten, ist unter solchen Bedingungen nahezu unmöglich. Ein solcher Zustand kann nicht mit der Notwendigkeit der Überbelegungsreduzierung gerechtfertigt werden. Bei einer genaueren Analyse darf man ferner nicht diejenigen Urteile außer Acht lassen, die noch auf Vollstreckung warten, d. h. jene, in denen das Gericht das Datum, an dem sich der Verurteilte in der Strafanstalt einfinden soll, bereits festgelegt hat. Im 1. Quartal 2013 fanden sich 46.571 Personen nicht zum Strafvollzug ein, obwohl der vom Gericht festgesetzte Termin bereits abgelaufen war.[372] Zwar können derartige Berechnungen fragwürdig erscheinen, trotzdem sollte man ein Augenmerk auf die Tatsache richten, dass die Überbelegung bei ca. 50% läge, würden diese Personen termingerecht in die Strafanstalten aufgenommen werden.

Nach den Statistiken und offiziellen Berichten des Gefängniswesens wurden im Laufe der letzten Jahre 20% der Überbelegung in polnischen Gefängnissen beseitigt. Wie oben jedoch dargestellt, lässt sich hierbei schwer feststellen, inwiefern dieser Tatbestand auf die Änderungen in der Entscheidungspraxis der Gerichte zurückzuführen ist[373] oder aber auf die Schaffung „neuer" Unterbringungsmöglichkeiten, unter anderem wegen der schon erwähnten Entscheidungen des Verfassungsgerichtshofs.

Nicht unbegründet scheint die Überlegung, die Situation in den Gefängnissen nicht als „keine Überbelegung", sondern als eine „verdeckte Überbelegung" zu bezeichnen.[374] Auch wenn die „verdeckte Überbelegung" beseitigt wäre, än-

---

371 Eine bezahlte Arbeit hatten nur 17,1% aller Verurteilten und Bestraften (Gefangenenpopulation ohne Untersuchungshaftgefangene), vgl. die Strafvollzugsstatistiken des Strafvollzugsdienstes vom 28.02.2011.

372 Statistik des Strafvollzugdiensts für das 1. Quartal 2013.

373 U. a. durch die Abkehr von Verurteilungen zu Freiheitsstrafen und die vermehrte Verhängung alternativer Sanktionen (Strafzumessungspraxis der Gerichte als „Front-door-Strategie"), ferner infolge des Gesetzes zur elektronischen Überwachung und durch die häufigere bedingte vorzeitige Entlassung (Entlassungspraxis als „Back-door-Strategie"). Andererseits verursachten – wie oben erwähnt – die häufigen Widerrufe im Rahmen der zunehmend angewendeten bedingten Freiheitsstrafe die hohe Gefangenenpopulation mit, siehe auch *Kapitel 3.3.*

374 Vgl. *Niełaczna*, 2011, S. 24 ff.

dert dies nichts daran, dass Polen europäisch vergleichend gesehen eine überdurchschnittlich hohe Gefangenenrate aufweist. Auch das CPT vertrat bereits im Jahre 1997 die Meinung, dass die Schaffung neuer Haftplätze innerhalb der Gefängnisse nicht die beste Lösung für das Problem der Überbelegung darstelle. „Um das Problem der Überbelegung zu beseitigen, haben sich einige Länder dafür entschieden, die Zahl der Haftplätze auszuweiten. Das CPT seinerseits ist weit davon entfernt zu glauben, dass die Schaffung neuer Haftplätze allein das Problem dauerhaft lösen kann. So ist in einer Reihe von europäischen Ländern die Zahl der Gefangenen parallel zu den neu gebauten Haftplätzen gestiegen. Im Gegensatz dazu hat eine Politik der Begrenzung bzw. Reduzierung der Zahl neu inhaftierter Personen in einigen Ländern einen wichtigen Beitrag dazu geleistet, dass die Gefängnispopulation auf einem handhabbaren Niveau blieb."[375] Auch hat das CPT in seinem 11. Hauptbericht[376] angemerkt, dass höhere finanzielle Ausgaben zur Schaffung neuer Plätze in den Gefängnissen das Problem der Überbelegung nicht lösen. Das CPT beruft sich hierbei auf die Empfehlung des Europarates Rec. (99) 22,[377] im Besonderen auf den Inhalt von Punkt Nr. 2. 2. „Die quantitative Ausweitung des Gefängniswesens sollte nur ausnahmsweise als Lösung in Betracht gezogen werden, da es im Allgemeinen unwahrscheinlich ist, dass dies zu einer dauerhaften Lösung des Problems der Überbelegung beiträgt. Länder, in denen allgemein ausreichend Haftplätze vorhanden sind, und in denen es lediglich lokale Engpässe gibt, sollten das Problem durch eine rationalere regionale Verteilung der Haftplatzkapazitäten zu lösen versuchen."

Eine vertiefte Auswertung der neusten Änderungen und heutigen Entwicklungsprozesse wird erst im Verlauf einiger Jahre möglich sein, wenn man rückblickend sagen kann, ob die Situation im Strafvollzug eine reale Beseitigung der Überbelegung darstellt und konstant blieb und wie sich die Sanktionspolitik der Gerichte gestaltet hat, insbesondere unter dem Einfluss der letzten Novellierungen der Vorschriften des Strafgesetzbuchs und des Strafvollstreckungsgesetzbuchs.

4.3 Charakteristika der Gefangenenpopulation

Am 31.12.2010 waren in den Strafanstalten und den Untersuchungsanstalten 84.003 Personen untergebracht. Ungefähr 88% dieser Personen waren Verurteilte, 11% Untersuchungsgefangene und nur 0,5% wegen Übertretungen Bestrafte (siehe *Tabelle 4.3*).

---

375   7th General Report – CPT/Inf (97) 10, C, 12-15.

376   11th General Report CPT/Inf (2001) 16, 28.

377   Recommendation No. (99) 22 of the committee of ministers to member states concerning prison overcrowding and prison population inflation, siehe unter www.coe.int.

4.3.1 Alters- und Geschlechtsstruktur

Wie eingangs bereits erwähnt, machen Frauen im polnischen Strafvollzug einen nur kleinen Teil der Gesamtpopulation aus, nämlich 3,3%, unter den jugendlichen Insassen sogar nur 2,1%.

Unter den inhaftierten Personen in polnischen Gefängnissen unterscheidet man zwei Alterskategorien: Erwachsene und jugendliche Inhaftierte. Die Jugendlichen bzw. jungen Erwachsenen sind Personen zwischen dem vollendeten 15. und 21. Lebensjahr. Gegen Ende des Jahrs 2013 stellten die Inhaftierten dieser Altersgruppe 4% der gesamten Gefangenenpopulation. Betrachtet man die Gruppe der Untersuchungsgefangenen isoliert, so war der Anteil 15-21-Jähriger mit 11% fast dreifach erhöht. Seit 2001 ist die Zahl dieser Gefangenengruppe nach absoluten Zahlen auf lediglich ein Viertel gesunken, und zwar von 12.610 (15,9% der gesamten Gefangenenpopulation) auf 3.206 im Jahr 2013. Dieser Rückgang ist nur zum geringen Teil demographisch bedingt (s. auch unten *Abbildung 4.5*).

Tabelle 4.3:   Gefangene nach Altersgruppen, 2013

	Insgesamt	Untersuchungs-gefangene	Verurteilte	Wegen Über-tretungen Bestrafte
Insgesamt	78.994	6.589	71.595	810
Darunter jugendliche Gefangene	3.206 (4%)	611 (9%)	1.733 (2%)	54 (7%)

Quelle: Jahresstatistik des Strafvollzugdiensts 2013, Stichtag 31.12.

Die beiden oben erwähnten Altersgruppen bedürfen häufig einer unterschiedlichen Behandlung. Viele der 15- bis 18-Jährigen sind praktisch noch Kinder (obwohl laut Strafgesetzbuch schon strafmündig – siehe *Kapitel 3*), andere sind im juristischen Sinne schon erwachsen, aber noch mitten in ihrer biologischen und psychischen Entwicklung. Aufgrund dessen wurde entschieden, diese Gruppen von jungen Gefangenen bevorzugt zu behandeln und einige spezielle Regeln für den Umgang mit ihnen einzuführen.

In den letzten 10 Jahren hat sich die Zahl der über 50-Jährigen fast verdoppelt, von 5.262 Personen im Jahr 2004 auf 10.399 Personen im Jahr 2012. Im Jahr 2013 ist sie wieder leicht auf 8.643 Personen gesunken. Diese Erscheinung ist charakteristisch für die Mehrheit aller Strafvollzugssysteme in Europa und spiegelt die allgemeine Tendenz einer alternden europäischen Gesellschaft wieder.[378] Allerdings kann sie teilweise auch (zumindest in einigen Ländern) mit der Abschaffung der Todesstrafe und der Einführung der lebenslangen Freiheitsstrafe begründet werden. Dieser Gruppe von Gefangenen schenkt man immer mehr Aufmerksamkeit, vor allem, wenn es um Themen wie die Wiedereingliederung in die Gesellschaft geht. Man spricht sogar über eine „resozialisierende Gerontologie".[379]

Bemerkenswert ist der Rückgang junger Verurteilter (15-21-Jährige) von 8.006 im Jahr 2004 auf 3.414 im Jahr 2013 (-57,4%), der wesentlich auf dem Rückgang der (schweren) Jugendkriminalität sowie der Sanktionspraxis und nur zum geringen Teil demographisch bedingt ist.[380]

---

378 In England und Wales stieg in den Jahren 1992-2002 die Zahl der über 60-jährigen Gefangenen auf das Dreifache, von 442 auf 1.359, vgl. *Crawley/Sparks* 2005, S. 348. Zu der Thematik der Älteren Menschen im deutschen Strafvollzug in den 1970er Jahren siehe auch *Albrecht/Dünkel* 1981, S. 267 f.; aktuell *Schollbach/Krüger* 2009, S. 132 ff.

379 Vgl. *Grzesiak* 2009, S. 247.

380 Vgl. zur Entwicklung der Jugendkriminalität und Sanktionspraxis im Jugendstrafrecht *Stańdo-Kawecka* 2011, S. 995 ff., 1013 ff.

Abbildung 4.5: **Altersstruktur der Strafgefangenen**

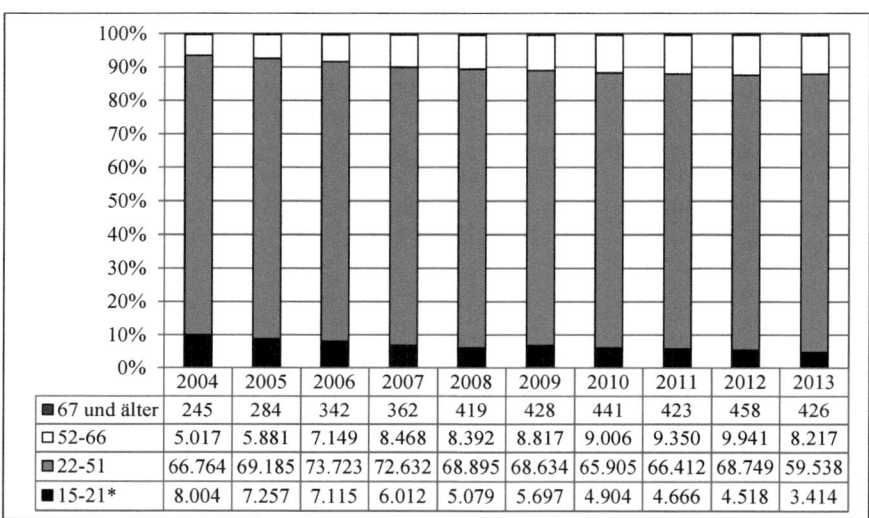

	2004	2005	2006	2007	2008	2009	2010	2011	2012	2013
■ 67 und älter	245	284	342	362	419	428	441	423	458	426
□ 52-66	5.017	5.881	7.149	8.468	8.392	8.817	9.006	9.350	9.941	8.217
■ 22-51	66.764	69.185	73.723	72.632	68.895	68.634	65.905	66.412	68.749	59.538
■ 15-21*	8.004	7.257	7.115	6.012	5.079	5.697	4.904	4.666	4.518	3.414

*   In dieser Kategorie wurden neben allen Jugendlichen auch Personen einbezogen, die das 21. Lebensjahr, aber noch nicht das 22. Lebensjahr vollendet haben (anders als in der vorigen Tabelle).
Quelle: Jahresstatistik des Strafvollzugdienstes 2001-2013, Stichtag 31.12.

4.3.2 Deliktsstruktur

Bei den Anlassdelikten dominieren Eigentums- oder Vermögensdelikte (54,1%), gefolgt von Delikten gegen die Familie und Fürsorge (10,6%, davon 60% Misshandlungen) und Delikten gegen die Sicherheit im Straßenverkehr (6,0%). Innerhalb der ersten Gruppe stehen Raub (31,2%), Diebstahl mit Einbruch (29,5%) und einfacher Diebstahl (14,6%) an der Spitze. Im Jahr 2013 verbüßten 3.154 Verurteilte eine Freiheitsstrafe aufgrund eines Verbrechens mit sexuellem Hintergrund, bei fast 70% davon handelte es sich um Vergewaltigung.

Wie in den meisten Ländern Europas ziehen Verbrechen mit pädophilem Charakter verstärkt die Aufmerksamkeit der Politik und der Öffentlichkeit auf sich. Im Jahre 2013 befanden sich 211 Personen in 7 Strafanstalten in einer Therapie für Sexualstraftäter.

3.960 der Gefangenen wurden wegen Verstoßes gegen andere Gesetze als die des StGB verurteilt. Nach den Statistiken des Strafvollzugdienstes hielten sich am 31.12.2013 2.154[381] rechtskräftig verurteilte Personen in Strafanstalten aufgrund eines Verstoßes gegen die Betäubungsmittelgesetzgebung[382] auf.

381 Quartalstatistik des Strafvollzugsdienstes IV/2013.

382 Ustawa z dnia 29 lipca 2005r. o przeciwdziałaniu narkomanii/Das Gesetz vom 29. Juli 2005 zur Bekämpfung der Rauschgiftsucht, Dz.U. 179, 2005, poz. 1485 mit späteren Änderungen.

Tabelle 4.4:   Deliktstruktur der Gefangenen 2013*

Delikt		Verurteilte	
		Abs.	**%**
Insgesamt nach StGB		**75.705**	**100**
darunter fahrlässige Straftaten		251	
Gegen das Leben und die Gesundheit (przeciwko życiu i zdrowiu, Art. 148-162)**	**Insgesamt:**	**9.806**	**13,0**
	Tötung	4.133	
	qualifizierte Tötung*** (Mord)	1.131	
Gegen die Sicherheit im Verkehr (przeciwko bezpieczeństwu w komunikacji, Art. 173-180)		**4.563**	**6,0**
Gegen die sexuelle Freiheit und Sittlichkeit (przeciwko wolności seksualnej i obyczajowości, Art. 197-205)	**Insgesamt:**	**3.154**	**4,2**
	Vergewaltigung	2.156	
Gegen die Familie und Fürsorge (przeciwko rodzinie i opiece, Art. 206-211)	**Insgesamt:**	**7.996**	**10,6**
	Misshandlung	4.797	
	Unterhaltszahlungen	3.190	
Gegen die Justiz (przeciwko wymiarowi sprawiedliwosci, Art. 232-247)	**Insgesamt:**	**4.054**	**5,3**
	Flucht aus, oder „fehlende Rückkehr" in die Anstalt	115	
Eigentumsdelikte (przeciwko mieniu, Art. 278-295)	**Insgesamt:**	**40.946**	**54,1**
	Diebstahl	5.989	
	Diebstahl mit Einbruch	12.069	
	Raub	12.755	
	räuberische Erpressung	599	
Andere Art. nach dem StGB		**5.186**	**6,8**
Andere Gesetze		**3.960**	**---**

*   Ohne Untersuchungsgefangene und ohne wegen Übertretungen Bestrafte. In dieser Tabelle werden nicht berücksichtigt Personen, die nach dem Gesetzbuch von 1969 (617, davon 413 wegen Tötung) verurteilt wurden.

**   (Artikel des poln. StGB).

***   Der Begriff „qualifizierte Tötung" kommt aus der Wissenschaft und Gerichtspraxis. Die Tatmerkmale entsprechen etwa denen des Mordes und der Tötung in besonders schweren Fällen im deutschen Strafrecht.

Quelle: Jahresstatistik des Strafvollzugdienstes 2013, Stichtag 31.12.

4.3.3 Länge der zu verbüßenden Freiheitsstrafe

Innerhalb der vollstreckten Freiheitsstrafen machten Ende 2012 diejenigen bis zu zwei Jahren den größten Anteil, nämlich über 60% aus. Die Anzahl der mittelfristigen Strafen (über zwei bis zu fünf Jahren) betrug am 31.12.2012 25% aller vollzogenen Freiheitsstrafen. Der Anteil der zu diesen Strafen verurteilten Frauen war um einige wenige Prozente niedriger und betrug 17,6%. Der Anteil der kürzesten Strafen mit einer Dauer von bis zu 6 Monaten lag bei 8%.

Die Gefangenen mit langen Strafen, also 5-15 Jahren und diejenigen, die 25 Jahre zu verbüßen hatten, machten Ende 2012 14,3% der Verurteilten aus. Die lebenslange Freiheitsstrafe betraf 0,4% aller zu verbüßenden Freiheitsstrafen.

Der beachtliche Anteil von Freiheitsstrafen von unter 6 Monaten bzw. von unter einem Jahr deutet auf nicht ausgeschöpfte Potenziale der Alternativen zur Freiheitsstrafe hin.

Tabelle 4.5: **Verurteilte nach der Dauer der Freiheitsstrafe***

Strafmaß	Insgesamt	%	darunter Frauen	%
Insgesamt	**71.836**	100	**2.154**	100
1 – 3 Monaten	774	1,1	24	1,1
3 – 6 Monaten	5.259	7,3	153	7,1
6 Monate – 1 Jahr	15.102	21,0	531	24,6
1 – 1,5 Jahren	10.474	14,6	285	13,2
1,5 – 2 Jahren	12.296	17,1	379	17,5
2 – 3 Jahren	9.633	13,4	196	9,1
3 – 5 Jahren	8.717	12,1	185	8,5
5 – 10 Jahren	4.976	6,9	207	9,6
10 – 15 Jahren	2.721	3,8	137	6,4
25 Jahre	1.583	2,2	56	2,5
Lebenslange Freiheitsstrafe	301	0,4	9	0,4

*   In der Tabelle wurden nur die Hauptstrafen erfasst und nur die rechtskräftigen Urteile. Dazu kommen also noch 1.173 nicht rechtskräftige Urteile, 4.037 Ersatzfreiheitsstrafen (siehe unten) und 498 andere Sanktionen mit isolierendem Charakter (Arrest, Zwangsmaßnahmen in Zivilverfahren, Ordnungsmaßnahmen).

Quelle: Jahresstatistik des Strafvollzugdiensts 2012, Stichtag 31.12.

Die durchschnittliche Dauer einer Freiheitsstrafe betrug am 31.12.2013 33 Monate, die Median 24 Monate (hierbei sind die lebenslänglichen und 25-jährigen Freiheitsstrafen ausgenommen).

Die Straflänge männlicher und weiblicher Strafgefangener unterscheidet sich nicht wesentlich (vgl. *Tabelle 4.5*).

Abbildung 4.6: Gefangene mit langen Haftstrafen (mind. 5 Jahre) im europäischen Vergleich 2010

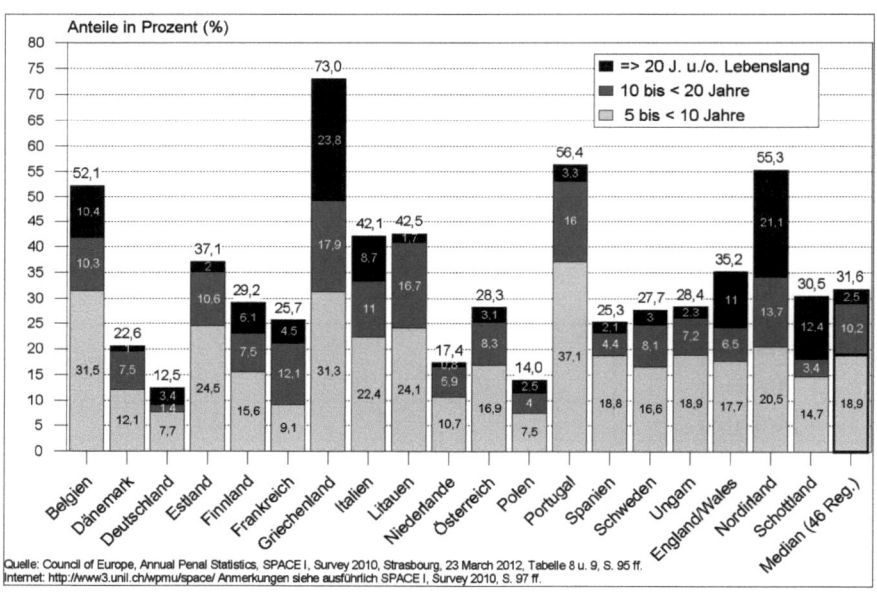

Quelle: Council of Europe, Annual Penal Statistics, SPACE I, Survey 2010, Strasbourg, 23 March 2012, Tabelle 8 u. 9, S. 95 ff.
Internet: http://www3.unil.ch/wpmu/space/ Anmerkungen siehe ausführlich SPACE I, Survey 2010, S. 97 ff.

Quelle: *Dünkel/Geng* 2013.

Im internationalen Vergleich gehört Polen zu den Ländern mit der geringsten Zahl von Gefangenen mit langen Haftstrafen. Im Jahr 2010 betrug der Anteil der Strafen über 5 Jahren 14%, damit war Polen nach Deutschland das Land mit der zweitkleinsten Zahl unter 19 europäischen Ländern.

Am 31.12.2012 haben 4.037 Verurteilte eine Freiheitsstrafe als Ersatzfreiheitsstrafe verbüßt, davon hatten 89% ein- bis dreimonatige Strafen zu verbüßen. Eine Ersatzstrafe, die länger als 3 Monate dauert, stellt eher eine Ausnahme dar. Das Höchstmaß beträgt 12 Monate. Auch in diesem Bereich deuten sich Entwicklungspotenziale für eine Ausweitung alternativer Sanktionen an, wie

z. B. die Vermeidung von Ersatzfreiheitsstrafen durch gemeinnützige Arbeit, wie sie in Deutschland erfolgreich praktiziert werden.[383]

Tabelle 4.6:   Ersatzfreiheitsstrafe

Strafmaß	Insgesamt	%	darunter Frauen	%
Insgesamt	4.037	100	179	100
Bis zu 30 Tagen	356	8,8	14	12,5
30 Tage bis zu 180 Tagen	3.596	89,1	161	85,3
180 Tage bis zu 270 Tagen	65	1,6	4	2,2
270 bis zu 12 Monaten	20	0,5	0	0,0

Quelle: Jahresstatistik des Strafvollzugdiensts 2012.

4.3.4   Die sog. „gefährlichen" Gefangenen

Eine besondere Kategorie der Verurteilten stellen die sog. gefährlichen Gefangenen[384] dar. Die Kriterien, nach denen man einen Inhaftierten als gefährlich einstuft, zählt Art 88 § 3 und § 4 des poln. StVollstrGB auf. Zu dieser Kategorie gehören sowohl jene Verurteilten und Untersuchungsgefangenen, die eine Gefahr für die Gesellschaft und/oder die Sicherheit der Strafanstalt darstellen als auch diejenigen, die eine Straftat in einer organisierten Gruppe begangen haben.[385] Die klassifizierende Entscheidung obliegt den Strafvollzugskommissionen, wobei über die Einstufung eines Verurteilten als „gefährlich" der Strafvollzugsrichter informiert wird. Die Strafvollzugskommission ist verpflichtet diese Entscheidung alle drei Monate zu überprüfen.

---

383   Vgl. allgemein und zum Projekt „Ausweg" in Mecklenburg-Vorpommern *Dünkel/ Scheel* 2006; *Dünkel* 2011b.

384   Dies ist kein gesetzlicher Begriff, er wird aber offiziell für diese Gruppe der Gefangenen verwendet. In der deutschsprachigen Literatur wird die Thematik der „gefährlichen" Gefangenen in Polen von *Weigand* hervorgehoben, vgl. *Weigend* 2011, S. 159 ff.

385   Art. 88 § 3: „Den Verurteilten, der eine ernste Bedrohung für die Gesellschaft oder eine ernste Gefahr für die Sicherheit der Anstalt darstellt, bringt man in einer geschlossenen Anstalt unter Bedingungen, die erhöhten Schutz der Öffentlichkeit und die Sicherheit der Anstalt gewähren, unter." Art. 88 § 4: „In der Anstalt werden im Sinne des § 3 auch solche Inhaftierten untergebracht, welche die Straftat in einer organisierten Gruppe oder einer Vereinigung begangen haben, die als Ziel hatten, ein Verbrechen zu begehen, es sei denn, besondere Umstände sprechen gegen eine solche Unterbringung."

Die Verurteilten dieser Kategorie werden in speziellen, zusätzlich gesicherten und beaufsichtigten Zellen bzw. in speziellen Abteilungen (sog. Abteilung „N") einer geschlossenen Strafanstalt untergebracht. Am 30.11.2010 hielten sich in den Strafanstalten 327 Gefangene auf, die als gefährlich eingestuft worden sind. Im selben Zeitraum waren 2.630 Personen inhaftiert, die in Verbindung mit dem organisierten Verbrechen standen. Sie stellen 3,2% der Strafgefangenenpopulation insgesamt.[386]

Diese Abteilungen isolieren die gefährlichen Verurteilten nicht nur von der Außenwelt, sondern auch von den anderen Inhaftierten und voneinander. Sie sind mit eigenen Besuchs- und Aufenthaltsräumen als auch Ambulanzen ausgestattet, die Sicherungsanlagen sind elektronisch gesteuert und die Zellen werden ununterbrochen überwacht. Die Gefangenen verlassen die Abteilungen nur zu ärztlichen Zwecken wie z. B. zum Röntgen oder zu Zahnarztbesuchen.[387] Nur ausgewählte Personen haben in bestimmten Situationen Zutritt. Die gefährlichen Gefangenen unterzieht man beim Verlassen und Betreten der Zelle fast jedes Mal einer Leibesvisitation. Die Treffen mit Besuchern finden nur unter verstärkter Aufsicht statt. Auch dürfen sie keine eigene Kleidung tragen.

Durchaus zutreffend stellt *Lasocik* in seiner Monographie, die auf von ihm selbst durchgeführten Untersuchungen basiert, die Intensität einer solchen Isolation in Frage: „(...) man darf sich in Bezug auf die Abteilung „N" keiner Täuschung hingeben, sie stellt einen speziellen Ort dar. Sie ist ein Gefängnis im Gefängnis. Sie ist ein Untersystem des Gefängnissystems, in dem man den Grad der Isolierung bis zu einem Maß vollzieht, der die Grenzen des gesunden Menschenverstandes übersteigt. Es ist durchaus berechtigt zu fragen, wo sich die Grenzen der Isolierung befinden, wenn man erfährt, dass sich in einer der „N"-Abteilungen eine Isolationszelle befindet. Dies ist ein Phänomen von Hyperisolation."[388]

Die problematische Situation der Gefangenen, die als „gefährlich" eingestuft wurden, ist nicht unerkannt und wurde u. a. in Berichten des Antifolterkomitees aus den Jahren 2002 und 2006 erwähnt. Das Komitee äußerte seine Beunruhigung über den völligen Mangel an Beschäftigung und den extremen Mangel zwischenmenschlicher Kontakte. „Das CPT hält schwerwiegende Bedenken gegen das Regime von "N"-Gefangenen aufrecht, das außerordentlich restriktiv erscheint. Die Zeit außerhalb der Zelle war auf eine Stunde Hofgang pro Tag beschränkt, der entweder allein oder allenfalls mit einem Zellengenossen zusammen absolviert wurde, ferner eine bis zwei Stunden pro Woche in einem Freizeitraum. Eine wöchentliche Dusche, zwei Besuche und zwei Telefongespräche à 10 Minuten für verurteilte Strafgefangene (bei Untersuchungshäftlingen nach

---

386   Vgl. Statistiken des Strafvollzugdienstes 2010.

387   Vgl. *Wolman* 2003, S. 18.

388   *Lasocik* 2009, S. 318.

Ermessen des Staatsanwalts) waren die einzigen anderen Aktivitäten. Regelmä-ßige Kontakte zu Volllzugsbediensteten gab es in gewissen Zeitabständen in Form von Gesprächen mit einem der Erzieher oder Psychologen, gelegentlich auch mit einem Priester.[389] Ein Regime, das die entsprechenden psychischen und physischen Stimulationen verweigert, führt in den meisten Fällen zu einer Verschlechterung der psychischen und physischen Situation des Gefangenen.[390] Leider musste das CPT auch im Jahr 2009 folgendes anmerken: „Das CPT hält an der Auffassung fest, dass das sog. „N"-Regime grundlegend reformiert wer-den muss. Einzelhaft oder Isolationshaft kleiner Gruppen von Gefangenen über länger Zeiträume führt eher zu einer Ent- als zu einer Resozialisierung von Ge-fangenen."[391] Das Komitee warnte auch vor der Praxis, den Gefangenen bei je-dem Verlassen der Zelle und auch beim Eintreten von Angestellten in die Zelle Handschellen anzulegen. Eine solche Behandlung sahen die Vertreter des Ko-mitees als erniedrigend an. In dem Bericht von 2011 forderte das CPT die polni-sche Regierung erneut auf, die Regelungen, die „gefährliche Gefangene betref-fen, komplett zu überdenken und konkrete Programme für mehr geistige und körperliche Aktivitäten zu entwickeln."[392]

Im Jahr 2011 wurde eine Untersuchung in 11 großen Straf- und Untersu-chungshaftanstalten durch die Mitarbeiter des Ombudsmann-Büros unternom-men. Es wurde festgestellt, dass zwar die Zuordnung zu der Gruppe „gefährli-cher" Gefangener in meisten Fällen korrekt durchgeführt wurde, aber die Ent-scheidungen über die weitere Gefährlichkeit einige Mangel aufwiesen, z. B. fehlten psychologische bzw. psychiatrische Diagnosen als Grundlage der Folge-entscheidungen. Im polnischen Rechtssystem fehlt eine Regelung, die die psy-chologische Untersuchung vor einer Entscheidung über die Verlängerung des Status' als „gefährlicher" Gefangener obligatorisch vorschreibt.

Die Untersuchungen haben auch andere Unzulänglichkeiten aufgedeckt. So fehlte es an Arbeitsplätzen bzw. Beschäftigungsmaßnahmen sowie Kultur- und

---

389 Report to the Polish Government on the visit to Poland carried out by the European Committee for the Prevention of Torture and Inhuman or Degrading Treatment or Punishment from 4 to 15 October 2004. CPT/Inf (2006) 11.

390 Report to the Polish Government on the visit to Poland carried out by the European Committee for the Prevention of Torture and Inhuman or Degrading Treatment or Punishment from 8 to 19 May 2000. CPT/Inf (2002) 9, p. 77.

391 Report to the Polish Government on the visit to Poland carried out by the European Committee for the Prevention of Torture and Inhuman or Degrading Treatment or Punishment from 26 November to 8 December 2009. CPT/Inf (2011) 20, p. 91.

392 Report to the Polish Government on the visit to Poland carried out by the European Committee for the Prevention of Torture and Inhuman or Degrading Treatment or Punishment from 26 November to 8 December 2009. CPT/Inf (2011) 20, p. 91. Siehe auch die Recomendation No. R (82) 17 of the Committe of Minister to memeber states concerning custody and treatment of dangerous prisoners.

Freizeitangeboten. Kritisiert wurde ferner die weitgehende Einschränkung von Kontakten mit der Familie, insbesondere das fast völlige Fehlen von Möglichkeiten körperlichen Kontakt mit den eigenen Kindern zu haben. Die Ombudsfrau hat in einem offiziellen Schreiben[393] an den Justizminister ihre Besorgnis geäußert und betont, dass die erhöhten Sicherungsvorkehrungen gegenüber Gefangenen, die als „gefährlich" eingestuft wurden, nicht zum vollständigen Entzug von so wichtigen Resozialisierungsmaßnahmen wie den Kontakten mit der Familie oder von Arbeitsmöglichkeiten führen dürfen. Dabei hat sie sich auch auf die Empfehlung des Europarates[394] berufen, die seit vielen Jahren fordert, gegenüber sog. gefährlichen Gefangenen soweit möglich die üblichen Regeln für den Vollzug der Freiheitsstrafe anzuwenden.

---

393 Rzecznik Praw Obywatelskich Irena Lipowicz RPO-681171-II-706/11/EB.

394 Council of Europe, Recommendation No. R (82) 17 of the Committee of Ministers to Member States concerning Custody and Treatment of Dangerous Prisoners.

5. Die materielle und personelle Basis des Gefängniswesens

Um sich vorstellen zu können wie das Strafvollzugssystem funktioniert, ist neben den grundlegenden Rechtsvorschriften, die diesen Bereich regulieren, auch der Blick auf andere Faktoren unabdingbar. Dazu gehören die materielle Basis, also die Infrastruktur, wie Zahl und Zustand der Anstalten, das Budget und nicht zuletzt das Personal. Diese einzelnen Elemente sind für die Analyse der in den Strafanstalten vorherrschenden Bedingungen sowie für das Resozialisierungsangebot in quantitativer und qualitativer Hinsicht von besonderer Bedeutung.

5.1 Infrastruktur

Die grundlegende Organisationseinheit des polnischen Gefängniswesens bildet die Strafanstalt. Gemäß Art. 72 § 3 poln. StVollstrGB kann sie als selbständige Anstalt aber auch als gesonderte Abteilung anderer Strafanstalten fungieren. Der Justizminister ist für die Einrichtung, den Unterhalt und ggf. auch für die Schließung von Anstalten zuständig. Die Strafanstalt wird von einem hauptamtlichen Direktor geleitet, Abteilungen können von einem dem Direktor unterstellten Leiter geführt werden. Der Direktor der Strafanstalt sowie der Untersuchungshaftanstalt wird aus der Gruppe der Offiziere des Gefängnisdienstes vom Generaldirektor der Zentralverwaltung auf Antrag des Direktors der Regionalverwaltung ernannt.

Das polnische Gefängniswesen verfügt über 156 selbständige Einrichtungen. Dies sind Strafanstalten und Untersuchungshaftanstalten. Hinzu kommen noch 37 Außenabteilungen, die hauptsächlich dem offenen oder halboffenen Strafvollzug dienen, sowie zwei Mutter-Kind-Einrichtungen.

Bei 88 der 197 Strafanstalten und Außenabteilungen handelt es sich um relativ kleine Einheiten mit einer Aufnahmekapazität von bis zu 300 Personen. Sie stellen damit 43% aller Strafanstalten. Die größten Einheiten mit einer Aufnahmekapazität von 1.000 bis 1.500 Personen stellen 11% aller Anstalten,. Die Außenabteilungen (77%) sind in erster Linie Einheiten, deren Aufnahmekapazität 300 Personen nicht überschreitet.

Tabelle 5.1:   Zahl und Größe (Kapazität) der polnischen Anstalten

Kapazität	Zahl der Anstalten							
	Insgesamt (mit Außenabteilungen)		Untersuchungshaft		Strafanstalten		Außenabteilungen	
	Abs.	%	Abs.	%	Abs.	%	Abs.	%
Insgesamt	197*	100	69	100	87	100	37	100
50 – 99	23	11,6	7	10,1	1	2,3	11	33,3
100 – 299	65	32,9	30	43,5	17	19,3	18	44,4
300 – 499	44	22,3	15	21,7	22	25,0	7	19,5
500 – 699	19	9,6	2	2,9	16	19,3	1	2,8
700 – 899	20	10,1	7	10,2	13	14,8	0	---
900 – 999	4	2,0	1	1,5	3	3,4	0	---
1000 – 1199	14	7,1	6	8,7	---	8,9	0	---
1200 – 1299	3	1,5	0	---	3	3,4	0	---
1300 – 1499	5	2,5	1	1,4	4	4,5	0	---

Quelle: Jahresstatistik des Strafvollzugsdienstes 2013, Stichtag 31.12.
*   In der Tabelle sind 4 Abteilungen für die „vorübergehende Unterbringung der Gefangenen" nicht getrennt aufgelistet, jedoch in der Zahl von 197 Einrichtungen enthalten.

Lediglich 36 von 157 Einrichtungen wurden nach dem zweiten Weltkrieg erbaut. Ungefähr 60% stammen noch aus der Zeit vor dem ersten Weltkrieg und etwa ein Dutzend befinden sich in ehemaligen Klosteranlagen, die aus dem 14. bis 18. Jahrhundert stammen.[395] Das älteste Gebäude, das als Strafanstalt genutzt wird, ist die Anstalt in *Koronowo*, welche in einer ehemaligen Klosteranlage aus dem 14. Jahrhundert untergebracht ist. Der Erhalt derart alter Gebäude, die einen sehr hohen historischen Wert haben, bringt einen enormen Kostenaufwand mit sich. Dazu kommt, dass in den alten Gebäuden die Zellen meist zu klein und ungenügend beleuchtet sind und es gibt keine angemessenen Sanitäranlagen. Diese zu modernisieren und an gegenwärtige Anforderungen anzupassen, ist kaum möglich.

In allen Anstalten werden kontinuierlich verschiedene Renovierungsarbeiten durchgeführt, es werden auch neue Einheiten gebaut. Im Rahmen des „Pro-

---

395 Vgl. *Szymanowski* 2004, S. 129.

gramms für die Jahre 2006-2009 zum Bau und der Renovierung von 17.000 Haftplätzen im Strafvollzug" hat man durch die Errichtung neuer Pavillons bzw. ganzer Einheiten, durch den Umbau und Renovierung alter Räumlichkeiten, die nicht mehr in Gebrauch waren aufgrund ihres schlechten technischen Zustands und durch den Umbau der vom Militär und von den kommunalen Selbstverwaltungen erhaltenen Gebäude 13.930 neue Unterbringungsmöglichkeiten geschaffen.[396]

5.2 Budget und Ausgaben

Das polnische Gefängniswesen wird zu 100% durch den Staatshaushalt finanziert. Ein bestimmter Prozentsatz sollte durch das Einkommen aus der Arbeit der Gefangenen gedeckt werden, momentan jedoch sind es lediglich 0,7% der Ausgaben, während z. B. im Jahr 1985 die Arbeit der Gefangenen 22% aller Kosten deckte.[397]

Im Jahr 2012 wurden im Justizministerium ca. 2,5 Mrd. PLN für Ausgaben, die das Funktionieren des Gefängniswesens gewährleisten sollen, bewilligt. In demselben Zeitraum betrugen die Unterhaltungskosten eines Gefangenen etwa 29.536,18 PLN (pro Monat 2.461,35 PLN, also ca. 600 Euro). Davon sind fast 80% Lohnkosten für das Personal.

Wie sich die Hauptsachausgaben pro Gefangene verteilen, zeigt die folgende Grafik:

---

396 Vgl. die Antwort des Staatssekretärs des Justizministeriums auf die Anfrage Nr. 16074 in der Angelegenheit der Pläne des Justizministeriums bezüglich der Reduzierung der Überbelegung der Gefängnisse, Warszawa, 11. Juni 2010.

397 Nach *Szymanowski* 2004, S. 131.

Abbildung 5.1:   Die Struktur der Ausgaben pro Gefangenen

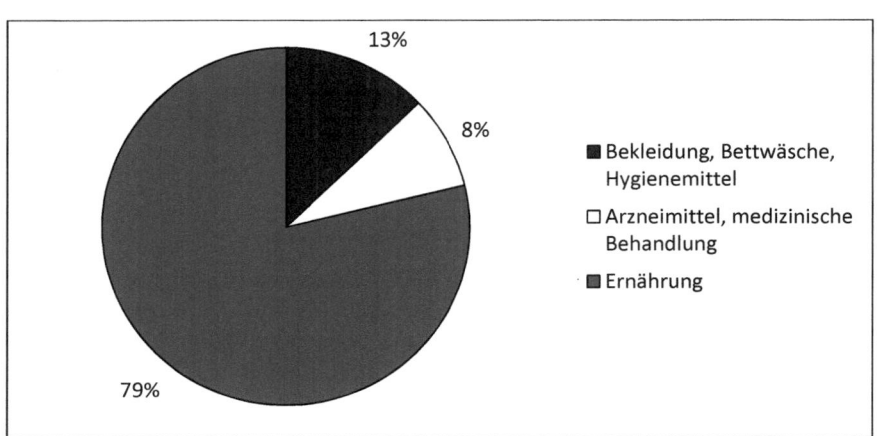

Quelle: Jahresstatistik des Strafvollzugdiensts 2013.

Leider wächst das Budget für das Gefängniswesen nicht in gleichem Maße mit den Kosten für das Funktionieren der Gefängnisse. Infolgedessen ist ein immer größerer Prozentsatz des Bedarfs für das Gefängniswesen nicht finanziert.[398]

5.3 Personal

Gemäß Art. 78 poln. StVollstrGB setzt sich das Vollzugspersonal aus den Strafvollzugsbediensteten sowie dem zivilen Personal zusammen. Der Kreis der zivilen Mitarbeiter besteht in erster Linie aus Psychologen, medizinischem Personal, Therapeuten, Geistlichen und Lehrern im Bereich der allgemeinen und beruflichen Ausbildung. Ein Novum bilden auch jene Vorschriften, die das zivile Personal für einige leitende Funktionen vorsehen, unter anderem auch für die Funktion des Generaldirektors des Gefängnisdienstes. Die Vorschriften ermöglichen zwar die Beschäftigung von zivilen Personen, die dem Strafvollzugsdienst nicht zugehören und ihre Anstellung und Verantwortung unterliegt nur dem Arbeitsrecht, diese Gruppe stellt jedoch nur ca. 7% aller im Strafvollzug arbeitenden Personen, am 31.12.2012 waren dies 1.962 zivile Angestellte.[399]

Die anderen 93% Stellen sind durch Strafvollzugsbedienstete (am 31.12.2012 27.567 Personen, davon 4.793 Frauen) besetzt, die nicht auf Basis eines gewöhnlichen, zivilen Arbeitsvertrages arbeiten, sondern auf ihren Posten berufen

---

398   Siehe *Moczydłowski* 2011, S. 472.

399   Siehe Statistik des Strafvollzugsdienstes 2010.

wurden. Der Strafvollzugsdienst (*Służba Więzienna*) bildet eine uniformierte und bewaffnete Formation. Sie untersteht dem Justizminister, hat aber eine eigene organisatorische, hierarchisch aufgebaute, dem Militär und der Polizei ähnliche Struktur. Die Strafvollzugsbediensteten sind der Leitung nicht nur verwaltungsmäßig, sondern auch hierarchisch unterstellt. Die Aufgabe des Dienstes besteht im ordnungsgemäßen Vollzug der Untersuchungshaft, der Freiheitsstrafe und anderer freiheitsentziehenden Maßnahmen, insbesondere durch resozialisierende Tätigkeit in den Anstalten. Die Aufgaben und die Organisation des Strafvollzugsdiensts regelt das neue Gesetz zum Gefängnisdienst vom April 2010,[400] das im August 2010 in Kraft getreten ist und eine umfangreiche Reform des Strafvollzugsdiensts mit sich brachte.[401] Diese Reform hält man für die größte Reform des polnischen Gefängniswesens seit 50 Jahren. In den Jahren 1989-95 fand eine einschneidende Veränderung der Personalzusammensetzung des Strafvollzugsdiensts statt. So wurden ca. 40% der Beamten durch Neubesetzung ersetzt. Die politische Wende dieser Zeit spielte hierbei eine bedeutende Rolle. Diese Veränderungen brachten zwar auch negative Begleiterscheinungen mit sich – dem neuen „Kader" bspw. fehlte es an Erfahrung und Entschlossenheit, aber die positiven Aspekte, wie die Entideologisierung und die Verjüngung des Strafvollzugsdiensts, sowie eine neue Herangehensweise, die die Menschenrechte stärker forcierte, überwogen.[402]

Die Organisationseinrichtungen des Strafvollzugsdiensts bestehen aus der Zentralverwaltung des Strafvollzugdienstes mit dem Generaldirektor des Strafvollzugsdiensts an der Spitze, den Regionalverwaltungen, den Strafvollzugsanstalten und Untersuchungshaftanstalten, sowie aus den Ausbildungszentren für Strafvollzugbedienstete. Ihre Struktur ist im folgenden Schema dargestellt.

---

400 Ustawa o Służbie Więziennej z dnia 9 kwietnia 2010r./Gesetz zum Strafvollzugdienst vom 9. April 2010, Dz.U 79, poz. 523. Es hat das Gesetz vom 31. Mai 1996 ersetzt.

401 Vgl. das Gespräch mit Justizminister *Kwiatkowski, Pilarska-Jakubczak*, 2011, S. 8 f. Zwar wurde bereits im Jahr 1996 ein neues Gesetz verabschiedet, dies brachte aber keine wesentlichen Änderungen mit sich.

402 Vgl. *Szymanowski* 1996, S. 37.

Abbildung 5.2:   Struktur des Strafvollzugdienstes

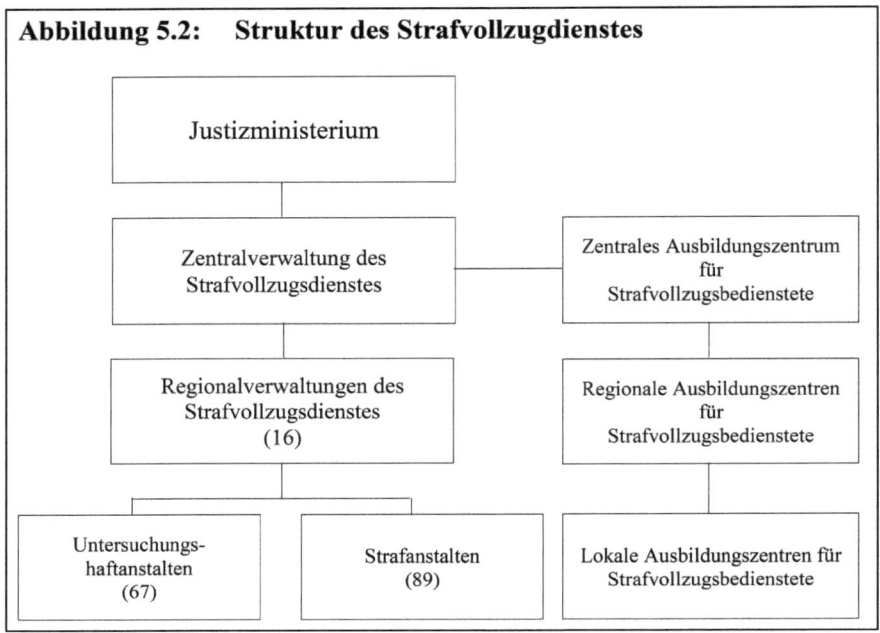

Laut Gesetz (Art. 38) dürfen im Strafvollzugsdienst nur Personen aufgenommen werden, die die polnische Staatsbürgerschaft besitzen, ein geregeltes Verhältnis zum Militärdienst haben,[403] die von all ihren öffentlichen Rechten Gebrauch machen dürfen, nicht vorbestraft sind, die mindestens das Abitur abgeschlossen haben, die physische und psychische Fähigkeiten zur Ausübung des Dienstes vorweisen und die die Einhaltung der Schweigepflicht durch Eid versichern.

Nach der ersten Auswertung aller eingereichten Bewerbungen müssen die eingeladenen Kandidaten psychologische und physische Tests bewältigen und sich einer ärztlichen Untersuchung unterziehen. Wird eine positive Entscheidung gefällt, ernennt der Anstaltsdirektor die Kandidaten (für einen Vorbereitungsdienst von zwei Jahren) zum Beamten im Strafvollzugsdienst mit dem Dienstgrad eines Schützen.[404] Unmittelbar nach der Ernennung durchläuft die aufgenommene Person eine Eingangsschulung, die 11 Tage dauert. Die Ausbildung findet in den zentralen und regionalen Schulungszentren des Strafvoll-

---

403 Dies bedeutet, die Personen haben entweder Wehrdienst geleistet oder wurden offiziell davon befreit.

404 Der Zeitraum wie auch der Dienstgrad können in Abhängigkeit von der Ausbildung und von den anderen Eigenschaften der in den Vollzugsdienst aufgenommenen Person unterschiedlich bestimmt werden.

zugsdiensts statt, in denen Grundkenntnisse und Fertigkeiten in der Ersten Hilfe und Selbstverteidigung vermittelt werden und die Teilnehmer mit den ethischen Prinzipien, den Grundsätzen des dienstlichen Verhaltens, mit den Elementen des Strafvollzugsrechts und des Verwaltungsrechts bekannt gemacht werden. Die Kandidaten des Strafvollzugdienstes erhalten auch Unterricht im Gebrauch von Schusswaffen.

Die nächste verpflichtende Etappe der Ausbildung stellt die praktische Schulung dar, die sowohl das theoretische, wie auch das praktische, während der Eingangsschulung erworbene Grundwissen der Beamten vertieft. Die beruflichen, interdisziplinären Schulungen werden mit der Prüfung zum ersten Unteroffiziers- bzw. Offiziersgrad beendet und dauern je nach der gewählten Spezialisation 6-9 Wochen (ca. 300 Stunden). Insgesamt dauert die vorwiegend in die Praxis integrierte Ausbildung zwei Jahre und ist insofern mit der Ausbildung mit des Allgemeinen Vollzugsdienstes in Deutschland vergleichbar, wenngleich die theoretischen Anteile geringer sein dürften.[405]

Fachspezifische Schulungen und Kurse zur beruflichen Weiterbildung stellen die Ergänzung zum Schulungsprozess dar, die eine Aktualisierung und Ausweitung der beruflichen Grundschulung bedeuten.[406]

Im Rahmen der schon erwähnten Reform von 2010 spielt die Umstrukturierung der Arbeitsorganisation innerhalb der Anstalten eine besondere Rolle. Anstelle von Ressorts wie Sicherheit, Resozialisierung, Verwaltung, die für ganze Anstalten verantwortlich waren (vertikale Struktur), sind sog. pönitentiare Abteilungen (*oddziały penitencjarne*) entstanden. Sie arbeiten ohne Zwischenebenen in unmittelbarem Kontakt mit den Inhaftierten (horizontale Struktur).[407] Nach den neuen Vorschriften ist die pönitentiare Abteilung ein ausgegliederter Teil der Strafanstalt, der Untersuchungshaft oder einer Außenabteilung. Sie beschäftigt fest zugeordnetes Personal, das sowohl resozialisierende Aufgaben, solche der Sicherheit wie auch alle logistischen Aufgaben wie z. B. Versorgung und Verwaltung wahrnimmt. Die kontinuierliche Arbeit miteinander und der Arbeitsplatz in der Nähe der Gefangenen statt in abgetrennten Büros und Gebäuden soll eine verbesserte Kenntnis der Situation der Verurteilten sicherstellen und die Zusammenarbeit der Angestellten in der jeweiligen Abteilung verbessern.

Zu den Änderungen der letzten Jahre gehört auch der relativ große Anstieg des Bildungsniveaus der Strafvollzugsbediensteten. Von allen Beschäftigten verfügen ca. 54% über eine höhere Ausbildung.

---

405 Vgl. *Blanck* 2015.

406 Mehr auf der Internetseite des Zentralausbildungszentrums für Strafvollzugbedienstete in Kalisz, http://cossw.pl/main.php?a=www&id=39, siehe ferner *Korwin-Szymanowski* 2011a, S. 13.

407 *Kwiatkowski* im Gespräch 2011, S. 8.

Abbildung 5.3: **Das Bildungsniveau der Strafvollzugsbediensteten nach ihren erreichten Abschluss**

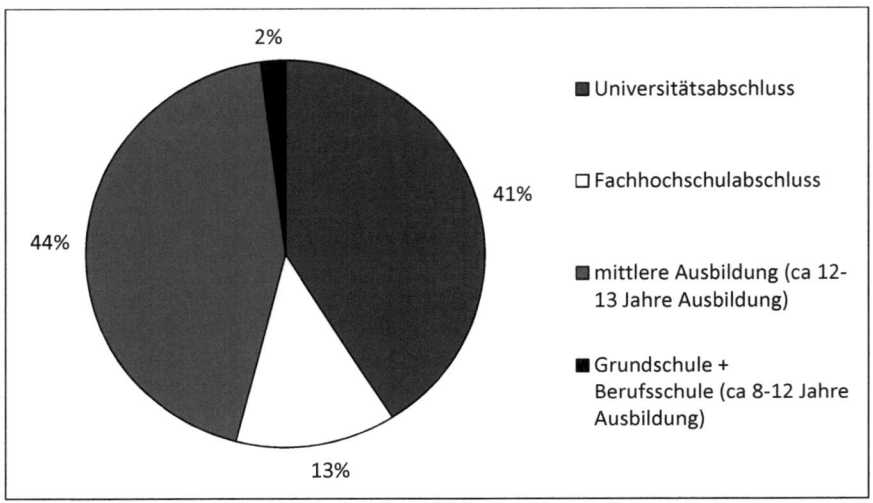

Quelle: Jahresstatistik des Strafvollzugdiensts 2013.

Auch der Prozentsatz der Frauen unter den Beamten hat zugenommen. Der Anteil der Frauen bei den Strafvollzugsbediensteten beträgt 17% und beim zivilen Personal 60%. Unter den 1.306 Bediensteten, die im Jahr 2013 ihre Arbeit im Strafvollzug begonnen haben, waren 305 (23%) Frauen. Seit Februar 2010 ist beim Generaldirektor des Strafvollzugs der sog. Frauenrat als ein beratendes Organ tätig. Vor allem soll er die besonderen Bedürfnisse der in den Gefängnissen arbeitenden Frauen vertreten.

Die Arbeit im Gefängnis ist mit ständigem Stress verbunden, häufig auch mit dem permanenten Gefühl der Bedrohung und der Furcht davor, einen Fehler zu begehen, der in den meisten Fällen zu einem langwierigen, sachaufklärenden oder disziplinarischen Verfahren führt.[408] Allein die Tatsache, dass der Ort der Berufsausübung ein Gefängnis ist, also eine Institution, die Personen verwahrt,

---

408   Einen recht bekannten und in der Öffentlichkeit präsenten Fall der letzten Jahre stellt die Angelegenheit eines Strafvollzugsbediensteten aus Białystok dar. Im Jahre 2008 wurde er vom Staatsanwalt der fahrlässigen Tötung – der unterlassenen Verhütung eines Selbstmordes eines Häftlings, der Zeuge in einem anderen Verfahren war, bezichtigt. Nach dem Freispruch in der Ersten Instanz legte der Staatsanwalt Berufung ein. Der Freispruch vom Berufungsgericht folgte erst im Oktober 2010. Während der gesamten 2,5 Jahre, in denen das Verfahren lief, lebte der Angeklagte in ständiger Unsicherheit und durfte zudem auch nicht alle mit seiner Arbeit verbundenen Pflichten erfüllen.

die mit dem Recht in Konflikt geraten sind und oft die wesentlichen Prinzipien des zwischenmenschlichen Zusammenlebens verletzt haben, stellt einen belastenden Faktor dar. Dazu kommt die nicht seltene Aggressivität der Inhaftierten. Die Gewalt, der die Bediensteten ausgesetzt sind, nicht nur in physischer, sondern auch in psychischer und verbaler Form, verursacht sehr viel Stress und ist mit ständig wechselnden Anforderungen verbunden.[409]

Im polnischen Strafvollzug fehlt es nicht nur an Unterbringungsplätzen für Gefangene, sondern auch an Personal, vor allem an Stellen für Erzieher, Psychologen und Psychiatern. Polen hat in Europa den höchsten Arbeitsbelastungsindikator des Gefängnisdienstes. Die Zahl der Gefangenen pro Bediensteten liegt in Polen bei 3 pro Bediensteten, in Deutschland zum Vergleich bei 2 und in Italien sowie bei den skandinavischen Ländern bei weniger als 1.[410] Diese Situation begünstigt Frustrationen, und Überarbeitung und führt nicht selten zum „Burn out-Syndrom"[411], was die Verwirklichung der erzieherischen und therapeutischen Einwirkung auf den Gefangenen wiederum oftmals in Frage stellt oder auch unmöglich macht.

Nicht ohne Bedeutung, aber häufig vergessen wird die Tatsache des permanenten Risikos an einer gefängnistypischen Krankheit zu erkranken. Es sind nicht nur Häftlinge, die sich verhältnismäßig oft mit solchen Krankheiten wie Tuberkulose oder Hepatitis C anstecken, sondern auch die Angestellten des Gefängnisses. Dies kann z. B. während eines aggressiven Überfalls auf einen Beamten passieren oder bei der Erteilung erster Hilfe für einen Inhaftierten. Zwar kommen solche Fälle nicht häufig vor, trotzdem sind sie eine ständige Quelle der Furcht.

Selbst der hierarchische Charakter der dienstlichen Abhängigkeit und die damit verbundene Unterlegenheit wirken sich in diesem Spannungsfeld nachteilig auf das Befinden und die Bewältigungsstrategien der Angestellten aus.[412] Die Arbeit in einer Strafanstalt erfordert „ein verantwortungsbewusstes enormes Engagement in der Beziehung zu einem anderen Menschen und stellt einen ständigen Prozess emotionalen Austausches dar".[413]

Einen belastenden Charakter für die Arbeit in den Strafanstalten haben nicht zuletzt das Ansehen dieser Arbeit in der Gesellschaft und ihre Darstellung in den Medien. Die Strafvollzugsbeamten leiden unter einer eher niedrigen gesellschaftli-

409 Siehe *Bögemann* 2010, S. 62 ff.

410 Vgl. *Moczydłowski* 2011, S. 473.

411 Siehe u. a. *Cheek/Miller* 1983, S. 111; *Bourbonnais u. a.* 2005; *Ghaddar/Inmaculada/Sanchez* 2008.

412 *Pomiankiewicz* 2011, S. 19.

413 *Pomiankiewicz* 2011, S. 18.

chen Anerkennung, die Entlohnung ihrer Arbeit ist gering[414] und die Medien unterstreichen häufiger ihre Verfehlungen und interessieren sich hauptsächlich für Fragestellungen, die auf mögliche Fehler im Dienst hinweisen könnten. Gerne werden z. B. Selbstmorde der Gefangenen oder Entweichungen thematisiert. Diese Sensationslust auf vorrangig negative Vorkommnisse ist charakteristisch für viele Medien nicht nur in Bezug auf das Gefängnis. Hier aber wird sie als besonders belastend empfunden. Um dieser Situation ein wenig entgegenzuwirken, das eigene Bild in der Gesellschaft zu verbessern und um über die Arbeit in den Strafanstalten besser zu informieren, wird seit einigen Jahren in jedem Bezirk ein Pressesprecher eingesetzt, der die Zusammenarbeit mit den Medien und verschiedenen Institutionen der Gesellschaft intensivieren soll.

---

414 Wobei man hier erwähnen muss, dass die Bediensteten verschiedene Lohn-, Dienstzeit- und Familienzulagen bekommen können. Die neuen Vorschriften (seit 2010) sehen auch eine „Risikozulage" bis zu 50% des Lohnes für die Bediensteten vor, die im ständigen und direkten Kontakt mit den Gefangenen arbeiten.

6. Ziel der Freiheitsstrafe

6.1 Regelungen des polnischen Strafvollstreckungsgesetzbuchs

Die Frage nach dem Ziel des Vollzugs der Freiheitsstrafe ist komplex und vielschichtig. Sowohl unter Wissenschaftlern wie auch unter Politikern und in der gesamten Gesellschaft gehen die Meinungen zu diesem Thema stark auseinander. Dies spiegelte sich wieder in den Kodifikationsarbeiten der 1990er Jahre, in denen viel darüber debattiert wurde, wie im gegenwärtigen poln. StVollstrGB das Ziel der Freiheitsstrafe bestimmt werden soll. Die Fragestellung ging einher mit der Diskussion über Straftheorien (siehe *Kapitel 3*) und Modelle des menschlichen Handelns und Lernens, die aus verschiedenen kriminologischen, pädagogischen und soziologischen Perspektiven diskutiert wurden.

Gemäß Art. 67 § 1 poln. StVollstrGB bezweckt der Vollzug der Freiheitsstrafe „die Bereitschaft des Strafgefangenen zu stärken, bei der Bildung sozial erwünschter Einstellungen, insbesondere des Verantwortungsgefühls und der Beachtung der Rechte anderer sowie an entsprechenden Maßnahmen mitzuwirken, die ihn von der Begehung weiterer Straftaten abhalten".

Eine der wichtigsten Änderungen in Bezug auf das zuvor geltende Gesetzbuch von 1969 ist der Verzicht auf die zwangsmäßige Resozialisierung. An Stelle des Zwangs trat die Anregung und Ermutigung, sich einem Prozess zu öffnen, der die Hilfe bei der Rückkehr in ein straffreies Leben innerhalb der Gesellschaft zum Ziel hat.[415] Sämtliche Maßnahmen und Programme werden demzufolge als Angebote verstanden, die der Gefangene annehmen oder ablehnen kann. Die Änderung der Einstellung soll aus einem inneren Wollen des Verurteilten heraus entstehen. Mit dieser Zielbestimmung werden zwei wichtige Aspekte berücksichtigt. Zum einen wird das Recht eines jeden Menschen auf Selbstbestimmung und somit die Menschenwürde geachtet, denn jeder Mensch hat das Recht, frei zu wählen, ob er etwas in seinem Leben ändern möchte oder nicht. Der zweite Aspekt ist eher pragmatischer Natur. Der wesentlichste Faktor im gesamten Resozialisierungsprozess ist, dass der Entschluss zur Änderung des Verhaltens selbständig von dem Verurteilten getroffen worden ist. „Es ist durchaus möglich, jemandem ein bestimmtes Verhalten aufzuzwingen; mit der Verinnerlichung der Normen des Verhaltens hat dies jedoch wenig zu tun. Die dauerhafte Aneignung desselben kann sich nur bei einer Zusammenarbeit zwischen

---

415 Mit Ausnahme der Heranwachsenden/Jugendlichen (bis zur Vollendung des 21. Lebensjahrs), die obligatorisch im „System der programmierten Einwirkung", in dem den resozialisierenden Maßnahmen der Vorrang zukommt, untergebracht werden. Zum Thema „Systeme im polnischen Strafvollzug" siehe ausführlich *Kapitel 7*.

dem aktiven Subjekt und dem Erzieher vollziehen."[416] In der Begründung des poln. StrVollstrGB heißt es dazu: „Die Ablehnung des Resozialisierungszwangs im Zeitraum der Strafverbüßung geht vom Konzept der Anerkennung des Menschenrechts, frei über sich selbst entscheiden zu können aus, sowie von einer realistischen Einschätzung der Tatsache, dass bei einem erwachsenen Mensch vorrangig jene Maßnahmen effektiv sind, die er selbst akzeptiert."[417]

Der Gesetzgeber hat sich, anders als in Deutschland, dazu entschlossen, nicht im selben Artikel den Schutz der Allgemeinheit als Aufgabe zu erwähnen.[418] Diese Aufgabe ist jedoch anderen Artikeln zu entnehmen, vor allem Art 73 § 1: „In der Strafanstalt ist Disziplin und Ordnung einzuhalten zur Wahrung der Sicherheit und zur Realisierung der Aufgaben der Freiheitsstrafe, darunter auch jener des Schutzes der Gesellschaft vor Kriminalität." Ein Teil der Wissenschaftler vertritt die Meinung, dass diese Aufgabe, die den Strafvollzugsbediensteten gestellt wird, gleichbedeutend mit dem Ziel der Freiheitsstrafe sei. Diese Stellung nahm auch das polnische Höchste Gericht mehrmalig in seiner Rechtsprechung noch unter dem Gesetzbuch von 1969 ein. Unter anderem

---

416 *Śliwowski* 1981, S. 182.

417 Begründung des Entwurfs des Strafvollstreckungsgesetzbuches 1997, S. 25.

418 Seit der Föderalismusreform (2006) unterliegt der Strafvollzug der Länderkompetenz. In Hessen, Bayern, Baden-Württemberg und Niedersachsen wurden die Resozialisierung (Eingliederungsauftrag) und der Schutz der Allgemeinheit (Sicherungsauftrag) leider weitgehend gleichgestellt (während alle andern Bundesländer den Vorrang des Resozialisierungsziels beibehalten haben). Die Regierungen begründeten dies mit der zunehmenden Gefahr für die Sicherheit seitens der Gefangenen, mit der sich ändernden Struktur der Gefangenenpopulation. Da aber keine wissenschaftlich nachgewiesene Risikosteigerung vorliegt scheinen diese Entscheidungen nur einen politischen (populistischen) Hintergrund zu haben. Siehe dazu *Dünkel* 2004, S. 17. Solche Tendenzen sind aber nicht nur in Deutschland zu beobachten sondern in verschiedenen Ländern Europas, vgl. dazu *Pratt* 2002 und *Zalewski* 2006. Andererseits ist in den oben nicht genannten Bundesländern in Deutschland der eindeutige Vorrang des Resozialisierungsziels beibehalten worden. Der Entwurf stellte einen fortschrittlichen Versuch bei der Umsetzung eines resozialisierungsfördernden Strafvollzuges dar. Zu den Grundsetzen der Vollzugsgestaltung gehören: „(1) Der Vollzug ist auf die Auseinandersetzung der Gefangenen mit ihren Straftaten und deren Folgen auszurichten; (2) Der Vollzug wirkt von Beginn an auf die Eingliederung der Gefangenen in das Leben in Freiheit hin; (3) Das Leben im Vollzug ist dem allgemeinen Lebensverhältnissen soweit wie möglich anzugleichen; (4) Schädlichen Folgen des Freiheitsentzugs ist entgegenzuwirken; (5) 1 Der Bezug der Gefangenen zum gesellschaftlichen Leben ist zu wahren und zu fördern. 2 Personen und Einrichtungen außerhalb des Vollzugs sollen in den Vollzugsalltag einbezogen werden. 3 Den Gefangenen ist sobald wie möglich die Teilnahme am Leben in der Freiheit zu gewähren; Die unterschiedlichen Bedürfnisse der Gefangenen, insbesondere im Hinblick auf Geschlecht, Alter und Herkunft, werden bei der Vollzugsgestaltung im Allgemeinen und im Einzelfall berücksichtigt.", vgl. Mustergesetzentwurf von 10 Bundesländern vom 23.8.2011, siehe www. http://beck-online.beck.de/default.aspx?vpath= bibdata%2Fges%2FME_LStVollzG% 2Fcont%2FME_LStVollzG%2EP3%2Ehtm; ferner ausnahmslos die Jugendstrafvollzugsgesetze, hierzu zusammenfassend *Ostendorf* 2012.

vertrat es die Ansicht, dass es unannehmbar sei, wenn dem Strafvollzug andere Ziele vorschwebten als die, welche auf der Grundlage der Strafbemessung basieren. Aus diesem Grunde waren neben der Resozialisierung auch die Generalprävention, sowie die Vergeltung und Sühne Ziele des Vollzugs der Freiheitsstrafe. Es ist allerdings fraglich, ob diese Rechtsprechung unter der neuen Gesetzeslage immer noch aktuell bleibt.[419] Auch mit Blick auf internationale Standards wie z. B. die EPR (Regel Nr. 102.1 und 102.2) ist diese Pluralität von Zielen eher abzulehnen.

Explizit und eindeutig formuliert das Gesetzbuch nur ein Ziel der Freiheitsstrafe. Es handelt sich hierbei um die individuelle Prävention (Spezialprävention). Andere Ziele sollen auf anderen Ebenen des Strafprozesses Berücksichtigung finden. Sowohl die Generalprävention wie auch die gerechte Vergeltung gelangen schon auf der Ebene der Gesetzgebung, d. h. mit der Strafandrohung und vor allem im Prozess der Strafbemessung zum Ausdruck.[420] Es ist die verhängte Strafe und ihr Ausmaß, die den Grad der „Verurteilung" der konkreten Tat und der Motivation des Täters bestimmt. In einer Gesellschaft, die die Realisierung der Menschenrechte nicht nur im politischen, sondern auch im sozialen und ökonomischen Sinne anstrebt, scheint die Behauptung, dass der Freiheitsentzug in einer geschlossenen Strafanstalt zusätzlich das Ziel der Vergeltung erfüllen soll, schwer aufrecht zu halten. Die Inhaftierung stellt als solche eine Vergeltung dar (je länger die Dauer des Freiheitsentzugs, desto höher ist der Grad der Vergeltung). Die Entscheidung, wie dieser Zeitraum durch den Verurteilten und das Anstaltspersonal ausgefüllt und genutzt werden soll, muss anderen Kriterien unterliegen. Selbstverständlich muss die Vorschrift des Art. 67 im ganzheitlichen Systemkontext gelesen werden, jedoch hat der Gesetzgeber an dieser Stelle eindeutig auf das einzige Ziel hingewiesen: die Hilfe zur Änderung der Einstellung um die Wiedereingliederung in die Gesellschaft ohne Straftaten zu ermöglichen.

Man muss auch in Betracht ziehen, dass sich eine „Aufgabe" von einem „Ziel" unterscheidet. Die Aufgabe des Schutzes der Gesellschaft wird durch die Isolierung in einer Strafanstalt realisiert, also durch den Ausschluss des Täters aus der Gesellschaft, in extremen Fällen sogar lebenslänglich und durch die Gewährleistung, dass der Täter in der Anstalt verbleibt, die Disziplin wahrt und das Recht achtet. Sehr eindeutig äußern sich dazu die europäischen Strafvollzugsgrundsätze. Die Freiheitstrafe ist allein durch den Entzug der Freiheit zu verstehen und der Strafvollzug darf diese Einschränkung nicht verstärken. Das Ziel dieses Entzugs ist die Wiedereingliederung in die Gesellschaft.[421]

---

419 Siehe *Hołda/Postulski* 1998, S. 214.

420 Siehe *Hołda/Postulski* 1998, S. 216.

421 EPR Regeln Nr. 102.1 und 102.2. Über das Ziel und die Aufgabe des Jugendstrafvollzugs in der Perspektive der internationalen Standards siehe *Kühl* 2012, S. 41 ff.

Der Begriff des Zieles ist vergleichsweise zur Aufgabe viel breiter gefasst und weitreichender. Das Ziel liegt der Gesamtheit der Maßnahmen, die dem Verurteilten gegenüber angewendet werden und den Entscheidungen, die während seines Aufenthaltes in der Strafanstalt in Bezug auf ihn getroffen werden, zugrunde. Anders gesagt, es müssen sämtliche Handlungen gegenüber dem Verurteilten und alle getroffenen Entscheidungen dem Ziel unterliegen „im Verurteilten den Willen zur Änderung zu wecken". Der Vollzug der Freiheitsstrafe wird immer in großem Maße die Isolierung des Verurteilten bleiben, jedoch darf der wichtigste inhaltliche Aspekt, nämlich die individuelle Prävention und damit einhergehend die Hilfe zu einem Leben ohne Straftaten nicht aus den Augen verloren werden.[422]

Ebenso wenig darf man vergessen, dass gerade die Individualprävention dem Schutz der Gesellschaft am besten dient.[423] Es liegt nicht nur im Interesse des Verurteilten, sondern auch, oder sogar vor allem im Interesse der Gesellschaft, dass sich die Einstellung des Täters dahingehend ändert, dass er nach der Entlassung in die Freiheit keine weiteren Verbrechen mehr begeht und – um noch weiter zu gehen – die Regeln des gesellschaftlichen Zusammenlebens respektiert. Mit geringen Ausnahmen wird jeder Verurteilte irgendwann als Teil der Gesellschaft in die Freiheit entlassen. Ob er sich in dieser Gesellschaft zurecht findet und den Willen und die Fähigkeit entwickelt nach den verbindlich existierenden Grundsätzen zu leben, hängt in großem Maße davon ab, welche Prozesse in seiner Persönlichkeit sich entwickeln werden, welche Unterstützung er während des Aufenthalts in der Strafanstalt und nach dem Verlassen derselben erhält und wie er in der Gesellschaft aufgenommen wird.[424] Speziell dieser

---

422 Siehe *Ciosek* 2008, S. 330. So auch im deutschen Strafvollzug, siehe dazu *Callies/ Müller-Dietz* 2008, § 2, Rn 1-3; *Feest/Lesting* 2012, § 2, Rz 3-15.

423 Ähnlich äußerte sich das Deutsche Bundesverfassungsgericht in seiner Entscheidung vom 31.05.2006 bezüglich des Vollzugsziels im Jugendstrafvollzug: „Mit dem aus Art. 1 Abs. 1 GG folgenden Gebot, den Menschen nie als bloßes Mittel zu gesellschaftlichen Zwecken, sondern stets auch selbst als Zweck – als Subjekt mit eigenen Rechten und zu berücksichtigenden eigenen Belangen – zu behandeln und mit dem Grundsatz der Verhältnismäßigkeit ist die Freiheitsstrafe als besonders tiefgreifender Grundrechtseingriff nur vereinbar, wenn sie unter Berücksichtigung ihrer gesellschaftlichen Schutzfunktion konsequent auf eine straffreie Zukunft des Betroffenen ausgerichtet ist. Zugleich folgt die Notwendigkeit, den Strafvollzug am Ziel der Resozialisierung auszurichten, auch aus der staatlichen Schutzpflicht für die Sicherheit aller Bürger. Zwischen dem Integrationsziel des Vollzugs und dem Anliegen, die Allgemeinheit vor weiteren Straftaten zu schützen, besteht insoweit kein Gegensatz.", vgl. BVerfG, 2 BvR 1673/04 vom 31.5.2006.

424 Um eine tatsächlich wirksame Wiedereingliederung der Gefangenen zu fordern, soll der Schwerpunkt bei den Behandlungsmaßnahmen eher auf Chancenverbesserung als auf Persönlichkeitsveränderung liegen, siehe *Feest/Lesting* 2012, § 2 Vorbem. Rz 21. *Lelental* lehnt ganzheitlich die an Veränderung der Täterpersönlichkeit orientierte

letzte Aspekt wurde in der Entscheidung des deutschen BVerfG treffend formuliert: „Nicht nur der Straffällige muss auf die Rückkehr in die freie menschliche Gesellschaft vorbereitet werden; diese muss ihrerseits bereit sein, ihn wieder aufzunehmen. Verfassungsrechtlich entspricht diese Forderung dem Selbstverständnis einer Gemeinschaft, die die Menschenwürde in den Mittelpunkt ihrer Wertordnung stellt und dem Sozialstaatsprinzip verpflichtet ist. Als Träger der aus der Menschenwürde folgenden und ihren Schutz gewährleistenden Grundrechte muss der verurteilte Straftäter die Chance erhalten, sich nach Verbüßung seiner Strafe wieder in die Gemeinschaft einzuordnen. Vom Täter aus gesehen erwächst dieses Interesse an der Resozialisierung aus seinem Grundrecht aus Art. 2 Abs. 1 in Verbindung mit Art. 1 GG. Von der Gemeinschaft aus betrachtet verlangt das Sozialstaatsprinzip staatliche Vor- und Fürsorge für Gruppen der Gesellschaft, die auf Grund persönlicher Schwäche oder Schuld, Unfähigkeit oder gesellschaftlicher Benachteiligung in ihrer persönlichen und sozialen Entfaltung behindert sind; dazu gehören auch die Gefangenen und Entlassenen. Nicht zuletzt dient die Resozialisierung dem Schutz der Gemeinschaft selbst: diese hat ein unmittelbares eigenes Interesse daran, dass der Täter nicht wieder rückfällig wird und erneut seine Mitbürger oder die Gemeinschaft schädigt."[425]

6.2 Resozialisierung und die gesellschaftliche Wiedereingliederung („Readaptation")

In Artikel 67 poln. StVollstrGB findet man keine konkrete Terminologie zur Benennung der Prozesse, die zur erwünschten Einstellungsänderung des Verurteilten führen sollen. Die Begriffe der Resozialisierung und der gesellschaftlichen „Readaptation" erscheinen jedoch in anderen Vorschriften des Strafvollstreckungsgesetzbuchs, sowie in anderen Rechtsakten. In Art. 38, dessen Inhalt die Beteiligung der Vereine, Stiftungen, Organisationen und anderer Institutionen am Strafvollzug betrifft, findet man die Formulierung, dass die Träger „im Einverständnis mit dem Direktor der Strafanstalt oder der Untersuchungshaftanstalt an dem resozialisierenden, gesellschaftlichen, kulturellen und geistigen Wirken (...) teilhaben können". Auch in der Begründung des Strafvollstreckungsgesetzbuchs findet man den Begriff der Resozialisierung.[426] Ebenfalls werden in Art. 1 des „Gesetzes über die Bewährungshilfe" bei der Auflistung der Aufgaben des Bewährungshelfers an erster Stelle die erzieherisch-resozialisierenden Aufgaben genannt. Ähnlich verhält es sich im Strafvollzugsdienstgesetz, wo in Art. 2 als grundlegende Aufgabe an erster Stelle die Durchführung von reso-

---

Resozialisierung ab; diese Ansicht ist seiner Meinung nach auch in der Formulierung des Gesetzbuchs wiederzufinden, siehe *Lelental* 2010b, S. 869.

425 Urteil des BVerfGE 35, S. 202 ff.

426 Begründung des Entwurfs des Strafvollstreckungsgesetzbuchs von 1997, S. 544 ff.

zialisierenden Maßnahmen gegenüber dem zur Freiheitsstrafe Verurteilten ange-
führt wird. Der Begriff der gesellschaftlichen Readaptation (*readaptacja
społeczna*) taucht wiederum im Titel des 7. Kapitels des poln. StVollstrGB auf:
„Die Beteiligung der Gesellschaft an der Urteilsvollstreckung, die Hilfe zur gesellschaftlichen „Readaptation" der Verurteilten, sowie die Opferhilfe und die
Nachentlassungshilfe."

Der Begriff der Resozialisierung ist der am häufigsten verwendete Begriff in
der polnischen, sowie auch in der internationalen Fachliteratur, wenn es um Fragen nach der Zielsetzung der Freiheitsstrafe geht. Gleichzeitig tauchen neben
oder anstelle des Begriffs Resozialisierung auch Begriffe wie Rehabilitation, gesellschaftliche Reintegration oder gesellschaftliche Wiedereingliederung auf.[427] Es
fällt schwer, eine eindeutige Zuordnung und Differenzierung der Begriffsinhalte
zu treffen. Noch komplizierter wird es, wenn man verschiedensprachige Publikationen miteinander vergleicht, die aus unterschiedlichen Ländern stammen,
deren Verständnis von „Resozialisierung" variieren kann und in denen die Netzwerke der Träger, die sich mit den breit gefächerten Resozialisierungsmaßnahmen sowohl innerhalb wie auch außerhalb der Strafanstalten befassen, unterschiedlich sein können.[428]

---

427 Siehe u. a. *Feest/Lesting* 2012, § 2, Vorbem. Rz 5; vgl. *Cornel* 2009, S. 34 ff.

428 Es ist sehr schwierig über Begriffsdefinitionen zu schreiben, deren Bereich schon innerhalb eines Rechtssystems und innerhalb einer Sprache schwer einzugrenzen ist. Eine
präzise Übersetzung dieser Begriffe in eine andere Sprache und ihre Angleichung an
das System, welches in einem anderen Land herrscht, ist nahezu unmöglich. Abstrahiert
man die rein sprachlichen Schwierigkeiten der Übersetzung, existieren darüber hinaus
auch einige Unterschiede im Gebrauch der Terminologie. Z. B. gilt in der polnischen
Lehre (u. a. *Stańdo-Kawecka*, *Szałański*), dass der Begriff der Resozialisierung in der
polnischen Sonderpädagogik entwickelt wurde und dem englischen Begriff *rehabilitation* gleichbedeutend sein soll. In der polnischen Literatur wird der Begriff der „Pönitentiaren Pädagogik" ferner als Unterbereich der Sonderpädagogik verwendet. Dieser
Begriff erfasst die Vorbereitung, Realisierung und Evaluierung aller Bildungsmaßnah-
men, therapeutisch-rehabilitierenden Maßnahmen, der Freizeit- und Kulturangebote sowie Beschäftigungsmaßnahmen für Gefangene, vgl. *Szczepaniak* 2013a, S. 173. Auch
die deutschsprachige Literatur zum Thema Resozialisierung erscheint sehr facettenreich.
Es herrscht auch hier keine allgemeingeltende bzw. keine einheitliche Definition oder
Abgrenzung zu anderen Begriffen. *Laubenthal* definiert (Re)sozialisierung „als die
Summe aller Bemühungen im Strafvollzug zum Zwecke einer Befähigung des Gefangenen, künftig in sozialer Verantwortung ein Leben ohne Straftaten zu führen", *Laubenthal* 2011 *Maelicke* weist aber darauf hin, dass Resozialisierung „als Teil des lebenslangen Sozialisationsprozesses" verstanden wird, wobei die Vorsilbe *Re*- betonen
soll, dass ein Teil der Sozialisation außerhalb der gesellschaftlich anerkannten Normen
und Wertvorstellungen stattgefunden hat, so dass Maßnahmen für eine erfolgreiche
Wiedereingliederung notwendig sind. Im Handbuch der „Resozialisierung" misst *Cornel* dem Begriff Resozialisierung eine etwas andere Bedeutung bei als dem Begriff Rehabilitation – dort heißt es, jede Resozialisierung sei eine Rehabilitation, siehe *Cornel*

Trotz zahlreicher Untersuchungen und Publikationen zum Thema der Resozialisierung und mit ihr verwandter Termini, existiert in Polen keine einheitliche Definition. Oft spricht man nicht direkt über Resozialisierung an sich, sondern von Resozialisierungspädagogik, Resozialisierungsprozess, resozialisierender Erziehung, Resozialisierungsmethoden, Resozialisierungsparadigmen, und über die „axiologischen", „psychologischen", „gesellschaftlichen", und „kriminologischen" Grundlagen der Resozialisierung. Auch wenn die Vielfallt der Begriffe manchmal verwirrend erscheinen mag, so haben sie keinen sich gegenseitig ausschließenden Charakter, sondern ergänzen sich vielmehr.[429]

In der polnischen Wissenschaft wird der Begriff der Resozialisierung vorrangig im Rahmen der Sonderpädagogik diskutiert, detailliert in der aus ihr hervorgehenden Resozialisierungspädagogik.[430] Eine solche begriffliche Abstammung impliziert eine sehr pädagogische Herangehensweise an die Resozialisierung, sie unterstreicht die erzieherischen und edukativen Elemente der Arbeit mit Personen die „gesellschaftlich entgleist" sind. Die Resozialisierungspädagogik ist eine interdisziplinäre Lehre, die für die Entwicklung eigener Modelle zur Erklärung von abweichendem Verhalten und für das Erarbeiten von Methoden, dieses zu behandeln, Anregungen vor allem aus der Psychologie, der Soziologie, der Kriminologie und der Medizin schöpft.[431] Das Recht bestimmt dagegen nur, ob und in welchem Umfang die breit gefassten Resozialisierungsmaßnahmen durchgeführt werden sollen.[432] Gleichzeitig entwickelt sich in der Strafvollzugswissenschaft eine mehr pragmatische Einstellung die sich auf Prinzipien der wirksamen Straftäterbehandlung beruft und bevorzugt Programme, die auf Risikoeinschätzungen (*risk assessment*) und Methoden der erfolgreichen Straftäterbehandlung- basieren (vgl. hierzu ausführlicher *Kapitel 6.3*).

2009, S. 46. In der polnischen Literatur treten, wie schon erwähnt, vor allem die Termini „Resozialisierung" und „gesellschaftliche Readaptation" auf.

429 Vgl. *Majcherczyk* 2013, S. 135.

430 Die Resozialisierungspädagogik entwickelte sich in Polen im 20. Jahrhundert. Bis dahin wurden Fragestellungen der Resozialisierung ausschließlich im Rahmen der Psychologie, Kriminologie und Soziologie behandelt, vgl. *Konopczyński* 2008, S. 203. Demzufolge ist die Resozialisierung einerseits sehr stark von der Pädagogik geprägt, gleichzeitig, und unter anderem auch aufgrund ihrer Entstehungsgeschichte im Rahmen anderer Studienrichtungen als der Pädagogik, lässt sich eine Abnahme der erzieherischen Komponente beobachten, was auf eine begründete Kritik von Seiten der Pädagogen trifft. „Zugleich tauchten Tendenzen auf, die Resozialisierung als ein wenig pädagogisches Wirken betrachten. Der Ehrgeiz des Resozialisierungspädagogen wurde auf das gerechte Bemessen der Strafe beschränkt, während die Erziehung, die ja eigentlich das Wesen seiner Berufung ausmacht – in den Hintergrund getreten ist," *Bartkowicz* 2008, S. 25.

431 *Konopczyński* 2008, S. 203 f.

432 Vgl. *Stańdo-Kawecka* 2000, S. 12.

Nachfolgend werden einige der Meinungen zusammengefasst, die in der gegenwärtigen pädagogisch-psychologischen Diskussion über die Resozialisierung in Polen vorgetragen werden.

Zu den „Nestoren" der polnischen Resozialisierungslehre gehören *Czapów* und *Jedlecki*.[433] Auf ihren Leistungen, oder auch auf der Kritik derselben beruht zum größten Teil der polnische Resozialisierungsgedanke. Laut *Czapów* „ist die Resozialisierungspädagogik eine interdisziplinäre Lehre, die sich mit einer spezifischen Variante der erzieherischen Wirklichkeit (...) auf drei Ebenen auseinandersetzt: der axiologischen, der theoretischen und der praktischen"[434] *Czapów* begrenzte die Resozialisierung jedoch nicht auf die erzieherischen Prozesse, sondern schrieb ihr ein weites Aufgabenfeld zu. Die drei grundlegenden Bereiche, in denen die Resozialisierung sich abspielt, seien Fürsorge, Erziehung und Therapie.[435]

Pytka unterstreicht, dass es keine einheitliche Theorie und Definition der Resozialisierung gibt, weshalb die Resozialisierungsmaßnahmen für jeden Fall individuell gestaltet werden müssen. Demzufolge kann die Resozialisierung in unterschiedlichen Formen auftreten, z. B. als „Verhaltensmodifizierung, Änderung der gesellschaftlichen Zugehörigkeit, emotionale Umwandlung, ein Hineinwachsen in die Kultur der Bedürfnisbefriedigung, Gestaltung rechtmäßiger gesellschaftlicher Grundlagen, Anpassung an die gesellschaftliche Situation, als System der miteinander gekoppelten Maßnahmen (mehrdimensionale Resozialisierung), als Anpassung an die Situation; Resozialisierung als eigene Art der Bekehrung zu Werten der höheren Ordnung, die mit der Realisierung von Idealen einhergehen, Resozialisierung als gesellschaftliche Reintegration des Individuums und schlussendlich Resozialisierung als Autoresozialisierung."[436]

Konopnicki, unterscheidet vier Konzepte der Resozialisierung: das behavioristische Konzept, welches davon ausgeht, dass eine fehlende Anpassung an die Gesellschaft in gestörten Verhaltensformen begründet liegt, die man wieder abtrainieren kann. Es basiert auf den Lerntheorien. Ein interaktives Konzept beruft sich auf zwischenmenschliche Beziehungen und auf die Rollen, die ein Mensch in der Gesellschaft erfüllt. Des weiteren erwähnt *Konopnicki* das interdisziplinäre Konzept, das sich zum großen Teil an die Theorien der Gesellschaftskontrolle anlehnt und insbesondere auf dem Modell der differentiellen Assoziation (Theorie der differentiellen Kontakte) und auf der integrativen Theorie des Verbrechensverhaltens von *Le Blanc* basiert. Das letzte, vierte Konzept nennt

---

433 *Czapów* und *Jedlecki* haben im Jahr 1971 das erste akademische Lehrbuch zur Resozialisierung geschrieben unter dem Titel „Pedagogika resocjalizacyjna/Resozialisierungspädagogik", vgl. *Pytka* 2008, S. 95.

434 *Pytka* 2008, S. 95.

435 Vgl. *Pytka* 2008, S. 96.

436 *Pytka* 2008, S. 73 ff.

Konopnicki Erkenntniskonzept mit der Erkenntnistheorie als Leitfaden, dessen Vorläufer *G. Kelly* war.[437]

Pospieszyl stellt fest, dass eine eindeutige Zuordnung der Resozialisierungsmaßnahmen zu bestimmten Schulen oder Strömungen der Psychologie nicht möglich ist, unterscheidet jedoch „historisch gesehen" drei Psychologierichtungen, „die nicht nur die Genese des kriminellen Verhaltens erklären, sondern auch eine eigene spezifische Vision des Resozialisierungsprozesses haben."[438] Zu ihnen gehören die hormische Psychologie[439] (Resozialisierung als „Kanalisierung der Instinkte"), die Psychoanalyse (eine, auf die Lösung innerer Probleme ausgerichtete Resozialisierung), sowie der Behaviorismus (Resozialisierung, als Erlernen von angemessenen Gewohnheiten und Verhaltensmustern).[440]

Opora hingegen weist auf die zunehmende Bedeutung der kognitiv-behavioristischen Strömung in der Resozialisierung in Polen hin, deren Grundlage die Annahme bildet, dass das Denken, also die inneren Prozesse, das äußere Verhalten lenken, welches wiederum Einfluss auf den Denkprozess hat. „Kognitivbehavioristische Interventionen ermöglichen eine „Korrektur" der fehlerhaften Denkprozesse, und dadurch die Formung des Verhaltens, das gesellschaftlichen Anforderungen genügt."[441]

Eine Definition der Resozialisierungsprozesse innerhalb geschlossener Anstalten, die auf den Vorschriften des Strafvollstreckungsgesetzbuchs basiert, bietet unter anderen *Machel* an: „(…) der Resozialisierungsprozess im Strafvollzug bedeutet ein zielgerichtetes korrigierendes Handeln seitens der Gefängnisverwaltung, das auf einer Diagnose und einem Behandlungsplan beruht, die unter Beteiligung und mit Zustimmung des Verurteilten individuell erstellt werden, auch in Zusammenarbeit mit unterschiedlichen Institutionen außerhalb des Gefängnisses und deren Ziel es ist, eine Einstellungsänderung zugunsten der Notwendigkeit des normkonformen Lebens herbeizuführen."

Jaworska gibt zu bedenken, dass, falls die Resozialisierung in Strafanstalten irgendwelche Effekte bringen soll, sie tiefgehend humanistisch ausgelegt und sich nach folgenden Paradigmen richten muss: „das Paradigma zur Ausfüllung der existenziellen Leere, das Paradigma des positiven Denkens, das Paradigma, sich bei der Resozialisierung auf die positiven Aspekte des Gefängnisses zu konzentrieren, auf die Autoresozialisierung, die Überwindung der Routine, die

---

437 *Konopczyński* 2008, S. 205-208.

438 *Pospieszyl* 2008, S. 77 ff.

439 Psychologie, die die Motivationen und die dynamischen Aspekte des menschlichen Verhaltens erforscht.

440 *Pospieszyl* 2008, S. 77 ff.

441 *Opora* 2010, S. 15 f.

Achtung der persönlichen Würde des Inhaftierten und schlussendlich das Paradigma der Vorbeugung der Stigmatisierung."[442]

Obwohl die verschiedenen Autoren sich häufig mit andersartigen Aspekten der Resozialisierung auseinandersetzen oder in ihrer Herangehensweise aus verschiedenen Blickrichtungen an sie herangehen und ihr einen differenzierten Bereich zusprechen, so stellt doch die Resozialisierung am allgemeinsten formuliert einen sekundären Prozess[443] der Wiedereingliederung von Personen dar, deren frühere Sozialisierung fehlerhaft verlaufen ist, oder sich als fehlerhaft[444] erwiesen hat. Sie umfasst jegliche Maßnahmen, die Bildungs-, Erziehungs- oder aber auch Therapiecharakter haben.[445]

Sofern die Resozialisierung als ein bestimmter Wandlungsprozess angesehen wird, wird die gesellschaftliche „Readaptation", also die erneute Aufnahme, die erneute Zusammenführung mit der Gesellschaft von vielen Autoren als ihr Ergebnis, als „finaler Zustand" angesehen.[446] Da der Resozialisierungsprozess zwei Dimensionen umfasst: „das subjektive (psychologische) Ausmaß", das die inneren Veränderungen der gegebenen Person beinhaltet, und das objektive Ausmaß, also die äußeren Veränderungen, das beobachtbare Verhalten, müsste auch der vollständige, mit Erfolg gekrönte „Readaptationprozess" diese beiden Dimensionen umfassen. Wie *Szałański* feststellt, sollte das Endergebnis „psychogesellschaftliche (Re)adaptation" genannt werden, da diese Bezeichnung sowohl die inneren Veränderungen zur Akzeptanz seiner selbst und des normkonformen Verhaltens als auch die Eingliederung in das soziale Umfeld erfassen.[447]

Sehr komplex und idealistisch fasst *Obuchowski* die gesellschaftliche „Adaptation" als Ergebnis resozialisierender Bemühungen auf: „Die optimale gesellschaftliche „Adaptation" beruht auf der Selbstverwirklichung durch das

---

442 *Jaworska* 2009, S. 137 ff.

443 Bezüglich des Begriffs der sekundären Sozialisierung treten in der Fachliteratur Zweifel auf, die mit der Tatsache zusammenhängen, dass viele der Personen, die Resozialisierungsmaßnahmen unterzogen werden, im Grunde nie einen Sozialisierungsprozess durchlaufen haben und somit der Prozess, dem sie unterzogen werden, keine wiederholte, sondern die ursprüngliche Sozialisierung darstellt. Andere Autoren hingegen sind der Meinung, dass jeder Mensch einen Sozialisierungsprozess durchläuft, dieser jedoch nicht immer auf den Normen und Werten basiert, die in der Gesellschaft allgemein anerkannt sind. Letztendlich geht es im Jugendstrafvollzug als auch im Erwachsenenstrafvollzug um die Förderung der positiven und um den Abbau der negativen Verhaltensmuster, vgl. *Walkenhorst* 2011, S. 71 ff. Eine schwierige Frage bleibt natürlich in jedem Falle offen: Welche Werte und Normen sind es denn, die als allgemeingültig angesehen werden, worauf also fußen die Sozialisierungsprozesse?

444 Vgl. *Stańdo-Kawecka* 2000, S. 11.

445 Vgl. *Majcherczyk* 2006, S. 16.

446 U.a. siehe *Szałański* 2008b, S. 16; *Hołda/Postulski* 2005, S. 311.

447 Vgl. *Szałański* 2008b, S. 17.

Erreichen von allgemein menschlichen Idealen. Nur diese sehr breit gefächerte Anpassung an die menschliche Art ermöglicht die Aufrechterhaltung der eigenen Individualität und eine schöpferische Selbstentwicklung in harmonischer gesellschaftlicher Integration, ohne die Verletzung der Interessen anderer Menschen (...)."[448]

Die oben genannten Auffassungen eines mit Erfolg abgeschlossenen Resozialisierungsprozesses sind sehr idealistisch gefasst und eher schwer zu erreichen, vor allem in Bezug auf erwachsene Personen. Auch aus diesem Grund wird die Benennung eines klar definierten Minimums an Resozialisierung als notwendig erachtet, insbesondere für Resozialisierungsbemühungen in geschlossenen Anstalten. Als solches Minimum erachtet unter anderen *Machel* „einen solchen Persönlichkeitszustand des Inhaftierten, der ihm ein Funktionieren in der Gemeinschaft ermöglicht (nach der Entlassung aus dem Gefängnis), das keine Rechtsnormen verletzt. Das Erreichen des Minimalziels der Legalbewährung schützt den ehemaligen Insassen und die Gesellschaft vor einem Rückfall."[449] Dabei handelt es sich also um eine Situation, in der der ehemalige Straffällige zwar keine weiteren Straftaten begeht, jedoch weiterhin Probleme mit anderen Normen des gesellschaftlichen Zusammenlebens aufweisen kann, wie z. B. der Konfliktbewältigung, einen geringen Grad an Empathie u. ä. Einige Autoren bezeichnen eine solche Besserung lediglich als „politische Besserung", charakterisiert durch ein rein oberflächlich, rechtmäßiges Verhalten: „Der politisch gebesserte Straftäter hält sich nur aufgrund seines Willens zur Vermeidung von weiteren Strafen unter Kontrolle. Er hat jedoch die vorherrschenden gesellschaftlichen Grundsätze für das geordnete Zusammenleben nicht verinnerlicht. Er ist also nicht von innen heraus motiviert, sich in die Gesellschaft einzubringen. Er ist lediglich zeitweilig unschädlich für die Rechtsordnung."[450] Die Frage nach dem Resozialisierungsminimum wird recht breit diskutiert. Sehr allgemein und vereinfachend formuliert, kann man festhalten, dass die Juristen eher dazu neigen, die Vermeidung von Rückfälligkeit zum Ziel der Vollzugsmaßnahmen, zu erklären, und als Maßstab für eine gelungene Resozialisierung zu sehen. Die Pädagogen erachten dieses Ziel natürlich auch als wesentlich, beschränken sich jedoch nicht darauf. Das Nicht-Begehen von Straftaten durch einen ehemaligen Gefangenen kann auf eine Wandlung schließen lassen, kann allerdings auch allein eine oberflächliche Form der Anpassung an das Leben in der Gesellschaft sein, ohne dass eine tiefergehende Internalisierung der gesellschaftlichen Normen stattgefunden hat.[451]

---

448 Nach *Szałański* 2008b, S. 14.

449 *Machel* 2003, S. 21.

450 Vgl. *Majcherczyk* 2006, S. 18.

451 Im Rahmen der Fragestellung des Resozialisierungsziels oder allgemein der Resozialisierung, vor allem wenn sie als tief gehende Veränderung der Einstellung und der Werte

In solch einem Fall wird die Gesellschaft vielleicht vor weiteren Straftaten in einem bestimmten Zeitraum (ein gewisses Wiederholungsrisiko besteht immer) geschützt, man kann aber nicht über eine Wiedereingliederung im humanistischen Sinne sprechen. Erst das Erreichen des Ziels im „pädagogischen" Sinn darf als wirklicher Erfolg betrachtet werden. Erst wenn der Mensch in einer Gesellschaft lebt, deren wichtigste Werte er auch mit seiner inneren Haltung akzeptieren kann, kann er sich frei entfalten, er kann ein erfülltes, würdiges Leben führen und zum gesellschaftlichen Leben beitragen.

Meines Erachtens eröffnet der Ansatz *Obuchowskis*, obgleich auf den ersten Blick fast unmöglich und utopisch, eine Perspektive, die dem Ziel eines humanistischen Ansatzes in aller Konsequenz zu entsprechen sucht. Erst die Annahme dieses Paradigmas nämlich hilft, den Gefangenen als ein Individuum zu betrachten, und erst dann werden alle Behandlungsmaßnahmen als Hilfemaßnahmen betrachtet. Erst dann ist der Gefangene ein Mensch, ein handelndes Subjekt, das am Resozialisierungsprozess mitwirkt und nicht ein Objekt, das behandelt wird. Wie weit der Prozess der Resozialisierung vorangetrieben wird, vielleicht nur bis zum Minimumziel, ist vorerst zweitrangig. Die Perspektive *Obuchowskis* nämlich erlaubt überhaupt erst die Kategorie der Möglichkeit, erlaubt es, über das „Denkbare" und „Machbare" zu reflektieren. Vor diesem Hintergrund wird die Resozialisierung, verstanden als Förderung „verschiedenster Qualifikationen zum Bestehen in einer schwierigen, uneindeutigen, verführenden und konflikthaften Freiheit",[452] zu einer Erfolg versprechenden Konzeption, weil sie der Idealvorstellung von der Verbesserung eines Menschen Raum gibt im Sinne seiner kreativen, selbstschöpferischen Absicht.

6.3 Praxis und Effektivität der im Gefängnis durchgeführten Programme

Nach dem 2. Weltkrieg verlief die Diskussion über die Resozialisierung und die Effektivität von Resozialisierungsmaßnahmen in Polen – wie erwähnt – aufgrund der herrschenden kommunistischen Staatsform anders als in den Ländern Westeuropas. Die Resozialisierungsmaßnahmen waren in großem Maße vom politischen Aspekt geprägt und dienten der Erziehung „im sozialistischen Geist". Eine kriminalpolitische Debatte und die Entwicklung einer mindestens ansatzweise kritischen und empirisch basierten Kriminologie und Gefängniswis-

---

angesehen wird, darf man nicht das Problem der Grenzen der Resozialisierung übersehen. Es geht einher mit der Frage, inwiefern einerseits die Gesellschaft das Recht hat, Änderungen bei dem gegebenen Menschen herbeizuführen und inwieweit andererseits das Individuum das Recht hat, die Maßnahmen abzulehnen, die zu solch einer Änderung führen könnten.

452 *Walkenhorst* 2011, S. 73.

senschaft war erst in der zweiten Hälfte der 1950er[453] überhaupt möglich.[454] Eine positive Rolle spielte hierbei sicherlich die Unterstellung des Gefängniswesens unter das Justizministerium und auf der internationalen Arena die Verabschiedung der Mindestgrundsätze für die Behandlung der Gefangenen durch die Generalversammlung der Vereinten Nationen.[455] Im Zuge der Arbeiten an der neuen Konzeption für den polnischen Strafvollzug wurden einige interessante neue Behandlungsprogramme entwickelt und wissenschaftlich begleitet. Die Hauptpunkte der neuen Ansätze waren die Erziehung durch Arbeit, eine verbesserte Klassifikation der Gefangenen und Reformen im Vollzug der Freiheitsstrafe gegenüber jungen (Jugendliche) Verurteilten.[456]

Die kriminalpolitischen Diskussionen und Auseinandersetzungen der ausländischen Autoren mit spezifischen Behandlungsprogrammen und allgemein der Arbeit in den Strafanstalten, die Enttäuschungen in den USA und Westeuropa unter dem Stichwort *„nothing works"* waren den polnischen Wissenschaftlern bekannt, wenngleich die angelsächsische Literatur nicht immer (leicht) zugänglich war. In der Praxis des Gefängnisdienstes wurde diesen Strömungen und Entwicklungen allerdings weniger Bedeutung beigemessen, da zum einen das Strafvollzugssystem der Ostblockstaaten sich bedeutend von denjenigen unterschied, auf die sich diese Untersuchungen bezogen und zum anderen alles, was in den westlichen Staaten „nicht funktionierte", dem dort herrschenden System des Kapitalismus angekreidet wurde. Vor allem war aber das Ziel der Resozialisierung, wie bereits erwähnt, auf eine politische Besserung ausgerichtet. Der resozialisierte Täter war demzufolge hauptsächlich ein geheilter Bürger, der mit seinem anständigen Leben dem sozialistischen Staat „diente".

Heutzutage überwiegt trotz des großen Interesses an der Resozialisierung und ihrer Erwähnung in zahlreichen wissenschaftlichen Arbeiten, die Ansicht, dass die Resozialisierung einen ungemein schwierig durchzuführenden Prozess darstellt, der sich zudem auch noch schwer evaluieren lässt. Nur ein Teil der Personen, die verschiedener Behandlungsmaßnahmen unterzogen werden, ist in der Lage, ihre Probleme zu überwinden, sich von alten die Straffälligkeit begünstigenden Gewohnheiten abzuwenden und sich erfolgreich in die Gesellschaft wieder einzugliedern.[457] In Bezug auf die Effektivität der Resozialisierung unter den Bedingungen, die in einer Strafanstalt herrschen, ist in Polen viel

---

453 Ab der sog. Oktoberwende, siehe *Kapitel 2.2.4*.

454 *Górny* 1988, S. 588.

455 Standard Minimum Rules for the Treatment of Prisoners adopted by the First United Nations Congress on the Prevention of Crime and the Treatment of Offenders, held at Geneva in 1955. Die Mindestgrundsätze wurden 1958 in die polnische Sprache offiziell übersetzt, vgl. *Górny* 1988, S. 590.

456 Experimente in *Szczypiorno* oder in *Gdańsk-Przeróbce* – siehe *Machel* 2004, S. 188.

457 Vgl. u.a. *Szałański* 2008, S. 21; *Stańdo-Kawecka*, 2010, S. 113 f.

Skepsis und Resignation verbreitet.[458] Gleichzeitig wurde ein nahezu vollständiger Mangel an Untersuchungen zum Thema der Effektivität der Resozialisierung beklagt.[459] Aussagen zur Effektivität von Resozialisierungsmaßnahmen sind also in der Regel sehr allgemein gefasst und werden selten durch fundierte Ergebnisse gestützt. Die Forderung, dass Resozialisierungsmaßnahmen des Strafvollzugs zu evaluieren sind, wird in der Literatur grundsätzlich unterstützt. Gleichzeitig wird jedoch angezweifelt, ob die Effektivität und Nachhaltigkeit von Resozialisierungsmaßnahmen überhaupt untersucht werden können, wenn in der Praxis die Ausgangsdiagnosen und in der Theorie/Wissenschaft der Maßstab dafür, wann eine Resozialisierung erfolgreich ist, nicht hinreichend bestimmt sind.[460] Als Antwort auf diese Situation sowohl von wissenschaftlicher Seite wie auch in der Praxis wird seit längerer Zeit die Einführung spezieller Programme gefordert, die zusätzlich neben allen anderen Maßnahmen, die von den Vollzugsbediensteten und zivilem Personal durchgeführt werden, zur Aufarbeitung konkreter „kriminogener" Faktoren entwickelt werden. Es steigt also das Interesse an den Annahmen und Ideen der Bewegung eines *„what works"*[461] und der Schwerpunkt verschiebt sich von der Bewertung des Gesamtbilds der Resozialisierung hin zur Bewertung konkreter Programme. In den Diskussionen

---

458 Der Rückfallquote schwankt in Polen zwischen 40-50%. Siehe dazu *Urban* 2008, S. 313. *Machel* postuliert eine vorsichtige Einschätzung der Effektivität verschiedener Maßnahmen und Programme. Um sie wirklich einzuschätzen, brauche man ganz genaue Angaben zu allen möglichen Faktoren, die Einfluss auf den Resozialisierungsprozess haben bzw. haben könnten, vgl. *Machel* 2011, S. 172 ff. In den überwiegenden Fällen, weltweit, beschränken sich die Evaluationsstudien auf das Rückfallkriterium, soziale Aspekte der Wiedereingliederung bleiben dabei weitgehend außer Betracht, vgl. *Dünkel/Drenkhahn* 2001, S. 391. Einen interessanten Aspekt der Wiedereingliederung spricht *Morgenstern* an, die auf die Problematik der resozialisierungsfeindlichen Speicherung von Daten im Strafregister eingeht. In vielen Rechtsordnungen (auch in Polen) verbleiben vorbestrafte Täter sehr lange in entsprechenden Registern, was bei der Suche nach einer Arbeitsstelle hinderlich sein kann, wenn der zukünftige Arbeitgeber ein Auskunftsrecht hat, vgl. *Morgenstern* 2011.

459 Siehe u. a. *Bartkowicz* 2008, S. 27 f; *Sakowicz* 2008, S. 30; *Stańdo-Kawecka* 2010, S. 114.

460 Vgl. *Bartkowicz* 2008, S. 27.

461 Bald nach dem Erscheinen von *Martinsons* Thesen wurden empirische Studien und Meta-Analysen vorgelegt, die *Martinsons* Thesen letztlich wiederlegten. So wurden eine Vielzahl von wirksamen oder zumindest vielversprechenden (*promising*) Programmen identifiziert, hierzu siehe *Palmer* 1975; *Gendreau/Roos* 1989; *McGuire/Priestley* 1995, S. 6; *McGuire* 2004 und 2013 und insbesondere *Sherman u. a.* 1998; zusammenfassend *Lösel* 1994; 2012; *Dünkel* 2000; *Dünkel/Drenkhahn* 2001; *Egg u a.* 2001. Selbst *Martinson* hat im Jahr 1979 seine Thesen teilweise wiederrufen. Zu dem Thema „what works" und zu einer „*evidence-based practice*" im englischen Bewährungshilfesystem siehe *Burnett/Roberts* 2004, S. 4 f. Zur Sozialtherapie in Deutschland siehe *Dünkel* 1983, S. 44 ff.; *Drenkhahn* 2007. Zur Effektivität der Sexualstraftätertherapie siehe u. a.: *Wischka u. a.* 2001; *Hollweg/Liwon* 2005; *Wischka* 2009.

um die Resozialisierungsmaßnahmen rückt die Fragestellung, welche Programme es sind, die gegenüber welchen Tätern unter welchen Bedingungen effektiv sein können in den Vordergrund.[462] Bei der Ausarbeitung der Programme berufen sich die Autoren oft auf die Prinzipien der effektiven Behandlung, die insbesondere von angelsächsischen Forschern im Rahmen von Meta-Analysen herausgearbeitet wurden. Besondere Aufmerksamkeit verdienen die Arbeiten von *Andrews* und *Bonta*.[463] In dem Modell (*„Risk-Needs-Responsivity Model for Offender Assessment and Rehabilitation"* wurden drei Aspekte der Behandlung hervorgehoben: Das Prinzip der Berücksichtigung des Risikogrades (*risk principle*), das Prinzip der individuellen Bestimmung der kriminogenen Faktoren (kriminogenen Bedürfnisse, *criminogenic needs principle*)[464], das Prinzip der Integrität des Programms und der Ansprechbarkeit des Täters (*responsivity principle*).[465] Um diese Risiken einschätzen zu können wurden spezielle Instrumente entwickelt (*„offender risk assesment instruments"*).

Auch in der polnischen Literatur wird darauf hingewiesen, dass entsprechende Programme eine zeitlich begrenzte Behandlungsmaßnahme mit präzise bestimmten Zielen darstellen sollen, die durch einzelne Schritte/Etappen gut strukturiert und plangemäß zu realisieren sind. Ein Programm soll sowohl durch eine konsistente theoretische Begründung als auch evidenzbasierte Informationen charakterisiert sein. Die Ziele eines Behandlungsprogramms müssen sich an den Ursachen des kriminellen Verhaltens des zu Behandelnden orientieren und zu Änderungen der antisozialen Einstellungen führen. Damit wird die o. g. angelsächsische Literatur repliziert.

Zugleich wird darauf verwiesen, dass die Durchführung eines Programms sich kaum von dem unterscheidet, was man in anderen Lebensbereichen – wie z. B. Wirtschaft, Wissenschaft oder im Sozialmanagement – als Projekt bezeichnet. Es erfordert ein sorgfältig geplantes Management des Ganzen und der

---

462   Diese Idee drückte unter anderen *MacKenzie* in dem sog. *Sherman-Report* aus: „The important issue is not whether something works but what works for whom". Siehe auch *Dünkel/Drenkhahn* 2001, S. 394.

463   *Andrews/Bonta/Hoge* 1990. Das Modell und die Instrumente der Risikoeinschätzung wurden evaluiert und weiter entwickelt. *Andrews* und *Bonta* sprechen über vier Generationen der Instrumente, wobei erst in der dritten Generation die evidenzbasierten und dynamischen Risikofaktoren eingearbeitet wurden. Die vierte Generation beinhaltet dann auch systematische Intervention und das Monitoring breit aufgefasster Risikofaktoren und anderer persönlicher Merkmale, die für eine Behandlung von Belang sind, vgl. *Andrews/Bonta* 2007, S. 4; *Bonta/Wormith* 2013, S. 72 f.

464   Als *criminogenic needs* bezeichnen *Andrews* und *Bonta* dynamische Faktoren, die einen direkten Zusammenhang zu der Straftatbegehung aufweisen, vgl. *Andrews/Bonta* 2007, S. 5.

465   Siehe u. a. *Majcherczyk* 2006 S. 15; *Marczak/Pawełek* 2009, S. 334.; *Stańdo-Kawecka* 2010, S. 117.

einzelnen Etappen, eine Strategie für die Implementierung und Durchführung, institutionelle und personelle Rahmenbedingungen, ein Risikomanagement und schließlich auch ein Monitoring und die Evaluation.[466] Eine solche Konkretisierung des vorliegenden Problems und seine Verwurzelung in der Theorie ist von herausragender Bedeutung, da es zur Ausarbeitung individualisierter Programme führt, die an den Bedürfnissen konkreter Personen ansetzen. Durch ein richtiges Monitoring und eine Evaluation können sie sich als gute Praxismodelle bewähren und haben damit Vorbildfunktion.[467] Es ermöglicht auch eine Präzisierung der Ziele des gegebenen Programms und der von ihm erwarteten Ergebnisse.

Seit vielen Jahren werden in den polnischen Strafanstalten intensive Programme zur Therapie von Abhängigkeiten durchgeführt. In immer größerem Maße finden sie auch außerhalb des therapeutischen Systems statt.[468] Auch die Anzahl jener Programme steigt, die zum Ziel haben, Defizite in der Fähigkeit, eine positive Rolle in der Gesellschaft einzunehmen, zu bearbeiten, wie z. B. Anti-Aggressionsprogramme, Programme zum Ausbau sozialer Kompetenzen, sowie Programme zur beruflichen Aktivierung.[469]

In den Strafanstalten werden auch viele Programme durchgeführt, die keinen unmittelbaren Zusammenhang mit der Aufarbeitung von kriminogenen Faktoren haben, sondern der Gestaltung und Ausfüllung der Freizeit dienen. Auch wenn sie keinen direkten Faktor in der Vermeidung von Rückfälligkeit darstellen, sind sie doch ein wichtiges Element der Strafvollzugsmaßnahmen.

Neben dem häufig auftretenden Fehlen einer theoretischen Untermauerung der durchgeführten Programme und dem Mangel an Evaluationen wird die Resozialisierung in polnischen Gefängnissen auch durch die schlechte finanzielle Ausstattung und die daraus hervorgehende geringe Anzahl an Stellen für Erzieher, Therapeuten und Psychologen, Räumlichkeiten[470] und an anderer Ausrüstung, die für die Durchführung effektiver Maßnahmen notwendig ist, sowie durch eine übermäßige Bürokratie bedroht. *Majerczyk* stellt fest: „aufgrund dessen (der übermäßigen Papierarbeit) machen die Erzieher oft alles, nur nicht das,

---

466 Siehe *Majcherczyk* 2013 S. 199 ff;

467 Einen Überblick über gute Praxismodelle in den polnischen Strafanstalten liefern *Marczak/Pawełek* 2009; zu den Programmen im deutschen Strafvollzug siehe *Dünkel/ Drenkhahn/Morgenstern* 2008. Zu den Kriterien für *good practice* siehe ebd. S. 226 f.

468 Im polnischen Strafvollzug sollen die alkoholabhängigen Personen laut Gesetz im sogenannten therapeutischen System untergebracht und dort behandelt werden. Da aber in solchen Abteilungen die Plätze fehlen, werden die Programme für Alkoholabhängige immer öfter in „einfachen“ Systemen durchgeführt.

469 Siehe u. a. *Marczak* 2009.

470 Der Mangel an Räumlichkeiten wird vorrangig durch das schon besprochene Problem der Überbelegung der Gefängnisse verursacht. In den letzten paar Jahren wurde versucht den Mangel an Fachkräften, insbesondere Psychologen zu beseitigen, indem man neue Stellen geschaffen hat.

was sie sollen, und das größte Paradoxon der beschriebenen Lage ist, dass ein Erzieher keine Zeit für die Resozialisierungsarbeit hat."[471]

Es scheint, dass die Mängel an sinnvollen Programmen und eine „falsche" Einstellung der Bediensteten nicht nur ein polnisches Problem ist. Auch im deutschen System werden diese Aspekte angesprochen. *Walkenhorst* lenkt z. B. die Aufmerksamkeit auf zwei wesentliche Probleme: „Zum einen gibt es immer noch zu wenig Angebote, Lehrer- und sonstige Stellen werden eingespart, und Projektmittel sind auch keine Dauerlösung. Zum anderen begreifen sich etliche Menschen, die im Vollzug arbeiten, selbst nicht als erzieherische Begleitung der Strafgefangenen, sondern sehen sich eher als Teil eines Straf- und Verwahrungssystems. Dies erschwert die Zusammenarbeit zwischen den Diensten, aber auch innerhalb der Dienste selbst. Dabei hat der Vollzug deutlich andere Aufgaben. Er soll Jugendliche „erziehen" und Erwachsene „behandeln", wie es im Gesetz heißt, und ihnen damit eine reale Chance geben, ihr Leben zu ändern."[472]

Bei der Frage nach der Effektivität von Resozialisierungsmaßnahmen darf man die außerhalb des Gefängnisses herrschenden Lebensbedingungen und Verhältnisse nicht ausklammern. Auch ein erfolgreicher Resozialisierungsprozess kann nivelliert werden durch die fehlende Möglichkeit der in die Freiheit entlassenen Person, ihre grundlegenden existentiellen Bedürfnisse zu befriedigen. Fehlende Arbeit, Wohnung, zwischenmenschliche Beziehungen und soziale Netzwerke sowohl im familiären wie im Freundschaftsbereich können dazu führen, dass der Entlassene nicht genügend Kraft findet, den Resozialisierungsprozess weiterzuführen und die positiven Änderungen, die in seiner Persönlichkeit stattgefunden haben, aufrecht zu erhalten. Der Resozialisierungsprozess stellt sich als eine stetige Entwicklung dar und muss somit nicht während des Aufenthalts in der Strafanstalt endgültig abgeschlossen sein. Allerdings sollten die Veränderungen, die während des Aufenthaltes vonstattengehen den Grundstein legen für die Annahme, dass dieser Prozess auch in freiheitlichen Bedingungen weitergeführt werden kann und nicht gebunden ist an die abgeschiedene und isolierte Welt eines Gefängnisses. Die positiven Resozialisierungsprozesse und die stützenden Elemente müssen daher weiter geführt werden. Die Gesellschaft muss diese Kosten „einkalkulieren" und entsprechende Hilfe der Nachbetreuung gewährleisten.

Zusammenfassend ist festzuhalten, dass trotz der Schwierigkeiten einer sich permanent ändernden Insassenstruktur, der unzureichenden öffentlichen Budgetierung oder auch der generellen Probleme des Nachweises der Effektivität von Resozialisierungsmaßnahmen, die den Diskurs zum Behandlungsstrafvollzug maßgeblich prägen, an dem Prinzip des Behandlungsvollzugs festzuhalten ist.

---

471 *Majcherczyk* 2006, S. 36.

472 *Walkenhorst* 2004, S. 11.

Vielmehr müssen gerade wegen dieser Unzulänglichkeiten gut konzipierte Evaluierungsstudien forciert werden.[473]

---

[473] Ein positives Beispiel stellt der sozialtherapeutische Strafvollzug in Deutschland dar. Die konsequenten, langfristig angelehnten Reformen der Gesetzgebung, der Ausbau der Plätze und Maßnahmen haben zu vielversprechenden Ergebnissen geführt, vgl. *Dünkel/Drenkhahn* 2001, S. 394; ausführlich dazu auch *Drenkhahn* 2007 und *Wischka* u. a. 2005.

7. Individualisierung des Vollzugs. Arten und Typen der Vollzugsanstalten sowie die Vollzugssysteme

7.1 Grundsätze der Differenzierung

Eine der wichtigsten Ideen für den Vollzug der Freiheitsstrafe und wesentliches Mittel zur Erreichung des Ziels der Spezialprävention ist die Individualisierung des Vollzugs. Nach diesem Prinzip soll jeder Gefangene adäquat zu seinen „Bedürfnissen" behandelt werden. Um diese individuelle Zuwendung und die Sicherheit in der Anstalt zu gewährleisten, als auch dem negativen Einfluss der Gefangenen untereinander entgegenzuwirken, werden sie in verschiedene Gruppen eingeteilt (differenziert) bzw. klassifiziert. (Art. 82 poln. StVollstrGB). In Polen wird diese Einteilung durch institutionelle Trennung in verschiedene Arten und Typen von Strafanstalten als auch durch den Vollzug im Rahmen dreier Systeme umgesetzt: im einfachen System, im System der programmierten Einwirkung und im therapeutischen System.

Zu den grundlegenden Trennungsgrundsätzen der Anstalten gehören Geschlecht, Alter, vorangegangene Verbüßung von Freiheitsstrafe, die Vorsätzlichkeit oder Fahrlässigkeit der Straftat, der Gesundheitszustand sowie der Grad der Gefährdung, die der Verurteilte gegenüber den Mitinhaftierten und dem Personal darstellen kann.

Die Klassifizierung kann teilweise das Gericht vornehmen, indem es im Urteil den Typ und die Art der Strafanstalt bezeichnet. Am häufigsten werden jedoch diesbezügliche Entscheidungen in der Strafanstalt, nach dem Beginn der Vollstreckung des rechtskräftigen Urteils durch die Strafvollzugskommission getroffen.[474] Bei bestimmten Gruppen von Verurteilten werden Untersuchungen in Diagnosezentren[475] durchgeführt. Das Gutachten eines solchen Zentrums bildet die Grundlage für die Entscheidung der Strafvollzugskommission und für die individuelle Konkretisierung des Vollzugszieles im Vollzugsplan.[476]

---

474 Vgl. § 66 Abs. 2 der Verordnung des Justizministers vom 12. August 1988 zur Ordnung des Vollzugs der Freiheitsstrafe. Über die Strafvollzugskommission siehe *Kapitel 3*.

475 In diesen Zentren finden psychologische Untersuchungen zur Persönlichkeitserforschung statt. Gegenwärtig existieren 15 solcher Zentren, jeweils eines in jedem Kreis/ Bezirk, die jährlich ca. 200 Verurteilte diagnostizieren. Im Jahr 2010 wurden über 2.300 Personen untersucht, darunter über 50% jugendliche/junge Gefangene. Die Untersuchungen werden im Einverständnis mit dem Verurteilten oder auf Anordnung des Gerichts vorgenommen, vgl. *Korwin-Szymanowski* 2011b, S. 7.

476 Siehe *Laubenthal* 2011, S. 185 für Deutschland.

7.2 Arten der Vollzugsanstalten

Art. 69 StVollstrGB zählt vier Arten von Strafanstalten auf:
- die Strafanstalt für junge Gefangene,
- die Strafanstalt für Strafgefangene, die zum ersten Mal eine Strafe verbüßen,
- die Strafanstalt für sogenannte Strafvollzugsrückfalltäter,
- die Strafanstalt für die Strafe des Militärarrests.

Abbildung 7.1:   Verurteilte und Bestrafte nach Art der Anstalten

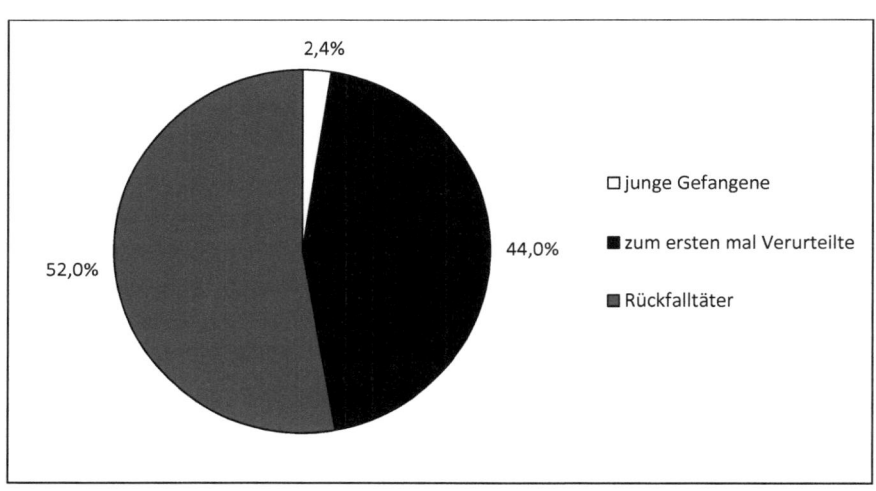

*   Zum Zeitpunkt der Datenerhebung warteten noch 979 (ca. 1,6%) neu aufgenommene Gefangene auf die Entscheidung zur Klassifizierung und Zuordnung zu einer der drei Gruppen.

Quelle: Jahresstatistik des Strafvollzugsdiensts 2013, Stichtag 31.12.

Bei dieser Aufteilung der Anstalten verdienen die Anstalten für Heranwachsende (junge Gefangene) besondere Aufmerksamkeit.

Nach dem polnischen Strafrecht unterliegt eine Person, die zum Zeitpunkt der Tatbegehung das 17. Lebensjahr, bzw. in Ausnahmefällen das 15. Lebensjahr vollendet hat (wie schon in *Kapitel 3* erwähnt) der vollen strafrechtlichen Verantwortlichkeit. Anders als im deutschen Recht wird in Polen solch eine Person nach dem Strafrecht für Erwachsene abgeurteilt und nicht nach einem besonderem Strafrecht für junge Straffällige. Es wurden zwar Strafmilderungen vorgesehen, dies ändert aber nichts an der Tatsache, dass in den polnischen allgemeinen Strafanstalten sehr junge Personen ab der Vollendung des 15. Lebensjahrs untergebracht werden können. Der Gesetzgeber hat diese Gruppe jedoch aus der allgemeinen Gefängnispopulation ausgegliedert und vorgesehen, sie in einer besonderen Art von Anstalten bzw. Abteilungen der Anstalten unterzubringen.

Im Sinn des poln. StVollstrGB gehören zu den jungen Gefangenen diejenigen, die das 21. Lebensjahr noch nicht vollendet haben. In den Anstalten für diese Gruppe werden also Personen zwischen dem 15. und 21. Lebensjahr untergebracht. Die Gründung von speziellen Strafanstalten für junge Gefangene ist durch das intensive Resozialisierungsbedürfnis bei dieser Altersgruppe gerechtfertigt.[477] Gleichfalls ist aus pädagogischen Gründen auch der weiterführende Aufenthalt in einer solchen Anstalt möglich, wenn der Inhaftierte das Verbüßen der Strafe in einer Anstalt für junge Gefangene begonnen hat und währenddessen das 21. Lebensjahr vollendet.

Darüber hinaus ermöglichen die Vorschriften der Vollzugsordnung der Freiheitsstrafe und der Untersuchungshaft eine gemeinsame Unterbringung von jungen und erwachsenen Gefangenen ohne Altersbegrenzung, wenn es durch ein Einwirkungsbedürfnis gerechtfertigt ist. Der erwachsene Gefangene darf jedoch kein Rückfalltäter sein, er muss der gemeinsamen Unterbringung zustimmen, es muss eine positive kriminologische Prognose über ihn verfasst worden sein und seine familiäre Situation muss stabil sein.[478]

Ende 2013 stellten junge Gefangene 2,4% der allgemeinen Gefangenenpopulation dar, unter den Untersuchungsgefangenen waren sie aber fast vier Mal so viele und stellten 9,3% der Gruppe dar.

Erwachsene verbüßen ihre Strafe grundsätzlich in zwei anderen Arten von Strafanstalten: in den Anstalten für Gefangene, die eine Strafe zum ersten Mal verbüßen, und in den Anstalten für so genannte Strafvollzugsrückfalltäter. In den ersteren bringt man auch die Verurteilten unter, die eine Ersatzfreiheitsstrafe verbüßen. Der Begriff des Rückfalltäters ist im StGB und StVollstrGB unterschiedlich bestimmt. Zur Klarstellung nennt man Rückfalltäter, die gemäß Art. 86 des poln. StVollstrGB dieser Gruppe zugeordnet wurden, die Strafvollzugs-

---

477 Ausführliche Erläuterungen über den Sinn und den Bedarf der besonderen Behandlung dieser Altersgruppe siehe *Pruin* 2007. Die Autorin beschäftigt sich mit den deutschen Regelungen, die Heranwachsende betreffen, wobei die Ausführungen aus den psychologischen, kriminologischen und soziologischen Perspektiven über den Zusammenhang zwischen Alter und strafrechtlicher Aktivität bei den jungen Straffälligen internationale Gültigkeit besitzen und europaweit aktuell sind; zur Praxis des Jugendstrafvollzugs im internationalen Vergleich siehe *Dünkel/Stańdo-Kawecka* 2011, S. 1789 ff.

478 Diese Situation wird jedoch vom CPT kritisiert. Es wurde sogar empfohlen, auf diese Praxis zu verzichten. da in solchen Situationen eine Gefahr der Übermacht und des Machtmissbrauchs seitens der Erwachsenen befördert werden könne (vgl. CPT/Inf (2006) 11, S. 83). In ihrer Antwort auf den CPT Bericht erkannte die polnische Regierung diese Bedenken an und teilte mit, diese Praxis so weit wie möglich einschränken zu wollen. Gleichzeitig aber wird berichtet, dass diese Praxis viele positive Folgen hat und bisher keine Fälle der Ausnutzung oder Dominanz festgestellt werden konnten.

rückfalltäter. Das entscheidende Kriterium hierfür ist die vorherige Verbüßung einer Freiheits- oder Arreststrafe wegen einer vorsätzlichen Straftat. Aus besonderen Resozialisierungsgründen besteht aber die Möglichkeit, die Rückfalltäter in solchen Strafanstalten unterzubringen, welche eigentlich für die Strafgefangenen vorgesehen sind, die zum ersten Mal eine Strafe verbüßen.

In der Strafanstalt für das Militär werden Verurteilte untergebracht, die nach dem Militär-StGB zu einer militärischen Haftstrafe verurteilt worden sind. Diese dauert mindestens einen Monat und höchstens zwei Jahre. Bei dieser Strafe werden die Vorschriften zur Freiheitsstrafe entsprechend angewandt.

7.3 Typen der Vollzugsanstalten

In Polen werden geschlossene, halboffene und offene Vollzugsanstalten unterschieden. Alle drei Typen unterscheiden sich vor allem im Grad der Sicherung und unterschiedlichen Einschränkungen bzw. Freiheiten.

Schon seit vielen Jahren ist man in der Vollzugswissenschaft und -praxis weltweit auf der Suche nach neuen, weniger eingriffsintensiven Formen des Vollzugs der Freiheitsstrafe. Einen starken Impuls für deren Entwicklung lieferten die Resolutionen des Strafvollzugskongresses in Den Haag 1950 und in Genf 1955. „Strafanstalten des offenen Typs bilden den praktischen Ausdruck der Individualisierung der Freiheitsstrafe. Man ist der Meinung, dass sie bessere Effekte erzielen, was die Resozialisierung der Verurteilten und vor allem ihre gesellschaftliche Wiedereingliederung anbelangt."[479] Das gegenwärtige polnische StVollstrGB hat diese Art von Anstalten (wie auch die halboffenen Anstalten) zum ersten Mal eingeführt.

In der offenen Strafanstalt bleiben die Hafträume immer geöffnet. So wie im deutschen System (vgl. § 141 Abs. 2 StVollzG) werden hier keine oder nur verminderte Vorkehrungen gegen Entweichungen vorgesehen. Die Arbeit außerhalb der Strafanstalt hat Vorrang vor internen Beschäftigungen. Die Anzahl der Besuche ist unbegrenzt. Briefwechsel und Telefongespräche werden nicht kontrolliert.

In der halboffenen Strafanstalt sind im Hinblick darauf, dass das Sicherungsbedürfnis auch hier keinen Vorrang hat, die Bewegungsmöglichkeiten der Strafgefangenen und ihre Kontakte zur Außenwelt relativ groß. Die Hafträume können am Tag geöffnet bleiben. Die Strafgefangenen dürfen ihrer Arbeit, ihrer Ausbildung und sonstigen Beschäftigungen auch außerhalb der Anstalt nachgehen. Die Kontrolle der Telefongespräche und des Briefwechsels ist nicht obligatorisch. Es sind drei Besuche pro Monat zulässig.

In diesen Anstalten sollten Verurteilte untergebracht werden, die ihre Strafe im „System der programmierten Einwirkung" verbüßen, es sei denn besondere

---

479 *Górny* 1984, S. 152.

Gründe sprechen für eine Unterbringung in einer geschlossenen Anstalt, ebenso Personen, die zum ersten Mal aufgrund einer nicht-vorsätzlichen Tat verurteilt wurden, oder eine Ersatzfreiheitsstrafe oder eine Haftstrafe[480] verbüßen, sowie Frauen, es sei denn der „Demoralisierungsgrad" oder Sicherheitsgründe lassen die Unterbringung in einer Anstalt des geschlossenen Typus notwendig erscheinen.[481] Im Rahmen der freien Progression werden hier Personen untergebracht, deren Einstellung und Verhalten für ihre Verlegung aus der geschlossenen Anstalt sprechen.

In der geschlossenen Vollzugsanstalt ist das Bedürfnis des Schutzes der Allgemeinheit und der Sicherheit der Anstalt am ehesten realisiert. In diesem Typus der Anstalten sollen u. a. solche Täter ihre Strafen verbüßen, die in einer organisierten Gruppe tätig waren, so genannte gefährliche Strafgefangene, und Verurteilte zu lebenslanger Freiheitsstrafe. Berücksichtigt werden insbesondere die Schwere der Tat, die Führung bei der letzten Verbüßung der Freiheitsstrafe, das Verhalten bei Begehung der Tat, der Grad der „Demoralisierung" und andere Kriterien. In der geschlossenen Anstalt sind die Hafträume grundsätzlich bei Tag und Nacht geschlossen. Die Arbeit und alle sonstigen Beschäftigungen werden innerhalb der Anstalt verrichtet. Alle Telefongespräche und der Briefwechsel werden kontrolliert. Es sind nur zwei Besuche pro Monat unter Aufsicht zugelassen.

---

480 Diese Strafe wird gemäß dem Ordnungswidrigkeitsgesetzbuch verhängt und die Straftäter werden nicht als Verurteilte, sondern als wegen Übertretungen Bestrafte bezeichnet.

481 Art. 89 poln. StVollstrGB.

Abbildung 7.2:   Gefangene nach Typus der Strafanstalt

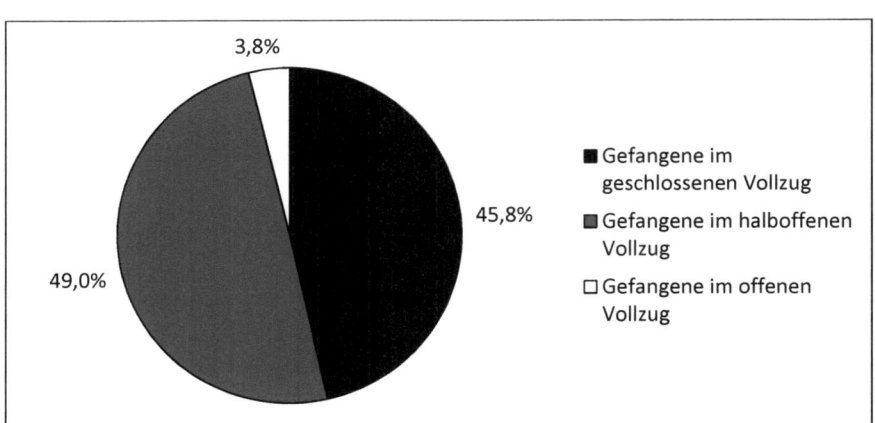

* Gefangene im geschlossenen Vollzug
* Gefangene im halboffenen Vollzug
* Gefangene im offenen Vollzug

3,8%
45,8%
49,0%

*   Zum Zeitpunkt der Datenerhebung warteten noch 979 (ca. 1,6%) neu aufgenommene Gefangene auf die Entscheidung und Zuordnung zu einem der drei Anstaltstypen.

Quelle: Jahresstatistik des Strafvollzugsdiensts 2013, Stichtag 31.12.

Als positive Tendenz ist die seit Jahren steigende Zahl der Gefangenen, die in halboffenen Anstalten untergebracht werden, zu verbuchen. Allerdings wird trotz der in den Strafvollzugsgrundsätzen ausgesprochenen Empfehlungen nur ein geringer Teil in offenen Anstalten untergebracht.[482] Weiterhin verbüßt nahezu die Hälfte der Gefangenen (45,8%) ihre Strafe in geschlossenen Strafanstalten.

7.4 Vollzugssysteme

Die Durchsetzbarkeit der individualisierten Einwirkung im Vollzug erleichtern zudem die zum ersten Mal ins polnische Gefängnissystem eingeführten und in Art. 67 § 2 poln. StVollstrGB benannten drei Vollzugssysteme:

* das „System der programmierten Einwirkung",
  * das einfache System,

---

482   Auch in Deutschland befindet sich nur eine Minderheit der Gefangenen stichtagsbezogen im offenen Vollzug: Am 31.3.2013 lag der Anteil bei 13,1% (berechnet nach Strafvollzugsstatistik 2013, S. 10), damit allerdings etwa dreimal so hoch wie in Polen. Der Vergleich ist allerdings problematisch, da es die in Polen weit verbreitete (vgl. *Abbildung* 7.2) Kategorie des halboffenen Vollzugs in Deutschland nicht gibt.

- das therapeutische System.

Im „System der programmierten Einwirkung" verbüßen junge Gefangene, wie auch erwachsene Verurteilte, eine Freiheitsstrafe, die auf der Basis eines individuellen Vollzugsplanes am Programm teilnehmen und die bereit sind, den Vollzugsplan weiter mit fortzuentwickeln (Art. 95 § 1).

Auf die Einführung dieses Systems wurden viele Hoffnungen gesetzt. Der Resozialisierungszwang wurde abgeschafft, gleichzeitig wurde aber den Gefangenen die Möglichkeit gegeben, an den verschiedenen erzieherischen, sozialpädagogischen und therapeutischen Maßnahmen teilzunehmen. Es ist ein Angebot für den Gefangenen, dessen wichtigstes Merkmal die aktive Mitwirkung seinerseits ist. Es fordert in gewissem Maße selbständiges Denken und Handeln des Gefangenen und soll dazu beitragen, den negativen Folgen des Freiheitsentzugs, vor allem dem sog „Syndrom der erlernten Ratlosigkeit" entgegenzuwirken. Die Grundlage zur Durchführung der Einwirkungen im Rahmen dieses Systems bildet der in Zusammenarbeit von Erziehern und Verurteilten erstellte individuelle Einwirkungsplan, der mit dem Vollzugsplan im deutschen Recht vergleichbar ist. In diesem Programm sollen vor allem die Art der Arbeit des Verurteilten, Kontakte zur Familie, die Art und Weise der Erfüllung der auferlegten Pflichten, die Nutzung der Freizeit usw. erarbeitet und festgelegt werden. Der Vollzugsplan ist innerhalb von 30 Tagen nach der Aufnahme des Verurteilten in die Strafanstalt zu erstellen. Mit der Annahme oder Ablehnung dieses Systems hat der Gefangene das Recht und die Möglichkeit über einen bestimmten Teil seines Lebens in der Anstalt zu entscheiden. Die Entscheidung ist ganz dem Gefangenen überlassen, wodurch das bereits angesprochene Recht jedes Menschen auf Selbstbestimmung respektiert wird. Mit der Teilnahme an diesem System zeigt der Gefangene (zumindest nach außen) den Willen an seinen Problemen, die ihn ins Gefängnis geführt haben, im Rahmen erzieherischer und therapeutischer Maßnahmen zu arbeiten. Bei jungen Gefangenen ist der Grundsatz der Freiwilligkeit durchbrochen. Die Anwendung dieses Systems ist bei ihnen obligatorisch, der junge Gefangene kann das Angebot der Resozialisierung nicht ablehnen.[483]

Trotz des großen Potentials dieses Programms werden viele kritische Äußerungen zu seiner Wirksamkeit geäußert. Es wurde oft angesprochen, dass die materielle und personelle Basis nicht ausreichend sei, um das System wirklich

---

483 Diese Regelung stieß auf Kritik bzw. erweckte Zweifel bei einigen Wissenschaftlern: erstens der Heranwachsende/junge Gefangene hat genauso wie der Erwachsene das Recht auf die Selbstbestimmung und zweitens ist auch hier die erfolgreiche Wirkung eher möglich, wenn der Gefangene freiwillig entscheidet, ob er die Strafe in diesem oder in einfachem System verbüßen will. In der Untersuchungen von *Stępniak* wusste ca. ein Drittel der befragten jungen Gefangenen nicht, dass sie im System der programmierten Einwirkung ihre Strafe verbüßen und die Hälfte der Befragten hielt dieses System für belastender als das einfache System. vgl. u. a. *Stępniak* 2009, S. 270.

durchzuführen.[484] Die in den Anstalten arbeitenden Erzieher beklagen, dass schon bei der Erstellung eines Vollzugsplans Probleme entstehen.[485] Sie haben zu wenig Zeit für die Gefangenen, um die Realisierung des Vollzugsplans zu besprechen und zu verifizieren, auf Gefangene und ihre Probleme und Bedürfnisse einzugehen und sie zu unterstützen und zu motivieren. Diese negative Situation wird auch von Gefangenen angesprochen.[486]

In den Untersuchungen wird auch bemerkt, dass die Entscheidungen seitens der Gefangenen eher instrumenteller Natur sind und kaum erzieherische Ziele gestellt werden. Die Gefangenen wollen lediglich weniger Einschränkungen erleben müssen, früher die bedingte Entlassung oder Versetzung in eine offene oder halboffene Anstalt bewilligt oder mehr Ausgänge erhalten. Der Vollzugsplan wird eher mechanisch erstellt und erfasst die Maßnahmen, die im Gesetzbuch sowieso als Maßnahmen der Einwirkung für alle Gefangene gelten: Arbeit, Kontakte mit der Außenwelt, Ausbildung.[487] Es wird selten tiefgehend auf die individuellen Eigenschaften, Talente und Bedürfnisse jedes Gefangenen eingegangen.

Es erscheint notwendig, der Frage mehr Beachtung zu schenken, wer für solche Programme geeignet ist. Höchstwahrscheinlich würde die Zahl der geeigneten Personen erheblich sinken, dadurch würde aber eine wirksamere, neu eingeführte Resozialisierung für die wirklich interessierten Verurteilten ermöglicht werden, die dieses System bewusst gewählt haben und seine Ziele tatsächlich in Bezug auf sich realisieren möchten.

Das zweite System, das therapeutische System, ist für die Strafgefangenen vorgesehen, die wegen psychischer Störungen, geistiger oder körperlicher Behinderungen, Abhängigkeit von Alkohol oder anderen Rauschmitteln spezieller ärztlicher Behandlung bedürfen. Diese Behandlung wird mit Einverständnis der betroffenen Person durchgeführt. Wird das Einverständnis nicht erteilt, so entscheidet das Strafvollzugsgericht darüber, ob der Verurteilte zwangsmäßig einer Therapie unterzogen wird oder nicht.

Seit dem Jahr 2010 verbüßen pädophile Sexualstraftäter ihre Strafe obligatorisch in diesem System (Art. 96 § 1 poln. StVollstrGB).

---

484 *Bramska/Kurek/Schmidt* 2000, S. 81.

485 Als Grund für diese Situation nennen die Erzieher vor allem: Mangel an Informationen über den Gefangenen, die es ermöglicht hätten, seine Persönlichkeit, die Ursachen für sein strafbares Verhalten, seine Ziele und Vorhaben gründlicher kennen zu lernen. Weiterhin nennen sie die Abneigung seitens der jungen Gefangenen gegenüber dem System und den Mangel an Mitteln, die Verwirklichung des Vollzugsplans zu ermöglichen (z. B. keine Arbeit), vgl. *Nawój* 2007, S. 172.

486 Vgl. *Stępniak* 2009, S. 297.

487 Vgl. *Stępniak* 2009, S. 294.

Der Gefangene verbüßt seine Strafe in dem therapeutischen System so lange es „nötig" ist, also so lange er die Behandlung braucht. Die Verurteilten, die ärztlicher Meinung zufolge keine weitere Behandlung benötigen, werden in ein einfaches oder am häufigsten in das System der programmierten Einwirkung verlegt.[488] Diejenigen, die die Behandlung weiterhin benötigen, verbleiben bis zum Ende ihrer Strafe in dem therapeutischen System.

Tabelle 7.1: **Gefangene in der therapeutischen Behandlung**

	Verurteilte, die in therapeutische Abteilungen eingewiesen wurden und sich in therapeutischen Abteilungen aufhalten	Verurteilte, die in therapeutische Abteilungen eingewiesen wurden, die sich aber außerhalb dieser Abteilungen aufhalten	Verurteilte, die in das therapeutische System außerhalb spezieller Abteilungen eingewiesen wurden
Gefangene mit psychischen Störungen und Geisteskranke	1.492	162	0
Darunter: mit den Störungen der sexuellen Präferenzen	211	9	0
Alkoholabhängige	1.015	421	671
Drogen- und Betäubungsmittelabhängige	436	99	144

Quelle: Jahresstatistik des Strafvollzugsdiensts 2013, Stichtag 31.12.

Für viele Verurteilte, die für eine Behandlung in einem therapeutischen System in Frage kommen, vor allem für abhängige Personen mangelt es in den therapeutischen Abteilungen an Plätzen. Aus dieser Notwendigkeit heraus entstand die Idee, die betroffenen Personen in einer Therapie außerhalb des therapeutischen Systems (also auch außerhalb der speziellen Abteilungen) zu behandeln. Sie werden in Abteilungen mit dem „einfachen System" oder in dem System „der programmierten Einwirkung" untergebracht, jedoch mit der Anweisung sich den therapeutischen Maßnahmen durch die in den entsprechenden Abteilungen eingestellten Psychologen zu unterziehen. In Übereinstimmung mit den Meinungen der Gefängnisangestellten ist dies jedoch nur eine Fiktion. Außerhalb der spezialisierten Abteilungen gibt es kaum Möglichkeiten, irgendwelche therapeutischen Maßnahmen durchzuführen. Das einzig mögliche ist eine

---

488   Art. 97 poln. StVollstrGB.

breit angelegte Abhängigkeitsphrophylaxe im Rahmen des programmierten Einwirkungssystems.[489] Andere Gründe für den Aufenthalt außerhalb der therapeutischen Abteilungen für dort Eingewiesene sind auch der schlechte Gesundheitszustand (andere Krankheiten und notwendige Behandlung in einem Krankenhaus), weitere Prozessverfahren usw.

Um diesen Problemen entgegen zu wirken, wurden neue, innovative Projekte eingeführt. Ein interessantes Praxismodell stellt das gegenwärtig in Krakau durch die Krakauer Untersuchungshaftanstalt und das „Haus der gesellschaftlichen Hilfe" durchgeführte Projekt „Duett" dar. Das Hauptziel dieses Programms ist die Hilfe zur gesellschaftlichen Wiedereingliederung von alkoholabhängigen Verurteilten durch die Arbeit mit behinderten Kindern. Diesem Projekt wurden Inhaftierte zugeteilt, die sich im Therapiezentrum einer Entziehungskur unterzogen haben. Die Verurteilten arbeiten 30 Stunden wöchentlich unentgeltlich während eines Zeitraums von 5 Monaten. Zum einen hat dieses Projekt den Verurteilten einen sinnvollen Umgang mit ihrer Zeit ermöglicht und zum anderen erwerben sie grundlegende Fähigkeiten im Umgang mit behinderten Personen, welche wiederum ihre Chancen vergrößern, später in einer Institution, die solchen Personen Hilfe gewährt, eine Anstellung zu finden. Das Projekt wurde von der Stadt Krakau finanziert und soll dauerhaft aufrechterhalten werden.

Eine andere interessante und innovative Idee im polnischen Therapiesystem ist der Vorschlag, Musiktherapie in die Therapiezentren einzuführen.[490]

Wenn keines der beiden vorgestellten Systeme angewandt wird, wird die Strafe im normalen System verbüßt, welches auch Elemente der Resozialisierung enthält. Diese werden aber im Vergleich zu den vorher dargestellten Systemen eingeschränkt durchgeführt und es wird kein Vollzugsplan erstellt. Die Gefangenen, die sich entscheiden ihre Strafe in diesem System zu verbüßen haben geringere Chancen auf eine bezahlte Beschäftigung, auch das Freizeitangebot kann hier eingeschränkt sein.

---

489 Vgl. *Guzik* 2003, S. 11.

490 Vgl. *Strycharska-Gać* 2002, S. 111.

Abbildung 7.3: **Verurteilte und Bestrafte nach den Vollzugssystemen**

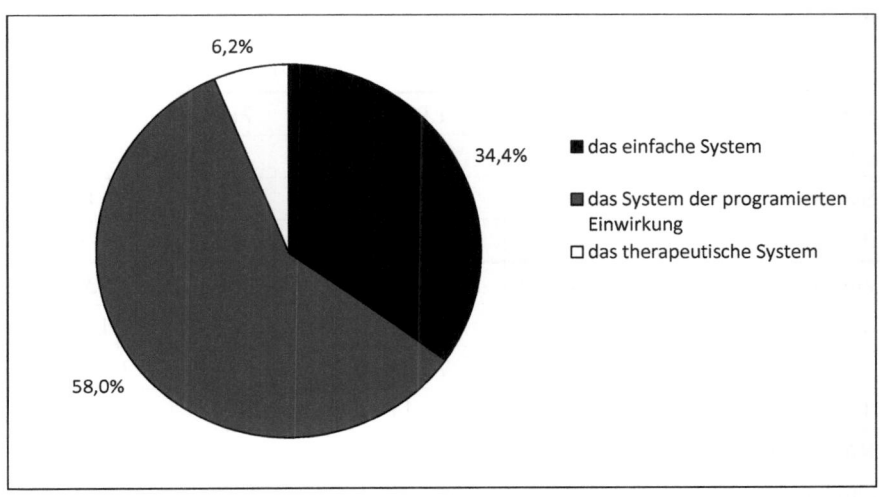

6,2%

34,4% ■ das einfache System

■ das System der programierten Einwirkung
□ das therapeutische System

58,0%

*   Zum Zeitpunkt der Datenerhebung warteten 979 (ca. 1,6%) neu aufgenommene Gefangene auf eine Entscheidung und Zuordnung zu einem der drei Strafvollzugssysteme.

Quelle: Jahresstatistik des Strafvollzugsdiensts 2013, Stichtag 31.12.

Ende 2013 waren im „System der programmierten Einwirkung" 58% der Strafgefangenen untergebracht, 6,2% hatten am therapeutischen System teilgenommen. Der Rest (34,4%) hat die Strafe im normalen System verbüßt.

Jeden Verurteilten unterzieht man unabhängig vom System, in welchem er die Freiheitsstrafe verbüßt, einer regelmäßigen Bewertung seiner Resozialisierungsfortschritte. Der Zeitraum zwischen den einzelnen Bewertungen darf sechs Monate nicht überschreiten.

Tabelle 7.2:   Verurteilte und Bestrafte nach Typen, Arten und Systemen

	Geschlossener Vollzug	Halboffener Vollzug	Offener Vollzug
Heranwachsende im:	**1.020**	**716**	**14**
einfachen System	13	36	2
System der progr. Einwirkung	929	658	12
therapeutischen System	78	22	0
zum ersten Mal Verurteilte im:	**13.406**	**16.958**	**1.533**
im einfachen System	4.782	4.612	132
System der progr. Einwirkung	7.281	11.543	1.398
therapeutischen System	1.343	803	3
Rückfalltäter im:	**18.752**	**17.832**	**1.195**
einfachen System	8.716	6.524	114
System der progr. Einwirkung	8.340	10.798	1.079
therapeutischen System	1.696	510	2
Zusammen	**33.178**	**35.506**	**2.742**

Quelle: Jahresstatistik des Strafvollzugsdiensts 2013 und eigene Berechnungen, Stichtag 31.12.

Gemäß Art. 88 § 1 wird der Verurteilte, der seine Strafe im „System der programmierten Einwirkung" verbüßt, in einer halboffenen Anstalt untergebracht, es sei denn, besondere Umstände erfordern seine Unterbringung in einer geschlossenen Anstalt. Die Anwendung dieser Vorschrift kann Zweifel wecken, wenn man berücksichtigt, dass sich Ende 2013 39% der Inhaftierten, die ihre Strafe im „System der programmierten Einwirkung" verbüßten, gleichzeitig in den geschlossenen Anstalten befinden. Können in Anbetracht dessen die „besonderen Umstände" wirklich als „besonders" bezeichnet werden, wenn ein so beachtlicher Anteil der Verurteilten diese Kriterien erfüllt?

Tabelle 7.3: **Insassen im „System der programmierten Einwirkung"**

	Geschlossener Vollzug		Halboffener Vollzug		Offener Vollzug	
	Abs.	%	Abs.	%	Abs.	%
Insassen im System der progr. Einwirkung	16.550	39,3	22.999	54,7	2.489	5,9

Quelle: Jahresstatistik des Strafvollzugsdiensts 2013, Stichtag 31.12.

Es gibt keine Angaben darüber, ob die in halboffenen und offenen Anstalten Inhaftierten dort seit Antritt ihrer Strafverbüßung untergebracht sind oder erst im Rahmen des Prinzips der freien Progression dorthin verlegt wurden.

Einen weiteren Aspekt der Differenzierung der Strafanstalten spricht *Lasocik*[491] an. Seiner Meinung nach ermöglicht die Differenzierung nicht nur die Individualisierung des Vollzugs der Freiheitsstrafe, sondern auch eine Einteilung der Inhaftierten mit dem Ziel einer effektiveren Verwaltung und einer besseren Kontrolle, „um die es doch im Endeffekt geht, auch wenn wir diese augenscheinliche Wahrheit hinter einer Fassade aus Resozialisierung, Humanismus oder Normalität zu verstecken versuchen." Bestimmt gibt es etwas Wahres an dieser Meinung, es zu überprüfen, würde jedoch eine detaillierte historische Analyse der Entwicklung der vorherrschenden Strafvollzugsphilosophie wie auch der aktuellen Lebenssituation in den Gefängnissen erfordern.

In Bezug auf die Prinzipien zur Behandlung von Gefangenen, die in den internationalen Konventionen, in der Verfassung und der Strafvollstreckungsordnung verankert sind, aber vor allem auch auf den Grundsätzen des Humanismus beruhen, bleibt zu hoffen, dass der erste Aspekt, also die Individualisierung, die der individuellen Prävention dient, eine dominierende Bedeutung erhält. Weiterhin ist in diesem Kontext die stärkere Nutzung der offenen Anstalten zu fordern.

---

491 Siehe *Lasocik* 2009, S. 315.

8. Der Vollzugsverlauf

8.1 Aufnahme, Unterbringung und die weiteren existentiellen Grundbedingungen

Das alltägliche Leben in jeder totalen Institution, insbesondere aber in den Strafanstalten ist streng geregelt und geplant, was auch die sehr detaillierten Regelungen, die diese Materie betreffen, widerspiegeln. Die Vorschriften, die Aufnahme, Unterbringung, Lebensbedingungen und jene, die die gesamte interne Ordnung der polnischen Anstalten betreffen, befinden sich im poln. StVollstrGB und in den verschiedenen Verordnungen des Justizministers, die aufgrund der gesetzlichen Ermächtigungen erlassen wurden. Zu den wichtigsten von ihnen gehören: die Verordnung des Justizministers über die „detaillierte Ordnung des Vollzugs der Freiheitsstrafe", die Verordnung des Justizministers über die „Verwaltung und Dokumentation des Vollzugs der Untersuchungshaft und der Freiheitsstrafe sowie der anderen freiheitsentziehenden Maßnahmen", sowie die Verordnung des Justizministers „über die Lebensbedingungen der in den Untersuchungs- und Strafanstalten untergebrachten Personen".[492]

8.1.1 Vollstreckungsrechtliche Grundlagen für den Beginn des Vollzugs einschließlich Aufschub und Unterbrechung

Voraussetzung der Aufnahme in den Vollzug ist ein rechtskräftiges Urteil. Im Regelfall wird der Gefangene – sofern er sich nicht schon in Untersuchungshaft befindet – unmittelbar nach Eintritt der Rechtskraft zum Strafantritt geladen.

Es gibt in bestimmten Fällen allerdings Situationen, die einen Haftantritt in zeitlicher Hinsicht beeinflussen. Hierfür gibt es im StVollstrGB eine Vorschrift, die unter bestimmten Voraussetzungen einen Haftaufschub ermöglicht.

Der sog. Aufschub ist eine zeitweilige Zurückstellung des Vollzugs der Freiheitsstrafe, eine Abweichung von der Regel der unverzüglichen Strafvollstreckung. Er wird vom Gericht angeordnet, wenn die Verbüßung der Strafe durch den Verurteilten noch nicht begonnen hat. Das StVollStrGB unterscheidet zwei Arten von Aufschub: den obligatorischen und den fakultativen. Obligatorisch

---

492 Verordnungen des Justizminister: Rozporządzenie Ministra Sprawiedliwości z dnia 25 sierpnia 2003 r. w sprawie regulaminu organizacyjno-porządkowego wykonywania kary pozbawienia wolności, Dz.U. 2003 nr 152 poz. 1493; Rozporządzenie Ministra Sprawiedliwości z dnia 13 stycznia 2004 r.w sprawie czynności administracyjnych związanych z wykonywaniem tymczasowego aresztowania oraz kar i środków przymusu skutkujących pozbawienie wolności oraz dokumentowania tych czynności, Dz.U. 2004 nr 15 poz. 142; Rozporządzenie Ministra Sprawiedliwości z dnia 17 pazdziernika 2003 r. w sprawie warunków bytowych osób osadzonych w zakładach karnych i aresztach śledczych, Dz.U. 2003, nr 186, poz 1820.

schiebt das Gericht den Vollzug der Strafe aufgrund einer psychischen oder einer anderen schwerwiegenden Krankheit auf, die den Strafvollzug unmöglich macht. Die Dauer des Aufschubs wird in diesem Fall nicht von vornherein bestimmt, er dauert bis zum Wegfall des Hindernisses, das die Voraussetzung zum Gewähren des Aufschubs war. Fakultativ, auf den Antrag des Verurteilten hin, kann das Gericht den Strafvollzug aufschieben, wenn die sofortige Vollstreckung für den Gefangenen oder seine Familie schwerwiegende Folgen hätte bzw. eine unzumutbare Härte darstellen würde (Art. 151 poln. StVollstrGB). Der fakultative Aufschub gilt für eine im Voraus festgelegte Zeit und kann mehrmalig angeordnet werden, seine Gesamtdauer darf jedoch ein Jahr nicht überschreiten. Diese Begrenzung trifft nicht auf Frauen zu, die schwanger sind oder diejenigen, die ein bis zu drei Jahre altes Kind erziehen. Der Aufschub erlöscht, wenn die Ursache, aufgrund derer er ausgesprochen wurde, wegfällt. Ebenso kann er widerrufen werden, wenn der Verurteilte ihn nicht zweckmäßig nutzt oder gravierend die Rechtsordnung verletzt. Mit dem Aufschub der Vollstreckung der Freiheitsstrafe kann das Gericht dem Verurteilten bestimmte Pflichten auferlegen, z. B. sich um eine Erwerbstätigkeit zu bemühen, sich bei einer Polizeidienststelle zu melden oder sich einer entsprechenden ärztlichen Behandlung oder Therapie zu unterziehen.

Das Gesetzbuch kennt noch einen zusätzlichen Rechtsgrund, einen Aufschub zu gewähren „falls die Anzahl der Inhaftierten in den Strafanstalten oder der Untersuchungshaft im Landesdurchschnitt die allgemeine Aufnahmefähigkeit dieser Anstalten überschreitet". In dieser Situation kann das Gericht den Vollzug einer Freiheitsstrafe von bis zu zwei Jahren aufschieben. Dies betrifft allerdings nicht die wegen Gewaltdelikten Verurteilten, Rückfalltäter, Täter, die das Verbrechen in einer organisierten Gruppe begangen haben und Sexualstraftäter (Art. 152 poln. StVollstrGB).

Das über einen Aufschub entscheidende Gericht ist das Gericht, welches das Urteil in der ersten Instanz gefällt hat. Einen Antrag auf einen Aufschub kann neben dem Gefangenen auch der gerichtliche Vormund stellen. Gegen den Gerichtsbeschluss kann Einspruch erhoben werden. An der Sitzung nehmen der Staatsanwalt, der Verurteilte und sein Anwalt, sowie der gerichtliche Vormund teil, falls er den Antrag eingereicht hat (Art. 152 § 3 poln. StVollstrGB).

Falls der Aufschub ein Jahr gedauert hat und die verhängte Strafe zwei Jahre nicht überschreitet, kann das Gericht den Vollzug dieser Strafe nach den allgemeinen Prinzipien zur Bewährung aussetzen. Das Gericht fällt eine solche Entscheidung, wenn es zum Schluss gekommen ist, dass dies ausreicht, den Strafzweck zu erfüllen und den Verurteilten von weiteren Straftaten abzuhalten.

Das zweite Rechtsinstitut, das den Zeitraum der zu vollstreckenden Strafe modifiziert, ist die *Unterbrechung der Strafverbüßung.*

Eine Unterbrechung gewährt man Personen, die sich schon im Prozess der Vollstreckung ihrer Strafe befinden. Somit ist in diesem Fall das Strafvollzugsgericht zuständig. Die Gewährung der Unterbrechung kann, wie auch im Fall des Aufschubs, einen obligatorischen oder fakultativen Charakter haben. Ebenso bestimmt das Gesetz auch die Voraussetzung ihrer Erteilung. Obligatorisch wird eine Unterbrechung eingeräumt, wenn bei dem Verurteilten eine psychische oder eine andere schwerwiegende Erkrankung eintritt, die das Verbüßen der Strafe unmöglich macht und gleichzeitig die Behandlung in den Einrichtungen des Gefängnisgesundheitswesens ausschließt.

Grundlage, auf die sich das Strafvollzugsgericht im Fall einer psychischen Krankheit beruft, bilden (ebenso wie bei dem Gericht der ersten Instanz bei der Gewährung eines Aufschubs) die Gutachten zweier sachverständiger Psychiater. Handelt es sich um andere Erkrankungen, stützt das Gericht seine Entscheidung auf ein ärztliches Gutachten von Ärzten des Gefängnisgesundheitswesens. Im Zweifelsfall können sich an der Begutachtung auch Ärzte außerhalb des Gefängniswesens beteiligen.

Fakultativ erteilt man dem Gefangenen eine Unterbrechung auf seinen schriftlichen Antrag hin, wenn bestimmte persönliche oder familiäre Gründe dafür sprechen. Solche Anträge werden meistens zum Zweck der Bestätigung der durch den Verurteilten geschilderten Situation an die Polizeikommissariate seines Wohnorts geschickt. Bisweilen nimmt der Gefängnisdienst auch die Hilfe von Anwälten in Anspruch. Aus dem Gesetz geht keine Verpflichtung hervor, die fakultative Unterbrechung vom Charakter des begangenen Verbrechens oder dem Strafmaß abhängig zu machen. Nichtsdestotrotz werden eben diese Faktoren in der Praxis häufig berücksichtigt. Auch haben Informationen über die Besserung des Gefangenen eine zweitrangige Bedeutung bei der Erteilung der Unterbrechung. Andererseits überprüft die Vollzugsbehörde, „ob der Verurteilte die Unterbrechung in Übereinstimmung mit dem Zweck ihrer Erteilung" nutzen wird.

Die Unterbrechung aus obligatorischen Gründen dauert bis zum Wegfall dieser Gründe an, die fakultative wird hingegen für einen von vornherein bestimmten Zeitraum erteilt. Meistens erteilen die Gerichte die Unterbrechungen für jeweils drei Monate. Das Gericht kann den Verurteilten zu einer Kontaktaufnahme mit dem Staatsanwalt, zur Aufnahme von Arbeit und zum regelmäßigen Erscheinen bei einer Polizeidienststelle verpflichten.

Falls die Unterbrechung mindestens ein Jahr gedauert hat, der Verurteilte mindestens sechs Monate der Strafe verbüßt hat und die verhängte Strafe drei Jahre nicht überschreitet, kann das Gericht dem Verurteilten eine vorzeitige bedingte Entlassung gewähren. Auch in diesem Fall kommt es aber wesentlich auf eine positive Prognose an (Art. 155 poln. StVollstrGB).

8.1.2 Aufnahme und Unterbringung

Nachdem ein Urteil gefällt wurde und rechtskräftig geworden ist, übersendet das Gericht dem Strafanstaltsleiter eine Abschrift des Urteils als auch alle im Laufe des Verfahrens zusammengetragenen Informationen, die den Verurteilten betreffen. Auf Antrag können dem Strafanstaltsleiter die vollständigen Gerichtsakten zugesendet werden. Das übersandte Material soll eine genaue Klassifizierung des Verurteilten ermöglichen, was wiederum eine ordnungsgemäße Realisierung der Ziele der Freiheitsstrafe sichern soll.

Wenn der Verurteilte bei Strafantritt für die Pflege eines minderjährigen Kindes, einer kranken oder behinderten Person aufzukommen hat, oder aber die Notwendigkeit besteht, unabdingbare Handlungen zum Schutze des Eigentums oder der Wohnung des Verurteilten durchzuführen, benachrichtigt das Gericht das Vormundschaftsgericht oder ein anderes zuständiges Organ (Art. 17 StVollstrGB). Gleichzeitig benachrichtigt das Gericht den Verurteilten über den Termin, an dem er sich in der entsprechenden Einrichtung einfinden soll.[493] Der Verurteilte war bisher verpflichtet in der seinem Wohnsitz nächstgelegenen Untersuchungshaft zu erscheinen. Nach dem bis 2012 geltenden Recht wurde er erst nach dem Gutachten der Strafvollzugskommission in die entsprechende zuständige Strafanstalt in der Nähe des Wohnsitzes verlegt. Nach der Novellierung des Gesetzbuches 2011 (2012) verschwand die „Nähe des Wohnsitzes" als Unterbringungsmerkmal aus dem Gesetz. Der neue Wortlaut der Vorschrift enthält die Anforderung nicht und sagt nur, dass die verurteilte Person in der richtigen Anstaltsart unterzubringen ist. Der Verzicht auf dieses Kriterium stellt einen Rückschritt im polnischen Recht dar. Die Unterbringung in einer Anstalt, die sich weit entfernt vom Wohnsitz befindet, bedeutet einen größeren finanziellen und zeitlichen Aufwand für die Besuche seitens der Familie. In den meisten Fällen wird es zu einer wesentlichen Einschränkung/Reduktion der Kontakte führen. Eine solche Regelung ist auch unvereinbar mit den Europäischen Strafvollzugsgrundsätzen, z. B. mit der Regel Nr. 6, die den allgemeinen Grundsatz der Wiedereingliederung von Inhaftierten in die Gesellschaft enthält und insbesondere mit der Regel Nr. 17.1 die explizit die Unterbringung in der Nähe des Wohnorts fordert. In begründeten Fällen kann das Gericht eine Vorführung des Verurteilten zur Strafanstalt ohne vorherige Aufforderung empfehlen.[494]

Nach der Feststellung seiner Identität, der Abgabe und Einlagerung von Dokumenten und gegebenenfalls Geldmitteln und anderen Gegenständen, die der Verurteilte nicht mit in seine Zelle nehmen darf, in einem Depot, sowie der Ausgabe von Kleidung und Hygieneartikeln an den Verurteilten, bringt man ihn für die Dauer von bis zu 14 Tagen in einer Übergangszelle unter. Eine solche Unterbringung hat die Durchführung von ersten ärztlichen und persönlichkeitserforschenden Untersuchungen zum Ziel. Während der Aufnahmeuntersuchungen sind andere Gefangene nicht anwesend. In diesem Zeitraum wird der Ver-

---

493 Vgl. dazu *Dünkel* 2010, S. 61 ff.

494 Gegenwärtig existiert ein Projekt zur Änderung des Strafvollstreckungsgesetzbuches, dessen Ausrichtung darin besteht, alle Tätigkeiten, die mit der Aufnahme in eine Anstalt zusammenhängen, darunter auch die Aufforderung zum Strafantritt, den Kompetenzen des Anstaltsdirektors zuzuordnen.

urteilte über die Rechte und Pflichten, die internen Regelungen der Hausordnung sowie die berechnete Dauer der Strafverbüßung informiert.[495] Ebenso wird für den Verurteilten eine persönliche Akte,[496] ein Gesundheitspass und ein Besuchsschein angelegt.

Nach diesen Aufnahmeuntersuchungen bringt man den Verurteilten in der entsprechenden Zelle unter. Bei der Entscheidung wird vielen besonderen Fragen Beachtung geschenkt. Vor allem berücksichtigt werden: physischer und psychischer Gesundheitszustand, insbesondere eventuelle Abhängigkeiten von Alkohol oder anderen Substanzen, die Art der Straftat (Vorsatz bzw. Fahrlässigkeit), die zur Strafverbüßung verbleibende Zeit, der „Demoralisierungsgrad" und natürlich auch Geschlecht, Alter und eventuelle Vorstrafen. Grundlagen für die Entscheidung der Unterbringung sind die oben erwähnten persönlichkeitserforschenden Untersuchungen in den Diagnosenzentren und die in der Akte des Verurteilten enthaltenen Klassifizierungsmerkmale (vgl. Art. 82 poln. StVollstrGB).

Das Gesetz sieht zwar u. a. die Unterbringung in einer Einzelzelle vor, aber in der Praxis überwiegen die Gemeinschaftszellen.[497] Die gesetzlich bestimmte Fläche, die einem Gefangenen zusteht, beträgt 3 qm. Wie schon im *Kapitel 4* zur Gefängnispopulation erwähnt wurde, wurden die gesetzlichen Vorgaben in den vergangenen Jahren oft nicht eingehalten, was vom CPT stark kritisiert wurde.

Die Haftträume sind vorschriftsmäßig mit einem Bett und einer Matratze, einer der Anzahl der Verurteilten entsprechenden Menge an Tischen, Schränken und Hockern, sowie mit den notwendigen sanitären Einrichtungen auszustatten. In einer Mehr-Personen-Zelle wird der so genannte Zellenälteste ernannt, der zur

---

495 In der Hausordnung legt der Strafanstaltsdirektor vor allem folgendes fest: die Uhrzeit zu der der morgendliche und abendliche Appell durchgeführt wird, die Ruhezeiten, die Arbeitszeit, die Zeitaufteilung für Freizeitaktivitäten (Bildung, kulturell-geistige sowie Sportveranstaltungen), Essenszeiten, die Aufteilung von Aktivitäten auf die Wochentage, Uhrzeiten und der Ort, an denen der Verurteilte durch den Direktor, Ärzte und andere Vorgesetzte empfangen werden kann, die Uhrzeiten und die Modalität Besuche zu empfangen, die Zeiträume zur Durchführung religiöser Tätigkeiten und von Religionsunterricht, die Häufigkeit, Termine, der Ort und die Bedingungen unter denen Inhaftierte Einkäufe tätigen können, die Uhrzeiten und die Möglichkeit, Aufgabe und Annahme von Korrespondenz und Paketen, sowie das Bemessen von Disziplinarstrafen, siehe Art. 14 der Verordnung des Justizministers „über die detaillierte Ordnung des Vollzugs der Freiheitsstrafe" – Rozporządzenie Ministra Sprawiedliwości z dnia 25 sierpnia 2003r. w sprawie regulaminu organizacyjno-porządkowego wykonywania kary pozbawienia wolności, Dz.U. 2003 nr 152 poz. 1493.

496 Die persönliche Akte besteht aus drei Teilen: Akte A enthält allgemeine Daten zum Verurteilten, u. a Fotos und Abschriften der Urteile. Akte B enthält sämtliche Daten, die die straferzieherischen Maßnahmen betreffen, denen der Verurteilte unterzogen wurde, darunter die Beurteilung der Fortschritte im Resozialisierungsprozess. In Teil C werden alle Informationen notiert, die die Beschäftigung des Verurteilten betreffen.

497 In den Einzelzellen sind vor allem sog. gefährliche Gefangene untergebracht.

Aufgabe hat, die existenziellen und sanitären Bedürfnisse der Inhaftierten zu melden.

Die Vorschriften bestimmen auch genauestens, welche privaten Gegenstände der Verurteilte in seiner Zelle besitzen darf. Dies sind unter anderem Gegenstände für den persönlichen Gebrauch, Nahrungs- und Hygieneartikel, Dokumente, die sich auf das gerichtliche Verfahren beziehen, Briefe und Fotografien, religiöse Gegenstände, Schreibmaterial, Bücher und Zeitungen. Bei allen anderen Gegenständen ist der Verurteilte dazu verpflichtet, sie bei der Aufnahme in die Anstalt zur Verwahrung abzugeben.

Aus Sicherheits- und Ordnungsgründen kann der Verurteilte jederzeit einer Leibesvisitation unterzogen werden. Die gefundenen Gegenstände, die der Verurteilte nicht auf der Zelle haben darf, werden in Verwahrung genommen oder auf Kosten des Häftlings an eine von ihm genannte Adresse gesandt. Gegenstände, deren Besitzer nicht zu ermitteln ist, werden gepfändet oder an eine Stiftung zur Nachentlassungshilfe übergeben, falls es sich hierbei um Wertgegenstände handelt.

8.1.3 Hygiene, Ernährung, Bekleidung

Die oben bereits erwähnten Verordnungen regeln auch die Frage der Hygiene und der Ernährung der Gefangenen ausführlich. Die Inhaftierten sind verpflichtet, in ihren Zellen Ordnung zu halten und hygienische Regeln zu befolgen. Mindestens einmal in der Woche hat der Verurteilte das Recht auf ein warmes Bad. Wenigstens einmal im Monat ermöglicht man den Verurteilten die Haare zu schneiden.

Die Inhaftierten erhalten drei Mahlzeiten täglich, davon mindestens eine warme. Die Verordnung über Ernährungssätze[498] bestimmt, dass ein Erwachsener mind. 2.600 und ein Heranwachsender 2.800 kcal täglich bekommen soll. Die Gefangenen, die eine schwere, besonders belastende Arbeit auszuüben haben, erhalten mindestens 1.000 Kalorien zusätzlich.

Der Verurteilte kann von dem Geld, das zu seiner Verfügung steht und im Anstaltsdepot verwahrt wird, mindestens dreimal monatlich einen Einkauf von Nahrungsmitteln und Tabak im Gefängnisladen tätigen. Der Anstaltsdirektor kann dem Verurteilten aus gesundheitlichen Gründen zusätzliche Einkäufe gewähren.

Bei der Aufnahme bekommt der Verurteilte die der Jahreszeit entsprechende Bekleidung und Bettwäsche von der Strafanstalt. Die Unterwäsche wird min-

---

498 Rozporządzenie Ministra Sprawiedliwości z dnia 2 września 2003 w sprawie określenia wartości dziennej normy wyżywienia oraz rodzaju diet wydawanych osobom osadzonym w zakładach karnych i aresztach śledczych/Verordnung des Justizminister vom 2 September 2003 über Ernährungssätze in den Straf- und Untersuchungsanstalten, Dz.U. 167, poz. 1633.

destens einmal pro Woche und die Bettwäsche jede zweite Woche gewechselt. Im geschlossenen Vollzug können die Gefangenen mit der Erlaubnis des Direktors ihre eigene Kleidung benutzen. In halboffenen und offenen Anstalten ist dies ein Recht, welches aus dem poln. StVollstrGB hervorgeht. Unabhängig vom Anstaltstyp trägt der Gefangene während des Ausgangs seine eigenen Sachen und falls er gar keine oder keine für die Jahreszeit adäquate Bekleidung besitzt, erhält er seitens der Anstalt entsprechende Hilfe.

8.2 Medizinische Betreuung und die Problematik der Gesundheit in Strafanstalten

Es ist allgemein bekannt, dass Gefängnisse Orte sind, an denen es besonders schwierig ist, die Gesundheit zu schützen, sei es aufgrund der beträchtlichen Häufung von Infektionskrankheiten, wie Tuberkulose, Hepatitis oder AIDS oder aufgrund der oft vitaminarmen Ernährung als auch wegen der begrenzten Möglichkeiten zur Bewegung im Freien.[499] Zusätzlich zu der belastenden Tatsache des Eingesperrtseins, das psychische Probleme sowohl vertiefen, wie auch hervorrufen kann, können schlechte medizinische Versorgung, chronische Krankheiten und die Furcht vor Ansteckung zu einer Einschränkung der psychischen Kondition führen, im schlimmsten Fall zur Entwicklung schwerer psychischer Erkrankungen. Weiterhin erschweren die gesteigerten gesundheitlichen Probleme die Chance auf eine erfolgreiche Wiedereingliederung in die Gesellschaft. Noch bedeutender wird die Rolle der medizinische Versorgung in der Strafanstalten, wenn man als Diskussionsgrundlage die Definition von WHO annimmt und die Gesundheit als "a complete state of physical, mental and social wellbeing, and not merely the absence of disease or infirmity" betrachtet. In diesem Fall kommt der medizinischen Versorgung eine bedeutende Rolle auch im Resozialisierungs- und Wiedereingliederungsprozess zu.

Die wesentliche Bedeutung der ärztlichen Versorgung in Gefängnissen findet Ausdruck in den Dokumenten der Vereinten Nationen und des Europarats. Der Zugang zum Gesundheitsdienst gehört zu den grundlegenden Rechten eines jeden Menschen[500] und sein Entwicklungsstand und seine Zugänglichkeit sollte

---

499 Siehe u. a. *Awofeso* – Bericht über den Gesundheitszustand in Strafanstalten für die WHO. Zwar konzentrieren sich seine Beobachtungen hauptsächlich auf den amerikanischen und australischen Strafvollzug, viele von ihnen sind jedoch auch in Bezug auf die europäischen Strafanstalten aktuell. *Awofeso* weist darauf hin, dass die Häufung solcher Krankheiten wie Tuberkulose und HIV in den Gefängnissen nicht allein in der Situation innerhalb der Gefängnisse begründet liegt, sondern man kann ihre Ursache auch darin finden, dass die Verurteilten aus entsprechenden Risikogruppen stammen, siehe *Awofeso* 2010, S. 25 ff.; vgl. auch *MacDonald* 2005, S. 33 ff.

500 U. a.: Artikel 25 der Allgemeinen Erklärung der Menschenrechte: „Jeder hat das Recht auf einen Lebensstandard, der seine und seiner Familie Gesundheit und Wohl gewähr-

den Standards der gegebenen Gesellschaft entsprechen (Äquivalenzprinzip). Rule Nr. 9 der Basic Principles for the Treatment of Prisoners[501] legt fest: „Prisoners shall have access to the health services available in the country without discrimination on the grounds of their legal situation." Dieser Grundsatz wurde auch in der Einleitung der Empfehlung des Ministerkomitees des Europarates über medizinische Fürsorge in den Gefängnissen ausgedrückt:[502] "(...) medical practice in the community and in the prison context should be guided by the same ethical principles; Aware that the respect for the fundamental rights of prisoners entails the provision to prisoners of preventive treatment and health care equivalent to those provided to the community in general (...)." sowie in der Rule Nr. 40 der EPR[503]: "Medical services in prison shall be organized in close relation with the general health administration of the community or nation. (...) All necessary medical, surgical and psychiatric services including those available in the community shall be provided to the prisoner for that purpose".

Im Dokument der Vereinten Nationen „Standard Minimum Rules for the Treatment of Prisoners"[504] in Art. 22 „medical service" sowie auch in den „European Prison Rules" in dem bereits erwähnten Grundsatz Nr. 40 finden sich Regelungen zur medizinischen Fürsorge.

Die Fragestellung der gesundheitlichen Versorgung in Gefängnissen ist Untersuchungs- und Interessensgegenstand u. a. für Organisationen wie die *World Health Organisation (WHO)*[505] und die *World Medical Association.*[506] Auch

---

leistet, einschließlich Nahrung, Kleidung, Wohnung, ärztliche Versorgung und notwendige soziale Leistungen, sowie das Recht auf Sicherheit" – Resolution 217 A (III) der Generalversammlung vom 10. Dezember 1948; Artikel 12 des Internationalen Pakts über wirtschaftliche, soziale und kulturelle Rechte: „Die Vertragsstaaten erkennen das Recht eines jeden auf das für ihn erreichbare Höchstmaß an körperlicher und geistiger Gesundheit an."

501 UN Basic Principles for the Treatment of Prisoners Adopted and proclaimed by General Assembly Resolution 45/111 vom 14. Dezember 1990.

502 Recommendation No. R (98) 71 of the Committee of Ministers to Member States concerning the ethical and organizational aspects of health care in prison. Adopted by the Committee of Ministers on 8. April 1998 at the 627th meeting of the Ministers' Deputies.

503 Council of Europe, Recommendation Rec (2006)2 of the Committee of Ministers to member states on the European Prison Rules.

504 Standard Minimum Rules for the Treatment of Prisoners Adopted by the First United Nations Congress on the Prevention of Crime and the Treatment of Offenders, held at Geneva in 1955, and approved by the Economic and Social Council by its resolutions 663 C (XXIV) of 31. July 1957 and 2076 (LXII) of 13 May 1977.

505 Siehe Guidelines on HIV infection and AIDS in prison, 1993; Declaration of Moscow on Prison Health as Part of Public Health 2003.

506 Die World Medical Association ist eine internationale Organisation, die sich mit der Förderung von höchsten Standards in der Gesundheitsversorgung und der ärztlichen

der Europäische Gerichtshof für Menschenrechte nahm sich schon häufig dieser Thematik an, vor allem im Zusammenhang mit der Verletzung von Art. 3 der „Konvention zum Schutze der Menschenrechte und der grundlegenden Freiheiten".[507] In seinen Entscheidungen befand der Gerichtshof, dass eine unzureichende medizinische Versorgung eine unmenschliche und erniedrigende Behandlung bedeuten kann. Der Vollzug darf bei dem Inhaftierten kein unverhältnismäßiges Leiden hervorrufen, dass den Grad der notwendigen Unannehmlichkeit, die mit dem Entzug der Freiheit einhergeht, überschreitet. Während der Strafverbüßung muss der Inhaftierte u. a. uneingeschränkten Zugang zu ärztlicher Versorgung haben, die zum Ziel hat, ihn in einem angemessenen physischen, emotionalen und psychologischen Zustand zu erhalten.

Diese Thematik wurde u. a. in der Entscheidung des EGMR von 2001 im Fall *Kupczak v. Poland* behandelt. *Kupczak* wurde wegen des Verdachts, eine kriminelle Wirtschaftsorganisation zu koordinieren, in Untersuchungshaft genommen. Was in diesem Fall eine besondere Rolle spielt ist die Tatsache, dass *Kupczak* querschnittsgelähmt war und unter sehr starken Schmerzen litt. Diese wurden durch eine implantierte Morphiumpumpe behandelt. Das Gericht hat diese Tatsache als kein Hindernis für die Inhaftierung gesehen und entschied, dass *Kupczak* in der Untersuchungshaft bleiben kann und die Morphiumpumpe von den Gefängnisärzten überwacht werden kann. Als das Morphium in der Pumpe aufgebraucht war, stellte sich heraus, dass die Untersuchungshaft über kein Morphium verfügte. Die Pumpe wurde mit einer anderen neutralen Flüssigkeit gefüllt um ihre Funktionalität zu erhalten, der Patient wurde mit Spritzen und Schmerztabletten behandelt. Diese linderten seine Schmerzen aber nicht und gleichzeitig bestand sogar die Gefahr der Abhängigkeit. Zwischenzeitlich ging die Pumpe kaputt. Diese Situation hatte aber keinen Einfluss auf die weiteren Entscheidungen des Gerichts und die Untersuchungshaft wurde einige Male verlängert. Im Endeffekt hatte *Kupczak* zweieinhalb Jahre in Untersuchungshaft verbracht. Während dieser Zeit wurde die Pumpe nicht repariert und *Kupczak*

Ethik befasst. In ihrer Tätigkeit schenkt sie immer wieder der Menschenrechtsthematik Aufmerksamkeit, darunter auch den Rechten der Inhaftierten in Bezug auf ihre Gesundheit, auf den Zugang zu medizinischer Versorgung. Sie fordert Ärzte auf, sich für die Verhinderung und für die Dokumentation von Folter einzusetzen. Siehe u. a.: WMA Declaration of Edinburgh on Prison Conditions and the Spread of Tuberculosis and Other Communicable Diseases, die im Oktober 2000 angenommen wurde, sowie die WMA Declaration of Tokyo – Guidelines for Physicians Concerning Torture and other Cruel, Inhuman or Degrading Treatment or Punishment in Relation to Detention and Imprisonment. Angenommen 1975, letztmals überarbeitet im Mai 2006.

507 U. a. in den Fällen: *Labita v. Italy*, Entscheidung vom 6. April 2000 (Application no. 26772/95); *Kudła v. Poland*, Entscheidung vom 26. Oktober 2000 (Application no. 30210/96); *Nevmerzhitsky v. Ukraine,* Entscheidung vom 5. April 2005 (Final 12/10/2005, Application no. 54825/00); *Orchowski v. Poland*, Entscheidung vom 22. Oktober 2009 (Final 22/01/2010, Application no. 17885/04); *Kupczak v. Poland*, Entscheidung vom 25 Januar 2011 (Application no. 2627/09).

wurde es nicht ermöglicht, sich operieren lassen. Im Prozess vor dem EGMR behauptete der Regierungsvertreter, dass das Funktionieren der Pumpe nicht von Belang war, da der Inhaftierte mit anderen Medikamenten richtig behandelt worden sei und der lange Aufenthalt in Untersuchungshaft notwendig war, um den rechtmäßigen Ablauf des Strafprozesses zu gewährleisten. Weiterhin wurde argumentiert, dass die Untersuchungshaft-Leitung nötige Schritte unternommen hatte, um *Kupczak* eine Operation zu ermöglichen. Diese war aber aus objektiven Gründen nicht möglich.

In seinem Urteil wies der EGMR darauf hin, dass die Bedeutung des Falls nicht bei den Erwägungen über die Länge der Untersuchungshaft oder über die Frage des Kostenträgers der eventuellen Operation liege. Es wurde auch nicht in Frage gestellt, ob die Morphiumpumpe notwendig war, um die Schmerzen des Gefangenen zu lindern. Dies wurde schon vor der Inhaftierung durch Ärzte entschieden, die solch eine Pumpe implementiert hatten. Die essentiale Frage war, ob der Inhaftierte eine reale Chance hatte, sich der Operation der Implementierung einer neuen Pumpe zu unterziehen. Nach Auffassung des Gerichts hatten die polnischen Behörden den Ausfall der Pumpe toleriert und es *Kupczak* nicht ermöglicht eine neue zu bekommen. Damit haben sie zugleich während des gesamten Aufenthalts *Kupczaks* in Untersuchungshaft dessen massive chronische Leiden hingenommen. Die Behörden hatten also eindeutig gegen die Pflicht zur medizinischen Versorgung verstoßen. Das Zulassen der psychischen und körperlichen Leiden des Gefangenen wurde als unmenschliche und erniedrigende Behandlung gleichbedeutend angesehen, das Gericht stellte somit einen Verstoß gegen Artikel 3 der Konvention fest.

Auf einige problematische Aspekte, die im Zusammenhang mit der medizinischen Versorgung vorkommen, weisen das CPT und der polnische Ombudsmann hin. Schon einige Male wurde z. B. die Anwesenheit eines Bediensteten bei der medizinischen Untersuchung kritisiert. Die Anwesenheit einer anderen Person als eines Arztes bzw. einer Krankenschwester verstößt gegen das Recht auf Privatsphäre und die ärztliche Schweigepflicht, ferner auch gegen die Achtung der Menschenwürde des Gefangenen.[508]

Die medizinische Versorgung in polnischen Strafanstalten ist in Art. 115 poln. StVollstrGB, Verordnungen des Justizministers[509] und im Gesetz zum Strafvollzugsdienst, wie auch in einer Reihe von Anordnungen, die ausführlich die medizinische Dokumentation der Apothekensicherung in geschlossenen Anstalten u. a. betreffen, geregelt.

---

508 Siehe Bericht des *Ombudsmanns* 2010, S. 253.

509 Rozporządzenie Ministra Sprawiedliwości z dnia 23 grudnia 2010r. w sprawie udzielania świadczeń zdrowotnych osobom pozbawionym wolności przez zakłady opieki zdrowotnej dla osób pozbawionych wolności/Verordnung des Justizministers vom 23. Dezember 2010 zur Erteilung von gesundheitlichen Dienstleistungen durch den Gesundheitsdienst an Personen, denen die Freiheit entzogen worden ist, Dz.U. 2011 nr 1, poz. 2.

Personen, denen die Freiheit entzogen wurde, wird durch den Gesundheitsdienst des Gefängnisses sowohl eine allgemeine als auch eine spezialisierte medizinische Versorgung unentgeltlich zugesichert. Nur in solchen Fällen, in denen die zu leistende Hilfe innerhalb des Gesundheitsdiensts des Gefängnisses nicht möglich ist, wird der Gefangene in öffentlichen Krankenhäusern behandelt. In den übrigen Fällen hat ein zur Freiheitsstrafe Verurteilter nicht das Recht auf die freie Wahl eines Arztes. In besonderen Fällen kann der Strafanstaltsleiter, nach Einholung der Meinung des Anstaltsarztes, dem Verurteilten gestatten, sich auf eigene Kosten von einem Arzt seiner Wahl behandeln zu lassen, sowie der Nutzung von zusätzlichen Medikamenten und anderen medizinischen Mitteln zustimmen.

Die grundlegende Versorgung umfasst vor allem die Sicherung der gesundheitlichen, prophylaktischen, diagnostischen, heilenden und rehabilitativen Leistungen, die Aufsicht über die gesundheitlichen und sanitären Bedingungen, sowie die Ernährung in den Strafvollzugsanstalten und Untersuchungshaft anstalten, die Ausstattung mit Medikamenten, medizinischen Materialien, medizinischen Geräten und Apparaturen, wie auch die Förderung von gesundheitlicher Bildung.

Zu den Aufgaben der grundlegenden gesundheitlichen Betreuung gehören: die Durchführung ärztlicher und epidemiologischer Untersuchungen bei allen, die neu in die Haft und die Strafanstalten aufgenommen werden, die Durchführung der vorgeschriebenen, prophylaktischen Kontrolluntersuchungen, die Erbringung ambulanter Leistungen und bei Bedarf deren Überweisung an ein Krankenhaus.[510]

Die intramurale medizinische Versorgung erfolgt in Ambulanzen und Krankenzimmern, Justizvollzugskrankenhäusern, diagnostischen Laboratorien, Zahnarztpraxen, Rehabilitationspraxen sowie Physiotherapiepraxen. Der Gesundheitsdienst des Gefängnisses übernimmt auch die medizinische Versorgung der Beamten und der Angestellten des Gefängnisdienstes.

In jeder polnischen Strafanstalt befinden sich eine Ambulanz samt Krankenzimmern und eine Zahnarztpraxis. Weiterhin verfügt der Gesundheitsdienst des Gefängnisses über 13 Krankenhäuser mit ca. 40 Abteilungen verschiedener Profile und insgesamt ca. 1.300 Betten. Diese Krankenhäuser besitzen folgende Abteilungen: für innere Krankheiten (11), chirurgische (10), psychiatrische (6), Tuberkulose-Abteilungen (4), sowie jeweils eine Abteilung der intensiven medizinischen Betreuung, der Detoxikation, der Orthopädie, der Laryngologie, der Augenheilkunde, der Urologie, Hepatologie, der Gynäkologie, Geburtshilfe und

---

510 Zarządzenie Ministra Sprawiedliwości z dnia 15.07.2002 r. w sprawie nadania statutów zakładom opieki zdrowotnej dla osób pozbawionych wolności/Anordnung des Justizministers vom 15.07.2002 hinsichtlich des Erlasses der Anstaltssatzungen für die gesundheitliche Betreuung der Personen, denen die Freiheit entzogen wurde, DZ. Urz. M.S. 2002, Nr. 4 poz. 16.

der Dermatologie. In den chirurgischen Abteilungen der Gefängniskrankenhäuser werden Operationen im Bereich der allgemeinen Chirurgie durchgeführt, jedoch keine hochspezialisierten Eingriffe z. B. aus den Bereichen der Neurochirurgie, der Toraxchirurgie, der invasiven Kardiologie, oder der Onkologie, auch keine Organtransplantationen. Operationen aus den eben erwähnten Bereichen werden in zivilen medizinischen Einrichtungen durchgeführt.[511]

Die Arbeit des medizinischen Dienstes in den Anstalten wird vom Oberarzt und einer Spezialistengruppe des Gefängniswesens organisiert und überwacht.

Im Jahr 2013 wurde den Straf- und Untersuchungshaft-Gefangenen 1.638.835-mal eine ärztliche Hilfe erteilt. Lediglich etwas weniger als 1,6% der durchgeführten Beratungen und Eingriffe wurden außerhalb des Gesundheitsdienstes der Gefängnisse vorgenommen, davon ein Fünftel von Kliniken und Ärzten der Arbeitsmedizin. In diesen Fällen handelt es sich aller Wahrscheinlichkeit nach um Personen, die in einem Arbeitsverhältnis außerhalb der Strafanstalt standen und die ärztliche Beratung an ihrem Arbeitsplatz in Anspruch nahmen.

Unter den Beratungen, die von Spezialisten durchgeführt worden sind, die keinen unbefristeten Arbeitsvertrag in den medizinischen Einrichtungen der Strafanstalt haben, war die Zahl der psychiatrischen Beratungen am höchsten. Leider gibt es jedoch keine Informationen darüber, wie hoch die Anzahl der Personen war, auf die sich diese Beratungen bezogen.

Die allgemeinen Häufigkeiten der medizinischen Beratungen sind in der unten stehenden Tabelle dargestellt.

---

511 Siehe Informationen des Strafvollzugsdienstes. www.sw.gov.pl/pl/o-sluzbie-wieziennej/
sluzba-zdrowia-dla-skazanych. Letzter Abruf am 10.05.2013.

Tabelle 8.1: Medizinische Beratungen gegenüber Inhaftierten der Strafanstalten und der Untersuchungshaft im Jahr 2003

Medizinische Versorgung geleistet von:		Anzahl der erteilten Beratungen	
		Intramurale Medizin	Gesundheitsdienst außerhalb des Gefängnisses
Gefäng-nisarzt	In den Ambulanzen	1.098.601	248
	Zahnarzt	248.343	1.518
	Notfallarzt	7.761	---
	Arbeitsmedizin	28.946	5.473
Spezialist	Chirurgie	25.284	2.335
	Arzt für Infektions-krankheiten	1.544	839
	Inneren Medizin	35.484	590
	Dermatologie	30.174	1.238
	Pneumologie	5.295	644
	Gynäkologie	8.114	81
	Kardiologie	2.217	624
	Hals-Nasen-Ohren-Heilkunde	17.364	1.947
	Augenheilkunde	19.748	3.148
	Orthopädie	12.216	1.820
	Neurologie	16.964	682
	Psychiatie	70.015	722
	Urologie	2.317	971
	Andere	8.448	3.348
Insgesamt:		**1.638.835**	**26.228**

Quelle: Jahresstatistik des Strafvollzugsdiensts 2013.

Darüber hinaus unterstützt und realisiert der Gesundheitsdienst des Strafvollzugs internationale und nationale Programme im Bereich des Gesundheitsschutzes und der Vorsorge, darunter z. B. „Das Programm zur Einschränkung der gesundheitlichen Folgen von Tabakkonsum in Polen", „Das Landesprogramm zur Prophylaxe von Alkoholismus", „Das Landesprogramm zur Bekämpfung der Rauschgiftsucht"[512] oder „Das Landesprogramm zur Eindämmung von AIDS und der Verhinderung von HIV-Infektionen".[513]

Wie oben bereits erwähnt, stellen schwere Infektionskrankheiten wie Hepatitis B und C, AIDS und Tuberkulose weltweit ein ernsthaftes Problem für die intramurale Medizin dar. Die Inhaftierung gilt per se als ein wesentlicher Risikofaktor für eine HCV-Infektion, welches proportional zur Länge der Inhaftierung steigt.[514] Wie z. B *Fazel* und *Baillargedon* berichten, beträgt die Prävalenz der chronischen Infektion der Hepatitis B in den amerikanischen Gefängnissen schätzungsweise 1-3,7%. Im Vergleich beträgt dieselbe in der allgemeinen Population „nur" 0,4-0,5%.[515] Die Verbreitung von Infektionen schätzt man bei HIV ca. 20-mal häufiger und bei Hepatitis C ca. 30-mal häufiger als in der Bevölkerung.[516]

Im Falle von Hepatitis und Aids spielt die intravenöse Einnahme von Drogen eine entscheidende Rolle, insbesondere in den Strafanstalten, wo der begrenzte Zugang zu sterilen Spritzen die mehrmalige und gemeinsame Nutzung dieser zur Folge hat.[517] In den deutschen Anstalten sind intravenöse Drogenkonsumenten ca. 80-mal häufiger vertreten als in der allgemeinen Bevölkerung. Schätzungen zufolge liegt die Ansteckungsrate mit dem Virus Hepatitis C für Personen, die intravenös Drogen zu sich nehmen – vor allem dann, wenn sie eine gemeinsame Spritze benutzen – bei ca. 80%. Die Ansteckung mit HIV liegt in selbiger Gruppe geschätzt bei „nur" ca. 10%.[518] Die hohe Konzentration von Infizierten auf der geringen Fläche einer Zelle oder einer Strafanstalt, vor allem im Fall der Überbelegung, trägt stark zur Verbreitung der Krankheiten bei. Die kombinierte Erkrankung an HIV und HCV erschwert enorm den Behandlungs- und Heilungsprozess.[519]

---

512 Im Rahmen des Landesprogramms zur Bekämpfung von Rauschgiftsucht hat man im Jahr 2003 das erste Gefängnisprogramm zur Methadonsubstitution in der Untersuchungshaft in Krakau ins Leben gerufen. Gegenwärtig (2015) realisiert der Gefängnisdienst 7 Substitutionsprogramme in 23 Vollzugsanstalten, weitere Programme sind in Planung.

513 www.sw.gov.pl/Data/Files/kunickim/sluzbazdrowia/programy-zdrowotne.pdf.

514 Vgl. *Awofeso* 2010, S. 28.

515 Vgl. *Fazel/Baillargedon* 2010, S. 3.

516 Siehe *Keppler u. a.* 2010, S. 238.

517 Siehe *Jürgens/Ball/Verster* 2009, S. 58 ff.

518 Unter anderem die Informationsmaterialien vom „Bundesverband für akzeptierende Drogenarbeit und humane Drogenpolitik akzept e. V."

519 Vgl. *Graham u. a.* 2001, S. 567 f.; siehe auch *Thomas* 2002, S. 201 ff.

Tabelle 8.2: **Anteil der intravenösen Drogenkonsumenten und drogenassoziierter Infektionserkrankungen in deutschen Strafanstalten im Vergleich zur Allgemeinbevölkerung**

	IDU*	HCV	HIV
Haft	21,9–29,6%	14,3–17,1%	0,8–1,2 %
Allgemeinbevölkerung	0,3%	0,4–0,7%	0,05%
Faktor	73–98	26–32	16–24

*   Intravenous Drug Users
Quelle: *Keppler u. a.* 2010, S. 238.

Die Häufung dieser Krankheiten in der Gefängnisgemeinschaft wird nicht nur durch die Bedingungen innerhalb der Strafanstalten verursacht. Einen großen Anteil der Gefangenen stellen Personen aus ärmeren Bevölkerungsschichten, in denen die Lebensbedingungen und die Lebensführung in Kombination mit dem fehlenden Grundwissen zum Thema Krankheitsvorsorge und -behandlung ein größeres Erkrankungsrisiko aufweisen.

Die polnischen Strafvollzugsvorschriften haben bis vor kurzem keinen obligatorischen Drogentest vorgesehen. Nach der neuesten Novellierung ist der Gefangene verpflichtet, sich der medizinischen Behandlung, Vorsorge- und Behandlungsmaßnahmen als auch den Untersuchungen, die den Konsum oder die Abhängigkeit von Alkohol, Drogen und psychotropen Substanzen testen, zu unterziehen. Eine Weigerung kann Disziplinarmaßnahmen zur Folge haben.

Hepatitis C[520] ist die häufigste Infektionskrankheit in polnischen Strafanstalten. Im Jahre 2009 wurden im Gesundheitsdienst des Strafvollzugs über 17.000 Untersuchungen durchgeführt, die die Erkennung von Hepatitis B und C zum Ziel hatten, bei 871 davon handelte es sich um HCV-Untersuchungen mit positivem Ergebnis. Angesichts des vermehrten Ansteckungsrisikos innerhalb der Gefängnisgemeinschaft und der relativ geringen Kosten der Erstuntersu-

---

520   Die virusbedingte Entzündung der Leber Hepatitis C wurde von der WHO zu einer der größten epidemiologischen Bedrohungen erklärt. Schätzungen zufolge unterliegen 3% der Weltbevölkerung einer Ansteckung. http://www.who.int/mediacentre/factsheets/-fs164/en/index.html. In Europa liegt die Zahl bei ca. 5 Millionen, in Polen sind es ca. 700.000 Infizierte, wovon lediglich 5-7% als solche diagnostiziert und behandelt werden, vgl. den Bericht der Gruppe der polnischen HCV-Experten (Raport Polskiej Grupy Ekspertów HCV, http://www.forumfarmaceutyczne.pl/index.php/aktualnoci/39-news/1190-oswiadczenie-polskiej-grupy-ekspertow-hcv-na-temat-wirusowego-zapalenia-watroby-typu-c-w-polsce-w-roku-2012.

chung (ca. 40 PLN), erschiene es sinnvoll und ratsam, diese Art von Untersuchung bei einem größeren Teil der Personen, die sich in der Strafanstalt aufhalten, durchzuführen. Der Test, der die Antikörper Anti-HCV nachweist, ist die einzige Möglichkeit diese tödliche Krankheit zu erkennen, die man auch als „stiller Selbstmörder" bezeichnet, da die Ansteckung meist symptomfrei oder untypisch verläuft. Im Moment des Auftauchens von Symptomen ist es für eine Behandlung meistens schon zu spät.

Tabelle 8.3:   **Hepatitis B und C in polnischen Strafanstalten**

	Anzahl der Laboruntersuchungen		
	Allgemeine Untersuchung zur Aufdeckung	**Untersuchungen mit einem positiven Ergebnis**	**Neu erkannte Fälle**
HbsAG*	8.434	314	122
Anti-HCV**	9.070	871	361
Andere Viren, die Entzündungen der Leber hervorrufen	34	14	0

*   HBsAg ist die Abkürzung für Englisch „Hepatitis-B surface antigen" und bezeichnet ein bestimmtes Eiweiß auf der Oberfläche des Hepatitis B-VirusZ. Dieses Antigen wird in der Diagnostik zur Feststellung einer aktiven Hepatitis B-Erkrankung genutzt.

**   Test zum Nachweis von Antikörpern des Virus, das Hepatitis C hervorruft „Anti-HCV".

Quelle: Jahresstatistik des Strafvollzugsdiensts 2013.

Die hohe Prävalenz von HIV-Infektionen, gepaart mit häufiger Drogenabhängigkeit, vor allem jener, bei denen die Drogen intravenös eingenommen werden, homosexuelle Kontakte, das Stechen von Tätowierungen oder die gemeinsame Nutzung von Rasierklingen machen aus dem Gefängnis ein Umfeld mit einem hohen Risiko der Übertragung von HIV. 2013 hat man 4.261 Untersuchungen zur HIV Infektion durchgeführt, 182 davon hatten ein positives Ergebnis.

Umfragen der Verurteilten zufolge, die an AIDS erkrankt, oder Träger des HIV-Virus sind, fällt die Beurteilung der medizinischen Versorgung und ihrer Zugänglichkeit durchaus positiv aus. Seit dem Auftreten dieser Krankheit in den Strafanstalten (bzw. seit ihrer Registrierung) haben die erkrankten Personen im Grunde Zugang zu denselben Behandlungsstandards wie außerhalb der Gefängnismauern.[521] Im Jahr 2013 wurden 233 Gefangene mit einer Anti-Retro-Virus (ARV) Therapie behandelt.[522]

Sowohl auf der Skala des ganzen Landes, wie auch in den Strafanstalten wird eine recht hohe Anzahl von Tuberkuloseerkrankungen registriert. Im Jahr 2013 betrug die Zahl der an der aktiven, ansteckenden Form der an Lungentuberkulose Erkrankten in den Strafanstalten 419. Die Auffälligkeitsrate dieser Krankheit in Anstalten liegt bei 155, was 5-6 Mal höher ist, als der Landesdurchschnitt.[523]

Tabelle 8.4:   Tuberkulose

	Insgesamt 2013	Neue Fälle
aktive Lungentuberkulose, ansteckende Form (IA)	419	351
aktive Lungentuberkulose, nicht ansteckende Form(IIB)	70	64
Tuberkulose, ansteckende Form (VA)	4	3
Tuberkulose, nicht ansteckende Form (VB)	18	16
inaktive Tuberkulose	163	11
Insgesamt	**998**	**445**

Quelle: Jahresstatistik des Strafvollzugsdiensts 2013.

---

521 Quelle: Zentralverwaltung des Strafvollzugdienstes, www.sw.gov.pl/pl/o-sluzbie-wieziennej/sluzba-zdrowia-dla-skazanych/. Zu den Medikamenten haben alle Bürger kostenlosen Zugang, auch diejenigen, die keine Krankenversicherung nachweisen können.

522 Jahresstatistik des Strafvollzugsdiensts 2013, siehe auch *Odya* 2003, S. 9.

523 Seit 1994 registriert man eine anhaltend sinkende Tendenz der Tuberkuloseerkrankungen. Aus den von der WHO erhobenen Daten geht hervor, dass die Erkrankungsrate in Polen 2007 bei 21 auf 100.000 Einwohner lag. Im Vergleich mit Ländern Westeuropas und einigen Ländern Süd- und Mitteleuropas liegt sie sehr hoch. 2008 hat man 8.081 neue Fälle und Rückfälle registriert. In demselben Zeitraum waren über 182.000 Personen in den Ambulanzen registriert, die wegen Tuberkulose behandelt wurden (siehe WHO-Daten und „Das kleine statistische Jahrbuch Polens 2010"). Obwohl Tuberkulose, wenn sie in einem früheren Stadium erkannt wird, heilbar ist, wächst ihre Lebensgefährlichkeit in Verbindung mit AIDS. Tuberkulose ist im weltweiten Maßstab die häufigste Gelegenheits-Infektion, die bei HIV-positiven Menschen auftritt und die häufigste Todesursache bei AIDS-Patienten.

Gegenwärtig strebt man im Rahmen der Strafvollzugsdienstreform auch die Modernisierung des Gesundheitsdienstes des Gefängnisses an. Im Jahr 2010 wurden dem Gefängniswesen zusätzliche 5 Mio. PLN zugesagt, vor allem für die Modernisierung der Krankenhäuser, wie auch für die zusätzlichen Verträge mit Spezialisten und auch für die Stellen in den medizinischen Einrichtungen innerhalb der Gefängnisse. Im Justizministerium hat man ein Projekt zum Bau eines spezialisierten Krankenhauses in Warszawa oder Łódź entwickelt. Dort und nicht mehr in den zivilen Krankenhäusern sollen zukünftig alle komplizierten und hochspezialisierten diagnostischen Untersuchungen und Eingriffe durchgeführt werden. Das geplante Krankenhaus sollte über ca. 300 Plätze verfügen.

Awofeso stellt treffend fest, dass die Häufung von Tuberkulose, Hepatitis C und anderen Krankheiten in Gefängnissen eine enorme Herausforderung und Belastung für den Gesundheitsdienst des Gefängnisses darstellt, in denen aber auch eine Chance liegen kann: "Das Gesundheitspersonal hat Zugang zu hilfebedürftigen/verletzlichen Bevölkerungsgruppen, die in der Gesellschaft sonst nur schwer zu erreichen wären. Für einige Insassen, deren Leben vor der Inhaftierung chaotisch war, bietet die Haftstrafe die Möglichkeit eines strukturierten Zugangs zu medizinischer Behandlung und die Entwicklung einer neuen Umgangsform in Bezug auf ihre gesundheitlichen Bedürfnisse. Jedes Gefängnis hat das Potential, eine gesunde Umgebung zu schaffen. Um das soziale, psychische, geistige und seelische Wohlbefinden zu gewährleisten, sind politischer Wille und technische Kompetenz von Seiten der Regierung und der Strafvollzugbehörde gefragt. Die Finanzierung der Gesundheitsversorgung im Strafvollzug stellt hierbei eines der größten Probleme dar, jedoch könnte der Druck auf die Gefängnisse minimiert werden, wenn die strafrechtlichen Systeme selektiver vorgehen würden, bei der Verhängung von Freiheitsstrafen. Gefängnisreformen haben im Übrigen ein großes Potential das Wohlergehen der Insassen zu steigern, aber auch jenes der ganzen Gesellschaft, in welche die meisten Häftlinge nach Ablauf ihrer Strafzeit zurückkehren werden".[524]

---

524 *Awofeso* 2010, S. 31. Auch *Fazel* und *Baillargeon* sind der Meinung, dass die medizinische Behandlung im Strafvollzug eine Chance für Gefangene darstellt: „Für diese Personen öffnet sich im Strafvollzug eine Möglichkeit zur Diagnose, medizinischen Schulung, Konsultation und Behandlung, die sie in der Gesellschaft nicht erhalten würden." Weiterhin betonen die Autoren, dass die gute medizinische Fürsorge in den Anstalten von großer Bedeutung auch für die ganze Gesellschaft wäre. Nicht behandelte Entlassene stellen ein großes Risiko der Ansteckung mit schweren Krankheiten dar. Die Bewältigung der psychischen und seelischen Erkrankungen von Gefangenen wird also direkt zur Verbesserung der ganzen öffentlichen Gesundheit beitragen, vgl. *Fazel/Baillargedon* 2010, S. 7 f.

8.3 Arbeit der Gefangenen

Seit langem ist die Gefangenenarbeit ein wesentliches Element des Vollzugs der Freiheitsstrafe, obgleich man ihr in Abhängigkeit von der vorherrschenden vollzugspolitischen Orientierung unterschiedliche Funktionen zuschrieb: repressive, ökonomische, resozialisierende und therapeutische. In ihrer heutigen Gestalt vereint die Beschäftigung der Verurteilten alle Elemente der oben genannten Funktionen. Der Schwerpunkt wurde jedoch nahezu vollständig von der repressiven Funktion in Richtung der Resozialisierung verlegt. In vielen Strafvollzugssystemen wird die Arbeit als eines der wichtigsten Elemente des Resozialisierungsprozesses angesehen.[525] Auch wenn sich in den gegenwärtigen Diskussionen zum Thema Gefangenenarbeit viele kritische Stimmen äußern, darf man nicht vergessen, dass die Arbeit von Inhaftierten viele Vorteile mit sich bringt, sowohl für den Gefangenen selbst, wie auch für die Gesellschaft. Bei der Ausführung einer Beschäftigung können die Gefangenen entsprechende Qualifikationen erlangen oder aber bereits vorhandene Kenntnisse weiterentwickeln. Dank einer Arbeit können sie finanziellen Verpflichtungen, wie z. B. Unterhaltszahlungen nachkommen.[526] Die ausgeübte Arbeit soll beim Verurteilten die Überzeugung prägen, dass er fähig ist, sich und seine Familie durch legal erworbene Mittel zu erhalten. Auch die Einkünfte, die durch die Gefangenen erwirtschaftet werden und in die Staatskassen fließen, sind von Bedeutung, nicht nur aus dem finanziellen Aspekt heraus, sondern auch hinsichtlich des allgemeinen Gerechtigkeitsgefühls.[527] Damit die Beschäftigung der Gefangenen nicht nur der Arbeitsgewinnung dient, sondern auch pädagogische Aufgaben erfüllen kann, muss sie neben der rein körperlichen Ausführung der auferlegten Pflichten auch andere Elemente beinhalten, wie die Erfüllung der Rolle eines arbeitenden Menschen samt aller dazugehörenden Rechte und Pflichten, die mit der Arbeit einhergehen, mit einem speziellen Augenmerk auf die Wahrung der Würde der Arbeit.[528]

Die Beschäftigung der Verurteilten als auch aller Menschen[529] erlangte auch in den internationalen Rechtsakten einen breiten Schutz. Obwohl man in der Literatur zunehmend auf kritische Stimmen stößt, gilt die Arbeit der Gefan-

---

525 Zum europäischen Vergleich siehe *van Zyl Smit/Dünkel* 1999.

526 Siehe *Pyrcak* 1997, S. 39; *Kalisz* 2004, S. 9.

527 Vgl. *Kalisz* 2004, S. 11.

528 Vgl. *Hołda/Wojcieszczuk* 1985, S. 43.

529 Artikel 6 des Internationalen Paktes über wirtschaftliche, soziale und kulturelle Rechte: Die Vertragsstaaten erkennen das Recht auf Arbeit an, welches das Recht jedes einzelnen auf die Möglichkeit, seinen Lebensunterhalt durch frei gewählte oder angenommene Arbeit zu verdienen, umfasst und unternehmen geeignete Schritte zum Schutz dieses Rechts.

genen in den gegenwärtigen Strafvollzugssystemen weiterhin als eines der wichtigsten Mittel der Resozialisierung.[530]

Die Regelungen der Arbeit bzgl. inhaftierter Personen wurden 1989 in Polen vielen Veränderungen unterzogen. In den 1980er Jahren fanden die Gefangenen im großen Rahmen Arbeit im Bergbau, im Hüttenwesen und im Eisenbahnwesen. Die gefängniseigenen Betriebe hatten keine großen Probleme beim Absatz ihrer Produkte. Die Beschäftigungsrate lag bei 80% bis 90% aller Inhaftierten. Die Einführung der freien Marktwirtschaft erzeugte in hohem Maß einen Verlust der traditionellen Absatzmärkte für einfache Produkte, sowie die Beseitigung oder Einschränkung der Vergünstigungen und Bevorzugungen, die einem zustanden, wenn man Gefangene einstellte. Viele der gefängniseigenen Betriebe mussten Konkurs anmelden oder wurden liquidiert. Diejenigen die die Umstrukturierungen überdauert haben, beschränkten aufgrund der hohen Konkurrenz am Markt die Einstellungen auf niedrig qualifizierte Personen aus den Strafanstalten. Stattdessen investierten sie vermehrt in neue Produktionslinien, Verwaltungssysteme oder Computertechnologien.

Seit der Verabschiedung des neuen Strafvollstreckungsgesetzbuches im Jahre 1997 wurden die Vorschriften zur Gefangenenarbeit mehrfach geändert. Auf der einen Seite steht der Bedarf nach einer möglichst breit gefächerten Beschäftigung der Gefangenen und die kostenfreie Ermöglichung eine Arbeit auszuführen, um der völligen Tatenlosigkeit, der Langeweile und der Apathie entgegenzuwirken. Auf der anderen Seite stehen die Grundsätze der freien Marktwirtschaft, sowie das Recht jedes Einzelnen, eine selbständige Entscheidung bezüglich der Aufnahme oder Ablehnung einer Beschäftigung zu treffen. Gegenwärtig werden viele Initiativen und Programme ins Leben gerufen, die zum Ziel haben, die Gefangenenarbeit für Unternehmer attraktiv zu machen und den Gefangenen zu ermöglichen, durch die Arbeit und die Partizipation an Schulungen notwendige Qualifikationen zum Finden von Arbeit nach dem Verbüßen der Strafe und der Entlassung in die Freiheit zu erlangen. Man führt auch Modernisierungen der gefängniseigenen Betriebe durch und schafft eine neue Infrastruktur, die die Durchführung von Resozialisierungsmaßnahmen durch Arbeit ermöglicht. In Anbetracht der hohen Arbeitslosigkeit, die sowohl in Polen, wie auch in vielen anderen Staaten herrscht, erzielen diese Bemühungen leider oft nicht die gewünschten Effekte.

Die Frage der Arbeit der Gefangenen in Polen legen vor allem drei Rechtsakte fest: das Strafvollstreckungsgesetzbuch, das Gesetz über die Beschäftigung

---

530 *van Zyl Smit/Dünkel* 1999; siehe auch *Hillebrand* 2009, S. 58 ff.

der Inhaftierten[531] und die Verordnung des Justizministers über die Beschäftigung der Verurteilten.[532]

8.3.1 Bedingungen und Formen der Beschäftigung von Gefangenen

Der Art. 67 poln. StVollstrGB, der die Ziele der Freiheitsstrafe benennt, besagt in § 3: „Bei der Wirkung auf den Verurteilten – unter der Würdigung seiner Rechte und dem Abverlangen der Ausführung von Pflichten – wird eine besondere Rücksicht auf die Arbeit gelegt, vor allem auf diejenige, die beim Erwerb von Berufsqualifikationen von Nutzen ist".

Das Strafvollstreckungsgesetzbuch verpflichtet (Art. 116 poln. StVollstrGB) den Verurteilten zwar zur Arbeit, bietet ihm aber gleichzeitig nicht das Recht auf diese, welches im ehemaligen StVollstrGB von 1969 noch enthalten war. Man strebt lediglich „nach der Möglichkeit dem Verurteilten eine anzubieten" (Art. 121 poln. StVollstrGB).[533] Von der Pflicht zur Arbeit sieht das Gesetzbuch einige Ausnahmen vor: befreit sind „Gefangene aus Gewissensgründen" (Art. 107 poln. StVollstrGB), kranke und berufsunfähige Personen und Teilnehmer an Schulausbildungsmaßnahmen.

Die Arbeit wird an erster Stelle allen Verurteilten zugesichert, die Unterhaltszahlungen zu erbringen haben, und aus einer besonders schwierigen finanziellen und sozialen Situation kommen.[534]

Verurteilte, die in einer geschlossenen Anstalt untergebracht sind, werden überwiegend auf dem Strafanstaltsgelände beschäftigt. Führen sie eine Arbeit außerhalb des Geländes aus, benötigen sie eine überwachende Begleitung. Der zu einer lebenslangen Freiheitsstrafe Verurteilte, sog. „gefährliche Verurteilte", und auch Mehrfachtäter dürfen ihre Arbeit nur auf dem Gelände der ihnen zugeteilten Anstalt ausführen.

Die Gefangenen führen ihre Arbeit basierend auf einer Arbeitszuweisung aus oder können diese aufgrund eines Arbeitsvertrags oder eines zivilrechtlichen Vertrags, wie z. B. eines Werkvertrags oder eines Anstellungsvertrags aufnehmen. Jedwede Form der Beschäftigung bedarf der Einverständniserklärung des

---

531 Ustawa z dnia 28 sierpnia 1997 o zatrudnianiu osób pozbawionych wolności/Das Gesetz über die Beschäftigung von Personen, deren Freiheit entzogen wurde, vom 28. August 1997. Dz. U. 1997, Nr 123, poz. 777.

532 Rozporządzenie Ministra Sprawiedliwości z dnia 9 lutego 2004 r. w sprawie szczegółowych zasad zatrudniania skazanych/Die Verordnung des Justizministers über detaillierte Regelungen zur Beschäftigung der Verurteilten vom 9. Februar 2004. Dz. U. 2004, Nr 27, poz. 242.

533 Dies ist die Konsequenz aus der Ausrichtung der Wirtschaft nach den Grundsätzen des freien Marktes und aus dem Verzicht auf das Recht auf Arbeit in der Verfassung, vgl. u. a. *Kosut* 1999, S. 5.

534 Art. 122 poln. StVollstrGB.

Strafanstaltsdirektors. Er benennt auch die Bedingungen, die erfüllt werden müssen, damit die Durchführung der angestrebten Arbeit mit der Vollstreckung der Freiheitsstrafe übereinstimmt. Das Nicht-Einhalten dieser Bedingungen kann sowohl von Seiten des angestellten Gefangenen, wie auch von Seiten des Arbeitgebers die Rücknahme des Vertrags zur Ausführung der Arbeit nach sich ziehen.

Der häufigste Grund dafür, dass der Gefangene eine Arbeit aufnimmt, ist eine Arbeitszuweisung. Diese, in der Gefängnisgeschichte älteste Art der Beschäftigung, basiert vor allem auf den Vorschriften des Strafvollstreckungsgesetzbuches und ergibt sich aus der Arbeitspflicht. In der Theorie des Arbeitsrechts bringt man sie in der Kategorie der sogenannten „nicht-arbeitsverträglichen Verhältnisse" unter und deswegen finden die Vorschriften des Arbeitsgesetzbuches allein im Hinblick auf die Grundsätze von Sicherheit und Hygiene, sowie den Zeitraum der Arbeit ihre unmittelbare Anwendung.

Bei der Zuweisung der Arbeit berücksichtigt man vor allem den Beruf und die Ausbildung und im Rahmen der Möglichkeiten auch die Interessen und die persönlichen Bedürfnisse des Verurteilten. Der Zuweisung gehen ärztliche Untersuchungen voran. In seinem Gutachten über die Arbeitseignung des Gefangenen kann der Arzt die Art der empfohlenen Beschäftigung, den maximalen Zeitraum (wenn dieser kürzer sein soll, als vertraglich vorgesehen), sowie die Arbeitsbedingungen benennen.

Die meisten beschäftigten Gefangenen führen ihre Arbeit auf Grund der Zuweisung in den Hausbetrieben, auf dem Gelände der Strafanstalt bei Hilfs- und Ordnungsarbeiten aus. Der Zuweisung zur Arbeit in den Gefängnisunternehmen (dt. Regie- oder Eigenbetrieben) oder in den anderen Betrieben, die außerhalb des Strafvollzuges stehen, geht ein Vertragsabschluss zwischen dem Strafanstaltsdirektor und dem Leiter des gefängniseigenen Betriebs oder eines anderen Unternehmens über die Beschäftigung des Gefangenen voran. Die Gefangenen selbst sind nicht Teil eines solchen Vertrags, sie haben demzufolge keinen Arbeitsvertrag.

Gemäß Art. 1 und des Art. 3 des Gesetzes über die Beschäftigung der Gefangenen werden die gefängniseigenen Betriebe in der Nähe der Strafanstalten vom Justizministerium überprüft, ob sie die Bedingungen erfüllen, um Gefangene angemessen zu beschäftigen. Die Beschäftigung der Gefangenen soll vordergründig der positiven Wirkung auf ihre Einstellung dienen, während die Erzielung von Profit eine untergeordnete Rolle spielt. Diese Betriebe können als Staatsunternehmen, Aktiengesellschaften, bei denen die Staatskasse mindestens 50% der Aktienanteile besitzt oder als Institutionen der Haushaltswirtschaft organisiert sein. Ein solches Unternehmen wird von einem Direktor geleitet, der vom Generaldirektor des Gefängnisdienstes nach Anhörung des Anstaltsleiters, in dessen Anstalt sich dieses Unternehmen befindet, ernannt wird. Von allen in einem solchen Betrieb Beschäftigten müssen mindestens 20% Gefangene sein. Somit wurden diese Betriebe hauptsächlich für Zwecke des Gefängniswesens gegründet, handeln jedoch als abgesonderte wirtschaftliche Einheiten und unterliegen damit den allgemeinen Vorschriften bzgl. Staatsunternehmen. Nach diesen Vorschriften müssen sie sich als rentabel ausweisen, also Gewinn erzielen. Sind sie dauerhaft unrentabel, unterliegen sie der Liquidation und werden aufgelöst. Um jedoch ihre besondere Rolle und Funktion zu festigen, die diese Betriebe bei der Resozialisierung der Gefangenen einnehmen, hat man ihnen einige finanzielle Erleichterungen eingeräumt, darunter auch steuerliche Vergünstigungen. Sie sind befreit von der Gewerbesteuer juristischer Personen, von Einzahlungen in den staatlichen Fonds zur Rehabilitation von Menschen mit Behinderung sowie von Abgaben für die Nutznießung oder den Erbnießbrauch von Grund und Boden, der sich im öffentlichen Eigentum befindet.[535]

Die gefängniseigenen Betriebe werden differenziert nach der Anzahl der Beschäftigten, der Finanzlage und ihrer Rentabilität. Der Bereich ihrer Tätigkeit umfasst viele Branchen. Sie sind ebenso als Produktionsstätten wie auch als Dienstleistungsunternehmen organisiert. Ihre Produktion beschränkt sich nicht allein auf den Bedarf des Gefängnisdienstes oder anderer staatlicher Einrichtungen, sondern die dort hergestellten Produkte werden auf dem freien Markt verkauft.

Gegenwärtig sind 41 gefängniseigene Unternehmen im Betrieb. Nach dem Stand vom 31.05.2011 waren in ihnen 2.486 Gefangene beschäftigt, was über 16% der gesamten entgeltlich beschäftigten Gefangenen ausmacht und 10% aller Beschäftigten (entgeltlich und unentgeltlich).

Wie oben bereits erwähnt, können die Gefangenen neben der Arbeitszuweisung auch auf der Rechtsgrundlage eines Arbeitsvertrags eine Arbeit ausführen, was im Gesetzbuch von 1997 zum ersten Mal im polnischen Strafvollzugsrecht verankert wurde. Im Moment eines solchen Vertragsabschlusses wird der Verurteilte zu einem Angestellten und die Vorschriften des Arbeitsrechts kommen ihm gegenüber zur Anwendung. Der Abschluss solch eines Vertrages benötigt die Zustimmung des Strafanstaltsdirektors.

Eine weitere Rechtsgrundlage, aufgrund derer der Gefangene seine Arbeit erbringen kann, stellen zivilrechtliche Verträge dar: Werkverträge und Aufträge. Diese Formen der Beschäftigung spielen jedoch in der Praxis eine untergeordnete Rolle.

8.3.2 Die Vergütung (Entlohnung) der Gefangenen

Nach den Vorschriften des Strafvollstreckungsgesetzbuchs ist der Hauptgrundsatz der Gefangenenarbeit die Entgeltlichkeit. Allerdings ist die Höhe der Vergütung von Gefangenen ein im Rahmen der Novellierungen des Strafvollstre-

---

535 Eine vollständige Befreiung von solchen Abgaben erhalten nur jene Betriebe, deren Beschäftigungsrate von Gefangenen im Vorjahr bei mindestens 50% lag. War diese Quote geringer, werden die erörterten Vergünstigungen entsprechend verringert (Art. 6 des Gesetzes zur Beschäftigung von Gefangenen).

ckungsrechts häufig diskutierter Aspekt. Die entsprechenden Regelungen wurden mehrfach geändert. Zu einem bedeutenden Ereignis der letzten Zeit, das Einfluss auf die gegenwärtig geltenden Regelungen hatte, wurde das Urteil des Verfassungsgerichts vom 23. Februar 2010.[536]

In diesem Urteil entschied das Verfassungsgericht, dass die Vorschrift des Art. 123 § 2 StVollstrGB, soweit darin festgelegt ist, dass „dem Gefangenen, der in Vollzeit beschäftigt ist, der Erhalt von mindestens „der Hälfte" des Mindestlohns zugesichert wird", verfassungswidrig ist. Alle Personen, die in einem Arbeitsverhältnis stehen, sind unabhängig von dessen rechtlicher Grundlage gleichberechtigt zu behandelt, woraus folgt, dass auch Gefangene ein Recht auf den Mindestlohn für die von ihnen geleistete Arbeit haben. In der Begründung des Urteils unterstrich das Gericht, dass „(...) die Arbeit der Gefangenen ein grundlegendes Element der Freiheitsstrafe ist und somit ein wichtiges Resozialisierungsmittel darstellt. Sie wirkt positiv auf die Einstellung der Inhaftierten und bereitet sie auf das Leben in der Gesellschaft vor. Die Arbeit der Gefangenen ist häufig eine Quelle der Befriedigung und positiver Erfahrungen, sie bietet Gefangenen die Chance auf eine positive Veränderung ihrer Persönlichkeit und erleichtert die Überwindung der negativen psychologischen Konsequenzen, die aus der Straftat und der Verbüßung einer Freiheitsstrafe hervorgehen. Die Beschäftigung der Gefangenen wirkt häufig auch rückfallvermeidend. (...) Die öffentliche Gewalt, die sich der Pflicht verschreibt, die Würde der Gefangenen zu wahren, sollte jedwede Anstrengung unternehmen, den Gefangenen zu ermöglichen, eine entgeltliche Arbeit aufzunehmen." Der Gerichtshof stellte zudem fest, dass die Arbeitspflicht im Strafvollzug ohne die Gewährleistung einer gerechten Vergütung gegen Normen der internationalen Konventionen, die von Polen unterzeichnet wurden, verstößt. Im Weiteren unterstrich der Gerichtshof die besondere Lage der Inhaftierten: „der Status eines Gefangenen ist mit besonderen Gefahren für die Einhaltung der grundlegenden Normen des Arbeitsrechts verbunden und bedarf somit eines besonderen Schutzes vor Missbrauch von Seiten der Strafanstaltsbehörde und der Arbeitgeber." Der Gerichtshof sprach sich nicht gegen verschiedene Argumente aus, die hinter der früheren Regelung stehen, die es möglich machte, den Gefangenen aufgrund von niedriger Qualifikation, Schwierigkeiten bei der Erfüllung von Arbeitsnormen oder der für die Gefangenen anfallenden Unterhaltskosten, einen geringeren Lohn auszubezahlen. Er erkannte jedoch an, dass diese Umstände zwar zu angemessenen Regelungen führen können, die zum Ziel haben, die negativen Auswirkungen dieser Faktoren zu nivellieren, jedoch nicht zur Folge haben dürfen, dass grundlegende Verfassungsgrundsätze, wie der Grundsatz der Gleichbehandlung, der humanen Behandlung und das Verbot von Folter, grausamer, unmenschlicher oder erniedrigender Behandlung, verletzt werden.

---

536 Wyrok Trybunału Konstytucyjnego z dnia 23 lutego 2010r./Urteil des Verfassungsgerichtshofs vom 23. Februar 2010, P 20/09.

Aufgrund dieses Urteils wurde das Wort „Hälfte" aus Art. 123 gestrichen.[537] Der Lohn für einen Gefangenen darf also nicht niedriger sein, als der niedrigste Lohn, den man nach dem allgemeinen Arbeitsrecht für die bestimmte Leistung zu erhalten hat.[538] Viele der bisherigen Arbeitgeber, die Gefangene beschäftigen, werden nun also ihre Vergütung um 100% erhöhen müssen. Diese Notwendigkeit bewirkte eine bedeutende Abnahme der Anzahl von Gefangenen, die entgeltlich arbeiten. Dem sollen Vorschriften entgegenwirken, die eine Möglichkeit eröffnen, 20% der an Gefangene ausbezahlten Summe zurück zu bekommen, sowie Beihilfen und Ausleihen aus dem Fonds zur beruflichen Förderung von Gefangenen zu erhalten.

Dies ändert jedoch nichts an den Vorschriften zu den Abzügen von Gefangenenlöhnen. Aus der Entlohnung oder dem Einkommen des Gefangenen werden 10% für die Ziele des Fonds zur („postpönitentiaren") Entlassenenhilfe abgezogen und 25% für den Fonds zur beruflichen Förderung der Gefangenen und zur Entwicklung der Gefängnisbetriebe. Vom restlichen Lohn, der für den Gefangenen entfällt, sind nach Abzug der Anzahlung für die Einkommenssteuer natürlicher Personen zu jeder Zeit des Aufenthalts im Strafvollzug 60% pfändungsfrei (Art. 125 § 1und 2). Aus diesem Betrag werden bestimmte Summen[539] festgelegt für die Zeit nach der Entlassung. Auf Antrag des Gefangenen kann man dieses Geld auch auf ein Konto oder ein Sparbuch überweisen (Art. 126). Der Rest des Geldes steht dem Gefangenen zur freien Verfügung.[540]

Alle Prämien und Zulagen, z. B. für die Schwere der Arbeit oder für besonders gute Arbeitsleistungen, erhält dieser frei von Abzügen. Die Arbeitszeiten, für die dem Verurteilten eine Entlohnung gezahlt wurde, werden in die Rentenversicherung mit einbezogen.

Im Fall der nur teilweisen Erfüllung der Arbeitszeitnorm oder der monatlichen Arbeitsleistungsnorm wird die Entlohnung proportional zur Arbeitsdauer oder der ausgeführten Arbeitsnorm ausgezahlt. Im Falle der Einstellung eines Gefangenen auf Teilzeit wird der Mindestlohn proportional zur Arbeitsstundenzahl bestimmt.

---

537 Das Verfassungsgericht urteilte, dass seine Bestimmungen nach Ablauf von 12 Monaten ab dem Datum der Bekanntmachung des Urteils verbindlich werden.

538 Diese garantieren, dass der Gefangene den landesüblichen Mindestlohn erhält, dies waren im Jahr 2012 1.500 PLN/ca. 380 Euro.

539 50% des dem Gefangenen zustehenden Monatsgehalt, nicht mehr aber als 4% eines durchschnittlichen monatlichen Arbeitnehmerentgelts.

540 In Deutschland bekommen die Gefangenen nur 9% des durchschnittlichen Lohnes und sind nicht in das Rentenversicherungssystem einbezogen. Zur Notwendigkeit der Änderung dieser Situation siehe u. a. *Ziethener Kreis* 2011, S. 340 f.

8.3.3 Versicherung und Urlaub

Die Bedingungen der Entlohnung, der Anrechnung des Arbeitszeitraumes auf die Rentenansprüche und des den Verurteilten zustehenden Urlaubs sind besonders geregelt und in Abhängigkeit von den arbeitsvertraglichen Bedingungen differenziert. Grundsätzlich unterliegt der Gefangene jedoch für den Zeitraum einer entgeltlichen Arbeit der Rentenversicherung. Dieser Zeitraum wird bei der Rentenberechnung ebenso berücksichtigt, wie die arbeitsrechtlichen Regelungen zur Urlaubsdauer, zum Dienstalter, u. a. Damit wurde in Polen – ebenso wie in anderen Ländern des ehemaligen Ostblocks – eine in der BRD seit mehr als 40 Jahren vergeblich geforderte Reform umgesetzt.

Dem entgeltlich beschäftigten Gefangenen steht nach einem Jahr nicht unterbrochener Arbeit ein bezahlter Arbeitsurlaub von 14 bzw. 18 Arbeitstagen, dem unentgeltlich beschäftigten Gefangenen von 14 Tagen Urlaub ohne Anspruch auf Entlohnung zu.

In diesem Zeitraum kann der Gefangene von zusätzlichem oder längerem Besuch, von zusätzlichem Einkauf von Lebensmitteln, Tabakwaren oder den in den Strafanstalten zugelassenen Verkaufsartikeln, von längeren Hofgängen im Freien und von häufigerer Teilnahme an kulturellen Veranstaltungen profitieren. Den Rahmen dieser Betätigungen bestimmt der Direktor der Strafanstalt für jeden Gefangenen individuell (Art. 124).

8.3.4 Unentgeltliche Arbeit

Die unentgeltliche Arbeit der Gefangenen ist in Art 123a poln. StVollstrGB geregelt. Sie kann sowohl einen verpflichtenden wie auch einen freiwilligen Charakter haben. Für Ordnungs- oder Hilfsarbeiten für die Organisationseinheiten des Gefängnisdienstes oder der territorialen Selbstverwaltung, die 90 Stunden im Monat nicht überschreiten, steht dem Gefangenen keine Entlohnung zu. Solche Arbeiten führt der Gefangene aufgrund einer Arbeitszuweisung aus, die oben bereits beschrieben wurde. Darüber hinaus kann der Strafanstaltsdirektor den Gefangenen, wenn er sein Einverständnis dazu gibt oder einen Antrag stellt, unentgeltliche Beschäftigung im Zusammenhang mit öffentlichen Arbeiten für die öffentliche Verwaltung, karitativen Tätigkeiten, Arbeiten für Organisationen von öffentlichem Interesse oder bei Hilfs- und Ordnungsarbeiten für die Organisationseinheiten des Gefängnisdienstes bewilligen.

Unentgeltliche Arbeit in einem gefängniseigenen Betrieb kann der Strafanstaltsdirektor dem Gefangenen jedoch nur dann bewilligen, wenn diese seiner beruflichen Weiterbildung dient. Die Dauer einer solchen Beschäftigung darf den Zeitraum von einem Monat nicht überschreiten.

Während bezahlte Gefangene in Polen hinsichtlich der Rentenversicherung besser gestellt sind als Gefangene in Deutschland, stellt sich die Situation mit

Blick auf die mögliche Beschäftigung ohne Entgelt (auch wenn sie nur kurzzeitig erfolgen darf, s. o.) für Gefangene in Polen erheblich ungünstiger dar.

8.3.5 Der Fonds zur beruflichen Förderung der Gefangenen und zur Entwicklung der gefängniseigenen Betriebe

Unter Einfluss des oben erwähnten Urteils des Verfassungsgerichts wurde nicht nur die Vorschrift des Strafvollstreckungsgesetzbuchs geändert, sondern auch die dazugehörigen Verordnungen. Im Rahmen dieser Änderungen wurde der Fonds zur beruflichen Förderung von Gefangenen und Entwicklung der gefängniseigenen Betriebe geschaffen. Seine finanziellen Mittel bezieht der Fonds aus den Lohnabzügen der Gefangenen (25%), sowie aus 25% der Steuervergünstigungen (eingesparte Steuergelder) der gefängniseigenen Betriebe, sowie aus Erbschaften, Schenkungen und Zuwendungen. Die Mittel aus diesem Fonds sind hauptsächlich für die Schaffung neuer Arbeitsplätze, die Modernisierung der gefängniseigenen Betriebe und die Organisation der Berufsausbildung für die Gefangenen vorgesehen. Aus diesem Fonds kann unter Vorzugsbedingungen auch eine Beihilfe für gefängniseigene Betriebe in Form von Beihilfen und Anleihen gewährt werden, die für die Finanzierung der Resozialisierungstätigkeiten bestimmt ist. Ebenso können auch andere (nicht gefängniseigene) Unternehmen einen Antrag auf Beihilfen stellen, wenn sie Gefangene beschäftigen. Diese Beihilfen werden in Form von Pauschalen für die zusätzlichen Kosten, die es mit sich bringt, Gefangene einzustellen, ausgezahlt, dürfen jedoch nicht 20% des Lohnwertes, der den im gegebenen Betrieb beschäftigten Gefangenen zusteht, überschreiten.

8.3.6 Praxis

Im Dezember 2013 waren 23.828 (32,9%) Verurteilte und Bestrafte beschäftigt, davon 8.949 (= 38%) entgeltlich und 14.879 (= 62%) unentgeltlich.

Die Beschäftigung von Untersuchungsgefangenen ist verschwindend gering. Im Jahre 2013 (31.12.) waren lediglich 19 Personen entgeltlich beschäftigt. Im Dezember 2013 wurden 21.754 Verurteilte und Bestrafte wegen Arbeitsmangel nicht beschäftigt, somit betrug die Arbeitslosenquote 30%. Weitere Gründe für nicht-Beschäftigung waren auch die Arbeitsunfähigkeit (3.920 Personen, = 8% der Nicht-Beschäftigten) und andere/weitere Gerichtsverfahren gegen den Gefangenen (1.057 Personen, = 2,2%). Die übrigen ca. 20% wurden aus als „andere" bezeichneten Gründen nicht beschäftigt. Damit sind z. B. Gefangene gemeint, die eine Ausbildung absolvieren oder sich in der Therapie befinden und deswegen keiner Arbeit nachgehen können.

Tabelle 8.5:   Beschäftigung der Gefangenen

	Verurteilte und Bestrafte insgesamt	Beschäftigung			Allgemeine Beschäftigung in (%)	Allgemeine entgeltliche Beschäftigung in (%)
		insgesamt	entgeltlich	Unentgeltlich		
2001	56.904	12.475	8.181	4.294	21,9	14,3
2002	59.571	13.706	8.588	5.118	23,0	14,4
2003	61.041	14,864	9.432	5.432	24,4	15,5
2004	65.313	16.373	10.462	5.911	25,1	16,0
2005	69.539	20.154	12.965	7.189	29,0	18,6
2006	74.232	24.002	18.138	5.864	32,3	24,4
2007	76.335	27.228	21.093	6.135	35,7	27,6
2008	74.226	25.940	19.364	6.576	34,9	26,1
2009	74.740	23.487	15.979	7.508	31,4	21,4
2010	72.339	23.849	15.797	8.052	33,0	21,8
2011	73.223	22.844	10.621	12.223	31,2	14,5
2012	77.147	23.020	9.162	13.858	29,8	11,8
2013	72.405	23.828	8.949	14.879	32,9	12,3

Quelle: Jahresstatistiken des Strafvollzugsdiensts 2001-2013, Stichtag 31.12.

Die Frage der unzureichenden Arbeitsplätze für Gefangene stellt seit der Wende 1989 ein gravierendes Problem dar. Eine Lösung des Problems ist nicht in Sicht. In der freien Marktwirtschaft wird sich die Situation der 1970er Jahre, in denen 90% der Verurteilten eine Beschäftigung in staatlichen Betrieben fanden, höchstwahrscheinlich nicht wiederholen lassen. Im Jahr 2003 hat man durch eine Novellierung des Gesetzes zur Beschäftigung von Gefangenen einige Vergünstigungen für die Unternehmer eingeführt und die Arbeit der Inhaftierten für den potentiellen Arbeitgeber so attraktiv wie möglich machen wollen. Vor allem senkte man das Minimum der Entlohnung der Gefangenen auf 50% des Landesminimums. Wie man in der oben aufgeführten Tabelle ablesen kann, führten diese Änderungen ab dem Jahr 2004 zu leicht erhöhten Beschäftigtenzahlen. Als Folge des oben erwähnten Urteils des Verfassungsgerichtshofes aus dem Jahr 2010 sinkt rasch der Zahl der entgeltlich Beschäftigten Inhaftierten, insbesondere bei den Vertragspartnern außerhalb der Anstalt. Am 31.12.2013 hatten nur 12,3% aller Verurteilten und Bestraften eine bezahlte Arbeit.

Die meisten der entgeltlich als auch unentgeltlich arbeitenden Gefangenen (58%) waren mit Ordnungsarbeiten beschäftigt. Weitere 20% fanden Arbeit in Unternehmen außerhalb der Anstalten. In den Gefängnisbetrieben fanden ca. 18% aller Beschäftigten Arbeit.

Tabelle 8.6: Entgeltliche Beschäftigungen der Gefangenen, 2013

	Abs.	%
Insgesamt*	8.968	100
Ordnungs- und verwaltungswirtschaftliche Hilfsarbeiten	5.198	58
Gefängniseigene Betriebe	1.601	18
Vertragspartner außerhalb der Anstalt	1.797	20
Heim- bzw. Aufwandsarbeit oder Akkordarbeit	35	0,4
Arbeitsvertrag	5	0,05
Werkvertrag	332	4

*   Alle Gefangenen auch Untersuchungsgefangene.
Quelle: Jahresstatistik des Strafvollzugsdiensts 2013, Stichtag 31.12.

Unentgeltliche Beschäftigung finden die Gefangenen neben Hilfsarbeiten auf dem Gelände der Strafanstalt vor allem bei den kommunalen Selbstverwaltungen, sowie bei den karitativen Organisationen und Pflegeeinrichtungen, wie z. B. Altersheime, Behinderteneinrichtungen und immer häufiger auch in Hospizen. Für die Initiative zur Verbindung von Therapieprogrammen Alkoholabhängiger mit der Arbeit mit behinderten Menschen erhielt das polnische Gefängniswesen im Jahre 2009 die sog. „silberne Waage der Gerechtigkeit" (*Crystal Scales of Criminal Justice*).

Gefangene werden immer häufiger unentgeltlich beschäftigt im Rahmen sogenannter Ressort-Übereinkünfte zwischen dem Direktor des Gefängnisdienstes und den entsprechenden Ministerien. Im Rahmen solcher Übereinkünfte helfen die Gefangenen bei der Aufforstung und bei Ordnungsarbeiten in Waldgebieten oder bei anderen Tätigkeiten des Umweltschutzes. 2011 wurde eine weitere Vereinbarung zwischen dem Gefängniswesen und der Nationalen Wasserwirtschaftsverwaltung getroffen, im Rahmen derer die Gefangenen für einen breiten Einsatz bei der Hochwasserprävention geschult werden.

Die nachhaltige Bewertung der letzten, durch die angesprochene Entscheidung des Verfassungsgerichtshofes verursachten Änderungen wird erst möglich sein, wenn diese einen bestimmten Zeitraum über verpflichtend waren. Eine grundsätzliche Bedeutung hat allerdings nicht nur der Wortlaut der Vorschriften, sondern ihre effektive Nutzung durch die Praxis.

8.4 Schul-, Berufsaus- und Weiterbildung der Gefangenen

Angesichts des für gewöhnlich sehr niedrigen Bildungsgrades und der geringen beruflichen Qualifikation der Gefangenen ist die Ausbildung einer der wichtigsten Faktoren im Resozialisierungsprozess. Der Ausbildungsprozess stellt nicht nur reine Wissensvermittlung dar, sondern soll zugleich zur Persönlichkeitsbildung, zur Vermittlung sozialer und ethischer Prinzipien beitragen. Mit dem Erlangen von Wissen bilden sich neue Sichtweisen bzgl. Wertorientierungen und im positiven Fall auch eine gesteigerte gesellschaftliche Sensibilität des Gefangenen aus.[541] Jeder Mensch hat das Recht auf Bildung, auf „Entfaltung der menschlichen Persönlichkeit und des Bewusstseins".[542]

Die Ergebnisse der schulischen und beruflichen Ausbildung von erwachsenen Personen hängen von der Art und Intensität ihrer Motivation ab. Das stärkste Motiv zur Aufnahme einer Ausbildungsmaßnahme ist natürlich das Bedürfnis, einen Beruf zu erlangen oder die eigenen Qualifikationen weiterzuentwickeln. Ein weiteres Motiv, das auch eine wichtige Rolle einnimmt, ist der Wunsch nach Vergünstigungen und zusätzlichen Argumenten in den Bemühungen um eine bedingte vorzeitige Entlassung. Intellektuelle Motive scheinen von weitaus nur bei einzelnen Gefangenen von der Bedeutung zu sein.[543]

Dem Unterricht können sich alle Lernmotivierten anschließen,[544] sofern dem keine Sicherheits- oder Gesundheitsgründe entgegenstehen.

Der Gefangene meldet seinen Wunsch, an Ausbildungsmaßnahmen teilzunehmen der Strafvollzugskommission, die den Antrag an die Zentralverwaltung des Strafvollzugsdiensts weiterleitet. Nach einer Bestätigung durch die Zentralverwaltung des Strafvollzugsdiensts kann der Gefangene die Maßnahme beginnen. Nach Beendigung der Maßnahme erhält der Gefangene ein Zeugnis ohne die Nennung des Ortes, an dem er es erworben hat. Vorrang bei der Ausbildung haben Personen, die die Ausbildung im Rahmen der Schulpflicht nicht abge-

---

541 Vgl. *Walkenhorst* 2010, S. 3 ff.

542 Art. 13 des Internationalen Pakts über wirtschaftliche, soziale und kulturelle Rechte vom 19. Dezember 1966 lautet: „Die Vertragsstaaten erkennen das Recht eines jeden auf Bildung an. Sie stimmen überein, dass die Bildung auf die volle Entfaltung der menschlichen Persönlichkeit und des Bewusstseins ihrer Würde gerichtet sein und die Achtung vor den Menschenrechten und Grundfreiheiten stärken muss. Sie stimmen ferner überein, dass die Bildung es jedermann ermöglichen muss, eine nützliche Rolle in einer freien Gesellschaft zu spielen, dass sie Verständnis, Toleranz und Freundschaft unter allen Völkern und allen rassischen, ethnischen und religiösen Gruppen fördern sowie die Tätigkeit der Vereinten Nationen zur Erhaltung des Friedens unterstützen muss."

543 Vgl. *Widelak* 1997, S. 129.

544 Art. 102 und Art.130-134 des poln. StVollstrGB.

schlossen haben[545] und Personen die keinen Beruf haben oder diesen nach der Verbüßung der Strafe nicht ausüben werden können. In Bezug auf Jugendliche und Heranwachsende erlegt das StVollstrGB den Strafanstalten in Art. 130 die Pflicht auf, den Unterricht entsprechend ihrer Möglichkeiten und Begabungen anzubieten.

Die im Unterricht erzielten Ergebnisse werden vom Strafvollzugsgericht bei der Entscheidung über die bedingte vorzeitige Entlassung berücksichtigt.

In den Strafanstalten und der Untersuchungshaft gibt es Schulen und Bildungsstätten aller Niveaus, mit Ausnahme von Hochschulen. Sie sind entsprechend des Gesetzes zum Bildungssystem öffentliche Schulen, die allgemeine Lehrsysteme (d. h. dieselben wie Schulen außerhalb des Vollzugs) realisieren. Die in diesen Schulen arbeitenden Lehrer unterliegen denselben Vorschriften und Anforderungen wie ihre Kollegen in den Schulen außerhalb der Strafanstalten. Zusätzlich sind sie jedoch verpflichtet, alle Vorschriften einzuhalten, die den Vollzug der Freiheitsstrafe und der Untersuchungshaft betreffen als auch mit dem Gefängnisdienst zusammen zu arbeiten, u. a. durch die Übermittlung von Informationen, die einen maßgeblichen Einfluss auf die Bewertung der Resozialisierungsfortschritte haben bzw. durch die Anregung zur Erteilung von Belohnungen oder bei der Bemessung von Disziplinarstrafen von Bedeutung sind.[546]

Die allgemeinste Unterweisung bildet der Unterricht im Rahmen der Grundschule und des Gymnasiums. Auf diesem Bereich liegt das Hauptaugenmerk. Die Anzahl der Plätze in diesen Schulen ist so ausgelegt, dass sie allen Personen, die einen solchen Bildungsgrad anstreben, die Aufnahme einer entsprechenden Bildungsmaßnahme ermöglicht.

In den letzten Jahren stieg die Zahl der Gefangenen, die am Unterricht teilnahmen, im Bereich der Gymnasien, der gymnasialen Berufsschulen („Berufslyzeen") und der Technikschulen, d. h. bei Schulen, die mit dem Abitur abgeschlossen werden.

Neben der elementaren Bildung spielt die Berufsausbildung, die vor allem in Berufsschulen und technischen Schulen organisiert wird, eine große Rolle. In den Strafanstalten besteht zudem die Möglichkeit, eine allgemeine Schulbildung um eine berufliche zu ergänzen und eine berufliche um eine allgemeine. Für Personen mit Abitur, die keinen Berufsabschluss haben werden sogenannte „postlyzeeale" Schulen organisiert, und für Personen mit einer Berufsausbildung

---

545 Pflichtausbildung in Polen beträgt nach der Reform von 1999 9 Jahre – 6 Klassen Grundschule und 3 Klassen Gymnasium.

546 Rozporządzenie Ministra Sprawiedliwości z dnia 13 lutego 2004 r. w sprawie szczegółowych zasad i trybu prowadzenia nauczania w zakładach karnych/Verordnung des Justizminister vom 13. Februar 2004 über die detaillierte Regelung der Bildung in den Strafanstalten. Dz.U. 2004, Nr 37, Poz. 337.

besteht die Möglichkeit einer Weiterbildung in technischen und in Berufsfach-
schulen.

Im Schuljahr 2012/2013 standen in den Strafanstalten 63 Schulen, darunter:
zwei Grundschulen (mit 4 Abteilungen), 10 Gymnasien mit 23 Abteilungen, 18
Elementarberufsschulen mit 55 Abteilungen, 9 technische Berufsschule mit 18
Abteilungen, sowie 21 allgemeinbildende Lyzeen und drei „postlyzeeale"
Schulen zur Verfügung. In den Elementarschulen kann man verschiedene Berufe
erlernen, u. a. den des Kochs, des Maurers, des Schlossers, des Malers u. ä. In
den Schulen höheren Grades, d. h. in den technischen Schulen, den technischen
Komplementärschulen sowie den „postlyzeealen" Schulen wird die Bandbreite
der zu erlernenden Berufe deutlich schmaler. Hier handelt es sich hauptsächlich
um Berufe wie Mechaniker, Bautechniker und Informationstechniker. Über dieses Angebot hinaus sieht das Strafvollstreckungsgesetzbuch jedoch auch die
Möglichkeit der Bildung außerhalb der Strafanstalt vor. Grundsätzlich trägt der
Gefangene die Kosten einer solchen Weiterbildung. Allerdings kann der Strafanstaltsdirektor auf den Antrag des Gefangenen hin entscheiden, dass die Kosten
zum Teil oder vollständig von der Strafanstalt gedeckt werden.

Nach der Beendigung der Schulausbildung erhält der Gefangene ein Ab-
schlusszeugnis. Dieses Zeugnis darf keine Information darüber enthalten, dass
es während des Verbüßens einer Freiheitsstrafe oder einer Untersuchungshaft
ausgestellt wurde.

Tabelle 8.7:   **Ausbildung der Gefangenen (Schulausbildung)**

Art der Schule	Anzahl der Auszubildenden im Schuljahr 2012/2013	
	Lernende	Absolventen
Grundschulen	25	11
Gymnasien	423	126
Berufsschulen	1.123	590
Fachschulen	335	67
Allgemeinbildende Lyzeen	940	163
„Postlyzeeale" Schulen	108	63
Hochschulen (Fernstudium)	50	0
Gesamtzahl	**4.026**	**820**

Quelle: Jahresstatistik des Strafvollzugsdiensts 2013.

In den letzten 10 Jahren belief sich die Zahl der Gefangenen die am Unterricht (jedweden Grades) teilgenommen haben auf ca. 5% aller Gefangenen.

Eine wertvolle Form der Weiterbildung stellen die beruflichen Kurse dar, die in Absprache und Kooperation mit den Arbeitsämtern durchgeführt werden. Sie erweitern bereits vorhandene Qualifikationen oder erlauben im Rahmen des erlernten Berufes eine neue Spezialisierung. Sie sind vor allem für diejenigen Gefangenen attraktiv, die eine verhältnismäßig kurze Strafe zu verbüßen haben.[547] Dementsprechend handelt es sich um kurzzeitige, berufliche Orientierungsmaßnahmen. Die Zahl der teilnehmenden Gefangenen im Jahr 2013 ergibt sich aus der nachfolgenden Tabelle. Genauere Daten zu Dauer der Maßnahmen sind aus der Statistik des Strafvollzuges nicht zu entnehmen.

Tabelle 8.8:   **Kursunterricht (Berufsausbildung)**

Anzahl der Kurse	990
Anzahl der Gefangenen, die an dem Kursunterricht teilnahmen	11.170
Anzahl der Absolventen	11.069

Quelle: Jahresstatistik des Strafvollzugsdiensts 2013.

Im Rahmen der geschlossenen Strafanstalten findet der Unterricht innerhalb der Anstalt statt. In offenen und halboffenen Anstalten kann der Anstaltsleiter den Verurteilten die Teilnahme am Unterricht außerhalb der Anstalt gestatten.

Die Arbeit in Schulwerkstätten und die praktische Berufslehre sind obligatorisch, soweit sie aus dem Lehrprogramm hervorgehen. Die praktische Berufslehre kann mit einer produktiven Arbeit verbunden werden. In einem solchen Fall erhält der Verurteilte eine Entlohnung, die sich nach den allgemeinen Prinzipien richtet. Den Teilnehmern stehen nach einem Jahr Unterricht 14 Tage Urlaub zu. Den Gefangenen, die nicht über die nötigen Geldmittel verfügen, gewährt die Strafanstalt Zugang zu Lehrbüchern und Lernhilfen.

8.5 Freizeitangebote

Die Langeweile, die durch den Mangel an vernünftiger Nutzung der Zeit entsteht, verursacht Apathie, Frustration und verschiedene Formen der Aggression. Auch das Bedürfnis nach Selbstverwirklichung kann schwinden.[548] Um diesem

---

547   Vgl. *Szymanowski* 1996, S. 54.

548   Der pädagogisch ausgerichtete Strafvollzug soll (und dies nicht nur im Fall von jugendlichen Straftätern) neben den Kernaufgaben Unterrichten, Informieren und Beraten auch das Arrangieren und Animieren erfassen, vgl. *Walkenhorst* 2011, S. 72.

Zustand entgegenzuwirken, aber auch um bei den Inhaftierten die Persönlichkeitsentwicklung und damit zugleich Einstellungen, welche zur gesellschaftlichen Wiedereingliederung beitragen können zu fördern, organisiert man in den Anstalten kulturell bildende Veranstaltungen und ermöglicht den Gefangenen Zugang zu verschiedenen Medien. „Eine bewusst gestaltete freie Zeit" gehört neben anderen Aspekten, wie der schulischen und beruflichen Bildung, der Arbeit, der Seelsorge u. a. zu den wichtigsten Bereichen der vollzuglichen Anstrengungen, die dem Gefangenen eine Wiederkehr in die Gesellschaft ermöglichen sollen.[549]

Dabei soll man nicht vergessen, dass der Zugang zur Kultur und zum Kulturerbe ein Grundrecht eines jeden Menschen ist.

Jede Anstalt gewährt dem Verurteilten den Zugang zu Büchern und Zeitschriften.[550] Die Bibliotheken verfügen im Normalfall über eine relativ große Auswahl an Büchern. Der größten Nachfrage erfreuen sich Erzählungen, Abenteuerromane und Bücher mit populärwissenschaftlichem Inhalt. Man nimmt an, dass etwa 30-40% der Gefangenen regelmäßig Bibliotheken nutzen.[551] Die Strafanstalten abonnieren in der Regel mehrere Tageszeitungen und erhalten auch Zeitschriften aus den so genannten Rücksendungen, d. h. Zeitungen, die nicht zu aktueller Zeit verkauft wurden. Die Nachfrage, vor allem bei Tageszeitungen übersteigt jedoch die Möglichkeiten der Strafanstalten. Der Gefangene hat das Recht mit Einverständnis des Strafanstaltsdirektors eine Zeitung bzw. Zeitschrift, die nicht in der Anstalt zugänglich sind, selbst zu abonnieren oder sich diese von seiner Familie kommen zu lassen.[552]

Gegenwärtig hat jeder Verurteilte das Recht auf einen Fernsehapparat und in nahezu jeder Zelle befindet sich zusätzlich ein Video(DVD)recorder. In einigen Anstalten hat man Kabelfernsehen angeschlossen.

Eine immense Popularität genießen die Konzerte und Zusammenkünfte, zu denen man bekannte und interessante Künstler einlädt. Diese Veranstaltungen werden häufig zu einer Inspiration für die Gefangenen, die den Versuch unternehmen, ihre manchmal unentdeckte Talente zu fördern: schauspielerische, zeichnerische oder schriftstellerische. Ihre Kunst bringen die Häftlinge im Rahmen künstlerischer Gruppen zum Ausdruck – in den polnischen Strafanstalten wurden ca. 15 Musikgruppen und einige Theatergruppen und viele andere so genannte „Interessenskreise" gegründet. Die in diesen Interessenskreisen ent-

549 Vgl. *Walkenhorst* 2010, S. 2 f.

550 Siehe Art. 135-136a poln. StVollstrGB.

551 *Kurek* 1997 S. 88 ff.

552 Dieses Einverständnis wird vor allem nur dann verweigert, wenn die gewünschte Zeitung z. B. pornografische, rassistische oder menschenverachtende Inhalte verbreitet.

standenen Arbeiten werden häufig an gesamtpolnische Wettbewerbe und Ausstellungen geschickt.[553]

Einen immer hohen Stellenwert nehmen die sportlichen Aktivitäten ein. Die eingeschränkten Bewegungsmöglichkeiten werden als ein großer Nachteil empfunden, auch weil die physische Kondition vor allem unter jüngeren Gefangenen ein Statusmerkmal und im Gefängnis somit von enormer Bedeutung ist. Nur wenige Strafanstalten verfügen jedoch über Fußballfelder und auch Turnhallen findet man nicht in jeder Einrichtung. Das Gefängniswesen organisiert also die sportlichen Aktivitäten für die Gefangenen häufig in Zusammenarbeit mit den lokalen Sportzentren, Klubs, sowie den Schulen des Ortes außerhalb der Anstalten. Immer mehr Strafanstalten werden zumindest mit Kraftstudios ausgestattet.

Es lässt sich schwer beurteilen, in welchem Maß die Teilnahme an Kulturveranstaltungen einen Einfluss auf die Veränderung der Einstellungen und Werte der Gefangenen im gesamten Resozialisierungsprozess hat. Die Versuche, solche Einschätzungen zu treffen sind vielleicht nicht nötig und können irreführend sein. Die Teilnahmemöglichkeit an kulturellen Ereignissen darf nicht an Effektivität deren gemäßen und „dosiert" werden. Sie stellt ein Recht jeden Menschen[554] und ein unentbehrliches Element in der individuellen und gesellschaftlichen Entwicklung des Individuums dar.

Auf der Grundlage der durchgeführten Untersuchungen lässt sich feststellen, dass die Selbstverwirklichung, das Bedürfnis nach neuen Leitbildern und Anschauungen, nach neuen Erfahrungen einen weitaus wichtigeren Platz einnimmt, als z. B. die Aufnahme einer Ausbildungsmaßnahme.[555] Um die bestmöglichen Ergebnisse bei der Einwirkung auf die Verurteilten zu erzielen, muss das kulturelle Angebot abwechslungsreich, interessant und aktuell sein.

Die Freizeitgestaltung im Strafvollzug muss aber über eine bloße „Bespaßung" und die reine Präsentation ästhetischer, unterhaltender Produkte hinausgehen. Sie soll interaktiv und stark pädagogisch orientiert sein und eine die Kreativität fördernde, motivierende Rolle spielen. Während dieser Zeit sollen die Gefangenen besonders dazu animiert werden, legale Formen der Freizeitgestaltung schätzen zu lernen, die ihren Interessen und Talenten entsprechen.[556]

---

553 Angaben des Bürgerbeauftragten, vgl. *Rzecznik Praw Obywatelskich* 2010.

554 Artikel 15 des Internationalen Pakts über wirtschaftliche, soziale und kulturelle Rechte vom 19. Dezember 1966 „(1) Die Vertragsstaaten erkennen das Recht eines jeden an, am kulturellen Leben teilzunehmen (…)".

555 Die Wichtigkeit der künstlerischen Tätigkeiten von Gefangenen als Ausdruck ihrer Menschlichkeit betont in ihrem Buch *Jaworska*, vgl. *Jaworska* 2008, siehe auch *Puszka* 2008, S. 208 f.

556 Vgl. *Walkenhorst* 2000, S. 275; *Walkenhorst* 2001, S. 178 ff.

Obwohl sich die Anstalten bemühen, ein abwechslungsreiches Programm zu ermöglichen, kommt es nicht selten vor, dass die Gefangenen, vor allem in den geschlossenen Anstalten, 23 Stunden (abzüglich einer Stunde Hofgang) in der Zelle verbringen. Diese Situation tritt nicht in allen Anstalten auf, wird aber als ein bemerkenswerter Zustand vom CPT wahrgenommen und in den Berichten angesprochen und kritisiert.[557]

8.6 Kommunikation mit der Außenwelt

Zu den grundlegenden Menschenrechten gehören das Recht auf Achtung des privaten und familiären Lebens und das Recht auf freie Meinungsäußerung. Diese Grundsätze wurden bereits in der Allgemeinen Erklärung der Menschenrechte in Art. 12 festgehalten: „Niemand darf willkürlichen Eingriffen in sein Privatleben, seine Familie, sein Heim oder seinen Briefwechsel, noch Angriffen auf seine Ehre und seinen Ruf ausgesetzt werden. Jeder Mensch hat Anspruch auf rechtlichen Schutz gegen derartige Eingriffe oder Angriffe" und daraufhin in ähnlichem Wortlaut auch in Art. 17 und 18 des Paktes der Vereinten Nationen über bürgerliche und politische Rechte sowie in der Europäischen Menschenrechtskonvention in Art. 8.

In einer Strafanstalt ist der Gefangene schon allein aufgrund der Isolierung automatisch in der Inanspruchnahme dieses Rechts eingeschränkt. Allerdings darf eine Inhaftierung in einer Strafanstalt oder in der Untersuchungshaft diese Rechte, wie auch die Möglichkeit, diese vor dem Europäischen Gerichtshof für Menschenrechte (EMRG) einzuklagen, nicht aushebeln.

Eines der grundlegenden Rechte des Gefangenen ist das Recht auf Kontakt mit der Außenwelt. Je besser diese Kontakte möglich sind und praktiziert werden, umso weiter ist die „Normalisierung" des Lebens im Gefängnis fortgeschritten. Die internationalen Standards der Vereinten Nationen und die europäischen Konventionen und Resolutionen, wie auch die Tätigkeit des Anti-Folter-Komitees und des Europäischen Menschengerichtshofs richten ihr Augenmerk auf die große Tragweite solcher Kontakte.[558] Die Europäischen Strafvollzugs-

---

557 "The CPT reiterates its recommendation that the Polish authorities step up their efforts to develop the programmes of activities for sentenced and remand prisoners. The aim should be to ensure that both categories of prisoner are able to spend a reasonable part of the day (eight hours or more) outside their cells, engaged in purposeful activity of a varied nature." CPT/Inf (2011) 20, Nr. 84 (S. 35).

558 Schon in seinem 2. Hauptbericht lenkte das CPT die Aufmerksamkeit auf die Bedeutung der Kontakte der Gefangenen mit der Außenwelt: „(51.) It is also very important for prisoners to maintain reasonably good contact with the outside world. Above all, a prisoner must be given the means of safeguarding his relationships with his family and close friends. The guiding principle should be the promotion of contact with the outside world; any limitations upon such contact should be based exclusively on security

grundsätze unterstreichen in der Regel Nr. 24.1, dass der Gefangene ein Recht auf Kontakt mit der Außenwelt hat und dieses so häufig wie möglich ausgeübt werden soll. Dieser Kontakt erfüllt nämlich eine sehr wichtige Rolle: er begrenzt den Prisonierungsprozess, erhält das familiäre und gesellschaftliche Netzwerk aufrecht und stellt somit ein unverzichtbares Element der gesellschaftlichen Wiedereingliederung dar.[559] Kontakte mit Personen außerhalb der Strafanstalt nehmen zudem eine Kontrollfunktion ein – in einer offenen Anstalt fällt es schwerer, Machtmissbrauch von Seiten des Gefängnisses und des Gefängnispersonals zu vertuschen.[560]

Im polnischen Rechtsystem befinden sich die Regelungen zu Korrespondenz, Telefongesprächen, Besuchen und zum Paketempfang im Strafvollstreckungsgesetzbuch und in der Verordnung zur Organisation der Freiheitsstrafe. Generell ermöglicht man dem Gefangenen den Kontakt mit der Familie und nahestehenden Personen durch Besuche, Schriftwechsel, Telefongespräche, Pakete und Geldüberweisungen und in begründeten Fällen mit dem Einverständnis des Strafanstaltsdirektors auch durch andere Kommunikationsmittel (Art. 105). Die Intensität und Kontrolle dieser Kontakte hängt in großem Maße vom Typ der Strafanstalt ab (siehe *Kapitel 7*), in dem der Gefangene inhaftiert ist.

8.6.1 Schriftwechsel und Telefongespräche

Die Anzahl der Briefe, die der Gefangene verschicken und empfangen darf, ist nicht begrenzt. Verfügt der Gefangene über keine finanziellen Mittel, erhält er von der Anstalt Papier, Briefumschläge und Briefmarken für zwei Briefsendungen im Monat. In besonders begründeten Fällen kann der Gefangene weitere Mittel erhalten, die zur Weiterführung der Korrespondenz notwendig sind. Die Korrespondenz des Gefangenen wird unverzüglich, spätestens am zweiten Werktag ab dem Moment ihrer Übergabe an die Gefängnisbehörde durch den Gefangenen versendet (Art. 105b poln. StVollstrGB).

Der Gefangene hat das Recht auf uneingeschränkten Telefongebrauch auf eigene Kosten.[561] In begründeten Fällen kann der Strafanstaltsdirektor dem Gefangenen die Telefonnutzung auf Kosten der Angerufenen oder auf Kosten der

concerns of an appreciable nature or resource considerations." 2nd General Report on the CPT's activities covering the period 1 January to 31 December 1991.

559 Vgl. zum Jugendstrafvollzug *Bihs/Roos/Walkenhorst* 2009, S. 405 ff.

560 Vgl. *Dünkel* 1998, S. 42 ff.

561 Es existieren jedoch Anstalten, in denen dem Gefangenen lediglich 5 Minuten wöchentlich gewährt werden. Der Strafanstaltsdirektor kann sein Einverständnis für ein zusätzliches Telefongespräch erteilen, vgl. *Nielaczna*, 2011, S. 92. Diesen Einschränkungen liegen nicht allein Restriktion und Kontrolle zugrunde, sondern auch die unzureichende Anzahl an Telefonapparaten und die Notwendigkeit, allen Gefangenen den Zutritt zu ihnen zu gewährleisten.

Strafanstalt bewilligen. In Fällen der Gefährdung der öffentlichen Ordnung oder der Sicherheit der Strafanstalt kann der Strafanstaltsdirektor dem Gefangenen sein Recht auf Telefonnutzung für eine bestimmte Zeitdauer entziehen (Art. 105b poln. StVollstrGB). Mobiltelefone sind in Polen – wie auch in Deutschland – nicht erlaubt.

Die Kontrolle und Zensur der schriftlichen Korrespondenz, sowie der Telefongespräche hängt von dem Anstaltstypus ab. In einer geschlossenen Anstalt unterliegen der gesamte Schriftverkehr und sämtliche Telefongespräche einer Zensur, in einer halboffenen Anstalt können sie einer Zensur unterliegen und in einer offenen Anstalt findet keine Kontrolle oder Zensur von schriftlicher oder telefonischer Kommunikation statt. Der Schriftverkehr des Gefangenen kann jedoch auch angehalten werden. Eine solche Entscheidung wird vom Strafanstaltsdirektor gefällt und dieser informiert den Strafrichter darüber. Die Zensurvorschriften gelten nicht für die Korrespondenz des Gefangenen und des in Untersuchungshaft Inhaftierten mit seinem Bevollmächtigten, seinem Anwalt oder Rechtsberater, ebenso wenig für die Korrespondenz mit den Strafverfolgungsorganen, der Justizbehörde und anderen staatlichen und Selbstverwaltungsorganen, mit dem Bürgerbeauftragten, dem Kinderrechtsbeauftragten sowie mit anderen Organen, die aufgrund der internationalen, von Polen ratifizierten Übereinkünfte zum Schutz der Menschenrechte (Art. 8a) einbezogen worden sind. Gespräche während der Besuche und Telefongespräche zwischen dem Gefangenen und seinem Bevollmächtigten, seinem Anwalt oder Rechtsberater unterliegen keiner Kontrolle, unabhängig vom Strafanstaltstypus (Art. 8 § 3).

Der Europäische Gerichtshof für Menschenrechte hat sich schon mehrfach zur Kontrolle der Korrespondenz von Gefangenen geäußert.[562] Der EMRG vertritt die Meinung, dass die Zensur der Korrespondenz des Gefangenen in jedem einzelnen Fall individuell abgewogen werden muss und die Einschränkung des Rechts auf Schriftwechsel nur möglich sein kann, wenn sie auf einer entsprechend präzisen Rechtsgrundlage basiert und in der demokratischen Gesellschaft unumgänglich ist. Im Licht dieser Postulate weckt die verpflichtende, d. h. aus den Gesetzen hervorgehende vollständige Kontrolle der Korrespondenz in den geschlossenen Strafanstalten in Polen Zweifel ob ihrer Vereinbarkeit mit den Menschenrechten und den internationalen Standards bezüglich des Verfahrens mit Gefangenen.

Die Anzahl der Klagen, die von polnischen Gefangenen und Inhaftierten beim Europäischen Gerichtshof eingereicht werden, ist beträchtlich.

---

562 *Campbell v. The United Kingdom*, Entscheidung vom 25. März 1992 (Application no. 13590/88); *Silver and others v. The United Kingdom*, Entscheidung von 25. März 1983 (Application no. 5947/72; 6205/73; 7052/75; 7061/75; 7107/75; 7113/75; 7136/75) u. a.

Eine der ersten Klagen unter dem neuen Strafgesetzbuch reichte diesbezüglich *Tomasz Matwiejczyk* im Jahr 1997 ein.[563] Neben dem Vorwurf der Verletzung des Art. 5 § 3 hinsichtlich der Dauer seiner vorläufigen Festnahme sowie des Art. 6 der Konvention hinsichtlich der Dauer des Strafverfahrens, klagte *Matwiejczyk* auch gegen die Kontrolle seiner Korrespondenz, also gegen die Verletzung des Art. 8 der Konvention. Der Gefangene behauptete, dass der Staatsanwalt das Briefgeheimnis bezüglich des Schriftverkehrs zwischen dem Gefangenen und dem Menschenrechtsgerichtshof verletzt hätte. Der Gerichtshof bestätigte, dass sich auf dem Briefumschlag, der dem Gefangenen überbracht wurde, ein „zensiert"-Stempel mit Datum und einer unleserlichen Unterschrift befand. Dieser Vermerk begründe die Annahme, dass der Umschlag geöffnet und der Brief gelesen wurde. Das polnische Gericht behauptete allerdings, dass der Kläger „keine Beweise für einen Eingriff in die Vertraulichkeit des Inhalts des Briefes" vorgebracht hätte. „Die Tatsache, dass der Umschlag den Stempelaufdruck „zensiert" trage, beweise nicht, dass die Korrespondenz gelesen wurde." Der Europäische Gerichtshof für Menschenrechte war jedoch anderer Meinung: „so lange wie die Vollzugsbehörde ihre Praxis fortsetzen werde, die Briefe der Gefangenen mit „zensiert" abzustempeln, so lange wird der Gerichtshof keine andere Möglichkeit haben, als anzunehmen, dass die Briefe geöffnet und der Inhalt gelesen wurde. Es obliegt den nationalen Behörden, eine Prozedur zu erarbeiten, die das Zustellen und Versenden von Briefen vom und an den Europäischen Gerichtshof für Menschenrechte dergestalt gewährleistet, dass klar ersichtlich ist, dass weder die Briefumschläge geöffnet, noch die Briefe gelesen wurden." Infolgedessen erkannte der EGMR an, dass die Kontrolle der Korrespondenz des Gerichtshofs, die an den Gefangenen adressiert war, einen „Eingriff der öffentlichen Gewalt" im Sinne des Art. 8 § 2 darstellte.

Leider sieht es so aus, als würden die polnischen Vollzugsbehörden nicht auf die gegenwärtige Praxis verzichten und weiterhin regelmäßige Verletzungen des Art. 8 durch die Anwendung der „zensiert"-Stempel zulassen. In dem Urteil von 2011 in der Sache *Lesiak v. Polen*[564] stellte der Gerichtshof aus eigener Initiative die Verletzung des Art. 8 der Menschenrechtskonvention fest und wiederholte ein weiteres Mal, dass so lange die polnischen Machtinhaber an ihrer Praxis festhielten, die Briefe von Inhaftierten mit einem „zensiert"-Stempel zu versehen, der Gerichtshof keine andere Wahl habe, als davon auszugehen, dass diese Briefe geöffnet und ihr Inhalt gelesen wurde".

---

563 Siehe *Matwiejczuk v. Poland*, Entscheidung vom 2. Dezember 2003 (Application no. 37641/97) siehe u. a. auch *Pisk-Piskowski v. Poland*, Entscheidung vom 14. Juni 2005 (Application no. 92/03), und *Michta v. Poland*, Entscheidung vom 4. Mai 2006 (Application no. 13425/02).

564 Siehe *Bereza v. Poland*, Entscheidung vom 19. Oktober 2010 (Application no 42332/06); *Lesiak v. Poland*, Entscheidung vom 1. Februar 2011 (Application no. 19218/07).

8.6.2 Pakete

Der Gefangene hat das Recht vierteljährlich, ein Lebensmittelpaket zu erhalten, dessen Gewicht 5 kg nicht überschreiten darf. In Ausnahmesituationen und im Bedarfsfall kann der Strafanstaltsdirektor dem Gefangenen das Entgegennehmen eines Pakets, das 5 kg überschreitet, bewilligen. Im Einverständnis mit dem Anstaltsleiter kann der Gefangene auch andere Pakete erhalten, die keine Lebensmittel enthalten, sondern z. B. Kleidung, Arzneimittel oder andere Gegenstände. In den Paketen dürfen keine Artikel enthalten sein, deren Überprüfung unmöglich ist, ohne ihre Substanz im Wesentlichen zu verletzen oder zu zerstören, ebenso wenig Artikel, deren Verpackung die Kontrolle des Inhalts erschweren. Die Pakete unterliegen einer Kontrolle in Anwesenheit des Gefangenen und jene Artikel, die als unzulässig erkannt werden oder nicht zum Verzehr geeignet sind, werden in Anwesenheit des Gefangenen vernichtet (Art. 113a). Auch aus Sicherheitsgründen kann der Strafanstaltsdirektor entscheiden, das Paket zu vernichten. Von einer solchen Entscheidung werden der Gefangene und der Strafrichter informiert. Die Begrenzung der Paketanzahl, die der Gefangene erhalten darf, liegt in dem immensen Zeitaufwand begründet, den es für den Gefängnisdienst mit sich bringt, solche Pakete daraufhin zu kontrollieren, dass keine Drogen, kein Alkohol oder keine anderen verbotenen Gegenstände, wie Handys oder sogar Waffen, auf das Anstaltsgelände gelangen.[565]

8.6.3 Besuche

Obwohl der Besuch eine sehr wichtige, da unmittelbare Form von Kontakt zwischen dem Gefangenen und ihm nahe stehenden Personen darstellt, wird er streng reglementiert und unterliegt zahlreichen detaillierten Vorschriften. Die Anzahl der sogenannten „systemischen" Besuche[566] hängt, wie im Fall der schriftlichen Korrespondenz und der Telefongespräche, vom Anstaltstypus ab. In einer geschlossenen Anstalt hat der Gefangene das Recht auf zwei Besuche monatlich, in einer halboffenen auf drei und in einer offenen Anstalt kann der Gefangene eine uneingeschränkte Anzahl von Besuchen empfangen. Diese Ein-

---

565 Die Befürchtung, dass verbotene Substanzen und Gegenstände auf das Anstaltsgelände gelangen hat eine sehr gründliche Untersuchung des Pakets zur Folge. Die Gefangenen beklagen sich, dass sich durch so eine Kontrolle viele der Produkte nicht mehr zum Verzehr oder zum Gebrauch eignen, z. B. werden Lebensmittel zerschnitten, Seife in Stücke gehauen. Eine solche Kontrolle ist im Grunde gleichbedeutend mit einer Zerstörung des Pakets. Zur Kritik siehe u. a. *Niełaczna* 2011, S. 99.

566 In der polnischen Fachliteratur bezeichnet man diejenigen Besuche als solche, die einem Gefangenen nach dem Gesetzbuch automatisch zustehen, im Unterschied zu solchen, die als Belohnung für sein Verhalten bewilligt oder jenen, die ausgelost werden.

schränkungen betreffen jedoch nicht die Besuche des Bevollmächtigten und des Rechtsberaters. Ebenso unbegrenzt kann sich der Gefangene mit Vertretern von Nichtregierungsorganisationen treffen, die sich dem Schutz von Menschenrechten oder der Gefangenenhilfe widmen.

Der Verlauf von Besuchen wurde in Art 105a poln. StVollstrGB geregelt und ist für alle Strafanstaltstypen verbindlich. Grundsätzlich dauert ein Besuch eine Stunde. An ein und demselben Tag kann nur ein Besuch empfangen werden. An einem Besuch können maximal zwei Erwachsene teilnehmen und eine unbeschränkte Anzahl von Minderjährigen. Die Besuche finden unter der Aufsicht eines Vollzugsbeamten statt, die einen unmittelbaren Kontakt zwischen dem Gefangenen und dem Besucher unmöglich macht. Diese Aufsichtsregelung betrifft nicht die Besuche des Bevollmächtigten oder des Rechtsberaters. Während des Treffens ist es dem Gefangenen und seinem Besuch gestattet, Lebensmittel zu sich zu nehmen, allerdings nur jene, die im gefängniseigenen Laden gekauft wurden. Die detaillierte Besuchsordnung und die Besuchszeiten legt der Strafanstaltsdirektor fest. Dieser entscheidet auch über einen etwaigen zusätzlichen Besuch für den Gefangenen oder über die Zusammenlegung zweier ihm zustehender Besuche, z. B. aufgrund der Entfernung des Wohnorts der Besucher von der Strafanstalt und den damit verbundenen zeitlichen und finanziellen Schwierigkeiten der Anfahrt.

Die Vorschriften des Gesetzbuches unterstreichen die besondere Notwendigkeit des Erhalts, aber auch der Förderung von Bindungen zwischen den Gefangenen und ihren Kindern. Somit können Gefangene, die die Vormundschaft für Kinder unter 15 Jahren innehaben, weitere Besuche genehmigt bekommen. Speziell bei solchen Gefangenen hat man ein besonderes Augenmerk darauf, sie in Strafanstalten unterzubringen, die möglichst nahe zum Aufenthaltsort ihrer Kinder liegen.

8.7 Vollzugslockerungen

Das poln. StVollstrGB enthält Vorschriften, die ein zeitweiliges Verlassen der Anstalt ermöglichen und die im deutschen Recht als Vollzugslockerungen bezeichnet werden. Das polnische StVollstrGB nennt diese Maßnahmen wörtlich übersetzt als Genehmigung für das zeitweilige Verlassen der Anstalt (s. u. *Kapitel 8.7.1*). Diese Maßnahmen werden hauptsächlich mit dem „Grundsatz der humanen Vollstreckung der Freiheitsstrafe" begründet. Sie ermöglichen das Aufrechterhalten von Kontakten zur Familie und zum sozialen Umfeld in der Freiheit und berücksichtigen außergewöhnliche Schicksalssituationen im Leben von Menschen, die natürlicherweise auch eine Person erfährt, der die Freiheit entzogen wurde.[567] Sie haben die Milderung des negativen Einflusses einer

---

567 Vgl. *Dünkel* 2009b, S. 192.

vollständigen Isolation zur Aufgabe, die unter Gefängnisbedingungen zwangs-läufig gegeben ist. Da der Gefängnisaufenthalt den Verurteilten auf ein recht-mäßiges Verhalten in der Gesellschaft vorbereiten soll, muss dieser auch die Möglichkeit haben, seine Kontakte zur Außenwelt auch durch die Erlaubnis zum zeitweiligen Verlassen der Strafanstalt aufrecht zu erhalten.

8.7.1 Die Genehmigung für das zeitweilige Verlassen der Anstalt (Ausgänge)

Das Gesetz sieht einige Arten der Genehmigung für ein zeitlich begrenztes Verlassen der Strafanstalt vor. Neben einer Genehmigung, die aus der Eigenart der Arbeit oder der Ausbildung hervorgeht, der der Verurteilte außerhalb der Strafanstalt nachgeht, oder dem Verlassen der Anstalt zur Wahrnehmung von Gerichtsterminen, sieht das polnische Strafvollstreckungsgesetzbuch sog. Aus-gänge vor. Diese unterscheiden sich in sog. Systemausgänge, Belohnungsaus-gänge und „Schicksalsausgänge". Die Möglichkeit, einen Systemausgang zu gewähren, erschließt sich unmittelbar aus dem Gesetzbuch. Die Zahl und Länge dieser Art der Ausgänge sind vom Typ der Strafanstalt abhängig. In einer halb-offenen Strafanstalt kann dem Gefangenen ein Ausgang einmal in zwei Monaten und nicht länger als insgesamt 14 Tage im Jahr gewährt werden. In der offenen Strafanstalt kann man dem Gefangenen einen Ausgang pro Monat gewähren, für einen Zeitraum von insgesamt nicht mehr als 28 Tagen im Jahr.[568]

Die Belohnungsausgänge sind im Belohnungskatalog enthalten und werden in *Kapitel 8.8* erwähnt. Sie sind auch aus dem geschlossenen Strafvollzug mög-lich.

Der erste Belohnungsausgang (Art. 138 § 1, p. 7 poln. StVollstrGB) ist die Erteilung der Erlaubnis eines Treffens mit einer nahen vertrauenswürdigen Per-son außerhalb der Strafanstalt und ohne Aufsicht für einen Zeitraum von max. 30 Stunden. Im Laufe eines Jahres kann der Gefangene nicht mehr als 28 solcher Besuchsausgänge erhalten. Die Gewährung einer solchen Belohnung verlangt die vorherige Klärung, dass das Treffen mit einer vertrauenswürdigen Person stattfindet. Die zweite Form des Belohnungsausgangs (Art. 138 § 1, p. 8) ist die Erlaubnis zum Verlassen der Anstalt für einen Zeitraum, der 14 Tage nicht über-schreitet, insgesamt jedoch nicht länger als 28 Tage im Jahr.

Die Vorschriften des poln. StVollstrGB verlangen die Erfüllung zweier Vo-raussetzungen, damit die Gewährung sowohl der regulären Ausgänge wie auch der Belohnungsausgänge möglich wird. Die erste Voraussetzung ist die positive Prognose über das Verhalten der Gefangenen während des Ausgangs, die zweite

---

568 Den im Folgenden als „Ausgänge" bezeichneten Vollzugslockerungen des polnischen Rechts entsprechen im deutschen Strafvollzugsrecht der Hafturlaub gem. §§ 13, 15 StVollzG bzw. der Langzeitausgang im Musterentwurf eines Strafvoll-zugsgesetzes von 10 Bundesländern sowie der Ausgang gem. §§ 11, 15 StVollzG.

das Verbüßen eines bestimmten Teils der Strafe durch den Gefangenen. Im Grunde ist es erlaubt, dem Gefangenen einen Ausgang zu erteilen, sobald er die Hälfte des Teils der Strafe verbüßt hat, nach dessen vollständiger Verbüßung er sich um eine bedingte Entlassung bemühen könnte, oder nach der Hälfte der Strafe, wenn die verhängte Strafe 6 Monate nicht überschreitet. Bevor man also den Zeitraum bestimmt, nach dem der Verurteilte einen Ausgang erhalten kann, gilt es den Zeitraum festzulegen, nach welchem er sich um eine bedingte, vorzeitige Entlassung bemühen könnte. In den meisten Fällen kann der Gefangene den Ausgang nach der Verbüßung eines Viertels der Gesamtstrafdauer bekommen. Bei den zu 25-jähriger Haft Verurteilten kann ein Ausgang nach 5 Jahren und bei den zu lebenslänglicher Haft Verurteilten nach 15 Jahren gewährt werden.

Im Fall besonderer Vorkommnisse für den Verurteilten kann ihm der Strafanstaltsdirektor einen so genannten „Schicksalsausgang" (Sonderausgang) gewähren. Dies ist eine Erlaubnis zum zeitlich begrenzten Verlassen der Strafanstalt aus humanitären Gründen. Ein solcher Ausgang ermöglicht dem Verurteilten das Verlassen der Strafanstalt in Situationen wie der Geburt eines Kindes, einer Hochzeit, des Todes oder der Krankheit einer nahe stehenden Person. Dieser Ausgang kann für eine Zeitspanne von 5 Tagen erteilt werden. Falls dies für die Sicherheit unabdingbar ist, wird der Verurteilte von einem Vollzugsbeamten begleitet.

Grundsätzlich ist die Bewilligung der Ausgänge dem Strafanstaltsdirektor vorbehalten. Eine Ausnahme bilden die Belohnungs- und Systemausgänge bei Personen, die eine 25-jährige oder lebenslängliche Haft verbüßen und die Sonderausgänge aller Gefangenen in geschlossenen Strafanstalten. In diesen Fällen erteilt der Strafvollzugsrichter die Bewilligung. Einzig bei „Schicksalsausgängen", die keinen Aufschub dulden, kann sie in einer geschlossenen Strafanstalt auch der Anstaltsleiter gewähren. Bei Antritt des Ausgangs hat sich der Gefangene sich unverzüglich bei der Polizeidienststelle seines Aufenthaltsortes zu melden. Der Strafanstaltsdirektor kann dem Gefangenen Weisungen erteilen, z. B sich häufiger bei einer Polizeidienststelle zu melden oder einen Aufenthalt an einem bestimmten Ort zu nehmen.

Die folgende *Tabelle 8.9* veranschaulicht die gegenwärtige Bewilligungspolitik bzgl. Ausgänge. Da die Zahl der jährlich Entlassenen bei insgesamt ca. 55.000 liegt (2013, siehe *Tabelle 4.2*), erscheint die Zahl der Gefangenen mit Belohnungsausgängen von knapp 29.000 beachtlich. Da nicht bekannt ist, wie viele Gefangenen über den halboffenen oder offenen Vollzug entlassen werden, lässt sich eine vergleichbare Einschätzung für die sog. Systemausgänge nicht vornehmen. Jedoch wird an den absoluten Zahlen deutlich, dass diese Ausgänge wohl eine eher marginale Rolle spielen. Dies gilt umso mehr für die Ausgänge zur Vorbereitung einer bedingten Entlassung. Bei jährlich ca. 20.000 bedingten Entlassungen (vgl. *Tabelle 4.2*) stellen die in *Tabelle 8.9* ausgewiesenen 479 Personen mit einem entsprechenden Ausgang eine nahezu bedeutungslose Minderheit dar.[569] Zukünftige Forschung sollte sich den Fragen der Lockerungsge-währungen im Haftverlauf verstärkt widmen. In jedem Fall ist als positives Er-gebnis festzuhalten, dass Lockerungsmissbräuche i. S. von verspäteter Rückkehr oder Nicht-Rückkehr die absolute Ausnahme bleiben.[570]

Das poln. StVollstrGB sieht noch eine weitere, besondere Art der Erlaubnis zum Verlassen der Strafanstalt vor. Sie bezieht sich auf die bedingte vorzeitige Entlassung. Während der sechs Monate, die der bedingten Entlassung unmittel-bar vorangehen, kann man dem Gefangenen eine zeitlich begrenzte Entlassung ermöglichen, damit er sich um eine Wohnung und Arbeit für die Zeit nach seiner Entlassung kümmern kann.

Zusammen mit den Veränderungen, die sich Anfang der 1990er Jahre im polnischen Gefängniswesen vollzogen und die vor allem mit der Liberalisierung der Strafpolitik zusammenhingen, nahmen auch die bewilligten Ausgänge zu. Diese Entwicklung fand jedoch auch scharfe Kritik in der Gesellschaft und der Politik. Allerdings entbehrt diese Kritik einer rationalen Grundlage, denn gleich-zeitig mit dem Anstieg der erteilten Ausgänge sank auch die Zahl der so ge-nannten Nichtrückkehrer.

Dennoch blieben die Stimmen der öffentlichen Meinung nicht ohne Ein-fluss auf die gerichtliche Praxis in dieser Fragestellung.

---

569 Die Zahlen sind nur annäherungsweise aufeinander beziehbar, da einige bedingt Entlas-sene möglicherweise im Vorjahr Lockerungen erhalten haben und andererseits einige der Gefangenen mit Ausgängen u. U. erst im Folgejahr (2013) entlassen wurden. Die Dimensionen sind jedoch eindeutig.

570 Zu vergleichbaren Ergebnissen in Deutschland vgl. *Dünkel* 2009; *Dünkel/Geng/ Morgenstern* 2012.

Tabelle 8.9:   Ausgänge im Jahr 2013

Ausgänge	Anzahl der Personen*	Anzahl der Ausgänge	Eigenmächtige Verlängerungen in %	
			Verspätungen **	nicht Zurück-kehrende
Systemausgänge im halboffenen Vollzug (Art. 91, p. 7)	3.749	4.054	0,4	0,4
Systemausgänge im offenen Vollzug (Art. 92, p. 9)	3.487	5.710	0,3	0,2
Ausgänge als Belohnung (Art. 138 § 1, p. 7)[a]	17.012	44.954	0,2	0,1
Ausgänge als Belohnung (Art. 138 § 1, p. 8)[b]	12.778	23.409	0,3	0,3
Sonderausgänge ohne begleitenden Bediensteten (141a § 1)	3.918	5.219	1,0	1,2
Sonderausgänge mit Begleitung (141a § 2)	558	615	0,2	0,5
Ausgänge als Vorbereitung zur bedingte Entlassung (Art. 165 § 2)	866	934	0,6	0,3

Quelle: Jahresstatistik des Strafvollzugsdiensts 2013.

*   Als 100% gilt die Zahl der Ausgänge, nicht die Zahl der Personen, denen die Ausgänge erteilt wurden.

**   Unter einer Verspätung versteht man eine eigenmächtige Verlängerung des Ausgangs mit freiwilliger Rückkehr um bis zu 24 Stunden.

a   Möglichkeit ein Familienmitglied oder eine andere Person des Vertrauens für max. 30 Stunden außerhalb der Strafanstalt zu treffen.

b   Ausgang ohne Aufsicht bis max. 14 Tage.

8.7.2 Genehmigung für die Teilnahme an Veranstaltungen, therapeutischen Maßnahmen oder einer Ausbildung außerhalb der Anstalt

Die Vorschriften des Strafvollstreckungsgesetzbuchs sehen gegenüber dem Gefangenen der halboffenen und offenen Anstalten auch die Möglichkeit vor, diesem die Teilnahme an diversen Veranstaltungen zu genehmigen. Hierbei handelt es sich sowohl um Veranstaltungen, die die Strafanstalt organisiert als auch um Kultur- und Sportereignisse, die von anderen Einrichtungen organisiert werden. Im Rahmen dieser Kategorie werden auch Bewilligungen für die Teilnahme an therapeutischen Veranstaltungen erteilt – z. B. für das Treffen der Gruppe AA außerhalb der Strafanstalt. Zwischen dem 1. Januar und dem 31. Dezember 2012 nahmen 28.266 Personen diese Art von Passierscheinen in Anspruch. Erteilt wurden sie über 89.000 Mal.

8.8 Disziplinar- und Belohnungsmaßnahmen

Ein grundsätzlicher Faktor, der für das Funktionieren der Strafanstalt als totaler Institution von elementarer Bedeutung ist, ist die Einhaltung von Disziplin und Ordnung. Eine bedeutende Stellung in diesem System nehmen die Disziplinarstrafen und Belohnungen ein. Erstere dürfen unter den Bedingungen der Isolation im Gefängnis nur sehr eingeschränkt, als letztmögliches Mittel angewendet werden und müssen immer auf den übergeordneten Grundsatz der humanen Behandlung der Gefangenen gestützt sein, der über allen Maßnahmen im Wirkungsbereich der Strafanstalt steht. Ebenso müssen sie dem Grundsatz der Gerechtigkeit, des Verschuldens und der Legitimation unterliegen. Als Grundlage jeglicher disziplinärer Entscheidungen sollte der Resozialisierunsgedanke dienen.[571] Wann immer es möglich ist, sollte die Disziplinarstrafe den Täter dadurch erziehen, dass sie ihm sein Fehlverhalten bewusst macht, aber auch dadurch, dass sie ihm die Möglichkeit einräumt, das Unrecht der Tat wieder gut zu machen. Eine Disziplinarstrafe, die einzig als Vergeltung für die Verletzung der Disziplin und von Regeln in der Strafanstalt eingesetzt wird, sollte nur im äußersten Fall Anwendung finden, wenn andere Maßnahmen der Konfliktregelung keine Wirkung gezeigt haben. Zu bedenken ist immer, dass eine Disziplinarstrafe das Leiden der Freiheitsstrafe verstärkt und dass es dadurch u. U. zur Verletzung von Art. 3 der EMRK kommen kann.[572]

---

571 Zur Rolle der Belohnungen und Bestrafungen in der Resozialisierung, siehe u. a. *Frankow* 2010, S. 65-75.

572 Vgl. *Szczygieł* 2004, S. 253. In der Regel 56.1. der europäischen Strafvollzugsgrundsätze ist explizit betont, das eine Disziplinarmaßnahmen nur als *ultima ratio* eingesetzt werden sollen.

Art. 137 legt fest, dass einem Gefangenen, der sich im Zeitraum der Strafverbüßung positiv auszeichnet, oder zum Zweck der Ermutigung, Belohnungen
erteilt werden können.

Im Einzelnen können das sein:

- die Erlaubnis eines zusätzlichen oder längeren Besuchs,
- die Erlaubnis eines Besuchs ohne Aufsichtsperson,
- die Erlaubnis eines Besuchs ohne Aufsichtsperson in einem abgeson-
  derten Raum,
- die Löschung einiger oder aller Disziplinarstrafen,
- eine gegenständliche oder monetäre Belohnung,
- die Gewährung des Besuchsausgangs zu einer nahe stehenden Person
  außerhalb der Strafanstalt ohne Aufsichtsperson für einen einmaligen
  Zeitraum von höchstens 30 Stunden,
- die Erlaubnis zum einmaligen Verlassen der Anstalt für einen Zeitraum von bis zu 14 Tagen,
- eine Belobigung,
- die Erlaubnis, einer häufigeren Teilnahme an kulturellen Veranstaltungen bzw. Aktivitäten,
- die Erlaubnis, einer nahestehenden Person ein Andenken zukommen
  zu lassen,
- die Erlaubnis, Besuch in eigener Kleidung zu empfangen,
- die Erlaubnis, ein zusätzliches Lebensmittelpaket zu erhalten,
- die Erlaubnis, häufiger Einkäufe zu tätigen oder
- ein Telefonat mit einer nahestehenden Person auf Kosten der Anstalt.

Die Belohnungen werden vom Strafanstaltsdirektor oder von einer von ihm
dazu ermächtigten Person erteilt.

Die zwei „wichtigsten" Belohnungen also die Erlaubnis eines Besuchs außerhalb der Strafanstalt ohne Aufsichtsperson und die Erlaubnis zum einmaligen
Verlassen der Strafanstalt sind im Gesetzbuch detailliert und streng geregelt.
Solche Belohnungen können ausschließlich einer Person erteilt werden, bei der
eine begründete Annahme vorliegt, dass sie die Rechtsordnung einhalten wird
und die bereits die Hälfte der Strafe verbüßt hat, die erforderlich ist, um sich um
eine bedingte vorzeitige Entlassung zu bemühen. Innerhalb eines Jahres kann
der Gefangene die Erlaubnis außerhalb der Strafanstalt nicht häufiger als 28 Mal
erhalten. Ein Belohnungspassierschein hingegen darf die Dauer von zusammen-
gerechnet 28 Tagen innerhalb eines Jahres nicht überschreiten. Dem zu lebenslanger Strafe Verurteilten kann eine entsprechende Erlaubnis erst nach dem Ablauf von 15 Jahren erteilt werden. Für einen zu 25 Jahre oder zu lebenslänglicher
Strafe Verurteilten ist bei der Erteilung dieser Belohnung das Einverständnis des
Strafvollzugsrichters notwendig. (Art. 139 poln. StVollstrGB).

Der Verurteilte unterliegt während der Strafverbüßung der disziplinarischen Verantwortlichkeit für verschuldete Verletzungen von Verboten und Geboten, die aus den Gesetzen, Verordnungen oder anderen Vorschriften hervorgehen.

Die Disziplinarstrafen werden vom Strafanstaltsdirektor oder von einer von ihm dazu ermächtigten Person verhängt. Dabei darf für eine Übertretung auch nur jeweils eine Strafe gefällt werden. Die Entscheidung über eine Bestrafung erfolgt schriftlich und wird dem Gefangenen persönlich erläutert, in Ausnahmefällen auch anderen Gefangenen oder anderen Personen. Ein solcher Entscheid beinhaltet eine genaue Beschreibung der Übertretung, die sich der Gefangene zu Schulden hat kommen lassen.

Bei der Bemessung der Strafe werden der Verschuldensgrad und der Individualisierungsgrundsatz berücksichtigt. Die Schwere der Disziplinarmaßnahme sollte proportional zu der begangenen Tat sein. Vor der Verhängung sind der Beschuldigte, Bedienstete und ggf. andere Zeugen anzuhören.

In pädagogisch begründeten Fällen kann man von einer Disziplinarstrafe absehen, ihre Vollstreckung für die Dauer von drei Monaten zur Bewährung aussetzen, sie in eine weniger strenge Strafe umwandeln oder die Strafe ganz erlassen. Nach Ablauf der Bewährungsfrist wird die Strafe als vollzogen erachtet.

Die Disziplinarstrafe wird unmittelbar nach dem relevanten Ereignis ausgesprochen. Sind ab diesem Zeitpunkt jedoch schon 30 Tage vergangen (bzw. 14 Tage ab der Kenntnisnahme von dem Ereignis) wird auf die Bemessung einer Strafe verzichtet. Eine verhängte Strafe wird unverzüglich, d. h. innerhalb von 14 Tagen nach ihrer Anordnung, vollstreckt. Nach Ablauf dieser Frist tritt ein Vollstreckungshindernis ein.

Als Disziplinarstrafen sind folgende Sanktionen möglich:

- ein Verweis,
- die Entziehung oder zeitliche Enthebung/Aufhebung von Belohnungen
- die Entziehung der Teilnahme an einigen kulturellen oder sportlichen Veranstaltungen für den Zeitraum von bis zu drei Monaten (Ausnahme: Zugang zu Presseerzeugnissen und Büchern),
- die Entziehung der Möglichkeit Lebensmittelpakete zu erhalten, sowie die Beschränkung der Möglichkeit, Einkäufe von Lebensmitteln und Tabakwaren zu tätigen für den Zeitraum von bis zu drei Monaten,
- die Gewährung von Besuchen nur in der Form, dass ein unmittelbarer Kontakt mit dem Besucher unterbunden wird, für einen Zeitraum von bis zu drei Monaten,
- die Minderung des Arbeitsentgelts um maximal 25% und für einen Zeitraum von bis zu drei Monaten oder
- die Isolierungshaftstrafe (Arrest) von bis zu 28 Tagen.

Die schwerste der Disziplinarstrafen ist die Unterbringung in einer Isolierungszelle. Diese Strafe beinhaltet die Verlegung des Gefangenen in eine Einzelzelle unter Ausschluss jeglichen Kontakts zu Mitgefangenen. Dem Gefangenen wird zudem die Möglichkeit von Besuchen und Telefongesprächen entzogen. Allerdings kann dem Gefangenen auf seine Forderung hin die Teilnahme an Gottesdiensten und religiösen Veranstaltungen gestattet werden, jedoch nur unter Bedingungen, die ihm den Kontakt zu anderen Gefangenen unmöglich machen. Nach Art. 143 poln. StVollstrGB kann man die Unterbringung in einer Isolationszelle nur verhängen, wenn der Gefangene einen schweren Verstoß gegen die Anstaltsordnung begangen hat. Die Entscheidung zur Unterbringung des Gefangenen in einer Isolierungszelle ist ausschließlich dem Anstaltsleiter vorbehalten. Einer solchen Entscheidung muss die Stellungnahme eines Arztes oder eines Psychologen vorangehen. Bei einer Bemessung für einen Zeitraum von mehr als 14 Tagen wird das Einverständnis des Strafvollzugsrichters gefordert.

Zur Anwendungspraxis der Disziplinarmaßnahmen veröffentlicht das Justizministerium nur Zahlen bzgl. der schwersten Maßnahme der Unterbringung in einer Isolationszelle. Diese Maßnahme scheint relativ selten angewandt zu werden, wenn man die jährlichen Gefangenenzahlen in Betracht zieht (s. oben *Kapitel 4.2*). Sie verteilt sich zudem relativ gleichmäßig auf Erst- und Rückfalltäter, in geringerem Umfang auf die Untersuchungshaft (vgl. *Tabelle 8.10*).

Tabelle 8.10: **Unterbringung in einer Isolationszelle als Disziplinarmaßnahme (vollstreckte Entscheidungen)**

	4. Quartal 2012	1. Quartal 2013
Insgesamt	975	900
Heranwachsende	117	118
Zum ersten Mal Verurteilte	356	317
Rückfalltäter	378	358
Verurteilte nach dem Militärstrafgesetzbuch	0	0
Untersuchungshaft-Gefangene	124	107

Quelle: Quartalstatistiken des Strafvollzugsdiensts 2012, 2013.

Aus weiteren Statistiken des Justizministeriums geht hervor, dass die Anwendung dieser Disziplinarmaßnahme seit Anfang der 1990er Jahre systematisch gesunken ist und dass die verhängten Maßnahmen oft zur Bewährung ausgesetzt werden.

In seinem Bericht über letzten Besuch in Polen 2009 widmete das CPT der Disziplinarmaßnahmenanwendung einige Anmerkungen.[573] Das CPT erkannte an, dass die Bestrafung mit Isolationshaft in den besuchten Einrichtungen grundsätzlich in ziemlich geringem Grade angewandt und die Dokumentation ihrer Verhängung und Vollstreckung sehr genau geführt wurde. „In the three establishments visited, the use of disciplinary cells appeared limited. (...) The protocols recording such episodes were very well kept and provided detailed accountability". Die größte Beunruhigung rief hingegen die Unterbindung des Kontakts des Gefangenen in Isolationshaft mit seiner Familie hervor. Eine solche Regelung respektiert die Empfehlungen der Regelung 60.4 der Europäischen Strafvollzugsgrundsätze nicht, die feststellt, dass eine Strafe, die ein vollständiges Kontaktverbot mit der Familie beinhaltet, nicht zulässig sei. Das CPT hat empfohlen, diesbezügliche Vorschriften zu überarbeiten.

Einen zweiten grundlegenden Kritikpunkt stellte der Mangel an Dokumentation bezüglich der Verhängung und Vollstreckung anderer Disziplinarstrafen als der Isolationshaft dar. „However, the delegation was unable to ascertain the level of use of disciplinary sanctions other than solitary confinement, due to the absence of a system for recording such sanctions. The CPT invites the Polish authorities to introduce a system, in each establishment, for recording all types of disciplinary sanctions."[574]

8.9 Entlassung aus dem Strafvollzug, Nachentlassungshilfe und die Wiedereingliederung in die Gesellschaft

8.9.1 Die bedingte vorzeitige Entlassung

Das Institut der bedingten Entlassung ist als bedeutendes Element einer modernen und rationalen Strafvollzugspolitik allen europäischen Strafvollzugssystemen bekannt. Seit Jahren gewinnt dieses Institut auch immer mehr im Rahmen der internationalen Rechtsakte, der Arbeit des Europarats, der Rechtsprechung des EGMR und der Berichte des CPT an Bedeutung.[575]

---

573 Report to the Polish Government on the visit to Poland carried out by the European Committee for the Prevention of Torture and Inhuman or Degrading Treatment or Punishment from 26. November to 8. December 2009. CPT/Inf (2011) 20, p. 139, 140.

574 Report to the Polish Government on the visit to Poland carried out by the European Committee for the Prevention of Torture and Inhuman or Degrading Treatment or Punishment from 26. November to 8 December 2009. CPT/Inf (2011) 20, p. 139.

575 Über die Rolle des EGMR und der EU-Institutionen in der Entwicklung der europäischen Standards zur bedingten vorzeitige Entlassung siehe *van Zyl Smit/Spencer* 2010, S. 11 ff.; *Dünkel/Pruin* 2012, S. 126.

Die Aussetzung des Strafrests zur Bewährung bedeutet einen bedingten Verzicht auf die Vollstreckung des Rests der Freiheitsstrafe. Sie stellt eine neue Stufe im Resozialisierungsprozess dar, gewissermaßen eine „kontrollierte Freiheit". Die Möglichkeit, die Anstalt vorzeitig zu verlassen, wirkt sich idealerweise stark motivierend auf den Verurteilten aus und kann ihn zu einer intensiven Beteiligung am Resozialisierungsprozess führen.[576] Daraus ergibt sich, dass der Resozialisierungsprozess in der Strafanstalt nicht zwingend abgeschlossen sein muss, bevor die bedingte Entlassung Anwendung finden kann.[577]

Hinsichtlich der gesetzlichen Voraussetzungen der bedingten vorzeitigen Entlassung lassen sich in den europäischen Rechtsystemen zwei Grundtypen differenzieren: Im Rahmen des ersten Grundtyps ist die bedingte Entlassung an das Vorliegen einer individuellen, positiven Kriminalprognose geknüpft. Eine solche Form der bedingten vorzeitigen Entlassung wird u. a. in Österreich, Ungarn, Tschechien, Deutschland, Polen, Russland sowie Slowenien praktiziert. Der zweite Grundtypus wird durch eine automatische bedingte Entlassung charakterisiert, bei der weitgehend auf die Erstellung einer Kriminalprognose verzichtet wird. Die einzige Voraussetzung ist dann die Verbüßung eines bestimmten Teils der Strafe. Diese zweite Form gewinnt in Europa zunehmend an Bedeutung. Die (weitgehend) obligatorische automatische bedingte Entlassung wurde unter anderem in die Rechtsysteme von England und Wales, Belgien, Finnland, Griechenland und Schweden aufgenommen.[578]

In den meisten europäischen Rechtsystemen muss der Gefangene die Hälfte der verhängten Strafe verbüßt haben, bevor eine bedingte vorzeitige Entlassung in Frage kommt. Dabei existieren in den Rechtsystemen vieler Länder zusätzliche Ausnahmeregelungen. So ist beispielsweise häufig die Mindestverbüßungsdauer kürzer, falls es sich bei dem Gefangenen um einen Jugendlichen handelt (häufig muss nur ein Drittel der verhängten Strafe verbüßt sein), oder um eine Person, die zum ersten Mal verurteilt bzw. inhaftiert wurde. Auf der anderen Seite kann die Mindestverbüßungsdauer auch verlängert sein, z. B. bei Mehrfach- und Rückfalltätern.

Im polnischen Recht ist die Aussetzung des Strafrestes zur Bewährung zum einen im Strafgesetzbuch geregelt und zum anderen im Strafvollstreckungsgesetzbuch.

Die Grundlagen sowie die materiellen und formellen Voraussetzungen finden sich im poln. StGB.

---

576 Siehe u. a. *Buchała/Zoll* 1998, S. 532; *Dünkel* 2013, § 57 Rn. 1.

577 Vgl. u. a. *Hołda/Postulski* 1998, S. 353.

578 Vgl. *Padfield* 2010, S. 111-112; *Snacken* u. a. 2010, S. 71-73; *Seppälä* 2010, S. 135; *Cheliotis* 2010, S. 224; *Dünkel* 2013, § 57 Rn. 90 ff.; *Dünkel/Pruin* 2010, S. 185-212; *Dünkel/Grzywa* 2011, S. 364.

Das Gericht kann dem Verurteilten die Verbüßung des verbleibenden Rests der Freiheitsstrafe erlassen, wenn „seine Lebenseinstellung, seine Lebensführung vor dem Begehen der Tat, die Umstände der Tat, sowie das Verhalten nach der Tatbegehung und während des Strafvollzugs, die Überzeugung rechtfertigen, dass der Verurteilte nach seiner Entlassung die rechtliche Ordnung wahren und vor allem kein neues Verbrechen begehen wird" (Art. 77 § 1 StGB). Die bedingte Entlassung ist also – wie im deutschen System – abhängig von der materiellen Voraussetzung einer positiven Prognose bezüglich der Legalbewährung des Täters.

Die bedingte vorzeitige Entlassung ist im polnischen Rechtssystem – anders, als im deutschen[579] – immer fakultativ. Demzufolge verpflichtet selbst das Vorliegen aller in Art. 77 bestehenden Voraussetzungen das Gericht nicht dazu, die bedingte Entlassung zu bewilligen. Die Grundsätzlichkeit einer solchen fakultativen Normierung der bedingten Entlassung wird in der polnischen Fachliteratur breit diskutiert. Vor allem mehrt sich die Frage nach der Begründung der Ablehnung einer Bewilligung der bedingten vorzeitigen Entlassung im Falle des Vorhandenseins einer positiven kriminologischen Prognose.[580]

Mit dieser Frage geht auch eine Diskussion über den Rang der bedingten Entlassung über die in Art. 77 aufgezählten Prognosekriterien sowie über den „besonderen" Charakter der bedingten Entlassung einher.[581] Einige Autoren unterstreichen, die Formulierung in Art. 77 zeige, dass die bedingte Entlassung eine Ausnahme darstellen und nicht dazu führen sollte, dieses Mittel überzustra-

---

579 Das deutsche Recht sieht die obligatorische Gewährung vor, wenn für den Gefangenen „unter Berücksichtigung der Sicherheitsinteressen der Allgemeinheit" eine positive Prognose erstellt werden kann, er einwilligt und die sonstigen materiellrechtlichen Voraussetzungen der Mindestverbüßungsdauer vorliegen (§ 57 Abs. 1 StGB). Schärfere Einschränkungen wurden in beiden Systemen für zu einer lebenslangen Freiheitsstrafe Verurteilte eingeführt. In Deutschland müssen diese mindesten 15 (vgl. § 57a StGB), in Polen sogar 25 Jahre verbüßen. Die vom Gericht bestimmte Probezeit darf in Deutschland nicht kürzer sein als der Strafrest. Für Entscheidungen über eine bedingte Entlassung ist die Strafvollstreckungskammer des Landgerichts zuständig, vgl. § 462a StPO; *Laubenthal* 2011, S. 309-310; *Dünkel* 2013, § 57 Rn. 74 ff.; *Dünkel/Pruin* 2010, S. 185-212.

580 Vgl. u. a. *Lachowski* 2008, S. 53 ff.

581 In der Doktrin findet man zudem auch noch unterschiedliche Stellungnahmen bezüglich der Bedeutung bestimmter Faktoren, die das Gericht bei der Erstellung der kriminologischen Prognose beachten muss. Einige Autoren (u. a. *A. Zoll*) sind der Auffassung, dass alle Faktoren, die in Art. 77 aufgelistet werden, dasselbe Gewicht haben sollen, andere wiederum (u. a. *Z. Marek*) geben zu bedenken, dass einige der Voraussetzungen vom Gericht schon während der Strafzumessung abgewogen wurden und somit in der Entscheidungsfällung zur bedingten Entlassung eine geringere Rolle spielen sollten. Der Hauptgrund des Vollstreckungsgerichts für die Entscheidung sollte das Verhalten des Gefangenen während des Zeitraums der Strafverbüßung sein, also bereits nach der Urteilsverkündung. Siehe u. a. *Kalitowski* 2005, S. 656.

pazieren.[582] Diese Ansicht kann man auch in einigen Gerichtsurteilen finden.[583] Sehr viele Diskussionen traten vor allem kurz nach dem In-Kraft-Treten der neuen Vorschriften über die materiellen Voraussetzungen der bedingten Entlassung (von 1997) auf. Es war allgemein verbreitet, dass die Prüfung eines Antrages auf bedingte Entlassung mit der Feststellung anfing, aufgrund welchen Verbrechens der Verurteilte die Strafe verbüßte und wie hoch der Anteil des verbleibenden Strafrests an der Gesamtstrafe war. Obwohl die Formulierung des Artikels 77 in keiner Weise auf die Generalprävention hinweist (anders als im ehemaligen StGB vom 1969), machten (und machen) Strafvollzugsgerichte die Entscheidung über eine bedingte Entlassung von ihrer „gesellschaftlichen Wirkung" abhängig.[584] Diese Praxis der Gerichte hat seit langem Kritik entfacht und führte zu einigen interessanten Entscheidungen der Berufungsgerichte und des Höchsten Gerichts. In diesen Entscheidungen wenden sich die „höheren Gerichte" gegen solche Praktiken und unterstreichen, dass nur die Voraussetzungen, die im Artikel 77 § 1 erwähnt sind, die Grundlage für die Kriminalprognose bzw. die Entscheidung darstellen dürfen: „Bei der Entscheidung über die bedingte vorzeitige Entlassung soll man sich weder von der Art der Straftat leiten lassen, die Grund für die Freiheitsstrafe war, noch von individuellen Tatumständen. Die Strafe wurde schon im Urteil bestimmt und man darf sie nicht korrigieren. Der Charakter der Straftat hat nur insofern Bedeutung, als dass er auf persönliche Eigenschaften des Gefangenen hinweisen kann, die bei der Erstellung der kriminologischen Prognose seines zukünftigen Verhaltens behilflich sein können. Nur diese Prognose wird bei der Entscheidung beachtet."[585] Auch die Länge der noch zur Verbüßung verbleibenden Strafe kann nicht als Ausschlusskriterium bei der gerichtlichen Entscheidung genutzt werden: „Die in der Begründung des angefochtenen Urteils enthaltene Äußerung zu dem noch weit entfernten Ende der Strafe als Grund für eine negative Kriminalprognose, ist unverständlich. Der Gesetzgeber hat den Zeitraum, nach dem der Täter sich um die bedingte Entlassung bemühen kann, klar festgelegt (…)."[586]

Leider beziehen sich viele ablehnende Entscheide in ihrer Begründung weiterhin auf generalpräventive Gründe und den langen Strafrest.[587] Es scheint also

---

582 *Kalitowski* 2005, S. 655 – der Autor führt die Ansichten zweier anderer Kommentatoren des Strafvollstreckungsrechts auf, *nämlich von Góral* und *Wojciechowski*.

583 Vgl. *Lelental* 2010a, S. 1091.

584 Vgl. *Lelental* 2011, S. 1088.

585 Beschluss des Berufungsgerichts in Kraków vom 6. Juni 2001, II AKz1 189/01. In diesem Kapitel zitierte Beschlüsse sind im Bulletin des Krakauer Berufungsgerichtes 6/11 zu finden.

586 Beschluss des Berufungsgerichts in Kraków vom 6. Juni 2001, II AKz1 189/01.

587 Im Jahr 2004 hat man die Entscheidungen zur bedingten vorzeitigen Entlassung bezüglich 30 Gefangener, die zu einer Freiheitsstrafe von 25 Jahren verurteilt waren, analy-

die bedrückende These Bestätigung zu finden, dass der Inhalt des Gesetzes keinen Einfluss auf die Praxis der Urteilsfällung bezüglich der bedingten Entlassung hat. „Den Gefangenen die Entlassung aufgrund von außergesetzlichen Voraussetzungen zu verweigern und das Argument anzuführen, der durch das Gesetz festgelegte zu verbüßende Teil der Strafe würde die generalpräventiven Ziele der Strafe nicht erfüllen, bedeuten nicht nur eine Verletzung der bereits erwähnten Vorschrift zum materiellen Recht, sondern auch eine mangelhafte Wahrnehmung der fundamentalen Änderungen der Grundlagen zur Urteilsfällung basierend auf Art. 77 § 11 im Vergleich zu Artikel 90 § 1 des poln. Strafgesetzbuches aus dem Jahre 1969."[588] Es bleibt jedoch zu hoffen, dass diese Situation – wenn auch nicht sofort – Änderungen erfahren wird. Hinweise darauf findet man gegenwärtig zwar nur vereinzelt, dafür aber in sehr bekannten Urteilen der Berufungsgerichte aus den letzten Jahren: „Obwohl die bedingte Entlassung eine Ausnahme vom Grundsatz der Strafvollstreckung darstellt und somit als „Wohltat/Gutwilligkeit" bezeichnet werden kann und die Erfüllung aller im Art. 77 § 1 enthaltenen Voraussetzungen das Gericht nicht verpflichtet, einen Entscheid zugunsten der Erteilung der bedingten Entlassung zu fällen, so ist diese doch nicht vollständig dem richterlichen Ermessen überlassen, sondern eine Schuldigkeit des Gerichts und dient der Gerechtigkeit. Dem Gefangenen, der eine solche verdient hätte, die Entlassung zu verweigern, schadet der resozialisierenden Wirksamkeit, da dies bedeuten könnte, dass sogar grundlegende Änderungen der Einstellung der Gefangenen, ein vorbildliches Verhalten in der Strafanstalt, ein Engagement in den vollzuglichen Initiativen und ähnliches Verhalten, keine Anerkennung vor dem Gericht finden."[589]

Die formelle Voraussetzung für die bedingte Entlassung ist im polnischen Strafrecht die Verbüßung der Hälfte der Strafe. Zu diesem Grundsatz führt das Strafgesetzbuch einige Ausnahmen ein:

- der rückfällige Täter muss mindestens zwei Drittel seiner Strafe verbüßen,
- der mehrfach rückfällige Täter mindestens drei Viertel,[590]
- bei den zu 25 Jahren Verurteilten beträgt das Minimum 15 Jahre,

---

siert. Nur eine Person wurde von den Gerichten nach dem Einreichen des ersten Antrags entlassen. Den Übrigen wurde die Entlassung durch das Vollstreckung und die Berufungsgerichte 199 Mal verweigert. Unter den Begründungen der Ablehnung überwogen die oben bereits erwähnte Schwere des Verbrechens, die Strafdauer und die Lebensführung der gefangenen Person vom Moment der Tatbegehung und der Verurteilung, siehe *Lelental* 2011, S. 1091-1092.

588 Vgl. *Lelental* 2011, S. 1111.

589 Beschluss des Berufungsgerichts Kraków vom 24 März 2009, II AKzw 195/09.

590 Das StGB unterscheidet zwei Arten des Rückfalls: den sog. „erstmaligen" Rückfall und den „wiederholten Rückfall". Personen, die ihre Strafe im Rahmen der zweiten Art des Rückfalls verbüßen, werden oft als „Mehrfachtäter" bezeichnet.

- zu einer lebenslangen Freiheitsstrafe Verurteilte können die Aussetzung des Strafrests zur Bewährung erst nach 25 Jahren beantragen.

In „besonders begründeten Fällen" kann das Gericht schon bei der Verhängung einer Freiheitsstrafe zusätzliche Einschränkungen hinsichtlich der Möglichkeit einer bedingten Entlassung verfügen (Art. 77 § 2). Diese Vorschrift weckt nach wie vor Zweifel und Bedenken.[591] Besonders kontrovers wird ihre Anwendung bei einer lebenslänglichen Freiheitsstrafe diskutiert. Sowohl in der Literatur wie auch in der Rechtsprechung wird hervorgehoben, dass die Anwendung der Vorschrift des Art. 77 § 2 ausschließlich auf besondere Fälle begrenzt ist, z. B. auf solche mit einem hohen Grad an sozialer Auffälligkeit des Gefangenen oder einer außerordentlichen Brutalität bei der Begehung der Tat (einem Mord), und somit auch besonders begründet werden muss. Die festgelegten zeitlichen Grenzen zur Bewerbung um eine bedingte Entlassung dürfen humane Grundsätze nicht verletzen und die Möglichkeit, eine bedingte Entlassung zu erhalten, nicht vollständig eliminieren.[592] Die Einführung dieser Vorschrift in das Strafgesetzbuch im Jahre 1997 erfolgte erst infolge von parlamentarischen Diskussionen außerhalb der Arbeit der Gesetzgebungskommission. Sie könnte demzufolge eine politische Färbung haben und Ausdruck eines Kompromisses zwischen den Verfechtern der lebenslangen Freiheitsstrafe ohne Möglichkeit zur bedingten Entlassung (anstelle der Todesstrafe) und jenen Personen sein, die eine bedingte Entlassung auch im Rahmen dieser Strafe postulieren. Das Platzieren dieser Vorschrift in den Artikel, der die materiellen Voraussetzungen aufzählt und nicht in jenen, der die formellen Voraussetzungen bezeichnet, hatte *Zoll* zufolge zum Ziel, dem Gericht die Berufung auf andere Voraussetzungen, als die in Art. 77 § 1 festgelegten, zu ermöglichen. „Im Hinblick auf diese Ziele (u. a. das Gerechtigkeitsgefühl der Gesellschaft) kann begründet werden, dass das Gericht beschließt, dass eine bedingte vorzeitige Entlassung unabhängig vom Verlauf des Resozialisierungsprozesses und der Kriminalprognose nicht vor Ablauf der durch das Urteil festgelegten Zeit erfolgen kann."[593] Im Gegensatz dazu gibt z. B. *Lelental* zu Recht zu bedenken, dass, wenn die Vorausset-

---

591 Vgl. u. a. *Wilk* 2008, S. 16 ff., ausführlich darüber siehe *Lachowski* 2010, S. 239 ff.

592 Siehe u. a. Beschluss des Höchsten Gerichtes vom 22. November 2001, II KKN 152/01.

593 *Buchała/Zoll* 1998, S. 538; ähnlich *Kalitowski* 2005, S. 657 (Kommentar). Abgesehen von der Frage, ob sich hier das Gericht auf andere Gründe als die des Art 77 § 1 berufen darf, erscheinen solche Formulierungen wie „ohne Hinblick auf die Ergebnisse der Resozialisierung" sachwidrig, stellt diese doch den Sinn der Resozialisierung als solcher infrage, wenn ihre Ergebnisse von vornherein nicht berücksichtigt werden.

zungen zur Anwendung des Art. 77 § 2 gleichzeitig generalpräventive Voraussetzungen wären, dieser im Widerspruch zu Art. 77 § 1 stünde.[594]

Die Erhöhung der sowieso schon sehr hohen zeitlichen Fristen, nach deren Ablauf man im Rahmen einer lebenslangen Freiheitsstrafe einen Antrag auf eine bedingte vorzeitige Entlassung stellen kann, stellt de facto den gänzlichen Ausschluss dieser Möglichkeit dar.[595] Die Argumente, die zur Verteidigung solcher Regelungen vorgebracht werden und auf der Befürchtung basieren, gefährliche Täter in die Freiheit zu entlassen, die weit fortgeschrittene psychopathische Eigenschaften aufweisen und bei denen keine Besserung in Sicht ist, erscheinen nicht schlüssig. Sollte ein solcher Täter weder Besserung zeigen noch den Willen, nach der Entlassung die rechtlichen Normen einzuhalten, wird seine Kriminalprognose negativ ausfallen. Als Folge davon würde man diesen Täter in der Strafanstalt behalten und ihm die bedingte Entlassung verweigern. Den Gefangenen jedoch die Möglichkeit auf eine vorzeitige bedingte Entlassung durch sehr hohe zeitliche Schranken bei der Antragstellung im schon im Zeitpunkt der Urteilsfällung, also Jahrzehnte vor dem Augenblick der Entscheidung über die Entlassung, zu nehmen, erscheint inhuman. Auch fällt es schwer zu benennen, welche zeitlichen Fristen als „noch human" gelten können und welche nicht mehr. *Zoll* äußert die Meinung, dass das Überschreiten einer Grenze von 30 Jahren eine Verletzung von Artikel 3 der Menschenrechtskonvention und der Menschenwürde darstelle. *Lelental*[596] wiederum ist der Ansicht, dass die Überschreitung einer Grenze von 50 Jahren unzulässig wäre. Es erscheint jedoch sinnvoll, bei einer solchen Bewertung auch das Alter und der Gesundheitszustand der verurteilten Person zu berücksichtigen. Selbstverständlich ist niemand im Stande vorherzusagen, wie lange die betreffende Person leben wird, jedoch macht es einen wesentlichen Unterschied, ob sie mit 20, 30 oder 50 Jahren verurteilt wurde. Natürlich bedeutet das nicht, dass solche zusätzlichen Einschränkungen aus Art. 77 § 2 demzufolge häufiger jungen Personen auferlegt werden können, als älteren. Das hohe Alter soll aber eine (mildernde) Rolle bei der Entscheidung über die bedingte Entlassung spielen.[597]

---

594 Siehe *Lelental* 2011, S. 1119. In der Rechtsprechung der Gerichte herrscht keine Einigkeit zu diesem Thema. Es existieren sowohl Urteile, die die Anwendung des Art.77 § 2 mit der Generalprävention begründen, hierbei vor allem mit dem öffentlichen Gerechtigkeitsgefühl, wie auch gerichtliche Urteile, die feststellen, dass ausschließlich ein präventiver Aspekt die Voraussetzung zur Anwendung dieser Institution sein kann.

595 Zur Thematik der lebenslangen Strafe in Bezug auf die vorzeitige Entlassung in der Rechtsprechung des EGMR siehe *van Zyl Smit/Weatherby/Creighton* 2014.

596 Siehe *Lelental*, 2006, S. 144.

597 Die Zahl der Urteile, in denen der Art. 77 § 2 angewandt wurde, schwankte in den letzten 10 Jahren zwischen 20 und fast 50 jährlich: 2201: 22; 2002: 38; 2005: 49; 2008: 21), vgl. *Lelental* 2011, S. 1118.

Im Jahr 2009 wurde eine recht wesentliche Veränderung der formellen Voraussetzungen für die bedingte Entlassung eingeführt. In Art. 78 entfernte man die Mindestverbüßungsdauer. Bis zum Eintritt dieser Neuerung musste der Gefangene mindestens 6 Monate der Strafe verbüßen und ein Rückfalltäter mindestens ein Jahr. Eine solche Formulierung schloss daher alle Gefangenen, die zu einer Freiheitsstrafe von weniger als 6 Monaten verurteilt wurden, von der Möglichkeit einer bedingten vorzeitigen Entlassung aus.[598]

Wird die bedingte Entlassung gewährt, stellt die Zeit, die der Verurteilte noch verbüßen müsste, die Bewährungszeit dar. Diese Zeit darf nicht kürzer sein als zwei Jahre und nicht länger als 5 Jahre. Bei einem Mehrfachtäter beträgt das Minimum drei Jahre und bei einem zur lebenslangen Freiheitsstrafe Verurteilten 10 Jahre (Art. 80 poln. StGB).

Für den Zeitraum der Bewährung ist das Gericht berechtigt, dem Verurteilten verschiedene Weisungen oder Auflagen aufzuerlegen, wie z. B. die Mitteilung des Ablaufs der Bewährungszeit an das Gericht, eine Entschuldigung beim Opfer, die Erfüllung von Unterhaltspflichten, die Aufnahme einer Arbeit, das Unterziehen einer ärztlichen Behandlung oder die Enthaltung von Alkohol und Drogen.

Wie am Anfang dieses Kapitels erwähnt, erfolgt die bedingte Entlassung nicht nur, wenn der Resozialisierungsprozess von dem Gefangenen erfolgreich abgeschlossen wurde, sondern vor allen Dingen auch dann, wenn man feststellen kann, dass dieser Prozess stattfindet und weitergeführt werden kann. „Die Inanspruchnahme der bedingten vorzeitigen Entlassung bedeutet nicht das Ende des Resozialisierungsprozesses des Gefangenen. Da der Gefangene unter Aufsicht gestellt wird, kann sein Verhalten für den Zeitraum der noch zu verbüßenden Reststrafe kontrolliert werden."[599]

Das Gericht kann den Verurteilten unter die Aufsicht eines Bewährungshelfers, einer vertrauten Person oder eines Vereins, einer Organisation oder Institution stellen, zu deren Tätigkeiten die Fürsorge für Erziehung, die Prävention sozialer Auffälligkeit oder die Hilfe für den Verurteilten gehören.

Die Beiordnung eines Bewährungshelfer ist verpflichtend bei:

- Sexualstraftätern,
- Rückfalltätern,
- „jungen Straftätern"[600], die ein vorsätzliches Verbrechen begangen haben,

---

598 Ustawa z dnia 5 listopada 2009 zmieniająca Kodeks karny, Kodeks postępowania karnego, Kodeks karny wykonawczy, Kodeks karny skarbowy oraz niektórych innych ustaw/Das Gesetz vom 5. November 2009 zur Änderung des Strafgesetzbuches, Strafprozessbuches, Strafvollstreckungsgesetzbuches u. a. Dz. U. 2009 nr 206 poz. 1589.

599 Beschluss des Berufungsgerichtes Lublin vom 21. April 2010, II AKzw 291/10.

600 D. h. Verurteilte mit vollendetem 15.-21. Lebensjahr.

- Personen, die die Straftat in einem unzurechnungsfähigen Zustand begangen haben,
- zu lebenslanger Freiheitsstrafe Verurteilte.

Das Gericht ist dazu berechtigt, die Weisungen gegenüber dem Entlassenen während seiner Bewährungszeit auszuweiten oder zu ändern und einen Bewährungshelfer einzusetzen oder die Unterstellung aufzuheben.

Wenn die Probezeit positiv verlaufen ist, wird die Strafe mit dem Datum der Erteilung der bedingten Entlassung für verbüßt erklärt. Der negative Verlauf bedeutet, dass der Verurteilte die Prognose nicht erfüllt hat, die mit der bedingten Entlassung in die Freiheit verbunden war. Die Folge eines negativen Verlaufs der Probezeit ist der Widerruf der bedingten Entlassung. Die Formen der Überschreitung der Rechtsordnung während der Probezeit, die zu einem Widerruf führen, können sehr unterschiedlich sein. Wenn der Verurteilte eine vorsätzliche Tat begeht, aufgrund derer er dann zu einer unbedingten Freiheitsstrafe verurteilt wird, widerruft das Strafvollzugsgericht die bedingte Entlassung obligatorisch. Im Falle anderer Verletzungen der öffentlichen Ordnung entscheidet das Gericht fakultativ. Zu den am häufigsten erwähnten Gründen für den Widerruf gehören die Umgehung der Aufsicht des Bewährungshelfers und der Alkoholmissbrauch in Verbindung mit einer Verletzung der öffentlichen Ordnung oder der Sicherheit anderer.

Im Jahr 1996 wurden in Polen Forschungsarbeiten über die Wirksamkeit der vorzeitigen bedingten Entlassung durchgeführt.[601] In der Analyse wurden Verurteilte erfasst, denen im Jahr 1991 die bedingte Entlassung bewilligt wurde. Von den insgesamt 16.112 Personen wurden 1.635 zufällig ausgewählt. Letztendlich wurden 1.430 Akten und Personen untersucht. Die Zeitspanne umfasste die Jahre ab der Entlassung bis einschließlich 1995.

Zusammenfassend ergaben die Untersuchungsergebnisse Folgendes:

- 41% der Untersuchten haben nach der bedingten Entlassung eine neue Straftat begangen.
- Den Rückfall begünstigende Faktoren waren das Alter bis zum 21. Lebensjahr, das Fehlen eines erlernten Berufs, die Zugehörigkeit zur Gefängnissubkultur, eine Vorstrafe.
- Als rückfallhemmender Faktor konnte die Arbeitsausübung während der Verbüßung der Freiheitsstrafe ermittelt werden.

Hingegen hatten solche Faktoren wie die Länge der verhängten Strafe, die Länge der Bewährungszeit oder die Unterstellung unter einen Bewährungshelfer keinen Einfluss. Diese Ergebnisse sind nur teilweise plausibel und deuten eher methodische Mängel der Studie an, die einen echten Kontrollgruppenvergleich

---

601   Vgl. *Gruszczyńska/Marczewski* 1998, S. 212 ff.

nicht beinhaltete. Deshalb ist die Aussage, dass die Unterstellung unter Bewährungshilfe keinen Einfluss auf die Rückfälligkeit hatte so nicht haltbar. Dazu hätte man die Unterstellungspraxis genauer untersuchen müssen. In Deutschland haben bedingt Entlassene mit Unterstellung ein systematisch erhöhtes Rückfallrisiko, weil diese Probanden schon von den gesetzlichen Voraussetzungen (Unterstellung nur, wenn dies zur Verminderung der Rückfallgefahr notwendig erscheint, vgl. § 57 Abs. 3 StGB) eine Negativauslese darstellen. Ein weiterer Kritikpunkt ist, dass die Ergebnisse auf die heutige Situation der bedingten Entlassung nicht übertragbar sind. Die Bewährungshilfe und die Entlassungsvorbereitungsmaßnahmen sind heute deutlich besser entwickelt als in der Zeit des gesellschaftlichen Umbruchs Anfang der 1990er Jahre.

Selbstverständlich ändern sich die den Rückfall begünstigenden Faktoren nicht allein durch Reformen der gesetzlichen Vorschriften. Dennoch wäre es sehr wünschenswert, Studien zum gegenwärtigen Stand nach den Änderungen der Strafgesetze zu wiederholen und die entsprechenden Schlussfolgerungen in die kriminalpolitische Gestaltung der bedingten Entlassung einfließen zu lassen.

In den letzten 20 Jahren wurden die Regelungen, die die formellen Voraussetzungen der bedingten Entlassung betreffen, zweimal wesentlich geändert. Sie hatten automatisch Einfluss auf die Durchführung und die Häufigkeit der Anwendung der bedingten Entlassung. Zeitgleich mit dem Inkrafttreten der neuen Strafgesetzbücher wurden stellenweise strengere zeitliche Grenzen gezogen. Unter dem poln. StVollstrGB von 1969 konnten sich die junge Gefangenen und die zum ersten Mal wegen einer fahrlässigen Tat Verurteilten schon nach Verbüßung eines Drittels der Strafe um eine bedingte Entlassung bemühen, im neuen poln. StGB muss, wie oben bereits beschrieben, mindestens die Hälfte der Strafe bereits verbüßt sein. Durch die zweite Änderung wurde der Mindestzeitraum, nach dem ein Gefangener eine bedingte Entlassung beantragen kann, gestrichen. Dadurch sollte auch den zu kurzen Freiheitsstrafen Verurteilten eine frühere Entlassung in die Freiheit ermöglicht werden. Beabsichtigt war, die Anzahl der eingereichten Anträge und Zahl der gewährten bedingten Entlassungen zu steigern.

Wie man der unten angeführten Tabelle entnehmen kann, entscheiden heutzutage die Gerichte jährlich über fünfzig- bis sechzigtausend Anträge auf eine bedingte vorzeitige Entlassung. Von diesen Anträgen werden lediglich unter 50% positiv beschieden (2013: 43,1%). Von den Anträgen, die von den Gefangenen selbst oder von ihren Vertretern oder Bevollmächtigten eingereicht werden, werden nur ca. 24% positiv entschieden, (vgl. *Tabelle 8.11*). Die Anwendung der bedingten Entlassung ist also weiterhin recht restriktiv. Weitere Analysen der gerichtlichen Praxis verdeutlichen, dass Anträge auf bedingte Entlassung vor allem bei Gefangenen positiv beschieden werden, die zu kurzzeitigen Freiheitsstrafen verurteilt wurden. Somit hat die Länge der verbliebenen Strafe und damit auch die

Länge der ausgesprochenen Strafe durchaus eine große Bedeutung für die Gerichtspraxis.[602]

Tabelle 8.11: Bedingte Entlassung

	2009		2011		2013	
Anträge Insgesamt	57.238		57.644		46.031	
Davon:	positiv	negativ	positiv	negativ	positiv	negativ
	22.726 (39,7%)	34.512 (60,3%)	24.324 (42,2%)	33.316 (57,8%)	19.828 (43,1%)	26.201 (56,9%)
Anstaltsleiter	14.197 (100%)		14.432 (100%)		12.149 (100%)	
	13.559 (95,5%)	638 (4,5%)	13.950 (96,6%)	482 (3,4%)	11.731 (96,5%)	418 (3,5%)
Inhaftierter selbst bzw. Bevollmächtigter/ Vertreter	43.019 (100%)		43.176 (100%)		33.860 (100%)	
	9.150 (21,3%)	33.869 (78,7%)	10.345 (24,0%)	32.831 (76,0%)	8.086 (23,8%)	25.774 (76,2%)
Staatsanwalt	2	0	7	0	4	0
Bewährungshelfer	15	5	22	3	7	9
Von Amts wegen	4		4		2	

Quelle: Jahresstatistiken des Strafvollzugsdiensts 2009-2013.
Anm.:   Bei Militärarrestgefangenen wurden keine Anträge auf bedingte Entlassung gestellt.

Über die bedingte Entlassung entscheidet das Strafgericht in einer Sitzung, an der der Bewährungshelfer, der Gefangene und der Verteidiger, sowie auf Antrag hin u. a. auch der Direktor der Strafanstalt teilnehmen kann. Das entscheidende Gericht oder der Verurteilte können den Strafanstaltsdirektor um die Erstellung einer Kriminalprognose bitten, die dann bei der Entscheidung über die bedingte Entlassung berücksichtigt wird. Hat der Gefangene während des Aufenthaltes in der Strafanstalt an einem Mediationsverfahren mit dem Opfer teilgenommen und eine vertragliche Einigung mit diesem erzielt, wird auch diese im Entscheidungsprozess mit berücksichtigt. Bei der Verhandlung um die be-

---

602 *Lelental* 2010, S. 1092.

dingte Entlassung hört das Gericht den Gefangenen an, wie auch den Vertreter der Verwaltung der Strafanstalt und den gerichtlichen Bewährungshelfer, falls dieser den Antrag gestellt hat. Handelt es sich bei dem Gefangenen um einen Sexualstraftäter, darf die bedingte vorzeitige Entlassung nicht ohne das zu vorige Einholen von Sachverständigengutachten gewährt werden. (Art. 162 § 1 poln. StVollstrGB).

Im Falle einer Ablehnung des Antrags darf der Folgeantrag nach Ablauf von drei Monaten eingereicht werden, wenn die verhängte Strafe drei Jahre nicht überschreitet und nach sechs Monaten, wenn die Strafe mehr als drei Jahre beträgt. Gegen den Entscheid bezüglich der bedingten Entlassung kann Einspruch eingelegt werden. Dieser führt zu einer Verhandlung im Zeitraum von 14 Tagen. (Art. 162 § 2 poln. StVollstrGB).

8.9.2 Vorbereitung zur Entlassung

Die Periode von bis zu 6 Monaten vor der Entlassung aus der Strafanstalt stellt gemäß Art. 164 poln. StVollstrGB die notwendige Zeit zur Vorbereitung des Gefangenen auf das Leben in der Gesellschaft dar. Den genauen Zeitraum bestimmt die Strafkommission im Einvernehmen mit dem Gefangenen. Diese Vorschrift gilt für Strafgefangene, die ihre gesamte Strafe verbüßen und für diejenigen, die bedingt entlassen werden.[603] Die Vorbereitungszeit soll dem Gefangenen dazu dienen, erneut Kontakte mit der Gesellschaft zu knüpfen. Die Intensität der Maßnahmen hängt von den Bedürfnissen des Gefangenen ab und diese wiederum in hohem Maße von der Zeit, die jener innerhalb der Gefängnismauern verlebt hat, der Menge und Intensität der angewandten Lockerungen, den bestehenden oder fehlenden familiären Bindungen und gesellschaftlichen Netzwerken, sowie vom Gesundheitszustand und der finanziellen Lage des Gefangenen. Je länger der Zeitraum währte, den der Gefangene im Gefängnis verbrachte, umso schwerer wird es ihm wahrscheinlich fallen, sich in der neuen Wirklichkeit außerhalb Anstaltsmauern zu Recht zu finden. Die Erfahrungen der vollzuglichen Praxis und die Ergebnisse der empirischen Untersuchungen deuten auf die immense Bedeutung der Hilfen hin, die dem Gefangenen im Zeitraum vor der Entlassung und vor allem auch kurz nach der Entlassung angeboten werden müssen, und sie zeigen den Einfluss konkreter Maßnahmen, die im Rahmen dieser Hilfen zur Verhinderung eines Rückfalls geleistet werden.[604]

Zu Recht wird in der Fachliteratur zu diesem Thema hervorgehoben, dass die Vorbereitung des Gefangenen auf die Entlassung in die Freiheit während des gesamten Zeitraums des Strafvollzugs stattfinden muss. Der sechsmonatige Zeit-

---

603 In der Verhandlung über den Antrag auf eine bedingte Entlassung kann dieser Zeitraum vom Strafvollzugsgericht festgelegt werden.

604 Siehe u. a. *Stańdo-Kawecka* 2000, S. 193; *Kuć/Gałązka* 2009, S. 156; *Dünkel* 2013, § 57 Rn. 129 ff; *Dünkel/Pruin* 2010, S. 206 ff.

raum unmittelbar vor der Entlassung soll die unterstützte Wiedereingliederung lediglich intensivieren.[605] An dieser Stelle macht es Sinn, auf § 3 Abs. 3 des deutschen Strafvollzugsgesetzes[606] zu verweisen, der diesen wichtigen Aspekt der Vorbereitung des Gefangenen auf die Entlassung in die Freiheit von Anfang an sehr nachdrücklich betont. Mit dieser Vorbereitung sollte nicht zu einem bestimmten Zeitpunkt vor der Entlassung begonnen werden, sondern in dem Moment, in dem der Gefangene beginnt, seine Freiheitsstrafe zu verbüßen. Der gesamte Aufenthalt des Gefangenen in der Strafanstalt soll auf seine Rückkehr in die Gesellschaft ausgerichtet sein. (Eingliederungsprinzip).[607]

In der Vorbereitungsphase soll der Gefangene die Strafe in der Anstalt verbüßen, die dem zukünftigen Wohnort am nächsten liegt. Im Rahmen der ihm in dieser Zeit erteilten Ausgänge soll er den Versuch unternehmen, eine Arbeit und eine Wohnung zu finden. Er sollte auch den Kontakt mit dem Bewährungshelfer (wenn ihm ein solcher zugeteilt wurde) und mit anderen Organisationen, zu deren Tätigkeit die Hilfe für Entlassene gehört, aufnehmen.

Das poln. StVollstrGB gab bis 2012 dem Gefangenen in Art. 167 die Möglichkeit, noch vor der Entlassung die Aufsicht/Betreuung eines Bewährungshelfers bei dem Strafvollzugsgericht zu beantragen. Diese Aufsicht wurde vor allem in der Situation gewährt, in der das Gericht zu der Überzeugung gelangte, dass die Bewährungsunterstellung zur Vermeidung des Rückfalls angezeigt war. Zusätzlich zur Aufsicht konnte das Gericht wie bei der bedingten Entlassung dem Gefangenen verschiedene Pflichten auferlegen, z. B. die Mitteilung des Ablaufs der Probezeit an das Gericht, eine ärztliche Behandlung, die Enthaltung von Alkohol und Drogen. Es wurden auch besondere Hilfen bei der Wohnungs- und Arbeitssuche gewährt.

Eine solche „beantragte" Aufsicht wurde für maximal zwei Jahre gewährt. In der Praxis fand jedoch diese Vorschrift kaum Anwendung und wurde durch die Änderungen des Straf- und Strafvollstreckungsrechts 2012 leider abgeschafft.

Bei der Entlassung erhält der Verurteilte seine Habe zurück, die sich im Depot der Anstalt befunden hat. Er bekommt auch einen Entlassungsschein und die Bescheinigung über die ausgeübte Arbeit während des Aufenthalts in der Anstalt. Dem Entlassenen werden die ärztlichen Atteste (falls er im Krankenhaus

---

605 Vgl. *Machel* 2003, S. 285.

606 Das Strafvollzugsgesetz wurde zwar teilweise durch Ländergesetze zum Strafvollzug abgelöst, aber in allen neuen Gesetzen findet man ähnliche Formulierungen wie im § 3 Abs. 3 StVollzG.

607 Neben diesem Prinzip behandeln die deutschen Vorschriften die Vorbereitungsperiode vor der Entlassung separat. In dieser Zeit kann der Gefangene in den offenen Vollzug verlegt werden und er kann zusätzliche Lockerungen erhalten (vgl. insbes. § 15 StVollzG). Ähnlich wie in den polnischen Regelungen soll der Gefangene in dieser Phase Kontakt zu Behörden und Hilfe von Organisationen suchen.

war) ausgehändigt, und wenn eine Weiterführung der Behandlung erforderlich ist, bekommt er eine entsprechende Überweisung zum Arzt bzw. ins Krankenhaus. Erlaubt der Gesundheitszustand des Gefangenen keine Verlegung ins Krankenhaus, bleibt er im Gefängniskrankenhaus, es sei denn, er verweigert hierfür sein Einverständnis.

Bei der Entlassung soll der Gefangene auch Informationen über die Arbeitsmöglichkeiten in der Region erhalten.

Verfügt der Entlassene über keine finanziellen Mittel oder sind diese nicht ausreichend, kann er eine Beihilfe bekommen, die jedoch nicht größer als ein Drittel des durchschnittlichen monatlichen Lohnes in Polen ist. Diese kann er in Form von Bargeld oder Fahrkarten und Kleidung erhalten. Wenn er aus gesundheitlichen Gründen unfähig ist, selbständig zum Wohnort zu fahren und auch nicht mit der Hilfe von Verwandten rechnen kann, ermöglicht ihm die Anstalt den Transport mit ihren Mitteln.

Handelt es sich bei dem Entlassenen um eine Person, die aufgrund eines Sexualverbrechens verurteilt wurde, Mitglied einer organisierten Vereinigung war oder eine Freiheitsstrafe von über drei Jahren verbüßen musste, benachrichtigt der Strafanstaltsdirektor die zuständige Polizeidienststelle. Liegt ein Antrag des Geschädigten vor, wird diese in jedem Fall über die Entlassung informiert, unabhängig vom Grund der Verurteilung oder der Straflänge.

8.9.3 Nachentlassungshilfe

„Den Begriff der vollzuglichen Nachentlassungshilfe benutzt man, um staatliche und gesellschaftliche Tätigkeiten zu beschreiben, die die materielle und psychische Unterstützung des aus der Strafanstalt Entlassenen zum Ziel haben."[608]

Im Rahmen der staatlichen Hilfe[609] können die zu Entlassenden eine spezielle Nachentlassungshilfe, die im Strafvollstreckungsgesetzbuch geregelt ist, oder auch allgemeine Sozialhilfe[610] erhalten. Die Nachentlassungshilfe soll der

---

608 *Musidłowski* 2000, S. 291.

609 Die Tätigkeit der nichtstaatlichen Organisationen wird in *Kapitel 10* dargestellt.

610 Ustawa z dnia 12 marca 2004 r. o pomocy społecznej /Gesetz vom 12. März 2004 über Sozialhilfe, Dz. U. z 2009 r. Nr 175, poz. 1362 z późn. zm.; Ustawa o zatrudnieniu socjalnym z dnia 13 czerwca 2003/Gesetz über soziale Beschäftigung vom 13. Juni 2003, Dz.U. Nr 122, poz. 1143; Ustawa o rencie socjalnej z dnia 27 czerwca 2003/ Gesetz über die soziale Rente vom 27. Juni 2003, Dz.U. Nr 135, poz. 1268.
Das Gesetz über soziale Arbeit beschreibt die Grundsätze der sozialen Arbeit und richtet sich an Personen, die aus der Gesellschaft ausgeschlossen sind und aufgrund ihrer Lebensumstände nicht in der Lage sind, ihre Grundbedürfnisse durch eigene Erwerbsarbeit zu befriedigen, die von Armut bedroht sind und deren Beteiligung am Arbeits-, Gesellschafts- und Familienleben unmöglich oder eingeschränkt ist. Im Speziellen richtet sich das Gesetz an Langzeitarbeitslose, Obdachlose, sowie Personen, die aus einer Strafanstalt entlassen wurden und Probleme mit der Integration in die Gesellschaft

gesellschaftlichen Wiedereingliederung dienen, insbesondere aber der Vorbeugung des Rückfalls. Sie umfasst vor allem materielle und medizinische Hilfen, die Hilfe bei der Arbeitssuche und die juristische Beratung (Art. 41 § 1 poln. StVollstrGB). Mit dem Ziel, Hilfe bei der Rückkehr der Gefangenen in die Gesellschaft zu leisten, wurde der Fonds der vollzuglichen Nachtentlassungshilfe gegründet, welcher im Jahr 2012[611] durch den Opferhilfefonds und die Nachentlassungshilfe ersetzt wurde. Seine Einnahmen gründen auf den Lohnabzügen der Gefangenen (10%), Schenkungen, Zuschüssen und Vermächtnissen. Die Finanzmittel des Fonds sind unter anderem für Vereine, Stiftungen, Organisationen und Institutionen bestimmt, deren Ziel es ist, den Personen, die im Falle eines Verbrechens geschädigt wurden, wie auch den Personen, die aus einer Strafanstalt oder einer Untersuchungshaft entlassen wurden, sowie deren Angehörigen zu helfen. Die Verteilung der Mittel an Nichtregierungsorganisationen verläuft auf dem Weg eines Wettbewerbs/einer Ausschreibung. Die Einkünfte des Fonds sollen sich in Bezug auf die Hilfe für die geschädigten Personen auch aus gerichtlichen Auflagen und Geldleistungen zusammensetzen.[612] Die genauen Regeln zur Erteilung der Hilfe wurden in einer Verordnung des Justizministeriums bestimmt.[613]

Besonders berechtigt, diese Hilfe zu erhalten, sind Personen, die aus den Strafanstalten entlassen worden sind und hinsichtlich ihres Gesundheitszustands, Alters, einer Behinderung oder einer schweren materiellen und persönlichen Situation nicht in der Lage sind, selbständig die Schwierigkeiten der Rückkehr in die Gesellschaft zu überwinden.

haben. Im Rahmen der Hilfen, die von den Zentren zur gesellschaftlichen Integration geleistet werden, können die Personen, die einem Ausschluss aus der Gesellschaft unterliegen, Unterstützung beim Erwerb von Fähigkeiten erhalten, die ihnen ermöglichen, ihre Rolle in der Gesellschaft einzunehmen. Sie werden unterstützt in der Entwicklung von Fertigkeiten des vernünftigen Wirtschaftens mit den ihnen zur Verfügung stehenden Mitteln und beim Erwerb von Fähigkeiten ein selbständiges Leben zu führen.

611 Ustawa z dnia 12 lutego 2010 r. o zmianie ustawy – Kodeks karny, ustawy – Kodeks karny wykonawczy oraz ustawy – Prawo ochrony środowiska (Dz. U. Nr 40, poz. 227 oraz z 2011 r. Nr. 39, poz. 202 i Nr. 129, poz. 734). Gesetz vom 12. Februar 2012 über die Änderung des Strafgesetzbuches, Strafvollstreckungsgesetzbuches und des Gesetzes zum Umweltschutz, in Kraft getreten am 1 Januar 2012.

612 Das Strafgesetzbuch sieht in Art. 39 Auflagen (p. 6) und Geldleistungen (p. 7) als Strafmittel vor. Das Geld wird zunächst auf das Fondskonto eingezahlt. Erst der Vorsitzende des Fonds verteilt dann das Geld im Rahmen von öffentlichen Ausschreibungen an konkrete Institutionen, die sich der Hilfe für Verbrechensopfer und Personen, die aus Strafanstalten entlassen wurden, widmen.

613 Rozporządzenie Ministra Sprawiedliwości z dnia 3 stycznia 2012 r. w sprawie Funduszu Pomocy Pokrzywdzonym oraz Pomocy Postpenitencjarnej/Verordnung des Justizministers vom 3. Januar 2012 über den Opferhilfefonds und die Nachentlassungshilfe, Dz.U. 2012 poz. 49.

Gemäß der Verordnung gehören zu den grundsätzlichen Formen dieser Hilfe Geldleistungen sowie die Finanzierung der Fortbildungskurse und der juristischen Beratung. Die Aufgaben, die mit der Erteilung dieser Hilfen verbunden sind, werden durch die Verwaltung der Strafanstalten, die Gerichte und die Bewährungshelfer wahrgenommen. Berechtigt zur Antragstellung auf Hilfeleistung sind betroffene Personen, aber auch der Staatsanwalt, der Verteidiger, sowie der Bevollmächtigte oder der Vertreter des Gefangenen. Personen, die sich noch in den Anstalten befinden, stellen den Antrag bei dem Direktor der entsprechenden Strafvollzugsanstalt. Personen, die bereits aus Strafanstalten oder der Untersuchungshaft entlassen wurden, sowie Mitglieder ihrer Familien und die Angehörigen von Gefangenen stellen den Antrag beim Bewährungshelfer. Die Leistungen des Fonds werden für den Zeitraum erteilt, der zur Erfüllung dieser Hilfen notwendig ist (z. B. für eine Berufsausbildung) oder bis zum Zeitpunkt der Bewilligung von Hilfeleistungen gemäß des Gesetzes zur Sozialhilfe, jedoch nicht länger als drei Monate, in begründeten Fällen 6 Monate.

In der Ausschreibung[614] des öffentlichen Wettbewerbs zur Realisierung der öffentlichen Aufgaben im Bereich der Gefangenen- und der Entlassenenhilfe, sowie der Hilfe für Angehörige wurden im Rahmen des Fonds für Opferhilfe und Haftentlassungshilfe für das Jahr 2012 u. a. folgende Aufgaben festgelegt, die die Antragsteller erfüllen müssen:

- allgemeine Unterstützung von Initiativen und Unternehmen, die der Verbesserung der Situation und der wirksamen Wiedereingliederung des Gefangenen dienen,
- Errichtung von Unterkünften in Einrichtungen für Obdachlose,
- finanzielle Hilfe zum Erhalt der Wohnung,
- Rechtsberatung,
- Hilfe bei der Erlangung einer Anstellung und Durchführung von Schulungen und Kursen, die die berufliche Qualifikation steigern, und Programmen zur Ausweitung der sozialen Kompetenzen, die zum Ziel haben, kriminogene Faktoren, vor allem Aggression und Gewalt, darunter im speziellen Gewalt innerhalb der Familie, sowie Suchtproblemen entgegenzuwirken,
- Übernahme der Kosten für spezielle Untersuchungen, die für die Qualifizierung für bestimmte Bildungsprogramme und -kurse verlangt werden, sowie Übernahme der Kosten für eine spezielle medizinische Behandlung oder Rehabilitation oder für das Erstellen eines Gutachtens über eine Behinderung oder Arbeitsunfähigkeit oder/und

---

614 Http://bip.ms.gov.pl/pl/dzialalnosc/fundusz-pomocy-pokrzywdzonym-oraz-pomocy-postpenitenacjarnej/pomoc-postpenitencjarna. Letzter Abruf am 21.05.2012.

- Übernahme der Kosten, die mit der Organisation und Erteilung von Sachleistungen einhergehen.

Im Jahr 2012 stellte die Regierung für diese Ziele 1.800.000 (eine Million achthunderttausend) Zloty bereit. Leider liegt der Bedarf sehr viel höher, als die verfügbaren Fondsgelder. Demzufolge fiel die Durchschnittshöhe der erbrachten Leistungen in den letzten Jahren sehr niedrig aus. Sie betrug lediglich ca. 10,-€ pro Person.[615]

Um die Aufgaben der sozialen Reintegration zu koordinieren und auf zentraler Ebene besser zu steuern, sehen die Vorschriften des polnischen Strafvollstreckungsgesetzbuches die Einberufung eines Hauptrates beim Justizministerium vor.[616] Dieser setzt sich aus Vertretern des Justizministeriums, des Arbeitsministeriums, des Ausbildungsministeriums, der Polizei und des Strafvollzugsdiensts zusammen. In diesem Rat können auch Wissenschaftler und Vertreter verschiedener gesellschaftlicher Organisationen, der Kirchen und andere „vertrauenswürdige Personen" mitarbeiten. Zu den Aufgaben dieses Rates gehören die Koordination der Zusammenarbeit staatlicher Organe und freier Träger in der Kriminalprävention, bei der Vollstreckung der Entscheidungen und bei den Hilfeleistungen zur gesellschaftlichen Reintegration, wie auch bei der allgemeinen Kontrolle und Begutachtung der Kriminalpolitik (vgl. Art. 40 poln. StVollstrGB).

---

615 Vgl. *Dybalska* 2007, S. 167.

616 Rozporządzenie Prezesa Rady Ministrów z dnia 21 sierpnia 1998 r. w sprawie określenia szczegółowych zasad i trybu powoływania oraz działania Rady Głównej do Spraw Społecznej Readaptacji i Pomocy Skazanym, a także rad terenowych do spraw społecznej readaptacji i pomocy skazanym, Dz. U. z dnia 31 sierpnia 1998 r./Verordnung des Präsidenten des Ministerrates vom 21. August 1998 über den Hauptrat und die Landräte zur sozialen Reintegration und Nachentlassungshilfe, über deren Grundsätze, ihren Handlungsbereich und das Verfahren zur Berufung.

9. Kontrolle des Strafvollzugs

Einer der wichtigsten Aspekte eines rechtsstaatlichen Vollzugs der Freiheitsstrafe und anderer Sanktionsmittel ist ihre Kontrolle. Mit der Unterbringung eines Menschen in einer geschlossenen Anstalt wird ihm nicht nur die Möglichkeit zur freien Bewegung entzogen, sondern vor allem auch die Möglichkeit, über sich selbst zu bestimmen. Man schließt den Menschen aus der Gesellschaft aus und versetzt ihn in die geschlossene Gemeinschaft. Vorrangige Bedeutung kommt also der Kontrolle der geschlossenen Einheiten durch unabhängige Gerichte und Nichtregierungsorganisationen zu. Einzig ein leistungsstarkes und vielschichtiges Kontrollsystem und ein sogenanntes offenes Gefängnis, zu dem Vertreter der Öffentlichkeit einen umfassenden Zugang haben, können einen gerechten Vollzug garantieren, der zumindest danach strebt, die Unantastbarkeit der Menschenwürde zu wahren.[617] Im Weiteren werden die wichtigsten Mechanismen und Organe vorgestellt, die im polnischen System die Kontrollfunktion bezüglich der Vollstreckung der Freiheitsstrafe innehaben.

9.1 Anträge, Bitten und Beschwerden

Das poln. StVollstrGB räumt den Verurteilten in Art. 6 § 2 die Möglichkeit ein, Anträge, Bitten und Beschwerden bei den Strafvollzugsorganen[618] einzureichen. Nicht nur der Verurteilte persönlich ist berechtigt, sondern auch sein Verteidiger. Diese Vorschrift überträgt das Recht jedes Bürgers auf das Einreichen von Petitionen, Klagen und Anträgen, das aus der Verfassung (Art. 63) und aus den internationalen Konventionen hervorgeht auf den Strafvollzug.[619]

---

617 Zu diesem Thema hat sich auch das CPT schon in seinem zweiten Bericht geäußert: „(54) Effective grievance and inspection procedures are fundamental safeguards against ill-treatment in prisons. Prisoners should have avenues of complaint open to them both within and outside the context of the prison system, including the possibility to have confidential access to an appropriate authority. The CPT attaches particular importance to regular visits to each prison establishment by an independent body (eg. a Board of visitors or supervisory judge) possessing powers to hear (and if necessary take action upon) complaints from prisoners and to inspect the establishment's premises. Such bodies can inter alia play an important role in bridging differences that arise between prison management and a given prisoner or prisoners in general. 2nd General Report on the CPT's activities covering the period 1 January to 31 December 1991, CPT/Inf (92) 3. Vgl. hierzu u. a. *Rzepliński* 1995, S. 20.

618 Die Beschwerde aus dem Art. 6 können die Gefangenen nur an die Vollzugsorgane einreichen. Erst, das Beschwerderecht aus dem Art. 102, p. 10 erfasst andere Adressaten z. B. den Ombudsmann.

619 U. a. Art. 13 Menschenrechtskonvention, der das Recht auf wirksame Beschwerde statuiert und Regel 70.1 der Europäischen Strafvollzugsgrundsätze, siehe auch *Hołda/ Postulski* 1998, S. 38.

Die Details des Artikel 6 § 2 und die Einreichungsmodalitäten für Beschwerden werden in einer Verordnung des Justizministeriums[620] konkretisiert. Gemäß § 3 Abs. 1 Pkt. 1 dieser Verordnung werden Beschwerden, die die Tätigkeit einer JVA betreffen, von deren Leiter geregelt, jedoch nicht wenn die Klage seine Tätigkeit oder die seines Vertreters betrifft. Die Klagen werden auch vom Direktor der Regionalverwaltung des Gefängnisdienstes geprüft – insofern die Klage eine von ihm überwachte Anstalt betrifft. Betrifft die Beschwerde die Tätigkeit der Zentralbehörde des Gefängnisdienstes, wird sie vom Justizminister untersucht.[621] Eine Klage, die sich gegen eine bestimmte Person richtet, darf nicht dieser Person oder von einer Person, die ihr dienstlich untersteht, zur Prüfung vorgelegt werden.

Stellt der Anstaltsleiter fest, dass er für eine Beschwerde oder einen Antrag nicht zuständig ist, so leitet er innerhalb von 7 Tagen das Verfahren an das zuständige Organ weiter oder er informiert den Gefangenen darüber, an welches Organ der sich zu wenden hat.

Über die Anträge, Beschwerden und Bitten, die weder ein Ansammeln von Beweisen oder Informationen erfordern, noch eines Aufklärungsverfahrens oder der Untersuchung von Akten bedürfen, soll ohne unnötige Verzögerung entschieden werden, spätestens innerhalb von 14 Tagen. Erfordert die Entscheidung eines Antrags allerdings die Erhebung von Beweismitteln, kann der Prüfungsprozess der Klage um die Zeit verlängert werden, welche notwendig ist, diese durchzuführen. Über eine solche Verlängerung wird die antragstellende Person informiert (§ 8, pkt. 1).

Im Jahr 2000 untersuchten die Strafvollzugsanstalten 1.761 Beschwerden wegen schlechter Behandlung seitens der Bediensteten. Darunter waren 234 Beschwerden wegen verbaler Aggression, 94 Beschwerden wegen Körperverletzung, 48 Beschwerden gegen Maßnahmen des unmittelbaren Zwangs und 1.385 Beschwerden gegen andere Formen unrechtmäßiger Behandlung. Für begründet wurden lediglich 21 Beschwerden erachtet (= 1,2%). Im selben Jahr verhängte man auf Grund von Beschwerden Disziplinarstrafen gegenüber vier Beamten. Zweien erlegte man eine Ermahnungsstrafe auf, einem einen Verweis und einem

---

620 Rozporządzenie Ministra Sprawiedliwości z dnia 13 sierpnia 2003 roku w sprawie sposobów załatwiania wniosków skarg i próśb osób osadzonych w zakładach karnych i aresztach śledczych, Dz.U. 151, poz. 1467, zmieniony w 2012 r., Dz.U. z 2012 r., poz. 56/Verordnung des Justizministers vom 13. August 2003 über die Regelung von Anträgen, Beschwerden und Bitten der in Strafanstalten und Untersuchungshaft untergebrachten Personen mit Änderungen von 2012.

621 Die Hierarchie des Strafvollzugsdienstes wurde in *Kapitel 5.3.* erörtert. Art. 78 poln. StVollstrGB sieht zusätzlich eine vollzugsinterne Kontrolle vor, die automatisch ausgeübt wird und nicht von einer Klage des Verurteilten durch außergerichtliche Organe in Bezug auf den Strafanstaltsdirektor initiiert wird.

einen strengen Verweis. Kein einziger Fall wurde vor Gericht gebracht.[622] Die Disproportion zwischen der Anzahl der Klagen und den Fällen, die man als begründet erachtete, kann aus der tatsächlichen Gegenstandslosigkeit der Beschwerden der Verurteilten hervorgehen, es kann aber auch die Folge der Art und Weise sein, wie die Gefängnisbehörden über die Beschwerden der Gefangenen entscheiden und wie (un)gründlich die Fakten geprüft werden.

9.2 Rechtsmittel zum Gericht, Klage

Das Recht auf die Initiierung eines Gerichtsverfahrens wurde durch die Reform von 2011 (2012) auf jene Fälle beschränkt, die „gesetzlich festgeschrieben" sind. Somit kann der Verurteilte von der Prozedur des Artikel 6 § 1 nur dann Gebrauch machen, wenn das Gesetz in der jeweiligen Einzelvorschrift diesen bestimmten Fall eindeutig erwähnt. So kann sich der Gefangene z. B. gegen eine Verlegung in eine andere Anstalt oder die Ablehnung einer beantragten Ausbildungsmaßnahme wehren, weil dies ausdrücklich normiert wurde. Anders als in Deutschland kann sich der Gefangene nicht gegen bloße Realakte gerichtlich zur Wehr setzen.[623]

Ab dem Moment der Antragstellung wird der Gefangene zum Prozesssubjekt und hat Anrecht auf die vollen Prozessrechte.

In Artikel 7 wird die sog. Prozessbeschwerde[624] festgelegt. Im Rahmen dieser kann der Verurteilte die Rechtmäßigkeit der Entscheidungen folgender Organe vor Gericht überprüfen lassen: des Strafanstalts- und Untersuchungshaftdirektors sowie des Direktors der Zentral- und Regionalverwaltung des Strafvollzugsdiensts, des Strafvollzugsrichters,[625] des Gerichtsvorsitzenden, des Be-

---

622 Normalerweise sind solche Statistiken für einen breiteren Forscherkreis schwer zugänglich, sie stellen interne Dokumente des Justizministeriums dar. Diese wurden erst als Antwort der polnischen Regierung auf den Bericht des Anti-Folter-Komitees publiziert, „Response of the Polish Government to the report of the European Committee for the Prevention of Torture and Inhuman or Degrading Treatment or Punishment (CPT) on its visit to Poland from 8 to 19 May 2000, CPT/Inf (2002) 10", S. 27 (Antwort bzgl. § 67 des Berichtes).

623 Zum Umfang des gerichtlichen Rechtsschutzes in Deutschland vgl. zusammenfassend *Laubenthal* 2011, *Kapitel 8.*

624 Das polnische Strafvollstreckungsgesetzbuch kennt zwei Arten von Beschwerden, die der Gefangene vor dem Gericht einreichen kann. Die erste wurde in den vorigen Kapiteln beschrieben, weil sie auch an andere Organe eingereicht werden kann, die im Vollzug der Freiheitsstrafe tätig sind. Das Gericht ist in diesem Fall nur eines von mehreren möglichen Organen, die Adressaten solch einer Beschwerde sein können, wobei hier, wie oben erwähnt, die Beschwerde auch gegen eine Maßnahme eingereicht werden kann. Die Beschwerde aus dem Art. 7 ist eine prozessuale Beschwerde/Klage und wird nur beim Gericht eingereicht.

625 Wenn dieser in seiner Funktion als Aufsichtsorgan tätig war.

währungshelfers wie auch anderer durch das Gesetz zur Vollstreckung der Strafe berechtigter Organe.626

Unter dem Begriff „Entscheidung" soll man jeden Rechtsakt verstehen, der den konkreten und individuellen Entschluss beinhaltet, welcher das Verfahren in dem bestimmten Fall, der den Angeklagten betrifft, beendet. Auf diese Weise können also keine allgemeinen oder abstrakten Rechtsakte angefochten werden, weder solche, die sich an die Allgemeinheit richten (z. B. jegliche Arten von anstaltsinternen Ordnungen), noch technische oder sachbezogene Tätigkeiten der Gefängnisbehörde. Diese Prozessbeschwerde richtete sich also nicht gegen konkrete Maßnahmen, nur gegen Entscheidungen. Vergleichsweise weitreichend ist hingegen der Begriff „Rechtswidrigkeit" zu verstehen. Hier handelt es sich um die Unstimmigkeit zu jedwedem Rechtsakt, folglich also zu dem poln. StVollstrGB, den Vorschriften anderer Gesetze, sowie zu den Vorschriften der Verfassung und des internationalen Rechts.

Der Begriff des anderen Organs umfasst alle außergerichtlichen Organe, die am Vollzug der Freiheitsstrafe beteiligt sind.

In ihrer Gestalt ähnelt diese Beschwerde einer Klage vor dem Verwaltungsgericht, der Prozess wird dennoch gemäß dem Strafprozessgesetzbuch geführt und nicht gemäß den Vorschriften des Verwaltungsprozessgesetzbuches.

Die Klage reicht der Verurteilte oder sein Vertreter schriftlich oder mündlich bei jenem Organ ein, das den angefochtenen Bescheid erlassen hat. Ein solcher Verfahrensverlauf gibt diesem Organ die Möglichkeit zur Selbstkontrolle. Sollte es der Forderung des Verurteilten nicht nachkommen, schickt es die Beschwerde samt den Fallakten an das Strafvollzugsgericht.

Die Klagen verhandelt das Gericht in mündlichen Sitzungen. An diesen nehmen der Gefangene, sein Verteidiger sowie der Staatsanwalt teil. Das Gericht kann die Vollstreckung der angefochtenen Entscheidung aufschieben; die Ablehnung einer solchen Einstellung bedarf jedoch keiner Begründung. Nach der Verhandlung eines Falles kann das Gericht die gegebene Entscheidung entweder aufrechterhalten, sie ändern oder vollständig aufheben.

Eine wichtige Frage an dieser Stelle ist das Problem des Ermessens.627 Um festzustellen, ob eine Entscheidung rechtmäßig ist, die auf einer Ermessensnorm

---

626 Der Artikel führt diese Organe nicht direkt auf, er verweist auf Art. 2, der die gesamte Auflistung der Vollstreckungsorgane enthält.

627 Ebenso wie im deutschen Recht ist das Ermessen auch im polnischen Recht ein spezieller Begriff vor allem des Verwaltungsrechts und bedeutet die Entscheidung eines Organs, die auf Basis von Ermessensnormen (Kann- und Soll-Vorschriften) getroffen wurde – die zwar den faktischen Sachverhalt genau erläutern, aber nicht die Pflicht eines bestimmten Vorgehens daran binden. Demzufolge handelt es sich um all jene Situationen, in denen die notwendigen Voraussetzungen eintreten und das Organ ein bestimmtes Recht einräumen oder eine bestimmte Pflicht auferlegen kann, aber nicht muss, vgl. *Kmiecik* 1996, S. 29. Im deutschen StVollzG wird die richterliche Prüfung des Ermessens explizit in 115 Abs. 5 geregelt. „Soweit die Vollzugsbehörde ermächtigt

basiert, genügt nicht allein die Bewertung, dass sie legal sei, vielmehr bedarf es zusätzlich der Erwägung, ob sie vom Standpunkt der Partei oder des sozialen Interesses aus für berechtigt und zweckmäßig befunden werden kann. In diesem Fall darf das Gericht die angefochtene Entscheidung nur dann ändern, wenn aus den Umständen des erörterten Falles hervorgeht, dass die Wahl des Organs, welches die Entscheidung erlassen hat, auf nur diese einzige Entscheidung beschränkt wurde (Ermessensreduzierung auf Null).[628]

Das Recht, Klagen und Petitionen jedweder Art einzulegen ist zweifelslos einer der wichtigsten Mechanismen, die dem Verurteilten erlauben im Falle der Verletzung seiner Würde und der ihm zustehenden Rechte zu intervenieren. Insofern scheint das Herantreten der Helsinki-Stiftung (Helsinki-Komitee) an den Ombudsmann mit der Bitte, einen Antrag an den Verfassungsgerichtshof zu stellen, die Verfassungsmäßigkeit der neuen, seit dem 1. Januar 2012 geltenden und in diesem Kapitel bereits behandelten Vorschriften, die die Klageprozedur regeln, zu prüfen, mehr als gerechtfertigt. Im Rahmen der Novellierungen wurde in einigen Fällen das Zwei-Instanzen-Verfahren reduziert und gleichzeitig wurden die Anforderungen, die der Gefangene erfüllen muss, damit der Antrag geprüft werden kann, erhöht. Die Klage verlangt eine sehr genaue Begründung und es sollen „entsprechende Dokumente" beigefügt werden. Es ist auch verboten, Ausdrücke aus dem Gefängnisjargon zu verwenden.

In den Augen der Stiftung kann die Einführung dieser zusätzlichen Anforderungen das Recht des Verurteilten auf die Einreichung von Klagen erheblich beschränken, vor allem, wenn es sich um Personen niedrigen Bildungsgrads handelt.[629]

Vor dem Inkrafttreten dieser Änderungen erreichten den Ombudsmann viele Klagen von inhaftierten Personen. Die Verurteilten beschwerten sich, dass die Sitzungen, im Rahmen derer ihre Anträge geprüft werden, manchmal nur wenige Minuten dauern, dass sie in Eile geführt werden und die Entscheide oft sehr lakonisch formuliert sind und häufig keine vernünftigen Begründungen enthalten.[630]

Das uneingeschränkte Recht auf das Einreichen von Beschwerden und Anträgen ruft auf der Seite der Organe, die diese annehmen, jedoch viele Probleme hervor. Die Angestellten der Strafanstalten, die Beamten und Richter sind oft nicht in der Lage, die Masse an einkommenden Klagen zu bewältigen und die

---

ist, nach ihrem Ermessen zu handeln, prüft das Gericht auch, ob die Maßnahme oder ihre Ablehnung oder Unterlassung rechtswidrig ist, weil die gesetzlichen Grenzen des Ermessens überschritten sind oder von dem Ermessen in einer dem Zweck der Ermächtigung nicht entsprechenden Weise Gebrauch gemacht ist."

628 Vgl. *Hołda/Postulski* 1998, S. 42.

629 Http://www.ebos.pl/wiadomosci/1540_kodeks_karny_wykonawczy_niezgodny_z_konstytucja.html, abgerufen am 02.07.2012.

630 Ähnlich einige Praktiker und Wissenschaftler: http://www.ebos.pl/wiadomosci/1496_sady_penitencjarne_uginaja_sie_od_spraw.html.

Tatsache, dass der Großteil dieser Klagen als unbegründet und teilweise absurd erachtet wird, steigert die Unzufriedenheit und das Gefühl vergeudeter Zeit und verschwendeten Geldes. Die schwierige Situation können folgende Daten aus dem Kreis Danzig veranschaulichen: im Jahre 2011 reichten die Verurteilten und Untersuchungshaftgefangene dieses Kreises 2.208 Klagen ein. Als begründet wurden lediglich 17 anerkannt. Über ein Viertel dieser Klagen schrieben nur 6 Inhaftierte.[631] Oft schreiben die Inhaftierten ein und dieselbe Beschwerde an unterschiedliche Organe und jedes einzelne dieser Organe muss sie dann prüfen. Oft beinhalten diese Beschwerden und Anträge auch Schimpfwörter, die die Strafvollzugsbediensteten und die Richter beleidigen. Ein weiteres Problem stellen die Kosten dieser Klagen dar. Gemäß den Vorschriften des Strafgesetzbuches erhält der Gefangene, falls er nicht über ausreichend eigene finanzielle Mittel für die Korrespondenz mit dem Gericht und anderen staatlichen Organen verfügt, Geld von der Strafanstalt. In einer der Klagen beschwerte sich ein Verurteilter beim Justizminister darüber, dass er sich das Geld für Briefmarken jedes Mal von der Strafanstaltsverwaltung „erstreiten" muss. Als man die Angaben der Strafanstalt prüfte, musste man feststellen, dass derselbe Gefangene innerhalb von knappen drei Monaten Briefmarken für über 140 Briefe an Gerichte, Anwälte und sämtliche staatliche Organe bekommen hat.[632]

Es ist offensichtlich, dass das Recht auf das Einreichen von Beschwerden, Anträgen und Petitionen jedem Gefangenen zustehen muss und gleichzeitig erscheint es in jeder Situation notwendig einige Anforderungen an diese Rechtsmittel zu stellen. Vielleicht sollte man beleidigende und offensichtlich unbegründete Klagen, ausschließen.[633]

9.3 Pönitentiare Aufsicht (Richterliche Aufsicht)

Eine sehr bedeutende Kontrolle des Strafvollzugs stellt in Polen die Institution der Pönitentiaren Aufsicht, die vom Strafvollzugsrichter ausgeübt wird und mit der die Rechtmäßigkeit des Vollzugs aller freiheitentziehenden Sanktionen überprüft werden kann.[634]

---

631 Http://www.ebos.pl/wiadomosci/1491_oddzialowy_ukradl_golebie_piorko_wiezniowie_ pisza_skargi.html.

632 Http://www.ebos.pl/wiadomosci/1491_oddzialowy_ukradl_golebie_piorko_wiezniowie_ pisza_skargi.html.

633 Dieses Problem betrifft natürlich nicht nur den polnischen Strafvollzug und ist auch in anderen Systemen, darunter auch im deutschen Vollzug bekannt, siehe *Laubenthal* 2011, S. 441.

634 Der Strafvollzugsrichter verbindet also bei der Erfüllung seiner Aufgaben die Elemente der Rechtsprechung mit Aufsichtspflichten. Diese spezielle Korrelation ist eine Besonderheit der polnischen pönitentiaren Aufsicht.

Ins polnische Recht wurden der französischen Aufsicht ähnelnde rechtliche Elemente im Zeitalter des Warschauer Fürstentums (18/19. Jh.) eingeführt. In jener Zeit oblagen die Funktionen des heutigen Gefängnisdirektors dem Richter, demzufolge unterlagen alle den Gefangenen betreffenden Angelegenheiten der Kontrolle der richterlichen Gewalt. Im ersten Jahrzehnt des 19. Jahrhunderts wurde die Aufsicht über die Handels- und Sicherheitsangelegenheiten an das Verwaltungsorgan übergeben, die Aufsicht über die Resozialisierungsprozesse der Gefangenen beließ man jedoch weiterhin bei den Gerichten. Ebenso sah man bei jedem Strafgericht den Aufbau eines spezialisierten Rats vor, der sich aus den Vertretern des Gerichtswesens, der Verwaltungsorgane sowie der Polizei zusammensetzen sollte. Dieses Gremium sollte sich mit allen Themen befassen, die das Funktionieren des Gefängniswesens betrafen und hatte eine beratende Funktion inne.

Als maßgebende Institution wurde die pönitentiare Aufsicht im Jahr 1918 durch ein Dekret des Staatsoberhauptes eingeführt. Im Jahr 1928 wurde sie auf Anordnung des Präsidenten und des damaligen Justizministers weiter entwickelt und konkretisiert.[635] In jener Zeit wurde die Aufsicht vollständig in die Hände der Vertreter des Justizministeriums, insbesondere der Staatsanwaltschaft gelegt. Sie beinhaltete hauptsächlich die Kontrolle über die Rechtmäßigkeit und den ordnungsgemäßen Vollzug der Freiheitsstrafe, ebenso Probleme wie die Sicherung der Gefängnisse vor Entweichungen, die Kontrolle über die Arbeit des Gefängnispersonals sowie den Erlass von Disziplinarstrafen gegenüber den Angestellten, war jedoch keine unabhängige richterliche Kontrolle.

Einen bedeutenden Fortschritt bei der Regelung dieser Institution stellte die Anordnung des Justizministers vom 3. Juni 1957 dar, die die Aufsicht über die Strafanstalten eines Bezirkes dem Bezirksgerichtsvorsitzenden übertragen hatte. In der praktischen Umsetzung gaben die Vorsitzenden diese Funktion an bestimmte Richter weiter. Auf diese Weise etablierte sich in Polen die Institution des Strafvollzugsrichters (*sędzia penitencjarny*).

Es wurden weitere Rechtsakte herausgegeben, die die Aufgabenverteilung der Richter und der Staatsanwaltschaft im Bereich der Aufsicht festlegten. So wurde verfügt, dass die Richter sich eher auf die Problematik der Klassifizierung der Gefangenen, die Resozialisierungsmaßnahmen und vor allem auf die Beschäftigung der Gefangenen konzentrierten. Der Staatsanwaltschaft überließ man die Aufsicht über die Rechtmäßigkeit der Urteilsvollstreckung, sowie über die Disziplin und Ordnung in der Strafanstalt.

Dieses Modell der pönitentiaren Aufsicht wurde durch das Strafvollstreckungsgesetzbuch von 1969 aufgenommen. Im Gesetzbuch wurden jedoch die

---

635 Vgl. *Sobota* 1997, S. 324. Das Strafvollstreckungsgesetzbuch von 1928 war formal bis 1956 verbindlich, aber die pönitentiare Aufsicht war in den Jahren von 1944-1956 in der Praxis illusorisch.

Befähigungen, Berechtigungen und Pflichten des Strafvollzugsgerichts und des Strafvollzugsrichters separat festgelegt.

Eine weitere und entscheidende Änderung der pönitentiaren Aufsicht war der Ausschluss des Staatsanwalts von der Strafvollzugsaufsicht. Man betraute allein den Strafvollzugsrichter unter einer geringen Beteiligung des Strafvollzugsgerichtes mit dem gesamten Aufgabenbereich. Weiterhin wurde der Gegenstandsbereich der Aufsicht breiter gefasst.[636] Der Strafvollzugsrichter beaufsichtigt alle Arten und Typen von Strafanstalten, in denen die Freiheitsstrafe vollgezogen wird, die Untersuchungshaft, die Räume der Polizei und des Grenzschutzes, wie auch die geschlossenen psychiatrischen Krankenhäuser und Entziehungsanstalten, also alle Orte, an denen sich festgenommene Personen befinden können.[637] Die richterliche Aufsicht greift in jeden Bereich ein, in dem das Staatsorgan Freiheitsentzug vollzieht.

Der Strafvollzugsrichter hat das Recht, jederzeit einzelne Einrichtungen zu betreten und unbeaufsichtigt mit den Insassen zu sprechen, ihre Beschwerden und Anträge zu erörtern, sowie die gesamte Dokumentation über die Anstaltstätigkeit einzusehen. Er ist berechtigt, die Entscheidungen der außergerichtlichen Vollstreckungsorgane zu korrigieren. Die Vorschriften des poln. StVollstrGB sind so breit formuliert, dass aus ihnen das Recht und die Pflicht des Richters hervorgehen, unrechtmäßige Entscheidungen des Strafanstalts- und Untersuchungshaftleiters, des General- und Bezirksdirektors, des Strafvollzugsdiensts und des Gefängnispersonals sowie des beruflichen Bewährungshelfers aufzuheben. Solche Entscheidungen des Strafvollzugsrichters können aber sowohl das Organ, welches die aufgehobene Entscheidung gefällt hat, wie auch der Verurteilte selbst vor dem Strafvollzugsgericht einklagen.[638]

Der Richter hat zudem die Berechtigung, unabhängig vom Anstaltsleiter eine Disziplinarstrafe zu verhängen bzw. eine solche im gegebenen Fall aufzuheben. Die Entscheidungen anderer außergerichtlicher Vollstreckungsorgane kann der Richter aufschieben und sie zur Verhandlung an das entsprechende Strafvollzugsgericht weiterleiten.

Nach Art 35 poln. StVollstrGB übermittelt der Strafvollzugsrichter seine Beobachtungen dem zuständigen Organ, falls er den Bedarf einer Entscheidung sieht, die nicht in seinen Kompetenzbereich fällt. Dieses Organ ist anschließend verpflichtet, den Richter im Zeitraum von 14 Tagen über die eingenommene

---

636 Vgl. *Śpiewak* 2000, S. 5.

637 Gemäß Art. 200 des poln StVollstrGB führt man die Sicherungsmaßnahmen, die in den Vorschriften des StGB vorgesehen sind, in den psychiatrischen Anstalten und den Entziehungsanstalten durch, die dem Minister für Gesundheit unterstellt sind.

638 Vgl. *Hołda/Postulski* 1998, S. 120. Obwohl der pönitentiaren Aufsicht weitreichende Rechte zukommen, bedeutet dies natürlich nicht, dass der pönitentiare Richter die behördliche Oberherrschaft über die zu kontrollierenden Anstalten hat. Er ist auch nicht dazu berechtigt, Empfehlungen von administrativem Charakter auszusprechen.

Stellungnahme zu benachrichtigen. Sollte der Richter diese Stellungnahme als unangebracht ansehen, kann er sich an die übergeordnete Instanz wenden, die ihn dann wiederum in einer Frist von 14 Tagen über die unternommenen Tätigkeiten informiert.

Der Strafvollzugsrichter verfügt auch bei Interventionen im Falle eines ernsthaften Rechtsverstoßes bei der Arbeit der Strafanstalt über weitreichende Möglichkeiten, vor allem bei Unrechtmäßigkeiten, die in die Rechte der inhaftierten Personen eingreifen. Im äußersten Notfall – falls die den übergeordneten Instanzen signalisierten gravierenden Verstöße nicht beseitigt worden sind – kann er sich an den entsprechenden Minister wenden, um eine teilweise oder gänzliche Einstellung der bestimmten Anstalt zu bewirken. Der Strafvollzugsrichter kann auch der Anstaltsverwaltung (beratende) Hilfe erteilen, vor allem im Bereich der Anwendung von Rechtsvorschriften. Zu den wichtigen Aufgaben des Strafvollzugsrichters in seiner beaufsichtigenden Funktion gehören auch Inspektionen, d. h. er hat sowohl das Recht, wie auch die Pflicht, Inspektionen durchzuführen. Die periodische Inspektion soll er nicht seltener als alle vier Jahre[639] durchführen. Beim Vorliegen eines begründeten Verdachts eines Verstoßes gegen Vorschriften beauftragt der Präsident des Bezirks- oder Berufungsgerichts den Richter mit der Durchführung einer (Extra)-Inspektion.

Innerhalb von 14 Tagen nach den Inspektionen erarbeitet der Richter einen Bericht, in dem er eine detaillierte Beurteilung der gesamten Anstalt liefern soll. Er kann in diesem Bericht Empfehlungen erteilen, wie auch Verfügungen erlassen, die zu von ihm benannten Terminen realisiert werden sollen.

Die gegenwärtige Normierung der Strafvollzugsaufsicht beseitigt die Mängel der vorhergehenden Kodifizierung auch im Bereich der Vollstreckung der freiheitsentziehenden Maßnahmen. Im poln. StVollstrGB von 1969 war die Aufsicht in diesem Bereich beschränkt auf die Kontrolle der Zustände der Unterbringung, der ergriffenen Mittel zur Verhinderung der Flucht von Insassen und der Rechtmäßigkeit von Unterbringung und Aufenthalt in den Sicherungseinrichtungen. Erst in den untergesetzlichen Vorschriften wurden die Grundsätze zur Behandlung der in solchen Einrichtung untergebrachten Personen erfasst. Die Ausweitung der Vorschriften zur Aufsicht über die Ausführung sämtlicher Zwangsmaßnahmen infolge des Freiheitsentzugs verdient mit Sicherheit Zustimmung. Gleichzeitig erzeugt sie jedoch auch viele Zweifel durch die fehlende Angleichung an andere Gesetze wie die des StPGB und des Zivilprozessgesetzbuch[640]. Als problematisch sehen einige Autoren auch eine fehlende, eindeutige

---

639   Vor dem Inkrafttreten des Gesetzes von 2011, welches das Gesetzbuch änderte, war der Strafvollzugsrichter dazu verpflichtet mindestens einmal im Jahr Inspektion in jeder Anstalt des Bezirkes durchzuführen.

640   Das polnische Strafprozessgesetzbuch bedient sich auch des Begriffs der Zwangsmaßnahmen. Es ist nicht klar, ob alle der im poln. StVollstrGB enthaltenen Vorschriften der pönitentiaren Aufsicht unterliegen. Es liegen Zweifel vor, inwieweit unter diese Vor-

Abgrenzung der richterlichen Strafvollzugsaufsicht zum Verfahren der gerichtlichen Kontrolle an.[641]

Aus den Angaben des polnischen Ombudsmanns geht hervor, dass 80-90% der ihn jährlich erreichenden Fälle sich mit Fragen aus dem Bereich der Strafvollzugsaufsicht befassen, demnach also mit solchen, für die die Strafvollzugsrichter weitaus breiter gefasste Berechtigungen haben als der Ombudsmann, vor allem, was die Entscheidungsfindung angeht, die die Strafanstaltsverwaltung binden.[642] In Anbetracht einer solchen Sachlage führte man im Rahmen der Arbeit des Ombudsmannes Untersuchungen durch, die zum Ziel hatten, Antwort darauf zu geben, weshalb die Gefangenen im geringen Ausmaß von der Möglichkeit Gebrauch machen, Beschwerden beim Strafvollzugsrichter einzureichen. Unter den Antworten, die die Gefangenen erteilten, waren die Ursachen zu 49,5% Zweifel an der Wirksamkeit und die Möglichkeit einer positiven Regelung des Falles. Bei 41,6% war es das Nicht-Wissen um die Möglichkeit, den gegebenen Fall beim Richter vorzubringen, bei 2% die Angst vor negativen Konsequenzen.

Als Gründe für die Zweifel an der Möglichkeit einer positiven Entscheidung des gegebenen Falles durch den Strafvollzugsrichter werden folgende angegeben:

- negative Erfahrungen der Befragten,
- die Überzeugung, dass der Richter immer der Anstaltsverwaltung Recht gibt,
- das fehlende Vertrauen zum Richter, der zwar ein unabhängiges Organ darstellt, gleichzeitig aber Teil des Justizapparates ist, in den Augen der Gefangenen also Teil jenen Mechanismus ist, der die Verantwortung für ihre gegenwärtige Lage trägt,
- der Wille, sich an das zentrale Organ (Ombudsmann) zu wenden, das als solches größere Möglichkeiten hat, den Fall im Sinne des Klägers zu erledigen.[643]

Im Jahr 2011 wandte sich der Ombudsmann erneut an den Justizminister mit der Bitte um Informationen u. a. über die Zahl der Beschwerden, die durch die Strafvollzugsrichter geprüft worden sind und weswegen sie eingereicht wurden, als auch darüber, wie viele Inspektionen die Strafvollzugsrichter im Jahr 2010 durchgeführt haben. In dem Schreiben weist der Ombudsmann darauf hin, dass

---

schriften eine zwangsläufige Vorführung des Zeugen aus dem Zivilprozessgesetzbuch fällt.

641 Vgl. *Tomporek* 1999, S. 46.

642 Vgl. *Sobota* 1997, S. 339.

643 Vgl. *Sobota* 1998, S. 244.

schon seit vielen Jahren Interessierte über die Tätigkeit der Strafvollzugsrichter nicht mehr informiert werden. Es fehlen jegliche Bewertungen und Informationen über die Art der Annahme und der Erledigung der Klagen und Anträge, die an das Justizressort gerichtet sind.[644]

Die Informationen, derer sich der Beauftragte bedient, basieren nicht auf den Angaben des Justizministeriums, sondern auf selbst zusammengetragenem Material während der Strafanstaltsbesuche. Aus der Analyse dieses Materials geht hervor, dass die Strafvollzugsrichter häufig die Unrechtmäßigkeit im Funktionieren der Aufsichtseinheiten übersehen, die anschließend von den Mitarbeitern des Ombudsmannbüros festgestellt werden, während sie die Anstalten inspizieren.[645]

Einfluss auf diese Sachlage hat weniger der Mangel an Professionalität, oder die fehlende berufliche Vorbereitung oder Erfahrung der Richter, sondern in den meisten Fällen die Arbeitsüberlastung. Wie oben bereits erwähnt wurde, stellen die Aufgaben im Rahmen der pönitentiaren Aufsicht nur einen Teil der Tätigkeiten des Strafvollzugsrichters, vor allem neben den Entscheidungen, die er als Mitglied des Strafvollzugsgerichts zu treffen und vollzuziehen hat.

Es gibt keine Angaben über die Anzahl der gefällten Urteile der Strafvollzugsgerichte, man schätzt sie auf ca. 100.000 jährlich. Im Jahr 2010 führten die Strafvollzugsrichter 550 Besuche und Überprüfungen verschiedener Orte der Inhaftierung durch. Dazu kommen sämtliche Beschlüsse, Begründungen von Ablehnungen der Anträge etc. Anfang 2011 arbeiteten 146 Strafvollzugsrichter in 34 in Polen existierenden Strafvollzugsgerichten (Abteilungen der Bezirksgerichte).[646] Die Aufgaben, welche die Strafvollzugsrichter bewältigen müssen, sind enorm groß, der Verwaltungsaufwand zu umfangreich. Seit 2012 kam auf alle Strafvollzugsrichter eine neue Aufgabe zu – sie entscheiden auch über die Aufnahme der Verurteilten in das System der elektronischen Überwachung,[647] gleichzeitig wurden aber die Gerichte nicht durch Schaffung neuer Stellen ge-

---

644 Schreiben des Ombudsmannes an den Justizminister vom 15. Juli 2011, RPO-599333-II-710/08/JM.

645 Vgl. Schreiben des Ombudsmannes an den Justizminister vom 15. Juli 2011, RPO-599333-II-710/08/JM. Ähnlich u. a. *Rzepliński* während der Konferenz „Strafvollzugsjustiz", Warszawa 2012. http://www.ebos.pl/wiadomosci/1496_sady_penitencjarne_uginaja_sie_od_spraw.html. angesehen am 23.06.2012.

646 Siehe die Äußerungen von *Lelental* während der Konferenz „Strafvollzugsgerichtsbarkeit", Warszawa 2012. http://www.ebos.pl/wiadomosci/1496_sady_penitencjarne_uginaja_sie_od_spraw.html. eingesehen am 23.06.2012.

647 Seit 2012 wurde das Gesetz über die elektronische Überwachung in allen Bezirken wirksam eingeführt, siehe *Kapitel 11*.

stärkt.[648] Eine solche Sachlage muss sich in der Qualität und dem Erfolg der von den Strafvollzugsrichtern ausgeführten Aufgaben widerspiegeln.

Zbigniew Hołda hat dazu seine Idee vorgeschlagen, die pönitentiare Aufsicht in den Amtsgerichten unterzubringen, die sich räumlich näher an den zu beaufsichtigenden Anstalten befinden. Er ging sogar weiter und erwog den Verzicht auf den Strafvollzugsrichter und sein Ersetzen durch ein Inspektorat zur Vollstreckung der Freiheitsstrafe und anderer Mittel der Isolation nach dem Vorbild des Gefängnishauptinspektors von Großbritannien.[649]

Im Jahr 2010 hat der Justizminister eine neue Verordnung zur Verfahrensweise der pönitentiaren Aufsicht erlassen. Ziel der Novellierung war vor allem die Entlastung der Strafvollzugsrichter durch die Beschränkung ihrer Aufsichtstätigkeiten, unter anderem der Häufigkeit ihrer Inspektionen. Kraft der geltenden Vorschriften führt der Strafvollzugsrichter die Inspektionen nur noch einmal alle vier Jahre anstatt einmal pro Jahr durch, oder falls ein begründeter Verdacht von Verstößen und Rechtsverletzungen auftritt auch auf die Empfehlung des Vorsitzenden des Kreisgerichts oder des Berufungsgerichts.[650]

9.4 Der Ombudsmann

Des größten Vertrauens der Inhaftierten in Polen erfreut sich seit Jahren das Amt des Ombudsmanns.[651] Darauf haben verschiedenartige Faktoren Einfluss. Schon die Tatsache, dass die Stellung des Beauftragten Personen einnehmen, die eine große Autorität und einen makellosen Ruf innehaben, hat zur Folge, dass die Gesellschaft dem Ombudsmann von Anfang an großes Vertrauen entgegen bringt. Weiterhin hat der Bürgerbeauftragte – im Gegensatz zum Strafvollzugs-

---

648 Siehe Äußerungen von Richter *Piotr Hajduk* während der Konferenz „Strafvollzugsgerichtsbarkeit", Warszawa 2012. http://www.ebos.pl/wiadomosci/1496_sady_ penitencjarne_ uginaja_sie_od_spraw.html, eingesehen am 23.06.2012.

649 Siehe dazu *Hołda/Hołda* 2004, S. 145.

650 Als Arbeitsentlastung für den einzelnen Richter kann dies sinnvoll erscheinen, stellt jedoch in der Kontrolle des Strafvollzugs einen Rückschritt dar.

651 Wie aus den folgenden Informationen zu entnehmen ist, ist solch eine Institution im deutschen Rechtssystem nur in Nordrhein-Westfalen zu finden. Dort existiert seit 2010 der Strafvollzugsbeauftragte des Landes, der neben individuellen Beschwerden, vor allem mit der regelmäßigen Inspektion der Anstalten befasst ist und dazu Jahresberichte vorlegt, vgl. Strafvollzugsbeauftragter des Landes Nordrhein-Westfalen 2012. Die Berechtigungen und die Position des Wehrbeauftragten des Deutschen Bundestages oder der Ombudsmänner in den Ländern Mecklenburg-Vorpommern, Rheinland-Pfalz und Thüringen sind dagegen viel eingeschränkter und nicht mit dem polnischen Bürgerbeauftragten zu vergleichen, der eher auf dem schwedischen Modell des Ombudsmanns basiert. Auch die deutschen Datenschutzbeauftragten sind nur für einen begrenzten Problembereich zuständig.

richter – den Ruf, unabhängig und objektiv zu sein. Wesentlich ist hierbei auch, dass ein Antrag an den Ombudsmann nicht mit formellen Anforderungen verbunden und gebührenfrei ist. Eine große Rolle spielt mit Sicherheit auch der Rang des Ombudsmanns als eines der zentralen Staatsorgane.

Das Amt des Bürgerbeauftragten wurde durch das Gesetz vom 15. Juli 1987 eingeführt. Der Bürgerbeauftragte wacht über die Freiheit und die Rechte des Menschen und Bürgers, die in der Verfassung und anderen normativen Akten der Republik Polen festgelegt sind. Es ist aber festzuhalten, dass es sich hierbei nicht ausschließlich um die Rechte und Freiheiten handelt, die in der polnischen Gesetzgebung vorgesehen sind, sondern auch um diejenigen, die in den von Polen ratifizierten internationalen Abkommen enthalten sind. Der durch den Beauftragten gewährte Schutz umfasst nicht nur polnische Bürger, sondern auch alle Personen mit ständigem Aufenthalt in Polen ohne polnische Staatsangehörigkeit.[652]

Ernannt wird der Bürgerbeauftragte durch den Sejm[653] mit Zustimmung des Senats.[654] In seiner Tätigkeit ist der Ombudsmann selbständig und unabhängig von den anderen Staatsorganen. Er muss sich einzig vor dem Sejm verantworten. Die Amtsdauer beträgt fünf Jahre. Ein und dieselbe Person kann nicht länger als zwei Amtszeiten fungieren.

Der Ombudsmann wird auf Antrag der Bürger oder ihrer Organisationen, auf Antrag der Selbstverwaltungsorgane, auf Antrag des Kinderrechtsbeauftragten wie auch aus Eigeninitiative tätig. Die Reaktionen des Ombudsmannes können unterschiedlicher Art sein. Er kann sich damit begnügen, dem Antragsteller die ihm zustehenden rechtlichen Verfahrensmöglichkeiten aufzuzeigen, den Fall an die zuständigen Behörden oder Organe weiterleiten oder aber auch den Antrag ablehnen und den Fall nicht weiterverfolgen.[655] Sich eines Falles annehmend kann der Bürgerbeauftragte das Aufklärungsverfahren selbständig führen oder sich mit der Untersuchung des Falles an das entsprechende zuständige Organ wenden. Bei einem selbständig geführten Verfahren hat der Beauftragte das Recht, jeden Fall vor Ort zu untersuchen, Akten einzusehen, Informationen zu dem Fall beim Gericht oder bei der Polizei sowie der Staatsanwaltschaft einzufordern und die Erstellung von Gutachten und Beurteilungen anzuordnen. Er hat ferner das Recht, die antragstellende Person geheim zu halten. Nach der Untersuchung des Falles verfügt der Bürgerbeauftragte weiterhin über ein breit gefächertes Angebot an Reaktionsmitteln:

- er hat in Zivil-, Straf- und Verwaltungssachen das Recht, die Einleitung des gerichtlichen Verfahrens anzufordern,

---

652 Vgl. *Fuks* 1996, S. 63.

653 Erste Kammer des polnischen Parlaments.

654 Zweite Kammer des polnischen Parlaments.

655 Art. 11 des Gesetzes über Bürgerbeauftragte.

- er hat das Recht, die Antragstellung an das Organ weiterzuleiten, das die Rechte des Antragstellers verletzt hat,
- er hat das Recht, eine Kassation, d. h. ein förmliches Rechtsmittel, zu beantragen.

In seiner Tätigkeit beschränkt sich der Beauftragte nicht nur auf die Übernahme von individuellen Fällen, sondern spricht sich in Zusammenhang mit der Untersuchung für die Aufnahme einer gesetzlichen Initiative aus, sei es für den Erlass neuer Rechtsakte oder ihre Änderung.

Falls die Verletzung der Bürgerrechte in Anlehnung an rechtliche Vorschriften eingetreten ist, die Zweifel hinsichtlich ihrer Übereinstimmung mit dem Grundgesetz oder anderen Gesetzen aufkommen lassen, kann der Bürgerbeauftragte einen entsprechenden Antrag an den Verfassungsgerichtshof stellen.

Die Befugnisse des Bürgerbeauftragten sind also sehr weit entwickelt und geben ihm die Möglichkeit des Eingriffs in jede Handlungssphäre der Staatsbehörden bzw. Selbstverwaltungsorgane.

Als Beratungsinstanz für den Bürgerbeauftragten fungiert der sog. Gesellschaftliche Rat. Zu seinen Mitgliedern gehören Vertreter der wichtigsten Nichtregierungsorganisationen. Sie unterstützen den Ombudsmann beratend, repräsentieren ihn bei verschiedenen offiziellen Treffen und Veranstaltungen und pflegen Kontakte mit den Staatsorganen und vor allem mit den verschiedenen Nichtregierungsorganisationen.

Das Büro des Ombudsmanns ist in 9 thematische Gruppen/Abteilungen aufgeteilt.[656] Im Jahr 1989 wurde eine Abteilung eingeführt, die sich ausschließlich mit Fällen aus dem Bereich Gefängnis und Strafvollzugsrecht beschäftigt.

Im Jahr 2010 erreichten den Ombudsmann 7.233 Anträge in Fällen, die mit dem Vollzug der Freiheitsstrafe und der Untersuchungshaft zu tun hatten. Die Mehrheit dieser Anträge waren Beschwerden von verurteilten Personen und ihren Familien und betrafen hauptsächlich eine unverhältnismäßige Behandlung durch die Beamten (21%), die Unterbringungsbedingungen (18%), die Gesundheitsversorgung (16%) sowie den Schriftwechsel und die Besuche (11%). Diese oben beschriebene Tendenz hielt auch im Jahr 2011 an.[657]

Aufgrund des fakultativen Protokolls der UN-Konvention[658] bezüglich des Folterverbots und des Verbots erniedrigender und unmenschlicher oder grausamer Behandlung oder Bestrafung wurde in Polen der nationale Präventionsmechanis-

---

656 Neben dem Generalbüro des Direktors und dreier lokaler Bevollmächtigter in Wrocław, Gdańsk und Katowice.

657 Schreiben des Ombudsmanns an den Justizminister vom 15. Juli 2011, RPO-599333-II-710/08/JM.

658 Übereinkommen gegen Folter und andere grausame, unmenschliche oder erniedrigende Behandlung oder Strafe vom 10. Dezember 1984.

mus in Form des Ombudsmanns geschaffen.[659] Informationen zu den Tätigkeiten des Ombudsmanns sind jährlich in einem separaten Bericht einzusehen.[660]

Die Inspektionen[661] die das Hauptinstrument der Tätigkeit des Präventionsmechanismus darstellen, werden durch eine Gruppe von 8 Mitarbeitern des Ombudsmannbüros durchgeführt. Allerdings ist diese Zahl nicht ausreichend für die vollständige Realisierung der Aufgaben, deshalb nehmen auch Mitarbeiter anderer Gruppen und Mitarbeiter der lokalen Büros aus Danzig, Breslau und Katowice, je nach Bedarf an den Inspektionen teil. In der Realisierung der Aufgaben werden sie auch von nichtstaatlichen Organisationen unterstützt, die sich für die Einführung des Fakultativprotokolls als „Verständigung für den Aufbau von OPCAT" zusammengeschlossen haben. Aktuell gehören dazu: Amnesty International Polska, die Internationale Juristenkommission (International Commission of Jurists, ICJ), Sektion Polen, die Gesellschaft zur juristischen Intervention (Stowarzyszenie Interwencji Prawnej), die Helsinki-Stiftung Polen, die Stiftung *Sławek* und das Institut für Kriminologie und Kriminalpolitik der Universität Warschau.

Die Aufgaben des nationalen Präventionsmechanismus liegen auch darauf, Gesetze und ihre Entwürfe, die sich auf Personen beziehen, denen die Freiheit entzogen wurde, zu „überwachen". Deshalb werden bei dem Büro des Beauftragten sämtliche Gesetzesentwürfe mit der Bitte um Stellungnahme eingereicht.

In den Jahren 2008-2010 hat der nationale Ombudsmann 252 Präventivinspektionen an 247 Orten durchgeführt. Der Umfang und die Vielfältigkeit der zu besuchenden Einrichtungen zeigt die nachfolgende *Tabelle 9.1.*

---

659 Mit der Ratifizierung des Fakultativprotokolls zum Übereinkommen gegen Folter und andere grausame, unmenschliche oder erniedrigende Behandlung oder Strafe vom 18. Dezember 2002, die am 8. Juli 2005 erfolgte, hat sich Polen verpflichtet einen unabhängigen nationalen Präventionsmechanismus zur Verhütung von Folter zu schaffen (Art. 17).

660 Die oben vorgestellten Angaben sind dem dritten Bericht über die Tätigkeit des Ombudsmanns entnommen, der im Jahr 2010 herausgegeben wurde.

661 Um die Vorschriften des Strafvollstreckungsgesetzbuches an die oben erwähnte Konvention anzupassen, wurde eine Gesetzesnovellierung verabschiedet, die ab dem 1. Januar 2012 gilt. Die neuen Vorschriften geben dem Ombudsmann oder einer von ihm ermächtigten Person „das Recht des uneingeschränkten Zutritts zu jeder Zeit zu Strafanstalten, Untersuchungshaftanstalten und anderen Orten, in denen Personen untergebracht sind, denen die Freiheit entzogen wurde, sowie das Recht sich auf diesem Gebiet frei zu bewegen, Dokumente einzusehen, Aufklärung von den Verwaltungen dieser Einheiten einzufordern, sowie in Abwesenheit anderer Personen Gespräche mit den Gefangenen zu führen und ihre Anträge, Klagen und Bitten zu prüfen."

Tabelle 9.1:   **Inspektionen des Nationalen Präventionsmechanismus**

Zu besuchenden Einrichtungen (Stand 2010)		Einrichtungen in denen eine Inspektion durchgeführt wurde (In Klammern: wiederholte Inspektionen)		
	Gesamt	2008	2009	2010
Strafanstalten	87	13	16	5
Untersuchungshaftanstalten	70	16	10	9 (1)
Jugendheime*	8	3	3	0
Besserungsanstalten	17	2	2	2 (1)
Besserungsanstalten und Jugendheime als gemeinsam geführte Einrichtung	10	2	2	4
Erziehungszentren	74	3	7	12 (1)
Soziotherapeutische Zentren für Jugendliche	61	1	4 (1)	1
Verwahrungsräume bei den Polizeibehörden	339	11	21	15
Verwahrungsräume bei den Polizeibehörden für Kinder und Jugendliche	27	4	5	4
Ausnüchterungsräume bei den Polizeibehörden	43	2	11	14 (1)
Heime der Sozialbehörden**	793	0	1	6
Psychiatrische Krankenhäuser***	218	8	9	5
Abschiebungshafteinrichtungen****	8	4	2	2
Verwahrungsräumen für Ausländer	6	3	2	1
Asylbewerberheime	15	0	4	0
Verwahrungsräume beim Grenzschutz	50	1	0	0
Insgesamt	1.826	73	99 (1)	80 (4)

*	Jugendheime sind Untersuchungshaftanstalten für Jugendliche, die aber nicht nur zur Unterbringung und Sicherung des Verfahrens dienen, sondern auch resozialisierende Aufgaben erfüllen sollen.
**	Im Jahr 2010 gab es in Polen 793 Heime der Sozialbehörden, die vom Budget des Wojewoden finanziert wurden und ca. 24, die durch private Personen im Rahmen wirtschaftlicher Tätigkeit geführt wurden.
***	Nach Informationen des Ministeriums für das Gesundheitswesen existierten 2011 in Polen 218 psychiatrische Krankenhäuser, davon 138 als separate Anstalten und 80 als psychiatrische Abteilungen von Krankenhäusern.
****	Hierbei handelt es sich um abgetrennte Räume bei der Polizei und beim Grenzschutz, in denen sich nur Personen, gegen die ein Abschiebungsbefehl vorliegt, befinden.
Quelle:	3. Bericht über die Tätigkeit des nationalen Präventionsmechanismus. Ombudsmann-büro 2010.

Wie in *Kapitel 3* schon beschrieben, kann der polnische Bürger – anders als der deutsche – in einer Verfassungsklage nur einen normativen Akt anfechten, d. h. eine Rechtsvorschrift. Man kann in diesem Verfahren die individuelle Entscheidung nicht angreifen. Das Fehlen einer solchen Regelung des polnischen Systems kann der Bürgerbeauftragte in bestimmten Bereichen ausgleichen. Er hat zwar keine Berechtigung verbindliche Entscheidungen zu treffen, doch durch seine Befugnisse zur Eröffnung gesetzgebender Initiativen, sein Recht auf die Kontrolle der Tätigkeit der Staatsbehörden sowie seine Befugnis zur Einleitung des gerichtlichen Verfahrens, beteiligt er sich wesentlich daran, die Rechte der Bürger, u. a. auch der Gefangenen zu schützen.

Die Tätigkeit des Ombudsmanns in Polen hat eine hohe gesellschaftliche Anerkennung erlangt. Es ist eine besondere Art der Kontrolle aller Orte, an denen freiheitsentziehende Maßnahmen vollgezogen werden. Einerseits ist der Ombudsmann ein staatliches Organ, gleichzeitig ist er aber unabhängig und nur dem Parlament Rechenschaft schuldig. Der alljährliche Bericht des Beauftragten, der Inhalt der Reden und der schriftlichen Anfragen und Interventionen bei verschiedenen Organen wie auch das im Bulletin publizierte Material, stellen eine der umfassendsten Informationsquellen über die praktische und statistische Problematik des Freiheitsentzugs in Polen dar.

10. Beteiligung der Gesellschaft am Vollzug der Freiheitsstrafe und der Nachentlassungshilfe

Weil die Gesellschaft den Staat mit der Betreibung der Gefängnisse und der Vollstreckung von Freiheitsstrafen beauftragt, trägt sie einen Teil der Verantwortung dafür, wie diese Aufgaben ausgeführt werden. Die Gesellschaft hat sowohl das Recht, wie auch die Pflicht, den Verlauf der Strafe, insbesondere der Freiheitsstrafe zu beaufsichtigen und die Entlassenen bei der Rückkehr in die Gesellschaft zu unterstützen.[662]

Die sozial-gesellschaftliche Hilfe für Gefangene hat eine lange und reiche Tradition. Mit den Postulaten der Reform des Strafrechts in 18. und 19. Jahrhundert hat sich die Idee der Humanisierung der Strafanstalten entwickelt, was auch zu Folge hatte, dass die Gesellschaft sich in breiterem Umfang für die Lage der Inhaftierten interessierte. Es entstanden die ersten Organisationen, deren Ziel Hilfeleistungen für Gefangene war, wie z. B. die „Philadelphia Society for Assisting Distressed Prisoners" im Jahr 1776 und die „Society for the Reformation of Prison Diszipline" aus dem Jahr 1816. Mit der Zeit haben Vertreter solcher Vereine die Erlaubnis bekommen, Anstalten zu besichtigen und zu inspizieren.

Die Beteiligung der Gesellschaft an der Vollstreckung der Freiheitsstrafe ist im polnischen Rechtssystem gesetzlich in Kapitel 7 des StVollstrGB geregelt. Diese Beteiligung umfasst die Mitwirkung an resozialisierenden Maßnahmen, die Kontrolle über den Verlauf der Freiheitsstrafe, oder auch die Hilfe bei der Wiedereingliederung der Verurteilten in die Gesellschaft nach ihrer Entlassung aus dem Gefängnis.

Gemäß Art. 38 können sich bei der Vollstreckung von Strafen, Straf-, Sicherungs- und Vorbeugungsmaßnahmen insbesondere derjenigen, die mit dem Freiheitsentzug verknüpft sind Vereine, Stiftungen, Organisationen sowie Institutionen beteiligen, deren Handlungszweck die Realisierung von kulturellen, religiösen und resozialisierenden Aufgaben in Strafanstalten und in der Untersuchungshaft ist.

Alle diese Institutionen können, nach einer vorhergehenden Einverständniserklärung des Direktors der Strafanstalt, ihre Tätigkeit auf dem Gelände der jeweiligen Anstalt ausführen.

Diese Tätigkeiten können vor allem beruhen auf:

- der Initiierung, Organisation und der Realisierung von Aufgaben, die die Kriminalitätsprävention sowie die Herausbildung der gesellschaftlich erwünschten Einstellung der Verurteilten zum Ziel haben,

---

662 In der deutschen Diskussion wurde diese Auffassung durch die Rechtsprechung des BVerfG zum Resozialisierungsgrundsatz gestützt, das wiederholt die sozialstaatliche Verpflichtung der Gesellschaft für die Wiedereingliederung der Gefangenen bzw. Entlassenen hervorhob, vgl. BVerfG 35, 40.

- der Realisierung der Aufgaben, die aus Resozialisierungsprogrammen hervorgehen, durch die Durchführung von gesellschaftlichen, kulturellen, bildenden, sportlichen und religiösen Tätigkeiten zum Nutzen der Verurteilten,
- medizinischen und rechtlichen Hilfen für die Verurteilten und ihre Familien oder
- dem Aufrechterhalten von sozialen Kontakten zu den Verurteilten.

Das Engagement der nicht-staatlichen Institutionen ist sowohl bei der Überwachung von Einrichtungen, in denen freiheitsentziehende Maßnahmen bzw. Sanktionen vollstreckt werden als auch bei der Nachentlassungshilfe sehr stark vertreten. Derzeit sind in Polen einige Organisationen tätig, die sich speziell bei der Hilfe für Gefangene und ehemalige Gefangene beteiligen. Einige sind eher auf konkrete, karitative Hilfe ausgerichtet, sei es in Form finanzieller Zuschüsse, der Hilfe bei der Beschaffung von Arbeitsplätzen, Bildung oder psychologisch-religiöser Unterstützung. Es existieren aber auch Organisationen, die sich ausschließlich mit dem Überwachen der Einhaltung der Menschenrechte in Strafanstalten und anderen geschlossenen Einrichtungen beschäftigen.[663] Es werden auch Heime und Gemeinschaften betrieben, in denen Gefangene übernachten können bzw. in den ersten Wochen nach der Entlassung zusammen mit anderen leben und arbeiten können.

Zu den ältesten polnischen Organisationen in diesem Bereich gehört, der im Jahr 1908 gegründete und registrierte Verein – „Patronat der Fürsorge für die Gefangenen".[664] Seit dem Beginn seines Wirkens beschäftigte sich diese Organisation vor allem mit der Nachentlassungshilfe für politische Gefangene. Unter der kommunistischen Regierung wurde „Patronat" aufgelöst und erst im Jahr 1981 reaktiviert. Seit 1989 ist der Verein unter dem Namen „Pönitentiarer Verein Patronat" tätig. Die Organisation bietet ihre Hilfe vor allem Gefangenen und Entlassenen sowie ihren Familien, aber auch allen Menschen an, die durch Obdachlosigkeit bzw. gesellschaftliche Exklusion gefährdet sind.

Besondere Aufmerksamkeit unter den „jüngeren" Organisationen verdient die Stiftung „Sławek", die Hilfe für Gefangene, Entlassene und ihre Familien leistet. Die Stiftung wurde auf Initiative einer Familie gegründet und war das Ergebnis einer persönlichen Begegnung des Stifters mit inhaftierten Personen. Am Anfang wurde die Hilfe den Entlassenen „nur" durch einige wenige Arbeitsplätze in der familiären Autowerkstatt angeboten. Relativ schnell aber, um

---

663 Vgl. *Rzepliński* 1995, S. 20.

664 Im Polen des 18. Jh. haben sich wegen der damaligen politischen Lage nur illegal existierende Gruppen vor allem mit der Hilfe für die in die Verbannung nach Sibirien geschickten politischen Gefangenen beschäftigt.

den stetig wachsenden Bedürfnissen gerecht zu werden, gründete im April 1998 *Marek Łagodziński*, die Stiftung „Sławek".[665]

Heute hat die Stiftung ein umfassendes Programm an Maßnehmen entwickelt, um die Gefangenen bei ihrer Resozialisierung während der Haft und nach der Entlassung aus dem Gefängnis zu unterstützen. Neben der Hilfe bei der Arbeits- und Wohnungssuche liegt der Schwerpunkt der Hilfe auf dem Wiederaufbau der familiären und sozialen Beziehungen. Es wurden Zentren geschaffen, in denen sich ehemalige Gefangene und ihre Familien, Freunde, Bekannte treffen können. Ein großer Teil der Stiftungsarbeit besteht auch in der Hilfeleistung für Alkoholabhängige.

Unter anderem wurde das Programm „Schutzengel" gegründet. Der Gefangene erhält noch vor der Entlassung einen Volontär zur Seite, der sich mit ihm trifft und die Probleme bespricht, die den Gefangenen in der Freiheit erwarten. Der Volontär hilft ihm bei der Kommunikation mit verschiedenen Ämtern, Institutionen und auch bei der Wiederaufnahme der familiären Kontakte. Man kann sagen, es handelt sich um einen „persönlichen, privaten" Bewährungshelfer.

Eine interessante Form der gesellschaftlichen Wiedereingliederung ist auch ein Volontariat der Entlassenen in Afrika. Ehemalige Gefangene fahren für ein paar Monate nach Afrika, um dort den ärmsten Gemeinden beim Aufbau der Infrastruktur wie Brunnen, Schulen oder anderen Gemeinschaftsgebäuden, zu helfen. Die beruflichen Fertigkeiten seitens der Entlassenen, die manchmal in Westeuropa ungenügend sind, um eine gute Arbeit zu bekommen, sind dort sehr geschätzt. Dieser Aufenthalt ändert, wie die Teilnehmer behaupten, ihr Leben, ihre Einstellung zu Mitmenschen und zur Gesellschaft. Es gibt Pläne, diese Form der Reintegration zu vertiefen und in Kooperation mit Entwicklungshilfeorganisationen zu verbreiten.

Die Stiftung arbeitet auch daran, die Idee der Wiedereingliederung der Entlassenen in die Gesellschaft präsenter zu machen und auch die Zusammenarbeit verschiedener NGOs zu verstärken und besser zu koordinieren, um ein flächendeckendes, stabiles Entlassenenhilfesystem in Polen weiter zu entwickeln.

Im Jahr 2008 bekam der Gründer und Vorsitzende der Stiftung *Marek Łagodziński* den sog. „Ashoka Nobel Preis" für „die Umsetzung neuer Methoden der Entlassenenhilfe, die sowohl die praktischen Bedürfnisse als auch die psychologischen Aspekte der gesellschaftlichen Wiedereingliederung der ehemaligen Gefangenen erfassen".[666]

---

[665] Der Stiftungsname kommt von dem Namen der ersten Person, die Hilfe erhalten hat.

[666] *Ashoka* ist ein internationaler Zusammenschluss (Verein) von sog. „sozialen Investoren", der Menschen aus allen Kontinenten zusammenbringt, die neue, unkonventionelle, nachhaltige Lösungen für soziale Probleme realisieren. Jedes Jahr wählt die Organisation 100 Personen, die sich durch besonders interessante Projekte und Initiativen auf dem Gebiet ausgezeichnet haben.

Die gesellschaftliche Fürsorge in verschiedenen Formen für die Gefangenen und Entlassenen – neben dem o. g. – leisten in Polen seit Jahren neben den oben genannten Organisaionen vor allem Caritas, Czerwony Krzyż (Rotes Kreuz), Fundacja Pomocy Wzajemnej „Barka" (Stiftung für Gegenseitige Hilfe „Barka"), Katolickie Stowarzyszenie Pomocy Rodzinie im. św. Brata Alberta (Katholischer Verein der Familienhilfe des sel. Bruders Albert), Stowarzyszenie Pomocy Osobom Wychodzącym na Wolność „Emaus"(Der Verein der Entlassenenhilfe „Emaus") Stowarzyszenie „Probacja", (Der Verein „Bewährungshilfe") und Stowarzyszenie Resocjalizacji, Rehabilitacji i Pomocy Społecznej im. H. Ch. Kofoeda. (Der polnische H. Ch. Kofoed Verein).

Eine Organisation, die beim Schutz der Menschenrechte – insbesondere in den geschlossenen Anstalten Vorreiterstellung einnahm und auch weiterhin eine einnimmt, ist das Helsinki-Komitee. Es wurde in Polen im Zeitraum des Kriegszustandes (1982) ins Leben gerufen. Das Helsinki-Komitee war eine Untergrundorganisation, die von einem das ganze Land überspannenden Mitarbeiternetz getragen wurde.[667]

Im Jahre 1983 präsentierte es seinen ersten Bericht: „Polen in der Zeit des Kriegszustandes". Dieser Bericht entstand natürlich illegal und wurde illegal nach Westen gebracht, um den Teilnehmern der Konferenz über Sicherheit und Zusammenarbeit in Europa (KSZE) in Madrid präsentiert zu werden. In den folgenden Jahren wurden alljährlich ähnliche Berichte erstellt. Das Helsinki-Komitee erstattete auch spezielle Berichte, z. B. auf konkrete Bitte der Internationalen Organisation für Arbeit oder auch des Menschenrechtskomitees ONZ.[668]

Nach den teilweise freien Wahlen im Juni 1989 gelangte genau die Hälfte der Komiteemitglieder entweder ins Parlament oder in die erste nicht-kommunistische Regierung. Daraufhin beschloss man, die betreffenden Personen von ihrer Mitgliedschaft im Komitee zu suspendieren, da ein Mitglied des Parlaments oder der Regierung nicht in der Lage ist, gleichzeitig unabhängig die Einhaltung der Menschenrechte zu überwachen. Dieser Grundsatz ist bis heute verpflichtend. Gegen Ende des Jahres 1989 gründeten die Mitglieder des Helsinki-Komitees die Helsinki-Stiftung für Menschenrechte.

Gegenwärtig erfüllt das Helsinki-Komitee, welches sich monatlich versammelt, die Rolle des Programmrats der Helsinki-Stiftung für Menschenrechte und publiziert seine Meinungen zum Thema staatlicher Angelegenheiten, denen eine Schlüsselbedeutung für die Menschenrechte zukommt. Die Helsinki-Stiftung

---

667 Helsinki-Komitees entstanden nach der Unterzeichnung der Schlussakte der Konferenz über Sicherheit und Zusammenarbeit in Europa in Helsinki im Mai 1975. Das erste Komitee war die Moskauer Helsinki-Gruppe. Derzeit gibt es Komitees in 34 Ländern, vgl. Informationen auf der Internetseite der Helsinki-Stiftung http://www.hfhr.pl/-komitet.

668 Einige Publikationen, darunter auch in englischer Version, kann man auf der Seite der Helsinki-Stiftung finden: http://www.hfhr.pl/en/komitet/publikacje-komitetu-helsinskiego.

überwachte von Beginn ihrer Existenz an die Einhaltung der Rechte der Inhaftierten. Nach der Periode des Kommunismus und der Öffnung des polnischen Gefängniswesens führte das Helsinki-Institut Kooperationen mit den Untersuchungshaftanstalten und Strafanstalten durch.

Der Anwendungsbereich dieser Tätigkeiten vergrößerte sich sukzessiv. Gegenwärtig umfasst er außer den Vollzugseinrichtungen auch Institutionen wie die Besserungs- und Erziehungsanstalten, den Fürsorgebereitschaftsdienst und Waisenheime. Das Helsinki-Institut führt auch Beratungen durch und leistet juristischen Beistand.

Von gesellschaftlicher Kontrolle kann man auch im Rahmen der Tätigkeiten von Institutionen sprechen, deren bedeutender Teil der Arbeit wissenschaftlichen Charakter hat. Man sollte hier auch das „Justizinstitut" erwähnen, in dessen Rahmen regelmäßig Untersuchungen zur Kriminalität, zu den verschiedenen Rechtsinstituten und der Gefängnispopulation in Polen durchgeführt werden.[669]

Jede Form der Hilfe trägt einen Ansatz der gesellschaftlichen Aufsicht über die Gefängnisse in sich. Überall dort, wo ein Kontakt zwischen den Inhaftierten und den Mitgliedern der nicht-staatlichen Organisationen oder religiösen Gruppen entsteht, ist ein Informationsaustausch von Rechtsverletzungen möglich.

Bei der Erörterung der Frage nach der Beteiligung der Gesellschaft im Verfahren der Strafvollstreckung muss also auch der Tätigkeit des Seelsorgers entsprechende Beachtung gezollt werden. Die Seelsorger spielen in polnischen Gefängnissen eine bedeutende Rolle.

Weiterhin beteiligen sich verschiedene Organisationen durch die Bereitstellung eines rechtlichen Beistands bzw. juristischer Beratung. Sehr oft sind es die studentischen Kreise, die in verschiedenen Angelegenheiten rechtliche Hilfe anbieten. Sie handeln unter Aufsicht eines wissenschaftlichen Angestellten der Universität oder eines praktizierenden Juristen.

In den Erwägungen zum Thema Beteiligung der Gesellschaft beim Vollzug der Freiheitsstrafen sollte auch „der Rat für die soziale Wiedereingliederung und Beihilfe für den Gefangenen" erwähnt werden. Er wurde vom Ministerpräsidenten ins Leben gerufen, um die gemeinsamen Aufgaben im Bereich Kriminalprävention, Hilfe für Entlassene und Strafvollzugskontrolle seitens der staatlichen Organe und Nicht-Regierungsorganisationen zu koordinieren.

„Ohne die Beteiligung und Kontrolle der Medien, der Forscher, der Bürgerorganisationen und der lokalen Gemeinschaften verliert das Gefängnis seine Glaubwürdigkeit. Demnach dient die Kontrolle, obwohl sie vordergründig im Interesse der Öffentlichkeit ausgeübt wird, der Institution – sie gewährt ihr die gesellschaftliche Legitimation zum Handeln."[670]

---

669 Die Publikationen des Justizinstituts sind unter: http://www.iws.org.pl/indexEN.php?id-=7_publications zu finden.

670 *Lasocik* 2000, S. 55.

11. Die Vollstreckung der Freiheitsstrafe außerhalb der Strafanstalt im System der elektronischen Überwachung

Die Einführung der Freiheitstrafe in den Sanktionskatalogen bedeutete einen großen Fortschritt gegenüber breit verbreiteten Leibes- und Todesstrafen jedoch kein Allheilmittel. Die Suche nach Alternativen begleitet die Freiheitsstrafe von Anfang an. Während der ersten zwei Jahrhunderte bildete diese Alternative vor allem die Geldstrafe. In Bezug auf zumindest einen Teil der Strafe kam später die Strafaussetzung hinzu.

Die wachsende Überbelegung der Gefängnisse, die hohen Kosten der Vollzug der Freiheitsstrafe und die zeitgleichen Kürzungen der öffentlichen Mittel, lösten eine Intensivierung der Suche nach weiteren Alternativen zur Freiheitsstrafe aus. Die vermehrte Anwendung von Alternativsanktionen empfehlen auch die internationalen Akte und Konventionen.[671] Eine dieser Möglichkeiten scheint – obwohl auch umstritten – die elektronische Überwachung zu sein.

Die Idee der Nutzung des Monitoring zur Verhaltenskontrolle von Personen, die mit dem Recht in Konflikt geraten sind, kam in den sechziger Jahren des 20. Jahrhunderts in den Vereinigten Staaten von Amerika auf und wurde in den 1970er Jahren weiter entwickelt. Die Anfänge ihrer praktischen Nutzung fielen in die 1980er Jahre.[672] Den Spuren der USA folgten vor allem Kanada, Australien und Israel. In Europa wurde das Monitoring als erstes in Großbritannien eingeführt, dann folgten Schweden und die Niederlande. Ende der 1990er Jahre wurden Pilotprojekte schon in vielen europäischen Staaten u. a. in Spanien, Frankreich und Belgien durchgeführt.[673] In Deutschland wird die elektronische

---

671 Zu diesem Thema siehe ausführlich: *Dünkel/Spiess* 1983, *Morgenstern* 2002; *Morgenstern* 2007, S. 248 ff.; *Walkenhorst* 2007, S. 247, *Jakubowska-Hara/Skupiński* 2009; im internationalen Vergleich siehe *Bottoms/Rex/Robinson* 2004. In unmittelbarem Bezug auf Polen bestärkte das CPT in seinem Bericht vom letzten Besuch in Polen seine Forderung zur Begrenzung der Anwendung von unbedingten Freiheitsstrafen hin zu alternativen Sanktionen, die Elemente der gesellschaftlichen Integration beinhalten, vgl. Report to the Polish Government on the visit to Poland carried out by the European Committee for the Prevention of Torture and Inhuman or Degrading Treatment or Punishment (CPT) from 26 November to 8 December 2009. CPT/Inf (2011) 20, 83.

672 Vgl. *Ardley* 2005, S. 2-3; siehe auch *Sielicki* 2005, S. 4 ff. Der verhältnismäßig langen Tradition in den USA sind Untersuchungen über die Wirksamkeit des Monitoring im Hinblick auf die Rückfallreduzierung zu verdanken, vgl. hierzu den Endbericht des Projekts des *National Institute of Justice* „A Quantitative and Qualitative Assesment of Electronic Monitoring", *Bales u. a.* 2010; zum politischen Kontext in den USA mit kritischen Anmerkungen siehe *Lilly/Nellis* 2013, S. 22 ff.

673 Vgl. *Haverkamp/Mayer/Levy* 2004, S. 36. Ausführliche Informationen zum Thema des Electronic Monitoring und der europäischen Praxis findet man in den Berichten der Europäischen Konferenzen zum Monitoring (European Electronic Monitoring Conference). Im Jahr 2011 fand die 7. Konferenz in Évora, Portugal statt unter dem Titel:

Überwachung seit einigen Jahren in zwei Bundesländern praktiziert. Sie wurde aber auch als ein neues Instrument der Führungsaufsicht bundesweit ins StGB eingeführt.[674]

In Polen wurde die elektronische Überwachung 2007 in die Rechtsordnung eingeführt, ihre praktische Umsetzung erfolgte jedoch erst 2009.[675] Das Gesetz galt zu Anfang nicht auf dem Gebiet des ganzen Landes, sondern wurde in Etappen in bestimmten Bezirksgerichten eingeführt. Das erste Gericht, welches das Monitoring verordnen konnte, war das Warschauer Berufungsgericht, dem andere folgten und erst seit 2012 findet die elektronische Überwachung im ganzen Land Anwendung.

Im polnischen Verständnis stellt das System der elektronischen Überwachung eines der Systeme zur Vollstreckung der Freiheitsstrafe dar, das darauf basiert das Verhalten des Verurteilten, der sich außerhalb der Strafanstalt aufhält

---

Electronic Monitoring and Probation: Offender Rehabilitation and the Reduction of Prison Populations. Den Bericht von *Mike Nellis* und *Núria Torres Rosell* ist im Internet unter http://www.cep-probation.org/default.asp?page_id=157&map_id=85 zugänglich; zusammenfassend *Harders* 2013.

674 In Hessen wurde schon 2000 ein Modellversuch gestartet. Dort ist die elektronische Überwachung prinzipiell als zusätzliche Weisung während der Straf- oder Strafrestaussetzung konzipiert. In Baden-Württemberg war die elektronische Überwachung als Alternative zur unbedingten Freiheitsstrafe, aber auch als sog. Back-door-Variante im Rahmen der vorzeitigen Entlassung vorgesehen. Allerdings hat die neue Grün-Rote Landesregierung im Mai 2013 angekündigt, das Pilotprojekt nicht weiter fortzuführen, da es zu wenig geeignete Fälle gab und die Kosten im Vergleich zur „normalen" Bewährungsaufsicht zu hoch waren, vgl. hierzu *Wößner/Schwedler* 2014, S. 60 ff. Die Autoren geben einen Überblick über die Evaluierung des Modellprojektes und beleuchten auch die Gründe für das Nichtweiterführen des Projektes, siehe auch *Harders* 2014. Interessant ist, dass in beiden Bundesländern eine sinnvolle Beschäftigung der Person, die unter Überwachung gestellt werden soll, eine zusätzliche Voraussetzung darstellte. Der Begriff Beschäftigung erfasst auch die ehrenamtliche Tätigkeit oder Kinderbetreuung, vgl. *Hochmayr* 2012, S. 537 ff.; *Brauneisen* 2011, S 311 ff.; ausführlich auch *Mayer* 2004.

675 Das Gesetz zur Vollstreckung der Freiheitsstrafe außerhalb der Strafanstalt im System der elektronischen Überwachung wurde 2007 verabschiedet und trat 2009 in Kraft. Es wurde als ein Gesetz mit zeitlicher Begrenzung eingeführt, d. h. in den endgültigen Vorschriften wurde nicht nur der Zeitpunkt seines Inkrafttretens bestimmt, sondern auch bis wann es gilt. In der ersten Version bis 2013, nach der Novellierung bis Ende 2014. Die Novellierung des Gesetzes von 2013 hat diesen zeitlich begrenzten Charakter aufgehoben. Gegenwärtig wird an weiteren Änderungen gearbeitet, u. a. sieht die Strafrechtsreform vom 2015 vor, die Vorschriften zur elektronischen Überwachung in das Strafgesetzbuch einzuführen und das jetzige Sondergesetz abzuschaffen. Des Weiteren wird die elektronische Überwachung nicht nur als Form der Vollstreckung der Freiheitsstrafe sondern auch als eine Variante der Freiheitsbeschränkungsstrafe (neben z. B. der Arbeitsleistung für gemeinnützige Zwecke) eingeführt.

zu kontrollieren unter Zuhilfenahme einer Monitoring-Vorrichtung, sog. Fußfessel (Art. 2 des Gesetzes über EM).[676]

Seit Januar 2012 wurde das System der elektronischen Überwachung auf das Monitoring von Personen erweitert, denen der Zugang zu Massenveranstaltungen verboten wurde als auch auf Personen, denen die Pflicht auferlegt wurde, an ihrem ständigen Aufenthaltsort zu verbleiben. Hintergrund war u. a. das Bestreben im Kontext der Fußballeuropameisterschaft Hooligans von entsprechenden Veranstaltungen fern zu halten.

In das System des Monitoring werden auch Täter pädophiler Vergehen übernommen, die aus Strafanstalten in die Freiheit entlassen wurden. Zudem ist das System der elektronischen Überwachung daraufhin ausgelegt, die Einhaltung des Annäherungsverbots an Personen oder Orte zu kontrollieren.[677]

Die Verbüßung der Strafe im System der elektronischen Überwachung anstatt in einer geschlossenen Anstalt ist möglich bei Freiheitsstrafen bis zu einem Jahr, darunter auch Ersatzfreiheitsstrafen. Eine Ausnahme gilt für Wiederholungstäter.

Neben dieser Grundvoraussetzung müssen einige weitere Bedingungen erfüllt werden. Vor allem muss die Verbüßung der Strafe ohne Freiheitsentzug in diesem System für das Erreichen der Strafziele ausreichend sein. Ferner dürfen Sicherheitsgründe sowie ein hoher „Demoralisierungsgrad" des Verurteilten einer entsprechenden ambulanten Vollstreckung nicht entgegenstehen. Darüber hinaus muss der Verurteilte über einen festen Wohnsitz verfügen, die bestimmte technische Voraussetzung erfüllt, hierbei vor allem den Zugang zum Telefonnetz. Des Weiteren ist das Einverständnis aller volljährigen Personen, die mit dem Verurteilten zusammenwohnen eine wichtige Voraussetzung.

Die Vollstreckung der Strafe in diesem System ordnet das Strafvollzugsgericht gegenüber dem Verurteilten an, der sich bereits in einer Strafanstalt befindet oder gegenüber einer Person, die den Vollzug ihrer Freiheitsstrafe noch nicht angetreten hat. Das Gericht entscheidet auf Antrag des Verurteilten, seines Verteidigers, Anwalts, Bewährungshelfers oder des Strafanstaltsdirektors.[678] Wenn

---

676 Am Bein oder am Arm des Verurteilten wird ein Sender angebracht, der Signale an eine Monitoring-Vorrichtung sendet, die sich in der Wohnung oder einem anderen Ort der Strafverbüßung befindet. Diese Vorrichtung wiederum kommuniziert mit der Monitoring-Zentrale über das Mobilfunknetz. Die Mitarbeiter des Systems der elektronischen Überwachung haben das Recht, den Überwachten jederzeit während seiner Strafverbüßung aufzusuchen. Bei Bedarf kann das überwachende Organ die Hilfe von Polizeibeamten anfordern.

677 Bisher konnte der Richter ein solches Verbot durch Beschluss erlassen, jedoch nur als zusätzliches Element im Rahmen der Vollstreckung der Freiheitsstrafe.

678 Durch den Verurteilten eingereichte Anträge machen knapp 95% aller gestellten Anträge aus. Nur 3-5% werden vom Strafanstaltsleiter eingereicht, siehe Informationen des Büros der Elektronischen Überwachung, vgl. Justizministerium, www.dozorelektro-

der Antrag von einer anderen Person als dem Verurteilten gestellt worden ist, ist seine Zustimmung nicht erforderlich.

Im Beschluss zur Erteilung der Bewilligung der elektronischen Überwachung bestimmt das Strafvollzugsgericht die Art und Weise, wie diese Strafe vollgestreckt wird, u. a. in welchem Zeitraum sich der Verurteilte in der Reichweite des Senders aufhalten muss.[679] Das Gericht kann dem Verurteilten weitere Pflichten und Verbote auferlegen, z. B. das Verbot, sich einer bestimmten Person oder einem bestimmten Ort zu nähern, oder auch Pflichten, die in den Vorschriften zur Aussetzung der Strafvollstreckung oder den Vorschriften zur bedingten vorzeitigen Entlassung geregelt sind. Das Befolgen dieser Verbote kann auch per Monitoring-Verfahren überwacht werden, durch das Installieren spezieller Vorrichtungen auf den Objekten, denen sich der Verurteilte nicht nähern darf oder durch die Ausstattung der gegebenen Person mit einem speziellen Empfänger.[680]

Eine Abschrift des strafgerichtlichen Beschlusses wird unverzüglich dem Bewährungshelfer und der ermächtigten Einrichtung, die die Überwachung technisch durchführt, zugesendet. (Art 44). Der Verurteilte befindet sich die ganze Zeit unter Kontrolle eines Bewährungshelfers.[681] Personen, die dem Monitoring unterliegen, werden in der Statistik des Strafvollzugsdiensts nicht als Gefangene, sondern als eine extra Gruppe erfasst.

Das Gericht entscheidet auch über den Abbruch der elektronischen Überwachung, wenn der Verurteilte gegen die Rechtsordnung verstoßen hat, eine Straftat begangen hat oder die ihm auferlegten Pflichte nicht erfüllt (Art. 28).

Das polnische Monitoringsystem ist darauf ausgelegt gleichzeitig etwa 7.500 Personen überwachen zu können. Den Angaben des Justizministeriums zufolge hatten bis zum Ende des Jahres 2014 34.497 Personen ihre Strafe im Rahmen dieses Systems schon verbüßt und 4.690 Personen waren gerade dabei, sie zu verbüßen. Die Durchschnittsdauer der Strafvollstreckung betrug 3,8 Mo-

niczny.gov.pl.31.12.2012. Unter Strafrechtsdogmatikern und Praktikern wird überwiegend die Meinung vertreten, dass im Verfahren über die Zulassung der Vollstreckung der Freiheitsstrafe im System der elektronischen Überwachung das Anklageprinzip/Akkusationsprinzip gilt. Das Gericht darf nicht aus eigener Initiative das Verfahren einleiten und auch nicht weiterführen, wenn der Antrag von einer nicht befugten Person gestellt wurde, siehe *Pelewicz* 2014, S. 99 f.

679 Minimum 12 Stunden am Tag.

680 Diese Pflichten/Verbote können – wie erwähnt – auch gegenüber einer Person verhängt werden, die keine Freiheitsstrafe verbüßt/zu keiner Freiheitstrafe verurteilt wurde.

681 Die Aufgaben und Entscheidungsbereiche des Bewährungshelfers regelt einerseits das Gesetz über die elektronische Überwachung, zum anderen das Strafvollstreckungsgesetzbuch. Zu den Aufgaben gehören insbesondere die gesamte Kontrolle und die Organisation der Überwachung, das Einreichen verschiedener Anträge vor dem Strafvollzugsgericht, die Erteilung und der Widerruf einer Erlaubnis für den Gefangenen, den Ort aus besonderen Gründen verlassen zu dürfen etc., vgl. *Pelewicz* 2013, S. 92 ff.

nate. Insgesamt wurden seit Inkrafttreten des Gesetzes 39.187 Personen in dieses System aufgenommen. Zum 31.12.2014 war das System demgemäß „nur" zu 62% ausgelastet.

Abbildung 11.1: **Anzahl der Personen unter elektronischer Überwachung**

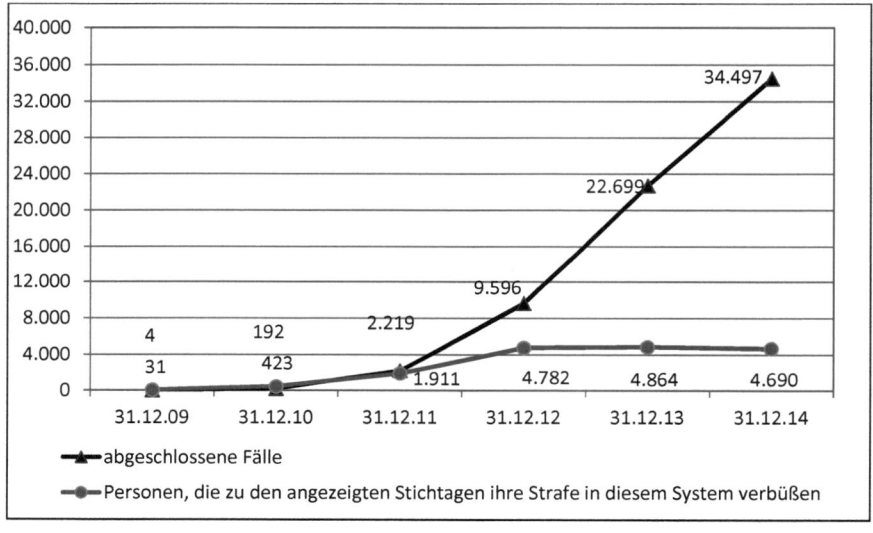

Quelle: Büro der Elektronischen Überwachung. Justizministerium.
           www. dozorelektroniczny.gov.pl. http://czsw.9.ires.pl/sde/wp-content/uploads/
           2014/11/liczba-skazanych-w-sde-od-wrzesnia-2009-r.-dane-na-koniec-kazdego-
           miesiaca4.pdf.

Schaut man sich die Vergehen an, für die die Verurteilten eine Freiheitsstrafe im System der elektronischen Überwachung verbüßten, stellen Vermögensdelikte mit 29,1% und Straftaten gegen die Sicherheit im Straßenverkehr mit 28,7% die größte Gruppe dar. Etwas weniger Verurteilte verbüßten ihre Strafe wegen Straftaten gegen die Familie und unter Obhut stehende Personen. In der Gruppe der Verurteilten, die der elektronischen Überwachung unterliegen, befanden sich lediglich ca. 4% Straftäter auf Grund der Delikte gegen Gesundheit und das Leben. Eine unbedeutende Anzahl von Verurteilten verbüßte ihre Strafe aufgrund von Straftaten gegen das Drogengesetz, gegen die Tätigkeit gerichtlicher Organisationen und aufgrund von Steuerdelikten.

Abbildung 11.2: **Elektronisch überwachte Personen nach dem Delikt**

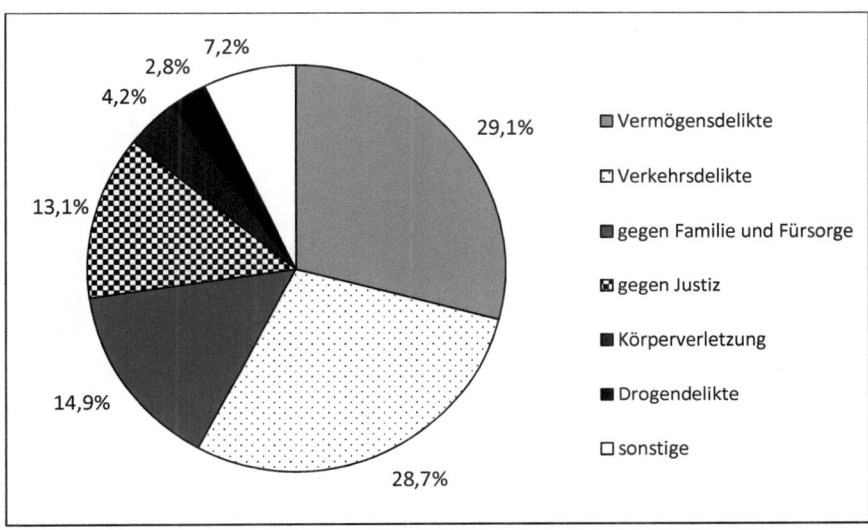

Quelle: Büro der Elektronischen Überwachung. Justizministerium. www.dozorelektroniczny. gov.pl, Stand 31.12.2012.

Die Kosten der elektronischen Überwachung belaufen sich monatlich auf 570 PLN, also auf 4,60 € pro Tag, was ungefähr einem Fünftel der Kosten für die Unterbringung eines Verurteilten in einer Strafanstalt entspricht. Die Kosten des polnischen Monitoring sind somit die niedrigsten in ganz Europa,[682] (siehe *Abbildung 11.3*).[683]

---

682   Zu weiteren Vergleichszahlen in europäischen Ländern vgl. *Harders* 2014, S. 210 ff., 241 ff.

683   Dieses Geld fließt in die Gesellschaft Comp SA, die im Rahmen einer öffentlich-privaten Partnerschaft das Monitoringsystem (SDE) organisiert hat und bedient. Anfangs sah das Gesetz eine Kostenbeteiligung der elektronisch überwachten Personen vor, diese Regelung wurde jedoch abgeschafft. Die monatlichen Kosten der Strafvollstreckung sind zwar relativ gering, dafür ist die Einführung des Systems jedoch sehr kostspielig gewesen. Die Arbeiten zum Ausbau des Systems der elektronischen Überwachung (SDE) dauerten 4 Jahre und die Gesamtkosten betrugen 225,7 Millionen PLN, vgl. dazu http://www.prawnik.pl/temat-dnia/97362,Elektroniczny-system-dozoru-skazanych.html.

Abbildung 11.3: **Kosten der elektronischen Überwachung in ausgewählten europäischen Ländern, in Euro pro Tag**

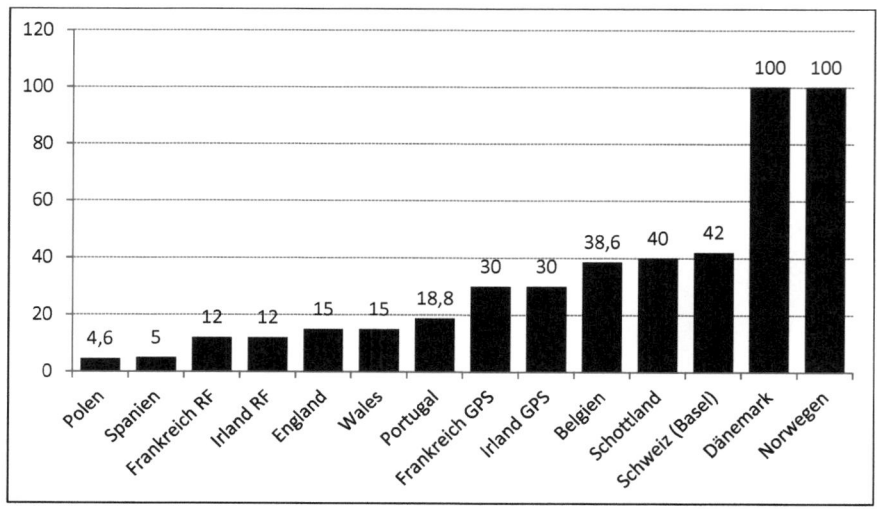

Quelle: Büro der Elektronischen Überwachung. Justizministerium. www.dozorelektroniczny.gov.pl. Diese Kostenangaben basieren auf den Daten der CEP Konferenz vom April 2011.

Im Jahr 2012 veröffentlichte der Helsinki-Stiftung einen Bericht zum Stand des elektronischen Monitorings in Polen.[684]

In erster Linie weisen die Autoren des Berichts auf Probleme hin, die aus der unpräzisen Regelung hervorgehen und die damit verbundenen Probleme in der Entscheidungspraxis. Ein weiteres Problem stellen die technischen Bedingungen dar, die der Wohnort der verurteilten Person erfüllen muss – der Zugang zum GSM-Netz. Einen weiteren sehr ernst zu nehmenden Aspekt stellt der Mangel an Strafvollzugsrichtern dar. Das Gesetz legt ihnen eine Reihe von Aufgaben in Bezug auf die Urteilsfindung zur Anwendung des Monitoring und seiner Überwachung auf. Ohne einen Zuwachs von Stellen ist eine wirksame Realisierung dieser Strafvollstreckungsform nicht möglich.[685]

Eines der wichtigsten Anliegen des Berichts war es, die Gesetzesreform möglichst schnell voranzutreiben, um klare und praktikable Voraussetzungen für

---

684 Der 19-seitige Bericht basiert nicht nur auf allgemein zugänglichen statistischen Daten, sondern auch auf Interviews mit 12 Richtern aus 10 Kreisgerichten und der Untersuchung von 130 Fallakten.

685 Vgl. *Pietryka/Wiśniewska* 2012, S. 11 f.

die Anwendung zu haben. Im Rahmen dieser Arbeiten hat man unter anderem die Möglichkeit erwogen, das Monitoring als Alternative zur Untersuchungshaft einzuführen.

Einen wichtigen Aspekt stellt nach Ansicht der Verfasser die Notwendigkeit dar, für die Anerkennung bzw. die Akzeptanz der Strafvollstreckung im System der elektronischen Überwachung unter den Justizbeamten und in der Öffentlichkeit zu werben. Es scheint, dass diese Notwendigkeit auch vom Justizministerium erkannt worden ist, vor allem von der Behörde, die die elektronische Überwachung eingeführt hat, dem Büro der Elektronischen Überwachung.[686] Im Juni 2012 wurde eine Informationskampagne für Alternativmaßnahmen durchgeführt, insbesondere für die elektronische Überwachung (SDE) als Alternative zur unbedingten Freiheitsstrafe. Im Rahmen dieser Kampagne sollten vor allem Richter für diese Maßnahme „gewonnen" werden. Weiterhin sollte mehr Unterstützung und Verständnis seitens der Gesellschaft geschaffen werden.

Es sieht so aus, als könnte das System der elektronischen Überwachung eine wirksame Alternative zu der unbedingten Freiheitsstrafe in Polen werden.[687] Eine vollständige Analyse und Bewertung dieser Sanktionsform wird jedoch erst nach einigen Jahren der Praxis möglich sein. Bisher befindet sich die elektronische Überwachung immer noch in der Experimentierphase, weiteren Arbeiten zu ihrer zukünftigen Ausgestaltung sollte eine tiefgehende Diskussion vorangehen, in der sämtliche Argumente pro und contra und vor allem alle in der praktischen Anwendung dieser Institution gewonnenen Erfahrungen, detailliert abgewogen werden.[688] Auch sollten vergleichende Kosten-Nutzen-Analysen angestellt werden, die Vor- und Nachteile im Vergleich zu den herkömmlichen Formen der Bewährungsaufsicht und anderen ambulanten Sanktionen aufzeigen und insbesondere die Notwendigkeit des eingriffsintensiveren Sanktionsmittels der elektronischen Überwachung darlegen. Die Erfahrungen in Deutschland haben gezeigt, dass es für die elektronische Überwachung unter Berücksichtigung dieser Prämisse kaum identifizierbare Tätergruppen gibt, die nicht schon durch erfolgreich implementierte (kostengünstigere) Alternativen wie die gemeinnützige Arbeit zur Vermeidung von Ersatzfreiheitsstrafen)[689] oder die „normale" Strafaussetzung zur Bewährung mit Unterstellung unter Bewährungsaufsicht erfasst

---

686   Das Büro der elektronischen Überwachung untersteht der Zentralen Behörde des Gefängnisdienstes und ist verantwortlich für die sachliche und technische Aufsicht über das Funktionieren des Systems der elektronischen Überwachung in Polen.

687   Im Jahr 2012 veröffentlichte auch das Justizinstitut einen Bericht über die elektronische Überwachung. Die Autoren sehen ein relativ großes Potential in diesem Institut und postulieren die Einführung der elektronischen Überwachung in den Strafkatalog als eigenständige Sanktion. Gleichzeitig sehen sie die elektronische Überwachung als mögliche Alternative zur Untersuchungshaft, vgl. *Jankowski u. a.* 2012, S. 43 f.

688   Siehe auch *Pietryka/Wiśniewska* 2012, S. 18.

689   Vgl. *Dünkel/Scheel* 2006; *Dünkel* 2011b.

werden. Bzgl. der Entwicklung in Polen ist kritisch anzumerken, dass der vorgesehene Täterkreis Verurteilte mit eher günstigerer Prognose und kurzen Strafen oder Strafresten betrifft, die in Deutschland erfolgreich ohne elektronische Überwachung betreut werden.[690] Des Weiteren ist zu bemängeln, dass viele Änderungen ohne ausreichende empirischen Begleitforschung oder Vorbereitung durch Pilotprojekte eingeführt wurden.

---

690 Vgl. hierzu und zum europäischen Vergleich zusammenfassend *Harders* 2014, S. 232 ff., 257 ff., 265.

12. Strafvollzug, Menschenrechte und Forschung: Eine empirische Analyse im Rahmen internationaler, vergleichender Forschungsprojekte

In diesem Kapitel werden einige ausgewählte Aspekte[691] empirischer Untersuchungen vorgestellt, die am Lehrstuhl für Kriminologie in Greifswald durchgeführt wurden. Im Folgenden werden das in den Jahren 2002-2005 koordinierte Projekt zum Männererwachsenenstrafvollzug in den Ostseeländern (vgl. *Kapitel 12.1*) sowie die 2003-2005 im Rahmen des europäischen AGIS-Programm geförderte Studie zum Frauenstrafvollzug (vgl. *Kapitel 12.2*) und eine derzeit noch laufende international vergleichende Studie zum Langstrafenvollzug (vgl. *Kapitel 12.3*) vorgestellt. An diesen Projekten hat die Verf. als Projektmitarbeiterin mitgewirkt und u. a. die Untersuchungen in polnischen Anstalten durchgeführt.[692]

Ein grundlegendes angestrebtes Ziel aller drei Projekte war die Beantwortung der Frage, ob und wie stark die Menschenrechtsstandards in den ausgewählten Ländern und Gefängnissen eingehalten werden und wie die tatsächlichen Lebensbedingungen in den Strafanstalten aussehen.

Als Hintergrund für die Untersuchung dienten europäische Dokumente wie die Europäische Menschenrechtskonvention (EMRK)[693] und die Anti-Folter-Konvention. Bei der Formulierung der Fragen wurden die Rechtsprechung des Europäischen Gerichtshofs für Menschenrechte als auch die Standards des Anti-Folter-Komitees (CPT) einbezogen. Insbesondere jedoch wurden die Europäischen Strafvollzugsgrundsätze (1987; 2006) berücksichtigt.

Die theoretische Basis bildeten Ansätze des *„Healthy Prison"*, der *„Restorative Prisons"*, Konzepte und Theorien des *„Social Climate"* zur Arbeitsmotivation und die Ressourcen-orientierte Behandlung in Gefängnissen sowie des *„Empowerment"*.[694]

Die Daten wurden mit unterschiedlichen Methoden erhoben. Bevor die eigentlichen Untersuchungen stattfanden, wurden Anstaltsbegehungen in Verbin-

---

691 Die Ergebnisse der Projekte wurden auf einigen nationalen und internationalen Tagungen als auch in einigen Publikationen vorgestellt, vgl. *Dünkel* 2007; 2009; *Kestermann* 2004; *Dünkel/Kestermann/Zolondek* 2005.

692 Die Untersuchungen in den polnischen Anstalten wurden gemeinsam mit *Barbara Stańdo-Kawecka* von der Jagiellonen Universität Kraków durchgeführt.

693 Vgl. insbesondere Artikel 3: „Nobody must be exposed to torture or unhuman or degrading punishment or treatment".

694 *Kestermann* 2004, S. 295.

dung mit Personalgesprächen durchgeführt[695] und Informationen über die Strafgesetzgebung, den Strafvollzug und die allgemeine Situation in den Strafanstalten der jeweiligen Länder gesammelt und analysiert.

Der Schwerpunkt der Studie lag in der schriftlichen Befragung einer repräsentativen Auswahl der Gefangenen von zwei Anstalten pro Land. Hierbei sollte ein möglichst breiter Querschnitt des alltäglichen Lebens im Strafvollzug aus der Perspektive der Gefangenen erfasst werden. Eine zentrale Rolle spielten die Fragen zu konkreten Haftbedingungen, zur Strafvollzugsgestaltung, zum psychischen und physischen Wohlbefinden und zu den Kontakten mit der Außenwelt (intra- und extramurale Kontakte). Weiterhin wurde auch nach verschiedenen Aktivitäten in der Anstalt – wie Arbeit, Aus- und Weiterbildung, Trainings- und andere Behandlungsprogramme sowie die Gestaltung freier Zeit – gefragt. Es wurden auch Themen wie der Umgang mit Konflikten, Viktimisierungs-erfahrungen und die Rechte und Pflichten sowie die Umgangsformen zwischen Gefangenen und Bediensteten angesprochen. Die Befragung der Inhaftierten fand mittels eines standardisierten Fragebogens anonym in Kleingruppen statt. Die Gefangenen hatten die Möglichkeit bei Verständnisproblemen Rückfragen zu stellen.

Die Befragung der Bediensteten diente der Erfassung von Einstellungen zur eigenen Arbeit – welche Ziele und Motivationen haben die Bediensteten, welche Einstellung haben sie gegenüber den Gefangenen. Es wurden auch Einstellungsfragen zum allgemeinen Zweck der Strafe und des Strafvollzugs in der Gesellschaft gestellt.[696] An die Bediensteten wurden die Fragebögen verteilt und entweder zu einem späteren Zeitpunkt in der Anstalt wieder eingesammelt oder sie wurden per Post zurückgeschickt.

Im Rahmen aller drei Studien wurde auch ein sog. Basisfragebogen eingesetzt. Er diente der Erhebung allgemeiner Daten[697] über die jeweiligen Anstalten und wurde von der Anstaltsleitung ausgefüllt.

In den im Folgenden vorgestellten Studien sind die ausgewählten Stichproben nicht immer quantitativ ausreichend, um statistisch valide Aussagen über die gesamte Population des Strafvollzugs des jeweiligen Landes treffen zu kön-

---

695 Siehe *Hagemann* 2008, S. 286 f. Die Besuche der Gefängnisse wurden detailliert in einem unveröffentlichten Dokument des Lehrstuhls für Kriminologie beschrieben und wurden zu der Analyse der gesammelten Daten hinzugezogen.

696 Der Fragebogen enthielt neben offenen Fragen standardisierte und erprobte Skalen zur Arbeitsanalyse von *Prümper/Hartmannsgruber/Frese*, zur Berufseinstellung im Strafvollzug von *Klofas/Toch* und Eisner u. a. 2001, zur Sanktionseinstellung vgl. *Kilchling* 2002 und erfasst bestimmte Aufgabencharakteristika, Arbeitsbelastungen sowie organisationale und soziale Ressourcen, siehe *Kestermann* 2004, S. 296.

697 Hier handelte sich um Informationen wie die Kapazität der Anstalt, die Zahl der angestellten Bediensteten und zivilen Mitarbeiter, Zahl und Art der Abteilungen, Zahl und Art der Bildungsangebote und Weiterbildungskurse etc.

nen. Die Untersuchungen lassen es jedoch in Verbindung mit anderen, auch aktuellen Quellen zu, einen Gesamteindruck der Realität des Strafvollzugs zu vermitteln. Die Ergebnisse gleichen in verschiedener Hinsicht anderen nationalen Forschungsberichten[698] und den Berichten des CPT, auf die nachfolgend vergleichend eingegangen wird. Die Daten der hier präsentierten Studie wurden bereits vor zehn Jahren erhoben, jedoch scheinen sie ihre Aktualität nicht verloren zu haben. Die Informationen aus den aktuellen, oben erwähnten Berichten sprechen nämlich ähnliche Probleme an.

12.1 Mare-Balticum-Prison-Survey

Ziel der Studie war eine Bestandsaufnahme der Lebens-, Haft- und Arbeitsbedingungen von Gefangenen und Bediensteten in europäischen Männerstrafvollzugsanstalten.[699]

In Deutschland, Estland, Finnland, Litauen, Lettland, Polen und Schweden wurden jeweils zwei geschlossene Anstalten für die Datenerhebung ausgewählt. In Polen wurde die Studie in den Anstalten in Tarnów und Nowy Wiśnicz durchgeführt.[700] In Deutschland wurden Anstalten in Mecklenburg-Vorpommern (Bützow und Waldeck) und Schleswig-Holstein (Kiel und Lübeck) untersucht.

Die im Folgenden dargestellten Ergebnisse beziehen sich auf eine Stichprobe von insgesamt 821 Strafgefangenen. Die Auswertung der Fragenkomplexe be-

---

698   Vgl. *Merecz-Kot/Cębrzyńska* 2008; *Witkiewicz* 2010; *Nielaczna* 2011.

699   Projektkoordination: *Frieder Dünkel, Claudia Kestermann, Christine Morgenstern*, Projektpartner: *Tapio Lappi-Seppälä*/Finland, *Hanns von Hofer*/Sweden, *Barbara Stando-Kawecka* und *Joanna Grzywa*/Poland, *Gintautas Sakalauskas*/Lithuania, *Andrejs Judins*/Latvia, *Jaan Sootak* und *Rando Antsmäa*/Estonia, *Dimitry Shestakov* und *Vasily Nikitenko*/Russia.

700   Die Strafanstalt in Tarnów ist ein geschlossenes Gefängnis für männliche, erstmalig verurteilte erwachsene Gefangene. In der Anstalt befinden sich aber auch Abteilungen für junge Gefangene und Rückfalltäter, offene und halboffene Abteilungen für Erwachsene und junge Verurteilte als auch die Abteilung für sog. „gefährliche" Inhaftierte. In der Anstalt befindet sich auch eine separate Abteilung für Patienten mit Insulin-abhängigem Diabetes. Die Kapazität der Anstalt beträgt 1053 Plätze. In der Anstalt sind derzeit 268 Bedienstete und 21 zivile Mitarbeiter beschäftigt, vgl. http://www.sw.gov.pl/pl/okregowy-inspektorat-sluzby-wieziennej-krakow/zaklad-karny-tarnow/index.html (26.11.2012).
Die Strafanstalt in Nowy Wiśnicz ist eine geschlossene Einheit für männliche Wiederholungstäter und befindet sich im ehemaligen Karmeliten-Kloster aus dem 17. Jahrhundert. In der Anstalt befindet sich auch eine therapeutische Abteilung für Alkoholabhängige mit 34 Plätzen. Die Kapazität der Anstalt beträgt 438 Plätze. Es werden 146 Bedienstete und 30 zivile Mitarbeiter beschäftigt. Vgl. www.sw.gov.pl/pl/ okregowy-inspektorat-sluzby-wieziennej-krakow/zaklad-karny-nowy-wisnicz/index. html. Letzter Abruf am 26.11.2012.

zieht sich ausschließlich auf die gültigen Angaben, fehlende Angaben bei den ermittelten Prozent- und Mittelwerten wurden nicht berücksichtigt.

12.1.1   Befragung der Gefangenen

12.1.1.1   Beschreibung der Stichprobe

Es zeigt sich, dass sich die befragten Gefangenen im polnischen Vollzug nicht wesentlich von den Gefangenen der anderen Länder des Ostseeraums unterschieden. Allerdings war der Altersdurchschnitt mit 28,4 Jahren etwas niedriger als in den anderen Ländern. Hier spielt möglicherweise die Tatsache eine Rolle, dass in der Anstalt Tarnów ein Teil der befragten Gefangenen der Abteilung für Junge Gefangene[701] angehörte. Deshalb war das Durchschnittsalter der Befragten in Polen etwas niedriger als in den anderen Ländern. Der Anteil der Befragten mit früheren Inhaftierungen lag mit knapp 58% im mittleren Bereich der untersuchten Anstalten. Eine große Differenz besteht zu den untersuchten Anstalten in Schleswig-Holstein („Deutschland West") dort sind diese sogar etwa 20% höher. Ein Grund für diesen Unterschied könnte in der allgemeinen Verlegungspraxis zu finden sein: In Polen werden viele erstmalig Inhaftierte im geschlossenen Vollzug untergebracht, während in Deutschland diese Gruppe der Verurteilten häufiger in offenen Anstalten untergebracht werden, in den geschlossenen also eher die Rückfalltäter vorzufinden sind.[702]

---

701   Gemäß den Vorschriften werden alle Gefangenen, die das 21. LJ noch nicht vollendet haben, in separaten Abteilungen (Anstaltsarten i. S. d. poln. StVollstrGB) untergebracht. Mehr dazu im *Kapitel 7.*

702   Hinzu kommt eine sehr selektive Sanktionspraxis der deutschen Strafgerichte, die bei Ersttätern vorwiegend Alternativen zur Freiheitsstrafe anwendet, vgl. *Heinz* 2012, S. 50 ff.

Tabelle 12.1:   Stichprobe der Strafgefangenen

Land	N = 821	Alter	(SD)	frühere Inhaftierung
Deutschland Ost	144	32,4	(9,0)	60,7%
Deutschland West	98	38,1	(10,2)	79,8%
Estland	102	30,7	(8,4)	58,4%
Finnland	81	34,1	(11,6)	60,5%
Lettland	100	30,8	(9,2)	51,5%
Litauen	98	32,6	(10,3)	57,3%
Polen	118	28,4	(8,8)	57,9%
Schweden	80	33,5	(10,7)	66,2%

Quelle: Universität Greifswald, Lehrstuhl für Kriminologie, Mare-Balticum-Prison-
Survey 2002-2004, vgl. auch *Dünkel* 2009a, S. 184.

Des Weiteren wurden die befragten Inhaftierten gebeten anzugeben, für welches Delikt bzw. für welche Delikte sie zum gegenwärtigen Zeitpunkt inhaftiert worden waren.

Für Polen ergibt sich daraus folgende Insassenstruktur: Ein Drittel der Befragten gab als schwerstes Delikt Raub an, ein weiteres Drittel war aufgrund von anderen Eigentumsdelikten inhaftiert (vgl. *Tabelle 12.2*). Nennenswerte Anteile ergaben sich noch für die Gruppe Mord/Totschlag mit 12%, womit sich die polnischen Anstalten im durchschnittlichen Bereich befinden, wovon die Zahl der für Mord oder Totschlag Verurteilten in Ostdeutschland mit 2,9% und Estland mit 25,5% stark abwichen. Sexual- und vor allem Drogen- und Körperverletzungsdelikte spielten in Polen eine geringe Rolle. Der hohe Anteil von Raub- und Eigentumsdelikten scheint charakteristisch für die Befragten in osteuropäischen Ländern.

Tabelle 12.2: **Insassenstruktur nach dem schwersten der Inhaftierung zugrunde liegenden Delikt (in %)**

	Mord/ Totschlag	Sexualde- likte	Raub	Drogende- likte	Körperver- letzung	Eigentums- delikte	Trunken- heit i. Verk.	Sonstige
Deutschland Ost	2,9	8,8	31,4	8,0	14,0	19,7	8,0	2,2
Deutschland West	13,0	8,7	13,0	10,9	20,7	27,2	5,4	1,1
Estland	25,5	5,1	14,3	3,1	5,1	39,8	4,1	5,1
Finnland	11,7	2,6	6,5	41,6	6,5	19,5	5,2	6,5
Lettland	18,3	2,2	24,7	7,5	7,5	30,1	4,3	5,4
Litauen	17,5	14,4	32,0	2,1	5,2	25,8	0,0	3,1
Polen	12,4	5,3	32,7	1,8	1,8	32,7	1,8	11,5
Schweden	12,3	0,0	21,9	47,9	5,5	2,7	1,4	8,2

Quelle: Universität Greifswald, Lehrstuhl für Kriminologie, Mare-Balticum-Prison-Survey 2002-2004; vgl. auch *Dünkel* 2009a, S. 185.

Aus der Befragung zum Schulabschluss der Inhaftierten ergibt sich, dass der Anteil der polnischen Gefangenen ohne Abschluss, ähnlich wie in den untersuchten deutschen Anstalten mit etwa 8% eher gering war. Ein positives Bild bezüglich der schulischen Ausbildung ergibt sich in Finnland, hier gab jeder Befragte an, einen Schulabschluss zu haben (vgl. *Abbildung 12.1*). Der Anteil von Gefangenen mit einer längeren Schulausbildung als 10 Jahre war in Polen mit 50,4% groß, wobei dies mit dem spezifischen Bildungssystem zusammenhängt. Zahlreiche der Gefangenen mit längeren schulischen Ausbildungszeiten sind nach dem 8. Schuljahr in die Berufsschule gewechselt, hier aber bei den Gefangenen mit mehr als 10 Jahren Schulzeit mitgerechnet worden. Ähnliches gilt auch für Finnland. Ansonsten wurde in Deutschland, Estland, Lettland und insbesondere in Schweden das üblicherweise eher niedrige Bildungsniveau von Strafvollzugsinsassen bestätigt (vgl. *Abbildung 12.1*).

Abbildung 12.1: Schulabschluss

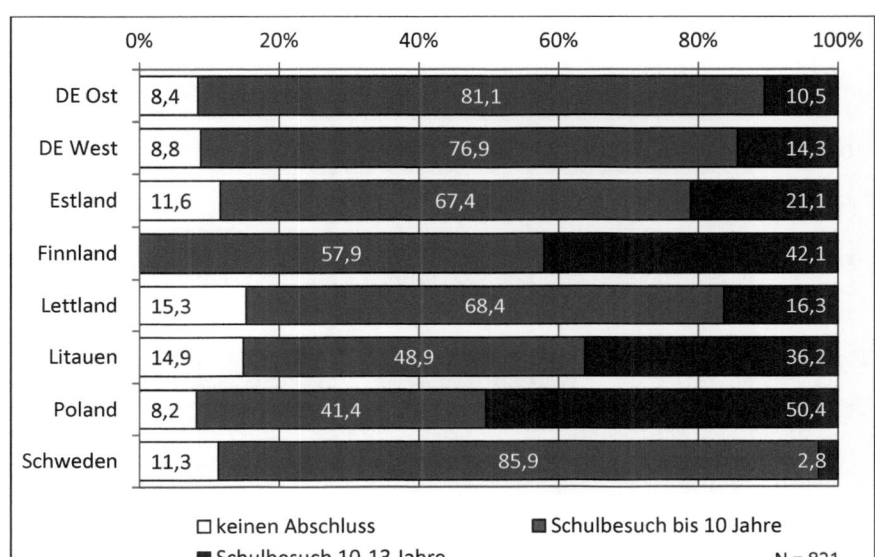

Quelle: Universität Greifswald, Lehrstuhl für Kriminologie, Mare-Balticum-Prison-
            Survey 2002-2004.

12.1.1.2   Unterbringung

Die Fragen zur Unterbringung sind auch an den Europäischen Strafvollzugsgrundsätzen orientiert. Grundlage bildeten insbesondere die Regel Nr. 18.5 – regelmäßige Unterbringung in einem Einzelhaftraum – sowie die Regeln Nr. 18.1
und 18.2, welche die Mindeststandards für die Ausstattung eines Haftraums vor-
geben.

Leider herrschen immer noch in einigen europäischen Gefängnissen Bedingungen, die stark von diesen Standards abweichen.

Abbildung 12.2: Zahl der Mitgefangenen in einer Zelle

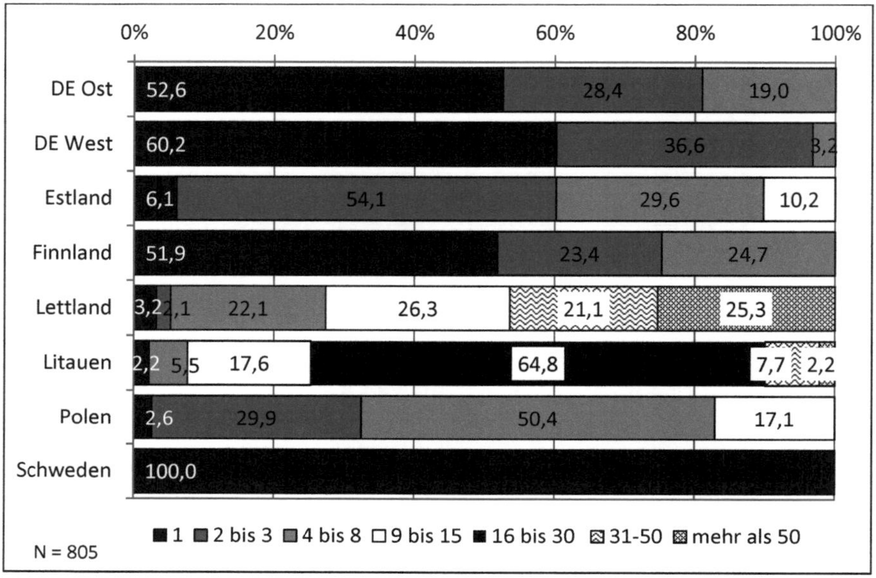

	0%	20%	40%	60%	80%	100%
DE Ost	52,6		28,4		19,0	
DE West	60,2			36,6		3,2
Estland	6,1	54,1		29,6		10,2
Finnland	51,9		23,4		24,7	
Lettland	3,2 1,1	22,1	26,3	21,1	25,3	
Litauen	2,2 5,5	17,6	64,8		7,7 2,2	
Polen	2,6	29,9	50,4		17,1	
Schweden	100,0					

N = 805   ■ 1 ■ 2 bis 3 ■ 4 bis 8 ☐ 9 bis 15 ■ 16 bis 30 ▨ 31-50 ▩ mehr als 50

Quelle: Universität Greifswald, Lehrstuhl für Kriminologie, Mare-Balticum-Prison-Survey 2002-2004, vgl. *Dünkel* 2009a, S. 187.

Am weitesten von den Anforderungen der Europäischen Strafvollzugs-grundsätze (hier Nr. 18.5 EPR) wichen die untersuchten Anstalten in Lettland und Litauen ab. Über 70% der Inhaftierten waren in Zellen mit über 16 Mitinsassen untergebracht, davon in Lettland 21,1% mit mehr als 30 Personen und 25,3% in Schlafsälen mit über 50 Personen. In Polen waren immerhin über 17% der Gefangenen in großen Zellen mit 9-15 Mitgefangenen untergebracht, während der überwiegende Anteil der befragten Gefangenen in Haftträumen mit 2-3 (29,9%) oder 4-8 (50,4%) Gefangenen untergebracht war. Die grundsätzlich zu fordernde Einzelunterbringung während der Ruhezeit war nur bei 2,6% der polnischen Gefangenen gegeben (vgl. *Abbildung 12.2*).[703] Hier handelt es sich allerdings vor allem um als „gefährlich" eingeschätzte Gefangene, die von den anderen Mitgefangenen isoliert wurden, was wiederholt vom CPT kritisiert

---

703 Diese Zahlen weichen nur geringfügig von den aktuellen Statistiken des Strafvollzugs in Polen ab. In den Jahren 2000-2010 lag die Einzelunterbringung der Gefangenen im Strafvollzug zwischen 5 und 7,5%, vgl. *Nawój-Śleszyński* 2013, S. 29.

wurde.[704] Wird zusätzlich die Angabe berücksichtigt, wonach 55,6% der polnischen Befragten 23 Stunden am Tag in der Zelle eingeschlossen wurden, ergibt sich ein sehr negatives Bild. Diese Situation hat sich während der letzten Jahre wenig geändert. Auch in seinem letzten Bericht sprach das CPT diese Situation erneut an.[705]

Abbildung 12.3: Negative Aspekte der Unterbringung

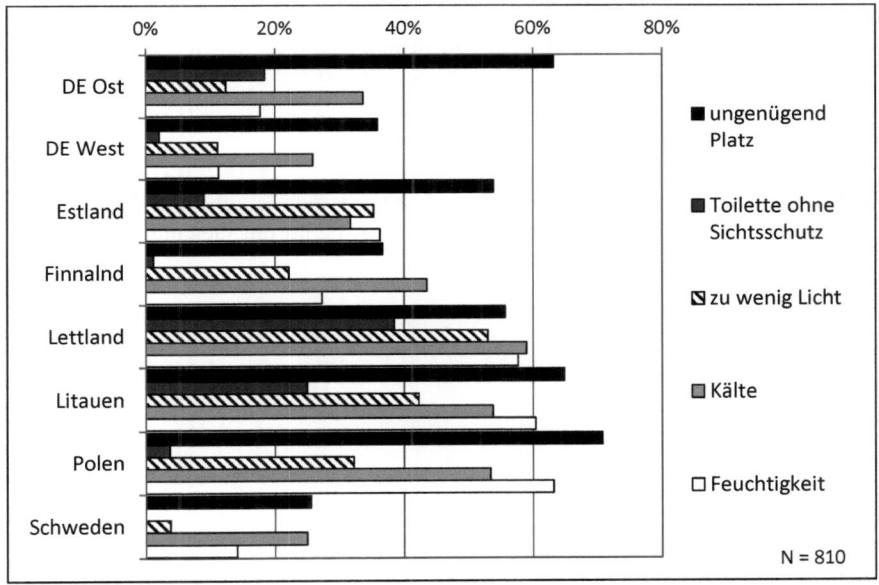

Quelle: Universität Greifswald, Lehrstuhl für Kriminologie, Mare-Balticum-Prison-Survey 2002-2004 und eigene Berechnungen.

Die meisten Gefangenen in fast allen untersuchten Ländern gaben an zu wenig Platz zur Verfügung zu haben. Es wundert nicht, dass in Lettland und Litauen diese Werte besonders hoch sind. Wie schon in der oben gezeigten Grafik (vgl. *Abbildung 12.3*) zu sehen war, sind dort Gefangene in sehr großen Schlafsälen untergebracht. Noch höher sind die Werte allerdings in Polen. Über 70%

---

704 Vgl. Report to the Polish Government on the visit to Poland carried out by the European Committee for the Prevention of Torture and Inhuman or Degrading Treatment or Punishment (CPT) from 26 November to 8 December 2009. CPT/Inf (2011) 20, Nr. 89 ff.

705 Vgl. Report to the Polish Government on the visit to Poland carried out by the European Committee for the Prevention of Torture and Inhuman or Degrading Treatment or Punishment (CPT) from 26 November to 8 December 2009. CPT/Inf (2011) 20, Nr. 84, S. 111-112.

der Befragten gaben Platzmangel an. Auch viele Gefangene in Ostdeutschland klagten über beengte räumliche Verhältnisse. Nachteilige Zellenbedingungen wie Kälte und Feuchtigkeit gaben Gefangene in polnischen, litauischen und lettischen Anstalten als besonders störende Faktoren an.

Obwohl in Polen in den letzten zehn Jahren sehr viel Zeit und Geld in die Renovierung der Anstalten investiert wurde, werden immer noch dieselben negativen Faktoren in den Berichten des CPT angesprochen – hervorgehoben wird hierbei vor allem der Mangel an Licht, die schlechte Belüftung der Zellen bzw. die fehlende Möglichkeit, das Fenster zu öffnen und dass häufig der Blick nach draußen begrenzt oder weitgehend unmöglich ist.[706]

12.1.1.3 Gesundheit

In den Studien wurden die Inhaftierten nach ihrer persönlichen Wahrnehmung des eigenen Gesundheitszustands gefragt. Dazu diente ein Gesundheits-Krankheits-Kontinuum[707] mit 6 Skala-Punkten.

---

[706] Vgl. Report to the Polish Government on the visit to Poland carried out by the European Committee for the Prevention of Torture and Inhuman or Degrading Treatment or Punishment (CPT) from 26 November to 8 December 2009. CPT/Inf (2011) 20, Nr. 90 und 103 ff.

[707] Gesundheits-Krankheits-Kontinuum nach *Antonovsky* (1979), 1997.

Abbildung 12.4: **Subjektive Wahrnehmung des eigenen Gesundheitszustands**

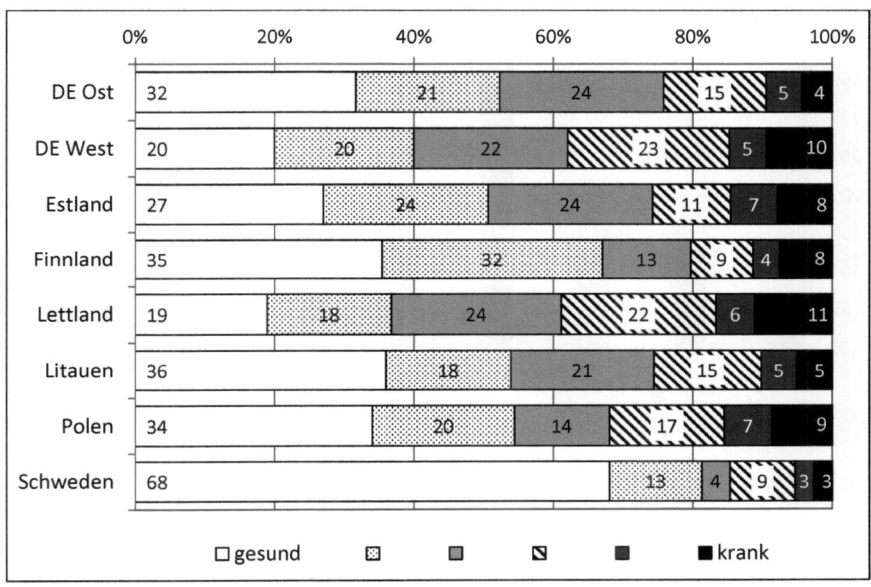

Quelle: Universität Greifswald, Lehrstuhl für Kriminologie, Mare-Balticum-Prison-Survey 2002-2004 und eigene Berechnungen.

Hinsichtlich des Gesundheitszustands lagen die Antworten für die beiden polnischen Anstalten auf einer Skala von 1-5 eher in der Mitte, wobei die Gruppe mit der Angabe „Ich fühle mich krank" leicht erhöht war. In den offenen Fragen gaben relativ viele befragte, polnische Gefangene an, sich sehr krank zu fühlen und keine ausreichende medizinische Versorgung zu erhalten. U. a. würden sie von den Ärzten und Krankenschwestern mit der Begründung, sie seien gesund, nicht versorgt. Hier ist eine objektive Einschätzung schwer zu treffen. In Gesprächen mit den Bediensteten wurde der Verf. gesagt, dass es ein großes Problem sei, die wirklich Kranken von denen, die eine Krankheit vortäuschen, zu unterscheiden. Eine weitere Dimension erhält das Problem in Anbetracht der zu geringen Ausstattung der Anstalten mit medizinischem Personal.

Auch gibt es für das Verhalten von Gefangenen, sich krank zu melden, spezifische Erklärungen, da die Lebensbedingungen in den Hafträumen so beengt sind, dass die Unterbringung in einer Krankenstation eine Verbesserung darstellen kann.

Abbildung 12.5: Krankheiten

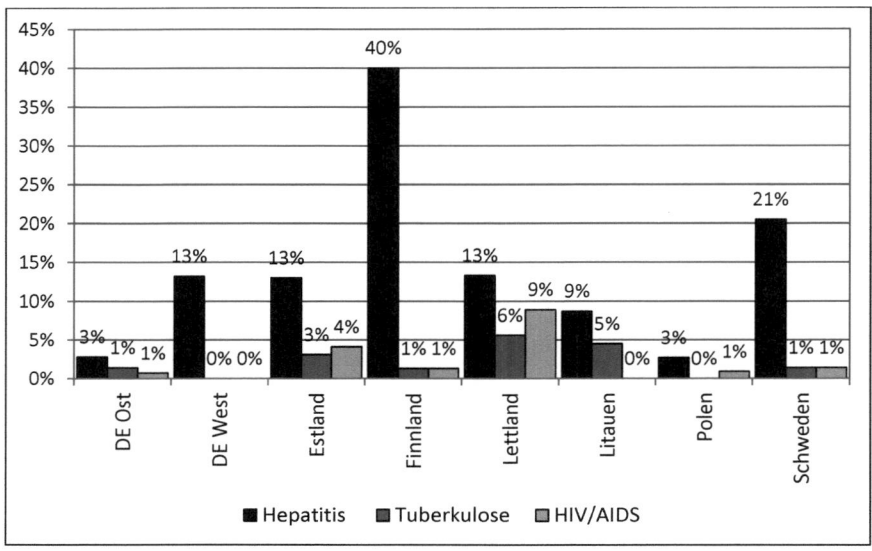

Quelle: Universität Greifswald, Lehrstuhl für Kriminologie, Mare-Balticum-Prison-Survey 2002-2004.

Die Problematik der Gesundheit in den Strafanstalten wurde in *Kap. 8.2* schon näher beschrieben. Zu den zwei am meisten gefürchteten Infektionen (HIV und Tuberkulose) kam in den letzten Jahren auch die Hepatitis hinzu. Die Infektion ist nicht neu, jedoch steigen die Aufdeckungsrate und die Erkenntnisse über schwere, oft tödliche Folgen dieser Krankheit stetig an. Insbesondere die Behandlung von Patienten, die gleichzeitig mit Hepatitis C in Verbindung mit HIV infiziert sind, stellt eine schwere Aufgabe für das medizinische Personal und für das allgemeine Personal der Strafanstalten dar. Nach Angaben der WHO ist die virale Leberentzündung eine häufige Todesursache bei Patienten, die gegen das HI-Virus mit antiviralen Arzneimitteln behandelt wurden.[708] Diese Situation ist für die Erkrankten als auch für die Mitinsassen sehr problematisch. Wie man in der *Abbildung. 12.6* unten (Suchtproblematik) sehen kann, lebt ein beachtlicher Anteil der Gefangenen in der Angst, sich anstecken zu können.

---

708 In den 1990er Jahren haben amerikanische und kanadische Studien gezeigt, dass in fast 50% der Todesfälle bei HIV-Kranken die direkte Todesursache eine Lebererkrankung im Endstadium war. Vor allem bei den Drogenkonsumenten kommen die beiden Krankheiten zusammen vor. Die Behandlung von beiden Krankheiten gemeinsam ist sehr schwierig, vgl. WHO Report A63/15 vom 11.12 25 March 2010. Viral Hepatitis, S. 2, Nr. 7; siehe auch *Graham u. a.* 2001, S. 567 f.; *Thomas* 2002, S. 201 ff.

Eine besonders hohe HCV-Prävalenz haben die Gefangenen in Finnland und Schweden angegeben. Es ist jedoch schwer zu sagen, ob sich unter den befragten Gefangenen in den beiden Ländern ein viel höherer Anteil Erkrankter befand oder ob die Angaben möglicherweise auf einer höheren Aufklärungsrate in Finnland und Schweden im Vergleich zu Polen beruhen.[709] Die hohen Prävalenzraten in Finnland und Schweden können aber auch den erhöhten Anteil von Betäubungsmitteldelinquenten im Strafvollzug widerspiegeln.

Ein relativ großer Anteil der Gefangenen gab an, Probleme mit Alkohol zu haben, dies besonders in Westdeutschland mit 25,5%, in Polen mit 25% und vor allem in Schweden mit 30%.

Abbildung 12.6:   Probleme mit Alkohol

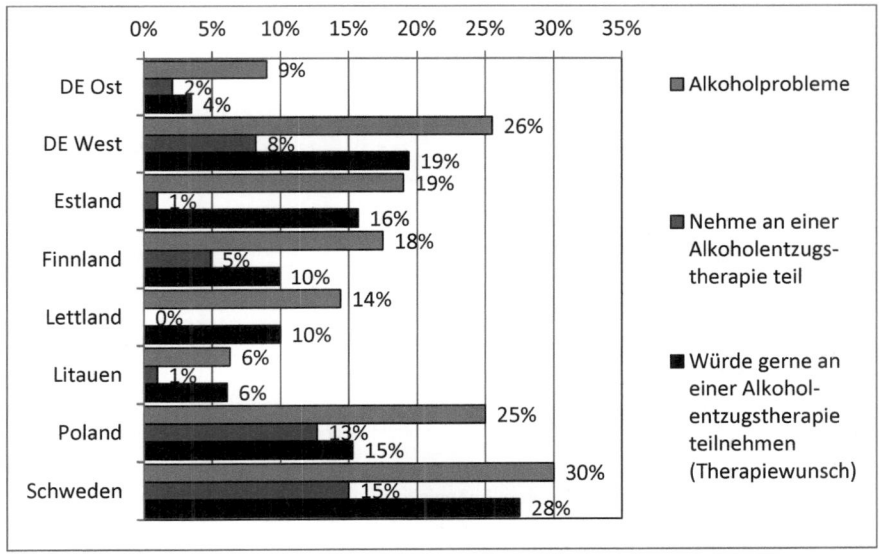

*	Probleme mit Alkohol: N = 811.
Quelle:	Universität Greifswald, Lehrstuhl für Kriminologie, Mare-Balticum-Prison-Survey 2002-2004; eigene Berechnungen.

709 Der Anteil der aufgeklärten Erkrankungsfälle beträgt in Polen ca. 7% und zählt zu den niedrigsten in Europa, so beträgt etwa in Frankreich die Aufklärungsrate rund 50%, in Italien 17% und in den Vereinigten Staaten 30%, vgl. Bericht der Gruppe der polnischen HCV-Experten (Raport Polskiej Grupy Ekspertów HCV, http://www. forumfarmaceutyczne.pl/index.php/aktualnoci/39-news/1190-owiadczenie-polskiej-grupy-ekspertow-hcv-na-temat-wirusowego-zapalenia-wtroby-typu-c-w-polsce-w-roku-2012. Letzter Abruf am 30.03.2013.

Zur Zeit der Befragung befanden sich zwischen 1% in Estland und in Litauen und 15% in Schweden in der Alkohol-Therapie. In Lettland gab keiner der Befragten an, an einer entsprechenden Behandlung teilzunehmen. In Polen befanden sich 12% der Befragten in Therapie, weitere 15% haben sich eine solche Therapie gewünscht.

Ein beträchtlicher Anteil von ca. 15% der polnischen Gefangenen hatten schon früher an einer Alkoholtherapie teilgenommen, in den anderen Ländern waren es zwischen knapp 5% in Mecklenburg-Vorpommern und Litauen und knapp 10% in Schweden bzw. 12-13% in Estland und Finnland.

Abbildung 12.7:   **Angst vor Drogenabhängigkeit und Infektionen**

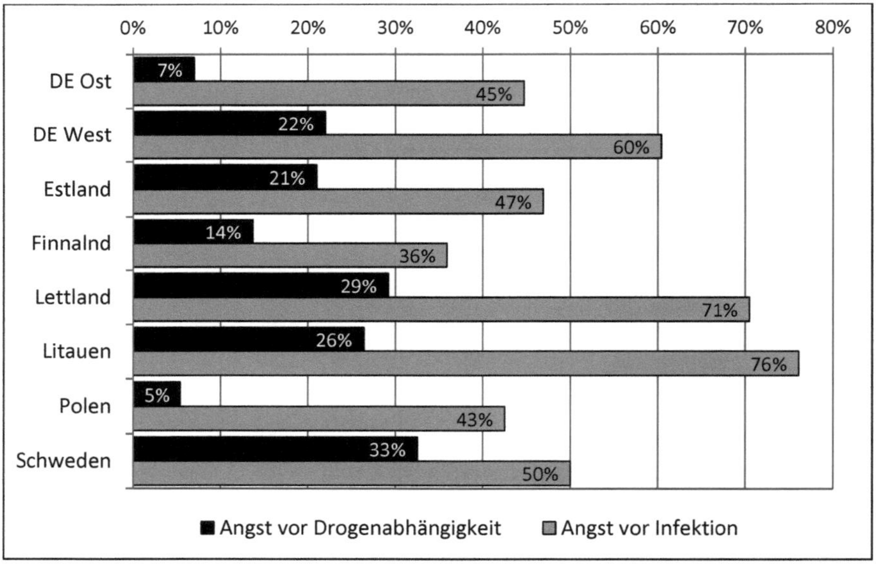

	Angst vor Drogenabhängigkeit	Angst vor Infektion
DE Ost	7%	45%
DE West	22%	60%
Estland	21%	47%
Finnalnd	14%	36%
Lettland	29%	71%
Litauen	26%	76%
Polen	5%	43%
Schweden	33%	50%

*	Angst vor Infektion: N = 786; Angst vor Drogenabhängigkeit: N = 775.
Quelle:	Universität Greifswald, Lehrstuhl für Kriminologie, Mare-Balticum-Prison-Survey 2002-2004 und eigene Berechnungen.

Zu vermuten ist, dass es sich bei der Angst vor Infektionen vor allem um die Angst vor den schwersten Krankheiten wie Aids und Hepatitis C handelt, die durch Blut übertragen werden. Das Ansteckungsrisiko ist in Gefängnissen sehr hoch und hängt mit dem intravenösen Konsum von Drogen zusammen, besonders durch eine gemeinsame Nutzung der Spritzen, aber auch z. B. mit der gemeinsamen Nutzung von Rasierklingen.[710]

Über 70% der lettischen und litauischen befragten Gefangenen hatten Angst vor Infektionen. Diese Angst ist dort wahrscheinlich unter anderem daher so hoch, weil sehr viele der Befragten in einem Haftraum gemeinsam untergebracht sind und im ständigen Kontakt auf engen Raum miteinander stehen. Unter polnischen Befragten gaben über 40% an, Angst vor Infektion zu haben. Die Angst vor Drogenabhängigkeit war bei den befragten polnischen Anstalten am geringsten und betrug lediglich 5,4%.

Nach dem letzten Besuch 2009 in Polen empfahl das CPT erneut mehr Programme und eine verstärkte Betreuung für drogenabhängige Gefangene einzuführen.[711] Das CPT wies darauf hin, dass kaum Fortschritte im Hinblick auf die Behandlung der Insassen mit Drogenproblemen erzielt wurden. Methadon-Programme waren in den besuchten Anstalten nicht verfügbar.[712] Es waren auch keine Informationsmaterialien vorhanden, welche die Gefangenen über sterile Nadel-Austausch-Programme oder über den Bezug von Kondomen informieren.

12.1.1.4 Gefängnisklima und Konflikte, Konfliktregelung in der Anstalt

Ein sehr wesentlicher, obgleich schwer eindeutig zu definierenden Teil des Anstaltslebens ist das soziale Klima.[713] Viele verschiedene Aspekte des alltäglichen Lebens bringen die sog. soziale Ordnung hervor und bestimmen das Klima. In der Fachliteratur wird das positive soziale Klima als Grundlage dafür gesehen, dass Resozialisierungsmaßnahmen überhaupt sinnvoll umgesetzt werden können, denn die Gefangenen verhalten sich unterschiedlich in unterschiedlichen Umgebungen (*„Inmates behave differently in different prison settings"*).[714]

Für das Anstaltsklima spielen die zwischenmenschlichen Beziehungen unter den Gefangenen und zwischen den Gefangenen und Bediensteten eine große Rolle, denn zwischenmenschliche Beziehungen basieren zum größten Teil auf Emotionen und Gefühlen und damit auf der Tatsache, dass die grundlegenden

---

710 Zum Thema Prävalenz der Krankheiten und Risiko der Ansteckung in Anstalten weltweit siehe *Fazel/Baillargeon* 2010.

711 Vgl. Report to the Polish Government on the visit to Poland carried out by the European Committee for the Prevention of Torture and Inhuman or Degrading Treatment or Punishment (CPT) from 26 November to 8 December 2009. CPT/Inf (2011) 20, Nr. 125.

712 Die Methadonprogramme werden jedoch in einigen Anstalten durchgeführt. Insgesamt gibt es 7 Programme in 23 Anstalten, vgl. Information des Strafvollzugsdienstes über Substitutionsprogramme, Warszawa 2012 http://sw.gov.pl/Data/Files/kunickim/-sluzbazdrowia/programy-metadonowe-20120907.pdf zuletzt abgerufen am 31.03.2013.

713 Vgl. *Drenkhahn* 2011b, S. 25.

714 *Adams* 1992, S 315, zitiert nach *Bottoms* 1999, S. 249.

Bedürfnisse der Menschen befriedigt werden. Dazu gehören insbesondere die Achtung der Menschenwürde, respektvolle Umgangsformen, Sicherheit, medizinische Versorgung, sinnvolle Freizeitgestaltung, die Möglichkeit Geld zu verdienen u. a. m.[715]

Im Folgenden werden die Antworten auf einige ausgewählte Fragen dargestellt. Diese geben kein vollständiges Bild von der Atmosphäre in den Anstalten wieder, sie illustrieren aber wesentliche Aspekte des Anstaltsklimas. Bei der Beurteilung dieser Antworten ist in besonderem Maß zu beachten, dass hier die persönlichen Meinungen der Befragten in den ausgewählten Anstalten wiedergegeben werden.

Zum Beginn des Fragenkomplexes zum Gefängnisklima werden unten die Antworten auf zwei eher allgemeine Fragen präsentiert. Im Fragebogen sollten die Gefangenen auf einer Skala von 1 („Ich empfinde die Atmosphäre in der Anstalt als entspannt" bzw. „Ich fühle mich sehr sicher") bis 5 („Ich empfinde die Atmosphäre in der Anstalt als sehr angespannt" bzw. „Ich fühle mich sehr bedroht") ihre persönliche Einschätzung der Atmosphäre in der Anstalt angeben.

Abbildung 12.8: Atmosphäre in Anstalt

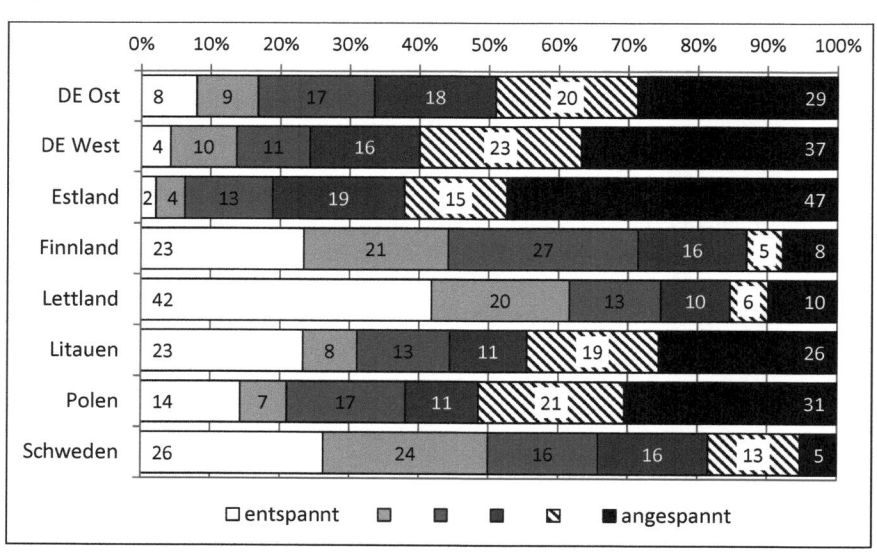

*   N = 701.

Quelle: Universität Greifswald, Lehrstuhl für Kriminologie, Mare-Balticum-Prison-Survey 2002-2004 und eigene Berechnungen.

---

715   Vgl. *Liebling* 2004, S. 153ff; *Liebling* 2009, S. 15; vgl. *Drenkhahn* 2011b, S. 25 ff.

Die Gefangenen in Finnland, Schweden, aber (trotz der beengten Verhältnisse erstaunlicherweise) auch die Gefangenen in Lettland berichteten über ein relativ entspanntes Anstaltsklima, während in Litauen mehr als 40%, in Polen und Deutschland zwischen 50% und 60% das Anstaltsklima als „ziemlich" oder „sehr angespannt" empfanden. Besonders ausgeprägt scheint die Situation in den estnischen Gefängnissen gewesen zu sein, wo 47,4% der Befragten ein sehr angespanntes und weitere 14,7% ein ziemlich angespanntes Klima angaben (vgl. *Abbildung 12.8*).

Abbildung 12.9: **Sicherheitsgefühl**

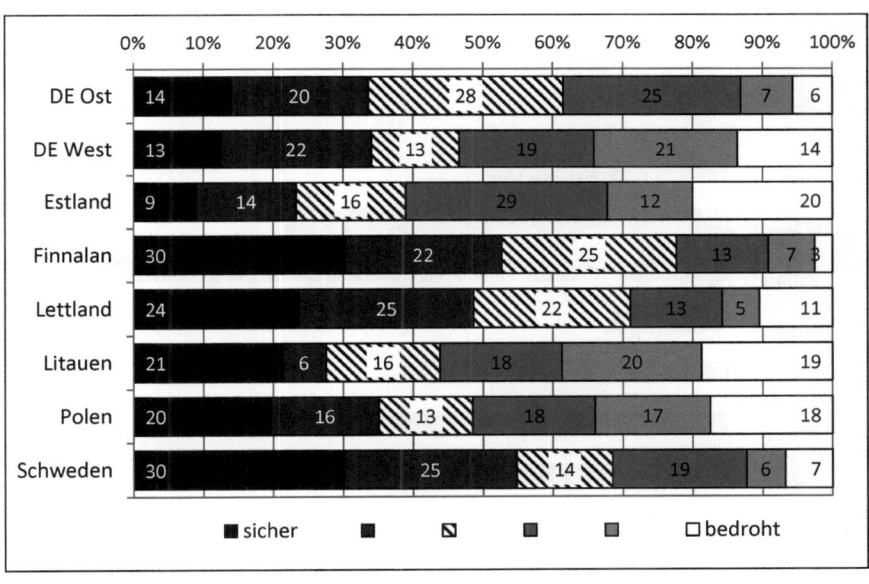

*   N = 702.
Quelle: Universität Greifswald, Lehrstuhl für Kriminologie, Mare-Balticum-Prison-Survey 2002-2004 und eigene Berechnungen.

Das empfundene Bedrohungsgefühl der Gefangenen in Polen, Estland und Litauen war besonders hoch (etwa 17-20%). Werden die beiden Kategorien „ziemlich" oder „sehr bedroht" summiert, so fühlten sich 34% der polnischen, 39% der litauischen und 32% der estnischen Gefangenen ziemlich oder stark bedroht, während dies (erwartungsgemäß) in Finnland und Schweden nur bei 9% bzw. 12% der Fall war. Erstaunlich war der hohe Anteil sich bedroht fühlender Gefangener in den beiden westdeutschen Anstalten (in Schleswig-Holstein) von 34%, der deutlich über dem Wert der beiden Anstalten in Mecklenburg-Vorpommern (13%) lag (vgl. *Abbildung 12.9*).

Bei dem Themenkomplex Sicherheitsgefühl innerhalb der Anstalt wurde den Gefangenen noch eine weitere differenzierende Frage gestellt, indem das Sicherheitsgefühl während des Tages und in der Nacht erfasst wurde. In der nachfolgenden *Abbildung 12.10* wurden jeweils zwei Kategorien zusammengefasst: einerseits „ziemlich unsicher" und „sehr unsicher" und andererseits „ziemlich sicher" und „sehr sicher".

Die befragten finnischen und schwedischen Gefangenen scheinen sich sowohl am Tag als auch in der Nacht sicher zu fühlen. Größere Unterschiede sind in Deutschland zu beobachten, wo die Gefangenen sich am Tag unsicherer fühlen als in der Nacht. Ein Unterschied von fast 10% ergab sich auch in Estland.

Abbildung 12.10: **Sicherheitsgefühl während der Tages- und Nachtzeit**

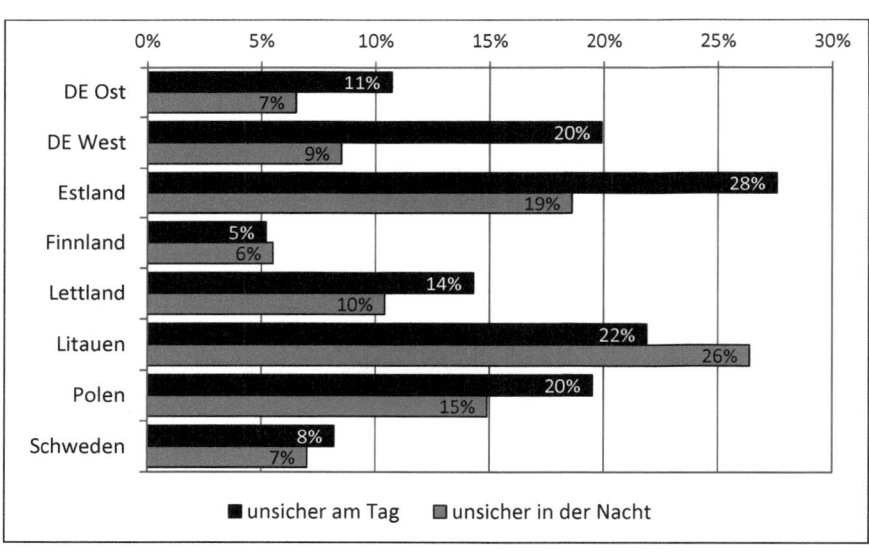

*   Tagsüber: N = 789; nachtsüber: N = 774.
Quelle: Universität Greifswald, Lehrstuhl für Kriminologie, Mare-Balticum-Prison-Survey 2002-2004 und eigene Berechnungen.

Während in Finnland 5% der Gefangenen sich sowohl am Tag als auch in der Nacht nicht sicher fühlen, sind es in Estland über 27%, die sich am Tag unsicher fühlen und in Litauen über 26%, wobei sich litauische Gefangene im Gegensatz zu allen Befragten der anderen Länder in der Nacht bedrohter fühlten als am Tag. In Polen war der Anteil des Bedrohungsgefühls mit 15% in der Nacht und 19% am Tag im Ländervergleich eher hoch.

Eines der wichtigsten Probleme des alltäglichen Lebens in den geschlossenen Anstalten ist die zwischenpersonale Gewalt, wo sowohl Täter als auch Opfer zu den Gefangenen gehören. Diese zwischenmenschliche individuelle Gewalt spielt sich aber immer im gesellschaftlichen Kontext des alltäglichen
Lebens hinter den Mauern ab.[716]

Abbildung 12.11: Viktimisierung in der Anstalt

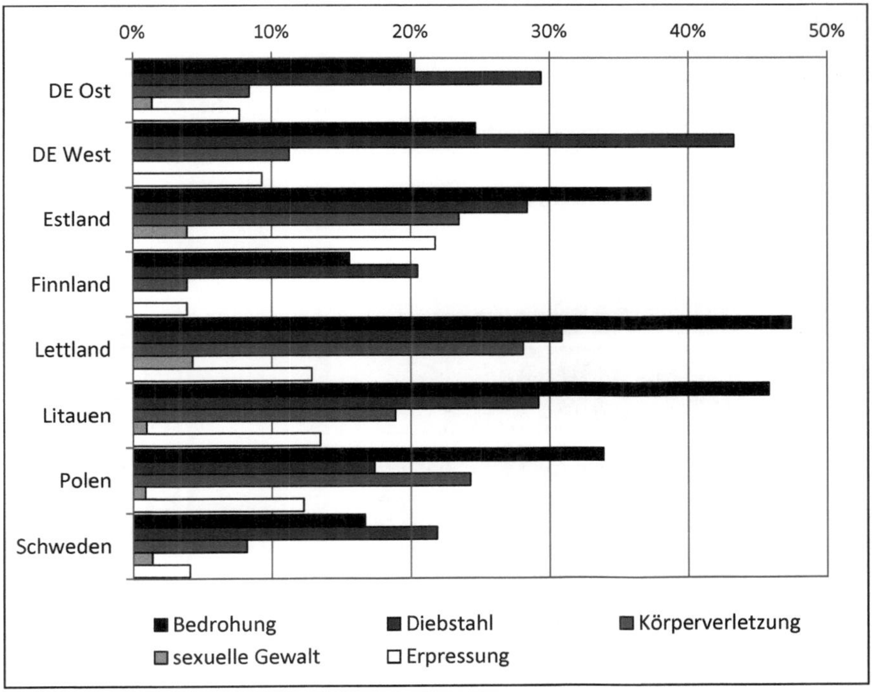

*   N = 799.
Quelle: Universität Greifswald, Lehrstuhl für Kriminologie, Mare-Balticum-Prison-
            Survey 2002-2004; vgl. auch *Dünkel* 2009, S. 191.

Bedrohungen wurden die Gefangenen am häufigsten in Lettland, Litauen,
Estland und Polen ausgesetzt. Über 30%, z. T. nahezu 50% (Lettland, Polen)
gaben an, mindestens einmal bedroht worden zu sein. In allen Ländern außer
Polen gaben über 20% der befragten Gefangenen an, bereits bestohlen worden
zu sein. Interessant ist, dass in Westdeutschland dieser Anteil mit über 40% sehr

---

716 Siehe *Bottoms* 1999, S. 250.

hoch war. Über ein Fünftel der Befragten in Polen, Estland und Lettland wurden Opfer einer Körperverletzung, während dieses Delikt in den deutschen und skandinavischen Anstalten eher selten berichtet wurde.[717]

Eine geringere Rolle spielt bei den Viktimisierungserfahrungen die Erpressung – ein relativ hoher Anteil findet sich jedoch in den baltischen Ländern und in Polen. Erpressungen waren 21,8% der Befragten in Estland, 13,5% in Litauen, 12,9% in Lettland und 12,3% in Polen ausgesetzt. Opfer einer sexuellen Gewalt zu werden, wurde relativ selten angegeben jedoch erreichen die Werte in Lettland und Estland ca. 4%. In Polen haben nur 0,9% der Gefangenen angegeben, sexuelle Gewalt erlebt zu haben.

Betrachtet man das Anstaltsklima unter dem Aspekt der disziplinarischen Konflikte und Konfliktregelung, so ergeben sich relativ hohe Anteile von Gefangenen, die im Verlauf ihrer Inhaftierung diszipliniert wurden.

Abbildung 12.12:   Anordnung von Disziplinarmaßnahmen

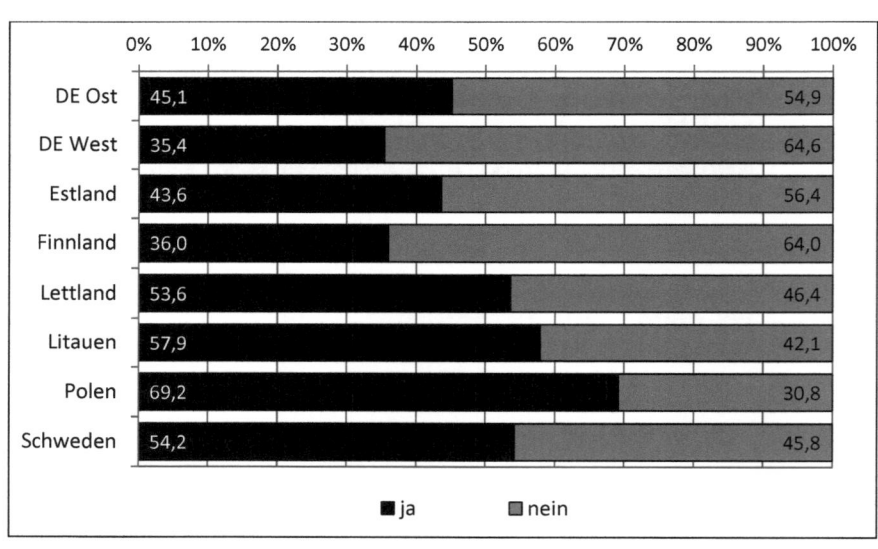

*   N = 795.

Quelle: Universität Greifswald, Lehrstuhl für Kriminologie, Mare-Balticum-Prison-Survey 2002-2004 und eigene Berechnungen.

---

717 Zu erheblich höheren Prävalenzraten kommt die Studie des KFN von 2012, (vgl. *Pfeiffer/Bieneck* 2012, S. 10 ff. wenngleich die methodischen Probleme einer validen Erfassung nicht zu unterschätzen sind. Ferner ist die Studie von *Neubacher* relevant, vgl. *Neubacher* 2008, S. 361-424.

In allen befragten Anstalten wurden über 30% der Gefangenen schon einmal disziplinarisch bestraft, in Polen allerdings war dieser Anteil am höchsten und betrug fast 70% (62,9%, vgl. *Abbildung 12.12*). Einerseits könnte dafür die Punitivität des Systems sprechen. Andererseits kann hier die Straflänge eine Rolle spielen, die in der untersuchten polnischen Stichprobe überdurchschnittlich lang war.[718] Je länger die Gefangenen schon inhaftiert sind, desto größer ist die Chance, disziplinarisch bestraft zu werden.

Auch wenn der Anteil der Bestraften in Polen am höchsten war, war der Anteil der disziplinarisch Bestraften ebenso am höchsten, die angaben den Grund der Bestrafung zu kennen (d. h., denen die Disziplinarmaßnahme offenbar ausführlicher erläutert worden war) (84%). Unter den schwedischen und estnischen Befragten gaben erstaunlicherweise nur 59% an zu wissen wofür die Disziplinarstrafe angeordnet wurde.

Abbildung 12.13:   Kenntnis der Gründe für die Anordnung von Disziplinarmaßnahmen

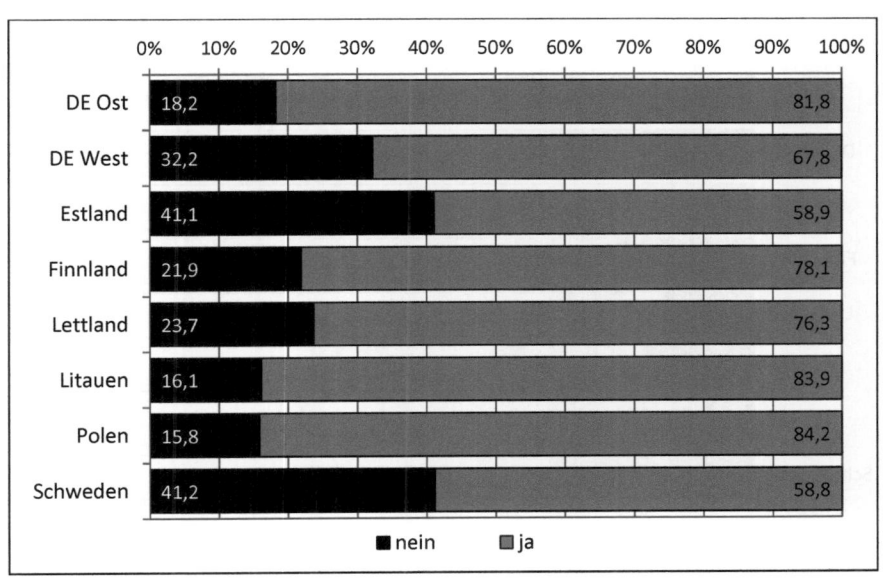

Quelle: Universität Greifswald, Lehrstuhl für Kriminologie, Mare-Balticum-Prison-Survey 2002-2004 und eigene Berechnungen.

---

718   Vgl. *Dünkel* 2009a, S. 186 (Tabelle 6).

Bemerkenswert hoch ist der Anteil der Gefangenen, die eine gemeinsame Bestrafung nannten.[719] In Polen, Schweden und Estland waren dies über 70%. In Polen können allerdings auch Fälle dazu gezählt werden, bei denen gegenüber einem Gefangenen als Disziplinarstrafe ein Fernsehverbot verhängt wurde und sein Fernseher ihm für zwei Wochen aus der Zelle entfernt wurde. Somit sind alle Mitinsassen des Haftraums durch diese Strafe beeinträchtigt. Diese Begründung ist allerdings für die schwedischen Gefangenen nicht hinreichend, weil dort 100% Gefangenen in Einzelhafträumen untergebracht sind und daher Mitgefangene durch ein Fernsehverbot nicht betroffen werden. Der auch in anderen Ländern hohe Anteil von als „Kollektivstrafen" empfundenen Maßnahmen könnte auch auf einem Missverständnis der Gefangenen beruhen, die bestimmte allgemeine Sicherungsmaßnahmen (Zellenkontrollen, veränderte Aufschlusszeiten u. ä.) als Strafe gegenüber allen wahrnahmen.

Abbildung 12.14:   **„Auseinandersetzungen zwischen Bediensteten und Gefangenen werden untersucht"**

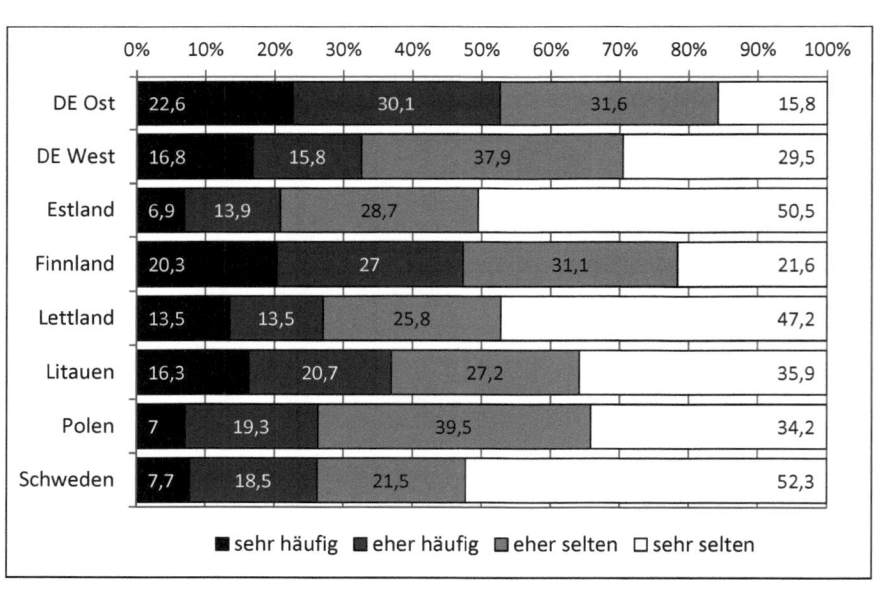

```
*           N = 763.
```
Quelle: Universität Greifswald, Lehrstuhl für Kriminologie, Mare-Balticum-Prison-Survey 2002-2004 und eigene Berechnungen.

---

719   Die entsprechende Frage lautete: Kommt es vor, dass einer aus dem Block/der Abteilung oder der Zelle gegen die Regeln verstößt und dann alle bestraft werden?

Ebenso sind die Antworten der Befragten hinsichtlich von durchgeführten Untersuchen der Auseinandersetzungen zwischen Bediensteten und Gefangenen eher beunruhigend. In einer totalen Institution wie dem Gefängnis, die oft durch „Spannungen und Machtkämpfe" bestimmt wird,[720] spielt die Kontrolle über solche Ereignisse eine bedeutende Rolle. Die Machtüberschreitung seitens der Bediensteten, aber auch die Bedrohungen der Gefangenen den Bediensteten gegenüber sind in der geschlossener Welt einer Anstalt eine wohl bekannte Begleiterscheinung der Subkultur, die in einem resozialisierungsorientierten Vollzug möglichst weitgehend zurückgedrängt werden sollten.

In den polnischen Anstalten haben über 70% der Befragten behauptet, dass solche Konflikte eher oder sehr selten untersucht werden. In den deutschen Anstalten sieht die Situation ein wenig anders aus: 30% bzw. 50% gaben an, die Konflikte werden sehr bzw. eher häufig untersucht (vgl. *Abbildung 12.14*).

Abbildung 12.15: „**Die Anstaltsleitung mischt sich in die Auseinandersetzungen zwischen Gefangenen ein**"

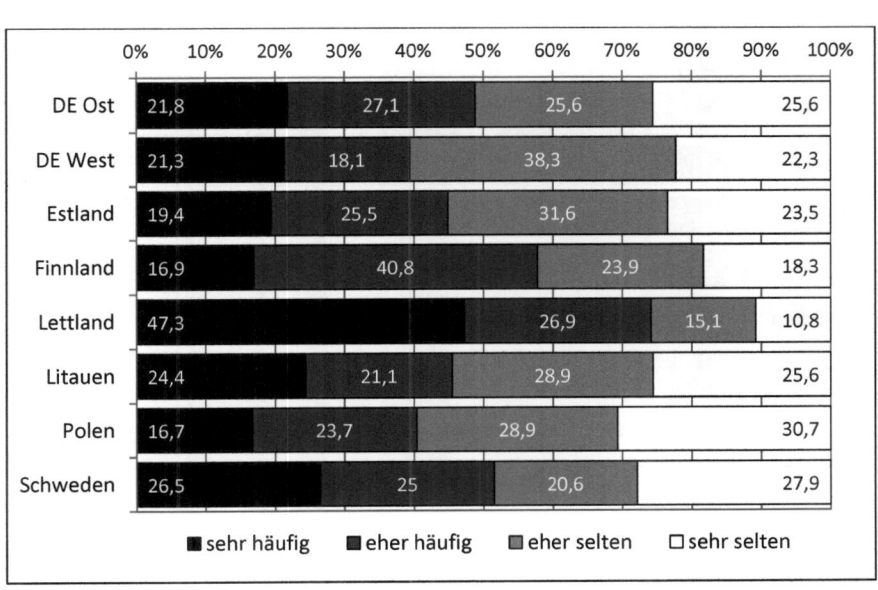

N = 761.

Quelle: Universität Greifswald, Lehrstuhl für Kriminologie, Mare-Balticum-Prison-Survey 2002-2004 und eigene Berechnungen.

---

720 *Bögemann* 2004, S. 24.

Um die Gefangenen vor Übergriffen anderer Mitgefangenen zu schützen ist es sehr wichtig, dass die Auseinandersetzungen unter Gefangenen auch bekannt und untersucht werden. Andernfalls entsteht eine Doppelhierarchie, eine „Subkultur der Macht" was u. a. den Verlust der Kontrolle seitens der Strafanstaltsleitung zur Folge haben kann. Somit wirken die Antworten in den befragten polnischen Anstalten hier auch ziemlich beunruhigend. Fast 60% der Gefangenen meinten, dass die Anstaltsleitung bei erkennbaren Konflikten unter Gefangenen nicht einschreitet (einen vergleichbar hohen Wert erreichten die beiden Anstalten in Schleswig-Holstein, vgl. *Abbildung 12.15*). Dies könnte darauf hinweisen, dass die Vollzugsbediensteten die Gefangenen großenteils sich selbst überlassen.

Abbildung 12.16: **„In dieser Anstalt kommt es zu vermittelnden Gesprächen"**

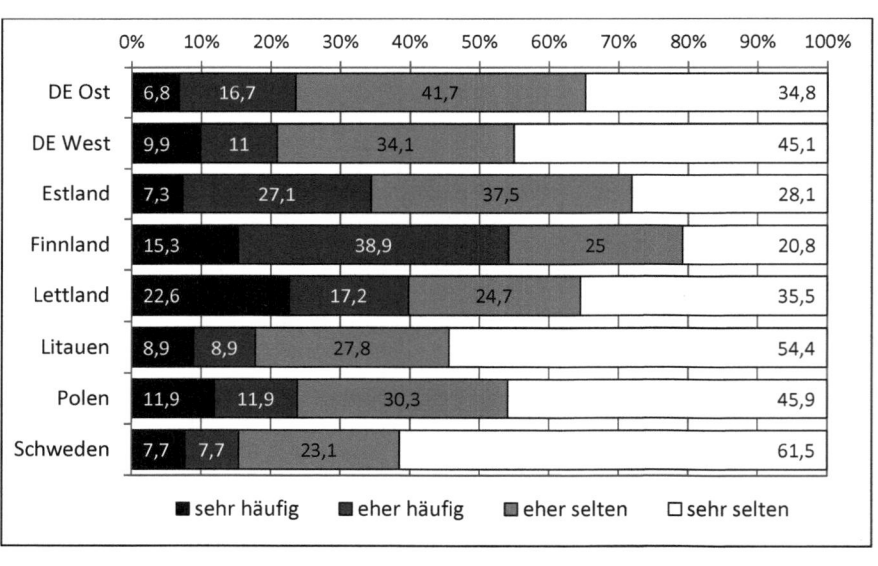

* N = 748.
Quelle: Universität Greifswald, Lehrstuhl für Kriminologie, Mare-Balticum-Prison-Survey 2002-2004 und eigene Berechnungen.

In schwedischen, polnischen, litauischen und westdeutschen Anstalten gaben zwischen 45% und 62% der Gefangenen an, dass vermittelnde Gespräche sehr selten stattfinden, die weiteren 30% der polnischen Befragten antworteten, dass solche Konfliktregelungen eher selten stattfinden, d. h. über 70% der polnischen Befragten meinten, dass solche Gespräche selten geführt werden. In allen anderen einbezogenen Ländern außer Finnland und Lettland wurden ähnlich hohe oder sogar noch höhere Werte angegeben, insbesondere in Schweden (vgl. *Abbildung 12.16*).

Die Idee des „restorative prison", die einvernehmliche Konfliktregelungen anstatt disziplinarischer Sanktionen favorisiert, war zum Untersuchungszeitraum noch nicht besonders entwickelt. In den aktuellen Ländergesetzen zum Jugendstrafvollzug in Deutschland (seit 2008) hat hier allerdings diese Idee erheblich an Bedeutung gewonnen, indem Konfliktbereinigungen durch erzieherische Gespräche und Wiedergutmachungsvereinbarungen Vorrang haben sollen.[721] Eine ähnliche Entwicklung zeichnet sich derzeit (2013) für die Gesetzesentwürfe zum Erwachsenenstrafvollzug in Deutschland ab.[722]

12.1.1.5   Arbeit und Arbeitsentlohnung

In allen Ländern hatten durchschnittlich 49% der befragten Gefangenen Arbeit, wobei signifikante Unterschiede im Ländervergleich auftraten.[723] In den beiden westdeutschen Anstalten, in Finnland und Schweden haben über 60% der befragten Gefangenen angegeben, eine Arbeit auszuüben.

---

721   Vgl. *Kühl* 2012, S. 253 ff.

722   Vgl. zum Mustergesetzentwurf von 10 Bundesländern vom 23.8.2011 *Baechtold/ Cornel/Dünkel u. a.* 2012.

723   Chi Quadrat = 120,837, df = 21; p<.000.

Abbildung 12.17:   **Arbeit und Arbeitsentlohnung (in %)**

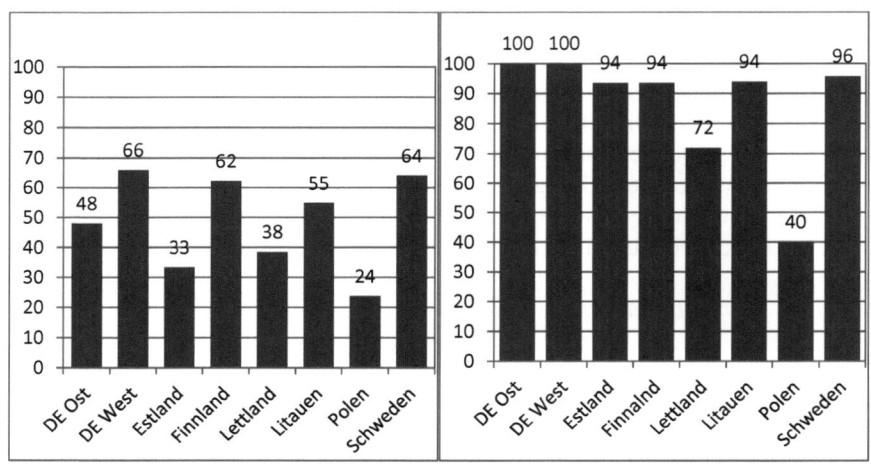

*	N = 653; links: Anteil der arbeitenden Gefangenen; rechts: Anteil der arbeitenden Gefangenen, die entlohnt werden.
Quelle:	Universität Greifswald, Lehrstuhl für Kriminologie, Mare-Balticum-Prison-Survey 2002-2004; vgl. auch *Dünkel* 2009a, S. 192 und eigene Berechnungen.

In Deutschland erhielten 100%, in den übrigen Ländern mit Ausnahme von Lettland und besonders Polen über 90% der arbeitenden Gefangenen eine Arbeitsentlohnung. Die Situation in Polen war außerordentlich problematisch, da nur 24% der Gefangenen einer Arbeit nachgegangen sind und davon nur 40% eine Bezahlung für diese Arbeit erhielten. Von allen Gefangenen in den polnischen Anstalten hatte dementsprechend nur ein Anteil von etwa 9% eine bezahlte Arbeit (vgl. *Abbildung 12.17*). Diesen Angaben der Gefangenen entsprechen auch die offiziellen Statistiken des Strafvollzugsdienstes. Inzwischen (2012) hat sich diese Situation nur geringfügig verbessert. Arbeit hat nur knapp ein Drittel aller Strafgefangenen (29,8%; ohne Untersuchungshäftlinge) und bezahlte Arbeit lediglich ca. 13%.[724] Die Arbeitslosenquote wird offiziell mit 28,3% angegeben.[725] Die Differenz zwischen dieser Zahl und der Beschäftigungsquote betrifft Gefangene, denen aus verschiedenen Gründen keine Arbeit angeboten wird, z. B. wegen fehlender Mitwirkung an Resozialisierungspro-

---

724   Strafvollzugsstatistik 2012, Stichtag 31.12.2012, vgl. auch *Kapitel 8.3*.

725   In der allg. Gesellschaft die Arbeitslosigkeitsquote beträgt 12% (Stand Dezember 2012). Quelle, http://www.stat.gov.pl/gus/5840_677_PLK_HTML.htm. In Deutschland beträgt diese 6,9% (Stand 5 Oktober 2012). Quelle: http://de.statista.com/statistik/daten/studie/13038/umfrage/saisonbereinigte-arbeitslosenquote-deutschland-monatsdurchschnittswerte.

grammen, anderen offenen Verfahren, Krankheit etc. Ein Teil der Gefangenen, die keine Arbeit haben nimmt an Berufsausbildungs- und Therapiemaßnahmen teil und wird deshalb nicht beschäftigt.

12.1.1.6 Vollzugslockerungen und Entlassungsvorbereitung

Abbildung 12.18: Anteile von Gefangenen, die Ausgang oder Hafturlaub erhalten haben

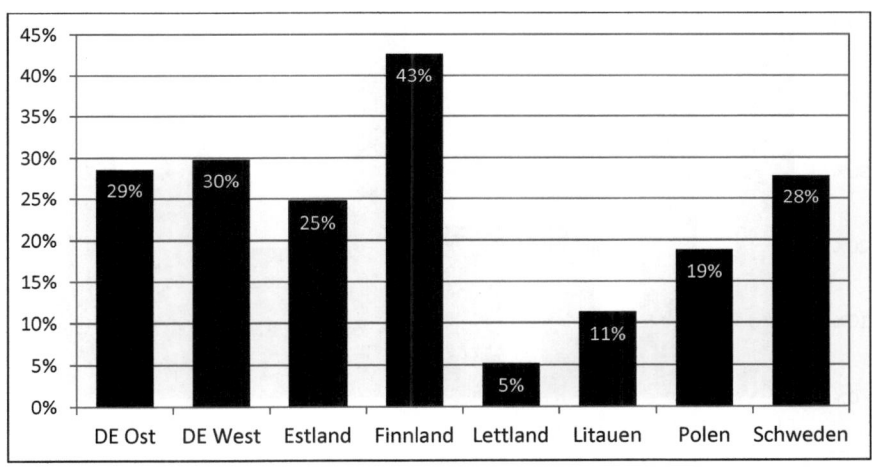

| * | N = 772. |
| Quelle: | Universität Greifswald, Lehrstuhl für Kriminologie, Mare-Balticum-Prison-Survey 2002-2004; vgl. *Dünkel* 2009, S. 193. |

Polen, Lettland und Litauen gehören zu den Ländern, die eine sehr restriktive Lockerungspraxis aufweisen. Nur knapp 19% der polnischen Gefangenen und noch weniger Gefangene in Lettland und Litauen haben tageweise Ausgänge oder mehrtägige Beurlaubungen aus der Haft erhalten (vgl. *Abbildung 12.18*).[726] Die eingeschränkte Praxis wird in den baltischen Ländern durch Langzeitbesuche (mit Übernachtung der Besuchsperson) gemildert (58-85% er-

---

726 Nur in Finnland erhielt ein nennenswerter Anteil der Gefangenen Lockerungen (43%). Der relativ niedrige Anteil in Schweden (28%) könnte mit dem hohen Anteil von Drogendelinquenten zusammenhängen, vgl. oben *Kapitel 12.1.1.1* und *Tabelle 12.2* (Delikte).

hielten solche Besuche), während in Polen diese Art von Besuchen kaum existiert (3,4%).[727]

Abbildung 12.19:   Teilnahme an Entlassungsvorbereitungsmaßnahmen

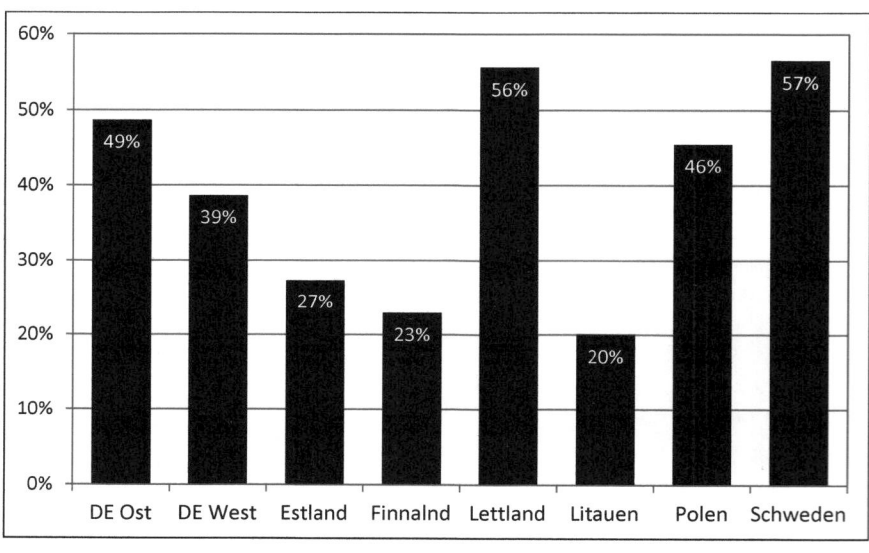

Quelle: Universität Greifswald, Lehrstuhl für Kriminologie, Mare-Balticum-Prison-Survey 2002-2004; vgl. *Dünkel* 2009, S. 193.

Der Anteil der Befragten, die während der letzten zwei Jahre der Strafverbüßung an einer Entlassungsvorbereitungsmaßnahme teilnahmen, variierte zwischen 20% in Litauen und 56,5% in Schweden. Polen schneidet im Vergleich mit 45% relativ günstig ab (vgl. *Abbildung 12.19*). In Polen sehen die Vorschriften vor, dass die Gefangenen erst in den letzten 6 Monaten vor der Entlassung intensiver auf das Leben in der Freiheit vorbereitet werden. Während dieser Zeitspanne wäre wahrscheinlich der Anteil der zustimmenden Antworten noch höher ausgefallen. Die Vorbereitung auf die Freiheit sollte jedoch möglichst mit der Aufnahme in die Anstalt beginnen (jedenfalls bei kürzeren und mittleren Strafen), mit zunehmender Intensität bis zum Strafende.

---

727   Vgl. *Dünkel* 2009a, S. 193-194, die restriktive Lockerungspraxis in Polen entspricht den in *Kapitel 8.7.3* dargestellten aktuellen Befunden.

12.1.2   Befragung der Bediensteten

Zur Realisierung eines auf der Menschenwürde gegründeten Behandlungsvollzugs spielt das Personal eine entscheidende Rolle. Die Strafanstalt als eine totale geschlossene Institution[728] bietet einen sehr schwierigen Arbeitsplatz, mit dem relativ viele negative Faktoren verbunden sind.[729] Der alltägliche Kontakt mit Gewalt, ständiger Gefährdung durch verbale Aggression seitens der Gefangenen, die Doppelrolle als „erziehende Person", die den Prozess der Resozialisierung der Gefangenen unterstützen und begleiten soll und als „kontrollierende" Person, die Überwachung und Disziplinierungsfunktionen ausübt,[730] als auch eine sehr hierarchisch aufgebaute Struktur und mangelnde Beteiligung bei der Entscheidungsfindung sind psychisch sehr belastend. Häufiger als in anderen Berufen führt dies zu Erkrankungen und verursacht auch früher und vermehrt Erscheinungen von Burn-out-Syndromen.[731] Verschiedene Studien zeigen auch, dass das Gefängnispersonal eine Gruppe mit hohem Opferrisiko bzgl. Mobbing darstellt.[732]

Andauernder Stress und Unzufriedenheit können einen negativen Einfluss auf das Verhalten der Bediensteten gegenüber den Gefangenen als auch untereinander haben. Die zwischenmenschlichen Relationen bestimmen jedoch bedeutend das soziale Klima jeder Institution, die wiederum Quelle für Zufriedenheit oder Frust darstellt. In dieser engen, oft von der Außenwelt durch Mauern hermetisch isolierten Gemeinschaft entstehen leicht Konflikte und Machtmissbrauch.

In Anbetracht dieser Risiken und Gefahren sind nicht nur die fachliche Ausbildung, sondern insbesondere auch die sozialen Kompetenzen der Bediensteten, speziell in den leitenden Positionen von enormer Bedeutung. Ihre persönliche Einstellungen und Wertorientierungen spielen dabei eine wesentliche Rolle.

Die im Folgenden dargestellten, ausgewählten Ergebnisse beziehen sich auf eine Stichprobe von 364 Bediensteten.[733]

---

728   Vgl. *Goffman* 1973, S. 11.

729   Vgl. *Bögemann* 2004.

730   Vgl. *Goffman* 1973, S. 86.

731   *Merecz-Kot/Cębrzyńska* 2008, S. 443. Siehe ua. *Ghaddar/Inmaculada/Sanchez* 2008, S. 94. Zum Forschungsstand und zu den besonders belastenden Faktoren der Arbeit im Strafvollzug siehe *Bögemann* 2004, S. 29 ff.

732   *Merecz-Kot/Cębrzyńska* 2008, S. 450.

733   Die Auswertung der Fragenkomplexe bezieht sich ausschließlich auf die gültigen Angaben, fehlende Angaben bei den ermittelten Prozent- und Mittelwerten werden nicht berücksichtigt.

Wie schon zu Beginn des Kapitels erwähnt, haben bei der Studie 7 Länder teilgenommen. Die Zusammensetzung der Stichprobe stellt die nachfolgende *Tabelle 12.3* dar.

Das durchschnittliche Alter der Befragten lag zwischen knapp 33 und 42 Jahren. Die Arbeitserfahrung bezog sich auf 3 bis 11 Jahre. Der niedrige Wert in Estland ist damit zu erklären, dass in Estland Bedienstete in der damals neuen Anstalt Tartu (darunter etliche Berufsanfänger) befragt wurden. Estnische Bedienstete zeichneten sich auch durch einen großen Anteil an Frauen aus. Im Gegenteil dazu gab es unter den polnischen Befragten keine Frauen.

Tabelle 12.3:   **Stichprobe der Bedienstetenbefragung**

Land	N = 364	Alter (SD)	Arbeitsjahre (SD)	Anteil des weiblichen Personals
Deutschland Ost	49	38,4/(8,1)	11,4 (8,0)	20,4
Deutschland West	30	38,57(7,5)	11,0 (7,2)	6,9
Estland	33	37,3/(9,9)	3,0 (2,3)	54,5
Finnland	38	33,2/(10,1)	9,2 (9,1)	13,2
Lettland	60	32,6/(9,6)	8,6 (7,8)	8,3
Litauen	57	32,7/(7,3)	7,1 (5,6)	14,0
Polen	49	35,4/(5,1)	10,2 (4,6)	0
Schweden	48	42,1/(13,5)	11,4 (11,7)	41,7

Quelle: Universität Greifswald, Lehrstuhl für Kriminologie, Mare-Balticum-Prison-Survey 2002-2004.

12.1.2.1.   *Einstellung zum Sinn und Ziel des Strafvollzugs*

Im Rahmen der Studie wurden die befragten Bediensteten nach ihrer Meinung zum Ziel und zu den Aufgaben des Strafvollzugs in der Praxis als auch im Idealfall gefragt. Die Bediensteten konnten alle vorgegebenen Ziele anführen (d. h. Mehrfachnennungen waren möglich).

Obwohl dies gesetzlich so festgelegt ist, gaben nur 17% der polnischen Befragten an, dass in der Praxis das Ziel des Vollzugs die Resozialisierung sei. Mit 79% gab ein erheblicher Teil der Befragten den Schutz der Öffentlichkeit als Hauptzweck der Freiheitsstrafe an. Zur Frage nach dem idealen Ziel wurde die Resozialisierung häufiger benannt, trotzdem wurde sie nicht einmal von der Hälfte der polnischen Bediensteten erwähnt (43%). Dies bedeutet, dass in Polen – ebenso wie übrigens in allen anderen erfassten Ländern – die Bediensteten eine erhebliche Diskrepanz zwischen idealem Anspruch und der Praxis des Vollzugs wahrnehmen. Die Antworten können als ausgeprägte Kritik an dem Mangel an Behandlungsangeboten, den eingeschränkten Freizeitmöglichkeiten und der Unterbesetzung beim Personal gewertet werden. Die Zweifel der Bediensteten an der existierenden Resozialisierungspraxis sind angesichts der in *Kapitel 12.1* aus der Sicht der Gefangenen dargestellten Indikatoren berechtigt. Besonders bedenklich erscheint allerdings, dass die Bediensteten auch auf die Frage nach dem Idealfall die Resozialisierung gegenüber anderen Strafzwecken nicht besonders herausheben und sie sogar gegenüber dem Schutz der Allgemeinheit und der Sühne für das begangene Verbrechen als nachrangig bewerten. Ein behandlungsorientierter Strafvollzug ist jedoch kaum realisierbar, wenn diejenigen, die für seine Umsetzung verantwortlich sind, die Resozialisierung nicht als wichtiges und primäres Ziel des Strafvollzugs benennen.

Abbildung 12.20: **Einstellung zum Sinn und Ziel des Strafvollzugs**

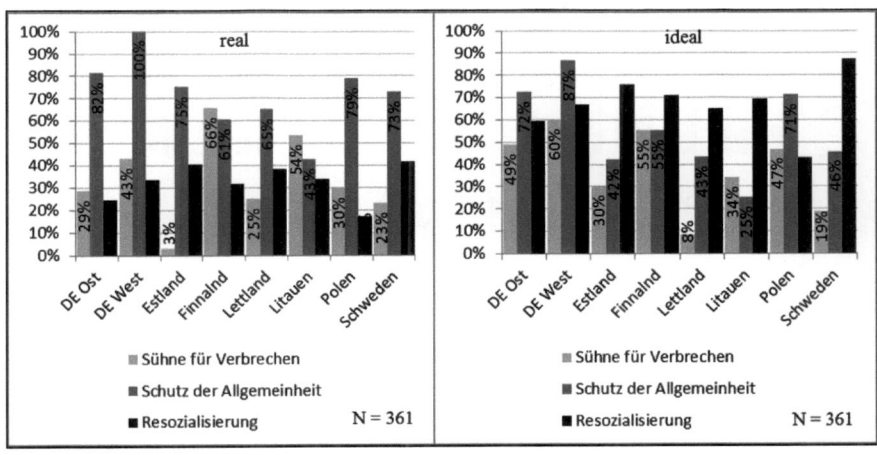

| Quelle: | Universität Greifswald, Lehrstuhl für Kriminologie, Mare-Balticum-Prison-Survey 2002-2004; vgl. *Kestermann* 2004, S. 298; *Dünkel* 2009a, S. 196 und eigene Berechnungen. |

Wie zu vermuten war, hat ein ganz überwiegender Teil der skandinavischen Bediensteten die Resozialisierung als vorrangiges und ideales Ziel angegeben – 88% in Schweden und 71%, in Finnland. Aber auch in den baltischen Ländern Estland (76%) und Litauen (70%) waren diese Anteile höher als in Deutschland (60% und 67%).[734]

---

734 Siehe *Kestermann* 2004, S. 298.

Die durchgängig wahrgenommene Diskrepanz zwischen realer und idealer Situation bzgl. der Resozialisierungsidee wird in nachfolgender *Abbildung 12.21* nochmals veranschaulicht. Überall wünschen sich die Bediensteten einen stärker resozialisierungsorientierten Vollzug und zugleich eine Rücknahme der zu starken Orientierung an Sicherheitsaspekten.[735]

Abbildung 12.21:   Resozialisierung in der Praxis und im Idealfall

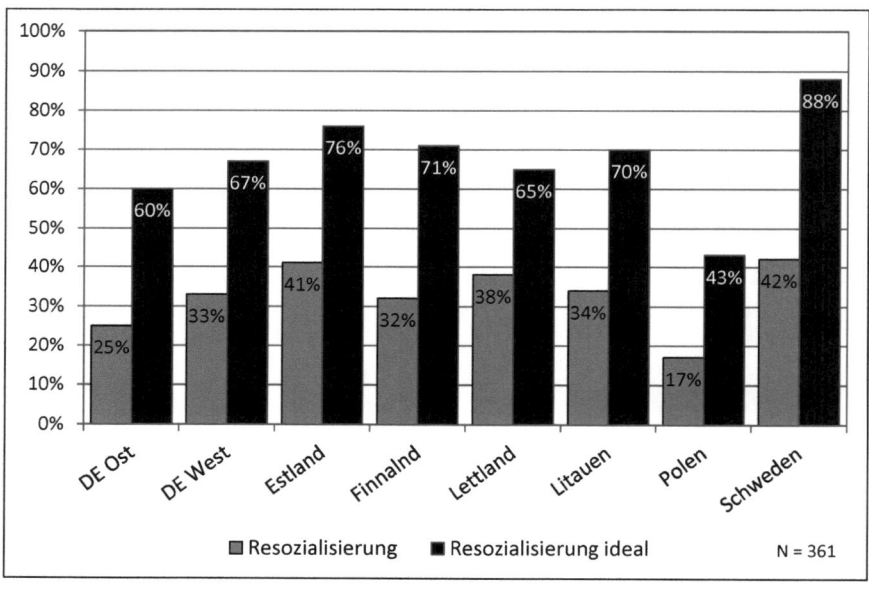

Quelle: Universität Greifswald, Lehrstuhl für Kriminologie, Mare-Balticum-Prison-Survey 2002-2004.

Seit einigen Jahren findet der Gedanke der Wiedergutmachung (*restorative justice* bzw. *restorative prisons*) auch als Strategie der Konfliktregelung im Strafvollzug immer mehr Beachtung.[736] In einigen europäischen Systemen gibt es erste Ansätze und Projekte, die dieses Ziel verfolgen und Möglichkeiten einer opferbezogenen Vollzugsgestaltung erarbeiten.[737] Auch dazu wurden in Rahmen der Studie die Bediensteten nach ihrer persönlichen Meinung gefragt.

---

735   Vgl. *Dünkel* 2009a, S. 196.

736   Vgl. insbesondere *Gelber/Walter* 2012 und 2013.

737   Über Täter-Opfer-Ausgleich im deutschen und belgischen Strafvollzug siehe *Gelber* 2012.

Abbildung 12.22: „Fänden Sie Kontakte zum Opfer und Versuche zur Wiedergutmachung sinnvoll?"

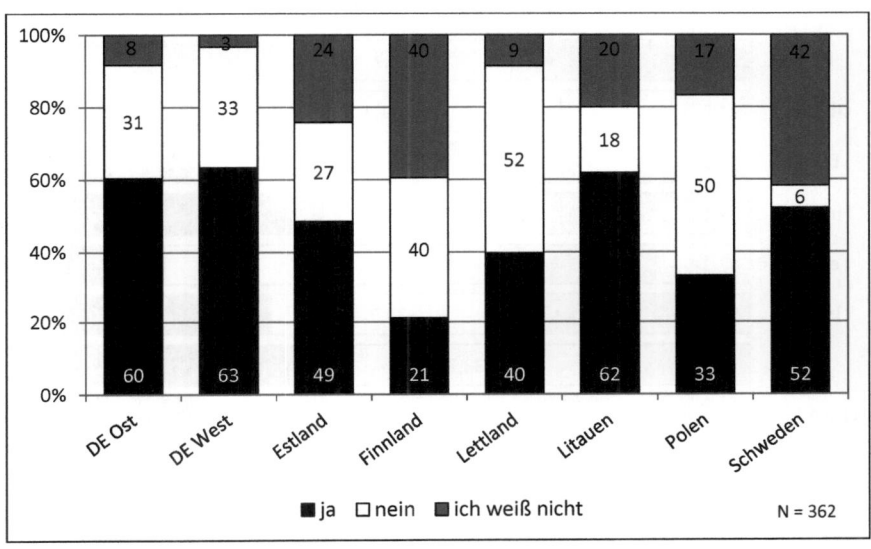

Quelle: Universität Greifswald, Lehrstuhl für Kriminologie, Mare-Balticum-Prison-Survey 2002-2004; eigene Berechnungen.

Nur 33% der polnischen Antwortenden begrüßten die Wiedergutmachung, 50% waren definitiv dagegen und 17% waren eher unentschieden bzw. hatten keine eindeutige Meinung zur dieser Problematik. Nur bei den finnischen Bediensteten gab es weniger bejahende Antworten, wobei hier die Zahl der negativen Antworten geringer war. Eine entgegengesetzte Meinung hatten die deutschen und die litauischen Befragten. Hier bejahten mindestens 60% solche Bemühungen seitens der Inhaftierten (vgl. *Abbildung 12.22*).

Im Folgenden werden noch Einstellungen zu zwei wertbezogenen Meinungsäußerungen dargestellt, die auch mit dem Ziel und mit der Vollzugsgestaltung verbunden sind. Leider zeigten sich auch hier die polnischen Bediensteten eher punitiv und eher nicht am Resozialisierungsgedanken orientiert. 42% der polnischen Befragten waren der Meinung, dass Resozialisierung eine Geldverschwendung bedeutet und nur knapp 25% vertraten der Meinung, dass diese Äußerung völlig falsch bzw. eher falsch ist. Auch hier ergaben die Antworten der polnischen Befragten negativere Einstellungen zum Resozialisierungsziel als die Antworten der Befragten in allen anderen erfassten Ländern.

Abbildung 12.23: „Resozialisierung ist Geldverschwendung"

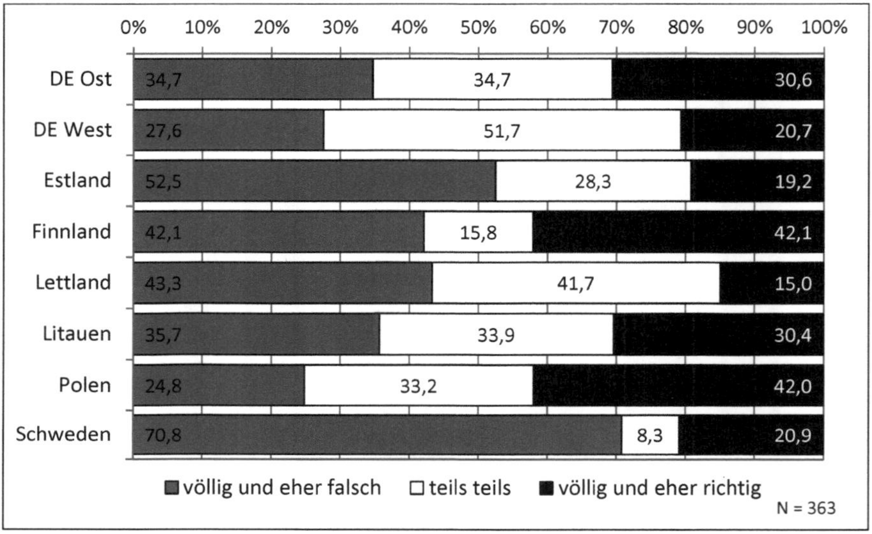

	0%	10%	20%	30%	40%	50%	60%	70%	80%	90%	100%

DE Ost: 34,7 | 34,7 | 30,6

DE West: 27,6 | 51,7 | 20,7

Estland: 52,5 | 28,3 | 19,2

Finnland: 42,1 | 15,8 | 42,1

Lettland: 43,3 | 41,7 | 15,0

Litauen: 35,7 | 33,9 | 30,4

Polen: 24,8 | 33,2 | 42,0

Schweden: 70,8 | 8,3 | 20,9

■ völlig und eher falsch ☐ teils teils ■ völlig und eher richtig

N = 363

Quelle: Universität Greifswald, Lehrstuhl für Kriminologie, Mare-Balticum-Prison-Survey 2002-2004; eigene Berechnungen.

In öffentlichen Debatten hört man oft die Kritik an einer zu „luxuriösen" Gestaltung der Strafanstalten, an zu guten Haftbedingungen, die Gefängnisse würden eher „Hotels" ähneln.[738] Die Befragten wurden gebeten, sich auch zu dem Satz „Wenn die Anstalten weniger komfortabel wären, dann gäbe es viel weniger Kriminalität" zu äußern.

Auch hier spiegeln die Antworten der polnischen Bediensteten eher eine populistische Einstellung wider, die den Grundsätzen eines modernen, an Menschenrechtsstandards orientierten Vollzugs widerspricht. Ca. die Hälfte (50%) meinten, dass die Gefängnisse zu komfortabel wären bzw. die Verschlechterung der Lebensverhältnisse sich positiv auf die Bekämpfung der Kriminalität auswirken könnte. Dies erscheint angesichts der bescheidenen baulichen Gegebenheiten und einer damals drastischen Überbelegung in den beiden polnischen Gefängnissen sehr bedenklich und schwer nachvollziehbar.

---

738 So auch *Dünkel* 2008, S. 1.

Abbildung 12.24:   „Wenn die Anstalten weniger komfortabel wären, dann gäbe es viel weniger Kriminalität"

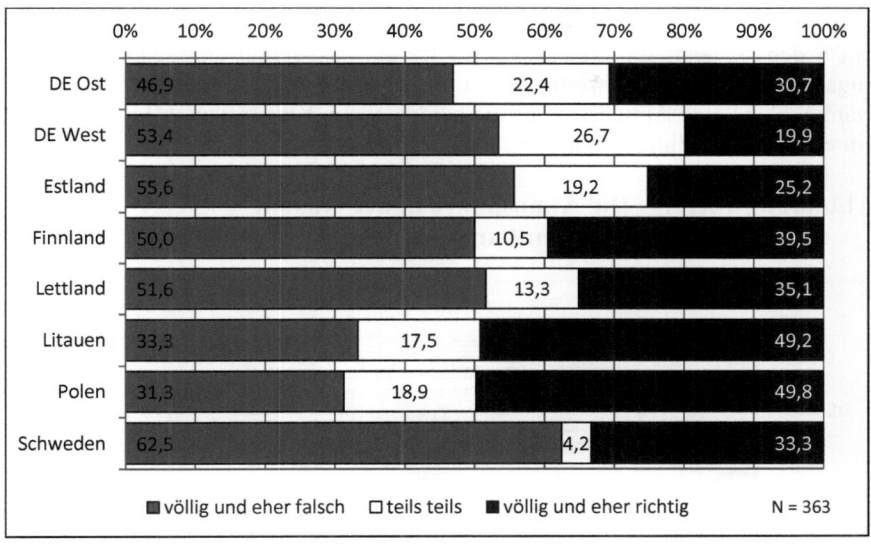

Quelle: Universität Greifswald, Lehrstuhl für Kriminologie, Mare-Balticum-Prison-Survey 2002-2004; eigene Berechnungen; siehe auch *Kestermann* 2004, S. 298.

Die eher punitive Einstellung der polnischen befragten Bediensteten könnte unter anderem durch zwei Faktoren beeinflusst sein: Erstens stehen die Befragten eher tief in der bestehenden Diensthierarchie, ihre Aufgaben stellen in überwiegendem Maße die Sicherheitsgewährung dar und sie übernahmen also keine pädagogischen oder therapeutischen Aufgaben. Zweitens gab es unter den polnischen Befragten als einziges Land keine weiblichen Bediensteten, die nach vorliegenden Studien oft stärker am Resozialisierungsgedanken orientiert sind.[739] Somit könnte die Zusammenstellung der polnischen Stichprobe die Antworten negativ beeinflusst haben.

Weiterhin können auf solche eher pessimistische und punitive Einstellungen die Arbeitsatmosphäre (Anstaltsklima), der Stress und der (damit verbundene) Gesundheitszustand Einfluss haben.

---

739 Die entsprechenden Auswertungen und Vergleichsanalysen hat *Kestermann* durchgeführt, siehe *Kestermann* 2004, S. 298.

12.1.2.2 Atmosphäre in den Anstalten

Die polnischen Befragten nahmen die Atmosphäre in den Anstalten als eher angespannt wahr. Sie stellten den größten Anteil derer auf der Skala von 1-6, die mit 6 den skalenmäßig höchsten Wert für ein ausgeprägt angespanntes Klima angaben, während gleichzeitig kein einziger Befragter die Kategorie 1 und 2 wählte, also keine Antworten auf die beiden ersten Kategorien entfielen, die für ein entspanntes Klima stehen.

Abbildung 12.25: Die Atmosphäre in der Anstalt entspannt/angespannt

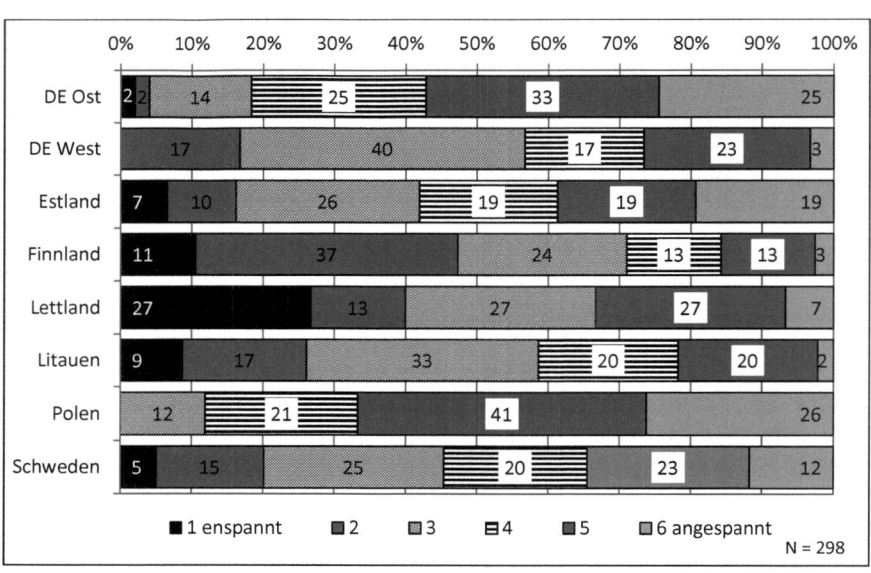

Quelle:	Universität Greifswald, Lehrstuhl für Kriminologie, Mare-Balticum-Prison-Survey 2002-2004; eigene Berechnungen.

Im Vergleich zu den anderen Ländern gaben die polnischen Bediensteten in einem beachtlichen Ausmaß an, sich bedroht zu fühlen. Auf der Skala 1-6 gaben über 40% die Werte 5 und 6 an. Die Werte in Polen liegen damit doppelt bis sechsfach so hoch als in den anderen erfassten Ländern (vgl. *Abbildung 12.26*).

**Abbildung 12.26:   Die Atmosphäre in der Anstalt
sicher/bedrohlich**

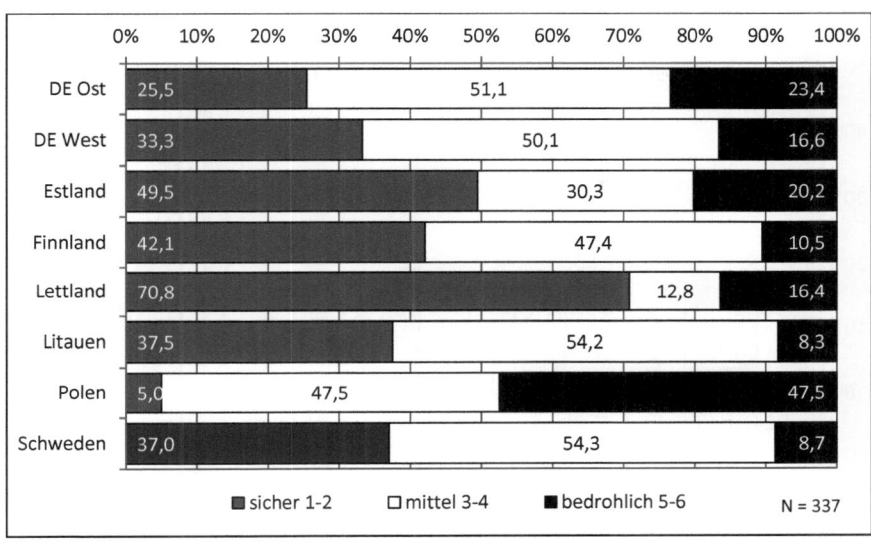

Quelle: Universität Greifswald, Lehrstuhl für Kriminologie, Mare-Balticum-Prison-
            Survey 2002-2004; eigene Berechnungen.

12.1.2.3   Gesundheit

Viele internationale und nationale Studien zeigen, dass Strafvollzugsbedienstete
ihren Gesundheitszustand ziemlich negativ beurteilen. Sie leiden öfter an „Stress
bedingten Erkrankungen" wie Herz-Kreislauf-Beschwerden, Magen- und Kopf-
beschwerden, nervösen Störungen oder sogar depressiven Verstimmungen.[740]

---

740 *Cheek/Miller* 1983, S. 111; *Bourbonnais u. a.* 2005. http://www.ncbi.nlm.nih.gov/
     pubmed/16012372. Letzter Abruf am 10.02.2013; *Ghaddar/Inmaculada/Sanchez* 2008.
     Siehe auch *Schollbach* 2013, S. 134 ff.

Abbildung 12.27:   Gesundheitsbeschwerden

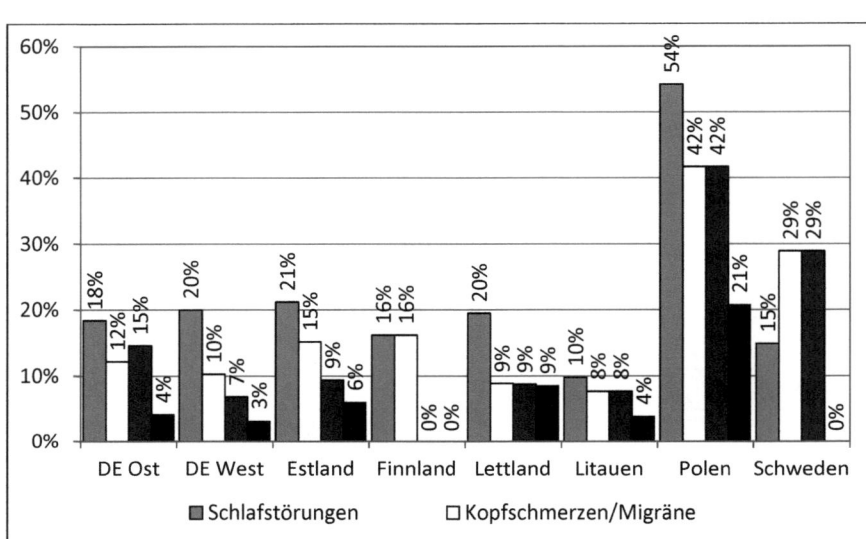

Quelle: Universität Greifswald, Lehrstuhl für Kriminologie, Mare-Balticum-Prison-
                 Survey 2002-2004, eigene Berechnungen.

Die Situation unter polnischen Bediensteten fällt insbesondere im Vergleich
zu den befragten Bediensteten der anderen Länder sehr negativ aus. Die Situation ist beunruhigend auch mit dem Hintergrund, dass es sich „nur" um persönliche Einschätzungen handelt und keine medizinisch festgestellten/dokumen-
tierten Fälle vorlagen. Schlafstörungen zu haben, gaben über die Hälfte der
befragten polnischen Bediensteten an, womit sie beinahe drei Mal so hoch als
der Durchschnitt aller anderen befragten Länder lagen. Über 30% litten unter
Migräne bzw. Kopfschmerzen und über 40% gaben Magenbeschwerden an. Der
Anteil der polnischen Bediensteten, die Herzbeschwerden angaben, war sogar
über drei Mal so groß wie der Durchschnitt der anderen Länder mit einem
Verhältnis von 21% zu 6% (vgl. *Abbildung 12.27*).

Wenn dazu noch erwähnt wird, dass über 70% (und zwar 41,7% mit der
Angabe „selten" und „nur" 33,3% mit der Angabe „oft") der polnischen Befragten behaupteten an depressiven Verstimmungen zu leiden, ergibt sich ein
beunruhigendes Bild des Gesundheitszustandes des polnischen Strafvollzugsdienstes.[741]

---

741   Die hier angegebenen Ergebnisse beziehen sich auf die Mare-Balticum-Studie aus dem
      Jahr 2004 und man kann vermuten, dass sich seit dieser Zeit einiges verbessert hat. Je-

Auch die emotionale Verfassung hat einen großen Einfluss auf die Arbeitsatmosphäre und den physischen Gesundheitszustand.[742] Es ist ein geschlossener Kreislauf: Die Zufriedenheit in der Arbeit hat Einfluss auf den Gesundheitszustand und die psychische und physische Kondition wiederum spielt eine bedeutende Rolle bei der Beurteilung des eigenen Zufriedenheitsausmaßes.[743]

Ein Mangel an Zufriedenheit am Arbeitsplatz, psychische Belastungen und geringe soziale Unterstützung führen zu emotionaler Erschöpfung und schließlich u. U. zu schweren psychischen und physischen Erkrankungen.

Eine interessante Analyse ergibt sich aus den Abfragen der persönlichen Erfahrungen bzgl. der Arbeitsatmosphäre der Bediensteten und in welcher Weise diese mit dem ziemlich hohen Anteil an Erkrankungen der polnischen Bediensteten zusammenhängt.[744] Dazu zählen die Angaben der Stressfaktoren als auch die persönliche Einschätzung der zwischenmenschlichen Beziehungen in der Arbeit. Die nachfolgend dargestellten Ergebnisse geben hierbei kein eindeutiges Bild ab, jedoch lassen sich Tendenzen feststellen. Wie den zwei nachfolgenden Abbildungen zu entnehmen ist, gaben über 65% der polnischen Befragten tatsächlich an, völlig unter dem ständigen Zeitdruck zu leiden, während weitere 15% dies ähnlich, wenn auch nicht im gleichen Ausmaß empfanden (vgl. *Abbildung 12.28*).

---

doch lieferten die im Jahr 2009 in Polen durchgeführten Untersuchungen der 604 Bediensteten auch kein besonders optimistisches Bild. Basierend auf das Beck-Depressions-Inventar ergaben sich folgende Ergebnisse: Angst vor der Zukunft: 62-71% der 604 Befragten; ein Gefühl ständiger Reizbarkeit und Unruhe: 51-69%; Schlafstörungen: 40-67%; der Verlust der Lebensfreude: 39-59%, siehe *Witkiewicz* http://members.multimania.co.uk/nszzfipw/Barbara%20Witkiewicz%20wyniki%20badan%20nad%20k ondycja%20psychiczna%20funkjconariuszy.pdf. Letzter Abruf am 30.12.2012.

742   *Cheek/Miller* 1983, S. 109; Vgl. *Schollbach* 2013, S. 156 ff.

743   *Bourbonnais* und ihre Kollegen haben im Jahr 2000 1034 Justizvollzugsbedienstete aus 18 Gefängnissen in Kanada in der Provinz Quebec untersucht. Die Ergebnisse ergaben, dass diese Berufsgruppe mehr negativen psychosozialen Faktoren bei der Arbeit ausgesetzt wird und über mehr gesundheitliche Probleme berichtete. Als besonders negativ wurden angegeben: psychischer Belastung, geringe soziale Unterstützung bei der Arbeit, und Konflikte mit Kollegen und Vorgesetzten. *Bourbonnais* u. a. 2005 englischer Abstract. http://www.ncbi.nlm.nih.gov/pubmed/16012372, letzter Abruf am 10.02.2013. Ähnliche besonders negative Faktoren haben in ihren Studien auch spanische Forscher benannt, siehe *Ghaddar/Inmaculada/Sanchez* 2008, S. 95.

744   Die Zusammenhänge zwischen Arbeitsbelastung, schlechtem Betriebsklima und gesundheitlichen Beschwerden und Krankheiten wurden auch in den Studien von *Kalimo* 1980 in finnischen Strafanstalten und von *Härenstam* u.a. 1988 in den schwedischen Strafanstalten festgestellt. Siehe zusammenfassend *Bögemann* 2004, S. 32.

Abbildung 12.28: „Ich stehe häufig unter Zeitdruck"

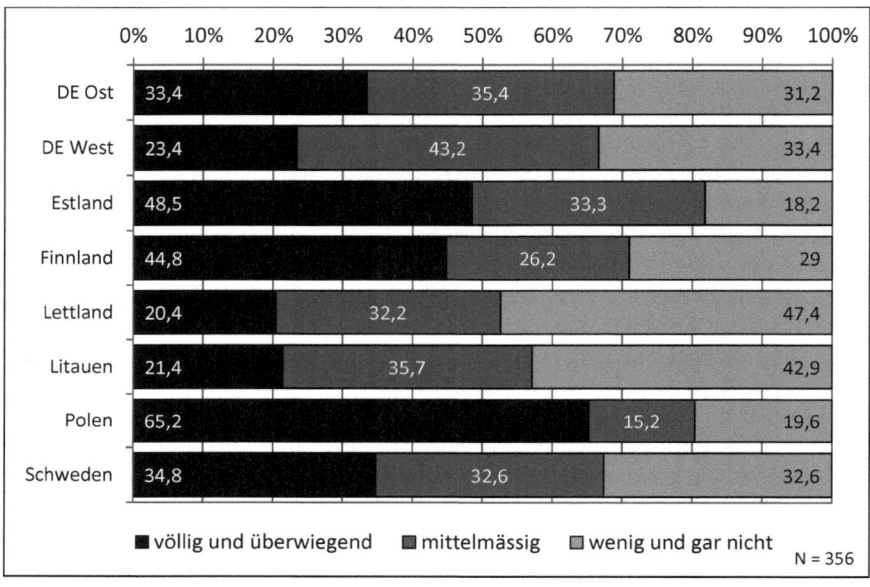

Quelle: Universität Greifswald, Lehrstuhl für Kriminologie, Mare-Balticum-Prison-Survey 2002-2004, eigene Berechnungen.

Mit dem Zeitdruck ist ein hoher Arbeitsaufwand verbunden. 68% der polnischen Bediensteten (der größte Anteil unter allen beteiligten Ländern) meinten zu viel Arbeit zu haben und weitere 25% behaupten, dass diese Aussage, wenn auch nur „mittelmäßig", doch auf sie zutrifft.

Abbildung 12.29: „Ich habe zu viel Arbeit"

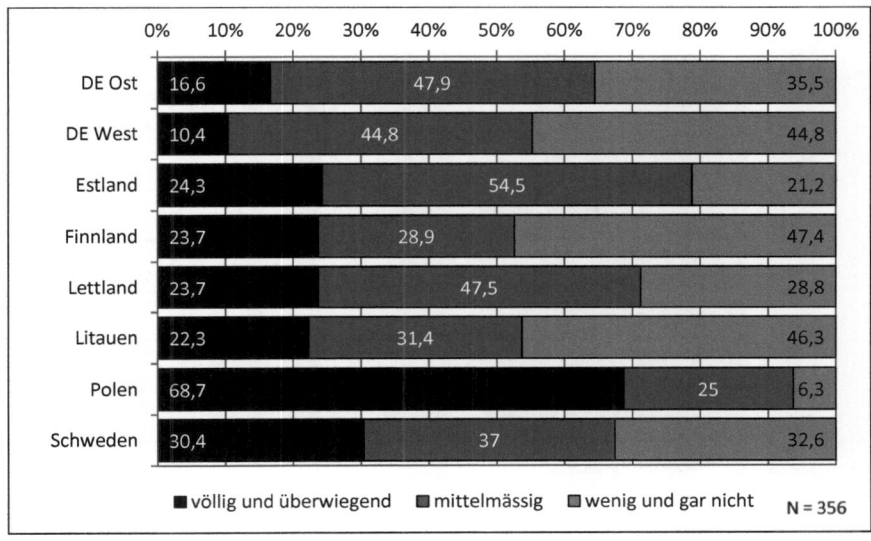

Quelle: Universität Greifswald, Lehrstuhl für Kriminologie, Mare-Balticum-Prison-Survey 2002-2004, eigene Berechnungen.

Wie in internationalen Studien festgestellt[745], stellt das Verhältnis unter Kollegen als auch zu der Leitung der Anstalt einen wichtigen Aspekt bei der Beurteilung der Arbeitsatmosphäre dar. In einigen Studien wurde festgestellt, dass das Arbeitsklima u. a. durch „Konsensprozesse" bei der Interaktion des Personals positiv beeinflusst werden kann.[746] Ein sehr spezifischer, hierarchisch aufgebauter Charakter des Dienstes lässt nicht viel Entscheidungsfreiraum für den einzelnen und kann auch als sehr bedeutender Stressfaktor gelten.

---

745 Siehe u. a. die schon erwähnte Studie von *Bourbonnais* als auch *Ghaddar/Inmaculada/ Sanchez.*

746 Studie von *Härenstam* 1988, zusammenfassend bei *Bögemann* 2004, S. 31.

Abbildung 12.30: „Die Anstaltsleitung ist bereit die Ideen und Vorschläge der Bediensteten zu berücksichtigen"

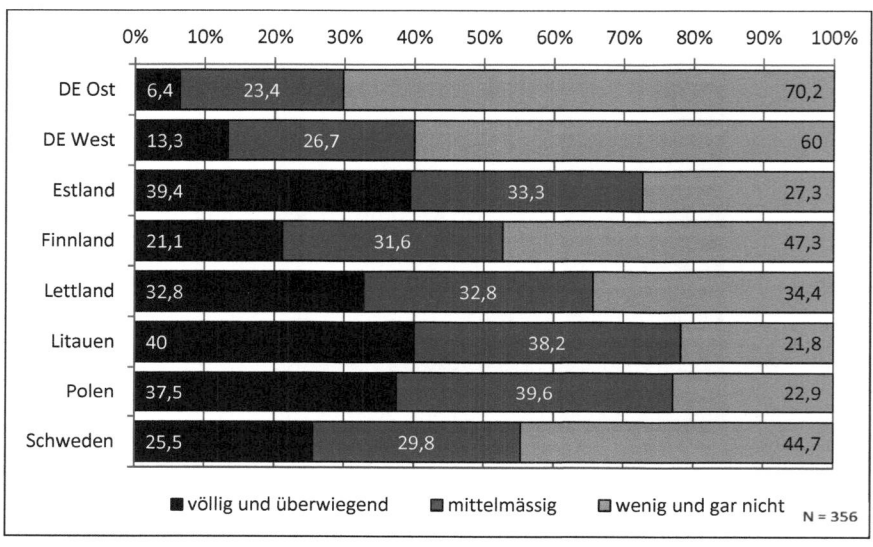

Quelle: Universität Greifswald, Lehrstuhl für Kriminologie, Mare-Balticum-Prison-
Survey 2002-2004, eigene Berechnungen.

Die polnischen Bediensteten gaben an, dass ihre Vorschläge von der Leitung
vergleichsweise häufig berücksichtigt wurden. 37,5% behaupteten, dass dies oft
passiert und weitere knapp 40%, dass es manchmal der Fall ist. Diese Tatsache
ist als positiv zu beurteilen und kann vielleicht einen Ausgleich zu den vielen
Stressfaktoren darstellen (vgl. *Abbildung 12.30*).

Abbildung 12.31: Verlass auf Vorgesetzten

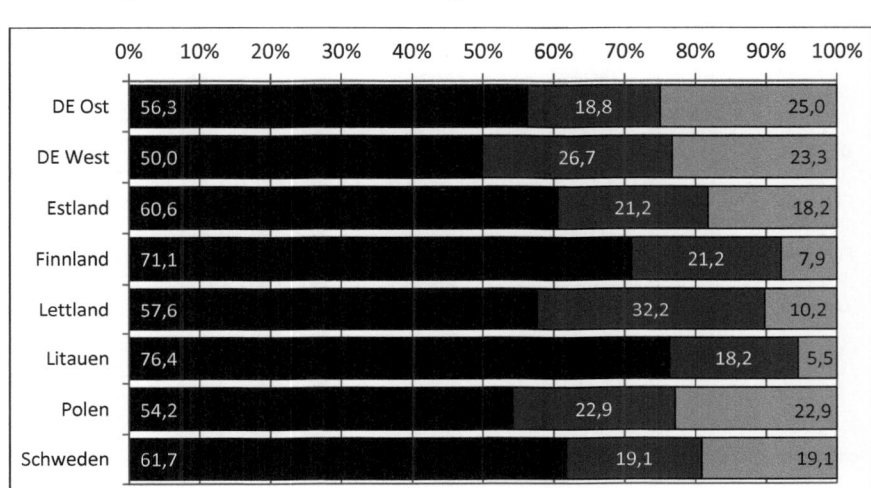

Quelle: Universität Greifswald, Lehrstuhl für Kriminologie, Mare-Balticum-Prison-Survey 2002-2004, eigene Berechnungen.

Über 50% der polnischen Befragten waren der Meinung, dass sie sich auf ihren Vorgesetzten verlassen können, jedoch immerhin noch 22% fanden diese Aussage überhaupt nicht zutreffend. Im Vergleich zu den Befragten anderer Länder lagen die polnischen Befragten eher im positiven Bereich, wenngleich in Finnland und Litauen das Vertrauen zu den Vorgesetzten noch ausgeprägter war (vgl. *Abbildung 12.31*).

Noch mehr Unterstützung fanden die polnischen befragten Bediensteten bei Kollegen. Allerdings lag dieser Wert immer noch unter den Aussagen ihrer skandinavischen oder deutschen Kollegen. Fast 70% gaben an, sich auf Kollegen verlassen zu können und nur knapp über 6% waren der Meinung sich auf Kollegen nicht oder sehr selten verlassen zu können (vgl. *Abbildung 12.32*).

Abbildung 12.32:   Verlass auf Kollegen

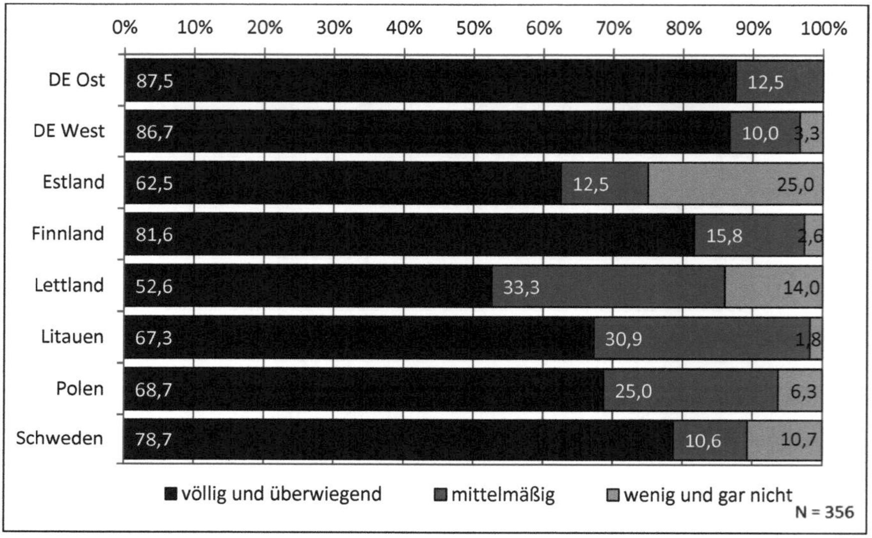

Land	völlig und überwiegend	mittelmäßig	wenig und gar nicht
DE Ost	87,5		12,5
DE West	86,7	10,0	3,3
Estland	62,5	12,5	25,0
Finnland	81,6	15,8	2,6
Lettland	52,6	33,3	14,0
Litauen	67,3	30,9	1,8
Polen	68,7	25,0	6,3
Schweden	78,7	10,6	10,7

N = 356

Quelle: Universität Greifswald, Lehrstuhl für Kriminologie, Mare-Balticum-Prison-Survey 2002-2004, eigene Berechnungen.

Positiv einzuschätzen ist, dass ein großer Anteil der polnischen Befragten gute Aufstiegsmöglichkeiten vor sich sah. 56% davon waren in hohem Maß überzeugt und 25% meinten, dass diese Situation auf sie in einem durchschnittlichen Maße zutrifft. In diesem Bereich unterschieden sich die polnischen Bediensteten sehr deutlich und im positiven Sinn von den Befragten der anderen Länder (vgl. *Abbildung 12.33*).

321

Abbildung 12.33: „Bei uns gibt es gute Aufstiegschancen"

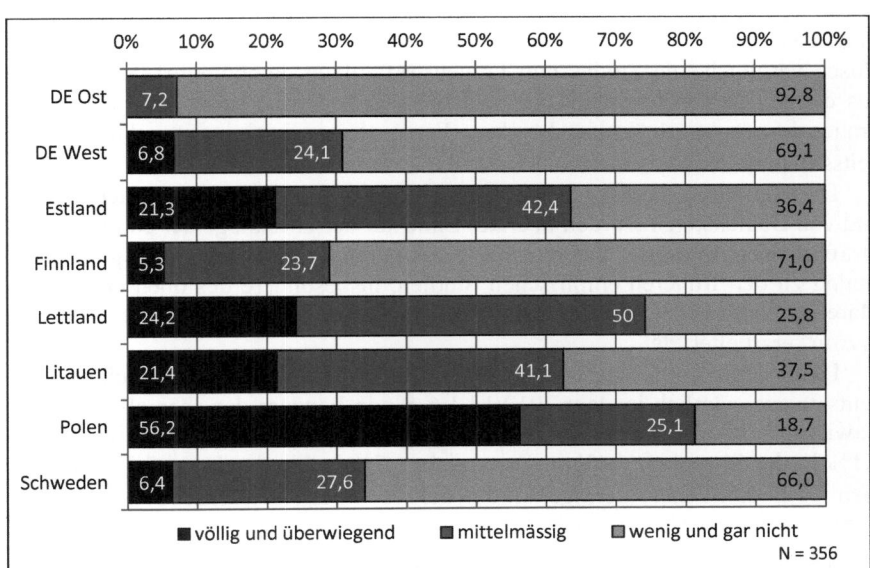

Quelle: Universität Greifswald, Lehrstuhl für Kriminologie, Mare-Balticum-Prison-Survey 2002-2004, eigene Berechnungen.

Die oben dargestellten Ergebnisse ergeben ein durchaus diverses Bild, können aber natürlich keine allgemein gültigen Aussagen untermauern. Notwendig hierfür wären umfangreichere Studien über die Bediensteten, ihren Gesundheitszustand, die sie umgebende Arbeitsatmosphäre und die zwischenmenschlichen Relationen in ihrem Arbeitsalltag in weiteren Anstalten.

Aus den vorgenommenen Befragungen lässt sich ableiten, dass die in den polnischen Anstalten herrschende Atmosphäre zu verbessern ist. Die Verbesserung der Arbeitsbedingungen, die Reduzierung des Bedrohungsgefühls und die Entlastung durch die Einstellung von mehr Personal würden die Anspannungen vermutlich reduzieren und dadurch zu einer besseren psychischen und körperlichen Verfassung der Bediensteten beitragen. Ebenfalls wäre es sehr wichtig, effektivere, auf sozialen Kompetenzen basierte Formen des Managements einzuführen. Die Weiterbildung in Mediation, ein erhöhtes Angebot an Kursen zur gewaltfreien Kommunikation, Methoden der Stressbewältigung und andere „social skills" wären ein Weg zu einem den menschenrechtlichen Ansprüchen besser gerecht werdenden Strafvollzug.

12.2 Frauenstrafvollzug im europäischen Vergleich

In den Jahren 2003 und 2004 wurde am Lehrstuhl für Kriminologie eine europäisch vergleichende Studie zum Frauenstrafvollzug durchgeführt. Sie bestand aus der multidimensionalen Untersuchung der Lebensbedingungen inhaftierter Frauen in neun europäischen Ländern. Es wurden auch einige Aspekte der Arbeitssituation der Bediensteten erfasst.[747]

Die Befragungsbögen bzgl. der schriftlichen Befragung inhaftierter Frauen und von Bediensteten wurden in erster Linie auf der Grundlage der europäischen Strafvollzugsgrundsätze, theoretischer Fachliteratur zum Frauenvollzug als auch analog zu den früheren empirischen Studien, insbesondere des oben erwähnten Mare-Balticum-Prison-Survey (s. o. *Kap. 12.1*), sowie Konzepten des „*Healthy Prison*" erarbeitet.[748]

Unter den europäischen Gefangenen machen Frauen nur einen kleinen Prozentsatz aus, nämlich im Jahr 2012/13 1,6-5% in Ländern des ehemaligen Jugoslawiens, 3,3% in Polen, 5% in Griechenland und 5,7% in Deutschland, bis 6,1% in der Slowakei, 6,4% in Österreich, 6,7% in Finnland und 7,5% in Spanien.[749] Dieser relativ geringe Anteil (der jedoch leicht wächst) bedeutet, dass in erster Linie an Männerstrafvollzug gedacht wird, wenn man über das Gefängnis spricht. Die Struktur und Gestaltung des Strafvollzugs ist also an Männern ausgerichtet und konzentriert sich auf die spezifischen Bedürfnisse von Männern.[750] Die gesonderten Bedürfnisse von Frauen, die psychophysische Unterschiede zwischen beiden Geschlechtern widerspiegeln, werden kaum berücksichtigt. Angesichts der verhältnismäßig geringen Anzahl weiblicher Gefangener gibt es nur wenige selbstständige Frauenhaftanstalten. Eine Unterbringung weiblicher Inhaftierter, welche ihren Bedürfnissen gerecht wird, gestaltet sich also eher schwierig. Der Regelfall sind Abteilungen, welche dem Männervollzug angliedert sind und die sich oftmals recht weit entfernt vom bisherigen bzw. zukünftigen Wohnort der Frauen befinden. Zudem existieren nur wenige frauen-

---

747 Projektkoordination: *Frieder Dünkel, Claudia Kestermann* und *Juliane Zolondek*, Universität Greifswald, Projektpartner: *Anette Storgaard*/Dänemark; *Esther Giménez-Salinas, Jordi Riera Romani, Lluís Botella* und *Nerea Marteache*/Spanien; *Angelika Pitsela*/Griechenland; *Velinka Grozdanić* und *Ute Karlavaris-Bremer*/Kroatien; *Gintautas Sakalauskas* und *Algimantas Čepas*/Litauen, *Barbara Stańdo-Kawecka* und *Joanna Grzywa*/Polen; *Evgenia Balabanova*, Russland; *Dragan Petrovec* und *Mojca Zupančič*/Slowenien.

748 Eine ausführliche Darstellung des Projektes ist vor allem bei *Dünkel/Kestermann/ Zolondek* 2005 und *Zolondek* 2007 zu finden. Siehe auch *Dünkel* 2009a, S. 198.

749 Quelle: www.prisonstudies.org/info/worldbrief/?search=europe&x=Europe. Abgerufen am 10.04.2013; zu früheren vergleichbaren Daten vgl. *Zolondek* 2007.

750 Vgl. *Zolondek* 2007, S. 137; *Dünkel* 2009a, S. 198.

spezifische Behandlungsmaßnahmen sowie angebotene Ausbildungs- und Weiterbildungsmöglichkeiten und Trainingsmaßnahmen.

Die Grundlage der Recherche bildeten die Fragebögen, die schon im Projekt Mare-Balticum-Prison-Survey verwendet wurden. In der ersten Vorbereitungsphase wurden gemeinsam mit den Partnern aus den beteiligten Ländern die Instrumente auf die spezifischen Merkmale des Frauenstrafvollzugs angepasst.

In der Studie wurden drei Fragebögen verwendet um Informationen über die folgenden Aspekte der Strafanstalten zu erhalten:
- Basisfragebogen, um allgemeine Haftbedingungen zu erfassen (von der Anstaltsleitung auszufüllen)
- Fragebogen für inhaftierte Frauen
- Fragebogen für Bedienstete.

In Polen nahmen Gefangene und Bedienstete aus den Haftanstalten in *Nowa Huta* und *Grudziądz* an der Befragung teil. Bei der Haftanstalt in *Nowa Huta* handelt sich um eine halboffene Anstalt, in der männliche Insassen ihre Strafe verbüßen, die zum ersten Mal verurteilt wurden, mit einer allgemeinen Abteilung für Frauen. Anstalt Nr. 1[751] in *Grudziądz* ist eine geschlossene Frauenanstalt, in der sich aber auch Abteilungen für Männer befinden.

12.2.1 Befragung der Gefangenen

12.2.1.1 Charakteristika der Stichprobe

Die Studie erfasste eine Gruppe von 653 Insassen in 9 europäischen Ländern. Die Anzahl der Befragten variiert von Land zu Land, wie aus nachfolgender Tabelle zu entnehmen ist (vgl. *Tabelle 12.4*).

In Ländern mit einer sehr kleinen Population von Frauen im Gefängnis und in den Anstalten, in denen die Zahl der Frauen kleiner war als 200, wurde darum gebeten alle Frauen in die Studie einzubinden und zu befragen. In den anderen Fällen wurde die Untersuchungsgruppe nach dem Zufallsprinzip ausgewählt.[752]

Die absoluten Zahlen determinieren hier jedoch nicht den Repräsentationsgrad, da die Population der Frauen in den Gefängnissen sehr stark von Land zu Land variiert. Ein gutes Beispiel stellt hier Slowenien dar: zwar ist die Zahl der befragten Frauen hier am niedrigsten, doch stellte sie fast 80% der damaligen Gesamtpopulation des Frauenvollzugs.[753]

---

751 Es gibt im selben Ort auch noch die sog. Anstalt Nr. 2, wo nur Männer untergebracht sind. Die beiden Anstalten sind jedoch völlig voneinander getrennt.

752 Vgl. *Dünkel* 2009a, S. 200.

753 Vgl. http://www.prisonstudies.org/info/worldbrief/wpb_country.php?country=164.

Tabelle 12.4: **Stichprobe**

Land	N = 653	Altersdurchschnitt (SD)	Frühere Inhaftierung
Dänemark	29	37,6 (10,8)	48,1%
Deutschland	116	33,3 (10,6)	40,2%
Griechenland	74	36,7 (11,2)	21,1%
Kroatien	32	39,0 (11,1)	16,1%
Litauen	149	35,8 (11,2)	37,4%
Polen	61	31,8 (10,3)	29,8%
Russland	77	32,5 (10,1)	36,5%
Slowenien	26	39,8 (13,3)	30,8%
Spanien	89	31,8 (8,4)	25,0%

Quelle: Universität Greifswald, Lehrstuhl für Kriminologie, Frauenstrafvollzug 2003-2005, *Dünkel/Kestermann/Zolondek* 2005, S. 7.

Das Durchschnittsalter der befragten Frauen lag zwischen 31,8 Jahren in Spanien und Polen bis ca. 40 Jahren in Kroatien und Slowenien. Die jüngste Teilnehmerin der Studie war 18, die älteste 68 Jahre alt. 59,7% der Befragten Frauen waren unter 35 Jahre alt und nur 4,9% waren über 55 Jahre alt.

In Dänemark waren beinahe 50% der befragten Frauen schon früher einmal inhaftiert, in Deutschland 40,2%. Die kleinste Gruppe der früher Inhaftierten war mit 16% unter den kroatischen Befragten zu finden. Der Anteil früher inhaftierter polnischer Befragter lag mit 29,8% in der Mitte der erfassten Länder.

Abbildung 12.34: Ausbildung

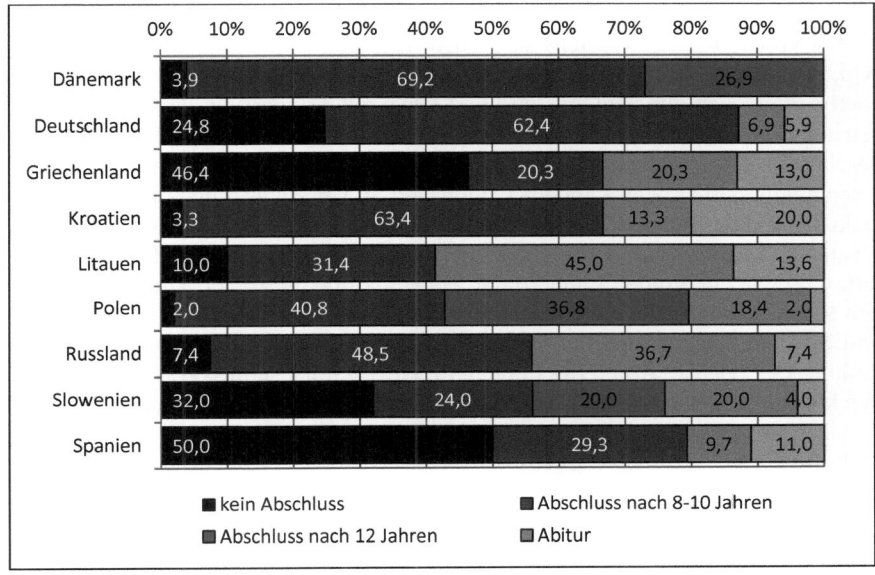

* N = 652.

Quelle: Universität Greifswald, Lehrstuhl für Kriminologie, Frauenstrafvollzug 2003-2005, *Dünkel/Kestermann/Zolondek* 2005, S. 7.

Bildung ist einer der wichtigsten Faktoren, um zufriedenstellende Beschäftigungsmöglichkeiten in der heutigen Welt zu finden. Bildung, die Menschen im Leben bekommen, hängt oft nicht nur von den individuellen, intellektuellen Möglichkeiten des Einzelnen ab, sondern ist weitgehend eine Folge davon, in welcher Familie man aufwächst, mit welchem sozialem Status und mit welchen finanziellen Volumen wir ausgestattet sind.[754] Die Tatsache, dass viele Frauen in den Gefängnissen aus pathologisch problematischen Familien[755] kommen, manifestiert sich deshalb auch in der Auswertung ihres Bildungsstandes. Hier sind starke Unterschiede zwischen den beteiligten Ländern zu beobachten. In einigen Ländern ist der Anteil der Frauen mit dem Abschluss nach 12 Jahren relativ hoch, in anderen wiederum ist der Anteil der Frauen ohne jeglichen Abschluss sehr groß. Natürlich lassen sich weitere Ursachen auch in der Ausformung der verschiedenen nationalen Bildungssysteme finden.

---

754 Vgl. *OECD* (PISA Studie) 2010, S. 10ff.

755 Vgl. *Kestermann* 2005, S. 29 ff.

In allen untersuchten Ländern hatten mindestens 50% der Befragten zumindest eine Bescheinigung über den Abschluss der Grundschule. Der höchste Prozentsatz der weiblichen Inhaftierten, die keine Schule abgeschlossen haben, war in den Gefängnissen Spaniens und Griechenlands (50% und 46%) zu finden (vgl. *Abbildung 12.34*). In diesen Ländern stammt eine große Anzahl der weiblichen Gefangenen aus dem Ausland und dabei aus Ländern, in denen die Chancen auf Bildung für Menschen aus eher armen und benachteiligten Familien sehr beschränkt sind. Die politischen Entwicklungen, wirtschaftlichen Krisen und Verschuldung in einigen Ländern Latein- und Südamerikas gingen in den letzten Dekaden einher mit dem Verlust der normalen Funktionsweisen des jeweiligen Staates und haben auch die Situation der Bildungssysteme drastisch verschlechtert, u. a. wird in einigen Ländern der Zugang zu qualifizierter Bildung faktisch den sog. Eliten vorbehalten. Andererseits gab es in zwei Ländern – Griechenland und Spanien – einen ziemlich hohen Anteil von Frauen mit einem Hochschuldiplom. Der höchste Anteil der Frauen mit Hochschulabschluss war jedoch unter den kroatischen Befragten zu finden. Hier hatten 20% ein Studium absolviert.

Tabelle 12.5:   Deliktstruktur

	Mord/ Totschlag	Raub	Drogen- delikte	Körper- verletzung	Diebstahl/ Betrug	Sonstige
Dänemark	17,2	17,2	34,5	3,4	13,8	13,8
Deutschland	9,0	14,4	28,8	7,2	36,0	4,5
Griechenland	2,9	4,3	76,8	1,4	7,2	7,2
Kroatien	16,7	13,3	16,7	0,0	50,0	3,3
Litauen	29,9	17,7	19,7	8,2	21,8	2,7
Polen	18,9	20,8	5,7	5,7	39,6	9,4
Russland	33,3	13,9	31,9	0,0	19,4	1,4
Slowenien	4,0	8,0	12,0	8,0	48,0	20,0
Spanien	4,9	30,5	47,6	4,9	6,1	6,1

Quelle: Universität Greifswald, Lehrstuhl für Kriminologie, Frauenstrafvollzug 2003-2005, *Dünkel/Kestermann/Zolondek* 2005, S. 23; *Zolondek* 2007, S. 186, vgl. auch *Dünkel* 2009a, S. 203.

Die Deliktverteilung gestaltet sich recht unterschiedlich in den Ländern. In der Analyse sind die Strafpolitik und Rechtssprechungstendenzen im jeweiligen Land zu berücksichtigen. In vielen Ländern, in unserer Studie insbesondere in Griechenland und Spanien, ist die wachsende Zahl von Frauen im Gefängnis auf die restriktive Drogenpolitik zurück zu führen.[756] In Polen spielt diese Art von Kriminalität eine eher geringe Rolle, auf sie entfallen nur 7,2% der zugrunde liegenden Straftaten. Der größte Teil der polnischen Befragten verbüßte ihre Strafe wegen Raub, Diebstahl und Betrug, zusammen waren es knapp über 70% (vgl. oben *Tabelle 12.5*).

Abbildung 12.35: Länge der zu verbüßenden Strafe

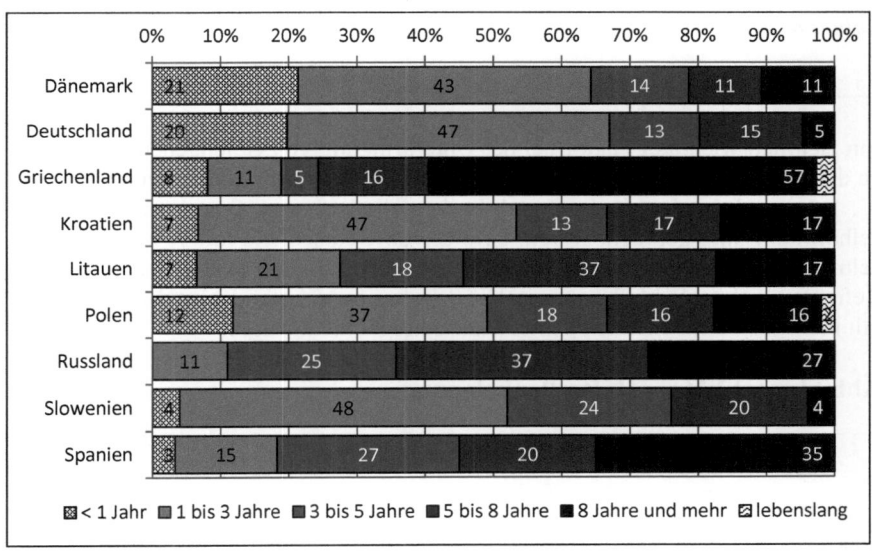

* N = 649.

Quelle: Universität Greifswald, Lehrstuhl für Kriminologie, Frauenstrafvollzug 2003-2005.

Die größten Anteile der Strafen mit mindestens 8 Jahren Haft sind in Griechenland, Spanien und Russland zu finden. Das hängt unmittelbar mit den Delikten zusammen, wegen derer die Befragten ihre Freiheitsstrafe verbüßten. In Spanien und Griechenland war der Anteil der Drogendelikte besonders groß, für Russland gilt dies für Mord und Totschlag. Für diese Delikte werden meist sehr lange Freiheitsstrafen verhängt.

---

756 Es ist weit bekannt, dass Frauen oft als Drogenkuriere arbeiten. Ein Teil entscheidet sich mehr oder weniger freiwillig für diese Tätigkeit, ein beachtlicher Teil wird jedoch direkt oder indirekt (z. B. durch mangelnde ökonomische Möglichkeiten, die eigene Familie ernähren zu können) zur Übernahme von Tätigkeiten als Drogenkurier gezwungen, vgl. den Bericht unter http://www.spiegel.de/panorama/justiz/weibliche-drogen-kuriere-wenn-sich-frauen-in-dealer-verlieben-a-527702.html.

Eher kurze Strafen finden sich vor allem unter den dänischen und deutschen Befragten. In Dänemark und Deutschland haben über 60% der befragten Frauen eine Freiheitsstrafe von unter drei Jahren verbüßt.

In Slowenien verbüßten nur 4% der Befragten eine Strafe, die über acht Jahre hinausging. In Polen verbüßte der größte Anteil der befragten Frauen Strafen von einem bis zu drei Jahren (37,3%; insgesamt bis zu drei Jahren: ca. 49%). Die Verteilung der Antworten in den Kategorien drei bis fünf, fünf bis acht und mehr als acht war tendenziell gleich verteilt und betrug 15,7% und 17,6% (vgl. *Abbildung 12.35*).

12.2.1.2 *Haftzellenbelegung*

Ein ziemlich wichtiger Faktor bei der Unterbringung von Gefangenen ist die Frage danach, mit wie vielen Insassinnen die Frauen den Haftraum teilen müssen.

Dänemark ist das einzige Land, in dem alle befragten Frauen in einem Einzelhaftraum untergebracht waren, gefolgt von Deutschland mit 72% in der Einzelunterbringung. Besonders auffällig sind die russischen Daten, wo 44,8% der Befragten sich in Schlafsälen mit 31-50 Insassinnen befanden und sogar 40,3% mit mehr als 50 Insassinnen gemeinsam untergebracht waren.

Abbildung 12.36: Haftzellenbelegung

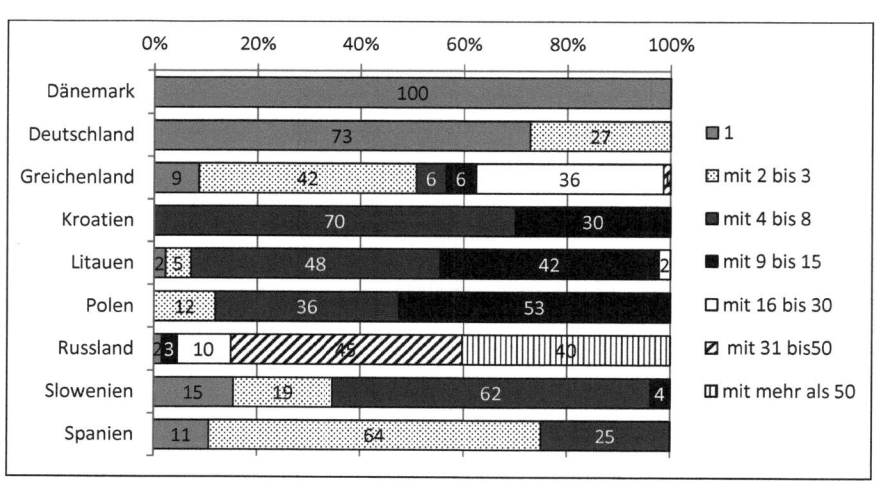

*   N = 650.

Quelle: Universität Greifswald, Lehrstuhl für Kriminologie, Frauenstrafvollzug 2003-2005, *Zolondek* 2007, S. 196 auch *Dünkel* 2009a, S. 203.

In Polen dominieren gleichfalls eher größere Hafträume. 52,5% der befragten Frauen waren in einem Raum mit 9 bis 15 Insassinnen untergebracht, allerdings ist das zugleich die Höchstbelegung. Schlafsäle, wie sie in Russland vorkommen, sind dem polnischen Strafvollzug fremd. Dennoch verstößt die Verbüßung insbesondere langer Haftstrafen in einer 15-Personen-Zelle gegen Grundsätze eines humanen Strafvollzugs und entspricht nicht den Vorstellungen der Europäischen Strafvollzugsgrundsätze (vgl. Nr. 18.5 EPR).

12.2.1.3 Gefängnisklima

Die Atmosphäre in den polnischen Frauenanstalten scheint von den Insassinnen in beachtlichem Umfang als entspannt wahrgenommen zu werden. 32,1% der Frauen und damit der größte Anteil in allen Ländern gaben an, die Atmosphäre als entspannt zu betrachten. 26,4% der Antworten der beiden polnischen Anstalten lagen auf einer Skala von 1-6 eher in der Mitte. Jedoch betrachteten auf der anderen Seite über 40% der Frauen die Atmosphäre als angespannt. Die Situation in den deutschen Anstalten sah bzgl. des Anteils von Frauen, die eine „angespannte Atmosphäre" angaben, ähnlich aus (45,4%), wobei der Anteil der Frauen, die die Anstaltsatmosphäre als entspannt wahrnahmen gleichzeitig beachtlich niedriger war (19,1%). Unter kroatischen, spanischen und griechischen Frauen findet man den größten Anteil (über 70%) derjenigen, die die Atmosphäre als angespannt einschätzten (vgl. Abbildung 12.37).

Abbildung 12.37: **Die Atmosphäre in der Anstalt, entspannt/ angespannt**

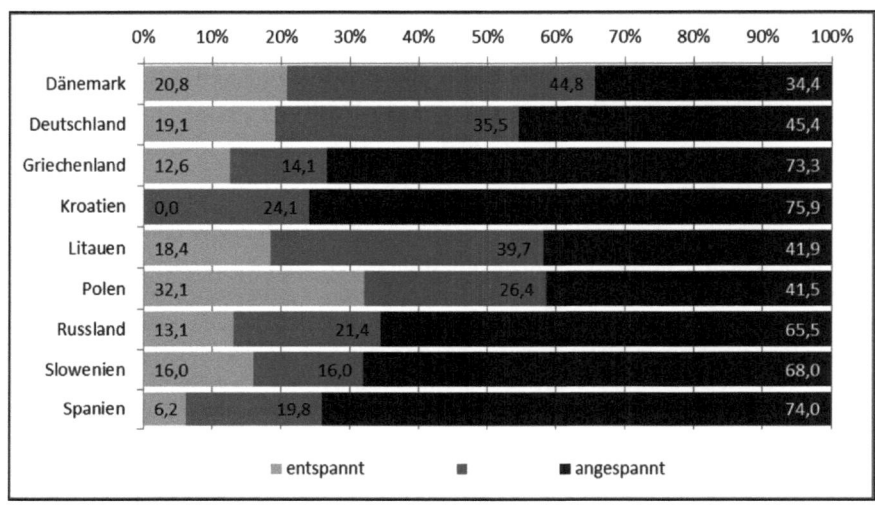

*   N = 637.
*   6-Antworten-Skala, wobei die jeweils zwei Stufen eingruppiert wurden.
Quelle: Universität Greifswald, Lehrstuhl für Kriminologie, Frauenstrafvollzug 2003-
          2005.

Bei den Angaben zum Sicherheits- bzw. Bedrohungsgefühl scheint die Atmosphäre in den dänischen, deutschen, polnischen und slowenischen Anstalten am „friedlichsten" zu sein. In diesen Ländern kam bei einem relativ hohen Anteil der sich sicher fühlenden Befragten auch der kleinste Anteil der sich bedroht fühlenden vor. In den kroatischen Anstalten haben 56% der befragten Frauen die Atmosphäre als bedrohlich eingeschätzt (vgl. *Abbildung 12.38*). Diese Ergebnisse korrespondieren mit der vorherigen Frage, bei der 75% der befragten kroatischen Inhaftierten die Atmosphäre als angespannt bewertet haben (vgl. *Abbildung 12.37*).

Abbildung 12.38:   Die Atmosphäre in der Anstalt, sicher/bedrohlich

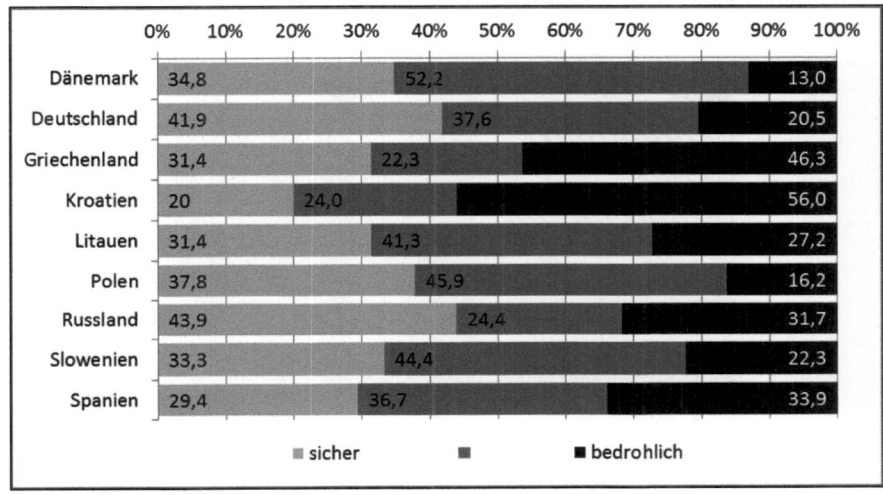

| | sicher | | bedrohlich |

*   N = 635.
Quelle: Universität Greifswald, Lehrstuhl für Kriminologie, Frauenstrafvollzug 2003-
           2005.

12.2.1.4   Gesundheitliche Aspekte

In der vorliegenden Studie wurden wie bereits im Mare-Balticum-Prison-Survey
die Inhaftierten nach ihrer Wahrnehmung des eigenen Gesundheitszustands gefragt. Dazu diente ein Gesundheits-Krankheits-Kontinuum[757] mit einer 6-Punkte-
Skala von „völlig gesund" bis „sehr krank" (vgl. *Abbildung 12.39*).

---

757 Gesundheits-Krankheits-Kontinuum nach *Antonovsky* (1979), 1997.

Abbildung 12.39: **Subjektive Wahrnehmung des eigenen Gesundheitszustands, Gesundheits-Krankheits-Kontinuum**

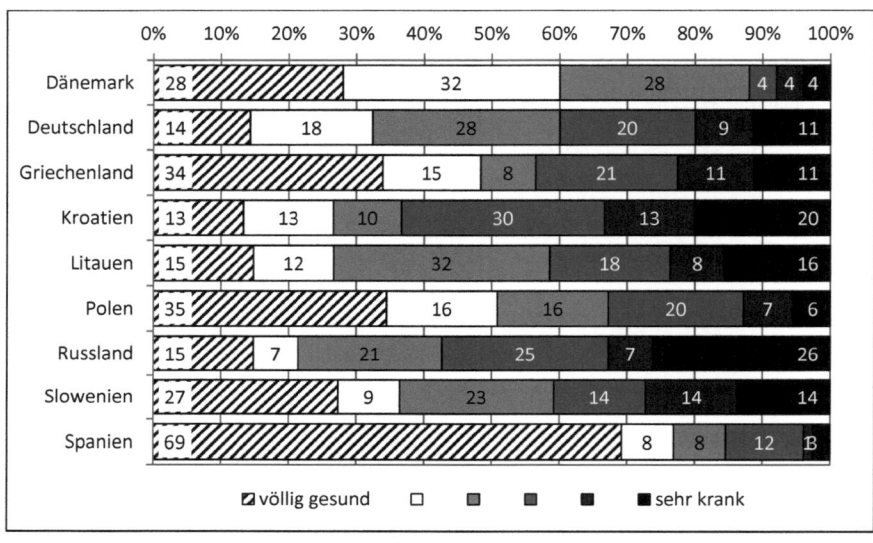

*   N = 637.
Quelle: Universität Greifswald, Lehrstuhl für Kriminologie, Frauenstrafvollzug 2003-2005, *Zolondek* 2007, S. 212.

Unter polnischen Frauen ergab sich ein ziemlich großer Anteil der Frauen, die sich als völlig gesund betrachteten. Gleichzeitig war der Anteil der sich „sehr krank" fühlenden Gefangenen relativ gering (5,5%). Im besten gesundheitlichen Zustand schienen die spanischen Befragten zu sein. Hier gaben knapp 70% an, völlig gesund zu sein. Einen eher ungünstigen Gesundheitszustand gaben die Befragten in Deutschland, Kroatien, Litauen und Russland an (vgl. *Abbildung 12.39*).

Abbildung 12.40: Krankheiten

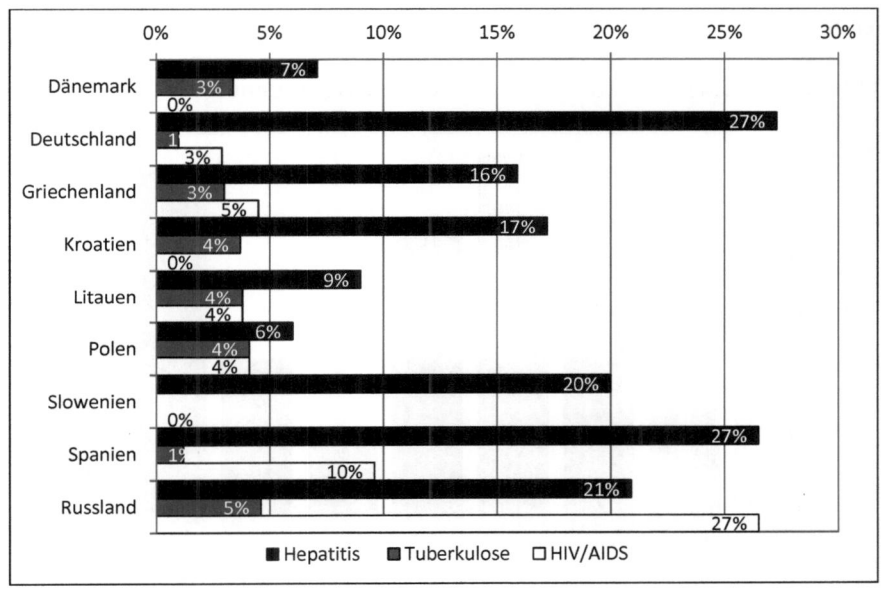

*   N = 645.
Quelle: Universität Greifswald, Lehrstuhl für Kriminologie, Frauenstrafvollzug 2003-
           2004, *Zolondek* 2007, S. 196 auch *Dünkel* 2009, S. 203.

Auch was schwere Krankheiten betrifft lagen die Antworten der polnischen
befragten Inhaftierten eher im günstigen Bereich. „Nur" 6% der polnischen Befragten gaben an unter Hepatitis C zu leiden und jeweils 4% war an Tuberkulose
und HIV erkrankt. Im Vergleich zu den deutschen, spanischen und russischen
Anstalten ist die Hepatitis C-Prävalenz in polnischen Frauenanstalten sehr
gering. Es liegt wahrscheinlich ähnlich wie im Männerstrafvollzug an dem
ziemlich geringen Anteil der drogenabhängigen bzw. wegen Drogendelikten
verurteilten Inhaftierten. Zugleich ist allerdings klar zu stellen, dass die Prävalenzraten schwerer Krankheiten im Frauenvollzug im Vergleich zum allgemeinen Gesundheitszustand außerhalb des Vollzugs besonders erhöht sind.[758]

12.2.1.5   Arbeit der Gefangenen

Nur in Kroatien gaben alle Frauen an, einer Arbeit nachzugehen. Auch in Slowenien scheint sich die Situation sehr positiv zu entwickeln, hier gaben über

---

758   Vgl. *Kapitel 8.2.* und *Kapitel 12.1.1.3.*

96% der Frauen an, eine Arbeit auszuüben (vgl. *Abbildung 12.41*). In diesen beiden Ländern, wie auch in Dänemark und Deutschland wurden alle arbeitenden Inhaftierten für ihre Arbeit entlohnt (vgl. *Abbildung 12.42*).

Abbildung 12.41: Anteil der arbeitenden Gefangenen

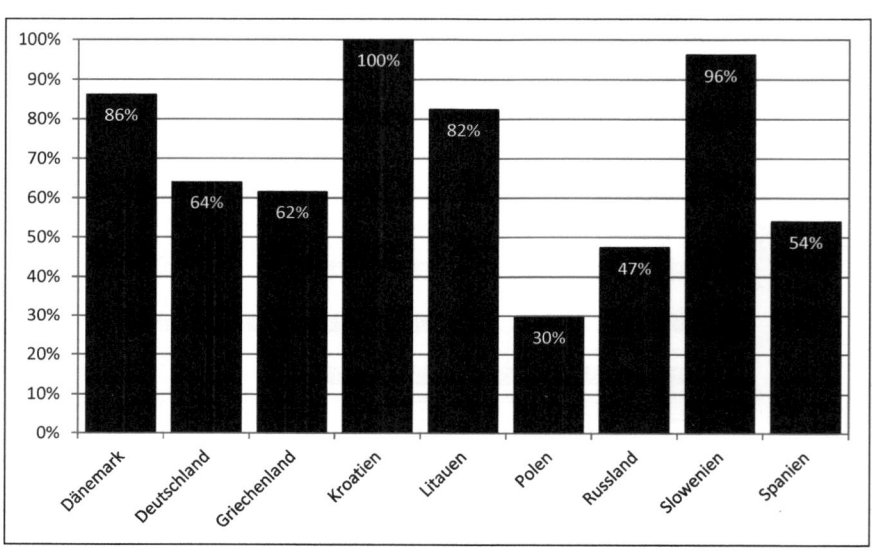

*   N = 649.
Quelle: Universität Greifswald, Lehrstuhl für Kriminologie, Frauenstrafvollzug 2003-
          2005, *Zolondek* 2007, S. 196; vgl. auch *Dünkel* 2009a, S. 203.

In Polen sah die Situation leider ganz anders aus und war unter allen befragten Anstalten am problematischsten. Hier hatte weniger als ein Drittel der befragten Frauen eine Arbeit (29,6%) und nur 16,7% davon erhielten für die ausgeübte Arbeit eine Entlohnung (vgl. *Abbildungen 12.41* und *12.42*). D. h. bezogen auf die insgesamt befragten 61 weiblichen Insassen hatten nur 5% (n = 3) eine bezahlte Arbeit. Dieser Befund ist alarmierend und gibt Anlass zu erheblicher Kritik. Es bleibt zu hoffen, dass die politisch Verantwortlichen sich dieser Problematik in Zukunft verstärkt annehmen.

Es werden in Polen keine offiziellen Statistiken geführt, die die Situation bezüglich der Arbeit unter den inhaftierten Frauen und Männern getrennt betrachten. Es kann hier also die bereits zum Männerstrafvollzug zitierte Informationen des Strafvollzugsdienstes wiederholt werden. Zum Ende des Jahres 2012 hatte nur ein Drittel aller Gefangenen Arbeit, eine Bezahlung für Arbeit erhielten ca. 13%.[759] Im Frauenstrafvollzug scheint allerdings, wie die obigen empirischen Daten verdeutlichen, die Situation noch desolater zu sein als im Männervollzug.

Abbildung 12.42: **Anteile der Gefangene mit bezahlter Arbeit**

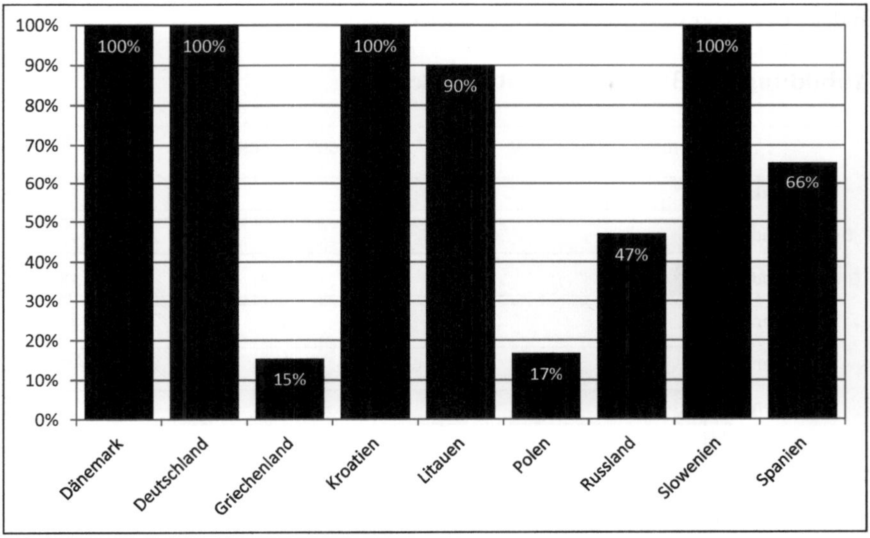

Quelle: Universität Greifswald, Lehrstuhl für Kriminologie, Frauenstrafvollzug 2003-2005, *Zolondek* 2007, S. 196; vgl. auch *Dünkel* 2009a, S. 203.

12.2.1.6 Kontakte mit der Außenwelt – Besuche

Kontakte zur Außenwelt sind unerlässlich, um den negativen Einflüssen des Gefängnislebens entgegen zu wirken. Die wichtigsten Formen der Kontakte – neben Briefen, Telefonaten und Paketen – sind Besuche und Ausgangsmöglichkeiten, um die Beziehungen mit der Familie bzw. anderen nahestehenden Personen aufrecht zu erhalten. Ohne diese Verbindungen ist eine Rückkehr in die Gesellschaft sehr schwer bzw. fast unmöglich.

Die Studien ergaben, dass ein beträchtlicher Teil der befragten Frauen keinerlei Besuch bekam. In Russland, Litauen und Dänemark betrug dieser Anteil der Frauen über 20% aller Befragten. In Kroatien und Griechenland war der Anteil der Frauen, die nur einige Male im Jahr Besuch bekamen, ebenfalls sehr hoch (vgl. *Abbildung 12.43*).

---

759 Vgl. Strafvollzugsstatistik 2012, Stichtag 31.12.2012 und oben *Kapitel 12.1.1.7.*

In Polen sah die Situation besser aus. 93,3% der Frauen haben geantwortet, dass sie einige Male pro Monat Besuche bekommen, darunter 13,6% einige Male pro Woche. Keine Frau gab an, nie Besuch bekommen zu haben. An dieser Stelle ist hervorzuheben, dass die polnischen Regeln vorsehen, den Besuch der Kinder besonders zu berücksichtigen und einen häufigen Kontakt zu ermöglichen. Leider werden Langzeitbesuche bzw. Besuche ohne visuelle Überwachung in der Praxis (obwohl theoretisch möglich) kaum angewandt.

Abbildung 12.43: Häufigkeit der Besuche

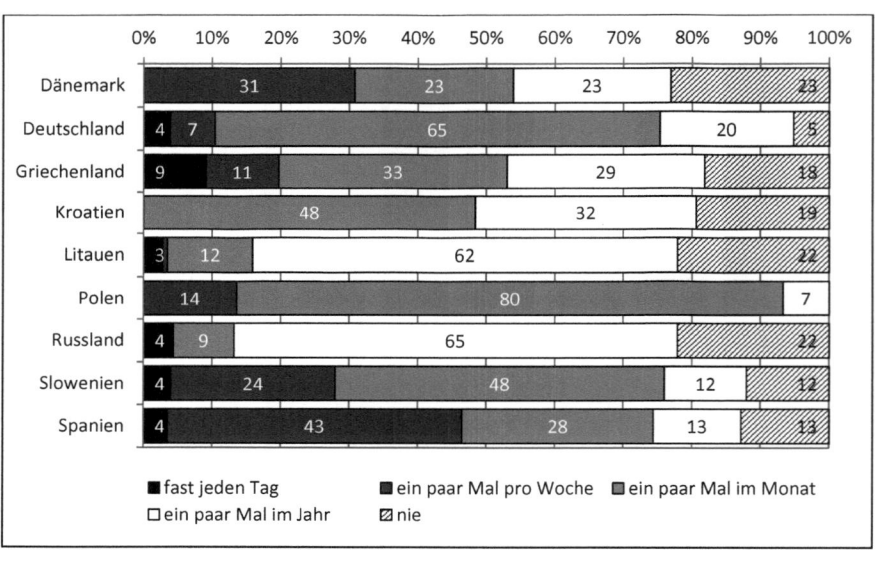

* N = 651.
Quelle: Universität Greifswald, Lehrstuhl für Kriminologie, Frauenstrafvollzug 2003-2004, *Zolondek* 2007, S. 196 auch *Dünkel* 2009a, S. 203.

12.2.1.7 Inhaftierte Mütter

In der Studie wurde auch die Situation von Frauen mit Kindern erfragt. In den beteiligten Ländern lag der Anteil der Mütter in der Stichprobe zwischen 57% in Dänemark und fast 82% in Griechenland. Im Durchschnitt über alle Länder gerechnet waren dies fast 70% der Befragten.

Tabelle 12.6:   Anteil der Mutter unter inhaftierten Frauen

Land	Anteil von Frauen mit Kindern
Dänemark	57,7%
Deutschland	67,8%
Griechenland	81,9%
Kroatien	62,5%
Litauen	68,7%
Polen	70,2%
Russland	63,5%
Slowenien	61,5%
Spanien	75,6%

Quelle: Universität Greifswald, Lehrstuhl für Kriminologie, Frauenstrafvollzug 2003-
2005; vgl. *Dünkel/Kestermann/Zolondek* 2005, S. 7.

Unter den befragten Müttern haben fast 80% minderjährige Kinder. Die meisten Kinder, wenn sie nicht mit ihrer Mutter in einer Mutter-Kind-Abteilung im Gefängnis untergebracht waren, lebten bei den Großeltern (durchschnittlich 40,2%), knapp ein Viertel mit ihrem Vater. Ca. 9% der minderjährigen Kinder wurden bei anderen Verwandten untergebracht. Eines von fünf minderjährigen Kindern war in einer Pflegefamilie oder in einem Kinderheim untergebracht.

In Polen lebte ein relativ großer Anteil der Kinder bei ihrem Vater (28,6%). An erster Stelle, wie für die gesamte Stichprobe zutreffend, standen jedoch die Großeltern. 47,6% der polnischen Befragten mit minderjährigen Kindern antworteten, dass diese mit ihren Eltern bzw. mit den Großeltern väterlicherseits leben. Ein relativ großer Anteil der Kinder in Polen (14,3%) wurde bei einer Pflegefamilie untergebracht (vgl. *Abbildung 12.44*).

Tabelle 12.7:   Unterbringung der minderjährigen Kinder (in %)

	beim Vater	bei den Großeltern	andere Familienmitglieder	Pflegefamilie	Kinderheim	andere
Deutschland	37,3	32,2	1,7	16,9	5,1	6,8
Griechenland	37,5	37,5	10	0	5,0	10
Litauen	11,9	37,3	10,2	18,6	15,3	6,7
Polen	28,6	47,6	0	14,3	9,5	0
Russland	8,6	45,7	8,6	2,9	25,7	8,5
Spanien	23,1	49,2	20	4,6	1,5	1,6

Anmerkung: In der Tabelle wurden Dänemark, Kroatien und Slowenien nicht berücksichtigt. In Kroatien haben nur zwei Mütter und in Dänemark nur acht Mütter den entsprechenden Fragebogen ausgefüllt. In Slowenien hat keine der Mütter mit minderjährigen Kindern außerhalb der Anstalt die entsprechenden Fragen beantwortet.

Quelle: Universität Greifswald, Lehrstuhl für Kriminologie, Frauenstrafvollzug 2003-2005, vgl. auch *Kestermann* 2005, S. 22.

65-80% der Mütter stehen mit allen ihren Kindern im Kontakt, zwischen 10% und 24,4% nur noch mit einem bzw. einigen Kindern, aber nicht mit allen. Jedoch hatte nur jede fünfte Frau die Möglichkeit, sich mit ihrem Kind außerhalb der Anstalt zu treffen. Die größten Chancen diesbezüglich hatten die Frauen in Dänemark und Deutschland.[760]

12.2.2   Befragung der Bediensteten

Auch die Frauenstrafvollzugsstudie beinhaltete eine Befragung von Bediensteten.

Insgesamt wurden 243 Personen mit Hilfe des Fragebogens interviewt. In den meisten Ländern war die Stichprobe leider sehr klein. In Slowenien konnten nur 2 Bedienstete befragt werden. Die größte Untersuchungsgruppe wurde in Polen gewonnen, hier haben an der Studie 57 Bedienstete teilgenommen.

Das Durchschnittsalter der Befragten variierte zwischen 32 Jahren in Russland und 40 Jahren in Deutschland und Dänemark. Der Anteil männlicher Bediensteter war unter polnischen Befragten mit 62,5% besonders groß.

---

760   Vgl. *Kestermann* 2005, S. 23.

Tabelle 12.8: Stichprobe

Land	N = 243	Alters-durchschnitt (SD)	Berufser-fahrungen im Justizvollzug in Jahren (SD)	Anteil der männlichen Bediensteten
Dänemark	17	40,8 (10,6)	9,9 (9,6)	29,4%
Deutschland	38	40,6 (9,8)	12,6 (8,6)	36,8%
Griechenland	24	38,0 (7,3)	12,8 (8,9)	16,7%
Kroatien	13	38,3 (6,5)	14,2 (5,6)	15,4%
Litauen	38	35,7 (4,7)	9,8 (4,5)	31,6%
Polen	57	33,3 (6,5)	8,7 (6,6)	62,5%
Russland	28	32,0 (6,6)	7,9 (5,9)	14,3%
Slowenien	2	33,0	5,0	0,0%
Spanien	26	37,2 (5,8)	10,0 (5,3)	19,2%
Insgesamt	243	---	---	---

Quelle: Universität Greifswald, Lehrstuhl für Kriminologie, Frauenstrafvollzug 2003-2005.

Auch im Rahmen der Frauenstrafvollzugsstudie wurden die befragten Bediensteten nach ihrer Meinung zum Ziel des Strafvollzugs in der Praxis wie auch im Idealfall gefragt. Die Bediensteten konnten alle vorgegebenen Ziele anführen.

Für 57,1% der Befragten der Gesamtstichprobe bestand der Zweck der Freiheitsstrafe im Schutz der Allgemeinheit. Weiterhin wurden mit 39,6% die Sühne für das Verbrechen und mit 36,8% die Resozialisierung benannt. Die Einschätzung, dass der Sinn der Freiheitsstrafe insbesondere in der negativen Generalprävention liegt, gaben 9% der Bediensteten an. 6,4% der Befragten hielten die Freiheitsstrafe für sinnlos.[761]

---

761 Eine länderbezogene Auswertung erübrigt sich in Anbetracht der geringen Fallzahlen zumindest für Slowenien. Bei den nachfolgenden Abbildungen wurde Slowenien daher ausgeschlossen, jedoch sind auch bei den anderen Ländern die Ergebnisse vorsichtig zu interpretieren, da Unterschiede meist nicht signifikant sind.

Abbildung 12.44: **Strafzweck in der Praxis**

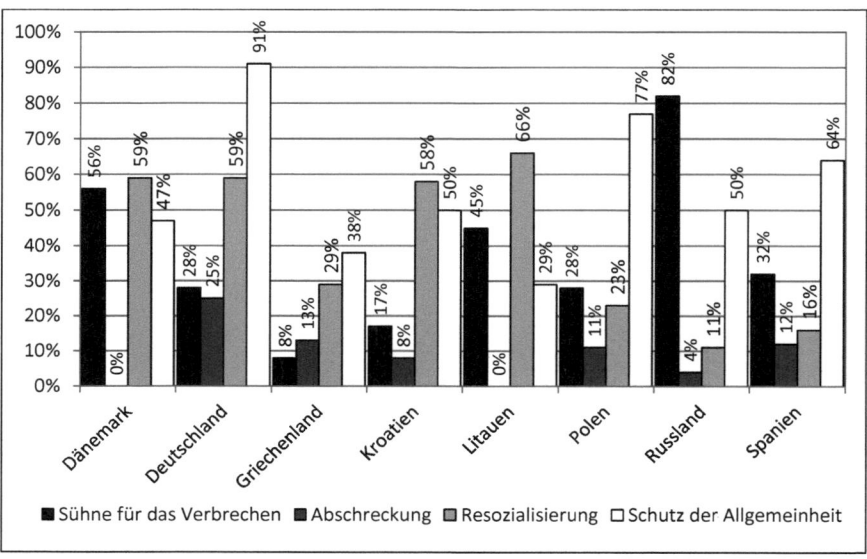

| ■ Sühne für das Verbrechen | ■ Abschreckung | ▨ Resozialisierung | ☐ Schutz der Allgemeinheit |

*   N = 240.
Quelle: Universität Greifswald, Lehrstuhl für Kriminologie, Frauenstrafvollzug 2003-2005.

Unter befragten polnischen Bediensteten wie in der gesamten Stichprobe nahm der Schutz der Allgemeinheit eine herausragende Position ein. 77,2% der Befragten hielten ihn für den wichtigsten Zweck, wobei immerhin 22,8% zugaben, dass die Resozialisierung auch eine Rolle spielt: Dieser Anteil war jedoch weit geringer als bei den deutschen, dänischen oder litauischen Bediensteten. 28,1%, genau so viel wie der Anteil der deutschen Befragten, hält die Sühne für Verbrechen für einen wichtigen Zweck der Freiheitsstrafe.

Die Angaben verändern sich, wenn die Befragten nach dem Idealfall gefragt wurden.

Abbildung 12.45: Strafzweck im Idealfall

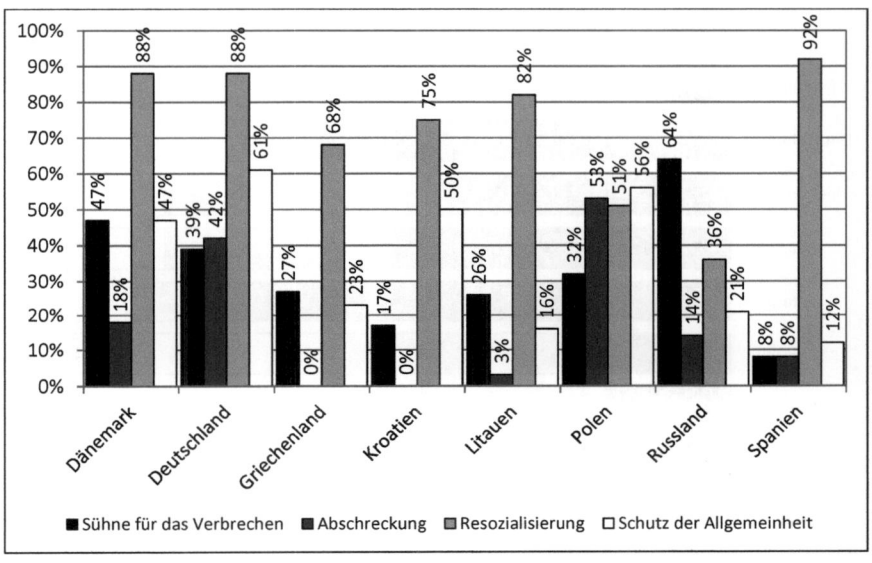

■ Sühne für das Verbrechen   ■ Abschreckung   ■ Resozialisierung   □ Schutz der Allgemeinheit

*   N = 240.
Quelle: Universität Greifswald, Lehrstuhl für Kriminologie, Frauenstrafvollzug 2003-2005.

Hier hielten fast 68% bis zu 92% (außer Polen und Russland) aller Bediensteten die Resozialisierung für einen idealerweise wichtigen Zweck der Freiheitsstrafe, dem in der Praxis – wie der Vergleich mit dem aus *Abbildung 12.44* zu entnehmenden Ist-Zustand zeigt – nur unzureichend Rechnung getragen wird. In Polen sind es zwar nur 50%, die die Resozialisierung für besonders wichtig hielten. Das sind aber immerhin etwa 30% mehr als bei der Frage nach dem Zweck der Freiheitsstrafe in der Praxis. Diese Ergebnisse sind auch um einige Prozente höher als im Männerstrafvollzug (vgl. oben *Kapitel 12.1.2.1* und *Abbildung 12.20*), d. h. die Bediensteten des Frauenvollzugs waren tendenziell stärker gegenüber dem Resozialisierungsgedanken aufgeschlossen.[762] Ein immer noch größerer Anteil der polnischen Befragten spricht sich für den Schutz der Allgemeinheit (56,1%) und für die Abschreckung (52,6%) als ideale Ziele der Freiheitsstrafe aus.

---

762   Dies könnte auch durch den Anteil weiblicher Bediensteter im Frauenvollzug bedingt sein. In der Untersuchung zum Männererwachsenenvollzug wurden keine weiblichen Bediensteten erfasst, vgl. hierzu auch oben *Kapitel 12.1.2.*

Abbildung 12.46:   Wiedergutmachung

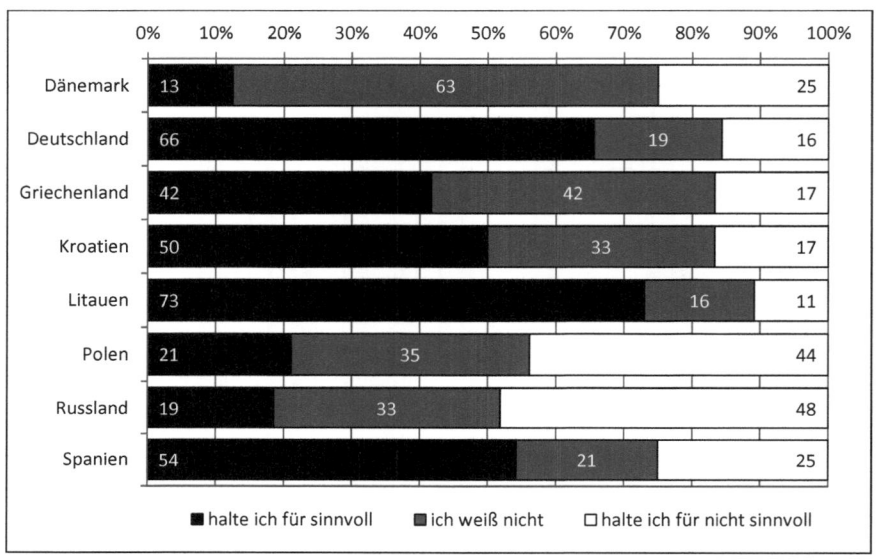

```
          0%   10%  20%  30%  40%  50%  60%  70%  80%  90%  100%

Dänemark    13              63                        25

Deutschland  66                              19          16

Griechenland  42                    42                  17

Kroatien     50                        33             17

Litauen      73                              16        11

Polen        21          35                          44

Russland     19         33                           48

Spanien      54                        21             25
```

■ halte ich für sinnvoll   ■ ich weiß nicht   ☐ halte ich für nicht sinnvoll

*   N = 240.
Quelle: Universität Greifswald, Lehrstuhl für Kriminologie, Frauenstrafvollzug 2003-2005.

Auch in Frauenstrafvollzug scheint die Idee der wiedergutmachenden Justiz (*restorative justice, restorative prison*) nur langsam den Weg in die polnischen Anstalten zu finden. Fast 50% der polnischen Befragten erachteten die wiedergutmachenden Versuche seitens der Inhaftierten für sinnlos, weitere 35,1% waren unentschieden. Nur 21,1% sprachen sich dafür aus. Hier waren die deutschen Bediensteten viel offener, 65,6% befürworteten wiedergutmachungsorientierte Maßnahmen im Strafvollzug.

Eine eindeutige Bewertung des Frauenstrafvollzugs in Polen ist auf der Grundlage der vorliegenden Ergebnisse nicht möglich, da nur zwei Anstalten untersucht wurden und der Untersuchungszeitraum inzwischen 8 Jahre zurückliegt. Dennoch ergeben sich im europäischen Vergleich teilweise vergleichbare, gelegentlich aber auch besonders ausgeprägte Problemlagen (z. B. bzgl. der Unterbringungsbedingungen oder der Arbeit), die auch heute noch relevant sind. Verbesserungen der Lebensbedingungen der Inhaftierten, eine Verstärkung des Therapieangebots und bzgl. der Bediensteten eine Verbesserung der Arbeitsatmosphäre (Reduzierung der Arbeitsbelastung, Überstunden etc.) erscheinen vorrangig notwendig ebenso wie eine vermehrte Akzeptanz des Resozialisierungsgedankens als Leitmotiv der Vollzugsgestaltung.

12.3 Langstrafenvollzug und die Frage der Menschenrechte in Staaten der Europäischen Union[763]

In den letzten Jahren ist in einigen Ländern eine Zunahme von Gefangenen mit langen Haftstrafen zu beobachten, gleichzeitig steigt die Zahl der Länder, in denen Sanktionen nicht nur auf der Schuld basieren, sondern in denen auch die potenzielle „Gefährlichkeit" bei der Strafzumessung mit berücksichtigt wird.[764] In den geschlossenen Strafanstalten, besonders in der Gruppe der Gefangenen, die lange Strafen (üblicherweise definiert durch Strafen von mindestens 5 Jahren Dauer) im sog. Langstrafenvollzug verbüßen, werden Gefangene oft als gefährlich klassifiziert und verbringen ihre Strafe häufig viele Jahre in völliger Isolation. Hier kann es besonders leicht zu Menschenrechtsverletzungen kommen.[765] Die Resozialisierung oder Therapiemaßnahmen werden bei diesen Gefangenen häufig erst kurz vor der Entlassung angewendet, also Jahre nach dem Beginn der Inhaftierung.[766] Die lange Isolierung, mangelnde Kontakte mit sowohl der Außenwelt als häufig auch zu Mitinsassen,[767] ein geringes Angebot an Behandlungsmaßnahmen und noch stärkere Haftdeprivationen als im „Normalvollzug" machen aus dieser Gruppe eine Risikogruppe und erschweren deren Rückkehr in die Gesellschaft.

Das dritte der in diesem Kapitel vorgestellten Projekte des Greifswalder Lehrstuhls für Kriminologie befasst sich mit der Problematik der Menschenrechte im Langstrafenvollzug. Zielgruppe sind männliche Gefangene, die eine oder mehrere Freiheitsstrafen von einer Gesamtdauer von mindestens fünf Jahren verbüßt hatten.[768]

---

763 Das Projekt begann im Frühjahr 2007, die Datenerhebung wurde größtenteils bis Ende 2008 vollendet. Projektkoordination: *Frieder Dünkel, Kirstin Drenkhahn* und *Manuela Dudeck*, Projektpartner waren: *Sonja Snacken* und *Hanne Tournel*/Belgien, *Anette Storgaard*/Dänemark, *Esther Giménez-Salinas* und *Aïda C. Rodríguez*/Spanien, *Tapio Lappi-Seppälä*/Finnland, *Pascal Décarpes*/Frankreich, *Velinka Grozdanić* und *Ute Karlavaris-Bremer*/Kroatien, *Gintautas Sakalauskas*/Litauen, *Barbara Stańdo-Kawecka, Joanna Grzywa* und *Paweł Maciaszczyk*/Polen, *Lena Roxell* und *Rita Haverkamp*/Schweden, *Dirk van Zyl Smit* und *Fabienne Emmerich*/Großbritannien. Die ersten Ergebnisse, insbesondere zu den psychischen Belastungen und zur Arbeitssituation in den Anstalten wurden in einigen Publikationen veröffentlicht, dazu siehe vor allem: *Drenkhahn* 2009; *Drenkhahn* 2010; *Drenkhahn/Spitzer/Freyberger/Dünkel/Dudeck* 2010; *Dudeck/Drenkhahn* 2010. Siehe insbesondere eine umfassende Publikation der Ergebnisse in *Drenkhahn/Dudeck/Dünkel* 2014.

764 Vgl. *Drenkhahn* 2011, S. 246.

765 Vgl. *Dünkel* 2009, S. 211; *Drenkhahn* 2010, S. 259.

766 Vgl. *Snacken/van Zyl Smit* 2009, S. 60 ff.

767 Siehe dazu die Bemerkungen über „gefährliche" Gefangene in Polen, *Kapitel 5.3.4.*

768 Darunter lebenslange Strafen als auch Sicherungsverwahrte.

Es wurden in jedem beteiligten Land (Belgien, Dänemark, Deutschland, England, Finnland, Frankreich, Kroatien, Litauen, Polen, Schweden und Spanien) jeweils Gefangene aus mindestens zwei Anstalten befragt, angestrebt waren 100 Gefangene pro Land.

Ähnlich der beiden oben dargestellten Projekte wurde auch diese Studie anhand eines standardisierten Fragebogens durchgeführt. Die Studie orientiert sich neben den allgemeinen, in der Einleitung zu diesem Kapitel erwähnten internationalen Standards insbesondere an der Empfehlung für Langzeitgefangene des Europarats.[769] Die Untersuchung wurde um einen umfangreichen Teil zu psychischen Problemen (BSI) und um Fragen zur posttraumatischen Belastungsstörung (PDS) erweitert. Andererseits fand keine Befragung von Bediensteten statt.

In Polen wurden die Untersuchungen in *Tarnów* und *Chełm* durchgeführt, in Deutschland in *Celle, Naumburg, Torgau, Lübeck, Luckau-Duben* und *Waldeck*.[770] Insgesamt konnten 1.101 Gefangene in 36 Strafanstalten befragt werden. In die Auswertung einbezogen wurden die Daten von 1.049 Gefangenen, 52 Teilnehmer wurden nicht berücksichtigt, da sie entweder eine zu kurze Strafe angegeben oder weniger als die Hälfte der Fragen beantwortet hatten.[771]

Das durchschnittliche Alter der Befragten variierte zwischen 35,2 Jahren in Litauen und 46,2 Jahren in Frankreich. Außer in England hatten in allen Ländern über 80% der Befragten einen Schulabschluss angegeben und zwischen 50% und 75% hatten eine Berufsausbildung abgeschlossen.

Die polnischen Gefangenen charakterisierten sich durch ein eher hohes Bildungsniveau. Über 98% hatten einen Schulabschluss und 70% eine Berufsausbildung absolviert.

---

769 Empfehlung Rec (2003)23 des Ministerkomitees des Europarats betreffend die Behandlung der zu lebenslanger Freiheitsstrafe Verurteilten und anderen Langzeitgefangenen durch die Strafvollzugsverwaltungen.

770 Genaue Verteilung der Stichprobe in Anstalten in jeweiligen Ländern siehe *Drenkhahn* 2010, S. 262.

771 Vgl. *Drenkhahn* 2010, S. 4.

Tabelle 12.9:   Stichprobe

Land	N	Alter (SD)	Schulabschluss (%)	Berufsausbildung (%)
Belgien	42	39,7 (13,0)	82,9	62,5
Dänemark	90	37,2 (10,6)	86,9	57,5
Deutschland	98	41,8 (11,1)	94,8	69,1
England*	124	44,3 (13,2)	79,2	55,7
Finnland	52	37,5(9,1)	96,2	57,7
Frankreich	92	46,2 (11,8)	91,0	75,9
Kroatien	95	41,7 (9,8)	100,0	73,2
Litauen	207	35,2 (8,8)	88,8	75,3
Polen	106	37,9 (11,6)	98,1	70,8
Schweden	64	38,9 (9,8)	95,3	50,8
Spanien	79	41,0 (9,0)	92,2	47,3
Insgesamt	**1.049**	**39,9 (11,2)**	**91,1**	**65,2**

*	In Großbritannien und Nordirland existieren drei verschiedene Strafvollzugssysteme: das nordirische, das schottische und das englische für England und Wales. Im Projekt wurden nur die Strafanstalten in England untersucht.
Quelle:	Universität Greifswald, Lehrstuhl für Kriminologie, Langstrafenvollzugsstudie, vgl. *Drenkhahn* 2010, S. 5 f.

Bei den Delikten, wegen derer die Inhaftierten ihre Strafe verbüßten, überwogen die Tötungsdelikte (44,2%) gefolgt von Raub (19,7%), Eigentums- oder Vermögensdelikten(17,4%), Sexualdelikten (15,6%), Drogendelikten (15,1%), Körperverletzungsdelikten (13,9%) und sonstigen Straftaten (5,3%).[772]

---

772   Siehe *Drenkhahn* 2010, S. 263.

Tabelle 12.10:   **Aktuelle und frühere Hafterfahrung**

	aktuelle zeitige Freiheitsstrafe in Monaten (M, SD)	frühere Inhaftierung (%)	von aktueller Strafe verbüßt in Monaten (M, SD)
Belgien	202,7 (123,1)	58,5	86,9 (54,7)
Dänemark	108,1 (43,6)	58,4	51,9 (41,4)
Deutschland	107,3 (44,0)	59,4	81,1 (67,1)
England	105,0 (47,5)	42,7	69,0 (61,8)
Finnland	114,2 (32,2)	53,8	59,5 (41,0)
Frankreich	243,0 (92,1)	35,9	113,2 (67,5)
Kroatien	157,8 (64,2)	23,4	76,7 (36,3)
Litauen	99,9 (38,1)	98,0	58,0 (35,3)
Polen	156,4 (73,8)	56,6	81,7 (47,6)
Schweden	114,1 (46,3)	73,0	49,5 (35,1)
Spanien	211,9 (83,6)	57,1	119,1 (70,1)
Insgesamt	142,4 (79,1)	59,6	75,0 (55,5)

Quelle: Universität Greifswald, Lehrstuhl für Kriminologie, Langstrafenvollzugsstudie, vgl. *Drenkhahn*, 2011a, S. 252.

82,8% der Untersuchungsgruppe verbüßten eine zeitlich bestimmte Strafe, 17,2% eine zeitlich unbestimmte Sanktion, also eine lebenslange Freiheitsstrafe oder eine Sicherungsverwahrung o. ä.[773]

---

773   Vgl. *Drenkhahn* 2011a, S. 252.

Abbildung 12.47: **Haftzellenbelegung**

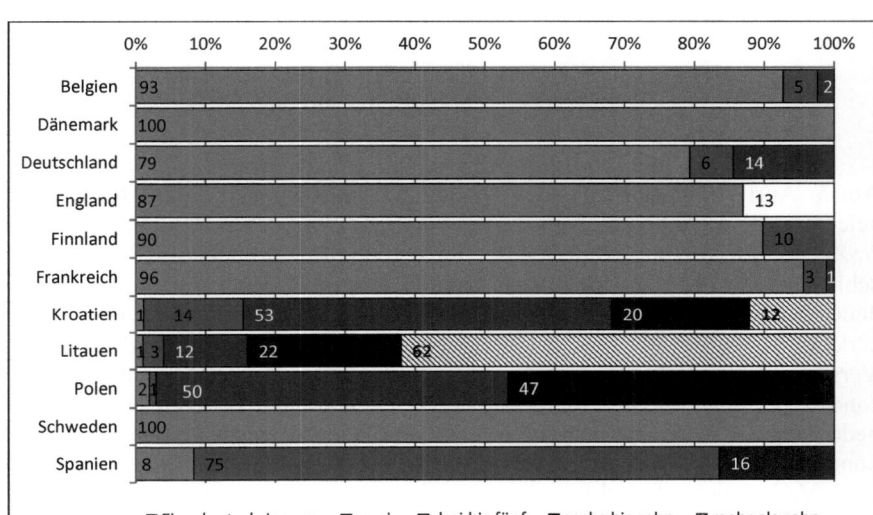

Quelle: Universität Greifswald, Lehrstuhl für Kriminologie, Langstrafenvollzugsstudie.

Hinsichtlich der Unterbringungsform ergaben sich deutliche Unterschiede zwischen den erfassten Ländern. In fast allen westeuropäischen Ländern wurde der überwiegende Anteil der Befragten in einem Einzelhaftraum untergebracht. In den spanischen Anstalten war die Unterbringung in Haträumen für zwei Gefangene weit verbreitet und betrug 75%. In Kroatien und Polen war ein beachtlicher Teil in Haträumen mit 3 bis 10 Personen untergebracht. In Litauen, aber auch in Kroatien gab es Unterbringungen in großen Haträumen mit mehr als 10 Mitinsassen. In Litauen wurden sogar über 60% der befragten Gefangenen in solchen Räumen untergebracht, davon über 35% in den Schlafsälen mit mehr als 15 Insassen.

Auf Grund der ersten Ergebnisse kann festgestellt werden, dass der polnische Strafvollzug im Vergleich zu anderen untersuchten Ländern auch im Bereich des Langstrafenvollzugs eher als problematisch zu bezeichnen wäre. Neben den bescheidenen Lebensbedingungen, Unterbringung mit vielen Mitinsassen in engen Haträumen, Gesundheitsproblemen der Gefangenen und Beschwerden aufgrund fehlender medizinischer Versorgung fehlen auch Arbeitsplätze und Freizeitangebote. Vollzugslockerungen werden nur sehr restriktiv gehandhabt.[774]

---

774 Vgl. *Drenkhahn* 2010, S. 264; *Drenkhahn/Dudeck/Dünkel* 2014.

13. Zusammenfassung und Ausblick

> „Der Umfang der Freiheitsstrafe hängt
> davon ab, wie viel Kontrolle eine
> Gesellschaft für angemessen hält."
> *Nils Christie*

Am 5. April 1989 wurden die Verhandlungen des Runden Tischs mit Unterzeichnung eines Abkommens zwischen der kommunistischen Regierung und der
NSZZ Solidarność als Vertreter der oppositionellen Gruppen in Polen abgeschlossen. Für Polen eröffnete sich damit eine neue Epoche, eine absolute Veränderung des politischen Systems, die auf friedliche, solidarische Art und Weise
„erkämpft" wurde".[775] Eine der grundlegenden Änderungen bestand im neuen
Verständnis des Bürgers als Individuum und Träger von Grundrechten, insbesondere der unantastbaren Menschenwürde. Diese Würde zu schützen ist zu der
bedeutungsvollsten, übergeordneten Aufgabe des Staates geworden, was dem
kommunistischen Verständnis der Gesellschaft, des Staates und ihres gegenseitigen Verhältnisses fremd war. Erst das Verständnis dieser Tatsache ermöglicht
es die Bedeutung der damaligen Prozesse und heutiger Tendenzen in ihrer
Komplexität zu verstehen.[776]

Diese tiefgreifende Veränderung forderte die Annahme einer neuen Staats-
philosophie, den Aufbau eines neuen Rechtssystems und verlangte die Umgestaltung vieler Institutionen und staatlichen Ämter. Der Transformationsprozess
hatte in Polen einen evolutionären Charakter und ist schwer in einem zeitlichen
Rahmen zu definieren. Im Bereich der grundlegenden Gesetzgebung wurde der
Prozess weitgehend abgeschlossen (Straf- und Strafprozessreform sowie Straf-
vollzugsgesetzgebung). Nichtsdestotrotz sind Teilbereiche dieser Gesetze wei-
tergehend reformbedürftig.

Das Strafvollzugsrecht wurde an die neue politische Situation nach 1989 angepasst. Es wurde ein Prozess der Liberalisierung und Humanisierung in Gang
gesetzt. Auch wurden unmittelbar nach der politischen Wende Ende der 1980er
Jahre ein System der Rechtskontrolle im Strafvollzug und Möglichkeiten der
Rechtsbeschwerde eingeführt. Ferner wurde das Institut eines Ombudsmanns
eingeführt, das ein erfolgreiches Mittel i. S. eines *monitoring* darstellt, wie es in
internationalen Menschenrechtsstandards gefordert wird.[777] Auch die einfluss-
reiche Beteiligung von Nichtregierungsorganisationen wie z. B. des Helsinki-
Komitees ist als positive Entwicklung des polnischen Strafvollzugswesens zu
bewerten.

---

775 Vgl. hierzu *Kapitel 2.*

776 Vgl. hierzu *Kapitel 3.*

777 Vgl. EPR.

Heutzutage basiert das polnische Strafvollzugsrecht auf rechtsstaatlichen Prinzipien und die Menschenrechte finden ihren Ausdruck in zahlreichen Vorschriften. Auf dem Weg zur Humanisierung des Strafvollzuges bleibt noch einiges zu tun, insbesondere die praktische Implementierung gesetzlicher Vorgaben und internationaler Standards.

Im Folgenden werden daher einige in der vorliegenden Arbeit als wesentlich für den Status Quo des Strafvollzugs in Polen herausgearbeitete Aspekte und mögliche Handlungsoptionen zusammenfassend skizziert.

Das polnische Gefängnissystem ist durch eine besonders hohe *Gefangenenpopulation* charakterisiert. Im europäischen Vergleich gehört Polen 2012 mit einer Gefangenenrate von 224, nach Russland mit extrem hohen Zahlen (487) und den baltischen Ländern - Litauen (314), Lettland (297) und Estland (245) – zu den Ländern mit der höchsten Gefangenenrate. Nach offiziellen Statistiken wurde zwar die langjährige Überbelegung der Gefängnisse tendenziell beseitigt, jedoch ist bei einer Auslastung von mehr als 90% nach allgemeiner Auffassung der Strafvollzugspraktiker immer noch von Überbelegung, zumindest in Teilbereichen (meist innerhalb des geschlossenen Vollzugs) auszugehen. Die Art und Weise, wie nominell die Überbelegung in Polen beseitigt wurde, erscheint darüber hinaus bedenklich. In vielen polnischen Strafanstalten fehlen Räumlichkeiten für Therapiezwecke, Gruppenaktivitäten, Freizeitgestaltungen oder kulturelle Veranstaltungen, weil diese Räume in Hafträume umgewidmet wurden. Es besteht die Gefahr, dass sich die Gefängnisse zu ausschließlichen „Aufbewahrungslagern" für Gefangene entwickeln. Wenn man in die Analyse diejenigen Urteile einbezieht, die noch auf ihre Vollstreckung warten, d. h. jene, in denen das Gericht das Datum des Strafantritts bereits festgelegt hat und der Termin abgelaufen ist (fast 40.000), dann ist die Behauptung nicht ganz abwegig, dass es sich in den polnischen Anstalten um eine „verdeckte Überbelegung" handelt.[778]

Aus international vergleichenden Analysen geht hervor, dass unterschiedliche Gefangenenraten zumeist nicht von der Kriminalitätsbelastung abhängen, womit die Politiker und die Medien sehr oft den Bedarf einer härteren Strafpraxis zu erklären versuchen. Um die Überbelegung der Gefängnisse nachhaltig zu ändern, muss sich die gesamte Strafpolitik in Polen grundsätzlich ändern: *die unbedingte Freiheitsstrafe muss noch weniger Anwendung finden* zu Gunsten der ambulanten Sanktionen, die mit der Strafaussetzung zur Bewährung und ggf. Unterstellung unter die Bewährungshilfe verbunden sind. Eine quantitativ eher begrenzte Alternative zur Freiheitsstrafe und damit ein Weg der Reduzierung der Gefangenenzahlen kann in Polen das in den letzten Jahren eingeführte, sich aber immer noch eher in der Implementierungsphase befindende *System der elektronischen Überwachung* darstellen, allerdings nur wenn dadurch eine frü-

---

778 Vgl. hierzu *Kapitel 4.*

here vorzeitige Entlassung und die Teilnahme am gesellschaftlichen Leben (normale Erwerbstätigkeit) ermöglicht wird. Damit könnten zugleich wiedergutmachungsorientierte Aspekte verwirklicht werden (Opferentschädigung etc.).[779]
    Ebenfalls ist bei den Erwägungen zur Reduzierung der Gefangenenzahl die sog. „Back-door-Strategie" in Betracht zu ziehen. Hier handelt es sich um die Reduktion der Gefangenenpopulation durch eine *vermehrte Anwendung von bedingter vorzeitiger Entlassung*. Leider findet diese in Polen keine breite Anwendung, wie sie zu wünschen und möglich wäre. Im Jahr 2012 wurden nur etwa 45% der Anträge positiv entschieden. Die überwiegende Zahl davon waren positive Entscheidungen über Anträge, welche durch die Anstaltsleitung gestellt wurden. Von den Anträgen der Gefangenen fand nur ein Viertel richterliche Zustimmung. Ein immer noch beachtlicher Teil der ablehnenden Entscheide findet die Begründung in generalpräventiven Aspekten und dem langen Strafrest, was mit der Formulierung des Gesetzes in Wiederspruch steht. Die bedingte Entlassung bedeutet eine kontrollierte „Freiheit" und soll nicht nur dann Anwendung finden, wenn der Resozialisierungsprozess erfolgreich vollendet wurde. Der Bewährungszeitraum sollte die Fortführung des Resozialisierungsprozesses unter den Bedingungen des Lebens in Freiheit unter der Aufsicht eines Bewährungshelfers darstellen. Hier vollziehen sich momentan viele Änderungen und einige Entscheidungen einzelner Gerichte lassen hoffen, dass sich die gesamte Praxis der bedingten vorzeitigen Entlassung langsam, aber kontinuierlich positiv weiter entwickelt.[780]

In Polen, wie in vielen anderen Ländern wird die Reduzierung der Überbelegung oftmals gleichgesetzt mit dem Neubau weiterer Strafanstalten. Dieser Weg ist aber irreführend und die teuerste sowie ineffizienteste Lösung. Er reduziert möglicherweise die Überbelegung der Anstalten, aber nicht die Zahl der Gefangenen. Ein Neubau von Gefängnissen ist nur dann zu rechtfertigen, wenn damit veraltete Anstalten ersetzt werden und damit zur Verbesserung der Lebensbedingungen der Gefangenen und der Arbeitsbedingungen des Anstaltspersonals beigetragen werden kann. Diese Tatsache wird auch in den Berichten des *Anti-Folter-Komitees* angemerkt. Andererseits ist zu beachten, dass Überbelegung eher ein statistischer Begriff ist, genau wie Gefängniskapazität. Es erscheint fraglich, ob eine Feststellung der Reduzierung der Überbelegung überhaupt erfolgen kann, wenn das System wie in Polen immer noch Anstalten mit Haftträumen für 10 oder 15 Insassen vorsieht, in denen noch dazu die Gefangenen teilweise 23 Stunden am Tag eingeschlossen sind.[781]

---

779 Vgl. hierzu *Kapitel 3 und 11*.

780 Vgl. hierzu *Kapitel 9*.

781 Vgl. hierzu *Kapitel 4*.

Die Überbelegung bzw. eine sehr beengte Unterbringung hat weitere negative Folgen. Unter solchen Bedingungen ist ein effektiver *Resozialisierungsprozess* sehr schwer zu verwirklichen. Die während des Vollzugs der Freiheitsstrafe unternommenen Resozialisierungsmaßnahmen sollen insbesondere die Wiedereingliederung in die Gesellschaft ermöglichen.[782] Wenn aber diese Prozesse nur beschränkt stattfinden können, ist die erfolgreiche Rückkehr in das gesellschaftliche Zusammenleben stark eingeschränkt. Hinzu kommt, dass eine eher restriktive polnische *Lockerungspraxis* diesen Prozess zusätzlich negativ belastet.[783] Es gibt zu wenig offene Anstalten, zu wenig entlassungsvorbereitende Ausgänge und es fehlt an einem systematischen Übergangsmanagement.

Besonders beunruhigend ist in Polen die Situation bezüglich der *Arbeit der Gefangenen*. Nur ca. 30% der Gefangenen haben eine Arbeit und nur ein geringer Anteil (12%) kann einer bezahlten Arbeit nachgehen. Natürlich stellt dies ein vielschichtiges Problem dar, das eng mit der sozio-ökonomischen Situation eines Landes verbunden ist. Die *Arbeit* der Gefangenen wird jedoch als eines der wichtigsten Elemente im Prozess der *Wiedereingliederung* angesehen. Wenn dem so ist, gleichzeitig aber die Gesellschaft den Gefangenen während des Aufenthalts in der Anstalt und besonders danach keine Arbeit zur Verfügung stellen kann, dürfen wir dann immer noch behaupten, dass die Gefängnisse in der Lage sind, ihrer *Resozialisierungsaufgabe* gerecht zu werden? Weiterhin fragen sich Menschen in Anbetracht der gegenwärtigen globalen Situation, in der Massenarbeitslosigkeit ein besonderes Problem darstellt und eine angemessen bezahlte Arbeit in Teilen der Gesellschaft zu einem Luxus und Privileg geworden ist, wie die großen Anstrengungen bei dem Versuch, Beschäftigung für Häftlinge zu organisieren, zu rechtfertigen sind. Hier liegt allerdings ein grundlegendes Missverständnis vor, weil es sich im Verhältnis Staat-Gefangener um ein „Zwangsverhältnis" handelt und der Staat, der eine Person verurteilt und inhaftiert hat, eine besondere sozialstaatliche Fürsorgepflicht hat, alles zu unternehmen, dass – auch mit Blick auf die Vermeidung zukünftiger Opfer von Straftaten – die Wiedereingliederung des Gefangenen gelingt. Insoweit können Gefangene tatsächlich privilegiert sein, jedoch darf man nicht außer Acht lassen, dass sie nach der Entlassung aus dem Strafvollzug in der Praxis benachteiligt sind und vor bedeutend größeren Schwierigkeiten stehen, z. B. eine Arbeit zu finden.[784]

Diese und ähnliche Fragen sind immer öfter in den Diskussionen über Freiheitsstrafe und Gefängnisse zu hören und die Antworten sind nicht einfach und auch nicht immer eindeutig. Sie sollten jedoch nicht darüber hinwegtäuschen, dass die arbeitenden Insassen die gleichen Rechte haben sollen wie Arbeiter

---

782   Vgl. hierzu *Kapitel 6*.

783   Vgl. hierzu *Kapitel 8.7.*

784   Vgl. hierzu *Kapitel 8.3.*

oder Angestellte in Freiheit. Für dieselbe Arbeit sollten im Übrigen die gleiche Bezahlung und die gleichen sozialen Leistungen vorgesehen werden. Dies ist eine schlichte Konsequenz des Prinzips eines Sozialstaates sowie des Diskriminierungsverbots und hat eine direkte Verankerung im Artikel 2 der polnischen Verfassung, in dem steht, dass der polnische Staat die Grundsätze der gesellschaftlichen Gerechtigkeit verwirklicht. Welcher Anteil vom Lohn für die Unterhaltskosten oder Opfer- und/oder Nachentlassungsfonds abgezogen wird, stellt eine davon zu trennende und in der Diskussion zu den Prinzipien eher zweitrangige, wenn auch sehr wichtige Frage dar.[785]

Obwohl der Strafvollzug und insbesondere die Thematik der Menschenrechte im Strafvollzug eher an die Rechte der Verurteilten denken lässt, darf man bei einer Analyse des Strafvollzugs nicht die Arbeitsbedingungen und Rechte der Personen außer Acht lassen, die in den Anstalten angestellt sind. Ihr Engagement und ihr Arbeitseinsatz im Prozess der Humanisierung des Strafvollzugs sind von größter Bedeutung.[786] Ihre Ansichten und Einstellungen beeinflussen entscheidend die Atmosphäre und den Charakter der zwischenmenschlichen Beziehungen. Diese spielen eine bedeutende Rolle im Leben eines jeden Menschen, jedoch im besonderen Maß in einer totalen Institution wie einer Strafanstalt, in der nicht frei entschieden werden kann, mit wem man Umgang hat und mit wem nicht. Ebenso prägt ihre Arbeit die Qualität der resozialisierenden Maßnahmen und der Therapie sowie der medizinischen und sonstigen Versorgung. Es ist hervorzuheben, dass der strukturelle Mangel an finanzieller Ausstattung und Programmen den erkennbaren Bemühungen der in den Anstalten angestellten Bediensteten gegenübersteht.

Ein weiterer belastender Aspekt der Arbeit in den Strafanstalten stellt das niedrige Ansehen dieser Arbeit in der Gesellschaft dar, die oft mit einer verzerrten Darstellung in denen Medien verbunden ist. Dazu kommt auch eine zu geringe Entlohnung dieser Arbeit.

Zweifellos trifft man in Strafanstalten, wie auch in allen anderen totalen Institutionen leicht auf Verletzungen der Rechte von Inhaftierten, auf Macht- und Kompetenzüberschreitungen von Seiten der Strafvollzugsbeamten, die nicht ohne rechtliche Folgen bleiben dürfen. Es scheint jedoch, dass die positiven Aspekte in hohem Maße überwiegen. Die enorme Anstrengung und Mühe, die für die Effektivierung des Resozialisierungsprozesses eingesetzt werden, sollten demensprechend geschätzt werden. So fand die Arbeit des polnischen Gefängniswesens internationale Anerkennung, als ihr 2010 die europäisch vergebene

---

785   Vgl. hierzu *Kapitel 8.3.2.*

786   Vgl. hierzu *Kapitel 5.3.*

„Silberne Waage der Justiz" verliehen wurde für den Volontäreinsatz von Gefangenen in Hospizen (*Voluntary work of the convicts in Poland*).[787]

Andererseits sollten die Bediensteten, insbesondere die diejenigen des Allgemeinen Vollzugsdienstes höhere soziale Kompetenzen und Kommunikationsfähigkeiten aufweisen, d. h. darin geschult werden. Diese Gruppe von Bediensteten steht im täglichen Kontakt mir den Gefangenen und ist daher der primäre Interaktionspartner, der als Rollenvorbild und ggf. Vertrauensperson wichtig sein kann.

Um die Prozesse im Strafvollzug analysieren zu können, ist das empirische Wissen über die Situation und die Ausgestaltung der Anstalten von großer Bedeutung. Positiv zu bemerken ist, dass der polnische Strafvollzug umfassende *Statistiken* veröffentlicht, die einen Einblick in die Funktionsweise des Gefängniswesens ermöglichen. Der weitere Ausbau dieser Statistiken hinsichtlich z. B. der Erfassung von Ausbildungs- und Behandlungsprogrammen, entlassungsvorbereitenden Maßnahmen, Gründen für Disziplinarmaßnahmen etc. würde eine kontinuierliche Evaluierung der Strafvollzugspraxis ermöglichen. Ferner wäre es sehr wünschenswert den Austausch „guter Praxismodelle" mittels weiterer vertiefter, national und international vergleichender Untersuchungen zu ermöglichen. Die Einbeziehung der Erfahrungen anderer Länder, deren erfolgreiche Lösungsansätze wie auch ihrer Fehler, könnte zahlreiche positive Effekte für Polen mit sich bringen.

Um einerseits die Umsetzung der gesetzlichen Vorschriften zu überprüfen, aber auch, um den Erfolg der praktischen Konzepte beurteilen zu können und diese gegebenenfalls anzupassen, muss eine intensive interdisziplinäre Analyse stattfinden. Leitprinzip muss die Begleitung von Gesetzesreformen und die permanente Evaluation sowie Fortentwicklung von Behandlungsprogrammen auf wissenschaftlicher Grundlage („*evidence based*") sein. In diesem Zusammenhang ist auf die in England inzwischen übliche Akkreditierung und Evaluation von Behandlungsmaßnahmen zu verweisen. Die interdisziplinäre Ausrichtung bestimmter Projekte, wie sie insbesondere auch in Greifswald durchgeführt wurden, könnte Vorbild sein. Immerhin war Polen an allen Projekten des dortigen Lehrstuhls für Kriminologie beteiligt.[788]

Weitere Änderungen im polnischen Strafvollzug sind notwendig, erscheinen aber nur mit einer breiten gesellschaftlichen Unterstützung möglich.

Das Wissen der Gesellschaft über den Vollzug der Freiheitsstrafe ist sehr oberflächlich und beschränkt sich meist auf Verbrechen, die durch die Medien tendenziös und sensationslüstern dargestellt werden. Die Medien tragen also im

---

787 Vgl. hierzu *Kapitel 5.3.*

788 Vgl. hierzu *Kapitel 12.*

großen Ausmaß die Verantwortung dafür, wie dieses Thema in der Gesellschaft wahrgenommen wird und wie sich infolge dessen die gesellschaftlichen Erwartungen und das Gefühl von Gerechtigkeit gestalten.

In den letzten Jahren sind sowohl in der amerikanischen als auch in der europäischen, darunter auch in der polnischen Kriminalpolitik beunruhigende Tendenzen zu beobachten.[789] Der Verbrecher wird weniger als Teil der Gesellschaft wahrgenommen, sondern zunehmend als ihr Feind, gegen den man in den Krieg ziehen muss, sprachlich sichtbar an Ausdrücken wie „*war on drugs*" oder „*war on terrorism*". Diesen Krieg führt man auch unter Zuhilfenahme des Strafrechts, indem immer schärfere Gesetze eingeführt werden zur Bekämpfung immer neuer Verbrechensgruppierungen.[790] Es ist ein ständig zunehmendes Operieren mit bestimmten Begrifflichkeiten zu beobachten, die auf ein Risiko und eine Bedrohung hinweisen sollen. Die Manipulierung der öffentlichen Meinung hat das Ziel, ein Gefühl der Bedrohung zu evozieren und gleichzeitig das Bedürfnis nach einer Verschärfung der rechtlichen Vorschriften, die diese Bedrohung nivellieren sollen, zu wecken. Diese Tendenzen des Strafrechts lassen sich teilweise auch in Polen erkennen. Andererseits hat Polen nach der politischen Umwälzung Ende der 1980er Jahre auf dem Weg zu einem „rechtsstaatlich gebändigten" Strafrecht und Strafvollzug deutliche Fortschritte gemacht und kann in keiner Weise als besonders „punitiv" charakterisiert werden. Wie in den meisten Ländern gab es allerdings Strafschärfungen bei bestimmten Tätergruppen wie Sexual- und Gewalttätern.

In einem Rechtsstaat muss die verhängte Strafe mit den demokratischen Prinzipien zu vereinbaren sein und der wichtigste Ausgangspunkt, sowohl bei den theoretischen Auseinandersetzungen wie vor allem auch im Prozess der konkreten Strafverhängung und dem Vollzug, muss das Prinzip des Humanismus und die Begrenzung von Eingriffen unter dem Verhältnismäßigkeitsprinzip sein. Dementsprechend sollen immer der Mensch und der Schutz des menschlichen Lebens und der menschlichen Würde im Zentrum des Strafrechtssystems stehen. Die Wahrung der Unantastbarkeit dieser Würde, die auch durch Begehen eines Verbrechens nicht in Frage gestellt werden darf, stellt den Wegweiser und das oberste Gebot für alle Handlungen und Entscheidungen im Strafprozess dar.

---

789   Siehe u a *Garland* 2001; *Pratt* 2005.

790   *Wacquant* verbindet diese Tendenzen in USA mit der Bekämpfung der Armut mit neuen, strafrechtlichen Mitteln und bezeichnet sie als „Kriminalisierung des Elends" siehe *Wacquant* 2000; Zur Kritik der neuen Punitivität siehe auch *von Hofer* 2004; *Pratt u. a.* 2005; *Pratt* 2007. Einige ausführliche Anmerkungen zur strafrechtlichen Sanktionspraxis und zur Punitivität in Deutschland finden sich bei *Dünkel* 2011, S. 215 ff.; *Heinz* 2012; siehe auch *Krauß* 2006, S. 80 ff.

Dieser letzte Gedanke sollte die Basis für eine intensive, mediale Auseinandersetzung mit dem Thema Gefängnis und Freiheitsstrafe darstellen.[791]

Die weiteren *Reformen des Strafvollzugrechts* sind wichtig und möglich, jedoch müssen sie auf gesamtgesellschaftlicher Ebene erörtert und getragen werden. Neben der Reform einzelner Bereiche muss eine neue umfassende Auseinandersetzung über die sozialen Aufgaben und die Verantwortung einer Gesellschaft stattfinden. Hierbei spielen die Menschenrechte eine besondere Rolle. Auch wenn bei den politischen und ökonomischen Rechten noch vieles zu tun bleibt, sollte die Gesellschaft des 21. Jahrhunderts die Grundidee der dritten Generation der Menschenrechte – die Solidaritätsidee – verstärkt aufgreifen. Eine gerechte Verteilung der Güter, der Aufgaben und der Verantwortung der Mitbürger, auch unter den denjenigen, welche die soziale Ordnung verletzt haben, ist intensiv zu diskutieren. Das Verbrechen geschieht nicht in einem gesellschaftlichen Vakuum, sondern ist (mit Ausnahmen besonders psychopatischer Verbrecher) vielmehr Folge vieler sozialer Rahmenbedingungen. Es wurzelt oft in zwischenmenschlichen Beziehungen vor dem Hintergrund sozialer und ökonomischer Belastungsfaktoren. Eine holistische Vision der Gesellschaft, in der das Individuum nicht nur sich selbst überlassen ist, sondern Teil der Gesellschaft und Subjekt der gesellschaftlichen Prozesse ist, soll verwirklicht werden. Eine gemeinsame solidarische Suche nach der Konfliktlösung und nicht die Verstärkung der Kontrolle und die Betonung des Vergeltungsgedankens gibt den Rahmen für eine weitere umfassende Verwirklichung der Menschenrechte und für weitere Humanisierungsprozesse der Strafpolitik und des Vollzugs. Eine Annäherung dieser Ideale stellen die skandinavischen Länder mit ihrer wohlfahrtsstaatlichen Orientierung dar, die auf Vertrauen in die politische und rechtliche Kultur basiert.

Die *Idee der Solidarität* ist der polnischen Gesellschaft aus der Geschichte heraus nicht fremd. Nicht ohne Grund steht im ersten Artikel der polnischen Verfassung geschrieben, dass die Republik Polen das gemeinsame Gut aller Staatsbürger ist. Es besteht also die Hoffnung, dass die im Jahr 2004 durch den polnischen Senat formulierten Postulate ihre Verwirklichung in der polnischen Strafpolitik finden bzw. weiter entwickelt werden: „Die neue Straf- und Kriminalpolitik soll auf der Idee der *restorative justice* gebaut werden. Danach hat sich der Strafprozess nicht an der Vergeltung zu orientieren, sondern soll der Wiedergutmachung der Opfer und der Gesellschaft dienen und zur Resozialisierung des Täters beitragen, was als Hilfe zur Wiedereingliederung in die Gesellschaft zu verstehen sein soll. Die erfolgreichsten Mittel der Verwirklichung der *restorative justice* sind ambulante Sanktionen, die mit einer Bewährungszeit verbunden sind, während derer der Täter in der Gesellschaft leben und gleich-

---

791 Vgl. hierzu *Kapitel 3.*

zeitig gewissen Pflichten nachgehen soll. Zu diesen Pflichten sollen die Leistung eines Schadensersatzes und die Wiedergutmachung eines moralischen Unrechts gehören. Diese Sanktionen sollen anstelle der zu weit verbreiteten Freiheitsstrafe durch die Staatsanwaltschaft und durch die Gerichte vermehrt angeordnet werden. Ein notwendiges Element dieser neuen Strafpolitik stellt ein systematischer, langfristiger Bildungsprozess der Gesellschaft dar. Dieser Prozess sollte dazu führen, die stereotypen Ansichten der Bürger, dass eine wirkungsvolle Kriminalitätsbekämpfung ein punitives Strafrechtssystem verlange, das eine breitere Anwendung der langfristigen Freiheitsstrafe und der Untersuchungshaft beinhaltet, zu überwinden. Die Idee der *restorative justice* und der Bewährungshilfe muss in der Gesellschaft vermehrt Verständnis und Unterstützung finden. Nur so ist es möglich, diese erfolgreich einzuführen und zu realisieren."[792]

Diese Feststellung des polnischen Parlaments aus dem Jahr 2004 ist in vollem Umfang zuzustimmen. Es kommt weiterhin auf die Umsetzung dieser Forderungen an. Ein möglicherweise langer und nicht immer geradliniger Weg wird in der Entwicklung der polnischen Strafrechts- und Strafvollzugspolitik erkennbar, mit gelegentlichen Rückschlägen, jedoch mit – so bleibt zu hoffen – langfristig positiven Resultaten.

---

792 Uchwała Senatu Rzeczypospolitej Polskiej z dnia 3 czerwca 2004 r. w sprawie polityki karnej w Polsce/Beschluss des Senats der Republik Polen vom 3. Juni 2004 über die Strafpolitik in Polen. Monitor Polski z 15 czerwca 2004, Nr 26, poz. 431 (Übersetzung der Verf.).

Literaturverzeichnis

Aebi, M., F., Chopin, J. (2014): Council of Europe. Annual Penal Statistic. Space II. Survey 2013. Persons Serving Non-Custodial Sanctions and Measures in 2013. Strasbourg pc-cp/space/documents/PC-CP (2014) 12.

Albrecht, H. J., Dünkel, F. (1981): Die vergessene Minderheit – alte Menschen als Straftäter. Z. Gerontologie 14, S. 259-273.

Andrews, D. A., Bonta, J., Hoge, R. D. (1990): Classification for effective rehabilitation: Rediscovering psychology. Criminal Justice and Behavior, 17, S. 19-52.

Andrews, D. A., Bonta, J. (2007): Raport Risk-Need-Responsivity Model for Offender Assessment and Rehabilitation" von unter www.publicsafety.gc. ca/res/cor/rep/_fl/Risk_Need_2007-06_e.pdf.

Antonovsky, A. (1997): Salutogenese: Zur Entmystifizierung der Gesundheit. Die deutsche Fassung herausgegeben von Alexa Franke. Tübingen: Dgvt-Verlag.

Ardley, J. (2005): The theory, development and application of electronic monitoring in Britain. Internet Journal of Criminology. www. internetjournalofcriminology.com. Abgerufen am 10.07.2012.

Awofeso, N. (2010): Prisons as Social Determinants of Hepatitis C Virus and Tuberculosis Infections. Public Health Reports. Supplement 4, Volume 125, S. 25-33. Im Internet unter www.publichealthreports.org/archives/ issueopen.cfm?articleID=2480. Abgerufen am 30.07.2012.

Alexander, M. (2003): Kleine Geschichte Polens. Stuttgart.

Bales, W., Mann, K., Blomberg, T., Gaes, G., Barrick, K., Dhungana, K., McManus, B. (2010): A Quantitative and Qualitative Assesment of Electronic Monitoring. Florida National Institute of Justice.

Bals, N. (2011): Wiedergutmachung, Befriedigung, Versöhnung. Fälle häuslicher Gewalt im Täter-Opfer-Ausgleich. In: Bannenberg, B. Jehle, J.-M., (Hrsg.): Gewaltdelinquenz. Lange Freiheitsentziehung. Delinquenzverläufe. Mönchengladbach: Forum Verlag Godesberg, S. 147-163.

Barczyk K., Grodziski, S., Grzybowski, S. (Hrsg.) (2001): Obywatelskie inicjatywy ustawodawcze Solidarności 1980-1990. Warszawa: Wydawnictwo Sejmowe.

Bartkowicz, Z. (2008): Skuteczna resocjalizacja w perspektywie aksjologicznej i pomiarowej. In: Bartkowicz, Z., Węgliński, A. (Hrsg.): Skuteczna resocjalizacja. Doświadczenia i propozycje. Lublin: Wydawnictwo Uniwersytetu Marii Curie-Skłodowskiej, S. 23-28.

Beccaria, C. (1998): Über Verbrechen und Strafen – Nach der Ausgabe von 1766 übersetzt und herausgegeben von Wilhelm Alff. Frankfurt a. M./ Leipzig: Insel Verlag.

Bihs, A., Roos, S., Walkenhorst, Ph. (2009): Abschnitt 7: Außenkontakte. In: Ostendorf, H. (Hrsg.): Jugendstrafvollzugsrecht. Baden-Baden: Nomos Verlag, S. 405-468.

Biuro Rzecznika Praw Obywatelskich (Hrsg.) (2001): Biuletyn Recznika Praw Obywatelskich/Bulletin des Bürgerbeauftragtes. BJ B 232441II.

Biuro Trybunału Konstytucyjnego (2010): Proces prawotwórczy w świetle orzecznictwa Trybunału Konstytucyjnego. Wypowiedzi Trybunału Konstytucyjnego dotyczące zagadnień związanych z procesem legislacyjnym. Warszawa: Wydawnictwo Trybunału Konstytucyjnego.

Bonta, J., Wormith, J. S. (2013): Applying the Risk-Need-Responsivity Principles to Offender Assessment. In: Craig, L. A. , Dixon, L., Gannon, T. A. (Hrsg.): What works in Offender Rehabilitation. An Evidence-Based Approach to Assessment and Treatment. Wiley-Blackwell Publising, S. 69-93.

Bormann, F.-J. (2006): Soziale Gerechtigkeit zwischen Fairness und Partizipation. John Rawls und die katholische Soziallehre. Freiburg-Wien: Verlag Herder.

Bottoms, A., E. (1999): Interpersonal violence and social order in prisons. In: Tonry, M., Petersilia, J. (Hrsg.): Prisons.Chicago and London: Chicago University Press, S. 205-281.

Bottoms, A., Rex, S., Robinson, G. (Hrsg.) (2004): Alternatives to prison. Options for an insecure society. Cullompton-Devon: Willan Publishing.

Bourbonnais, R., Malenfant, R., Vézina, M., Jauvin, N., Brisson, I. (2005): Work characteristics and health of correctional officers. Rev Epidemiol Sante Publique 53(2), S. 127-42, Abstract. www.ncbi.nlm.nih.gov/pubmed/ 16012372. Abgerufen am 10.02.2013.

Bögemann, H. (2004): Gesundheitsforderung in totalen Institutionen am Beispiel einer geschlossenen Justizvollzugsanstalt. Oldenburg: Bibliotheks- und Informationssystem der Universität Oldenburg.

Bögemann, H. (2010): Grundlegendes zur Gesundheit der Bediensteten in der totalen Institution Gefängnis. In: Bögemann, H., Keppler, K., Stöver, H. (Hrsg.): Gesundheit im Gefängnis. Ansätze und Erfahrungen mit Gesundheitsförderung in totalen Institutionen. Weinheim-München: Jeventa Verlag, S. 59-72.

Braithwaite, J. (1989): Crime, Shame and Reintegration. Cambridge: Cambridge University Press.

Bramska, M., Kurek, A., Schmidt, D. (2000): System programowego oddziaływania w warunkach zakładu typu zamkniętego. In: Biuro Rzecznika Praw Obywatelskich (Hrsg.) Stan i węzłowe problemy polskiego więziennictwa. Cz. IV. Biuletyn RPO, S. 81-125.

Brauneisen, A. (2011): Die elektronische Überwachung des Aufenthaltsortes als neues Instrument der Führungsaufsicht. StV 5, S. 311-316.

Bretschneider, F. (2003): Humanismus, Disziplinierung und Sozialpolitik. Theorien und Geschichte des Gefängnisses in Westeuropa, den USA und in Deutschland. In: Ammerer, G., Bretschneider, F., Weiß, S. A. (Hrsg.) Gefängnis und Gesellschaft. Zur (Vor-) Geschichte der strafenden Einsperrung. Leipzig: Leipziger Universitätsverlag, S. 18-49.

Brugger, S., Holzbauer, A. (1996): Strafvollzugsgesetz und die den Strafvollzug betreffenden Bestimmungen in anderen Gesetzen sowie Verordnungen und Erlässen. Wien: Verlag Österreich.

Brunkhorst, H. (2006): Folter, Würde und repressiver Liberalismus. In: Uwer, T. (Hrsg.): Bitte bewahren Sie Ruhe. Leben im Feindrechtsstaat. Berlin: Strafverteidigervereinigungen, S. 103-116.

Buchała, K., Zoll, A. (1998): Komentarz do kodeksu karnego. Band I. Część ogólna. Kraków: Zakamycze.

Buczkowski, K., Czarnecka-Dzialuk, B., Klaus, W., Kossowska, A, Rzeplińska, I., Wiktorska, P., Wożniakowska-Fajst, D., Wójcik, D. (2013): Stan przestępczości w Polsce od roku 1918 do współczesności. Warszawa: Wydawnictwo Akademickie Sedno.

Buczkowski, K. (2013): Stan przestępczości w Polsce od roku 1918 do współczesności. In: Buczkowski u. a. (Hrsg.): Społeczno-polityczne konteksty współczesnej przestępczości w Polsce. Warszawa: Wydawnictwo Akademickie Sedno, S. 33-72.

Bulenda, T., Musidłowski, R. (Hrsg.) (2003a): Postępowanie z więźniami w latach 1989-2002. Warszawa: ISP.

Bulenda, T., Musidłowski, R. (Hrsg.) (2003b): System penitencjarny i postpenitencjarny w Polsce. Warszawa: ISP.

Burnett, R., Roberts, C. (2004): The emergence and importance of evidence-based practice in probation and youth justice. In: Burnett, R., Roberts, C. (Hrsg.): What Works in Probation and Youth Justice. Cullompton Dewon: Willan Publishing, S. 1-13.

Calliess, R.-P., Müller-Dietz, H. (2008): Strafvollzugsgesetz. Auflage XX. München: Verlag C.H. Beck.

Centrum Badania Opinii Społecznej (2010): Opinie o poczuciu bezpieczeństwa i zagrożeniu przestępczością." BS/80/2010/ Bericht des Zentrums für Studie der öffentlichen Meinung „Die Meinungen über das Sicherheitsgefühl und die Kriminalitätsbedrohung".

Cheliotis, L. (2010): Greece. In: Padfield, N., van Zyl Smit, D., Dünkel, F. (Hrsg.): Relase from prison. European policy and practice. Portland/ Oregon: Willan Publishing, S. 213-236.

Cheek, F., E., Miller, M., D. (1983): The experience of stress for correction officers: A double-bind theory of correctional stress. Journal of Criminal Justice 11(2), S. 105-120.

Christie, N. (1977): Conflicts as Property. British Journal of Criminology, 17, S. 1-15.

Christie, N. (1995): Grenzen des Leids. Münster: Votum Verlag.

Christie, N. (2004): Dogodna ilość przestępstw (A suitable amonunt of crime). Warszawa: Polskie Stowarzyszenie Edukacji Prawnej.

Ciosek, M. (2008): Zakład karny jako instytucja resocjalizacyjna. In: Urban, B., Stanik, J., M. (Hrsg.): Resocjalizacja. Band I und II. Warszawa: Wydawnictwo Naukowe, S. 326-345.

Crawley, E., Sparks, R. (2005): Hidden Injuries? Researching the Experiences of Older Men in English Prisons. The Howard Journal, Band 44, Nr. 4, S. 345-356.

Cornel, H. (2009): Zum Begriff der Resozialisierung. In: Cornel, H., Kawamura-Reindl, G., Maelicke, B., Sonnen B., R. (Hrsg.): Resozialisierung. Handbuch. 3. Auflage. Baden-Baden: Nomos Verlag, S. 27-60.

Council of Europe (Hrsg.) (2002): Report to the Polish Government on the visit to Poland from 8-19 May 2000, carried out by the European Committee for the Prevention of Torture and Inhuman or Degrading Treatment or Punishment (CPT). CPT/Inf (2002) 9.

Council of Europe (Hrsg.) (2006): Report to the Polish Government on the visit to Poland from 4 to 15 October 2004, carried out by the European Committee for the Prevention of Torture and Inhuman or Degrading Treatment or Punishment (CPT). CPT/Inf (2006) 11.

Council of Europe (Hrsg.) (2011a): Report to the Polish Government on the visit to Poland from 26 November to 8 December 2009, carried out by the European Committee for the Prevention of Torture and Inhumen or Degrading Treatment or Punishment (CPT). CPT/Inf (2011) 20.

Council of Europe (Hrsg.) (2011b): 21st General report of the European Committee for the Prevention of Torture and Inhuman or Degrading Treatment or Punishment (CPT). CPT/Inf (2011) 28.

Crawley, E., Sparks, R. (2005): Older man in prison: survival, coping and identity. In: Liebling, A., Maruna, S. (Hrgs.): The Effects of Imprisonment. Devon: Willan Publishing, S. 343-365.

Czapliński W. (1985): Zarys dziejów Polski do roku 1864. Kraków: Znak.

Czarnecka-Dzialuk, B., Wojcik, D. (2000): Victim-offender mediation in Poland. In: The European Forum for Victim-Offender Mediation and Restorative Justice Victim-offender mediation in Europe (Hrsg.): Making restorative justice work. Leuven: Leuven University Press, S. 309-335.

Czarnecka-Dzialuk, B., Wojcik, D. (2012): Stosowanie sądowych środków oddziaływania na nieletnich w świetle koncepcji teoretycznych, statystyki oraz opinii sędziów i kratorów rodzinnych. Internetpublikation des polnischen Justizinstitutes. www.iws.org.pl/pliki/pliki/W%C3%B3jcik%20 Czarnecka-Dzialuk%20Stosowanie%20%C5%9Br%20oddz%20wobec% 20nieletnich%202012.pdf. Abgerufen am 01.04.2013.

Czołgoszewski, J. (2002): Więziennictwo okresu stalinowskiego na Warmii i Mazurach w latach 1945-1956. Olsztyn: Rozprawy i Materiały Ośrodka Badań Naukowych im. Wojciecha Kętrzyńskiego w Olsztynie.

Czołgoszewski, J. (2010): Więziennictwo Księstwa Warszawskiego (1807-1815). Przegląd Więziennictwa Polskiego, Nr. 69, S. 129-142.

Ćwiąkalski, Z. (2009): Wystąpienie Ministra Sprawiedliwości. In: Mozgawa, M., Dudka, K. (Hrsg): Kodeks karny i kodeks postępowania karnego po dziesięciu latach obowiązywania. Warszawa: Oficyna a Wolters Kluwer Buisness.

Davis, N. (1999): Boże igrzysko. Historia Polski. (God's Playground. History of Poland.). 5. Aufl., Kraków: Wydawnictwo Znak.

Davis, A., Y. (2004): Eine Gesellschaft ohne Gefängnisse? Berlin: Schwarzerfreitag Verlag.

Demidowicz, T. (2005). Z dziejów polskiej myśli penitencjarnej. Julian Ursyn Niemcewicz (1758-1841) i jego poglądy. Przegląd Więziennictwa Polskiego, Nr. 49, S. 205-230.

Dobiejewska, E., Rękas, A. (2013): Sprawiedliwość naprawcza – droga do reintegracji społecznej skazanych. In: Szczepaniak, P. (Red.): Polski system penitencjarny. Ujęcie integralno-kulturowe. Warszawa: Wydawnictwo Forum Penitencjarne, S. 131-136.

Domenig, C. (2008): Restorative Justice und integrative Symbolik: Möglichkeiten eines integrativen Umgangs mit Kriminalität und die Bedeutung von Symbolik in dessen Umsetzung. Bern: Haupt Verlag.

Drenkhahn, K. (2007): Sozialtherapeutischer Strafvollzug in Deutschland. Mönchengladbach: Forum Verlag Godesberg.

Drenkhahn, K. (2009): Langstrafenvollzug und Menschenrechte – Erste Ergebnisse eines internationalen Forschungsprojekts. Neue Kriminalpolitik 21, S. 8-13.

Drenkhahn, K. (2010): Arbeit, Ausbildung und Freizeit im Langstrafenvollzug – Ausgewählte Ergebnisse einer internationalen Untersuchung zur Menschenrechtssituation im Vollzug langer Freiheitsstrafen. MSchrKrim 93, S. 258-273.

Drenkhahn, K. (2011a): Straftäterbehandlung und langer Freiheitsentzug. Ein europäischer Vergleich. In: Bannenberg, B. Jehle, J.-M., (Hrsg.): Gewaltdelinquenz. Lange Freiheitsentziehung. Delinquenzverläufe. Mönchengladbach: Forum Verlag Godesberg, S. 245-256.

Drenkhahn, K. (2011b): Anstaltsklima im Strafvollzug – Weiches Kuschelthema oder harter Erfolgsfaktor? GreifRecht, Nr. 11, S. 25-31.

Drenkhahn, K., Dudeck, M., Dünkel, F. (Hrsg.) (2014): Long-Term Imprisonment and Human Rights. Routledge.

Drenkhahn, K., Spitzer, C., Freyberger, H.J., Dünkel, F., Dudeck, M. (2010): Psychische Symptombelastung und Straftäterbehandlung im langen Freiheitsentzug – Erste Ergebnisse einer internationalen Untersuchung. Trauma & Gewalt 4, S. 270-280.

Dubiel, K. (2008): Więzienie – instytucja totalna czy resocjalizacyjna. In: Kuć, M. (Hrsg.): Kryminologiczne i penitencjarne aspekty wykonywania kary pozbawienia wolności. Lublin: Towarzystwo Naukowe KUL Katolicki Uniwersytet Lubelski Jana Pawła II, S. 105-114.

Dudeck, M., Drenkhahn, K. (2010): Traumatisierung und Behandlungsbedürftigkeit bei Langzeitgefangenen in Europa. In: Saimeh, N. (Hrsg.) Kriminalität als biographisches Scheitern. Forensik als Lebenshilfe? Bonn: Psychiatrie Verlag, S. 171-182.

Dünkel, F. (1983): Die Geschichte des Strafvollzuges als Geschichte von (vergeblichen?) Vollzugsreformen. In: Driebold, R. (Hrsg.): Strafvollzug. Erfahrungen, Modelle, Alternativen. Göttingen: Verlag Vandenhoeck & Ruprecht.

Dünkel, F., Spiess, G. (1983): Alternativen zur Freiheitsstrafe. Strafaussetzung zur Bewährung und Bewährungshilfe im internationalen Vergleich. Freiburg i. B.: Max Planck Institut.

Dünkel, F. (1996): Empirische Forschung im Strafvollzug. Bestandsaufnahme und Perspektiven. Mönchengladbach: Forum Verlag Godesberg.

Dünkel, F. (2000): Resozialisierungsvollzug (erneut) auf dem Prüfstand. In: Jehle, J.-M. (Hrsg.): Täterbehandlung und neue Sanktionsformen. Mönchengladbach: Forum Verlag Godesberg, S. 379-414.

Dünkel, F., van Zyl Smit, D. (2001): Conclusion. In: van Zyl Smit, D., Dünkel, F. (Hrsg.): Imprisonment Today and Tomorow. 2. Aufl. Hague-London-Boston: Kluwer Law International, S. 796-859.

Dünkel, F. (2004): Gegenreform im Strafvollzug: Sicherheit als Vollzugsziel – eine Gesetzesinitiative aus Hessen. KrimPäd, 32, Nr. 43, S. 16-20.

Dünkel, F. (2008): Einführung: Konzepte der „Humanisierung des Strafvollzugs" in den Bundesländern – Ergebnisse einer Umfrage. In: Dünkel, F., Drenkhahn, K., Morgenstern, C. (Hrsg.): Humanisierung des Strafvollzugs – Konzepte und Praxismodelle. Mönchengladbach: Forum Verlag, S. 1-10.

Dünkel, F. (2009a): International vergleichende Strafvollzugsforschung. In: Schneider, H., J. (Hrsg.): Internationales Handbuch der Kriminologie. Band 2. Berlin: De Gruyter Recht, S. 145-226.

Dünkel, F. (2009b): Vollzugslockerungen und offener Vollzug – die Bedeutung entlassungsvorbereitender Maßnahmen für die Wiedereingliederung. Forum Strafvollzug – Zeitschrift für Strafvollzug und Straffälligenhilfe 58, S. 192-196.

Dünkel, F. (2009c): Strafvollzug und Menschenrechte. Nationale und internationale Standards sowie Entwicklungstendenzen des Strafvollzugs im europäischen Vergleich. In: Koop, G., Kappenberg, B. (Hrsg.): Wohin fährt der Justiz-Vollzug? Strategien für den Justizvollzug von morgen. Lingen: Kriminalpädagogischer Verlag, S. 33-84.

Dünkel, F. (2010): Vorrang heimatnaher Unterbringung. Anmerkung zu KG 2 Ws 588/07 Vollz v. 12.9.2008. Forum Strafvollzug – Zeitschrift für Strafvollzug und Straffälligenhilfe 59, S. 61-63.

Dünkel, F. (2011a): Werden Strafen immer härter? – Anmerkungen zur strafrechtlichen Sanktionspraxis und zur Punitivität. In: Bannenberg, B. Jehle, J.-M., (Hrsg.): Gewaltdelinquenz. Lange Freiheitsentziehung. Delinquenzverläufe. Mönchengladbach: Forum Verlag Godesberg, S. 209-243.

Dünkel, F. (2011b): Ersatzfreiheitsstrafen und ihre Vermeidung. Aktuelle statistische Entwicklung, gute Praxismodelle und rechtspolitische Überlegungen. Forum Strafvollzug – Zeitschrift für Strafvollzug und Straffälligenhilfe 60, S. 143-153.

Dünkel, F. (2013): Kommentierungen von §§ 38, 39, 57, 57a, 57b StGB. In: Kindhäuser, U., Neumann, U., Paeffgen, H.-U. (Hrsg.): Nomos Kommentar zum StGB. 4. Aufl., Baden-Baden: Nomos Verlag, S. 1680-1723, 2078-2172.

Dünkel, F., Drenkhahn, K. (2001): Behandlung im Strafvollzug: von „nothing works" zu „something works". In: Bereswill, M., Greve, W. (Hrsg.): Forschungsthema Strafvollzug. Baden-Baden: Nomos, S. 387-417.

Dünkel, F., Drenkhahn, K., Morgenstern, C. (2008): Praxismodelle zur Humanisierung des Strafvollzugs – eine Nachbetrachtung. In: Dünkel, F., Drenkhahn, K., Morgenstern, C. (Hrsg.): Humanisierung des Strafvollzugs – Konzepte und Praxismodelle. Mönchengladbach: Forum Verlag Godesberg, S. 225-238.

Dünkel, F., Gebauer, D., Geng, B., Kestermann, C. (2007): Mare-Balticum-Youth-Survey: Gewalterfahrungen von Jugendlichen im Ostseeraum. Mönchengladbach: Forum Verlag Godesberg.

Dünkel, F., Geng, B. (2013): Die Entwicklung von Gefangenenraten im nationalen und internationalen Vergleich – Indikator für Punitivität? Soziale Probleme, 24, Nr. 1.

Dünkel, F., Grzywa, J. (2011): Europejskie Reguły Więzienne 2006 i ich wpływ na europejskie więziennictwo. In: Stańdo-Kawecka, B., Krajewski, K. (Hrsg.): Problemy penologii i praw człowieka na początku XXI stulecia. Księga poświęcona pamięci Profesora Zbigniewa Hołdy. Warszawa: Wolters Kluwer Polska, S. 353-368.

Dünkel. F., Grzywa-Holten, J., Horsfield, P. (Hrsg.) (2015a): Restorative Justice and Medition in Penal Matters. A stock-taking of legal issues, implementation strategies and outcomes in 36 European countries. Band. 1 & Band 2. Mönchengladbach: Forum Verlag Godesberg.

Dünkel. F., Grzywa-Holten, J., Horsfield, P. (2015b): Restorative Justice and Medition in Penal Matters in Europe – Comparative overview. In: Dünkel. F., Grzywa-Holten, J., Horsfield, P. (Hrsg.): Restorative Justice and Medition in Penal Matters. A stock-taking of legal issues, implementation strategies and outcomes in 36 European countries, Band 2. Mönchengladbach: Forum Verlag Godesberg, S. 1015-1100.

Dünkel, F., Grzywa, J., Horsfield, P., Pruin, I. (Hrsg.) (2011): Juvenile Justice Systems in Europe – current situation, reform developments and good practices. 2. Aufl. Mönchengladbach: Forum Verlag Godesberg.

Dünkel, F., Kestermann, C., Zolondek, J. (2005): Vorstellung des Frauenstrafvollzugsprojekts. In: Dünkel, F., Kestermann, C., Zolondek, J. (Hrsg.): Reader. Internationale Studie zum Frauenstrafvollzug. Bestandsaufnahme,

Bedarfsanalyse und „best practice". www.rsf.uni-greifswald.de/fileadmin/ mediapool/lehrstuehle/duenkel/Reader_frauenvollzug.pdf, S. 3-8.

Dünkel, F., Pruin, I. (2010): Germany. In: Padfield, N., van Zyl Smit, D., Dünkel, F. (Hrsg.): Relase from prison. European policy and practice. Portland/Oregon: Willan Publishing, S. 185-212.

Dünkel, F., Pruin, I. (2012): Die bedingte vorzeitige Entlassungaus dem Strafvollzug im europäischen Vergleich. In: Matt, E. (Hrsg.): Bedingte Entlassung, Übergangsmanagement und die Wiedereingliederung von Ex-Strafgefangenen. Berlin: LIT Verlag, S. 125-146.

Dünkel, F., Scheel, J. (2006): Vermeidung von Ersatzfreiheitsstrafen durch gemeinnützige Arbeit: das Projekt „Ausweg" in Mecklenburg-Vorpommern – Ergebnisse einer empirischen Untersuchung. Mönchengladbach: Forum Verlag Godesberg.

Dünkel, F., Snacken, S. (2001): Strafvollzug in europäischen Vergleich: Probleme, Praxis und Perspektiven. Forum Strafvollzug. Zeitschrift für Strafvollzug und Straffälligenhilfe, Nr. 50, S. 195-212.

Dünkel, F., Stańdo-Kawecka, B. (2011): Juvenile imprisonment and placement in institutions for deprivation of liberty – Comparative aspects. In: Dünkel, F., Grzywa, J., Horsfield, P., Pruin, I. (Hrsg.): Juvenile Justice Systems in Europe. Current Situation and reform developments. 2. Aufl. Mönchengladbach: Forum Verlag Godesberg, S. 1789-1838.

Dünkel u. a. (2010): Zusammenfassung. In: Dünkel, F., Lappi-Seppälä, T., Morgenstern, C., van Zyl Smit, D. (Hrsg.): Kriminalität, Kriminalpolitik, strafrechtliche Sanktionenpraxis und Gefangenenraten im europäischen Vergleich. Mönchengladbach: Forum Verlag Godesberg, S. 997-1092.

Dybalska, I. (2007): Przygotowanie do społecznej readaptacji skazanych w polskim systemie penitencjarnym realizowane przez Służbę Więzienną w zakładach karnych i aresztach śledczych. In: Skafiriak, B. (Hrsg.): Pomoc postpenitencjarna w kontekscie strategii działań resocjalizacyjnych. Kraków: Oficyna Wydawnicza Impuls, S. 159-178.

Dziadzio, A. (2001): Monarchia konstytucyjna w Austrii (1867-1914): władza, obywatel, prawo. Kraków: Księgarnia Akademicka.

Egg, R. u. a. (2001): Evaluation von Straftäterbehandlungsprogrammen in Deutschland. Überblick und Metaanalyse. In: Rehn, G u. a. (Hrsg.): Behandlung „gefährlicher Straftäter". Grundlagen, Konzepte, Ergebnisse. Herbolzheim: Centaurus, S. 321-347.

European Forum for Victim-Offender Mediation and Restorative Justice (Hrsg.) (2000): Victim-Offender Mediation in Europe. Making Restorative Justice Work. Leuven: Leuven University Press.

Fazel, S., Baillargedon, J. (2010): The health of prisoners. Departament of psychiatry, University of Oxford, Departament of Preventive Medicine and Community Health, University of Texas. Online Publikation.

Feest, J., Lesting, W. (Hrsg.) (2012): Kommentar zum Strafvollzugsgesetz. 6. Aufl. Köln: Carl Heymanns Verlag.

Filar, M. (2009): Rola mediów w kreowaniu zagrożeń i sprzyjaniu populizmowi. In: Sieńkiewicz, Z., Kokot, R. (Hrsg.): Populizm penalny i jego przejawy w Polsce. Wrocław: Kolonia Limited, S. 51-56.

Filar, M. (2010): Polityka kryminalna czy polityka? In: Konarska-Wrzosek,V., Lachowski, J., Wójcikiewicz, J. (Hrsg.): Węzłowe problemy prawa karnego, kryminologii i polityki kryminalnej. Księga pamiątkowa ofiarowana profesorowi Andrzejowi Markowi. Warszawa: Wolters Kluwer Polska, S. 845-862.

Flechtheim, O. K. (1975): Hegels Straftheorie. 2. Aufl. Berlin: Duncker & Humblot.

Foucault, M. (1977): Überwachen und Strafen. 1. Aufl. Frankfurt a. M.: Suhrkamp Verlag.

Frankow, P. (2010): Nagrody i kary dyscyplinarne w resocjalizacji skazanych. Przegląd Więziennictwa Polskiego, Nr. 66, S. 65-75.

Fuks, T. (1996): Prawo do wolności i bezpieczeństwa osobistego. Warszawa.

Gardocki; L. (2011): Prawo karne. 17. Auflage. Warszawa: C.H. Beck.

Gardy, Z. (1999): Z praktyki sedziego penitencjarnego. Przeglad Więziennictwa Polskiego. Nr. 22-23, S. 110-114.

Garland, D. (2008): Kultur der Kontrolle. Verbrechensbekämpfung und soziale Ordnung in der Gegenwart. Frankfurt/New York: Campus Verlag.

Garlicki, A. (1993) Stalinizm. Warszawa.

Garlicki L. (2001): Polskie prawo konstytucyjne. Zarys wykładu. Wyd. 5. Warszawa: Liber.

Gelber, C. (2012): Opferbezogene Vollzugsgestaltung. Erfahrungen mit dem Täter-Opfer-Ausgleich im deutschen und belgischen Strafvollzug. MschrKrim, Nr. 2, S. 142-145.

Gelber, C., Walter, M. (2012): Über Möglichkeiten einer opferbezogenen Vollzugsgestaltung. Forum Strafvollzug, Nr. 3, S. 171-174.

Gelber, C., Walter, M. (2013): Opferbezogene Vollzugsgestaltung – Theoretische Perspektiven und Wege ihrer praktischen Umsetzung. Bewährungshilfe, Nr. 1, S. 5-19.

Ghaddar, A., Inmaculada, M., Sanchez, P. (2008): Occupational stress and mental health among correctional officers: A cross-sectional study. Journal of Occuational Health, Nr. 50, S. 92-98. http://joh.sanei.or.jp/pdf/E50/-E50_1_15.pdf. Letzter Abruf am 14.09.2012.

Główny Urząd Statystyczny (Hrsg.) (2001, 2006, 2012): Rocznik statystyczny.

Goffman, E. (1973): Asyle. Über die soziale Situation psychiatrischer Patienten und anderer Insassen. Frankfurt a. M.: Suhrkamp.

Górny, J. (1984): Zakłady otwarte – nowa forma izolacji penitencjarnej. Warszawa.

Górny, J. (1988): Rozwój badań penitencjarnych. In: Wierzbicki, P. (Hrsg.): Rozwój penitencjarystyki w PRL. Wybrane problemy. Warszawa: Wydawnictwo Prawnicze, S. 588-610.

Graham, C. S., Baden, L. R., Yu, E., Mrus, J., M., Carnie, J., Heeren T., M. J. Koziel, M. J. (2001): Influence of Human Immunodeficiency Virus Infection on the Course of Hepatitis C Virus Infection: A Meta-Analysis. Oxford Journals Medicine Clinical Infectious Diseases Volume 33, Issue 4 S. 562-569.

Grodziski, S., Salmonowicz, S. (1965): Ustawa karna zachodniogalicyjska z roku 1796. Zarys dziejów i charakterystyka ogólna, Czasopismo Prawno – Historyczne, Nr. 2, S. 123-148.

Gruszczynska, B., Marczewski, M. (1998): Efektywność warunkowego przedterminowego zwolnienia. Archiwum Kryminologii XXIII – XXIV, S. 213-225.

Grzesiak, S. (2009): Człowiek stary w placówce penitencjarnej. In: Jaworska, A. (Hrsg.): Resocjalizacja. Zagadnienia prawne, społeczne i metodyczne. Kraków: Impuls, S. 247-257.

Guzik, A. (2003): Nie przedłużajmy fikcji. Forum penitencjarne. Nr. 7, S. 11.

Hagemann, O. (2008): Condicion of Imprisonment. Ethnicity in Criminal Justice, Volume 6, Nr. 4, S. 281-302.

Harders, I. (2014): Die elektronische Überwachung in Deutschland – Entwicklung, Anwendungsbereiche, Möglichkeiten und europäische Erfahrungen. Mönchengladbach: Forum Verlag Godesberg.

Hassemer, W. (2010): Vom Sinn des Strafens. Aus Politik und Zeitgeschichte. Nr. 7/2010, S. 3-6.

Hassemer, W. (2009): Warum Strafe sein muss. Ein Plädoyer. Berlin: Ullstein Buchverlage.

Haverkamp, R., Mayer, M; Levy, R. (2004): Electronic Monitoring in Europe. European Journal for Crime Crimal Law and Criminal Justice, Vol. 12/1, S. 36-45.

Hegel, G. W. F. (2005): Philosophie des Rechts. Herausgegeben von Hoppe, H. Frankfurt a. M.: Suhrkamp.

Heinz, W. (2014): Das strafrechtliche Sanktionensystem und die Sanktionierungspraxis in Deutschland 1882-2012. Berichtsjahr 2012; Version: 1/2014. Originalpublikation im Konstanzer Inventar Sanktionsforschung 2012. www.ki.uni-konstanz.de/kis. Abgerufen am 12.01.2015.

Hillebrand, J. (2009): Organisation und Ausgestaltung der Gefangenenarbeit in Deutschland. Mönchengladbach: Forum Verlag Godesberg.

Hirsch von, A. (2009): Proportionate Sentences: A Desert Perspective. In: Hirsch von, A., Ashworth, A., Roberst, J. (Hrsg.): Principled sentencing. Readings on Theory and Policy. Oxford and Portland, Oregon: Hart Publishing, S. 115-125.

Hirst, J, (1995): The Australian Experience. In: Morris, N., Rothman, D. J. (Hrsg.): The Oxford history of the prison. The Practice of Punishment in Western Society. New York-Oxford: Oxford University Press, S. 263-295.

Hochmaye, G. (2012): Elektronisch überwachter Hausarrest. Zur Regelung in Deutschland und Österreich. Zeitschrift für Internationale Strafrechtsdogmatik 11/2012, S. 537-544.

Hofer von, H. (20120): Anmerkungen zum Forschungsstand bzgl. der Erklärung von Gefangenenraten. In: Dünkel, F., Lappi-Seppälä, T., Morgenstern, C., van Zyl Smit, D. (Hrsg.): Kriminalität, Kriminalpolitik, strafrechtliche Sanktionenpraxis und Gefangenenraten im europäischen Vergleich. Mönchengladbach: Forum Verlag Godesberg, S. 25-50.

Hollweg, M., Liwon, N. (2005): Forschungsbedarf, internationale Forschung und methodische Probleme bei Forschungsvorhaben zur Behandlung von Sexualstraftäter. In: Wischka, B. u. a. (Hrsg.): Sozialtherapie im Justizvollzug. Lingen: Kriminalpädagogischer Verlag Lingen, S. 149-157.

Hołda, Z. (1990): Tendencje rozwojowe polskiego prawa karnego wykonawczego. In: Bojarski, T (Hrsg.): Problemy ewelucji prawa karnego. Lublin: Wydawnictwo Uniwersytetu Marii Curie-Skłodowskiej, S. 168-186.

Hołda, Z. (1998): Prawo karne wykonawcze. 1. Aufl. Kraków.

Hołda, Z., Postulski, K. (1998): Kodeks karny wykonawczy. Komentarz. Gdańsk: Wydawnictwo Stella Maris.

Hołda, Z., Hołda, J. (2004): Prawo karne wykonawcze. Kraków: Zakamycze.

Hołda, Z., Postulski, K. (2005): Kodeks Karny Wykonawczy. Komentarz. Gdańsk: Wydawnictwo Arche.

Hołda, Z., Wojcieszczuk, J. (1985): Praca skazanych na karę pozbawienia wolności w świetle prawa polskiego. In: Bojarski, T., Hołda, Z., Baranowski, J. (Hrsg.): Praca skazanych odbywających karę pozbawienia wolności. Lublin: Uniwersytet Marii Curie-Skłodowskiej.

Jakubowska-Hara, J., Skupiński, J. (Hrsg.) (2009): Alternatywy pozbawienia wolności w polskiej polityce karnej. Warszawa: Wydawnictwo Naukowe Scholar.

Jankowski, M., Kotowski, A., Momot, S., Ważny, A. (2012): Przyczyny niedostatecznego wykorzystywania ustawy o dozorze elektronicznym. Warszawa: Instytut Wymiaru Sprawiedliwości.

Jasienica, P. (1989): Rzeczpospolita Obojga Narodów. Warszawa: Państwowy Instytut Wydawniczy.

Jaworska, A. (2008): Readaptacyjna wartość sztuki w zakładach karnych. Słupsk: Pomorska Akademia.

Jaworska, A. (2009): Paradygmatyczne podstawy współczesnej resocjalizacji penitencjarnej. In: Jaworska, A. (Hrsg.): Resocjalizacja. Kraków: Oficyna Wydawnicza Impuls, S. 137-148.

Jaworski, R., Lübke, C., Müller, M., G. (2000): Eine kleine Geschichte Polens. 4. Auflage. Frankfurt a. M.: Suhrkamp.

Jescheck, H.-H. (1988): Lehrbuch des Strafrechts. Allgemeiner Teil. Berlin: Duncker & Humblot.

Johnstone, G. (2007): Restorative Justice and the Practice of Imprisonment. Prison Service Journal, Issue 174, S. 15-20. http://www.hmprisonservice. gov.uk/assets/documents/10003182restorative_justice.pdf Abgerufen am 15.12.2011.

Jürgens, R., Ball, A., Verster, A. (2009): Interventions to reduce HIV transmission related to injecting drug use in prison. Lancet Infect Dis 2009, Nr. 9, S. 5-66.

Kaczyńska, E. (1989): Ludzie ukarani. Więzienie i system kar w Królestwie Polskim. 1815-1914. Warszawa: Państwowe Wydawnictwo Naukowe.

Kaiser, G., Schöch, H. (2002): Strafvollzug. Heidelberg: Müller Verlag.

Kalisz, T. (2004): Zatrudnienie skazanych odbywających karę pozbawienia wolności. Łódź: Kolonia Limited.

Kalisz, T. (2013): Kara pozbawienia wolności w perspektywie rozważań penologicznych i psychospołecznych. In: Rzepliński, A. u.a. (Hrsg.): Pozbawienie wolności – funkcje i koszty. Księga jubileuszowa Profesora Teodora Szyamnowskiego. Warszawa: Lex a Wolters Kluwer business, S. 279-294.

Kalitowski, M. (2005): Środki związane z poddaniem sprawcy próbie. Komentarz do §§ 66-84. In: Górniok, O. u. a. (Hrsg.): Kodeks karny: Komentarz. Tom I. Gdańsk: Arche.

Kant, I. (1991): Die Metaphisik der Sitten. Herausgegeben von Wilhelm Weischedel. Werksausgabe in 12 Bänden, Bd. 8. Frankfurt a. M.: Suhrkamp.

Kant, I. (2004): Grundlegung zur Metaphysik der Sitten. Herausgegeben von Jens Timmermann. Göttingen: Vandenhoeck&Ruprecht.

Kardas, P. (2009): Refleksje po dziesięciu latach obowiązywania kodeksu karnego z 1997 r. In: Mozgawa, M., Dudka, K. (Hrsg): Kodeks karny i kodeks postępowania karnego po dziesięciu latach obowiązywania. Warszawa: Oficyna a Wolters Kluwer Buisness.

Keppler, K, Stöver, H., Schulte, B., Reimer, J. (2010): Prison Health is Public Health! Angleichungs- und Umsetzungsprobleme in der gesundheitlichen Versorgung Gefangener im deutschen Justizvollzug. Ein Übersichtsbeitrag. Bundesgesundheitsbl. 2010/53, S. 233-244.

Kersting, W. (2010): Macht und Moral. Studien zur praktischen Philosophie der Neuzeit. Paderborn: Mentis Verlag.

Kestermann, C. (2004): A comparative analysis of cognitive concepts of prison officers in the Baltic States. In: Czerederecka, A., Jaśkiewicz-Obydzińska, T., Roesch, R., Wójcikiewicz, J. (Hrsg.): Psychology and law: Facing the challenges of a changing world. Kraków: Institute of Forensic Research Publishers, S. 294-303.

Kestermann, C. (2005): Trainingscurriculum für den Frauenstrafvollzug – gesundheitliche Aspekte. In: Dünkel, F., Kestermann, C., Zolondek, J. (Hrsg.): Reader. Internationale Studie zum Frauenstrafvollzug. Bestandsaufnahme, Bedarfsanalyse und „best practice". www.rsf.uni-greifswald.de/fileadmin/mediapool/lehrstuehle/duenkel/Reader_frauenvollzug.pdf, S. 19-41.

Kett-Straub, G. (2011): Die lebenslange Freiheitsstrafe. Tübingen: Mohr Siebeck.

Klaus, W., Rzeplińska, I., Woźniakowska-Fajst, D. (2013a): Punitywność? Kierunki zmian w polskiej polityce kryminalnej. In: *Rzepliński A.* u. a. (Hrsg.): Pozbawienie wolności – funkcje i koszty. Księga jubileuszowa Profesora Teodora Szymanowskiego. Warszawa, LEX a Wolters Kluwer business, S. 295-329.

Klaus, W., Rzeplińska, I., Woźniakowska-Fajst, D. (2013b): Społeczny odbiór przestępczości. In: Buczkowski u. a. (Hrsg.): Społeczno-polityczne konteksty współczesnej przestępczości w Polsce. Warszawa: Wydawnictwo Akademickie Sedno, S. 343-368.

Kmiecik, Z. (1996): Postępowanie administracyjne i postępowanie sądowo-administracyjne. Kraków-Lublin.

Konopczyński, M. (2008): Współczesne nurty resocjalizacji. In: Urban, B., Stanik, J. M. (Hrsg.): Resocjalizacja. Band I und II. Warszawa: Wydawnictwo Naukowe, S. 203-212.

Korwin-Szymanowski, G. (2011): Kaliska Alma Mater. Forum Penitencjarne, Nr. 2, S. 12-13.

Korwin-Szymanowski, G. (2011): Cel diagnoza. Forum Penitencjarne, Nr. 3, S. 7.

Kossowska A. (2013): Zmiana społeczna a przestępczość – wzajemne związki, uwarunkowania, konsekwensje. In: Buczkowski u.a. (Hrsg.): Społeczno-polityczne konteksty współczesnej przestępczości w Polsce. Warszawa: Wydawnictwo Akademickie Sedno, S. 73-101.

Kostewicz, T. (1991): Wykonywanie kary pozbawienia wolności wobec więźniów politycznych w latach 1944-1956. Przegląd Więziennictwa Polskiego, Nr. 1, S. 86.

Kosut, A. (1999): Zasady zatrudniania osób pozbawionych wolności w świetle nowych uregulowań prawnych. Przegląd Więziennictwa Polskiego, Nr. 24-254, S. 3-13.

Kożuchowski, A. (1825): O więzienniach t. I. Warszawa.

Krajewski, K. (2008): Rozmiary i dynamika populacji więziennej w Polsce na tle tendencji europejskich. Uwagi na tle dwóch kwestii spornych. Przegląd Więziennictwa Polskiego, Nr. 59, S. 37-54.

Krajewski, K. (2010): Główne tendencje polityki karnej ostatnich dwudziestu lat. In: Jakubowska-Hara, J., Nowak, C. (Hrsg.): Problemy aktualnej polityki karnej w Polsce na tle przeludnienia zakładów karnych. Warszawa: Wydawnictwo Scholar, S. 25-44.

Krause, T. (1999): Geschichte des Strafvollzugs. Von den Kerkern des Altertums bis zur Gegenwart. Darmstadt: Wissenschaftliche Buchgesellschaft.

Krauß, D. (2006): Vom Bürgerstrafrecht zum Feindstrafrecht? In: Uwer, T. (Hrsg.): Bitte bewahren Sie Ruhe. Leben im Feindrechtsstaat. Berlin: Strafverteidigervereinigungen, S. 79-101.

Krukowski, A. (1987): Nowe tendencje w polityce kryminalnej. In: Hołyst, B. (Hrsg.): Problemy współczesnej penitencjarystyki. Warszawa: Wydawnictwo Prawnicze, S. 39-52.

Krzymuski, E. (1911): Wykład prawa karnego. Kraków: Księgarnia Leona Frommera.

Kuć, M. (2008): Kara pozbawienia wolności jako problem interdyscyplinarny. In: Kuć, M. (Hrsg.): Kryminologiczne i penitencjarne aspekty wykonywania kary pozbawienia wolności. Lublin: Towarzystwo Naukowe KUL Katolicki Uniwersytet Lubelski Jana Pawła II, S. 33-43.

Kuć, M., Gałązka, M. (2009): Prawo karne wykonawcze. Warszawa: Wydawnictwo C.H. Beck.

Kulesza, W., Rzepliński, A. (2001): Przestępstwa sędziów i prokuratorów w Polsce lat 1944-1956.

Kurek, A. (1997): Oferta książkowa, filmowa i telewizyjna w areszcie. Przegląd Więziennictwa Polskiego, Nr. 14, S. 88-95.

Kuźniar, R. (2004): Prawa Człowieka. Warszawa: Wydawnictwo Naukowe Scholar.

Kühl, J. (2012): Die gesetzliche Reform des Jugendstrafvollzuges in Deutschland im Licht der European Rules for Juvenile Offenders Subject to Sanctions or Measures (ERJOSSM). Mönchengladbach: Forum Verlag Godesberg.

Lachowski, J. (2008): Przesłanka materialna warunkowego przedterminowego zwolnienia na gruncie kodeksu karnego. Prokuratura i Prawo, Nr. 11, S. 36-55.

Lachowski, J. (2010): Warunkowe zwolnienie z reszty kary pozbawienia wolności. Warszawa: Wydawnictwo C.H. Beck.

Lappi-Seppälä, T. (2010): Vertrauen, Wohlfahrt und politikwissenschaftliche Aspekte – International vergleichende Perspektive zur Punitivität. In: Dünkel, F., Lappi-Seppälä, T., Morgenstern, C., van Zyl Smit, D. (Hrsg.): Kriminalität, Kriminalpolitik, strafrechtliche Sanktionenpraxis und Gefangenenraten im europäischen Vergleich. Mönchengladbach: Forum Verlag Godesberg, S. 937-996.

Lasocik, Z. (2000): Uspołecznianie więzień. Przegląd Więziennictwa Polskiego. Nr. 28-29, S. 41-58.

Lasocik, Z. (2009): Funkcjonowanie oddziałów dla tzw. „więźniów niebezpiecznych" w Polsce. Archiwum Kryminologii. Tom XXXI, S. 299-344.

Laubenthal, K. (2011): Strafvollzug. 6. Aufl. Berlin: Springer Verlag.

Lelental, S. (2010a): Warunkowe przedterminowe zwolnienie. In: Melezini, M. (Hrsg.): System prawa karnego. Tom 6. Kary i środki karne. Poddanie sprawcy próbie. Warszawa: Wydawnictwo C. H. Beck und Instytut Nauk Prawnych PAN, S. 1064-1142.

Lelental, S. (2010b): Cel wykonywania kary pozbawienia wolności oraz warunki i środki jego realizacji w świetle Art. 67 k.k.w. In: Konarska-Wrzosek, V., Lachowski, J., Wójcikiewicz, J. (Hrsg.): Węzłowe problemy prawa karnego, kryminologii i polityki kryminalnej. Warszawa: Lex a Wolters Kluwer, S. 863-872.

Lewandowski, S. (1998): Charakter normatywny preambuły. Studia Iuridica XXXVI, S. 113-136.

Liebling, A. (2004): Prisons and their moral performance. New York: Oxford University Press.

Liebling, A. (2009): Moralische Leistung und Auswirkungen von Gefangenschaft. Neue Kriminalpolitik, 1/2009, S. 14-20.

Lilly, J., R., Nellis, M. (2013): The limits of techno-utopianism:electronic monitoring in the United States of America. In: nellis, M., Beyens, K., Kaminski, D. (Hrsg.): Electronically Monitored Punishment. International and critical perspectives. London and New York: Routledge, S. 21-43.

Liszt, F. (1968): Der Zweckgedanke im Strafrecht. Frankfurt a. M.: Vittorio Klostermann.

Lösel, F. (1994): Meta-analytische Beiträge zur wiederbelebten Diskussion des Behandlungsgedankens. In: Steller, M. (Hrsg.): Straftäterbehandlung. Argumente für eine Revitalisierung in Forschung und Praxis. Herbolzheim: Centaurus, S. 13-34.

Lösel, F. (2012): Offender treatment and rehabilitation: What works? In: M. Maguire, M., Morgan R., Reiner, R. (Hrsg.): The Oxford handbook of criminology. Oxford, UK: Oxford University Press.5. Auflage, S. 986-1016.

Łętowska, E. (2011): Czekając na Godota, czyli jak wykonywać wyroki ETPCz. Europejski Przegląd Sądowy 2/2011, S. 4-10.

MacDonald, M. (2005): A study of the Health Care Provision, Existing Drug Services and Strategies Operating in Prisons in Ten Countries from Central and Eastern Europe. Helsinki: European Institute for Crime Prevention and Control (HEUNI).

Machel, H. (1983): Model ośrodka pracy dla skazanych w Gdańsku Przeróbce. Przeglad penitencjarny i Kriminologiczny Nr. 3.

Machel, H. (2003): Więzienie jako instytcja karna i resocjalizacyjna. Gdańsk: Wydawnictow Arche.

Machel, H. (2004): Resocjalizacja penitencjarna – współczesny casus polski. In: Aktualne problemy prawa karnego, kryminologii i penitencjarysyki. Łódź: Wydawnictwo Uniwerytetu Łódzkiego, S. 181-197.

Machel, H. (2011): Niektóre czynniki wzmacniające skuteczność poprawczą więzienia. In: Kalisz, T. (Hrsg.): Prawo karne wykonawcze w systemie nauk kryminologicznych. Księga pamiątkowa ku czci Profesora leszka Boguni. Wrcław: Wydawnictwo Uniwersytetu Wrocławskiego, S. 168-187.

Majcherczyk, A. (2006): Programy resocjalizacji skazanych – głos w dyskusji o stanie i perspektywach więziennictwa. Przegląd Więziennictwa Polskiego, Nr. 52-53, S. 15-49.

Majcherczyk, A. (2013): Projektowanie i implementacja programów resocjalizacji. In: Szczepaniak, P. (Hrsg.): Polski system penitencjarny. Ujęcie integralno-kulturowe. Warszawa: Wydawnictwo Forum Penitencjarne, S. 195-209.

Makarewicz, J. (1906): Einführung in die Philosophie des Strafrechts. Stuttgart: Verlag von Ferdinand Enke.

Maleszczyk, R. (2009): Przegląd Więziennictwa Polskiego, nr 62-63, S. 9-32.

Marczak, M., Pawełek, K. (2009): Od projektowania do ewaluacji: kilka słów o skuteczności programów realizowanych wobec osób pozbawionych wolności. In: Marczak, M. (Hrsg): Resocjalizacyjne programy penitencjarne realizowane przez służbę więzienną w Polsce. Kraków: Oficyna Wydawnicza Impuls, S. 333-341.

Marek, A. (1992): Prawo karne – część ogólna. Bydgoszcz: Wydawnictwo Branta.

Marek, A. (2010a): Pojęcie prawa karnego, jego funkcje i podział. Pojęcie prawa karnego i jego cechy szczególne. In: Marek, A. (Hrsg.): System Prawa Karnego.Tom I. Zagadnienia ogólne. Warszawa: C.H. Beck und Instytut Nauk Prawnych PAN, S. 1-47.

Marek, A. (2010b): Pojęcie i formy probacji. Zagadnienia ogólne. In: Melezini, M. (Hrsg.): System prawa karnego. Tom 6. Kary i środki karne. Poddanie sprawcy próbie. Warszawa: Wydawnictwo C.H. Beck und Instytut Nauk Prawnych PAN, S. 929-937.

Martinson, R. (1974). What Works? Questions and Answers About Prison Reform. The Public Interest, 35, S. 22-54.

McGowen, R., (1995): The Well-Ordered Prison: England, 1780-1865. In: Morris, N., Rothman, D. J. (Hrsg.): The Oxford history of the prison. The Practice of Punishment in Western Society. New York-Oxford: Oxford University Press, S. 79-109.

McGuire, J., Priestley, P. (1995): Reviewing "What works": Past, Present and Future. In: McGuire, J. (Hrsg.): What works: Reducing Reoffending. Chichester: Wiley, S. 3-34.

McGuire, J. (2013): "What works" to Reduce Re-Offending: 18 Years On. In: Craig, L. A., Dixon, L., Gannon, T. A. (Hrsg.): What works in Offender Rehabilitation. An Evidence-Based Approach to Assessment and Treatment. Wiley-Blackwell Publising.

Meier, B-D. (2009): Strafrechtliche Sanktionen. 3. Aufl. Berlin u.a.: Springer Verlag.

Merecz-Kot, D., Cębrzyńska, J. (2008): Agresja i mobbing w służbie więziennej. Medycyna Pracy 2008, Nr. 59(6), S. 443-451.

Mikołajczyk, M. (1998): Przestępstwo i kara w prawie miast Polski południowej XVI – XVIII wieku. Katowice: Wydawnictwo Uniwersytetu Śląskiego.

Miers, D., Willemsens, J. (Hrsg.) (2004): Mapping Restorative Justice: Developments in 25 European Countries. Leuven: European Forum for Victim-Offender Mediation and Restorative Justice.

Moczydłowski, P. (1994): Więziennictwo – od systemu totalitarnego do demokratycznego. Przegląd Więziennictwa Polskiego, Nr. 8, S. 3-16.

Moczydłowski, P. (2003): Więziennictwo w okresie transformacji ustrojowej w Polsce: 1989-2003. In: Bulenda T. Musidłowski, R. (Hrsg.): System penitencjarny i postpenitencjarny w Polsce. Warszawa: ISP, S. 77-127.

Moczydłowski, P. (2011): Przeludnienie więzień. O konsekwencjach populizmu penalnego i ideologizacji polityki kryminalnej w Polsce dla więziennictwa. In: Stańdo-Kawecka, B., Krajewski, K. (Hrsg.): Problemy penologii i praw człowieka na początku XXI stulecia. Księga poświęcona pamięci Profesora Zbigniewa Hołdy. Warszawa: LEX a Wolters Kluwer business, S. 453-486.

Moore, M., S. (2009): The Moral Worth of Retribution. In: Hirsch von, A., Arshworth, A., Roberst, J. (Hrsg.): Principled sentencing. Readings on Theory and Policy. Oxford and Portland, Oregon: Hart Publishing, S. 111-114.

Morgenstern, C. (2002): Internationale Mindeststandards für ambulante Strafen und Maßnahmen. Mönchengladbach: Forum Verlag Godesberg.

Morgenstern, C. (2004): „Lebenslang" ernst nehmen – Die Praxis der lebenslangen Freiheitsstrafe. Neue Kriminalpolitik 16 (2/2004), S. 52-55.

Morgenstern, C. (2007): Alternativen zur Freiheitsstrafe – Ursprung, Bedarf und Probleme. Zeitschrift für Strafvollzug und Straffälligenhilfe. Nr. 6, S. 248-252.

Morgenstern, C. (2010): Die soziale Realität in Europa: Ausgewählte Indikatoren und Einstellungen in der Bevölkerung. In: Dünkel, F., Lappi-Seppälä, T., Morgenstern, C., van Zyl Smit, D. (Hrsg.): Kriminalität, Kriminalpolitik, strafrechtliche Sanktionenpraxis und Gefangenenraten im europäischen Vergleich. Mönchengladbach: Forum Verlag Godesberg, S. 851-908.

Morgenstern, C. (2011): Judicial Rehabilitation in Germany – The use of Criminal Records and the Removal of Record Convictions. European Journal of Probation, Vol. 3, No. 1, S. 20-35.

Morgenstern, C. (2012): Europäische Standards für die Bewährungshilfe. BewHi 3, S. 213-238.

Musidłowski (2000): Pomoc postpenitencjarna. In: Biuro Rzecznika Praw Obywatelskich (Hrsg.): Stan i węzłowe problemy polskiego więziennictwa. Cz. IV. Biuletyn RPO, S. 291-327.

Müller-Steinhauer, S. G. (2001): Autonomie und Besserung im Strafvollzug. Resozialisierung auf Grundlage der Rechtsphilosophie Immanuel Kants. Münster-Hamburg-Berlin-London: LIT Verlag.

Mycka, K., Kozłowski, T. (2013): Paradoksy polskiej polityki karnej, czyli jak zapełniamy więzienia nadużywając środków probacji. Probacja 2013/II, S. 5-38.

Nawój, A. (2007): Wykonywanie kary pozbawienia wolności w systemie programowanego oddziaływania. Łódź: Wydawnictwo Uniwersytetu Łódzkiego.

Nawój-Śleszyński, A. (2013a): Rola środków penalnych związanych z poddaniem sprawcy próbie w kształtowaniu rozmiarów populacji więziennej w Polsce. 2014/II, S. 5-30.

Nawój-Śleszyński, A. (2013b): Przeludnienie więzień w Polsce. Przyczyny, następstwa i możliwości przeciwdziałania. Łódź: Wydawnictwo Uniwersytetu Łódzkiego.

Ness, D., W., van, Heetderk Strong, K. (2010): Restoring Justice. An Introduction to Restorative Justice. 4. Ed. Cincinati OH: Anderson Publishing.

Neubacher, F. (2008): Gewalt unter Gefangenen. Neue Zeitschrift für Strafrecht, Nr. 7, S. 361-424.

Niełaczna, M. (2011): Zmiany za murami? Stosowanie standardów postępowania z więźniami w Polsce. Warszawa: Stowarzyszenie Interwencji Prawnej.

Niełaczna, M. (2013): jak poradzić sobie z karą dożywotniego pozbawienia wolności? In: *Rzepliński A.* u. a. (Hrsg.): Pozbawienie wolności – funkcje i koszty. Księga jubileuszowa Profesora Teodora Szymanowskiego. Warszawa, LEX a Wolters Kluwer business, S. 597-640.

Niemcewicz, J. U. (1807): Memoriał o nowym systemie więzień ustanowionym w Stanach Zjednoczonych Ameryki.

Niemcewicz, J. U. (1818): O więzieniach publicznych czyli domach pokuty rzecz krótka.

Novak, M., A., P. (2009): Strafe als Vergeltung? Der Beitrag „ethischer" Straftheorien zur europäischen Strafrechtsphilosophie. Dissertation an der

Universität Wien. http://othes.univie.ac.at/3897/1/2009-01-04_0204778.pdf. Abgerufen am 10.10.2011.

Odya, D. (2003): Uczą się od nas. Forum Penitencjarne, Nr. 1, S. 9.

OECD (2010): PISA 2009 Ergebnisse: Zusammenfassung.

Opora, R. (2010): Resocjalizacja: wychowanie i psychokorekcja nieletnich niedostosowanych społecznie. Kraków: Impuls.

Ortner, H. (1988): Gefängnis: Eine Einführung in seine Innenwelt. Weinheim: Verlag Beltz.

Ostendorf, H. (2012): Jugendstrafvollzugsrecht. Kommentierende Darstellung der einzelnen Jugendstrafvollzugsgesetze. 2. Aufl., Baden-Baden: Nomos Verlag.

Padfield, N. (2010): England and Wels. In: Padfield, N., van Zyl Smit, D., Dünkel, F. (Hrsg.): Relase from prison. European policy and practice. Portland/Oregon: Willan Publishing, S. 104-134.

Paulson, S. L., (2002): Der *fin de siècle* Neukantianismus und die deutschsprachige Rechtsphilosophie des 20. Jahrhunderts. In: Alexy, R., Meyer, L. H., Paulson, S. L., Sprenger, G. (Hrsg.): Neukantianismus und Rechtsphilosophie. Baden-Baden: Nomos, S. 11-21.

Pawlak, K. (1990): Organizacja polskiego więziennictwa. In Marek, A. (Hrsg.): Ksiega jublileuszowa więziennictwa polskiego. Warszawa: Wydawnictwo Prawnicze, S. 53-65.

Pawlak, K. (1999): Za kratami więzień i drutami obozów. Zarys dziejów więziennictwa w Polsce. Kalisz: Centralny Ośrodek Szkolenia Służby Więziennej.

Pelewicz, R. (2013): Czynności sądowego kuratora zawodowego w wykonywaniu kary pozbawienia wolności w systemie dozoru elektronicznego. Probacja 2013/III, S. 87-100.

Pelewicz, R. (2014): Wszczęcie postępowania w sprawie o udzielenie skazanemu zezwolenia na odbycie kary pozbawienia wolności w systemie dozoru elektronicznego. Probacja 2014/III, S. 95-113.

Peters, E. M. (1995): Prison before the prison. In: Morris, N., Rothman, D. J. (Hrsg.): The Oxford history of the prison. The Practice of Punishment in Western Society. New York-Oxford: Oxford University Press, S. 3-47.

Pfeiffer, C., Bieneck, S. (2012): Viktimisierungserfahrungen im Justizvollzug Forschungsbericht Nr. 119. Kriminologisches Forschungsinstitut Niedersachsen e. V. (KFN).

Pietryka, A., Wiśniewska, K. (2012): Dozór elektroniczny – stan obecny i wyzwania przyszłości. Warszawa: Helsińska Fundacja Praw Człowieka.

Pilarska-Jakubczak, A. (2010): Kryterium 845. Forum Penitencjarne, Nr. 2, S. 16-17.

Pilarska-Jakubczak, A. (2011): Był to rok przełomu. Forum Penitencjarne, Nr. 2, S. 8-9.

Płatek, M., Fajst, M. (2005): Sprawiedliwość naprawcza. Idea. Teoria. Praktyka. Warszawa: Liber.

Pol, K. (2011): Poczet prawników polskich XIX-XXw. Wydanie II. Warszawa: C.H. Beck.

Pomiankiewicz, J. (2011): Stres i wypalenie zawodowe funkcjonariuszy Służby Więziennej. Forum Penitencjarne, Nr. 1, S. 18-19.

Pospiszyl, K. (2008): Psychologiczne podstawy resocjalizacji. In: Urban, B., Stanik, J. M. (Hrsg.): Resocjalizacja. Warszawa: Wydawnictwo Naukowe PWN, S. 77-95.

Postulski, K. (2010): Nowe zasady wykonywania przez sąd środka zabezpieczającego określonego w art. 95a kodeksu karnego. Prokuratura i Prawo 10, S. 82-103.

Pratt, J. (2002): Punishment & Civilisation. London/Thousand Oaks/New Delhi: SAGE Publications.

Pratt, J., Brown, D., Brown, M., Hallsworth, S., Morrison, W. (2005): The New Punitiveness: Trends, Theories, Perspectives. Deveon: Willan Publishing.

Pratt, J. (2007): Penal populism. London/New York: Routledge.

Pruin, I., R. (2007): Die Heranwachsendenregelung im deutschen Jugendstrafrecht. Mönchengladbach: Forum Verlag Godesberg.

Puszka, M. (2008): Oddziaływanie przez kulturę w procesie resozializacji skazanych. In: Kuć, M. (Hrsg.): Kryminologiczne i penitencjarne aspekty wykonywania kary pozbawienia wolności. Lublin: Towarzystwo Naukowe KUL Katolicki Uniwersytet Lubelski Jana Pawła II, S. 207-212.

Pytka, L. (2008): Różne ujęcia definicji resocjalizacji. In: Urban, B., Stanik, J. M. (Hrsg.): Resocjalizacja. Warszawa: Wydawnictwo Naukowe PWN, S. 73-77.

Rabinowicz, L. (1935): Kryzys polskiego ustroju penitencjarnego. Gazeta sądowa warszawska, Nr. 24.

Rabinowicz, L. (1933): Podstawy nauki o więziennictwie. Warszawa.

Rafacz, J. (1932): Dawne Polskie Prawo karne. Warszawa: Gebethner & Wolff.

Rafacz, J. (1932a): Więzienie marszałkowskie w latach 1767-1795. Lwów. Studya nad Historyą Prawa Polskiego; t. 13, z. 2. Lwów: Towarzystwo Naukowe.

Raport Polskiej Grupy Ekspertów HCV/Bericht der Gruppe der polnischen HCV-Experten, www.forumfarmaceutyczne.pl/index.php/aktualnosci/39-news/1190-owiadczenie-polskiej-grupy-ekspertow-hcv-na-temat-wirusowego-zapalenia-wtroby-typu-c-w-polsce-w-roku-2012. Abgerufen am 30.03.2013.

Rappaport, E., S. (1930): Nowy system kodyfikacji ustawodawstwa kryminalnego: kodeks karny. Warszawa: Wydawnictwo Bibljoteka Prawnicza.

Rawls, J. (2006): Eine Theorie der Gerechtigkeit. Berlin: Akademie Verlag.

Rejman, G. (1997): Prawo karne jako środek przymusu państwowego w latach 1944-1956. Niepodległość i pamięć.Więźniowie polityczni 1944-1956, Nr. 1, S. 11-23. Warszawa: Muzeum Niepodległości.

Rodak, M. (2009): Międzywojenna polska debata kryminologiczna – poszukiwanie społecznych przyczyn przestępczości i sposobów jej zwalczania. Archiwum Kryminologii. Tom XXXI/2009, S. 101-145.

Rosner, A. (2005): Tradycja staropolskiego sądownictwa polubownego – próba zarysowania problemu. In Płatek, M., Fajst, M. (Hrsg.): Sprawiedliwość naprawcza. Idea. Teoria. Praktyka. Warszawa: Liber, S. 37-58.

Rothman, D., J. (1995): Perfecting the prison. United States, 1789-1856. In: Morris, N., Rothman, D. J. (Hrsg.): The Oxford history of the prison. The Practice of Punishment in Western Society. New York-Oxford: Oxford University Press, S. 111-129.

Roxin, C. (2006): Strafrecht Allgemeiner Teil. Band 1. 4. Auflage. München: Verlag C.H. Beck.

Rückert, J. (2002): Von Kant zu Kant? „Stufen der Rezeption Kants in der Rechtswissenschaft seit Savigny". In: Alexy, R., Meyer, L. H., Paulson, S. L., Sprenger, G. (Hrsg.): Neukantianismus und Rechtsphilosophie. Baden-Baden: Nomos, S. 89-109.

Rzecznik Praw Obywatelskich (2001): Raport Rzecznika Praw Obywatelskich (Bericht des Bürgerbeauftragtes). Warszawa: Biuro Rzecznika.

Rzecznik Praw Obywatelskich Biuro (2003): Godność człowieka a prawa ekonomiczne i socjalne: księga jubileuszowa wydana w piętnastą rocznicę ustanowienia Rzecznika Praw Obywatelskich. Warszawa.

Rzecznik Praw Obywatelskich (2010): Raport Rzecznika Praw Obywatelskich z działalności w Polsce Krajowego Mechanizmu Prewencji w roku 2010. Warszawa: Biuro Rzecznika.

Rzepliński, A. (1993): Sprawozdanie z lustracji instytucji izolacyjnych dla osób nieletnich i dorosłych. Helsińska Fundacja Praw Człowieka. Warszawa: Exit.

Rzepliński, A. (Hrsg.) (1993): Prawa człowieka w społeczeństwie obywatelskim. Helsińska Fundacja Praw Człowieka. Warszawa: Exit.

Rzepliński, A. (1995): Monitorowanie więzień. In: Rzepliński, A. (Hrsg): Monitorowanie policji i więzień. Prawa osób pozbawionych wolności. Warszawa: Exit, S. 20-35.

Rzepliński, A. (1996): Die Justiz in der Volksrepublik Polen. Frankfurt a. M.: Vittorio Klostermann.

Rzepliński, A., Kulesza, W. (2001): Przestępstwa sędziów i prokuratorów w Polsce lat 1944-1956. Warszawa: IPN. KSZpNP: UW. IPSiR.

Rusche, G., Kirchheimer, O. (1974): Sozialstruktur und Strafvollzug. Frankfurt a. Main-Köln: Europäische Verlagsanstalt.

Sakowicz, T. (2008): Zmierzch czy renesans zakładowej resocjalizacji. In: Barkowicz, Z., Węgliński, A. (Hrsg.): Skuteczna resocjalizacja. Lublin: Wydawnictwo Uniwersytetu Marii Curie-Skłodowskiej, S. 29-42.

Salmonowicz, S. (1996): Prawo karne oświeconego absolutyzmu, Roczniki Towarzystwa Naukowego w Toruniu. Rocznik 71, Nr. 2, S. 159.

Sarre, R. (1999): Beyond 'what works?'A 25 year jubilee retrospective of Robert Martinson. Paper presented at the History of Crime, Policing and Punishment Conference convened by the Australian Institute of Criminology in conjunction with Charles Sturt University and held in Canberra, 9-10 December 1999. Source: www.aic.gov.au/events-/aic%20upcoming%20events/1999/~/media/conferences/hcpp/sarre.ashx.

Sherman, L. W. u. a. (1998): Preventing crime. What works, what doesn't, what's promising? U. S. Department of Justice, Office of Justice Programs, National Institute of Justice, Research in Brief. www.preventingcrime.org. Abgerufen am 15.01.2013.

Schmidt, E. (1983): Einführung in die Geschichte der deutschen Strafrechtspflege. Göttingen: Van den Hoeck & Ruprecht Verlag, S. 10.

Schollbach, S. (2013): Personalentwicklung, Arbeitsqualität und betriebliche Gesundheitsförderung im Justizvollzug in Mecklenburg-Vorpommern. Mönchengladbach: Forum Verlag Godesberg.

Schollbach, S., Krüger, M. (2009): Alte Menschen im Strafvollzug. Eine Bestandsaufnahme über den Vollzugsalltag in Deutschland. Forum Strafvollzug – Zeitschrift für Strafvollzug und Straffälligenhilfe 58, S. 130-137.

Schünemann, B., von Hirsch, A., Jareborg, N. (1996): Positive Generalprävention. Kritische Analysen in deutsch-englischen Dialog. Uppsala-Symposium 1996. Heidelberg: C.F. Müller Verlag.

Schwarz, A., J. (2013): Represyjność polskiego prawa karnego. In: *Rzepliński A.* u. a. (Hrsg.): Pozbawienie wolności – funkcje i koszty. Księga jubileuszowa Profesora Teodora Szymanowskiego. Warszawa, LEX a Wolters Kluwer business, S. 380-405.

Sędziowie Sądu Apalacyjnego Wydziału II Karnego (2011): Krakowskie Zeszyty Sądowe. Kraków: Sąd Apelacyjny w Krakowie, Wydział II Karny.

Senkowska, M. (1961): Kara więzienia w Królestwie Polskim w pierwszej poł. XIX wieku. Studia nad Historią Państwa i Prawa. Seria 2. Tom 11. Wrocław-Warszawa-Kraków.

Sheybal-Rosteck, A. (2004): Więziennie w Sandomierzu w latach 1918-1939. Przegląd Więziennictwa Polskiego, Nr. 43, S. 106-141.

Sielicki, D. (2005): Elektroniczne monitorowanie przestępców – nowoczesna alternatywa pozbawienia wolności. Ministerstwo sprawiedliwości. Pdf Publikation, abrufbar unter www.wroclaw.so.gov.pl/-downloads/konferencja/ Dariusz%20Sielicki.pdf.

Skarbek, A. (2009): Z dziejów polskiej myśli penitencjarnej XIX w. http://historycy.pl/index.php?option=com_content&view=article&id= 110:z-dziejow-polskiej-mysli-penitencjarnej-xix-w&catid=41:wiek-xix& Itemid=53. Abgerufen am 4.01.2013.

Skupiński, J. (2009): Kara bezwzględnego pozbawienia wolności i populacja więzienna w Polsce. Współczynniki prionizacji w Polsce i w Europie. In: Błachnio-Parzych, A. u. a. (Hrsg.): Alternatywy pozbawienia wolności w polskiej polityce karnej. Warszawa: Wydawnictwo Naukowe Scholar, S. 14-19.

Snacken, S., Beyens, K., Beernaert, M-A. (2010): Belgium. In: Padfield, N., van Zyl Smit, D., Dünkel, F. (Hrsg.): Relase from prison. European policy and practice. Portland/Oregon: Willan Publishing.

Sobociński, W. (1959): Ze studiów nad historią prawa karnego w Polsce porozbiorowej. Czasopismo Prawno-Historyczne, Tom XI, Nr. 2.

Sobota, P. (1997): Nadzor penitencjarny. In: Stan i węzłowe problemy polskiego więziennictwa. Cz. II. Biuletyn RPO. Warszawa, S. 319-344.

Sobota, P. (1998): Opinie osadzonych w sprawie kontaktów z sędzią i sądem penitencjarnym. In: Biuletyn Rzecznika Praw Obywatelskich, Nr. 34, S. 244-289.

Spierenburg, P. (1995): The body and the state. In: Morris, N., Rothman, D. J. (Hrsg.): The Oxford history of the prison. The Practice of Punishment in Western Society. New York-Oxford: Oxford University Press, S. 49-77.

Steinert, H. (1978): Ist es denn aber auch war, Herr F.? In: Kriminalsoziologische Bibliographie, Nr. 4. Baden-Baden: Nomos Verlag, S. 30-45.

Stańdo-Kawecka, B. (2000): Prawne podstawy resocjalizacji 1. Aufl. Kraków.

Stańdo-Kawecka, B. (2010): O koncepcji resocjalizacji w polskiej literaturze naukowej polemicznie. Probacja 2010/I, S. 108-124.

Stańdo-Kawecka, B., Krajewski, K. (2010): Polen. In: Dünkel, F., Lappi-Seppälä, T., Morgenstern, C., van Zyl Smit, D. (Hrsg.): Kriminalität, Kriminalpolitik, strafrechtliche Sanktionspraxis und Gefangenenraten im europäischen Vergleich. Band 1-2, Mönchengladbach: Forum Verlag Godesberg, S. 717-760.

Stańdo-Kawecka, B. (2013a): Ograniczanie recydywy w dyskusjach kriminalnopolitycznych ostatniego stulecia. In: *Rzepliński A.* u. a. (Hrsg.): Pozbawienie wolności – funkcje i koszty. Księga jubileuszowa Profesora Teodora Szymanowskiego. Warszawa, LEX a Wolters Kluwer business, S. 1022-1037.

Stańdo-Kawecka, B. (2013b): Wykonywanie kary pozbawienia wolności z perspektywy współczesnej penologii. In: Szczepaniak, P. (Hrsg.): Polski system penitencjarny. Ujęcie integralno-kulturowe. Warszawa: Wydawnictwo Forum Penitencjarne, S. 11-21.

Stelmach, J., Sarkowicz, R. (1998): Filozofia prawa. Kraków: Wydawnictwo Uniwersytetu Jagiellońskiego.

Stępień, J. (2012): Druga po amerykańskiej? In: Kardas, P., Sroka, T., Wróbel, W. (Hrsg.): Państwo Prawa i Prawo Karne. Księga jubileuszowa Profesora Andrzeja Zolla. Warszawa: LEX a Wolters Kluwer business, S. 389-402.

Stępniak, P. (2009): Nowelizacja ustawy o kuratorach sądowych a Europejskie Reguły dotyczące sankcji i środków alternatywnych. Probacja 2009/II, S. 143-157.

Stępniak, P. (2013): Resozjalizacyjne funkcje najdłuższych kar pozbawienia wolności. Pomiędzy sporami doktrynalnymi a wykonawczym oportunizmem. In: *Rzepliński A.* u. a. (Hrsg.): Pozbawienie wolności – funkcje i koszty. Księga jubileuszowa Profesora Teodora Szymanowskiego. Warszawa, LEX a Wolters Kluwer business, S. 765-782.

Stratenwerth, G. (1995): Was leistet die Lehre von den Strafzwecken? Berlin: Walter Gruyter Verlag.

Streng, F. (2006): Vom Zweckstrafrecht zum Feindstrafrecht? Überlegungen zu den Auswirkungen des neueren Sicherheitsdenkens auf ein demokratisches Strafrecht. In: Uwer, T. (Hrsg.): Bitte bewahren Sie Ruhe. Leben im Feindrechtsstaat. Berlin: Strafverteidigervereinigungen, S. 227-248.

Strycharska-Gać, B. (2002): Propozycja oddziaływań resocjalizacyjnych: muzykoterapia. Przegląd Więziennictwa Polskiego, Nr. 36, S. 111-115.

Szałański (2008a): Kategorie klasyfikacyjne i zróżnicowanie osobowościowe skazanych jako wyznaczniki celów i programów resocjalizacji penitencjarnej. In: Urban, B., Stanik, J. M. (Hrsg.): Resocjalizacja. Warszawa: Wydawnictwo Naukowe PWN, S. 361-396.

Szałański (2008b): Zakres i poziom skuteczności resocjalizacji. In: Z. Bartkowicz, Z., Węgliński, A. (Hrsg.): Skuteczna resocjalizacja. Doświadczenia i propozycje Lublin: Wydawnictwo UMCS, S. 13-21.

Szamota-Sanecki, B. (2009): Społeczno-wychowawcza funkcja kary a koncepcje natury ludzkiej. Archiwum Kryminologii Tom XXXI, S. 73-100.

Szczepaniak, P. (2013a): Pedagogika penitencjarna a kara pozbawienia wolności – wybrane zagadnienia metodyki oddziaływania penitencjarnego. In: Szczepaniak, P. (Hrsg.): Polski system penitencjarny. Ujęcie integralnokulturowe. Warszawa: Wydawnictwo Forum Penitencjarne, S. 173-185.

Szczepaniak, P. (2013b): Sprawiedliwość naprawcza wobec kary pozbawienia wolności. In: *Rzepliński A.* u. a. (Hrsg.): Pozbawienie wolności – funkcje i koszty. Księga jubileuszowa Profesora Teodora Szymanowskiego. Warszawa, LEX a Wolters Kluwer business, S. 380-405.

Szczygieł, G. (2004): Kara dyscyplinarna umieszczenia w celi izolacyjnej a standardy międzynarodowe. In: Indecki, K. (Hrsg.): Aktualne problemy prawa karnego, kryminologii i penitencjarystyki : księga ofiarowana profesorowi Stefanowi Lelentalowi w 45. roku pracy naukowej i dydaktycznej. Łódź: Wydawnictwo Uniwersytetu Łódzkiego, S. 253-262.

Szczygieł, G.., Hofmański, P. (Hrsg.) (1999): Model społecznej readaptacji skazanych w reformie prawa karnego: aktualne problemy prawa karnego wykonawczego, Białystok: Temida 2.

Szumski. J. (2005): Komentarz. In: Górniok, O. (Hrsg.): Kodeks karny. Komentarz. Warszawa: Lexis Nexis.

Szymanowska, A. (2008): Polacy wobec przestępstw i karania. Warszawa: Wydawnictwo Uniwersytetu Warszawskiego.

Szymanowski, T. (1996): Przemiany systemu penitencjarnego w Polsce. Warszawa: Oficyna Naukowa.

Szymanowski, T. (2004): Polityka karna i penitencjarna w Polsce w okresie przemian prawa karnego. Warszawa: Wydawnictwo Uniwersytetu Warszawskiego.

Szymanowski, T. (2010a): Polityka karna i stan przestępczości. In: Marek, A. (Hrsg.): System Prawa Karnego.Tom I. Zagadnienia ogólne. Warszawa: C.H. Beck und Instytut Nauk Prawnych PAN, S. 141-313.

Szymanowski, T. (2010b): Recydywa w Polsce.zagadnienia prawa karnego, kriminologii i polityki karnej. Warszawa: Oficyna a Wolters Kluwer Business.

Śliwowski, J. (1978): Prawo i polityka penitencjarna. Toruń: Państwowe Wydawnictwo Naukowe.

Śliwowski, J. (1981): Kara pozbawienia wolności we współczesnym świecie. Rozważania penitencjarne i penologiczne. Warszawa: Wydawnictwo Prawnicze.

Śpiewak, J. (2000): Zakres nadzoru penitencjarnego według kodeksu karnego wykonawczego z 1997r. Przegląd Więziennictwa Polskiego, Nr. 26, S. 3-13.

Świda, H., Świda, W. (1961): Młodociani przestępcy w więzieniu. Warszawa.

Świda-Ziemba, H. (1990): Eksperyment penitencjarny w Szczypiornie.

Terlinden, S. (2009): Von der Spezial- zur positiven Generalprävention. Eine dogmengeschichtliche Rekonstruktion der deutschen Straftheriedebatte im späten 20. Jahrhundert. Hamburg: Verlag Dr. Kovač.

Thomas, D., L. (2002): Hepatitis C and human immunodeficiency virus infection. Hepatology 2002 Nov., 36 (5 Suppl. 1), S. 201-209. www.ncbi.nlm. nih.gov/pubmed/12407595.

Tomporek, A. (1999): Zakres nadzoru penitencjarnego w nowym kodeksie karnym wykonawczym. Przegląd Więziennictwa Polskiego, Nr. 24-25, S. 45-59.

Urban, B. (2008a): Historia rozwoju praktyki resocjalizacyjnej w Polsce i na świecie. In: Urban, B., Stanik, J. M. (Hrsg.): Resocjalizacja. Band I und II. Warszawa: Wydawnictwo Naukowe, S. 17-135.

Urban, B. (2008b): Ocena rezultatów resocjalizacji. In: Urban, B., Stanik, J. M. (Hrsg.): Resocjalizacja. Band I und II. Warszawa: Wydawnictwo Naukowe, S. 312-317.

Uruszczak, W. (1999): StatutyKazimierza Wielkiego jako źródło prawa polskiego. Studia z dziejów państwa i prawa polskiego, III. Łódź: Wydawnictwo Uniwersytetu Łódzkiego, S. 97-115.

Utrat-Milecki, J. (1996): Więziennictwo w Polsce w latach 1944-1956. Warszawa: Uniwersytet Warszawski.

Utrat-Milecki, J. (2003): Kontekst kulturowy koncepcji penologicznych. In: Bulenda, T., Musidłowski, R. (Hrsg.): System penitencjarny i postpenitecjarny w Polsce. Warszawa: Instytut Spraw Publicznych.

Utrat-Milecki, J. (2010): Kara. Teoria i kultura penalna: perspektywa integralno kulturowa. *Warszawa:* Wydawnictwa Uniwersytetu Warszawskiego.

van Zyl Smit, D., Dünkel, F. (Hrsg.) (1999): Prison Labour – Salvation or Slavery? Aldershot: Ashgate.

van Zyl Smit, D., Snacken, S. (2009): Principles of european prison law and policy. Oxford: University Press.

van Zyl Smit, D., Spencer, J.R. (2010): The european dimension to the release of sentenced prisoners. In: Padfield, N., van Zyl Smit, D., Dünkel, F. (Hrsg.): Relase from prison. European policy and practice. Portland/Oregon: Willan Publishing, S. 9-46.

van Zyl Smit, D., Weatherby, P., Creighton, S. (2014): Whole Life Sentences and the Tide of European Human Rights Jurisprudence: What Is to Be Done? Human Rights Law Review, 14, S. 59-84.

Vormbaum, T. (2009): Einführung in die moderne Strafrechtsgeschichte. Berlin Heidelberg: Springer-Verlag.

Wacquant, L. (1999): Elend hinter Gittern. Konstanz: Universitätsverlag Konstanz.

Walczak, S. (1990): Początki i rozwój więziennictwa polskiego. In: Andrzej Marek (Hrsg.): Księga jubileuszowa więziennictwa polskiego 1918-1988. Warszawa: Wydawnictwo Prawnicze, S. 35-49.

Walgrave, L. (2008): Restorative Justice, Self-interest and Responsible Citizenship. Cullompton: Willan Publishing.

Walgrave, L., Aertsen, I., Parmentier, S., Vanfraechem, I., Zinsstag, E. (2013). Why restorative justice matters for criminology. Restorative Justice, 1 (2), S. 159-167.

Walkenhorst, P. (2000): Animative Freizeitgestaltung im Strafvollzug als pädagogische Herausforderung. DVJJ-Journal, 3/2000, S. 265-277.

Walkenhorst, P. (2001): Freizeitpädagogik im Justizvollzug: Bespaßung oder Förderung? Skizzen einer animativen Freizeitdidaktik. In: Justizministerium des Landes Nordrhein-Westfalen (Hrsg.): 6. Große Juristenwoche. Behandlung im Justizvollzug – Anforderung und Herausforderung. Düsseldorf, S. 178-195.

Walkenhorst, P. (2004): Auch Zuwendung ist eine Intervention. Interview. Dosier des Berufsbildungswerk Dr. Fritz Bauer Förderverein e. V., S. 8-15.

Walkenhorst, P. (2007): Alternativen zur Haft. Forum Strafvollzug. Zeitschrift für Strafvollzug und Straffälligenhilfe 56, S. 247.

Walkenhorst, P. (2010): Ganzheitliche Bildung oder Arbeitsmarktorientierung? Vortrag im Rahmen der Bundesarbeitstagung der Gefängnislehrer „Ganzheitliche Bildung oder Marktorientierung?" 9.-12.05.2010 in Brakel. www. justizvollzugslehrer.de/BATBrakel2010.htm, abgerufen am 14.12.2012.

Walkenhorst, P. (2011): Marginalien zur Mitarbeiteraus- und Fortbildung für den Jugendvollzug. In: Stelly, W., Thomas, J. (Hrsg.): Erziehung und Strafe. Symposium zum 35-jährigen Bestehen der JVA Adelsheim. Mönchengladbach: Forum Verlag Godesberg, S. 71-94.

Walmsley, R. (2005): Prison in central und eastern Europe. Heueni Paper No. 22. Helsinki.

Warylewski, J. (2007): Aktualna polityka karna wobec statystycznego obrazu przestępczości i badań opinii publicznej. Edukacja prawnicza, Nr. 03 (87), S. 1-16.

Warylewski, J. (2010): Kierunki i szkoły w nauce prawa karnego. In: Marek, A. (Hrsg.): System Prawa Karnego.Tom I. Zagadnienia ogólne. Warszawa: C.H. Beck und Instytut Nauk Prawnych PAN, S. 49-98.

Watkins-Bienz, R. M. (2004): Die Hart-Dworkin Debatte. Ein Beitrag zu den internationalen Kontroversen der Gegenwart. Berlin: Duncker & Humblot.

Wąsek, A. (1997): Spojrzenie karnisty na projekt Konstytucji RP. In: Projekt konstytucji. Wartości i prawo. Annales Universitatis Mariae Curie-Skłodowska. Sectio G:Ius. Vol. XLIV. Lublin.

Weigend, E. (2011): Polen. In: Koch, H.-G. (Hrsg.): Wegsperren? Freiheitsentziehende Maßnahmen gegen gefährliche, strafrechtlich verantwortliche (Rückfall-)Täter. Berlin: Drucker & Humboldt, S. 159-184.

Widelak, D, (1997): Motywy podejmowania nauki przez skazanych na karę pozbawienia wolności. Przegląd Więziennictwa Polskiego. Nr. 15. S. 129-135.

Wilk, L. (2008): Kara dożywotniego pozbawienia wolności a instytucje warunkowego zwolnienia i prawa łaski. Prokuratura i Prawo 10, S. 11-24.

Wilk, L. (2010): Kara dożywotniego pozbawienia wolności. In: Marek, A. (Hrsg.): System Prawa Karnego.Tom I. Zagadnienia ogólne. Warszawa: C.H. Beck und Instytut Nauk Prawnych PAN, S. 101-136.

Wischka, B. u. a. (2001): Das Behandlungsprogramm für Sexualstraftäter (BPS) in Niedersächsischen Justizvollzug. In: Rehn, G u. a. (Hrsg.): Behandlung „gefährlicher Straftäter". Grundlagen, Konzepte, Ergebnisse. Herbolzheim: Centaurus, S. 193-205.

Wischka, B. u. a. (Hrsg.) (2005): Sozialtherapie im Justizvollzug: Aktuelle Konzepte, Erfahrungen und Kooperationsmodelle. Lingen: Kriminalpädagogischer Verlag Lingen.

Wischka, B. (2009): Terapia sprawców przestępstw seksualnych w więziennictwie Republiki Federalnej Niemiec. Przegląd Więziennictwa Polskiego 2009, Nr. 65, S. 221-255.

Witkowska-Rozpara, K. (2011): Przestępczość, środki masowego przekazu a polityka karna. Warszawa: C.H. Beck.

Wojnar, A. (2007): Prawo i kultury Prawne w XXI wieku: jedność i zróżnicowanie. Postscriptum. Alma Mater 95, S. 9-91. www2.almamater.uj. edu.pl/95/28.pdf.

Wolman, I. (2003): Cisza...! Niebezpieczni. Forum Penitencjarne, Nr. 7, S. 18.

Woźniakowska-Fajst, D. (2013): Media a przestępczość. In: Buczkowski u. a. (Hrsg.): Społeczno-polityczne konteksty współczesnej przestępczości w Polsce. Warszawa: Wydawnictwo Akademickie Sedno, S. 369-391.

Wößner, G., Schwedler, A. (2014): Aufstieg und Fall der elektronischen Fußfessel in Baden-Württemberg: Analysen zum Modellversuch der elektronischen Aufsicht im Vollzug der Freiheitsstrafe. Neue Kriminalpolitik 14/1, S. 60-77.

Wróbel, W., Zoll, A. (2010): Polskie prawo karne. Część ogólna. Kraków: Znak.

Zalewski, W. (2006): Sprawiedliwość naprawcza. Gdańsk: Arche.

Zalewski, W. (2009): Populizm penalny – próba zdefiniowania zjawiska. In: Sieńkiewicz, Z., Kokot, R. (Hrsg.): Populizm penalny i jego przejawy w Polsce. Wrocław: Kolonia Limited, S. 13-32.

Zalewski, W. (2015): Poland. In: Dünkel. F., Grzywa-Holten, J., Horsfield, P. (Hrsg.): Restorative Justice and Medition in Penal Matters. A stock-taking of legal issues, implementation strategies and outcomes in 36 European countries.Vol. 1 & Vol. 2. Mönchengladbach: Forum Verlag Godesberg.

Zehr, H. (1990): Changing Lenses: A New Focus for Crime and Justice. Waterloo (Ontario, Kanada): Herald Press.

Ziethener Kreis (2011): Gerechte Arbeitsentlohnung und Alterssicherung für Gefangene. Zeitschrift für Strafvollzug und Straffälligenhilfe, Nr. 6, S. 340-341.

Zimring, F., E., Hawkins, G. (1991): The Scale of Imprisonment. Chicago: The University of Chicago Press.

Zoll, A. (1997): Zasady prawa karnego w projekcie konstytucji. Panstwo i Prawo. Nr. III, S. 72-78.

Zoll, A. (2009): Polityka karna w kontekście obowiązku poszanowania osoby karanej. In: Utrat-Milecki, J. (Hrsg.): Kara w nauce i kulturze. Warszawa: Wydawnictwo Uniwersytetu Warszawskiego, S. 46-54.

Zolondek, J. (2007): Lebens- und Haftbedingungen im deutschen und europäischen Frauenstrafvollzug. Mönchengladbach: Forum Verlag Godesberg.

Reihenübersicht

Schriften zum Strafvollzug, Jugendstrafrecht und zur Kriminologie

Hrsg. von Prof. Dr. Frieder Dünkel, Lehrstuhl für Kriminologie an der Ernst-Moritz-Arndt-Universität Greifswald

Bisher erschienen:

Band 1
Dünkel, Frieder: Empirische Forschung im Strafvollzug. Bestandsaufnahme und Perspektiven.
Bonn 1996. ISBN 978-3-927066-96-0.

Band 2
Dünkel, Frieder; van Kalmthout, Anton; Schüler-Springorum, Horst (Hrsg.): Entwicklungstendenzen und Reformstrategien im Jugendstrafrecht im europäischen Vergleich.
Mönchengladbach 1997. ISBN 978-3-930982-20-2.

Band 3
Gescher, Norbert: Boot Camp-Programme in den USA. Ein Fallbeispiel zum Formenwandel in der amerikanischen Kriminalpolitik.
Mönchengladbach 1998. ISBN 978-3-930982-30-1.

Band 4
Steffens, Rainer: Wiedergutmachung und Täter-Opfer-Ausgleich im Jugend- und Erwachsenenstrafrecht in den neuen Bundesländern.
Mönchengladbach 1999. ISBN 978-3-930982-34-9.

Band 5
Koeppel, Thordis: Kontrolle des Strafvollzuges. Individueller Rechtsschutz und generelle Aufsicht. Ein Rechtsvergleich.
Mönchengladbach 1999. ISBN 978-3-930982-35-6.

Band 6
Dünkel, Frieder; Geng, Bernd (Hrsg.): Rechtsextremismus und Fremdenfeindlichkeit. Bestandsaufnahme und Interventionsstrategien.
Mönchengladbach 1999. ISBN 978-3-930982-49-3.

Band 7
Tiffer-Sotomayor, Carlos: Jugendstrafrecht in Lateinamerika unter besonderer Berücksichtigung von Costa Rica.
Mönchengladbach 2000. ISBN 978-3-930982-36-3.

Band 8
Skepenat, Marcus: Jugendliche und Heranwachsende als Tatverdächtige und Opfer von Gewalt. Eine vergleichende Analyse jugendlicher Gewaltkriminalität in Mecklenburg-Vorpommern anhand der Polizeilichen Kriminalstatistik unter besonderer Berücksichtigung tatsituativer Aspekte.
Mönchengladbach 2000. ISBN 978-3-930982-56-1.

Band 9
Pergataia, Anna: Jugendstrafrecht in Russland und den baltischen Staaten.
Mönchengladbach 2001. ISBN 978-3-930982-50-1.

Band 10
Kröplin, Mathias: Die Sanktionspraxis im Jugendstrafrecht in Deutschland im Jahr 1997. Ein Bundesländervergleich.
Mönchengladbach 2002. ISBN 978-3-930982-74-5.

Band 11
Morgenstern, Christine: Internationale Mindeststandards für ambulante Strafen und Maßnahmen.
Mönchengladbach 2002. ISBN 978-3-930982-76-9.

Band 12
Kunkat, Angela: Junge Mehrfachauffällige und Mehrfachtäter in Mecklenburg-Vorpommern. Eine empirische Analyse.
Mönchengladbach 2002. ISBN 978-3-930982-79-0.

Band 13
Schwerin-Witkowski, Kathleen: Entwicklung der ambulanten Maßnahmen nach dem JGG in Mecklenburg-Vorpommern.
Mönchengladbach 2003. ISBN 978-3-930982-75-2.

Band 14
Dünkel, Frieder; Geng, Bernd (Hrsg.): Jugendgewalt und Kriminalprävention. Empirische Befunde zu Gewalterfahrungen von Jugendlichen in Greifswald und Usedom/Vorpommern und ihre Auswirkungen für die Kriminalprävention.
Mönchengladbach 2003. ISBN 978-3-930982-95-0.

Band 15
Dünkel, Frieder; Drenkhahn, Kirstin (Hrsg.): Youth violence: new patterns and local responses – Experiences in East and West. Conference of the International Association for Research into Juvenile Criminology. Violence juvénile: nouvelles formes et stratégies locales – Expériences à l'Est et à l'Ouest. Conférence de l'Association Internationale pour la Recherche en Criminologie Juvénile. Mönchengladbach 2003. ISBN 978-3-930982-81-3.

Band 16
Kunz, Christoph: Auswirkungen von Freiheitsentzug in einer Zeit des Umbruchs. Zugleich eine Bestandsaufnahme des Männererwachsenenvollzugs in Mecklenburg-Vorpommern und in der JVA Brandenburg/Havel in den ersten Jahren nach der Wiedervereinigung. Mönchengladbach 2003. ISBN 978-3-930982-89-9.

Band 17
Glitsch, Edzard: Alkoholkonsum und Straßenverkehrsdelinquenz. Eine Anwendung der Theorie des geplanten Verhaltens auf das Problem des Fahrens unter Alkohol unter besonderer Berücksichtigung des Einflusses von verminderter Selbstkontrolle. Mönchengladbach 2003. ISBN 978-3-930982-97-4.

Band 18
Stump, Brigitte: „Adult time for adult crime" – Jugendliche zwischen Jugend- und Erwachsenenstrafrecht. Eine rechtshistorische und rechtsvergleichende Untersuchung zur Sanktionierung junger Straftäter. Mönchengladbach 2003. ISBN 978-3-930982-98-1.

Band 19
Wenzel, Frank: Die Anrechnung vorläufiger Freiheitsentziehungen auf strafrechtliche Rechtsfolgen. Mönchengladbach 2004. ISBN 978-3-930982-99-8.

Band 20
Fleck, Volker: Neue Verwaltungssteuerung und gesetzliche Regelung des Jugendstrafvollzuges. Mönchengladbach 2004. ISBN 978-3-936999-00-6.

Band 21
Ludwig, Heike; Kräupl, Günther: Viktimisierung, Sanktionen und Strafverfolgung. Jenaer Kriminalitätsbefragung über ein Jahrzehnt gesellschaftlicher Transformation. Mönchengladbach 2005. ISBN 978-3-936999-08-2.

Band 22
Fritsche, Mareike: Vollzugslockerungen und bedingte Entlassung im deutschen und französischen Strafvollzug.
Mönchengladbach 2005. ISBN 978-3-936999-11-2.

Band 23
Dünkel, Frieder; Scheel, Jens: Vermeidung von Ersatzfreiheitsstrafen durch gemeinnützige Arbeit: das Projekt „Ausweg" in Mecklenburg-Vorpommern.
Mönchengladbach 2006. ISBN 978-3-936999-10-5.

Band 24
Sakalauskas, Gintautas: Strafvollzug in Litauen. Kriminalpolitische Hintergründe, rechtliche Regelungen, Reformen, Praxis und Perspektiven.
Mönchengladbach 2006. ISBN 978-3-936999-19-8.

Band 25
Drenkhahn, Kirstin: Sozialtherapeutischer Strafvollzug in Deutschland.
Mönchengladbach 2007. ISBN 978-3-936999-18-1.

Band 26
Pruin, Ineke Regina: Die Heranwachsendenregelung im deutschen Jugendstrafrecht. Jugendkriminologische, entwicklungspsychologische, jugendsoziologische und rechtsvergleichende Aspekte.
Mönchengladbach 2007. ISBN 978-3-936999-31-0.

Band 27
Lang, Sabine: Die Entwicklung des Jugendstrafvollzugs in Mecklenburg-Vorpommern in den 90er Jahren. Eine Dokumentation der Aufbausituation des Jugendstrafvollzugs sowie eine Rückfallanalyse nach Entlassung aus dem Jugendstrafvollzug.
Mönchengladbach 2007. ISBN 978-3-936999-34-1.

Band 28
Zolondek, Juliane: Lebens- und Haftbedingungen im deutschen und europäischen Frauenstrafvollzug.
Mönchengladbach 2007. ISBN 978-3-936999-36-5.

Band 29
Dünkel, Frieder; Gebauer, Dirk; Geng, Bernd; Kestermann, Claudia: Mare-Balticum-Youth-Survey – Gewalterfahrungen von Jugendlichen im Ostseeraum.
Mönchengladbach 2007. ISBN 978-3-936999-38-9.

Band 30
Kowalzyck, Markus: Untersuchungshaft, Untersuchungshaftvermeidung und geschlossene Unterbringung bei Jugendlichen und Heranwachsenden in Mecklenburg-Vorpommern.
Mönchengladbach 2008. ISBN 978-3-936999-41-9.

Band 31
Dünkel, Frieder; Gebauer, Dirk; Geng, Bernd: Jugendgewalt und Möglichkeiten der Prävention. Gewalterfahrungen, Risikofaktoren und gesellschaftliche Orientierungen von Jugendlichen in der Hansestadt Greifswald und auf der Insel Usedom. Ergebnisse einer Langzeitstudie 1998 bis 2006.
Mönchengladbach 2008. ISBN 978-3-936999-48-8.

Band 32
Rieckhof, Susanne: Strafvollzug in Russland. Vom GULag zum rechtsstaatlichen Resozialisierungsvollzug?
Mönchengladbach 2008. ISBN 978-3-936999-55-6.

Band 33
Dünkel, Frieder; Drenkhahn, Kirstin; Morgenstern, Christine (Hrsg.): Humanisierung des Strafvollzugs – Konzepte und Praxismodelle.
Mönchengladbach 2008. ISBN 978-3-936999-59-4.

Band 34
Hillebrand, Johannes: Organisation und Ausgestaltung der Gefangenenarbeit in Deutschland.
Mönchengladbach 2009. ISBN 978-3-936999-58-7.

Band 35
Hannuschka, Elke: Kommunale Kriminalprävention in Mecklenburg-Vorpommern. Eine empirische Untersuchung der Präventionsgremien.
Mönchengladbach 2009. ISBN 978-3-936999-68-6.

Band 36/1 bis 4 (nur als Gesamtwerk erhältlich)
Dünkel, Frieder; Grzywa, Joanna; Horsfield, Philip; Pruin, Ineke (Eds.): Juvenile Justice Systems in Europe – Current Situation and Reform Developments. Vol. 1-4. **2nd revised edition.**
Mönchengladbach 2011. ISBN 978-3-936999-96-9.

Band 37/1 bis 2 (Gesamtwerk)
Dünkel, Frieder; Lappi-Seppälä, Tapio; Morgenstern, Christine; van Zyl Smit, Dirk (Hrsg.):
Kriminalität, Kriminalpolitik, strafrechtliche Sanktionspraxis und Gefangenenraten im europäischen Vergleich. Bd.1 bis 2.
Mönchengladbach 2010. ISBN 978-3-936999-73-0.

Band 37/1 (Einzelband)
Dünkel, Frieder; Lappi-Seppälä, Tapio; Morgenstern, Christine; van Zyl Smit, Dirk (Hrsg.):
Kriminalität, Kriminalpolitik, strafrechtliche Sanktionspraxis und Gefangenenraten im europäischen Vergleich. Bd.1.
Mönchengladbach 2010. ISBN 978-3-936999-76-1.

Band 37/2 (Einzelband)
Dünkel, Frieder; Lappi-Seppälä, Tapio; Morgenstern, Christine; van Zyl Smit, Dirk (Hrsg.):
Kriminalität, Kriminalpolitik, strafrechtliche Sanktionspraxis und Gefangenenraten im europäischen Vergleich. Bd.2.
Mönchengladbach 2010. ISBN 978-3-936999-77-8.

Band 38
Krüger, Maik: Frühprävention dissozialen Verhaltens. Entwicklungen in der Kinder- und Jugendhilfe.
Mönchengladbach 2010. ISBN 978-3-936999-82-2.

Band 39
Hess, Ariane: Erscheinungsformen und Strafverfolgung von Tötungsdelikten in Mecklenburg-Vorpommern.
Mönchengladbach 2010. ISBN 978-3-936999-83-9.

Band 40
Gutbrodt, Tobias: Jugendstrafrecht in Kolumbien. Eine rechtshistorische und rechtsvergleichende Untersuchung zum Jugendstrafrecht in Kolumbien, Bolivien, Costa Rica und der Bundesrepublik Deutschland unter Berücksichtigung internationaler Menschenrechtsstandards.
Mönchengladbach 2010. ISBN 978-3-936999-86-0.

Band 41
Stelly, Wolfgang; Thomas, Jürgen (Hrsg.): Erziehung und Strafe. Symposium zum 35-jährigen Bestehen der JVA Adelsheim.
Mönchengladbach 2011. ISBN 978-3-936999-95-2.

Band 42
Yngborn, Annalena: Strafvollzug und Strafvollzugspolitik in Schweden: vom Resozialisierungs- zum Sicherungsvollzug? Eine Bestandsaufnahme der Entwicklung in den letzten 35 Jahren. Mönchengladbach 2011. ISBN 978-3-936999-84-6.

Band 43
Kühl, Johannes: Die gesetzliche Reform des Jugendstrafvollzugs in Deutschland im Licht der European Rules for Juvenile Offenders Subject to Sanctions or Measures (ERJOSSM). Mönchengladbach 2012. ISBN 978-3-942865-06-7.

Band 44
Zaikina, Maryna: Jugendkriminalrechtspflege in der Ukraine. Mönchengladbach 2012. ISBN 978-3-942865-08-1.

Band 45
Schollbach, Stefanie: Personalentwicklung, Arbeitsqualität und betriebliche Gesundheitsför- derung im Justizvollzug in Mecklenburg-Vorpommern. Mönchengladbach 2013. ISBN 978-3-942865-14-2.

Band 46
Harders, Immo: Die elektronische Überwachung von Straffälligen. Entwicklung, Anwendungs- bereiche und Erfahrungen in Deutschland und im europäischen Vergleich. Mönchengladbach 2014. ISBN 978-3-942865-24-1.

Band 47
Faber, Mirko: Länderspezifische Unterschiede bezüglich Disziplinarmaßnahmen und der Auf- rechterhaltung von Sicherheit und Ordnung im Jugendstrafvollzug. Mönchengladbach 2014. ISBN 978-3-942865-25-8.

Band 48
Gensing, Andrea: Jugendgerichtsbarkeit und Jugendstrafverfahren im europäischen Vergleich. Mönchengladbach 2014. ISBN 978-3-942865-34-0.

Band 49
Rohrbach, Moritz Philipp: Die Entwicklung der Führungsaufsicht unter besonderer Berück- sichtigung der Praxis in Mecklenburg-Vorpommern. Mönchengladbach 2014. ISBN 978-3-942865-35-7.

Band 50/1 bis 2 (nur als Gesamtwerk erhältlich)
Dünkel, Frieder; Grzywa-Holten, Joanna; Horsfield, Philip (Eds.): Restorative Justice and Medi- ation in Penal Matters. A stock-taking of legal issues, implementation strategies and outcomes in 36 European countries. Vol. 1 bis 2. Mönchengladbach 2015. ISBN 978-3-942865-31-9.

Band 51
Horsfield, Philip: Jugendkriminalpolitik in England und Wales – Entwicklungsgeschichte, aktuelle Rechtslage und jüngste Reformen. Mönchengladbach 2015.
ISBN 978-3-942865-42-5.

Band 52
Grzywa-Holten, Joanna: Strafvollzug in Polen – Historische, rechtliche, rechtstatsächliche, menschenrechtliche und international vergleichende Aspekte. Mönchengladbach 2015.
ISBN 978-3-942865-43-2.